新訂第七版

法律家のための税法

[会社法編]

東京弁護士会 編著

序　　文

税制のあり方は、企業の経済活動にも、市民の日常生活にも大きな影響を与えます。昨今では、あらゆる場面での適切な税務対策が重要視されるようになっており、弁護士は税法をふくめた法律全般にわたる総合的なアドバイスを求められています。また、弁護士は税法に関する紛争である租税訴訟にも対応していかなければならず、必要な税務知識を持ち合わせていなければ、弁護士は依頼者の期待に充分に応えることができないとさえいえましょう。

しかし、複雑化した税法の体系を理解することは、法律専門家である弁護士にとっても、けっして容易なことではありません。民法、商法における権利義務関係のとらえ方と税法におけるそれとでは微妙な違いがあります。弁護士全体が問題意識を共有し、税法知識に関するレベルアップを図っていくことは、弁護士業務の対策としても重要というべきです。

東京弁護士会税務特別委員会は、そのような問題意識から、多年にわたって熱心な研究を重ねてまいりました。その研究成果は、『法律家のための税法』の刊行に結実し、同書は通称「赤本」と呼ばれて好評を博してまいりました。

平成17年の商法の改正及び会社法の制定、これに伴う平成18年の法人税法の大幅改正を契機に、それまで1冊であった『法律家のための税法』を［会社法編］と［民法編］とに分冊することとし、平成22年に『法律家のための税法／民法編』を、翌平成23年に『法律家のための税法／会社法編』を、それぞれ新訂第六版として刊行しました。本書は、上記会社法編新訂第六版の刊行時からの税制の改正部分を訂正、加筆し、会社法編の新訂第七版として刊行するものです。

本書は、法律専門家である弁護士の立場から税法・税務にアプローチした非常にユニークな労作です。さらに、編集・執筆にあたっては税理士の藤曲武美先生に監修いただいております。いわば弁護士と税理士のコラボレーションによる著作物といってよいでしょう。法律実務家だけでなく、公認会計士・税理士などの専門家や研究者、さらには企業経営や企業の税務・経理にかかわる一般市民の方々にもご活用いただけるものと確信しております。

最後に、本書刊行のために献身的に尽力された税務特別委員会委員長をはじめ委員各位、藤曲武美先生、担当事務局員、及び第一法規株式会社に対し深く感謝の意を表します。

平成29年11月

東京弁護士会

会長　渕上玲子

本書の目的と作成の経過

本書は、当委員会（東京弁護士会税務特別委員会）が作成し長年にわたり刊行されてまいりました『法律家のための税法』の会社法編です。

『法律家のための税法』は、長年にわたり、民法編と会社法編を分けることなく作成されておりましたが、会社法が平成18年5月1日に施行され、法人税法も大幅に改正されたことに伴い、当委員会においても『法律家のための税法／商法編』を全面的にリニューアルして『法律家のための税法［会社法編］』とし、民法編とは独立させて刊行することとなりました。法改正もさることながら、従来の『法律家のための税法』は、どちらかといえば所得税や相続税を中心とした個人の資産税に力点が置かれた内容であり、企業法務を担当する弁護士の目から見れば、若干、物足りないものがあったかもしれません。その点を反省材料として、『法律家のための税法［会社法編］』は、「改訂」という作業ではなく、項目立てをはじめとして内容を一新し、「法人税を中心とした会社を取り巻く税法を、普段弁護士が慣れ親しんだ『会社法』の切り口から説明していこう」という試みを行ったものであります。

従前の民法編と会社法編を分けていなかった『法律家のための税法』と比較した本書の特徴としては、以下の点が挙げられるかと思われます。

① 可能な限り会社法の体系にこだわった（「会社法のフレームワークの中に法人税法及びその他税法の考え方・取扱いに関する説明を流し込んだ」というイメージ。但し、元々別個の法律同士なので、当然、整合性という観点では無理や限界もあるが、そこはご愛嬌としてご容赦いただきたい）。

② 誰の税金が問題となっているのか（当該会社の税金が問題になっているのか、株主の税金が問題になっているのか）、可能な限り整理をして

説明を行った。

③　従前の『法律家のための税法』では施されなかった、脚注を導入し、参考文献や引用は可能な限り詳細に行った。

④　索引による検索を可能とした。

また、平成22年度の法人税法改正（清算所得課税の廃止）の具体的運用が不明瞭であった問題から、「倒産編」を『新訂第六版　法律家のための税法［民法編］』（平成22年10月刊行）の内容から外しておりましたところ、その後の『新訂第七版　法律家のための税法［民法編］』でも引き続き［民法編］の内容から外し本書［会社法編］に合体させました。民法編及び会社法編という区別の観点からは、倒産関係を会社法編に記載するのは違和感のあるところかもしれませんが、結果的には、企業倒産の場合の税法の取扱いもフォローされ、会社法編としては、充実した内容となったのではないかと思われます。

前回の会社法編（新訂第六版）作成においては、平成20年に計画が立てられた後、完成まで約4年という長い年月を要しました。今回（新訂第七版）は、新訂第六版刊行後の税制改正や判例・実務の変更のアップデートを中心とすることとして、企画から2年足らずの期間での刊行に至りました。改正事項などのアップデートを中心とするとはいえ、執筆を担当する委員は、検討事項を必ずしもアップデートのみに限定することなく、多忙な業務の中での限られた時間の中、読者の皆様の実務及び研鑽に応える内容とすべく、熱心に改訂版の執筆に取り組んでまいりました。

具体的な執筆に際して、当委員会では、前回の会社法編の執筆時と同様に、執筆を担当する委員の能力アップを図るべく、本書のご監修もお願いさせていただいた税理士藤曲武美先生を講師に招いての公開研究会を開催し研鑽を積みました。それと並行して、各委員は、副委員長を班長とする10人程度の5つの班に分かれて、各班長のリーダーシップのもと、随時小グループでの班会議を行い、熱心なディスカッションの上、原稿を完成させていきました。各班長は自らの執筆と共に各班の原稿を取りまとめ編集を行いました。

他方、各班長含め執筆者である委員は常に租税法を扱って仕事を行っているわけではありませんでしたので、「租税法の専門家の助力は不可欠である」という判断のもと、新訂第六版に引き続き藤曲武美先生に監修をお願いしました。藤曲先生には、原稿のチェックのみならず、執筆時に生じた個別の質問にもご回答いただき、委員に対して多大なるご指導をいただきました。本書は藤曲先生のご指導・ご助力なくしては完成できなかったと言え、感謝の念に堪えません。同先生は、当初東京弁護士会から東京税理士会を通じて公開研究会の講師にご推薦いただいた方でもあり、会同士を通じての弁護士・税理士のコラボレーションがこのような場面で身を結んだことは嬉しいことでありました。

このように、本委員会の委員が約４年の歳月をかけて執筆した会社法編改訂第六版をさらに数年を掛けて改訂したのが本書であります。本書改訂における執筆を担当した委員は、以下の委員となります（班長となった副委員長を各班の冒頭に記載しています)。

Ａ班：小田島良磨、舘　彰男、脇谷英夫、元橋一郎、佐藤千弥、玉盛勝久、
　　　大谷龍生、喜夛希美、板倉武志、鈴木貴泰、上田貴之、由井照彦

Ｂ班：浅野卓郎、関戸　勉、池田幸司、北村導人、古笛伴雄、佐野知子、
　　　池田里江、横張清威、山本常幸、髙砂美貴子、岡村　晶、甘利俊輔

Ｃ班：木屋善範、塩川哲穂、藤井　基、安立欣司、花田行央、丸山智恵、
　　　田中　薫、玉扶持博、上田孝明

Ｄ班：大澤康泰、山本英幸、原口昌之、大野邦夫、木島絵里子、中野竹司、
　　　戸田順也、石塚大作、アロン・Ｊ・トーマス、中谷健二、根本智人、
　　　船本美和子

Ｅ班：柴田和敏、高村隆司、菅原万里子、安江義成、市川和明、岡本泰志、
　　　平野竜広、鵜澤圭太郎、山崎岳人、森　謙司、佐藤宏和、米田　豊

上記執筆担当委員の本書執筆に対する多大な意欲・熱意・労力が、本書完

成に至るまでの原動力となったことは間違いありません。

なお、本書は刊行されたとはいえ、未だ、未熟な面もあり、また委員によっては記載すべき事項を十分に表現しきれなかったという後悔の念もあるかもしれません。その点はまた次回以降の改訂において改善していきたいと思います。また、本書はあくまでも「東京弁護士会の本」であり、会内で担当する税務特別委員会が責任を持って改訂していかなければなりません。今回脚注を充実させたのは、そのような自覚のもと、「何を参考に、どのような考えに基づいて本書を執筆したのか、可能な限りその思考過程が次の改訂を行う世代にも理解できるよう、執筆・編集していこう」という執筆担当委員全体における強い意志に基づきます。

誤解に基づく記述や不適切な内容が含まれていた場合、忌憚のないご意見をいただき、本書を今後さらに充実したものとしていきたいと願っております。

最後に、上記会社法編執筆及び公開研究会の開催に予算面でも業務の遂行においても多大なご理解をいただき支援してくださった歴代の税務特別委員会担当東京弁護士会副会長の皆様、上記執筆担当者以外にも進行・方針及び原稿の内容についてご意見をいただいた委員の皆様、東京弁護士会担当事務局の皆様、この度も長期化する作業に辛抱強くお付き合いくださった第一法規の宮川裕香様、皆様に対して、この場を借りてお礼を申し上げます。

平成 29 年 11 月

平成 29 年度東京弁護士会税務特別委員会

委員長　戸田智彦

副委員長　木屋善範

副委員長　浅野卓郎

副委員長　大澤康泰

副委員長　柴田和敏

副委員長　小田島良磨

凡　　例

1　本文の（　）内で法令等を引用したときは、次のとおり略称を用いた。

（五十音順）

印　税　……印紙税法

印税基　……印紙税法基本通達

印税令　……印紙税法施行令

円滑化規……中小企業における経営の承継の円滑化に関する法律施行規則

円滑化法……中小企業における経営の承継の円滑化に関する法律

会　更　……会社更生法

会更規　……会社更生法施行規則

会　社　……会社法

会社規　……会社法施行規則

会社計算……会社計算規則

会社法整備法……会社法の施行に伴う関係法律の整備等に関する法律

金　商　……金融商品取引法

憲　　　……日本国憲法

国　徴　……国税徴収法

国徴基通……国税徴収基本通達

国　通　……国税通則法

国通令　……国税通則法施行令

財務規　……財務諸表等の用語、様式及び作成方法に関する規則

社債株式振替……社債、株式等の振替に関する法律

商　　　……商法

平成 17 年改正前商　　平成 17 年法律 87 号改正直前の商法

※平成17年改正直前の商法以外は「平成2年法律64号改正前商法」のように表記する。

消基通　……消費税法基本通達
消　税　……消費税法
消税令　……消費税法施行令
所基通　……所得税基本通達
所　税　……所得税法
所税規　……所得税法施行規則
所税令　……所得税法施行令
相基通　……相続税法基本通達
相　税　……相続税法
租　特　……租税特別措置法
租特規　……租税特別措置法施行規則
租特通　……各税目の措置法通達を表す（例　租税特別措置法関係通達（法人税編）、租税特別措置法に係る所得税の取扱いについて、租税特別措置法（相続税法の特例関係）の取扱いについて）。
租特令　……租税特別措置法施行令
地価税　……地価税法
地　税　……地方税法
地税令　……地方税法施行令
地　法　……地方法人税法
登免税　……登録免許税法
破　　　……破産法
破　規　……破産規則
評基通　……財産評価基本通達
法基通　……法人税基本通達

法　税　……法人税法

法税規　……法人税法施行規則

法税令　……法人税法施行令

民　　　……民法

民　再　……民事再生法

民再規　……民事再生規則

連基通　……連結納税基本通達

2　本文中に判例を引用した場合は、その出典名は次のとおり略称を用いた。

民　集　……最高裁判所民事判例集

裁判集民……最高裁判所裁判集民事

高裁民集……高等裁判所民事判例集

行裁集　……行政事件裁判例集

訟　月　……訟務月報

判　タ　……判例タイムズ

判　時　……判例時報

金融法務……旬刊金融法務事情

金融商事……金融・商事判例

税　資　……税務訴訟資料

国税庁 HP……国税庁ホームページ

裁判所 HP……裁判所ホームページ

3　内容現在　　平成 29 年 7 月 1 日

目　次

I　会社法と税法

II　設　立

III　株　式

姉妹書
『新訂第七版 法律家のための税法』［民法編］

目　次

I　会社法と税法

1　会社に関係する租税法

1　はじめに

会社（株式会社を前提とする）は、営利、すなわち対外的経済活動で利益を得て、得た利益を構成員（以下、株主を前提に述べる）に分配することを目的とする。

会社は法人である（会社3条）。会社の経済活動の結果得られた利益（会社の損益は会社法の規定に基づき会計帳簿（会社432条1項）及び計算書類（会社435条）を作成のうえ、当該会社の各事業年度の決算によって確定される）に関しては、法人税法の規定に基づき、法人所得が計算され、算出された法人所得に対して法人税が課せられる。会社に適用される租税法の最も基本かつ重要なものとしては、法人税法が挙げられるといってよい。

もっとも、法人税以外にも、会社の経済活動に関しては様々な租税（税金）が課せられる。

2　会社に課せられる租税

会社に課せられる租税のうち、ごく主要なものを整理すると、次のとおりとなる。

⑴　会社の事業活動に関する租税

会社の事業活動に関しては、法人税や平成26年度税制改正により導入された地方法人税以外に、物品やサービスの消費に担税力（租税を負担する能力）を認めて課される租税である消費税（消費税法に基づく）、事業に対し、法人の所得又は収入金額等を課税標準として都道府県によって課される租税である法人事業税（地方税法に基づく）、地方団体（都道府県・市町村）がその住民その他その地方団体と何らかの密接な関係を持っている個人及び法人に対して広く課する租税である住民税（地方税法に基づく）が挙げられる。

法人税・消費税は国税であり、事業税・住民税・地方消費税は地方税である。

(2) 従業員等に関する租税

会社の従業員等に関する税金であっても、会社に課せられ、会社が納付しなければならない租税もある。

例えば、源泉所得税が挙げられる。源泉所得税は、法人や個人が、人を雇って給与や退職金を支払ったり、税理士・弁護士などに報酬を支払ったりする場合に法人等は、その支払の都度支払金額に応じた所得税を差し引き、その差し引いた所得税を原則として、給与などを実際に支払った月の翌月の10日までに国に納める（源泉徴収）、その方法で徴収され、徴収者である法人又は個人によって納付される所得税である（所得税法に基づく）。

なお、住民税につき、特別徴収の方法を採用した場合、法人又は個人が徴収納付する必要がある。

源泉所得税は国税であり、住民税は地方税である。

(3) 資産の保有に関する租税

個人の場合と同様、会社においても資産の保有に関して課せられる租税がある。固定資産（土地・家屋及び償却資産）を課税物件として課される租税である固定資産税（地方税法に基づく）、自動車の所有に対して都道府県によって課される租税である自動車税（地方税法に基づく）、原動機付自転車・軽自動車・小型特殊自動車・二輪の小型自動車の所有に対し、市町村によって課される租税である軽自動車税（地方税法に基づく）がそうである。

固定資産税・自動車税・軽自動車税いずれも地方税である。

(4) その他の租税

ある取引が行われた場合など、臨時にかかる租税として、各種契約書その他の文書の作成を対象として課される租税である印紙税（印紙税法に基づく)、各種の登記・登録を受けることを対象として課される租税である登録免許税（登録免許税法に基づく)、不動産の取得を対象として課される都道府県税である不動産取得税（地方税法に基づく）がある。

印紙税・登録免許税は国税であり、不動産取得税は地方税である。

その他、都市環境の整備及び改善に関する事業の費用に充てるため政令指定都市その他の一定の大都市が課す目的税である事業所税（地方税法に基づく)、一定の許認可業者に対して課せられる租税（例えば酒税法に基づく酒税等）がある。

3　会社における税務申告

上記各租税のうち、法人税・消費税・住民税・事業税・事業所税については、納付すべき税額を確定させるためには、納税申告が必要である（申告納税方式)。

例えば、法人税の納税義務は、各事業年度の終了の時に成立するが、具体的に納付すべき法人税の額は、法人税法が定める租税債務の額の確定手続としての納税申告書（確定申告書、中間申告書等）を法人が提出することにより確定する（国通15条・16条)。消費税等も同様である。なお、青色申告制度（法税122条）を利用すると、種々の特典を得られるため、我が国の法人の大半は、同制度を利用している（平成28年7月現在で約99.3%の法人が利用している。国税庁企画課『会社標本調査－同調査結果報告－税務統計から見た法人企業の実態（平成27年度分)』)。

青色申告の主な特典

① 青色欠損金の繰越控除（法税57条)・繰戻し還付（法税66条・80条・145条、法税令154条の3)

② 推計課税の禁止、更正通知書への理由の附記（法税130条1項・2項)

③ 試験研究の額が増加した場合等の税額控除（租特42条の4、租特令27条の4)

④ 中小企業者等が機械等を取得した場合の法人税額の特別控除（租特42条の6・68条の11・10条の3、租特令27条の6)

⑤ 各種特別償却

⑥ 各種準備金の積立て　等

青色申告の取消事由（法税127条1項・146条）
① 帳簿書類の備付けや記録、保存が法令の定めるところにより行われていない場合
② 帳簿書類について、税務署長の支持に従わなかった場合
③ 取引の全部又は一部を隠蔽又は仮装等した場合
④ 確定申告書を提出期限までに提出していない場合

4　株主に関する租税

株主に課せられる租税も、会社法と租税法の関係を考えるうえで見逃すことはできない。

株主に関しては、会社との関係では、剰余金の配当が行われた場合の配当所得に対する所得税の課税があるほか、解散による残余財産の分配、合併・分割等の組織再編行為が行われた場合、会社において自己株式の買取りに該当する行為が行われた場合に、一定の要件のもと、配当とみなされて課税される、みなし配当課税（「47　みなし配当」参照）がある。また、保有する株式を譲渡した場合の譲渡損益に対する課税もある。さらに、特に個人株主において相続が開始した場合において、相続財産である株式につき相続税法の計算上どのように評価すべきかが問題になる場合もあり(取引相場のない株式の評価の問題)、事業承継等の場面でも、重要な検討事項となることが多い。

5　会社法と租税法の関係を理解するうえで有益と思われる視点

会社法と法人税法をはじめとする租税法は、それぞれ別個の目的のもと独立して存立する法律である。会社法は、会社の設立、組織、運営及び管理について定め（会社1)、法人税法は、法人税について、納税義務者、課税所得等の範囲、税額の計算の方法、申告、納付及び還付の手続並びにその納税義務の適正な履行を確保するため必要な事項を定める（法税1)。特に法人税法は、私法上の権利・義務関係には必ずしもこだわらずに、経済的・実質的観点から租税負担を定めるという、会社法とは異なる論理に従って構成されている。そのため、会社法を基にした場合には違和感のある定義設定がなされたり（例えば、法人税法におけるみなし役員（「30

会社法上の役員と税法上の役員」参照))、課税がなされたりする場合がある（みなし配当)。したがって、両法律はそれぞれ目的・構造を異にするという認識を前提に、その違いを理解することが会社法と租税法の関係を理解するうえで重要である。

また、誰に対する課税なのか、関係当事者ごとに整理しながら勉強することが、理解をするうえでは効率的である。例えば、関係当事者の課税関係については、以下に挙げた観点がポイントになってくるものと思われる。

当該株式会社
⇒法人の所得に対する課税の問題
「益金」の額、「損金」の額に算入すべきか否か、収益及び費用の年度帰属
⇒「資本等取引」(原則として課税なし）と「損益取引」(原則として課税あり）の区別
⇒組織再編行為を行う場合の譲渡損益の問題

株　主
⇒配当・みなし配当に関する課税の問題、株式の譲渡損益に関する課税の問題

役員・従業員間
⇒役員報酬・給与に関する課税の問題

取引の相手方・債権者
⇒取引関係において発生する課税の問題（譲渡損益の問題・債権放棄・その他の無償取引の問題等)

加えて上記2のとおり、租税法のなかにも複数の法律があり、ひとつの会社をめぐる課税関係も多岐にわたる可能性がある。そのため、どのような場合にどのような税法が適用になるのか整理することが有益である。本書も可能な限り、この観点で整理するようにしている。

2　法人税の納税義務者、法人該当性

1　法人税の納税義務者

法人税の納税義務者は、「内国法人」と「外国法人」である。

両者は納税義務を負う範囲が異なり、「内国法人」(①公共法人（法税2条5号)、②公益法人等（法税2条6号)、③人格のない社団等（法税3条により、法人税法上、「法人」とみなされる)、④協同組合等（法税2条7号)、⑤普通法人（法税2条9号）の5種）は、その所得の源泉が国内にあるか国外にあるかを問わずすべての所得について納税義務を負う（無制限納税義務者)。

これに対し、「外国法人」(法税4条3項・9条）は、国内源泉所得についてのみ納税義務を負う（制限納税義務者。なお、外国の人格のない社団等も制限納税義務を負う（法税4条3項))。

2　外国事業体の法人該当性

法人税の納税義務者に関しては、近年、日本の個人・法人が外国において事業活動を行う目的で外国事業体を設立等するなどの経済活動が活発化している一方、所得税法、法人税法が「法人」の定義を設けていないため、外国のパートナーシップや人的会社のような、“外国事業主体の法人該当性”が問題となることが多い[1)]。

例えば、裁判例には、アメリカの有限責任会社（LLC）は、法人に当たるとするものや（東京高判平19・10・10訟月54・10・2516。なお、国税庁も同事業主体については、原則として法人に該当するとの見解を示している[2)])、アメリカ・デラウェア州のLPS（リミテッド・パートナーシップ）を、法人に該当するとするものがある（最判平27・7・17民集69・5・1253)。以下、近年の注目判例である後者の判例につき詳述する。

3 最判平成27年7月17日民集69・5・1253の判示内容

⑴ 事案の概要等

詳細については判決文を参照頂きたいが、本件は、証券会社が企画した投資事業プログラムに基づく複雑な契約の一部として信託契約が締結されたり、銀行らによってアメリカ合衆国デラウェア州の法律に基づいてLPSが設立されたりした後、LPSが行うアメリカ所在の中古集合住宅の賃貸事業に係る投資事業に出資した亡A、亡B及び被上告人X1が、建物の賃貸事業により生じた所得が同人らの不動産所得に該当するとして、その所得の金額の計算上生じた損失の金額を同人らの他の所得の金額から控除して税額を算定したうえで、所得税の申告又は更正の請求をしたが、所轄税務署長は、当該賃貸事業により生じた所得が不動産所得に該当せず、上記のような損益通算（所税69条1項）をすることはできないとして、同人ら各自につき、それぞれ、平成13年分から同15年分までの所得税につき更正処分及び過少申告加算税の賦課決定処分をするとともに、同16年分及び同17年分の所得税に係る更正をすべき理由がない旨の通知処分をしたことに対し、被上告人らが当該処分の取消しを求めた事案である。

そこでは、LPSが行う不動産賃貸事業により生じた所得がLPSと本件出資者らのどちらに帰属するかが争われ、LPSが「外国法人」（所税2条1項7号、法税2条4号）として我が国の租税法上の「法人」に該当するかが問題となった。

なお、判決の事案においては、建物の賃貸事業に係るプログラム上、当該賃貸事業から得られる収益は少なく、上記プログラムに基づく投資事業に投資した者が、建物の減価償却費を必要経費として計上することなどによって不動産所得の金額の計算上生じた損失の金額を他の所得の金額から控除すると、上記プログラムに基づく投資事業に投資した者が本来負担すべき所得税額及び住民税額が合計2350万5000円軽減されるものと想定されていたという特徴があり、判決もこの点に言及している。

⑵　判断枠組みの提示、あてはめ

①　判断枠組みの提示

上記事案において、裁判所は、我が国における法人の最も本質的な属性（ある組織体が権利義務の帰属主体とされること）と国際的な法制の調和の要請等に言及したうえで、外国法に基づいて設立された組織体の「外国法人」該当性を判断するには、“㋐当該組織体に係る設立根拠法令の規定の文言や法制の仕組みから、当該組織体が当該外国の法令において日本法上の法人に相当する法的地位を付与されていること又は付与されていないことが疑義のない程度に明白であるか否かを検討し、これができない場合には、㋑当該組織体が権利義務の帰属主体であると認められるか否かを検討して判断すべきであり、具体的には、当該組織体の設立根拠法令の規定の内容や趣旨等から、当該組織体が自ら法律行為の当事者となることができ、かつ、その法律効果が当該組織体に帰属すると認められるか否かという点を検討すべき”との判断枠組みを示した。

②　あてはめ

そのうえで、まず、州 LPS 法に基づいて設立されるリミテッド・パートナーシップがその設立により separate legal entity となると定められているところ、デラウェア州法を含む米国の法令において legal entity が日本法上の法人に相当する法的地位を指すものであるか否かが明確でないことや、デラウェア州一般会社法（General Corporation Law of the State of Delaware）における株式会社（corporation）について separate legal entity との文言が用いられていないことなどを考慮し、「本件各 LPS[3)]に日本法上の法人に相当する法的地位が付与されているか否かを疑義のない程度に明白であるとすることは困難であり、州 LPS 法や関連法令の他の規定の文言等を参照しても本件各 LPS がデラウェア州法において日本法上の法人に相当する法的地位を付与されていること又は付与されていないことが疑義のない程度に明白であるとはいい難い」とした（㋐非充足）。

次いで、LPSが上記(イ)の基準を充足するかについて、リミテッド・パートナーシップにつき、営利目的か否かを問わず、一定の例外を除き、いかなる合法的な事業、目的又は活動をも実施することができる旨を定めるとともに、同法若しくはその他の法律又は当該リミテッド・パートナーシップのパートナーシップ契約により付与された全ての権限及び特権並びにこれらに付随するあらゆる権限を保有し、それを行使することができる旨を定めている州LPS法の定めに照らせば、同法は、リミテッド・パートナーシップにその名義で法律行為をする権利又は権限を付与するとともに、リミテッド・パートナーシップ名義でされた法律行為の効果がリミテッド・パートナーシップ自身に帰属することを前提とするものと解されること、このことは、同法においてパートナーシップ持分（partnership interest）がそれ自体として人的財産（personal property）と称される財産権の一類型であるとされ、かつ、構成員であるパートナーが特定のリミテッド・パートナーシップ財産（以下、「LPS財産」という）について持分を有しない（A partner has no interest in specific limited partnership property）とされていることとも整合するものと解されること、本件各LPS契約において、本件各LPSが本件各建物及びその敷地の購入、取得、開発、保有、賃貸、管理、売却その他の処分の目的のみのために設立され、当該目的を実施するために必要又は有益な範囲で上記の処分の権限を有すると定められていることは、上記のような州LPS法の規律に沿うものということができること、構成員である各パートナーが、LPSの財産を構成する個々の物や権利について具体的な持分を有する旨を定めたものとは解されず、パートナーが特定のLPS財産について持分を有しないとする州LPS法の上記規定の定めと齟齬するものではないということができることなどに鑑み、本件LPSは、「自ら法律行為の当事者となることができ、かつ、その法律効果が……LPSに帰属するものということができるから、権利義務の帰属主体であると認められる」（(イ)充足）とした。

③　結論

このようにして、本判決は、本件各LPSの「外国法人」該当性を認め、「本件各不動産賃貸事業により生じた所得は、本件各LPSに帰属するものと認められ、本件出資者らの課税所得の範囲には含まれない……。したがって、本件出資者らは、本件各不動産賃貸事業による所得の金額の計算上生じた損失の金額を各自の所得の金額から控除することはできないというべき」とした。

4　最判平成27年7月17日民集69・5・1253に対する評価

最判平成27年7月17日民集69・5・1253は、上記3(2)の一般的判断枠組みを示した点で大きな意義があるといわれている[4)]。

もっとも、現段階では、本判例の射程に注意すべきとの立場[3)]も存在する。

外国事業体の法人該当性判断の際には、慎重な判断が必要であり、今後も裁判例等の動向を見ていく必要があろう。

1）　学説上、“外国事業主体の法人該当性”については、その事業主体が我が国の法制上の法人に相当する組織体であるか否かにより判断すべき（所税2条第1項第7号参照）とされ、その判断において最も重要な要素は、「それが権利義務主体といえるか」、「活動のための支出及び活動から得られる利益又は損失が帰属するのが、事業体と出資者のどちらか」という点だと考えられている。金子宏『租税法（第22版）』508頁（弘文堂、2017年）参照。

2）　https://www.nta.go.jp/shiraberu/zeiho-kaishaku/shitsugi/hojin/31/03.htm（国税庁ホームページ）参照。

3）　本判決の事案では、LPSが複数存在した。以下、最判平成27年7月17日部分について同じ。

4）　判例タイムズ1418号77頁、中里実・佐藤英明・増井良啓・渋谷雅弘編『租税判例百選（第6版）』（別冊ジュリスト228号）47頁（有斐閣、2016年）等参照。

3　同族会社

1　同族会社の特殊性

少数の特定の株主が会社を支配する同族会社の場合、会社の所有と経営が直結しており、支配株主が恣意的に取引や経理操作を行い、租税回避をすることがある[1)]。

例えば、①支配株主の家族を役員や従業員として高額の報酬・給与・賞与を支払い、所得を分割することにより所得税の軽減を図ったり、②法人の利益を内部留保することによって所得税の超過累進税率の適用を回避することなどである。

これらの租税回避行為に対処するため、法人税法は、所有株式数の割合という形式的基準により、一定範囲の会社を「同族会社」と呼び、一般の法人と比べて下記の特別な取扱いをしている[2)]。

ア　特定同族会社の特別税率（留保金課税）（法税 67 条）

イ　同族会社の行為・計算の否認（法税 132 条）

2　同族会社の定義

平成 18 年度及び同 22 年度税制改正により、同族会社は次の 2 種類となった。

⑴　従来の意義の同族会社

①3 人以下の株主等及びこれらと特殊の関係を有する個人・法人（以下、「同族関係者」という）が保有する株式又は出資の総数又は総額が、②その会社の発行済株式又は出資の総数又は総額の 50% を超える会社をいう（法税 2 条 10 号）。なお、自己の株式又は出資（以下、この項において「自己株式」という）を有する会社について同族会社か否かの判定を行う場合、その判定の対象となる会社（以下、「判定会社」という）の株主等からその自己株式を有する会社を除くこととされ、また会社の株主等の持分割合の計算において発行済株式総数等からその自己株式の

数等を除くこととされている（法税2条10号）。

株主等が発行済株式総数の半分以上を保有することにより、株主の議決権を通じて、会社の配当政策や営業政策を左右できることに着目して、このような形式基準を定めているわけである。

⑵　特定同族会社

1人の株主及びその同族関係者が発行済株式又は出資の総数又は総額の50%超を所有している会社である。この会社は留保金課税の対象となる。

なお、平成18年度税制改正で、特殊支配同族会社（会社のオーナーとその同族関係者が発行済株式総数の90%以上所有している会社である。この会社の役員の給与の額のうち政令で定める一定金額は損金に算入されない（法税35条、法税令72条の2））の制度が設けられたが、これは平成22年度の税制改正で廃止された（平成22年4月1日以後終了の事業年度から廃止）。

同族会社
3人以下の株主＋同族関係者が
株式総数･総額（又は出資総数･総額）50%超を所有

特定同族会社
（資本金の額又は出資金の額が1億円超）
1人の株主及び同族関係者が株式総数･総額（又は出資総数･総額）の50%超を所有

法令の適用関係

同族会社	法税132	
特定同族会社	法税132	法税67

3　同族会社に当たるかどうかの判定基準

同族会社は、法人税法2条10号に定めるとおり、会社の株主等の3人以下の株主等及びこれと特殊の関係のある個人・法人の株主等（同族関係者）が、その会社の発行済株式又は出資の総数又は総額の100分の50を超える数又は金額の株式又は出資を有する場合その他政令で定める場合における会社である。

同族関係者の範囲は法人税法施行令4条で定められており、それは次項のとおりである。

また、その他政令で定める場合としては、法人税法施行令4条5項において上記株主等が同条3項2号掲記の議決権の数が100分の50を超える場合、その他の会社にあっては社員の総数の半数を超える場合と定められている。

これを図解すると、以下のとおりとなろう。

(1)　すべての会社に適用

｛株主等（A、B、C、…）＋同族関係者（個人A′、B′、C′又は法人A″、B″、C″)｝の株式・出資の総数又は金額　＞　（会社の株式・出資の総数又は金額）の50／100

(2)　(1)に加え、次のいずれかに該当する場合も適用

ア　株式会社

｛株主等（A、B、C、…）＋同族関係者（個人A′、B′、C′又は法人A″、B″、C″)｝の議決権総数　＞　株主等全員の議決権数×50／100

※　議決権の種類は、下記4⑤ア～エに掲げる議決権のいずれかにつき該当する場合をいう。

イ　その他の会社（合名会社、合資会社、合同会社）

｛株主等（A、B、C、…）＋同族関係者（個人A′、B′、C′又は法人A″、B″、C″)｝の社員の総数　＞　総社員数の半数

4　同族関係者の範囲

①　「株主等」とは

「株主等」とは、株主又は合名会社・合資会社・合同会社の社員、その他法人の出資者をいう（法税2条14号)。

②　「同族関係者」とは

「同族関係者」とは、中心的な株主からみて一般的に支配従属関係に

あると認められる者であり、支配関係の及ぶ同族関係者に株式・出資金額を分散することにより同族会社の認定を避けようとする事態に備えた規定である。

③　「同族関係者である個人」とは

同族関係者である個人とは、以下の個人である。①株主等の親族、②株主等と事実上婚姻関係と同様の事情にある者、③個人株主等の使用人、④株主等の金銭等により生計を維持している者、⑤ ①〜③の者と生計を一にするこれらの者の親族など、中心となる株主等の指示に従うと認められる者が定められている（法税令4条1項）。

④　「同族関係者である法人」とは

同族関係者である法人とは、以下の法人である（法税令4条2項）。

ア　同族会社であるかどうかを判定しようとする会社の株主等（判定会社株主という）の1人（自己株式を除く）が他の会社を支配している場合の当該他の会社

イ　判定会社株主等の1人及び上記アの会社が他の会社を支配している場合の当該他の会社

ウ　判定会社株主等の1人及び上記アの会社と上記イの会社が他の会社を支配している場合の他の会社

⑤　他の会社を支配している場合とは

上記他の会社を支配している場合とは、次のいずれかの場合である(法税令4条3項)。

①他の会社の発行済株式（又は出資）の総数又は総額の100分の50を超える数又は金額の株式（又は出資）を有する（自己株式を除く）場合、②他の会社の下記記載事項の議決権の総数の100分の50を超える数を有する場合をいう。

ア　事業の全部若しくは重要な部分の譲渡、解散、継続、合併、分割、株式交換、株式移転又は現物出資に関する決議にかかる議決権

イ　役員の選任及び解任に関する決議にかかる議決権

ウ　役員の報酬、賞与その他の職務執行の対価として会社が供与する

財産上の利益に関する事項についての決議にかかる議決権

エ　剰余金の配当又は利益の配当に関する決議にかかる議決権

③他の会社の株主等（合名会社、合資会社、合同会社の社員）の総数の半数を超える数を占める場合

以上を図解すると以下のようになろう。

1号型判定会社

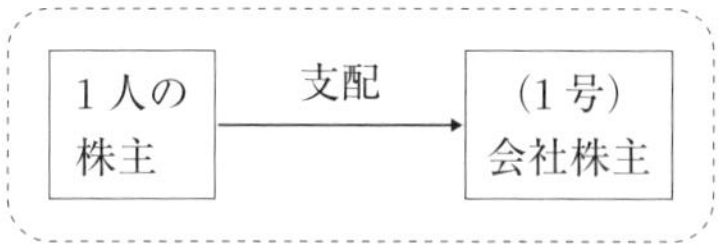

2号型判定会社

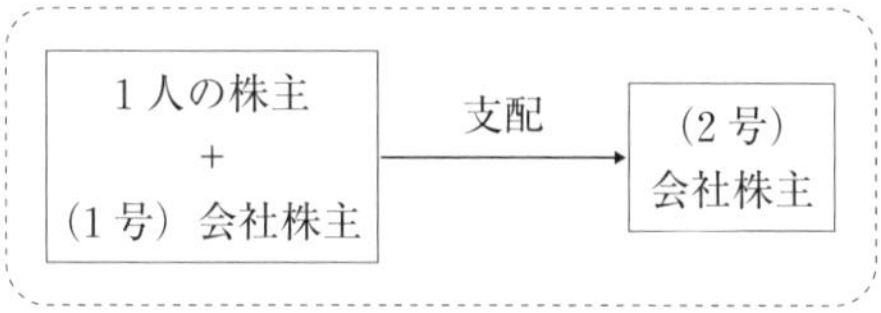

3号型判定会社

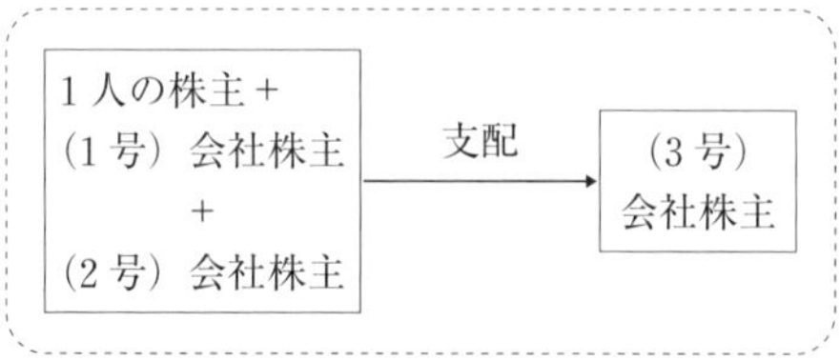

上記の株主及び同族関係者の有する株式とは、株主名簿に記載されている株式のほか、名義書換未了の株式や他人名義で所有している株式（いわゆる名義株）も含まれると解する、とする判例がある（東京高判昭48・3・14行裁集24・3・115）。

5　特定同族会社の特別税率（法税67条）

特定同族会社とは、被支配会社のことであり、被支配会社とは、株主又は社員の1人と特殊の関係のある個人、法人（同族関係者）が発行済株式又は出資の総数又は総額の50%超の株式、出資を有する会社のことである（法税67条1項・2項、法税令139条の7）。

同族会社が利益配当をする場合、株主の個人所得が高額の場合には、法

人税率（23.4%又は19%）（なお、平成30年4月1日以後の開始事業年度については、23.2%又は19%）より高い税率の所得税が課されることになる。そこで、同族会社では、株主に対する超過累進税率による高率の課税を回避するために、配当をせずに、法人所得を必要以上に会社内部に留保することがある。

そこで、法人税法は、特定同族会社が各事業年度に一定限度額を超えて所得を留保した場合は、①通常の法人税のほかに、②限度を超えた留保金に対し、年3000万円以下の金額に10%、年3000万円超1億円以下の金額に15%、年1億円超の金額に20%の三段階の超過累進税率を課している（法税67条1項）。これは、間接的に配当を促し、中心的株主の所得税回避を防止するとともに、個人企業と同族会社との間の負担の公平を図り、もって租税の企業形態の選択に対する中立性を確保しようとしている。

平成19年度税制改正により、資本金額（又は出資金額）1億円以下の法人は特定同族会社の適用対象から除かれた（法税67条1項括弧書）。このため、この制度の適用範囲は著しく狭められた。

6　同族会社の行為・計算の否認

(1)　制度趣旨

法人税法132条1項は、税務署長は、同族会社の行為又は計算で、これを容認した場合には法人税の負担を不当に減少させる結果となると認められるものがあるときは、その行為又は計算にかかわらず、税務署長の認めるところにより、その法人にかかる法人税の課税標準若しくは欠損金額又は法人税額を計算することができる旨を定めている（法税132条1項1号）。これが「同族会社の行為・計算否認規定」と呼ばれるものである。

同族会社においては通常利害相反しない少数同族株主が過半数以上の株式を所有しているため、恣意的な行為・計算をすることによって法人税の負担を不当に免れようとすることがあるので、そのような租税回避行為を防止する目的で設けられた規定である。

この規定の性格については、①この規定により初めて同族会社の行為・計算の否認ができる創設的な規定であると解する説と、②税法に内在する「租税回避行為否認の原則」あるいは「実質課税の原則」を同族会社について宣言的・確認的に規定したものにすぎず、否認規定のない非同族会社についても合理性を欠く行為・計算は否認できると解する確認規定であると解する説の対立がある。通説は創設的規定説である。

(2) 同族会社の行為・計算否認規定の適用について

判例には2つの傾向が認められる。

非同族会社では通常なし得ないような行為・計算を否認し、非同族会社であればなされたような行為・計算に引き直して課税するもの（非同族会社比準説）と、純粋経済人の行為として不合理・不自然な行為・計算を否認し、合理的なものに引き直して課税するもの（合理性基準説）とがある。

最判昭和33年5月29日（民集12・8・1254）は、株式の買収、会社の合併等一連の行為につき純経済人の選ぶ行為として不合理なものであると認められない旨の原審の判断を是認したもので、合理性基準説を是認したものといわれている[3)]。

前掲・東京高判昭和48年3月14日は、同族会社である控訴会社がその株主である控訴人個人から買い受けた帝石株式の価格が市場価格の1.55倍であったことにつき、税務署長が行為計算の否認をし、控訴会社に対し市場価格との差額を利益とする計算をしたところ、裁判所は専ら経済的実質的見地において、当該行為計算が経済人の行為として不合理不自然なものと認められるかどうかを基準として判定すべきであるとして、控訴人が短期に市場で上場株を大量に買い集めようとしていた等の事情の下では、本件取引価格は不当に高額な価格ということはできない旨判断し、審査決定の取消しをした。

(3) 主観的要件の要否

昭和25年の法人税法改正以前は、「法人税を免れる目的」が要件とされていたが、同年の改正により、上記目的要件が削除されて現行法と同じ表現に改正された経緯から、同族会社に租税回避ないし税負担減少の意図があることは必要ではないと解されている。

⑷　否認の効果

同族会社の行為・計算の否認は、法人税の計算上の不合理・不自然な行為・計算を否認し、課税庁の適正と認めるところに従って課税を行うもので、現実に行われた法律行為の効力には何ら影響を及ぼすものではない（最判昭48・12・14訟月20・6・146）。

⑸　同族会社の行為・計算否認規定の適用に関する現状

かつて、同族会社の行為・計算の否認については、①役員等に対する賞与・報酬等の否認、②寄附金の否認、③無償の債務引受の否認、④無利息貸付けの利息認定、⑤資産の低額譲渡などへの適用をめぐって多数の判例が出された。しかし、昭和40年の法人税法の全文改正及びその後の改正において、従来この否認規定が適用されていた上記各事項について、それぞれの否認規定が独立の条文として規定されたこと（法税34条～37条）、及び益金概念に関する基本規定が設けられたこと（法税22条2項）から、現在では、これらの項目の否認については、同族会社の行為・計算否認規定によらず、これら個別の規定を適用すれば足りることとなり、法人税法132条の適用範囲は狭くなったといえる。

しかし、この規定が意味を失ったわけではなく、その後においても次のような事案がある。

所得税の事案であるが、原告が代表者で出資持分98%を有する有限会社に対し、平成元年3月、株式を代金3450億円で譲渡したが、同会社の買取資金として、弁済期・利息を定めず、3455億余円を貸し付けたことにつき、当時の全国銀行の長期貸出約定平均金利5.58%の通常利息相当分の雑所得があったとの更正処分等がなされ、これに対する処分取消しの訴えを提起した。1審は原告の請求を全部棄却した。2審は過小申告加算税賦課決定を違法として取り消したが、上告審は過小申告加算税の賦課決定は適法として2審判決を破棄した（最判平16・7・20判時1873・123、1審東京地判平9・4・25判時1625・23、2審東京高判平11・5・31税資243・127（パチンコ平和事件[4]））。

また、赤字法人を合併法人、黒字法人を被合併法人とする、いわゆる逆さ合併が同族会社間で行われた事案において、その経済的実質は黒字法人が赤字法人を合併したものと評価して法人税法132条を適用し、同法57条による繰越欠損金の損金算入を否認した事例がある（広島地判平2・1・25判タ36・135）。

さらに、額面株式や発行価額の定めのある時期（平成13年法律79号改正前商法）の事例であるが、原告会社が、平成15年度、4億2000万円の利益があるところ、多額の貸付金を有するA社・B社（いずれも原告が100％出資の子会社）に対し増資引受けをし、A社につき額面の100倍の計2億3000万円、B社につき額面の29倍の計5億円の払込みをし、それぞれA社60株、B社8万8000株を取得した。直ちに原告は、貸付金の返済としてA社から2億3000万円、B社から5億円の返済を受けた。原告は、これらのA株を8万8000円で、B株を3万6000円で譲渡し、取得価格との差額4億2746万円につき有価証券売却損として損金に計上した。被告は、額面額を上回る7億7170万円は寄附金に該当するとして、法人税額の更正処分をした。原告はこれに対する異議申立て・審査請求を経て訴えを提起した。判決は、原告の貸付金の回収は不可能とはいえない、債務超過の会社に対し額面を大幅に超える増資払込みは合理性がない、税務署長は法人税法132条によって否認することができる、とした（東京地判平12・11・30訟月48・11・2785、東京高判平13・7・5税資251・8943）。

同じく額面株式や発行価額の定めのある時期（平成13年法律79号改正前商法）の事例であるが、原告会社が100％出資する子会社に対し額面をはるかに超える増資の払込みをし、その払込金とその株式の売却代金の差額につき損金として計上した金額につき、課税庁から額面を超える金額は寄附金に当たるとして法人税の更正処分を受け、これにつき訴えを提起したが、判決は、本件増資払込みは経済取引として十分に首肯し得る合理的理由は認められず、額面を超える部分は対価がなく、資産又は経済的利益の無償の供与として法人税法37条の寄附金に当たる、とした（福井地判平13・1・17訟月48・6・1560、名古屋高金沢支判平14・5・15税資252・9121）。

反対に、法人税法132条1項の適用が否定された事案であるが、外国法人により中間法人として設立された原告持株会社が、その子会社に同子会社の株式を譲渡し、それにより生じた譲渡損失額を所得の金額の計算上損金の額に算入し、欠損金額に相当する金額を連結所得の金額の計算上損金の額に算入して確定申告をしたところ、管轄税務署長から、上記譲渡損失額の損金算入を否認する旨の更正処分等を受けたため、その取消しを求めて訴えを提起した。それに対し、判決は、原告持株会社について、外国法人が内国企業を買収した際などの受皿会社として機能していたことなどから、正当な事業目的がなかったとはいい難く、また、原告持分会社から子会社への同子会社株式の譲渡についても意図的に譲渡損失額を生じさせるような事業目的のない行為をしたとまでは認め難いことなどを理由に、譲渡損失額の損金算入が法人税法132条1項にいう「不当」なものであると認めるには足りない、として原告の請求を認めた（東京地判平26・5・9判タ1415・186、東京高判平27・3・25判時2267・24。なお国からの上告受理申立ても不受理とされている最判平28・2・18平27年（行ヒ）304号（公刊物未登載）。

⑹　同族会社の行為・計算否認規定の適用について（所得税法、相続税法）

同族会社の行為・計算否認規定は、法人税法のみならず、所得税法157条1項1号、相続税法64条1項、地方税法72条の43第1項及び地価税法32条1項にも設けられている。

所得税法及び相続税法の同族会社の行為・計算の否認規定の適用に関する判例は、比較的少数にすぎない。所得税法に関し、①前掲の同族株主からの同族会社に対する無償貸付けにつき同規定を適用して、同族株主に貸付利息相当分の雑所得を認めて課税した事例（東京地判昭55・10・22訟月27・3・568、東京地判平9・4・25判時1625・23）、②同族株主の同族会社に対する高額な不動産管理料を必要経費とした不動産所得の計算について同規定を適用し、適正な管理料に基づいて不動産所得を計算した事例（東京地判平元・4・17 訟月 35・10・2004）、③同様に、同族株主が同族会社たる不動産管理会社を設立し、過少な賃貸料しか受け取らなかった事案につき、同規定を適用した事例（最判平 6・6・21 訟月 41・6・1539）などがある。

相続税法に関しては、被相続人がその生前に同族会社に対する貸金債権を放棄した事案につき、同族会社以外の者の行う単独行為は「同族会社の行為」といえないとして、同規定の適用を否定した事例（浦和地判昭 56・2・25 判時 1016・52）がある。

(7)　同族会社の行為・計算否認規定の連動適用

平成 18 年度税制改正で、同族会社の行為・計算の否認規定の適用により、法人税、所得税、相続税、贈与税又は地価税のいずれかにつき増額更正が行われた場合には、それに連動して他の租税の更正・決定を行うことができる旨規定された（法税 132 条 3 項、所税 157 条 3 項、相税 64 条 2 項、地価税 32 条 3 項）。

(8)　同族会社の行為・計算否認と第二次納税義務者

同族会社の行為・計算の否認により課税が行われたが、その納税義務者が租税を滞納し徴収が不能となる場合、否認された行為によって利益を受けた者は、受けた利益の額を限度として、滞納租税につき第二次納税義務を負う（国徴 36 条 3 号）。

1）　以下、金子宏『租税法（第 22 版）』493～505 頁（弘文堂、2017 年）。

2）　同族会社に該当するかどうか、また、法人税法 67 条の規定の適用がある特定同族会社に該当するかどうかについては、法人税申告書レベルでは別表第二において判定する。

3）　中里実・佐藤英明・増井良啓・渋谷雅弘編『租税判例百選（第 6 版）』（別冊ジュリスト 228 号）118 頁（有斐閣、2016 年）。

4）　本事件では、更正処分における信義則の問題が争われた。控訴審は、東京国税局職員が編集した税務相続の解説書に、会社が代表者から運転資金として無利息で金銭を借り受けたという設例について、所得税法上、別段の定めのあるものを除き、担税力の増加を伴わないものについて課税の対象とならない、代表者個人には所得税が課税されることはない旨の記述につき、原告が税務当局は個人から法人への無利息貸付けにつき、所得税を課さない見解を持つものと解したことは、無理からぬところで、国税通則法 65 条 4 項にいう正当な理由があると判断した。

これに対し、最高裁は、本件解説書の設例は代表者の経営責任の観点から、当該無利息貸付けに社会的経済的に相当な理由があることを前提とする記述であり、不合理、不自然な経済活動として本件規定の適用が肯定される本件とは事案を異にする、被上告人の顧問税理士等の税務担当者において本件貸付けに本件規定が適用される可能性を疑ってしかるべきであった、国税通則法 65 条 4 項にいう正当な理由はないと判断した。

4　中小企業の特例措置

1　中小法人への税負担の軽減政策

内国法人であれば、大企業であろうと中小企業であろうと法人税を課されるものであるが（法税4条1項）、中小法人は、大企業と比較し経営基盤が脆く、資金調達能力も低いことから、軽減税率など以下のような特例措置が設けられている[1]。

なお、ここに、中小法人とは、各事業年度終了のときにおいて資本金の額若しくは出資金の額が1億円以下の法人をいう（法税66条2項。ただし、租税特別措置法規定の特例措置については、平成31年4月1日以後に開始する事業年度から、課税所得（過去3年間平均）が15億円以下であることが適用要件とされる）。

⑴　法人税の軽減税率（法税66条2項、租特42条の3の2）

法人税の基本税率は23.4％であるが（法税66条1項。平成30年4月1日以後の開始事業年度については23.2％）、資本金1億円以下の中小法人の場合、年800万円以下の所得の部分については、法人税率が19％と軽減され（法税66条2項。平成30年4月1日以後も同様の予定）、さらに平成29年3月31日までに開始する事業年度については15％とされている（租特42条の3の2。平成29年度税制改正により平成31年3月31日まで延長予定）。

⑵　特定同族会社の特別税率の不適用（法税67条1項）

法人が、一定の限度額を超えて所得を留保した場合には、①通常の法人税のほかに、②限度額を超えた留保金に対し、さらに税金を課すことで、個人企業と同族会社間の税負担の公平等を図っているが（「3　同属会社」5参照）、資本金1億円以下の中小企業は適用を除外されている（法税67条1項括弧書）。

⑶　**貸倒引当金制度の適用**（法税52条1項1号イ・2項、租特57条の9第1項）

貸倒引当金とは、金銭債権等が取立不能となるおそれがある場合に、取立不能見込額として計上される引当金のことであり、その一部を損金として算入することが認められていたが、平成24年法人税法改正によって、原則として貸倒引当金制度は廃止されることとなった。もっとも、中小法人に関しては、同改正法施行後も従前どおり貸倒引当金制度が存置され（法税52条1項1号イ）、貸倒引当金として繰り入れる限度額も、過去3年の貸倒実績率ではなく、法定繰入率により計算することが許されている（租特57条の9第1項）。

⑷　**交際費等の損金不算入制度における定額控除制度**（租特61条の4第1項・2項）

交際費等は、本来的には法人の費用に該当するものであるが、その中には事業との関連性や必要性が希薄な支出も含まれることも多いことから、その損金算入が制限されており、原則として、交際費等の額のうち接待飲食費の額の100分の50に相当する金額を超える部分の金額は、当該事業年度の所得の金額の計算上、損金の額に算入しないとされている（租特61条の4第1項）。

他方、中小法人の場合、地域経済の活性化等の政策的理由も加わり、年間800万円までは全額損金算入が認められている（租特61条の4第2項）。

⑸　**欠損金の繰戻しによる還付制度**（法税80条、租特66条の13）

欠損金の組戻しによる還付制度とは、前期は黒字により法人税を納付した法人が、経営悪化などで今期は赤字に陥った場合に、1年以内に開始したいずれかの事業年度に赤字分を繰り戻して、納税した法人税額の還付を受けることができる制度であり（ただし、平成28年度税制改正では、適用期間は、平成30年3月31日までに終了する事業年度に欠損金が生じた場合とされている）、中小法人等以外の法人には適用がなされていない（中小法人等以外の法人においては、平成4年4月1日から平成30年3月31日までの間に終了する各事業年度において生じた欠損金額については適用が停止されている)。

(6)　欠損金の繰越控除制度における控除限度額（法税57条1項等）

欠損金の繰越控除制度は、当期に税務上の欠損金が発生した場合に、その欠損金を繰越し、翌期以降の課税所得から控除することができる制度である。その控除限度額は、大法人が所得の一定割合（事業年度開始日が、平成27年4月1日から平成28年3月31日までは65%、平成28年4月1日から平成29年3月31日までは60%、平成29年4月1日から平成30年3月31日までは55%、平成30年4月1日以降は50%）に限定されているのに対し、中小法人は所得全額の控除が認められている。

2　軽減政策の適用を受けない中小法人の範囲

(1)　適用範囲制限の経緯

平成22年度税制改正前には、その法人の資本金の額（1億円以下）を基準にして中小法人に該当するかどうかを判断していた。しかし、中小法人の中には大会社の子会社なども少なからず存在し、しかも大会社の子会社は大会社と一体で経営が行われており、単純に中小企業で体質が弱いとはいえない等の指摘があった。このような実態を考慮し、平成22年法人税改正におけるグループ法人税制の導入を契機として、資本金の額若しくは出資金の額が5億円以上の法人又は相互会社等を大法人とし（法税66条6項2号)、大法人と完全支配関係にある子法人については、軽減税率の特例等の適用がないこととなった。さらに、平成23年法人税改正においては、100%グループ内の複数の大法人によって発行済株式の全部を保有されている法人についても、上記特例が不適用とされることとなった（法税66条6項3号)[2)3)]。

(2)　特例制度が適用されない中小法人の範囲

① 大法人とは次のような法人をいう（法税66条6項2号)。なお、大法人には協同組合、外国法人も含まれる。

ア　資本金の額又は出資金の額が5億円以上である法人

親法人の資本金の額が５億円以上かどうかは、対象法人の事業年度終了の時において判定する。

イ　相互会社又は外国相互会社

ウ　法人課税信託の受託法人

② 「大法人と完全支配関係にある」とは、大法人が普通法人の発行済株式等の全部を直接又は間接に保有する関係をいう。例えば、普通法人の発行済株式等の全部を直接に保有する法人（以下、法基通 16-5-1において「親法人」という）が大法人以外の法人であり、かつ、当該普通法人の発行済株式等の全部を当該親法人を通じて間接に保有する法人が大法人である場合のように、当該普通法人の発行済株式等の全部を直接又は間接に保有する者のいずれかに大法人が含まれている場合には、当該普通法人と当該大法人との間に大法人による完全支配関係がある（法基通 16-5-1）ことになる。したがって、親法人による完全支配関係がある孫法人・曾孫法人等も対象となる（下記【図1】）。

図１

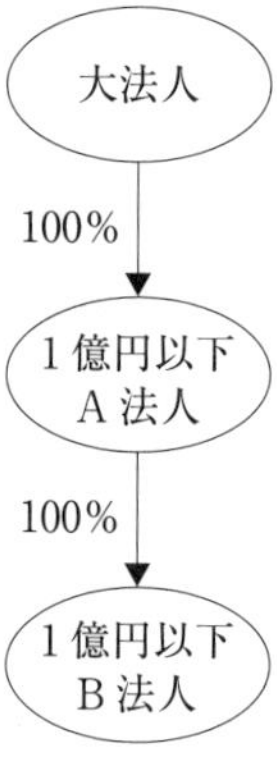

※　Ａ法人、Ｂ法人について中小特例の適用なし

図２

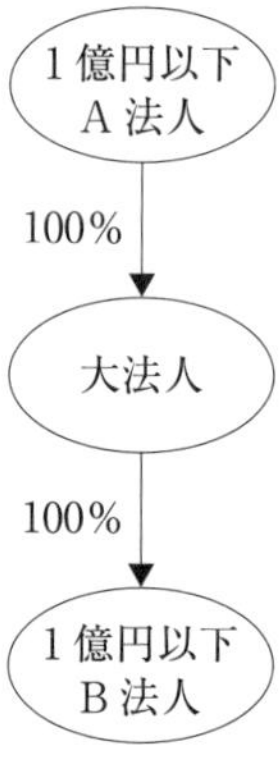

※　Ａ法人について中小特例の適用あり
Ｂ法人について適用なし

③ 「100%グループ内の複数の大法人によって発行済株式の全部を保有されている法人」とは、複数の大法人を完全支配する法人がいるこ

とを条件に、当該複数の大法人が分散して発行済総株式を保有している場合である。例えば、グループ内の大法人３社に、それぞれ株式の30%、30%、40%を保有されている中小法人がこれに当たる（下記【図３】）。

図３

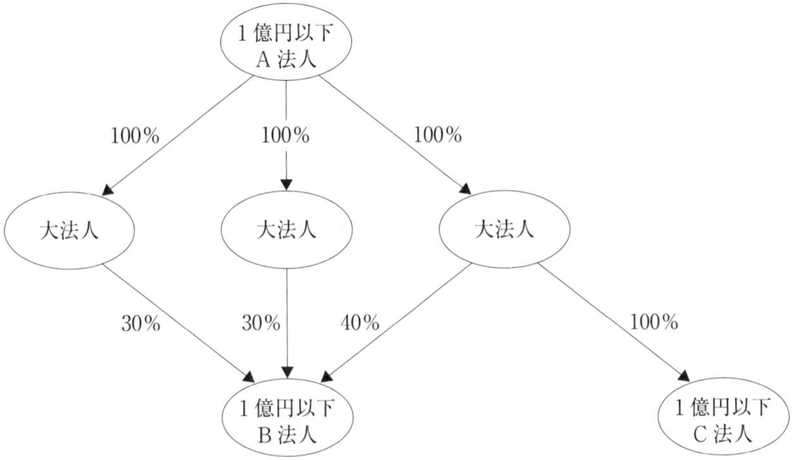

※　A法人については中小特例の適用あり、B法人、C法人については適用なし

なお、②では１社の大法人による完全支配関係が前提となっており、③のケースでは中小法人税制の特例が受けられたため、平成23年法人税改正により適用除外に加えられた。

1）　金子宏『租税法（第22版）』431・432頁（弘文堂、2017年）。
2）　前掲注1)・金子431・432頁。
3）　国税庁HPタックスアンサー、法人税、資本に関する取引等「No.5800　一定の大法人等の100%子法人等における中小企業向け特例措置の不適用について」(https://www.nta.go.jp/taxanswer/hojin/5800.htm)。

Ⅱ 設　立

5　金銭出資の場合

1　株式会社の設立の会社法上の定義等

株式会社の設立とは、株式会社の実体を形成しこれに法人格を与えることをいう[1)]。株式会社の設立の形態としては、新規に会社の実体を形成する会社法第2編第1章（会社25条以下）の設立のほか、新設合併（会社753条）、新設分割（会社763条）及び株式移転（会社773条）のように、設立されるべき会社の実体が既に存在し、法人格付与のための手続を行う場合もあるが、本項では、新規に会社の実体を形成する会社法第2編第1章の設立について述べる。

株式会社の設立に当たり、株主となる者がその出資に係る金銭として払い込んだ額は、原則としてその全額が資本金の額となる（会社445条1項）。但し、その例外として、払い込んだ金銭の額の2分の1を超えない額は資本金として計上せず、資本準備金に計上することができる（会社445条2項・3項）。

2　金銭出資の場合の税法上の取扱い

株式会社の設立の税法上の取扱いは、金銭出資の場合と、現物出資の場合とで異なる。本項では金銭出資の場合について述べる。現物出資の場合については「6　現物出資の場合」を参照。

(1)　設立会社側の税務

法人税法上、株主等から出資を受けた金額は資本金等の額の増加に該当し（法税令8条1項1号）、資本等取引として益金の額を構成せず、法人税の課税の対象にはならない（法税22条2項・5項）。これは、所得に対して課税し、原資・元手には課税しないという所得課税の考え方に由来している。また、法人税法は、資本金等の額と利益積立金額は厳格に区別され、企業の利益と損失は損益取引のみから生じ、資本取引からは生じないという、企業会計原則の考え方をより一層、徹底しているといえる[2)]。

⑵ 出資者（株主）側の税務

① 出資時の取扱い

会社設立において行われる出資及びこれに伴う株式引受けそのものは、出資者にとっては株式等の有価証券の取得になる。

② 取得価額

株主が金銭の払込みにより取得した株式の取得価額は、原則として、その払い込んだ金額に払込みによる取得のために要した費用を加算した金額である（法税令119条1項2号、所税令109条1項1号）。

1）　酒巻俊雄・龍田節編集代表『逐条解説会社法（第1巻）』211頁（中央経済社、2008年）。

2）　企業会計原則第一　一般原則3、同注解（注2）。金子宏『租税法（第22版）』327頁（弘文堂、2017年）。

6　現物出資の場合

1　現物出資の会社法上の取扱い

現物出資とは、金銭以外の財産での出資をいう（会社28条1号）。現物出資については、目的物である財産が不当に高く評価されると、会社の財産的基礎を危うくし、資本充実が損なわれることから、変態設立事項とされ、原則として検査役の選任及び調査が要求されている（会社33条）。

株式会社の設立に当たり、株主となる者が株式会社に給付した財産の額は、原則としてその全額が資本金の額となる（会社445条1項）。但し、その例外として、給付に係る額の2分の1を超えない額は資本金として計上せず、資本準備金に計上することができる（会社445条2項・3項）。

2　現物出資の税法上の取扱い

現物出資の税法上の扱いは、個人と法人によって異なる。現物出資者が個人の場合、現物出資資産の受入れは常に時価で行うが、法人の場合は「適格現物出資」と「非適格現物出資」に分けて課税関係が定められている。これを前提に、設立会社側の税務と現物出資者側の税務に分けて述べる（適格現物出資・非適格現物出資の詳細は、「14　現物出資一般」を参照）。

(1)　設立会社側の税務

①　法人税の課税の有無

現物出資（会社28条1号）は、金銭出資と同様、設立会社からすると資本金の額等の増加を生ずる取引として資本等取引に該当するため、課税の問題は生じない（法税22条2項・5項）。

②　資本金等の額及び資産の取得価額

現物出資により加算される資本金等の額及び資産の取得価額については、その現物出資が適格現物出資に該当するか否かにより異なる。

適格現物出資に該当するか否かを判断する適格要件は、「企業グループ内の現物出資」及び「共同事業を営むための現物出資」に区別されて要件が定められている（法税2条12号の14、法税令4条の3第12項～15項）。

適格要件に該当しない場合が非適格現物出資とされており、法人税法では非適格現物出資が原則的な取扱いである。適格・非適格の区別は現物出資者が法人の場合のみであり、現物出資者が個人の場合には、原則どおり時価で取得したものとされる（法税令8条1項1号）。

(i) 非適格現物出資の場合――原則（時価）

非適格現物出資の場合の資本金等の額（法税2条16号）に加算される額は、株主から給付を受けた財産の価額（時価）である（法税令8条1項1号）。但し、現物出資の直前において営む「事業」及び「当該事業に係る主要な資産又は負債のおおむね全部」が現物出資法人から被現物出資法人に移転する場合には（法税62条の8、法税令123条の10第1項）、現物出資の対価として現物出資法人に交付した被現物出資法人株式の時価相当額が資本金等の額に加算される（法税令8条1項9号）。この場合、現物出資法人から移転を受けた資産及び負債の時価純資産価額と被現物出資法人株式の時価との差額は、「資産調整勘定」又は「負債調整勘定」として計上される（法税62条の8、法税令123条の10第1項）。

資産の取得価額は、その取得の時における当該資産の取得のために通常要する価額（時価）及び付随費用の合算額である（法税令32条1項3号・54条1項6号・119条1項27号）。

(ii) 適格現物出資の場合――例外（簿価）

ア　適格現物出資の概要

適格現物出資の場合には、被現物出資法人において、現物出資対象資産を当該適格現物出資の直前の帳簿価額で取得したものとして、譲渡損益の計上を繰り延べることとした（法税62条の4第2項、法税令123条の5）。

イ　現物出資がなされた場合の当該現物出資に係る資本金等の額

現物出資の対象となる資産について資本金等の額に加算される額は、現物出資した法人における当該適格現物出資の直前の移転資産の帳簿価額から移転負債の帳簿価額を控除した金額である(法税2条16号、法税令8条1項8号)。

ウ　現物出資対象資産及び負債の取得価額

現物出資により出資された資産及び負債の取得価額は、現物出資した法人における直前の帳簿価額（その取得のために要した費用がある場合にはその費用の額を加算した金額）とされている(法税62条の4第2項、法税令123条の5)。したがって、現物出資された資産に含み益がある場合、その含み益は現物出資により設立された会社に繰り延べられ、設立された会社が将来当該現物出資された資産を譲渡した時点で課税対象となる[1]。

(2)　現物出資者側の税務

①　現物出資者が法人の場合

(i)　非適格現物出資の場合――原則

ア　法人による現物出資では、現物出資対象資産の譲渡から得られた収益の額が益金の額とされ（法税22条2項)、現物出資直前の税務上の帳簿価格（簿価）がその収益に係る原価として損金の額に算入され（法税22条3項)、差額が譲渡損益として計上される

イ　原則として、現物出資対象資産の給付時の価額（時価）をもって株式の取得価額を計上することを要し（法税令119条1項2号)、当該時価相当額が収益の額となり、出資資産の出資直前の帳簿価額がその収益に係る原価として損金の額に算入され、出資資産の移転の日において譲渡差益が計上される[2]（法基通1-4-1・2-1-14・2-1-16)

ウ　現物出資対象資産を過小に評価した場合、現物出資対象資産の時価と出資により取得した株式の時価との差額の税務上の取扱いについては明らかにされていないが、具体的な事情に応じ、実質的に贈与又は無償の供与をしたと認められる金額は、寄附金に該

当するものとされている（法税37条8項・81条の6第6項・132条）[3]

(ii) 適格現物出資の場合

適格現物出資に該当する場合には、現物出資対象資産は直前の帳簿価格により譲渡されたものとされるため（法税62条の4第1項）、現物出資時には譲渡損益は認識されず、課税が繰り延べられる。適格現物出資の場合に出資者である法人が取得する株式の取得価額は、現物出資直前の移転資産の帳簿価格から移転負債の帳簿価格を減算した金額（株式の交付を受けるために要した費用がある場合にはその費用を加算した金額）である（法税令119条1項7号）。

② 現物出資者が個人の場合

(i) 法人に現物出資した場合も資産の譲渡になるため、現物出資者に譲渡益が発生した場合、原則として譲渡所得等として所得税が課税される（所税33条）。

(ii) 当該譲渡所得の額は、譲渡資産の収入金額から当該所得の基因となった資産の取得費及びその資産の譲渡に要した費用の合計額を控除し、その残額の合計額から譲渡所得の特別控除額を控除した金額とされている（所税33条3項）。但し、譲渡資産が不動産・株式等の場合には、分離課税となる（租特31条・32条・37条の10等）。

(iii) 現物出資の場合の譲渡収入金額は、原則として、現物出資により取得した株式の時価による評価額とされている（所税36条）。但し、出資と引換えに交付される株式の時価相当額がその出資資産の時価に比して著しく低い場合（資産の譲渡時における価額の2分の1に満たない場合をいう（所税令169条））には、その資産の出資時の価額により譲渡があったものとみなして課税される（所税59条1項）。譲渡所得の本質は、所有資産の価値の増加益たるキャピタル・ゲインであるところ、このみなし譲渡はキャピタル・ゲインに対する無限の課税繰延べを防止することを目的としていると考えられる。[4]

(iv)　なお、同族会社（法税2条10号）では、時価より著しく低い価額で現物出資があった場合、所得税ではなく、現物出資者以外の株主の出資の価額の増加した部分に対して、贈与税が課税される（相税9条、相基通9-2）。

1）　中野百々造『会社法務と税務（全訂5版）』287頁（税務研究会出版局、2012年）。
2）　前掲注1）・中野784頁。
3）　前掲注1）・中野798頁。
4）　金子宏『租税法（第22版）』253頁（弘文堂、2017年）。

7　財産引受け

1　会社法上の定義及び定款に記載のない財産引受けの効果

⑴　財産引受け（会社28条2号）とは、発起人が会社のため会社の成立後（会社の成立を停止条件として）特定の財産を譲り受けることを約する契約をいい、現物出資と同じく一定の場合を除き検査役の調査が必要である[1)]。

⑵　定款に記載のない財産引受けの効果について判例は、株主・会社債権者保護の要請から絶対的に無効であり、成立後の会社が追認することはできない、とする（最判昭28・12・3民集7・12・1299、最判昭61・9・11判時1215・125）。

2　財産引受けの無効と税務上の効果

法律上無効の財産引受けに基づいて会社に課税処分がなされた場合、係る処分を取り消し得るかが問題となる。

この点に関し、財産引受けの手続を経ることなく個人名義のまま所有する山林を会社の資産に計上し、第三者に売却したところ、税務署長が当該会社法人に対して課税した事案において、千葉地裁は、当該会社による課税処分取消しの請求を棄却した（千葉地判昭45・12・25行裁集21・11＝12・1460（最判昭49・4・9税資75・82で上告棄却））。千葉地裁は、その理由として、財産引受けは定款に記載しない限りその効力を生じないとする規定（平成17年法律87号改正前有限会社法7条3号）は資本充実の原則より定められるところ、本件山林の財産引受けはこの原則を破るものではなく、「設立された会社が現実にこれ等資産を同会社の所有財産として経済的にこれを帰属させ、利用収益している事実の認められるときは、私法上の法律効果とは別個に事実上発生存続している経済的効果に対し、税法上、税を課するのは、その実質主義の建前から許されなければならない」と判示した。

1）　江頭憲治郎『株式会社法（第6版）』73頁（有斐閣、2015年）。

8 発起人報酬・設立費用

1 発起人報酬・設立費用の会社法上の扱い

会社法上、発起人報酬等（会社28条3号）及び設立費用（会社28条4号）については、会社財産の濫用防止のため、定款に定めることを必要とする。ここで、発起人報酬とは、発起人が成立後の会社から受ける利益のうち、金額が確定し、会社の費用として取り扱われるものをいい、設立費用とは、会社の設立の事務の執行のため必要な費用であり、設立事務所の賃料や創立総会の費用等がこれに含まれる[1)]。なお、設立費用のうち、定款の認証手数料（会社30条1項）・印紙税（印税別表第一6号)、払込取扱金融機関に支払う手数料・報酬（会社34条2項・64条)、検査役に対する報酬（会社33条3項）及び設立登記のための登録免許税（登免税別表第一24号（一）イ）は、金額に客観性があり濫用のおそれがないので、定款に記載がなくても当然に成立後の会社の負担となる（会社28条4号括弧書、会社規5条)。

2 発起人報酬・設立費用の会計上の扱い

会計上、これらの費用はいわゆる創立費に該当する。最初の事業年度で全額費用とすることもできるが、繰延資産として資産の部に計上することもできる（会社計算74条3項5号)。この場合、5年以内のその効果の及ぶ期間にわたって定額法により償却しなければならない。

3 発起人報酬・設立費用の法人税法上の扱い

法人税法上、創立費は繰延資産に該当する（法税令14条1項1号)。任意の償却とされているため将来にわたり償却することもできるが、最初の事業年度にその全額を損金に算入することもできる（法税令64条1項1号)。これは、資産性が弱く、債権者や株主の利益を保護するために早めに償却させる必要があるとの考慮に基づくと考えられる[2)]。

法人税基本通達8-1-1は、法人がその設立のために通常必要と認められる費用を支出した場合に、当該費用を当該法人の負担とすべきことが定款に記載がなくても創立費に該当する、とする。この通達の趣旨は、上記会社法28条4号括弧書と同様である。問題となるのは定款に記載されていない発起人報酬である。通達は、その報酬が必要な範囲のもので、適正な金額と認められる場合は、法人税上、法人負担を認めるものと考えられる[3)]。

1）　江頭憲治郎『株式会社法（第6版）』76頁（有斐閣、2015年）。
2）　金子宏『租税法（第22版）』368頁（弘文堂、2017年）。
3）　小原一博編著『法人税基本通達逐条解説（8訂版）』649頁（税務研究会出版局、2016年）。

9　諸手続

会社を設立した場合、設立の日以後2カ月以内に、法人設立届書を、納税地（連結子会社にあっては本店所在地）の所轄税務署長に提出しなければならない（法税148条。フォーマットは各税務署に備置されているほか、国税庁のウェブサイトからもダウンロードできる）。

そのほか各種届出や申請が必要であり、その種類も数多くあるが、主なものをまとめると以下のとおりとなる。

1　税務署への届出等

⑴　**法人設立届出書**（法税148条）

設立の日から2カ月以内。届出書には、定款等の写し、株主等の名簿の写し、設立趣意書、設立時の貸借対照表、合併等により設立されたときは被合併法人等の名称及び納税地を記載した書類を併せて添付する[1)]（法税規63条）。

⑵　**給与支払事務所等の開設届出書**（所税230条、所税規99条）

開設した日から1カ月以内

⑶　**消費税の各種届出書**

消費税課税事業者届出書、消費税簡易課税制度選択届出書など

⑷　**青色申告の承認申請書**（法税122条）

設立の日から3カ月経過した日又は第一期事業年度終了の日とのいずれか早い日の前日まで

⑸　**源泉所得税の納期の特例の承認に関する申請書**

随時（従業員10人未満の会社が対象）

⑹　**その他**

減価償却資産の償却方法の届出書、棚卸資産の評価方法の届出書、酒税法や揮発油税法等に基づく営業等開始申告書等、会社の状況に応じて提出が求められる場合がある。

2　都道府県税事務所及び市町村への届出等

法人設立・設置届出書（事業開始等申告書）

各都道府県及び各市町村で定める期間内

1）　平成29年度税制改正により、平成29年4月1日以降の法人設立届出書等について登記事項証明書の添付は不要となった。

Ⅲ 株　　式

10 新株発行（金銭出資）1――概要

1 会社法上の定義

新株発行について、会社法では、第2編「株式会社」第2章「株式」第8節（会社199条～213条の3）に「募集株式の発行等」を設けている。募集株式とは、「当該募集に応じてこれらの株式の引受けの申込みをした者に対して割り当てる株式」（会社199条1項）である。募集株式には、新たに発行される株式だけでなく、処分される自己株式も含まれるが、自己株式については、「22　自己株式の処分・消却」で述べる。

会社法上、株式会社（株式の発行会社）では、原則として、株主となる者が払込み又は給付をした財産の額が資本金の額となるが、払込み又は給付をした財産の額の2分の1を超えない額については、資本金として計上せず、資本準備金とすることができる（会社445条1項～3項）。

2 税法の考え方

新株発行について、租税法上の定義規定は定められていないものの、法人税法施行令8条1項1号ないし3号の資本金等の額の規定に、「株式の発行」及び「自己の株式の交付」について定められている。税務上、発行会社に払い込まれた金銭の額は、発行会社の資本金等の額となり（法税2条16号、法税令8条1項1号）、資本等取引（法税22条5項）に該当するので、発行会社において、払い込まれた金銭には、法人税は課税されない。

本書では、新株発行のうちの金銭出資の場合について、概要・株主割当て・第三者割当て・その他の4項目に分けて説明し、その後に、現物出資及びデット・エクイティ・スワップ（DES）について説明する。

3　新株発行（金銭出資）の税務上の取扱いの概要

本項では、株主割当てか第三者割当て（公募を含む）かで場合分けをしたうえで、それぞれの場合に登場する三者（A 発行会社、B 出資を履行し株主となる者（株式引受人）及び C 株式引受人以外の株主）について、税務上の取扱いの概要を説明する。

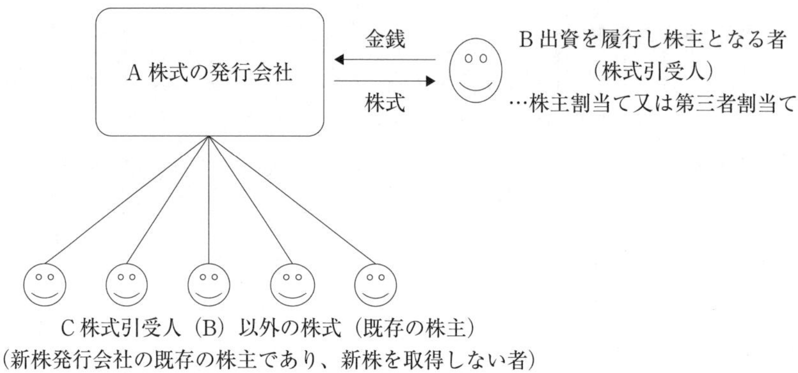

⑴　株主割当て

①　株式の発行会社

発行会社に払い込まれた金銭の額は、資本金等の額となり（法税 2 条 16 号、法税令 8 条 1 項 1 号）、払い込まれた金銭には、法人税は課税されない。

②　出資を履行し株主となる者（株式引受人）

⒤　法人株主の場合

㋐　株式の取得価額

原則として、払込みをした金銭の額に払込みによる株式取得のために要した費用（付随費用）の額を加算した金額（法税令 119 条 1 項 2 号）をいう。

有利発行の場合は時価（法税令 119 条 1 項 4 号）をいう[1]。

㋑　法人税の課税

a　時価発行　　課税されない。

b　有利発行　　株主割当てで、「他の株主等に損害を及ぼすおそれがないと認められる場合」（法税令119条1項4号、法基通2-3-8）には、課税されない。上記場合以外では、新株の時価と払込金額との差額について、新株の取得時点において受贈益（益金）の計上が生じ課税される（法税22条2項（無償による資産の譲受け））。

(ii)　個人株主の場合

(ア)　株式の取得価額

原則として、払込みをした金銭の額に払込みによる株式取得のために要した費用（付随費用）の額を加算した金額（所税令109条1項1号）をいう。

有利発行の場合は時価（所税令109条1項3号）をいう。

(イ)　課　税

a　時価発行　　所得税・贈与税は課税されない。

b　有利発行　　株主割当てで、「他の株主等に損害を及ぼすおそれがないと認められる場合」（所税令84条2項）には、所得税は課税されない。上記場合以外では、新株の時価と払込金額との差額について、株式の申込みをした日（所基通23～35共-6の2）において所得税法36条2項の収入金額があるものとして課税される。

なお、同族会社では、失権株が生じることによって新株を取得した個人株主が利益を受けた場合に、贈与税が課税されることがある（相税9条、相基通9-7）。

③　上記②（株式引受人）以外の株主（新株発行会社の既存の株主であるが、新株について払込みを行わず、新株を取得しない者（失権株））

法人税・所得税・贈与税は課税されない。

(2)　第三者割当て（公募を含む）

①　時価発行の場合

(i)　株式の発行会社

発行会社に払い込まれた金銭の額は、資本金等の額となり（法税2条16号、法税令8条1項1号）、払い込まれた金銭には、法人税は課税されない。

(ii) 出資を履行し株主となる者（株式引受人）

(ア) 法人株主の場合

法人税は課税されない（時価で取得しているので受贈益は発生しない）。

株式の取得価額は、払込みをした金銭の額に払込みによる株式取得のために要した費用（付随費用）の額を加算した金額（法税令119条1項2号）となる。

(イ) 個人株主の場合

所得税・贈与税は課税されない（時価で取得しているので株主間で経済的利益の移転は生じない）。

株式の取得価額は、払込みをした金銭の額に払込みによる株式取得のために要した費用（付随費用）の額を加算した金額（所税令109条1項1号）となる。

(iii) 上記(ii)（株式引受人）以外の株主（新株発行会社の既存の株主であり、新株を取得しない者）

法人税・所得税・贈与税は課税されない（時価で取得しているので株主間で経済的利益の移転は生じない）。

② 有利発行の場合[2)]

(i) 株式の発行会社

発行会社に払い込まれた金銭の額は、資本金等の額となり（法税2条16号、法税令8条1項1号）、資本等取引に該当するので（法税22条5項）、払い込まれた金銭には、法人税は課税されない。

(ii) 出資を履行し株主となる者（株式引受人）

(ア) 法人株主の場合

株式の取得価額は、時価となる（法税令119条1項4号）。

新株の時価と払込金額との差額について、受贈益の計上（益金）が生じ法人税が課税される（法税 22 条 2 項（無償による資産の譲受け））。

⑷　個人株主の場合

株式の取得価額は、払込期日の時価となる（所税令 109 条 1 項 3 号）。

払込期日における株式の時価から株式の発行価額（払込金額）を控除した額について、所得税が課税される（所税 36 条、所税令 84 条 2 項 5 号・109 条 1 項 3 号[3]）。

なお、同族会社では贈与税が課税されることがある（相税 9 条、相基通 9-4）。

(iii)　上記(ii)（株式引受人）以外の株主（新株発行会社の既存の株主であり、新株を取得しない者）

原則として法人税・所得税・贈与税は課税されない[4]。

1）「他の株主等に損害を及ぼすおそれがないと認められる場合」を除く（法税令 119 条 1 項 4 号、法基通 2-3-8）。

2）　非上場会社が株主以外の者に新株を発行するに際し、客観的資料に基づく一応合理的な算定方法によって発行価額が決定されていたといえる場合には、その発行価額は、特別の事情のない限り、「特ニ有利ナル発行価額」（平成 17 年改正前商法 280 条ノ 2 第 2 項、会社法 199 条 3 項）には当たらない（アートネイチャー事件。最判平 27・2・19 民集 69・1・51）。

3）　新株の発行会社に源泉徴収義務が発生することがある（所税 6 条・183 条・199 条）。

4）　但し、最高裁判例には、親会社が 100% 出資の子会社の発行済株式の 15 倍の新株を関連会社に著しく有利な価格で発行させて、子会社の資産価値を親会社から関連会社に移転させた事案において、この資産価値の移転は法人税法 22 条 2 項にいう取引に当たるとし、親会社の当該事業年度の益金の額に算入するものと判断したものがある（いわゆるオウブンシャホールディング事件。最判平 18・1・24 判タ 1203・108、判時 1923・20）。

11　新株発行（金銭出資）2——株主割当て

株主にその有する株式の内容及び数に応じて新株式を発行する株主割当ての新株発行における税務上の取扱いは、以下のとおりである[1)]。

1　株式の発行会社

発行会社に払い込まれた金銭の額は、税務上、資本金等の額となる（法税2条16号、法税令8条1項1号）。

発行会社において、払い込まれた金銭には、法人税は課税されない。株式の払込みは、資本等取引（法税22条5項）に該当し、払い込まれた金銭は益金には当たらない（法税22条2項）からである。

2　出資を履行し株主となる者（株式引受人）

⑴　法人株主の場合

①　株式の取得価額

法人が金銭の払込みにより株式を取得した場合の株式の取得価額は、払込みをした金銭の額に払込みによる株式取得のために要した費用（付随費用）の額を加算した金額である（法税令119条1項2号）。

但し、株式の発行価額が株式引受人にとって有利な価額である場合には（有利発行。「他の株主等に損害を及ぼすおそれがないと認められる場合」を除く）、株式の取得価額は時価（法税令119条1項4号「その取得の時におけるその有価証券の取得のために通常要する価額」）である。

「他の株主等に損害を及ぼすおそれがないと認められる場合」とは、「株主等である法人が有する株式の内容及び数に応じて株式又は新株予約権が平等に与えられ、かつ、その株主等とその内容の異なる株式を有する株主等との間においても経済的な衡平が維持される場合をいう」（法基通2-3-8）。他の株主等に損害を及ぼすおそれがある場合の例としては、2以上の種類の株式を発行している場合において、1の種類の株式のみを対象に新株の有利発行又は株式無償交付を行い、他の種類株式の価値を低下させる場合が挙げられている。[2)]

②　法人株主に対する課税

(i)　時価発行

株式の発行価額が時価である場合（時価発行）は、株主間の価値の移転がないので、株式引受人である法人株主に対し、法人税は課税されない。

(ii)　有利発行

株式の発行価額が株式引受人にとって有利な価額である場合（有利発行）であっても、「他の株主等に損害を及ぼすおそれがないと認められる場合」（法税令119条1項4号、法基通2-3-8）には、株主間の価値の移転がないので、株式引受人である法人株主に対し、法人税は課税されない。

これに対し、有利発行であり、「他の株主等に損害を及ぼすおそれがないと認められる場合」以外では、次項「12　新株発行（金銭出資）3――第三者割当て」（2(2)①）と同様に、株式の取得価額は、時価（「その取得の時におけるその有価証券の取得のために通常要する価額」。法税令119条1項4号）となる。法人株主は、新株の時価と払込金額との差額について、新株の取得時点において受贈益（益金）の計上が生じ、法人税が課税されることになる（法税22条2項（無償による資産の譲受け））。

なお、有利な発行価額の意義については、「12　新株発行（金銭出資）3――第三者割当て」2(2)において述べる。

(2)　個人株主の場合

①　株式の取得価額

個人株主が金銭の払込みにより取得した場合の株式の取得価額は、払込みをした金銭の額に払込みによる株式取得のために要した費用（付随費用）の額を加算した金額である（所税令109条1項1号）。

但し、株式の発行価額が株式引受人にとって有利な価額である場合には（有利発行。「他の株主等に損害を及ぼすおそれがないと認められる場合」を除く（所税令84条2項））、株式の取得価額は時価である（所税令109条1項3号）[3]。

② 個人株主に対する課税

(i) 時価発行

株式の発行価額が時価である場合（時価発行）は、株主間の価値の移転がないので、株式引受人である個人株主に対し、所得税・贈与税は課税されない。

(ii) 有利発行

株式の発行価額が株式引受人にとって有利な価額である場合（有利発行。所基通23～35共-7）であっても、「他の株主等に損害を及ぼすおそれがないと認められる場合」（所税令84条2項、所基通23～35共-8）には、株主間の価値の移転がないので、株式引受人である個人株主に対し、所得税は課税されない。上記場合以外では、新株の時価と払込金額との差額について、株式の申込みをした日（所基通23～35共-6の2）において所得税法36条2項の収入金額があるものとして課税される。

なお、相続税法基本通達9-7では、同族会社[4]の株主割当てでの新株発行において、株式割当権を与えられた一部の株主が出資の履行をせず失権株が生じ、新株発行割合（新株発行前の発行済株式総数に対する新株の割合）を超えた割合で新株を取得した者があるとき、その者が失権株主の親族等である場合には、当該失権株の発行が行われなかったことにより受けた利益の総額のうち、所定の算式により計算した金額に相当する利益をその者の親族等である失権株主のそれぞれから贈与によって取得したものとして取り扱うものとしている（相税9条）。つまり、この場合には、株主間の価値の移転があるので、株式を取得した個人株主には贈与税が課されるものとされている。

3　上記2（株式引受人）以外の株主（新株発行会社の既存の株主であるが、新株について払込みを行わず、新株を取得しない者（失権株））

上記2（株式引受人）以外の株主には、法人税・所得税・贈与税は課税されない。

1）　株主が新株を取得する場合であっても、例えば、株主等のうち特定の者のみを対象として新株が発行された場合には、ここでいう株主割当てには該当せず、第三者割当て（「12　新株発行（金銭出資）3――第三者割当て」を参照）に該当する。第三者割当ての場合に、有利発行によって株式を取得した者は、新株の含み益相当額を新株の取得時点において課税されることになる。

2）　小原一博編著『法人税基本通達逐条解説（8訂版）』225頁（税務研究会出版局、2016年）。

3）　時価については、所得税基本通達48-2により、同通達23～35共-9に従って評価するものとされている。

4）　同族会社とは、会社の株主等（その会社が自己の株式又は出資を有する場合のその会社を除く）の3人以下並びにこれらと政令で定める特殊の関係のある個人及び法人がその会社の発行済株式又は出資（その会社が有する自己の株式又は出資を除く）の総数又は総額の100分の50を超える数又は金額の株式又は出資を有する場合その他政令で定める場合におけるその会社をいう（法税2条10号、相基通9-2）。

12　新株発行（金銭出資）3――第三者割当て

株主割当て以外の新株発行（第三者に対する有利発行や、時価での公募を含む）における税務上の取扱いについて、以下のとおり、時価発行の場合と有利発行の場合に分けて説明する。

1　時価発行の場合

(1)　株式の発行会社

発行会社に払い込まれた金銭の額は、税務上、資本金等の額となる（法税2条16号、法税令8条1項1号）。

発行会社において、払い込まれた金銭には、法人税は課税されない（法税22条2項・5項）。

(2)　出資を履行し株主となる者（株式引受人）

①　法人株主の場合

法人が金銭の払込みにより株式を取得した場合の株式の取得価額は、払込みをした金銭の額に払込みによる株式取得のために要した費用（付随費用）の額を加算した金額である（法税令119条1項2号）。

時価発行では、株式引受人である法人株主に対し、法人税は課税されない。

②　個人株主の場合

株主割当ての場合と同様に、株主間の価値の移動がないので、株主に対し、所得税・贈与税は課税されない。

③　上記①（株式引受人）以外の株主（新株発行会社の既存の株主であり、新株を取得しない者）

時価発行の新株発行では、株主間の経済的利益の移転がないので、株主に対し、法人税・所得税・贈与税は課税されない。

2　有利発行の場合

(1)　株式の発行会社

①　税務処理及び課税

株主割当ての場合と同様に、発行会社に払い込まれた金銭の額は、税務上、資本金等の額となる（法税2条16号、法税令8条1項1号）。

発行会社において、払い込まれた金銭には、法人税は課税されない（法税22条2項・5項）。

②　役員等に対する第三者割当ての有利発行の場合の所得税の源泉徴収[1]

下記(3)のとおり、第三者割当ての有利発行により役員又は使用人に対して株式を取得する権利を付与した場合には、その役員等は、新株の時価と発行価額との差額に相当する金額の利益を得ることになり、給与所得又は退職所得が発生したものとされることがある（所税36条2項、所税令84条2項5号、所基通23～35共-6(3)）。このように給与所得又は退職所得として所得税が課税される場合には、株式の発行会社は、その所得につき算定される所得税を天引（源泉徴収）して国に納付する義務が生じる（所税6条・183条・199条）。

(2)　出資を履行し株主となる者（株式引受人）

①　法人株主の場合

法人が金銭の払込みにより第三者割当て・有利発行にて株式を取得した場合の株式の取得価格は、時価（「その取得の時におけるその有価証券の取得のために通常要する価額」。法税令119条1項4号）となる。この場合、株式を取得した法人には、新株の時価と払込金額との差額について、受贈益の計上（益金）が生じ、法人税が課税される（法税22条2項（無償による資産の譲受け[2][3]））。

(i)「通常要する価額に比して有利な金額」

株式取得のために「通常要する価額に比して有利な金額」（法税令119条1項4号）とは、「当該株式の払込み又は給付の金額（……払込金額等……）を決定する日の現況における当該発行法人の株式の価額に比して社会通念上相当と認められる価額を下回る価額をいう」とされている（法基通2-3-7[4]）。さらに、同通達の（注）において、以下のとおり定められている。

ア　社会通念上相当と認められる価額を下回るかどうかは、当該株式の価額と払込金額等の差額が当該株式の価額のおおむね10％相当額以上であるかどうかにより判定する。

イ　払込金額等を決定する日の現況における当該株式の価額とは、決定日の価額のみをいうのではなく、決定日前１カ月間の平均株価等、払込金額等を決定するための基礎として相当と認められる価額をいう。

(a)　上場株式等	その新株の払込期日におけるその新株の最終の売買の価格
(b)　その他の株式	
①　売買実例のあるもの	払込期日前６カ月間において売買の行われたもののうち適当と認められるものの価額
②　公開途上にある株式[5]で、当該株式の上場に際して株式の公募又は売出しが行われるもの（①に該当するものを除く）	金融商品取引所の内規によって行われる入札により決定される入札後の公募等の価格等を参酌して通常取引されると認められる価額
③　売買実例のないものでその株式を発行する法人と事業の種類、規模、収益の状況等が類似する他の法人の株式の価額があるもの（上記②に該当するものを除く）	当該価額に比準して推定した価額
④　上記①～③に該当しないもの	新株の払込期日又は同日に最も近い日におけるその株式の発行法人の事業年度終了の時における１株当たりの純資産価額等を参酌して通常取引されると認められる価額

(ii)「有価証券の取得のために通常要する価額」

「有価証券の取得のために通常要する価額」（時価）（法税令119条1項4号）については、法人税法基本通達において、上記表のとおりとされている（法基通2-3-9・2-3-30〜2-3-34・4-1-4〜4-1-6)。

なお、上記表(b)③及び④にあっては、相続税の評価方式の条件付きの準用的な修正適用が認められている（法基通4-1-6)。

② 個人株主の場合

有利発行の場合[6]、他の株主から株式を取得した個人に価値の移転があることから、その経済的利益について所得税が課税される（所税36条1項・2項)。この場合の株式の取得価額は、払込期日における時価である（所税令109条1項2号)。株式を取得した個人の所得金額は、払込期日における株式の時価から株式の発行価額（払込金額）を控除した額である（所税令84条2項5号)。

所得区分については、以下のとおりである（所基通23〜35共-6(3))[7]。

ア　原則として一時所得

イ　発行法人の役員又は使用人に対してその地位又は職務等に関連して有利発行の権利が与えられたと認められるときには給与所得

ウ　上記イの者の退職に基因して有利発行の権利が与えられたと認められるときは退職所得

給与所得又は退職所得に該当する場合に源泉徴収義務が発生することがある点については、上記**2(1)②**で述べたとおりである。

なお、相続税法基本通達9-4では、同族会社が新株発行をする場合において、当該新株に係る引受権（会社206条）の全部又は一部が当該同族会社の株主等の親族等[8]に与えられ、当該新株引受権に基づき新株を取得したときは、原則として、当該株主の親族等、当該募集株式引受権を当該株主から贈与によって取得したものとして取り扱うものとされている（相税9条)。但し、同通達では、当該募集株式引受権が給与所得又は退職所得として所得税の課税対象となる場合を除くものとされている。

⑶　**上記⑵（株式引受人）以外の株主**（新株発行会社の既存の株主であり、新株を取得しない者）

第三者割当ての有利発行では、従来から株式を有している他の株主の株式の価値は減少するのに対して、新株を取得した株主は払込価額と新株の時価との差額について経済的利益を有することとなるから、他の株主から新株を取得した株主に経済的利益が移転している。しかし、通常、他の株主は、有利発行に係る取引には関与していないことから、他の法人株主にとって、第三者割当ての有利発行は、益金を生じさせる「無償による資産の譲渡……その他の取引」（法税 22 条 2 項）には該当しない。したがって、通常は、従来からの株主に対して法人税は課税されない。

但し、最高裁判例には、親会社が 100% 出資の子会社の発行済株式の 15 倍の新株を関連会社に著しく有利な価格で発行させて、子会社の資産価値を親会社から関連会社に移転させた事案において、この資産価値の移転は法人税法 22 条 2 項にいう取引に当たるとし、親会社の当該事業年度の益金の額に算入するものと判断したものがある（いわゆるオウブンシャホールディング事件。最判平 18・1・24 判タ 1203・108）。

1）　中野百々造『会社法務と税務（全訂 5 版）』715～718 頁（税務研究会出版局、2012 年）。

2）　会社法 199 条 3 項の「特に有利な」払込金額とは、公正な払込金額に比して特に低い金額であり、原則として市場価格を基準とする。しかし、払込期日までに株価が下落して資金調達ができなくなるリスクがあることを考慮すると、市場価格から低い価額であっても公正な払込金額と認められ、「特に有利な」払込金額とは解されない。以上につき、酒巻俊雄・龍田節編集代表『逐条解説会社法（第 3 巻）』62～65 頁（中央経済社、2009 年）、前田庸『会社法入門（第 12 版）』284・285 頁（有斐閣、2009 年）を参照。

3）　判例では、平成 17 年改正前商法 280 条ノ 11（会社法 212 条（不公正な払込金額で株式を引き受けた者の責任）に相当する規定）の「著シク不公正ナル発行価額」に該当するか否かが問題となった事案において、公正な払込金額は、「払込価額決定前の当該会社の株式価格、右株価の騰落習性、売買出来高の実績、会社の資産状態、収益状態、配当状況、発行ずみ株式数、新たに発行される株式数、株式市況の動向、これらから予測される新株の消化可能性等の諸事情を総合し、旧株主の利益と会社が有利な資本調達を実現するという利益との調和の中に求められるべきものである」と判示したものがある（最判昭50・4・8民集29・4・350、判タ324・119）。また、近時の判例で「非上場会社の株価の算定については、簿価純資産法、時価純資産法、配当還元法、収益還元法、DCF法、類似会社比準法など様々な評価手法が存在しているのであって、どのような場合にどの評価手法を用いるべきかについて明確な判断基準が確立されているというわけではない。また、個々の評価手法においても、将来の収益、フリーキャッシュフロー等の予測値や、還元率、割引率等の数値、類似会社の範囲など、ある程度の幅のある判断要素が含まれていることが少なくない。株価の算定に関する上記のような状況に鑑みると、取締役会が、新株発行当時、客観的資料に基づく一応合理的な算定方法によって発行価額を決定していたにもかかわらず、裁判所が、事後的に、他の評価手法を用いたり、異なる予測値等を採用したりするなどして、改めて株価の算定を行った上、その算定結果と現実の発行価額とを比較して『特ニ有利ナル発行価額』に当たるか否かを判断するのは、取締役らの予測可能性を害することともなり、相当ではないというべきである。したがって、非上場会社が株主以外の者に新株を発行するに際し、客観的資料に基づく一応合理的な算定方法によって発行価額が決定されていたといえる場合には、その発行価額は、特別の事情のない限り、『特ニ有利ナル発行価額』には当たらないと解するのが相当である」としたものがある（最判平27・2・19民集69・1・51。アートネイチャー事件）。

4）　税法における有利発行かどうかの判定では、会社法における有利発行についての株主総会特別決議（会社199条3項・309条2項5号）の有無を問わないとされている。小原一博編著『法人税基本通達逐条解説（8訂版）』224頁（税務研究会出版局、2016年）。

5）　金融商品取引所が内閣総理大臣に対して株式の上場の届出を行うことを明らかにした日から上場の日の前日までのその株式をいう。

6）「有利な発行価額」及び新株の時価の意義については、2(2)①で法人について述べたところと同様である（所基通23〜35共-7・9）。

7）　実務上は、①所得税が課税されるとして所得区分は給与所得か退職所得か、②贈与税の対象か、③ ①及び②に該当しなければ所得区分は一時所得とする、という判断順序となる。村上幸宏編『税務相談事例集　平成25年版』457頁（大蔵財務協会、2013年）。

8）　親族その他相続税法施行令31条に定める特別の関係にある者をいう。

13　新株発行（金銭出資）4――その他

1　株式交付費の繰延経理

株式交付費とは、「株券等の印刷費、資本金の増加の登記についての登録免許税その他自己の株式（出資を含む。）の交付のために支出する費用」をいう（法税令14条1項4号）。株式交付費は、平成18年の会計基準の改正[1]前は、主に新株発行費といわれていた。繰延資産（法税2条24号、法税令14条1項4号）とされ、償却が認められている（法税令64条1項1号）。

2　登録免許税

新株発行による変更登記の申請においては、以下により算出される登録免許税が課税される。

ア　課税標準　　増加した資本金の額

イ　税　　率　　0.7%

　これによって計算した税額が3万円に満たないときは、申請件数1件につき3万円（登免税別表第一24号（一）ニ）。

なお、産業競争力強化法に規定されている認定事業者等が認定事業再編計画等に基づいて行う登記手続のうち所定の要件を満たすものについて、登録免許税の税率の軽減措置を設けている。株式会社の資本金の額の増加については、上記の税率0.7%が0.35%に軽減されている（租特80条1項1号）。

3　印紙税

株券を発行する場合には、印紙税の納付を要する。印紙税額は、株式に対する払込金額の有無・金額によって下記(1)ア又はイの算式で計算した金額の区分に応じ、下記(2)の税率により算出する（印税別表第一4号、印税令24条1号）。

(1) 算　式

ア　払込金額がある場合

　1株当たりの払込金額

イ　払込金額がない場合

$$\frac{\text{資本金の額}+\text{資本準備金の額}}{\text{発行済株式の総数（新たに発行する株式数を含む）}}$$

(2) 税率（1通当たりの印紙税額）

ア	上記(1)の金額が500万円以下のもの	200円
イ	500万円を超え1千万円以下のもの	1千円
ウ	1千万円を超え5千万円以下のもの	2千円
エ	5千万円を超え1億円以下のもの	1万円
オ	1億円を超えるもの	2万円

1）　実務対応報告19号「繰延資産の会計処理に関する当面の取扱い」。

14　現物出資一般

1　会社法上の定義

会社法上、「現物出資」について特段の定義はないものの、「現物出資」は、動産、不動産、債権、有価証券、知的財産権、事業の全部又は一部等の「金銭以外の財産による出資」とされている（会社28条1号・33条10項1号・199条1項3号・207条1項ほか参照[1)]）。

2　税法の考え方

我が国の税法上、「現物出資」の定義は特段設けられていないが、税法上の「現物出資」（法税2条12号の4・12号の5・12号の14参照）は、会社法における「現物出資」と同様に「金銭以外の財産の出資」と解されている。

この「金銭以外の財産の出資」たる「現物出資」は、出資の際に資産（及び・又は負債）の移転が行われることから、現物出資者は、原則として、当該出資対象となる資産等を時価で譲渡したものとして、その譲渡損益を認識し、益金又は損金に計上することとなる（法税22条2項・3項）。

もっとも、一定の場合には、現物出資による移転資産等に係る譲渡損益の計上が繰り延べられることとなる[2)]。

この点、従前は、現物出資の対価として取得した有価証券（子会社株式）の圧縮記帳により譲渡益の繰延べを認めていたが（平成13年度改正前法税51条）、平成13年度税制改正により、資産の移転と株式の移転又は交付という性質を有する現物出資、合併、分割等について統一的・整合的に課税関係を規律する組織再編成税制が導入された。組織再編成税制の下では、「法人」による現物出資が行われた場合で、かつ法人税法所定の適格要件（法税2条12号の14、法税令4条の3第13項〜15項）を充足した場合には、「適格現物出資」として、当該現物出資を行った「法人」

において、現物出資による移転資産等を帳簿価額により譲渡したものとして譲渡損益の計上を繰り延べることになる（法税62条の4第 1項）。

また、平成22年度税制改正により、組織再編成税制における適格要件を充足するか否かにかかわらず[3]、内国法人が、完全支配関係のある他の内国法人に対して、一定の資産（譲渡損益調整資産）を譲渡（現物出資も含む）した場合には、当該資産に係る譲渡利益額又は譲渡損失額に相当する金額はその譲渡事業年度において損金の額又は益金の額に算入するものとして、課税が繰り延べられるものとされた（法税61条の13第1項）。

3　組織再編成税制における「現物出資」の適格要件

「法人」による現物出資が行われた場合の、①現物出資時の移転資産等に係る譲渡損益の繰延べの可否、②出資の対価として交付される株式の取得価額、③出資された移転資産等の受入価額及び④増加する資本金等の額は、当該現物出資が「適格現物出資」に該当するか否かにより、課税上の取扱いが異なることとなる。

「現物出資」に係る適格要件は、以下の表のとおり、現物出資法人と被現物出資法人の資本関係により、「完全支配関係[4]がある場合の現物出資」と「支配関係[5]がある場合の現物出資」とでそれぞれ別個の要件が定められており、さらに、当事者間の資本関係いかんにかかわらず適格現物出資に該当するものとして、「共同事業を営むための現物出資」の要件が定められている（法税2条12号の14、法税令4条の3第13項～15項）。

なお、法人税法上、現物出資によりその有する資産の移転を行い、又はこれと併せてその有する負債の移転を行った法人を「現物出資法人」といい（法税2条12号の4）、現物出資により現物出資法人から資産の移転を受け、又はこれと併せてその有する負債の移転を受けた法人を「被現物出資法人」という（法税2条12号の5）。

適格要件の概要	
完全支配関係がある場合（100% グループ内の場合）	完全支配関係の継続が見込まれていること
支配関係がある場合（50% 超 100% 未満企業グループ内の場合）	① 支配関係の継続が見込まれていること ② 主要な資産及び負債の移転[6)] ③ 従業者の引継ぎ（おおむね 80% 以上[7)]）が見込まれていること ④ 主要な事業の継続が見込まれていること
共同事業を営むための現物出資	① 現物出資事業と被現物出資事業の事業関連性 ② 事業規模がおおむね 5 倍を超えないこと又は特定役員の引継ぎが見込まれていること[8)] ③ 主要な資産及び負債の移転 ④ 従業者の引継ぎ（おおむね 80% 以上）が見込まれていること ⑤ 主要な事業の継続が見込まれていること ⑥ 現物出資法人が、被現物出資法人の株式全部を継続保有することが見込まれていること
共通の要件	金銭不交付（被現物出資法人の株式のみが交付されること[9)]）

4　現物出資における出資者側（個人・法人）の課税関係

現物出資における出資者側の課税関係は、出資者が個人であるか、法人であるかにより異なる。また、法人による現物出資に係る課税関係は、当該現物出資が適格現物出資（法税 2 条 12 号の 14）に該当するか否かにより異なる。現物出資に係る出資者側の課税関係の概要は以下の表のとおりである。

納税者	出資者	【原則】非適格現物出資	【例外】適格現物出資
出資者	個人	交付を受けた株式の時価を収入金額とする→譲渡所得課税 ※出資者が個人の場合、適格・非適格の区別はない ※みなし譲渡課税あり	
	法人	資産等を時価で移転 →譲渡損益の計上	資産等を簿価で移転 →譲渡損益の繰延べ

⑴　個人による現物出資

出資者が個人の場合、現物出資は資産の譲渡として、資産の譲渡により生ずる所得は、原則として、出資をした個人の「譲渡所得」として課税される（所税 33 条）。

当該「譲渡所得」の額は、譲渡資産の譲渡収入金額から当該所得の基因となった資産の取得費及びその資産の譲渡に要した費用の合計額を控除し、その残額の合計額から譲渡所得の特別控除額を控除した金額とされる（所税 33 条 3 項。但し、移転資産が不動産、株式の場合、分離課税が適用される（租特 37 条の 10 等））。現物出資の場合は、譲渡収入金額は、原則として、現物出資により取得した株式の時価による評価額とされるが（所税 36 条 1 項・2 項）、その対価（株式の時価）の額がその出資対象となる資産の時価に比して著しく低い場合（譲渡資産の 2 分の 1 未満である場合）には、その出資対象となる資産の時価により譲渡があったものとみなして譲渡所得が算定されることとなる（所税 59 条 1 項 2 号、所税令 169 条）。

⑵　法人による現物出資――現物出資法人の課税関係

①　非適格現物出資の場合（原則）

法人による現物出資の場合、適格現物出資（法税 2 条 12 号の 14）に該当しない限り、「資産の譲渡」から得られた収益の額が益金とされ（法税 22 条 2 項）、出資対象となる資産の出資直前の税務上の帳簿価額（簿価）がその収益に係る原価として損金の額に算入され（法税 22 条 3 項）、差額が譲渡損益として計上される。

但し、現物出資法人と被現物出資法人との間に完全支配関係があり、かつ現物出資対象資産に譲渡損益調整資産が含まれる場合には、当該譲渡損益調整資産に係る譲渡利益額又は譲渡損失額に相当する金額は、譲渡事業年度の所得の金額の計算において、それぞれ損金又は益金に算入され、法人税法 61 条の 13 第 2 項所定の事由（譲渡損益調整資産の譲渡、償却、評価換え、貸倒れ、除却等）が生じるまで、課税が繰り延べられる（法税 61 条の 13 第 1 項[10)]）。

② 適格現物出資の場合（例外）

現物出資が適格現物出資に該当する場合には、被現物出資法人に移転をした資産及び負債は当該適格現物出資の直前の帳簿価額による譲渡をしたものとされるため（法税62条の4第1項）、現物出資時に譲渡損益は認識されず、課税が繰り延べられることとなる。この場合、現物出資により取得する株式の取得価額は、適格現物出資の直前の移転資産の帳簿価額から移転負債の帳簿価額を減算した金額とされる（法税令119条1項7号）。

5 現物出資における出資受入法人側の課税関係

個人又は法人の現物出資により、出資受入法人（被現物出資法人）が新株を発行又は自己株式を交付する場合には、当該新株発行及び自己株式交付は資本等取引として、課税関係は生じない（法税22条5項）。現物出資に係る出資受入法人（被現物出資法人）側の課税関係の概要は以下の表のとおりである。

納税者	出資者	【原則】非適格現物出資	【例外】適格現物出資
出資受入法人（被現物出資法人）	個人	課税関係なし 資産を時価で取得 ※出資者が個人の場合、適格・非適格の区別はない	
	法人	課税関係なし 資産等を時価で取得	課税関係なし 資産等を簿価で取得

法人による現物出資の際の被現物出資法人に出資された資産及び負債の取得価額及び被現物出資法人の「資本金等の額」の増加額は、適格現物出資の場合と非適格現物出資の場合とで異なるため、以下説明する。

(1) 非適格現物出資の場合（原則）

非適格現物出資により出資された資産及び負債の被現物出資法人の取得価額は、当該現物出資の資産及び負債の取得のために通常要する価額（時価）及び付随費用とされる（法税令32条1項3号・119条1項27号・54条1項6号）。非適格現物出資の場合の「資本金等の額」の増加額は以下のとおり、当該現物出資が事業等の移転を伴うか否かにより異なる。

①　事業等の移転を伴う現物出資

非適格現物出資の場合で、現物出資の直前において営む「事業」及び「当該事業に係る主要な資産又は負債のおおむね全部」が現物出資法人から被現物出資法人に移転する場合には、現物出資の対価として現物出資法人に交付した被現物出資法人株式の時価相当額を以て「資本金等の額」が増加する（法税令8条1項9号）。この場合、現物出資法人から移転を受けた資産及び負債の時価純資産価額と被現物出資法人株式の時価との差額は、「資産調整勘定」又は「負債調整勘定」として計上される（法税62条の8、法税令123条の10第1項）。

②　上記以外の現物出資

法人の「資本金等の額」の増加額は、原則として、出資対象の「資産の価額」とされる（法税2条16号、法税令8条1項1号）。

(2)　適格現物出資の場合（例外）

適格現物出資により出資された資産及び負債の価額は、適格現物出資の直前の資産及び負債の帳簿価額とされる（法税62条の4第2項、法税令123条の5）。

適格現物出資の場合における法人の「資本金等の額」は、適格現物出資直前の移転資産の帳簿価額から移転負債の帳簿価額を減算した金額とされる（法税2条16号、法税令8条1項8号）。

6　その他の税、流通税等

(1)　消費税

現物出資を行う場合、当該出資をする事業者は、出資対象財産の譲渡に消費税が課せられる（但し、金銭債権、有価証券、土地等の譲渡などの非課税取引（消税6条1項・別表第一）を除く。消税2条1項8号・4条1項、消税令2条1項2号）。この場合、法人税法上の取扱いとは異なり、適格・非適格にかかわらず、消費税法上は、現物出資により取得する株式の時価が課税標準とされる（消税令45条2項3号）。

(2) 登録免許税

新株発行による変更登記の申請においては、原則として、増加した資本金の額の0.7%の登録免許税が課せられる（登免税3条・2条・別表第一24号（一）ニ）。出資対象財産に不動産等の登記、商標権等の登録を要する資産がある場合には、登録免許税が課せられる（登免税3条・2条、各登記、登録の税率については、登免税別表第一を参照）。

(3) 不動産取得税

出資対象財産に不動産が含まれている場合には、法人が新たに法人を設立するために現物出資を行う場合（但し、この場合でも一定の要件を充足する必要がある（地税令37条の14の2））を除き（地税73条の7第2号の2）、不動産取得税が課される。

(4) 印紙税

現物出資の対価として株券を発行する場合には、印紙税の納付を要する。印紙税額は、株式に対する払込金額、給付する金銭以外の財産の価額によって算出される（印税別表第一4号、印税令24条）。なお、現物出資契約書は「譲渡に関する契約書」に該当するため不動産等の譲渡に関する契約書等に該当する場合がある（印税基13条）。

1） 江頭憲治郎『株式会社法（第6版）』72頁（有斐閣、2015年）。

2） 現物出資による移転資産等に係る譲渡損益の繰延べとは、現物出資の段階では当該移転資産等に係る譲渡損益は認識されず、被現物出資法人によってその資産等が譲渡されたときに譲渡益又は譲渡損を益金又は損金に計上することをいう（法税62条の4、法税令123条の5）。

3） なお、適格現物出資とグループ法人税制（法税61条の13の適用）との関係については、法人税法施行令122条の14第2項参照。

4） 完全支配関係とは、①一の者が法人の発行済株式等の全部を直接若しくは間接に保有する関係として政令で定める関係（当事者間の完全支配の関係）又は②一の者との間に当事者間の完全支配の関係がある法人相互の関係をいう（法税2条12号の7の6）。

5） 支配関係とは、一の者が法人の発行済株式若しくは出資（発行済株式等）の総数若しくは総額の100分の50を超える数若しくは金額の株式若しくは出資を直接若しくは間接に保有する関係として政令で定める関係（当事者間の支配の関係）又は一の者との間に当事者間の支配の関係がある法人相互の関係をいう（法税2条12号の7の5）。

6）　主要な資産及び負債の判定については、法人税基本通達1-4-8を参照。

7）　従業者の範囲及び従業者が従事すると見込まれる業務については、法人税基本通達1-4-4・1-4-9を参照。

8）　特定役員の範囲については、法人税基本通達1-4-7を参照。

9）　①外国法人に国内にある資産又は負債として政令で定める資産又は負債の移転を行う現物出資及び②外国法人が内国法人に国外にある資産又は負債として政令で定める資産又は負債の移転を行う現物出資を除く。

②は平成23年度税制改正により設けられた要件である（法税2条12号の14、法税令4条の3第10項）。

10）　一般に、現物出資法人と被現物出資法人との間に完全支配関係がある場合には、当該関係が現物出資後も継続することが見込まれている場合には、適格要件を充足することとなるが、かかる完全支配関係の継続見込みがない場合には、非適格現物出資となる。なお、グループ法人税制の適用に関する詳細は「65　グループ法人税制」を参照。

15　デット・エクイティ・スワップ（DES）

1　デット・エクイティ・スワップ（DES）の意義と２つの類型

デット・エクイティ・スワップ（DES）は、一般に、経営不振に陥っている企業の財務内容を改善し、再建させる手法のひとつとして用いられるものであり、主に以下の①現物出資型DESと②擬似（金銭払込型）DESが用いられる。

①　現物出資型DES

債権者が保有する債権を、当該債権の債務者に対して現物出資をする方法。

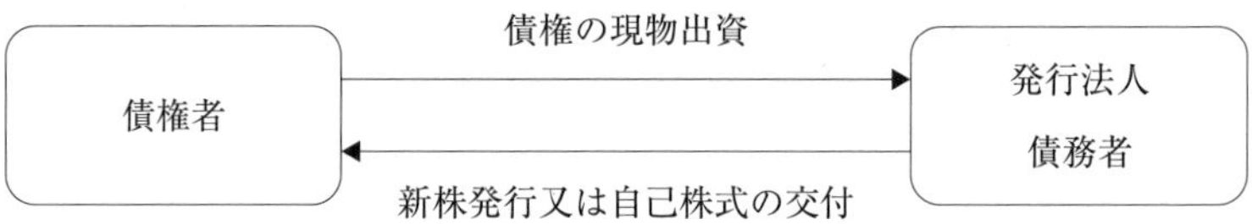

債権・債務の混同による消滅

②　擬似（金銭払込型）DES

債権者が金銭出資により債務者から新株の発行を受け、債務者は受け取った出資金を使ってその債権者に対する債務を弁済する方法。

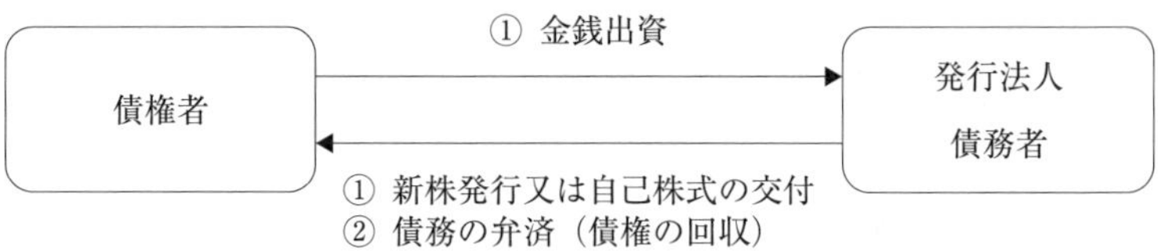

2　会社法とDES

会社法上の議論として、DESが行われた場合に、新株発行価額総額をどのように解すべきかについて、会社の財務内容を反映した債権の評価額を基準とすべきとする評価額説と、債権の券面額を基準とすべきとする券面額説の２つの見解がある。平成12年以降東京地方裁判所が券面額説を採用することを明らかにしてから、学者・実務家の間で券面額説が大勢となった[1]。平成18年に会社法が改正され、現物出資時の資本金等増加限度額を、原則として、現物出資財産の給付期日における「価額」とされたことから（会社計算14条1項2号）、会社法は評価額説を採用したと解する見解もあるようであるが、券面額説を支持する学説もなお有力のようである（会社207条9項5号参照）[2]。

法人税法においては、平成18年度税制改正（法税59条1項・2項等の改正）により、評価額説の考え方を採用したと解する見解が有力である[3]。

3　現物出資型DESの課税上の取扱い

(1)　現物出資型DESの課税関係の概要

現物出資型DESは、現物出資の一類型であり[4]、基本的な課税関係は、現物出資の項で述べた課税関係と同様と考えられる。

しかしながら、DESの場合には、出資対象となる財産が、出資先に対する債権であること、経営不振に陥っている企業に対する支援のために行われることが多いという特徴を有していることから、債権者側では、①出資時の債権譲渡損益の発生の有無、②債権譲渡損の損金算入の可否が、債務者側では、①出資対象とされた債権の取得価額（簿価、時価又は券面額）、②当該債権と債務者側の債務との混同による債務消滅益の発生の有無、③債務消滅益が生じた場合の期限切れ繰越欠損金の利用の可否、という点が特に問題となり得る。

(2)　債権者（出資者）側の税務

①　非適格現物出資の場合（原則）

(i)　DESが非適格現物出資に該当する場合の課税上の取扱い

DESが非適格現物出資の場合、原則として、出資対象となった債権の時価[5]と当該債権の帳簿価額との差額が譲渡損益とされる。但し、当該譲渡損の損金算入の可否については、下記(ii)において検討する。

(ii)　債権譲渡損の損金算入の可否

DESは経営不振の企業を再建するために行われることが多いことから、DESにより生じた債権譲渡損の損金算入の可否が問題となり得る。

この点、法人税基本通達2-3-14は、子会社等に対して債権を有する法人が、合理的な再建計画等の定めるところにより、当該債権を現物出資し、株式を取得した場合に生じたものである場合には、DESにより取得した株式の取得価額は「当該債権の価額」とすると明記していることから、合理的な再建計画等の定めるところによってDESが行われた場合には、当該DESにより生じた債権譲渡損は損金算入できるものと考えられる。但し、DESの当事者に完全支配関係がある場合で譲渡損益調整資産に該当するときには、課税が繰り延べられる（法税61条の13）。

その他の場合には、子会社等を整理又は再建する場合の損失負担等に該当するか否かを検討し（法基通9-4-1・9-4-2参照）、これに該当せず、当該債権譲渡損が実質的に贈与又は無償の経済的利益の供与に該当する場合には、寄附金（法税37条）として処理されるものと考えられる。なお、債権譲渡損が寄附金とされる場合において、DESの当事者間に法人による完全支配関係がある場合で被現物出資法人の債務消滅益と対応関係があるものに限り、全額損金不算入となる（法税37条2項）。

② 適格現物出資の場合（例外）

(i) DESが適格現物出資に該当する場合の課税上の取扱い

DESが適格要件を充足し、適格現物出資に関する規定が適用される場合には[6]、簿価譲渡となるため、債権者側においては、現物出資時に損益は認識されず、課税が繰り延べられる（法税62条の4第1項）。債権者がDESにより取得する株式の取得価額は、DESの対象となった債権の現物出資直前の帳簿価額相当額とされる（法税令119条1項7号）。

(ii) 株式評価損の損金算入の可否

一般に、株式の含み損は、その価額が著しく低下している場合に損金算入が認められるものとされているが（法税33条2項、法税令68条2項）、DESにより取得した発行会社の株式を評価換えすることにより評価損を損金算入することの可否については問題が残る。この点、法人税基本通達9-1-12は、上場有価証券以外の株式等について、増資払込み（現物出資）直後の評価損の計上（評価損の損金算入）はできないものとし、この場合には、相当期間経過後に株式の評価が著しく下落した場合に評価損の計上が認められる余地があるものとしている。

(3) 債務者（出資受入法人）側の税務

① 債務消滅益の益金計上

法人が現物出資により新株を発行又は自己株式を交付する場合には、当該新株発行及び自己株式交付は資本等取引として、課税関係は生じない（法税22条5項）。DESにおいては、出資後の法的効果として、出資された債権と出資受入法人の債務の混同（民520条）による消滅が生じる。これにより発生した債務消滅益は、DESを資本等取引の要素と損益取引の要素から成る混合取引[7]ととらえた場合には、債務者（出資受入法人）の課税所得の算定上、益金とされる。

このようにDESを混合取引としてとらえた場合、原則として、債務者（出資受入法人）においては、出資された債権の時価と自己の債務の券面額との差額がある場合には、債務消滅益が認識され、益金として計上されることとなる。但し、DESが適格要件を充足し、適格現物出資に関する規定が適用される場合で、出資された債権の帳簿価額と自己の債務の券面額が一致している場合には、債務消滅益は生じない。また、DESの際に被現物出資法人に債務消滅益が生じる場合においても、DESの当事者間に法人による完全支配関係があるときは、現物出資法人の寄附金と対応関係がある債務消滅益は益金に算入されないものとされる（法税25条の2）[8]。

② 債務消滅益と期限切れ繰越欠損金

平成18年度税制改正により、会社更生法に基づく更生手続開始決定や民事再生法に基づく再生手続開始決定等があった時に行われる

DESにより発生した債務消滅益を、原則として、青色繰越欠損金に優先して期限切れ繰越欠損金と相殺（その控除又は損金算入）することが認められている（法税59条1項・2項）。

⑷　現物出資型DESに関する裁判例

東京地判平成21年4月28日（訟月56・6・1848）、東京高判平成22年9月15日（公刊物未登載。その後上告不受理決定）――本事案は、平成18年度税制改正前の現物出資型DES（適格現物出資）の事案であり、納税者X社は、DESとその後の債権・債務の混同による消滅は1個の取引行為として資本等取引に該当するとして、債務消滅益を計上していなかったところ、課税庁は、混同により消滅した債権の帳簿価額と債務の券面額との差額について債務消滅益を認識し、益金として計上すべきであるとして、更正処分をした事案である。

東京地裁は、当時の法制上、DESは、①現物出資によりY会社からX会社への貸付債権の移転、②当該貸付債権とこれに対応する債務の混同による消滅及び③X会社の新株発行及びY会社の新株引受けという複数の段階の過程によって構成される複合的な行為であり、ひとつの取引行為とみることはできないとし、上記①及び③は資本等取引と認められるものの、上記②は損益取引であるとして、これにより税務上、債務消滅益課税が生じると判示した。東京高裁は、東京地裁の判示内容を維持した。

4　擬似（金銭払込型）DESの課税上の取扱い

法人による擬似DESの課税関係

	債権者（出資者）側	債務者（発行法人）側
出資財産又は対価の取得価額	株式の取得価額は、原則として、金銭の払込金額	資本金等の額の増加額は出資財産たる金銭の払込金額
損益の認識	DES直後の株式評価損の計上は原則不可（法基通9-1-12参照）	資本等取引のため、課税なし

⑴　債権者（出資者）側の税務

①　対価として取得する株式の価額と寄附金課税のリスク

擬似 DES の場合、通常の金銭出資が行われるため、原則として、取得した株式の価額は「払込みをした金銭の額」となる（法税令 119 条 1 項 2 号）。DES により取得した株式について DES 直後に評価損を計上し、損金算入することは制限されることには留意が必要である（法基通 9-1-12 参照）。

また、以下のとおり、相互タクシー事件や日本スリーエス事件において、増資新株の時価に比して増資払込金が著しく過大と認められる場合に、その過大部分について実質的に「払込みをした金銭の額」に該当しない等として寄附金認定をしている。いずれの事案も、債務超過の子会社の株式を額面よりも著しく高い発行価額で擬似 DES により取得し、その直後に当該株式を第三者に売却し、多額の売却損の損金算入を図った租税回避事案であり、必ずしも擬似 DES 一般に関してかかる寄附金認定リスクがあるということではない。

②　擬似 DES に関する裁判例

(i)　相互タクシー事件（福井地判平 13・1・17 税資 250・8815、名古屋高金沢支判平 14・5・15 税資 252・9121、最決平 14・10・15 税資 252・9213（上告棄却及び上告申立不受理決定））

本事案は、相互タクシーが、その子会社（同族会社）で、債務超過であった相互不動産の増資につき額面金額（1 株 50 円）を超える発行価額（1 株 100 万円）で引き受けた後、その株式を時価（1 株 316 円）で譲渡して多額の譲渡損を計上し、法人税を減少させた事案である。

裁判所は、「法人税法 37 条の『寄附金』は、民法上の贈与に限らず、経済的にみて贈与と同視し得る資産の譲渡又は利益の供与であれば足り」、「『経済的にみて贈与と同視し得る資産の譲渡又は利益の供与』とは、資産又は経済的利益を対価なく他に移転する場合であって、その行為について通常の経済取引として是認できる合理的理由が存在しないものを指すと解するのが相当である」と判示し、本件増資払込金のうち1株50円を超える部分は、対価なく、「金銭その他の資産又は経済的な利益の贈与又は無償の供与」に該当するとして、法人税法37条の寄附金に該当するとした。

(ii) 日本スリーエス事件（東京地判平12・11・30税資249・884、東京高判平13・7・5税資251・8943（確定））

本事案では、納税者が、増資新株を額面金額を超える発行価額（額面金額の29倍ないし100倍）で引き受けた後、その株式を時価（低額）で譲渡して多額の有価証券売却損を計上することで法人税を減少させたところ、課税庁は、同族会社の行為計算の否認規定（法税132）を適用し、増資新株の発行価額と額面金額との差額を、子会社に対する寄附金として、更正処分を行った事案である。

裁判所は、債務超過状態にある当該子会社の新株に対して多額の払込みをすること自体が経済的合理性の認められない不自然・不合理な行為であって、法人税の負担を不当に減少させる結果となるものとして法人税法132条を適用することにより当該払込行為を否認し、払込金額のうち額面金額を超える部分の金額を寄附金に該当するとして課税することを適法と認めた。

(2) 債務者（発行法人）側の税務

法人が金銭出資により新株を発行又は自己株式を交付する場合には、当該新株発行及び自己株式交付は資本等取引として、原則として課税関係は生じず（法税22条5項）、金銭の払込相当額につき「資本金等の額」が増加する（法税2条16号、法税令8条1項柱書・1号）。

1） 針塚遵「東京地裁商事部における現物出資等検査役選任事件の現状」商事法務1590号4頁以下（2001年）、「デット・エクイティ・スワップ再論」商事法務1632号16頁以下（2002年）参照。

2） 弥永真生『コンメンタール会社計算規則・商法施行規則（第2版）』194頁（商事法務、2009年）等参照。

3） 金子宏『租税法（第22版）』329頁（弘文堂、2017年）、青木孝徳ほか『改

正税法のすべて（平成18年版）』248頁（大蔵財務協会、2006年）。

4）「DESは「債権の現物出資」の形式をとるが、それは、商法では、「債務の株式化」を直接に認めた規定がないためであり、これを「現物出資」として処理しているのは、制度の借用にすぎない」とする見解もある（前掲注1）・針塚「デット・エクイティ・スワップ再論」18頁）。

5）　国税庁の平成22年2月22日付文書回答事例「企業再生税制適用場面においてDESが行われた場合の債権等の評価に係る税務上の取扱いについて」では、企業再生税制適用場面における現物出資債権の時価は、再生企業、債権者双方が合意した回収可能額に基づく評価が合理的であるとしている（経済産業省経済産業政策局産業再生課「事業再生に係るDES（Debt Equity Swap：債務の株式化）研究会報告書」（平成22年1月）参照）。

6）　DESの場合、金銭債権のみが現物出資により移転することから、完全支配関係がある当事者間でDESが行われる場合を除き、適格要件（特に事業継続要件）を充足することは困難であり、適格要件を充足する場合は多くないと考えられる。

7）　前掲注3）・金子328頁、金子宏『㈳日本租税研究協会創立60周年記念　所得税・法人税の理論と課題』141頁（日本租税研究協会、2010年）。

8）　但し、子会社等を整理又は再建する場合の損失負担等に該当する（法基通9-4-1・9-4-2参照）ものとして、債権譲渡損が寄附金に該当せず、損金算入が認められる場合には、これに対応する債務消滅益は益金に算入されることとなる。

16　株式の評価１――法人税の場合

1　はじめに

法人税法上、株式の評価については、以下の２つの側面から考えることができる。

①　株主法人が保有する株式の期末における評価

法は一定の場合のみに、有価証券の評価損益を損益金の額として計上することを許すため、評価損益の算定が必要となる。なかでも特に問題となるのが期末における評価損が問題となる場合である。

②　株式が移転される場合の評価

移転により顕在化した譲渡損益の把握や、対価の適正を判断する必要がある。その判断のための指標につき、法令や通達は何らの基準も明らかにしないが、一定の場合には、上記の株式の期末の評価に関する基準が準用できると解されている。

2　株主法人において、株式の期末における評価損が問題となる場合

(1)　実現主義と時価主義

法人の収益・費用・損失等をどの年度において計上すべきかについては、所得の実現の時点を基準として把握すべきであり、原則として財貨の移転や役務の提供などによって債権が確定したときに収益が発生すると解すべきとされている[1)]。そこで、資産の評価損益は、法人税法上は、原則として、益金の額・損金の額に算入しない（法税25条１項・33条１項）。

しかし、金融資産については、一般的には、市場が存在すること等により客観的な価額として時価を把握できるとともに、当該価額により換金・決済等を行うことが可能であり、また、保有金融資産の実体が財務諸表に反映されていることが投資情報としても経営情報としても非常に重要である[2)]ことから、企業会計の世界では、時価会計に基づく処理が国

際的趨勢である。

そこで、法人税法においても、平成12年改正により、評価換えによる損金算入の禁止に一定の除外事由を定め、一定の限度で時価主義を導入した。

(2) 企業会計上の扱い

企業会計基準における有価証券の評価に関する取扱いは、以下のとおりである[3]。

① 売買目的有価証券

時価の変動により利益を得ることを目的として保有する有価証券については、時価をもって貸借対照表価額とし、評価差額は当期の損益として処理を行う。

② 満期保有目的の債券

満期まで所有する意図をもって保有する社債その他の債券については、取得原価をもって貸借対照表価額とする。但し、債券を債券金額より低い価額又は高い価額で取得した場合において、取得価額と債券金額との差額の性格が金利の調整と認められるときは、償却原価法に基づいて算定された価額をもって貸借対照表価額とする。

③ 子会社株式及び関連会社株式

子会社株式及び関連会社株式については、取得原価をもって貸借対照表価額とする。

④ その他有価証券

売買目的有価証券、満期保有目的の債券、子会社株式及び関連会社株式以外の有価証券については、時価をもって貸借対照表価額とし、評価差額は洗替え方式に基づき、次のいずれかの方法により処理する。

ア　評価差額の合計額を純資産の部に計上する

イ　時価が取得原価を上回る銘柄に係る評価差額は純資産の部に計上し、時価が取得原価を下回る銘柄に係る評価差額は当期の損失として処理するなお、純資産の部に計上されるその他有価証券の評価差額については、税効果会計を適用しなければならないとされる。

また、満期保有目的の債券、子会社株式及び関連会社株式並びにその他有価証券のうち、時価を把握することが極めて困難と認められる金融商品以外のものについて時価が著しく下落したときは、回復する見込があると認められる場合を除き、時価をもって貸借対照表価額とし、評価差額は当期の損失として処理しなければならないとされ、時価を把握することが極めて困難と認められる株式については、発行会社の財政状態の悪化により実質価額が著しく低下したときは、相当の減額をなし、評価差額は当期の損失として処理しなければならないとされている。

⑶　法人税法上の扱い

法人税法は、一定の場合に、時価主義の下、株式の期末における評価損の損金算入を許しており、帳簿価額の算定法及び評価換えによる損金算入規制の扱いは、法令により、有価証券の分類ごとに、区分して定められている（表）[4]。

すなわち、まず対象の株式を「売買目的有価証券」（法税61条の3第1項1号、法税令119条の12。短期的な価格の変動を利用して利益を得る目的で取得した有価証券として政令で定めるもの）及びそれ以外の「売買目的外有価証券」（法税61条の3第1項2号）にそれぞれ区分する。そして、前者に係る評価益又は評価損は、当該事業年度の所得の金額の計算上、益金の額又は損金の額に算入するとされる（法税61条の3第2項）一方、後者については、原則として、当該株式の評価換えをしてその帳簿価額を増減額した場合にも、その増減額した部分の金額は、所得の金額の計算上、損益金の額に算入しないとされ（法税25条1項・33条1項）、災害による著しい損傷により当該株式の価額がその帳簿価額を下回ることとなったことその他の政令で定める事実が生じた場合においてのみ評価換えによる損金算入等が認められる（法税33条2項）[5]。

また、株式の価額の評価法についてもそれぞれ定められており、売買目的有価証券については時価法、売買目的外有価証券については原価法によることとされている（法税61条の3第1項）。そして、売買目的外有価証券のうち、特に償還期限及び償還金額の定めのある有価証券については、当該帳簿価額と当該償還金額との差額のうち当該事業年度に配分すべき金額を加算し、又は減算した金額を原価とする償還原価法によることとされている（法税61条の3第1項2号）。

なお、評価換えができない場合でも、グループ法人税制の適用がある場合を除き、有価証券を関連法人等に譲渡することにより、容易に評価損益を計上することが可能であることに注意すべきである[6]。

有価証券の区分と期末における帳簿価額の評価法及び評価損の算入禁止規制

<table>
<tr><th colspan="3">有価証券の区分</th><th>帳簿価額の評価法</th></tr>
<tr><td colspan="3">売買目的有価証券（法税令119条の12）</td><td>時価法（法税61条の3第1項1号）</td></tr>
<tr><td rowspan="4">売買目的外有価証券</td><td rowspan="2">満期保有目的等有価証券（法税令119条の2第2項）</td><td>企業支配株式等（法税令119条の2第2項2号）</td><td>原価法（法税61条の3第1項2号、法税令119条の2第1項）</td></tr>
<tr><td rowspan="2">償還有価証券（法税令119条の2第2項1号・119条の14）</td><td rowspan="2">償還原価法（法税61条の3第1項2号、法税令139条の2第2項）</td></tr>
<tr><td rowspan="2">その他有価証券（法税令119条の2第2項）</td></tr>
<tr><td>償還有価証券以外（法税令119条の2第2項）</td><td>原価法（法税61条の3第1項2号、法税令119条の2第1項）</td></tr>
<tr><th colspan="4">評価損の損金算入規制の扱い</th></tr>
<tr><td colspan="4">(1)　売買目的有価証券は、算入禁止規制の対象外（法税61条の3第2項）
(2)　帳簿価額が評価を下回った場合（法税33条2項、法税令68条1項2号・119条の13）※
イ　取引所売買有価証券、店頭売買有価証券及びその他価格公表有価証券の価額が著しく低下したとき
ロ　イに規定する有価証券以外の有価証券について、その有価証券を発行する法人の資産状態が著しく悪化したため、その価額が著しく低下したとき
ハ　以上に準ずる特別の事実
(3)　償還有価証券の調整差損（法税令139条の2）</td></tr>
</table>

※　具体的な基準は、法人税基本通達9-1-7・9-1-9～9-1-11による。

(4) 評価法

評価損の損金算入の可否を判断するうえで前提となる「価額」の評価法や、前述のとおり法令で定める区分ごとに異なる有価証券の帳簿価額の評価法は、それぞれ具体的には以下のとおりである。

① 時価法

売買目的有価証券の帳簿価額の算定や、有価証券の評価損の損金算入の可否判断の前提として問題となる時価評価について、法令では、次のとおり、売買目的有価証券の帳簿価額の算定のための評価法のみ規定しており（法税令119条の13)、その他の場合の定めはない。なお、企業支配株式等の場合には、企業支配に係る対価を加算する旨の解釈が明らかにされている（法基通9-1-15)。

ア　上場有価証券等に関するもの（法税令119条の13第1号～3号）

取引所売買有価証券、店頭売買有価証券、その他価格公表有価証券の区分に応じ、市場価格と認められる評価額

イ　償還有価証券（法税令119条の13第4号イ）

帳簿価額に償還有価証券の調整差損の算入など合理的な調整を加えた額

ウ　それ以外のもの（法税令119条の13第4号ロ）

その有価証券の帳簿価額[7)]

もっとも、法人税法33条2項による有価証券の評価損の損金算入可否判断の基準となる価額の算定は、上場有価証券等については、企業支配株式等に該当する場合（法税令119条の2第2項2号）を除き、通達により、帳簿価額の算定の例によるとされており（法基通9-1-8)、実際には同一の基準が用いられている。

また、法人税法33条2項を適用する場合の上場有価証券等以外の株式の価額については、通達により、売買実例のあるもの、公開途上にある株式で、当該株式の上場に際して株式の公募又は売出しが行われるもの、売買実例のないものでその株式を発行する法人と事業の種類、規

模、収益の状況等が類似する他の法人の株式の価額[8)]があるもの及びそれ以外のものに区分して評価法が明らかにされている（法基通 9-1-13）。しかし、特に後二者については、その内容は抽象的であり、具体的に評価を行うことは容易ではない。この点、通達ではさらに、当該場合について、以下の条件に従うことを前提として、課税上弊害のない場合[9)]には、実務界に定着している[10)]財産評価基本通達の「取引相場のない株式の評価」（評基通 178〜189-7）によることを認めている（法基通 9-1-14）。財産評価基本通達による評価方法は、その目的からみて直ちにそのまま法人税に適用できるものでないとしても、これが一種の税法基準として実務界に定着し、また技術的にも実行可能であり、さらにそれなりの合理性を持っているといえるから、法人税における評価についても十分に応用できると考えられる[11)]。

ア　「中心的な同族会社」（評基通 188⑵）に該当する株主が保有する株式については、当該株式の発行会社が常に「小会社」（評基通 178）に該当するものとして、純資産価額方式又は純資産価額方式と類似業種比準方式との 50% 併用により評価する[12)]こと

イ　発行会社の有する資産のうち土地及び上場有価証券については、純資産価額の計算上は、その事業年度終了時の時価によって評価する[13)]こと

ウ　純資産価額の計算において、法人税額等相当額を控除しない[14)15)]こと

②　原価法

原価法による有価証券の評価は、具体的には以下の方法による。

ア　移動平均法（法税令 119 条の 2 第 1 項 1 号）

有価証券の取得をする都度その有価証券のその取得の直前の帳簿価額とその取得をした有価証券の取得価額との合計額をこれらの有価証券の総数で除して平均単価を算出し、その算出した平均単価をもってその 1 単位当たりの帳簿価額とする方法

イ　総平均法（法税令 119 条の 2 第 1 項 2 号）

当該事業年度開始の時において有していたその有価証券の帳簿

価額と当該事業年度において取得をしたその有価証券の取得価額の総額との合計額をこれらの有価証券の総数で除して平均単価を算出し、その算出した平均単価をもってその1単位当たりの帳簿価額とする方法

ウ　償還原価法（法税令119条の14・139条の2第2項）

法人税法上採用される償還原価法は、定額法によるものであり、当期末調整前帳簿価額と当期末額面合計額との差額のうち当期に配分すべき金額（調整差益又は調整差損）を期末時の調整前帳簿価額に加算又は減算した価額をもって、事業年度終了時の評価額とする方法である

有価証券の価値を原価法で評価すべきとき、具体的にいずれの方法で評価すべきかについては、償還原価法によるべきとき以外の定めはなく、上記ア及びイのいずれの方法によるかを選定することができる（法税令119条の5）が、算出の方法を選定しなかった場合には、移動平均法によることが、政令により定められている（法税61条の2第1項2号、法税令119条の7第1項（譲渡原価の場合））。なお、選定した評価方法を変更する場合には、納税地の所轄税務署長の承認を受けなければならない（法税令119条の6第1項）。

3　株式が移転される場合

法人が株式の譲渡又は譲受け等（通常の売買のほか、贈与、第三者割当てによる新株発行[16]、合併又は出資受入れ、交換、現物出資、代物弁済等を含む）により株式の移転が生じる行為を行った場合、当該時点において所得が実現し収益が発生したと解され、法人税の課税対象となることがある（法税61条の2第1項）。

⑴　移転における対価をそのまま時価とすることができる場合

上記のような株式の移転が独立した経済主体間で行われているときには、通常は経済的合理性のある評価を前提にして行動していると考えられ、当該評価を「時価」と解することができるのが原則である[17]。

⑵　改めて評価を行う必要がある場合

⑴の場合と異なり、同族間等の取引をはじめ、純然たる第三者間の取引とはいえないときには、当該取引価額が税務上合理性を有するものとはいえないとして否認されることになり、そのような場合には、「価額」を算定する必要が生じることとなる。

このような場合の算定方法について、法令や通達は何らの基準も明らかにしないが、前述の株式の評価換えに関する基準が、一定の場合には準用できると解されている。株式の評価換えといっても、そこで想定される株式の「時価」は、あくまでも当該株式を売買すると仮定した場合に通常付されるであろう市場価値の算定を目指したものであり、それぞれにおける時価なるものが根本的に異なるものではないと考えられているからである[18]。

1）　金子宏『租税法（第 22 版）』336・337 頁（弘文堂、2017 年）。

2）　企業会計審議会「金融商品に係る会計基準の設定に関する意見書」（平成 11 年 1 月 22 日）。

3）　企業会計基準 10 号「金融商品に関する会計基準」。

4）　岡村忠生『法人税法講義（第 3 版）』245 頁（成文堂、2007 年）を基に評価損の損金算入規制の扱いを追加して作成した。

5）　評価益を益金の額に算入することが認められるのは、会社更生法の規定による更生計画認可の決定等に伴う評価換え等の場合である（法税 25 条 2 項・3 項。当該評価益の算定は、法基通 4-1-4～4-1-6 による）。

6）　前掲注 4)・岡村 245 頁。なお空売り規制に留意する必要がある。

7）　法人税法上把握する「時価」と帳簿価額が完全に一致することから、毎期ごとに評価損益を計上する問題は生じない。もっとも「価額が著しく低下した」（法税令 68 Ⅰ②ロ）場合等には、なお、損金の額を計上できる（法税 33 条 2 項）ことに注意すべきである。

8）　類似業種比準方式。上場会社のうち評価対象会社の類似業種について 1 株当たりの配当、利益、純資産額を算出し、これを評価対象会社の 1 株当たりの配当、利益、純資産額をそれぞれ比較、平均して得た比率を当該類似業種の平均株価に乗じた価額に、さらに評価対象会社が非公開であることによる流動性のディスカウントを行って評価を行う（評基通 180）。

9）　課税上弊害のある場合の具体例としては、孫会社の土地含み益が子会社株式の評価に反映していない場合（小原一博編著『法人税基本通達逐条解説（8

訂版)』717・718 頁（税務研究会出版局、2016 年)）が挙げられる。

10)　前掲注 9)・小原 715 頁。

11)　渡辺淑夫『法人税解釈の実際－重要項目と基本通達』328 頁（中央経済社、1989 年)。

12)　一定の支配的関係にある会社の株式の評価は、その純資産価値と切り離しては考えられないところによる。

13)　特に土地については、一般の市場価額と財産評価基本通達における路線価による土地評価に相当の開きがあることを是正するところによる。

14)　清算価値を求めてその価額の算定をすることを目的とする財産評価基本通達による評価に対し、期末評価は、期末時点の株式の客観的交換価値を求めるものであることによる。なお、同通達に本条件を規定した平成 12 年改正以前の事案につき、「1 株当たりの純資産価額の評価において、……法人税額等相当額を控除することが不合理……であるとい」うことはできない、とした判例がある（最判平 17・11・8 判時 1916・24)。

15)　法人税額等相当額の詳細については、「17　株式の評価 2――所得税の場合」注 8）参照。

16)　典型的に問題となるのが、有利発行を受ける場合である。なお、有利発行を行う法人については、当該発行は資本等取引に該当し、払込金は所得とならない。

17)　前掲注 9)・小原 718 頁は、「純然たる第三者間において種々の経済性を考慮して定められた取引価額は……、一般に常に合理的なものとして是認されることとなろう」とする。

18)　前掲注 11)・渡辺 341 頁。

17　株式の評価 2――所得税の場合

1　株式の評価が問題となる場合

所得税において、株式の評価が問題となるのは、譲渡制限等が付されている新株予約権や株式を取得する権利に係る所得税の収入金額を計算する場面、すなわち、会社法 238 条 2 項の決議（募集事項の決定）に基づき発行される新株予約権を与えられた場合、有利な金額によって株式を取得する場合の所得税の収入金額を計算する場合など（所税 36 条 2 項、所税令 84 条 2 項 1 号〜5 号）である。また、法人に対する低額譲渡に該当する場合のみなし譲渡益の金額を算定するときも、同様に株式の評価が問題となる（所税 59 条 1 項 1 号・2 号）。

純然たる第三者間において種々の経済性を考慮して決定された価額（時価）により取引されたと認められる場合は、株式の評価が問題となることはないが[1]、非公開株式のように、時価が不明確な場合は、以下のとおり、通達によって、適正な取引価額が算定される。

2　上場有価証券等の場合（取引相場がある場合）

⑴　取得予定の株式が上場されている場合

原則として、当該株式につき金融商品取引法 130 条（総取引高、価格等の通知等）の規定により公表された最終の価格による。しかし、同条の規定により公表された最終の価格がない場合は公表された最終の気配相場の価格とし、同日に最終の価格又は最終の気配相場の価格のいずれもない場合には、同日前の同日に最も近い日における最終の価格又は最終の気配相場の価格による。なお、2 以上の金融商品取引所に同一の区分に属する価格があるときは、当該価格が最も高い金融商品取引所の価格とする（所基通 23〜35 共-9⑴）。

⑵　旧株が上場され、新株が上場されていない場合

当該旧株の最終の価格を基準として当該新株につき合理的に計算した

価額による（所基通 23〜35 共-9(2)）。

(3) 旧株、新株いずれも上場されていない場合

(1)又は(2)の最終の価格を気配相場の価格と読み替えて(1)又は(2)により求めた価額による（所基通 23〜35 共-9(3)）。

3 上場有価証券等以外の場合

(1) 売買実例がある株式

上場されていない株式であっても売買実例がある場合には、最近において売買の行われたもののうち適正と認められる価額による（所基通 23〜35 共-9(4)イ）。但し、この「適正と認められる価額」の趣旨は、たとえ第三者の取引といえども、必ずしも適正な価額で取引されるとは限らないことから、第三者との取引であっても価額が適正か否かの検討も必要であることを意味しているとされ、第三者との取引であっても、適正な価額と認められる場合と認められない場合がある（東京高判平 14・1・30 訟月 52・11・3522、東京地判平 12・7・13 訟月 47・9・2785 参照）。

所得税では、「最近において」売買の行われたもののうち適正と認められる価額と定め（所基通 23〜35 共-9(4)イ）、他方、法人税では、「当該事業年度終了の日前 6 月間」と期間を限定しているが（法基通 9-1-13(1)）、「最近において」は、取引から 6 カ月以上経過しても、同族会社など価額の変動がほとんどない場合には、「最近において」売買が行われたものと認められることがある[2)]。

(2) 公開途上にある株式

金融商品取引所又は日本証券業協会の内規によって行われる入札により決定される入札後の公募等の価格等を参酌して通常取引されると認められる価額による（所基通 23〜35 共-9(4)ロ）。

(3) 売買実例はないが類似法人の株式の価額がある株式

売買実例のないものでその株式の発行法人と事業の種類、規模、収益の状況等が類似する他の法人の株式の価額がある場合、その株式の価額に比準して推定した価額による（所基通 23〜35 共-9(4)ハ。類似法人比

準方式)。なお、類似法人比準方式は、当該株式等の発行法人と事業の種類、規模、収益の状況等が類似する他の法人の株式等の価額があるものについては、当該価額に比準して推定した価額により算出するものであるから、事業の規模や収益の状況等を考慮しない類似業種比準方式[3]とは異なる（東京地判平12・7・13訟月47・9・2785参照)。

(4)　上記のいずれにも該当しない株式

① 権利行使日等[4]又は権利行使日等に最も近い日におけるその株式の発行法人の1株又は1口当たりの純資産価額等を参酌して通常取引されると認められる価額による（所基通23～35共-9(4)ニ)。

② 但し、個人から法人に対して株式等を低額譲渡（資産の譲渡の時における価額の2分の1に満たない金額（所税令169条)）又は贈与した場合には、その譲渡価額とは関係なく、「その時における価額（時価）に相当する金額」によって譲渡があったものとみなされる（所税59条1項、いわゆる「みなし譲渡」)。この場合、株式の「その時における価額」の評価方法として、次のア～オの条件によることを原則として、「1株当たりの純資産価額等を参酌して通常取引されると認められる価額」を財産評価基本通達の「取引相場のない株式の評価」の方法（評基通178～189-7）によって評価することも認められる(所基通59-6)[5]。

ア　課税上の弊害がないこと

イ　「同族株主[6]」に該当するかどうかは、株式を譲渡又は贈与した個人の当該譲渡又は贈与直前の議決権の数により判定すること

ウ　株式を譲渡又は贈与した個人が当該株式の発行会社にとって「中心的な同族会社」に該当するときは、「小会社[7]」に該当するものとして計算すること（純資産価額方式（評基通185）により算定した価額と併用方式[8]により算定した価額のいずれか低い価額)

エ　純資産価額の算定（評基通185）において、当該株式の発行会社が土地又は上場されている有価証券を有しているときは、これらの資産については、当該譲渡又は贈与のときにおける価額によ

ること

オ　財産評価基本通達185の本文に定める「1株当たりの純資産価額（相続税評価額によって計算した金額）」の計算に当たり、同通達186-2により計算した評価差額に対する法人税額等に相当する金額は控除しないこと[9]

これは、個人の取引相場のない株式の実際の取引事例が、財産評価基本通達に定める方法をベースとして譲渡価格を算定し、上場株式は時価に洗い替え、かつ、その洗替えに伴う評価差額についての法人税相当額は控除していないものが相当数であるという取引実体等に鑑み、みなし譲渡課税における取引相場のない株式の時価（客観的交換価値）のメルクマールとしては、以上のア～オの条件の下に、財産評価基本通達に定める方法に準じて算定した価額を採用するのが最も妥当と考えたものである。[10]

1）　森谷義光・木村猛・一色広己・田中健二共編『所得税基本通達逐条解説（平成26年版）』685頁（大蔵財務協会、2014年）。

2）　OAG税理士法人資産税部編『Q＆A株式評価の実務全書』60頁（ぎょうせい、2008年）。

3）　類似業種の株価を基に、評価する会社の1株当たりの配当金額、利益金額及び純資産価額の3つで比準して評価する方式（中小企業庁「経営承継法における非上場株式等評価ガイドライン」16頁（平成21年2月）、評基通180）。

4）　所得税法施行令84条2項1号から4号までに掲げる権利の行使の日（取締役・使用人の自己株式譲渡請求（平成13年改正前商210ノ2Ⅱ③）、新株予約権・新株引受権の行使）又は同項5号に掲げる権利（1号から4号を除く株式と引換えに払い込むべき額が有利な金額である場合における当該株式を取得する権利）に基づく払込み又は給付をした日（払込み又は給付の期間の定めがある場合には、当該払込み又は給付をした日）（所基通23～35共-9柱書参照）。

5）　牧口晴一・齋藤孝一『非公開株式譲渡の法務・税務（第5版）』246頁以下（中央経済社、2017年）。

6）　課税時期における評価会社の株主のうち、株主の1人及びその同族関係者の議決権保有割合が30%（株主の1人及びその同族関係者の議決権保有割合が最も多いグループの議決権保有割合が50%超である場合には、50%超）

である場合におけるその株主及びその同族関係者をいう（評基通 188(1)）。

7）従業員数が 100 人未満（なお、平成 29 年の「財産評価基本通達の一部改正」により、従業員数が 70 人未満に改められた。この改正は、平成 29 年 1 月 1 日以降の相続、贈与から適用される）で、総資産額が一定額未満であるか又は従業員数が一定数以下であり、かつ年間取引金額が一定金額未満のもの（金子宏『租税法（第 22 版）』672 頁（弘文堂、2017 年）、評基通 178）。

8）財産評価基本通達 179。類似比準価額×L＋1 株当たりの純資産評価額（相続税評価額によって計算した金額）×（1－L）。

9）ここでいう「評価差額に対する法人税額等に相当する金額」とは、「相続税評価額による純資産価額」から「帳簿価額による純資産価額」を控除した残額に 37％を乗じて計算した金額のことをいう（評基通 186-2）。そして、37％とは、「法人税（地方法人税を含む）、事業税（地方法人特別税を含む）、道府県民税及び市町村民税の税率の合計に相当する割合」（以下、「法人税率等の合計割合」という）のことである（評基通 186-2）。したがって、法人税や事業税等の税率に変更があると、それに伴って法人税率等の合計割合も変わることになる。同割合は、平成 26 年 4 月 1 日以後については 40％、平成 27 年 4 月 1 日以後は 38％、平成 28 年 4 月 1 日以後は 37％と、法人税率の引き下げ等に伴い年々低下している。

10）前掲注 1)・森谷・木村・一色・田中 685 頁。

18　株式の評価 3――相続税の場合

1　相続税法の時価

相続税における株式の評価は、原則として、相続、遺贈又は贈与により取得した財産の価額は、当該財産の取得の時における時価により評価される（相税 22 条、時価主義）。

ここに「取得の時」とは、相続税の場合は、被相続人又は遺贈者の相続開始の時（失踪の宣告を相続開始原因とする相続については、民法 31 条に規定する期間満了の時又は危難の去りたる時）であり、贈与税の場合は、書面によるものについては、その契約の効力の発生した時、書面によらないものについては、その履行の時である（相基通 1 の 3・1 の 4 共-8）[1]

また、時価は、客観的交換価値のことであり、不特定多数の当事者間の自由な取引において通常成立すると認められる価額を意味する（東京高判平 7・12・13 行裁集 46・12・1143、税資 214・757、評基通 1(2)参照）。

株式の価額は、通常、「財産評価基本通達」によって評価される。この通達は、納税者間の公平の維持、納税者及び租税行政庁双方の便宜、徴税費の節減等の観点から各種財産について画一的かつ詳細な評価方法を定めているが、それらの方法によることが不合理な場合には、他の合理的な方法によって評価を行うことができると解すべきである[2]（評基通 6。相続税更正処分等取消請求事件。大阪地判平 12・2・29 税資 246・1125）。

2　株式の評価

株式は、上場株式（証券取引所に上場されている株式）、気配相場等のある株式、及び取引相場のない株式の 3 種類に分けてその評価を行うこととされている（評基通 168）。

⑴　上場株式

原則として、その株式が上場されている金融商品取引所の公表する課税時期の最終価格によって評価するが、その最終価格が課税時期の属する月以前3カ月間の毎日の最終価格の各月ごとの平均額（最終価格の月平均額）のうち最も低い価額を超える場合には、その最も低い価額によって評価する（大阪高判昭62・9・29行裁集38・8＝9・1038、ジュリスト929・114参照。評基通169(1)）。

但し、負担付贈与又は個人間の対価を伴う取引によって取得した上場株式の価額は、それが上場されている証券取引所の公表する課税時期の最終価格によって評価する（評基通169(2)）。

課税時期の最終価格の特例については、財産評価基本通達170・171、最終価格の月平均額の特例については、財産評価基本通達172参照。

(2)　気配相場等のある株式

①　登録銘柄[3]・店頭管理銘柄[4]

(i)　日本証券業協会の公表する課税時期の取引価格によって評価するが、それが課税時期の属する月以前3カ月間の毎日の取引価格の各月ごとの平均額（取引価格の月平均額）のうち、最も低い価額を超える場合には、その最も低い価額によって評価する（評基通174(1)イ）。

但し、負担付贈与又は個人間の対価を伴う取引により取得した登録銘柄及び店頭管理銘柄については、日本証券業協会の公表する課税時期の取引価格によって評価する（評基通174(1)ロ）。

(ii)　取引価格の特例については、財産評価基本通達175・176、株式評価の特例については、財産評価基本通達177、取引価格の月平均額の特例については、財産評価基本通達177-2参照。

②　公開途上にある株式

(i)　株式の上場又は登録に際して、株式の公募又は売出し（公募等）が行われる場合における公開途上にある株式の価額は、その株式の公開価格（金融商品取引所又は日本証券業協会の内規によって行われる入札により決定される入札後の公募等の価格をいう）によって評価する（評基通174(2)イ）。

(ii)　株式の上場又は登録に際して、公募等が行われない場合における公開途上にある株式の価額は、課税時期以前の取引価格等を勘案して評価する（評基通 174(2)ロ）。

なお、取引相場のない株式については、次項による。

(3) 取引相場のない株式

① 取引相場のない株式の評価の評価方法として、原則的評価方式、特例的評価方式の２種類がある。原則的評価方式（評基通 179）は、類似業種比準方式（評基通 180）と純資産価額方式（評基通 185)、これらの併用方式をいい、特例的評価方式は、配当還元方式（評基通 178 但書、188-2）をいう。原則的評価方式と特例的評価方式のいずれが適用されるのかを決定するには、まず、評価会社を「同族株主のいる会社」と「同族株主のいない会社」とに区分する。

(i) 同族株主（評基通 188）のいる会社

同族株主の場合、原則として、原則的評価方式が適用され、同族株主以外の株主（いわゆる少数株主）が取得した場合（評基通 188(1))、及び同族株主であっても支配株主と認められない場合（評基通 188(2))、特例的評価方式が適用される（評基通 178)。

(ii) 同族株主のいない会社

「議決権割合の合計が 15% 以上のグループに属する株主」は、原則的評価方式が適用され、「議決権割合の合計が 15% 未満のグループに属する株主」（評基通 188(3)）及び中心的な株主がおり、議決権割合の合計が 15% 以上のグループに属する株主であっても支配株主と認められないような者には特例的評価方式が適用される（評基通 188(4))。

② 原則的評価方式が適用される場合、評価会社を、従業員数、総資産価額、及び直前期末以前１年間における取引金額によって、大会社・中会社・小会社に区分し、次のように評価することとされている（評基通 178)。

(i) 大会社[5)]の株式評価

大会社の株式の価額は、類似業種比準方式[6)]によって評価する。但

株主の区分と評価方式

<table>
<tr><td colspan="5">株主の態様による区分</td><td rowspan="2">評価方式</td></tr>
<tr><td>会社区分</td><td colspan="4">株主区分</td></tr>
<tr><td rowspan="6">同族株主のいる会社</td><td rowspan="5">同族株主</td><td colspan="3">取得後の議決権割合5%以上</td><td rowspan="4">原則的評価方式</td></tr>
<tr><td rowspan="4">取得後の議決権割合5%未満</td><td colspan="2">中心的な同族株主がいない場合</td></tr>
<tr><td rowspan="3">中心的な同族株主がいる場合</td><td>中心的な同族株主</td></tr>
<tr><td>役員</td></tr>
<tr><td>その他</td><td rowspan="2">特例的評価方式</td></tr>
<tr><td colspan="4">同族株主以外の株主</td></tr>
<tr><td rowspan="5">同族株主のいない会社</td><td rowspan="4">議決権割合の合計が15%以上のグループに属する株主</td><td colspan="3">取得後の議決権割合5%以上</td><td rowspan="3">原則的評価方式</td></tr>
<tr><td rowspan="3">取得後の議決権割合5%未満</td><td colspan="2">中心的な株主がいない場合</td></tr>
<tr><td rowspan="2">中心的な株主がいる場合</td><td>役員</td></tr>
<tr><td>その他</td><td rowspan="2">特例的評価方式</td></tr>
<tr><td colspan="4">議決権割合の合計が15%未満のグループに属する株主</td></tr>
</table>

し、納税義務者の選択により、1株当たりの純資産価額（相続税評価額によって計算した金額）方式によって評価することができる(評基通179(1))。

(ii)　中会社の株式評価

中会社[7]の株式の価額は、類似業種比準方式と純資産価額方式とを併用して計算した金額によって評価する（2つの要素のウエイトは、中会社の会社規模が3種類に区分されることから（L＝0.9、0.75、0.6)、会社規模に応じて異なってくる)。但し、納税義務者の選択により、純資産価額方式によって評価することができる（評基通179(2))。

(iii)　小会社の株式評価

小会社[8]の株式評価は、1株当たりの純資産価額[9]によって評価する。但し、納税義務者の選択により、中会社の場合と同様に類似業種比準方式と純資産価額方式を併用する方式（L＝0.5）を用いることができる（評基通179(3)）。

③　会社規模の判定

前項の大会社・中会社・小会社は、財産評価基本通達178の次の表によって判定される。[10)]

規模区分	区分の内容		純資産価額（帳簿価額によって計算した金額）及び従業員数	直前期末以前1年間における取引金額
大会社	従業員数が70人以上の会社又は右のいずれかに該当する会社	卸売業	20億円以上（従業員数が35人以下の会社を除く。）	30億円以上
		小売・サービス業	15億円以上（従業員数が35人以下の会社を除く。）	20億円以上
		卸売業、小売・サービス業以外	15億円以上（従業員数が35人以下の会社を除く。）	15億円以上
中会社	従業員数が70人未満の会社で右のいずれかに該当する会社（大会社に該当する場合を除く。）	卸売業	7,000万円以上（従業員数が5人以下の会社を除く。）	2億円以上30億円未満
		小売・サービス業	4,000万円以上（従業員数が5人以下の会社を除く。）	6,000万円以上20億円未満
		卸売業、小売・サービス業以外	5,000万円以上（従業員数が5人以下の会社を除く。）	8,000万円以上15億円未満
小会社	従業員数が70人未満の会社で右のいずれにも該当する会社	卸売業	7,000万円未満又は従業員数が5人以下	2億円未満
		小売・サービス業	4,000万円未満又は従業員数が5人以下	6,000万円未満
		卸売業、小売・サービス業以外	5,000万円未満又は従業員数が5人以下	8,000万円未満

3　特定の評価会社の株式

以下のような特定の評価会社の株式は、類似業種比準方式が使用できずに純資産価額方式だけで評価をするなどの特定の評価方式により評価する（評基通189）。これは、取引相場のない株式の評価額は、類似業種比準方式の適用の結果、純資産価額方式で評価する場合に比して、実質的に低くなり、これを利用して株式評価額を圧縮することによる相続税回避策に対処するためである。[11)]

⑴　**比準要素数1の会社の株式**（評基通189⑴）

①　類似業種比準方式で評価する場合の3つの比準要素である配当金額、利益金額及び簿価純資産額のうち直前期末の要素のいずれか2つが零であり、かつ、直前々期末の要素のいずれか2つ以上が零である会社の株式は、原則として、純資産価額方式によって評価するが、納税義務者の選択により、併用方式（L＝0.25）での評価もできる（評基通189-2）。

②　同族株主以外の株主等が取得した株式に該当する場合は、特例的評価方式（配当還元方式）によって評価する（評基通189-2）。

③　評価会社が他の特定評価会社にも該当する場合には、比準要素数1の会社には該当しない。[12)]

⑵　**株式保有特定会社の株式**（評基通189⑵）

①　総資産のうちに占める株式等の価額の合計の割合が50％以上である会社[13)]の株式は、原則として、純資産価額方式によって評価する。但し、納税義務者の選択により、財産評価基本通達189-3に定める（S1＋S2）方式によって評価することもできる。[14)]

②　同族株主以外の株主等が取得した株式に該当する場合は、特例的評価方式（配当還元価額方式）によって評価する（評基通189-3）。

③　評価会社が比準要素数1の会社以外の他の特定評価会社に該当する場合は、株式保有特定会社には該当しない。[15)]

⑶　**土地保有特定会社の株式**（評基通189⑶）

①　総資産のうちに占める土地等の価額の合計の割合が、中会社で90％以上（大会社は70％以上）の会社の株式は、純資産価額方式で評価される（評基通189-4）。

②　同族株主以外の株主等が取得した株式に該当する場合は、特例的評価方式（配当還元価額方式）によって評価する（評基通189-4）。

(4) 開業後３年未満の会社等[16]の株式（評基通189(4)）

① 課税時期において開業後３年未満の会社の株式は、純資産価額方式で評価される（評基通189-4）。

② 同族株主以外の株主等が取得した株式に該当する場合は、特例的評価方式（配当還元価額方式）によって評価する（評基通189-4）。

(5) 開業前又は休業中の会社の株式（評基通189(5)）

① 開業前又は休業中の会社の株式は、純資産価額方式で評価される（評基通189-5）。

② 株主の区分にかかわらず純資産価額方式によるとされているため、支配株主も少数株主も、すべての株主が純資産価額方式により評価することとなる[17]。

(6) 清算中の会社の株式（評基通189(6)）

清算中の会社の株式は、清算の結果分配を受けると見込まれる金額の課税時期から分配を受けると見込まれる日までの期間に応ずる基準年利率（評基通4-4）による複利現価の額によって評価される（評基通189-6）。

4 各評価方法の計算式

(1) 類似業種比準方式（評基通181）

類似業種比準方式とは、評価する会社の業種と類似する事業を営む上場会社の取引株価に評価会社と類似業種上場会社の統計データとの比準要素（配当金額・利益金額・純資産価額の３要素）から求めた比準割合による修正を加えて評価する方法である[18]。計算式は次のとおりである。

$$A \times \left(\frac{b}{B} + \frac{c}{C} + \frac{d}{D}\right) \times \frac{1}{3} \times \text{斟酌率}$$[19]

A＝類似業種の株価[20]

B＝課税時期の属する年の類似業種の１株当たりの配当金額

C＝課税時期の属する年の類似業種の１株当たりの年利益金額

D＝課税時期の属する年の類似業種の1株当たりの純資産価額

b＝評価会社の1株当たりの配当金額※

c＝評価会社の1株当たりの利益金額※

d＝評価会社の1株当たりの純資産価額※

※　b、c、dの金額は財産評価基本通達183により1株当たりの資本金等の額を50円とした場合の金額として計算することに留意する。

斟酌率＝大会社0.7、中会社0.6、小会社0.5

⑵　**純資産価額方式**（評基通185）

財産評価基本通達における純資産価額方式とは、課税時期において会社を清算したとした場合の1株当たりの純資産価額を、相続税評価額で算定する方法である[21]。ただし、株式の取得者とその同族関係者の有する議決権合計数が、評価会社の議決権総数の50％以下である場合は、下記の純資産価額の80％が評価額となる。

$$\frac{\text{資産合計額(相続税評価額)}-\text{負債合計額}-\text{評価差額に対する法人税等相当額}}{\text{課税時期における発行済株式総数}}$$

評価差額に対する法人税相当額（評基通186-2）＝（相続税評価額による純資産価額－帳簿価額による純資産価額）×37％（平成28年4月1日以降の相続等）

⑶　**併用方式**（評基通179⑵）

中会社は、大会社の持つ要素と小会社の持つ要素を併せ持っていると考えられていることから、株価も大会社の評価方式である類似業種比準方式と小会社の評価方式である純資産価額方式を併用して評価することとされている。

類似業種比準方式×L＋1株当たりの純資産価額（相続税評価額によって計算した金額）×（1－L）

Lの割合＝純資産価額（帳簿価額によって計算した金額）及び従業員数又は直前期末以前１年間における取引金額に応じて、それぞれ次に定める割合のうちいずれか大きい方の割合である。

①　総資産価額（帳簿価額によって計算した金額）及び従業員数に応ずる割合[22)]

卸売業	小売・サービス業	卸売業、小売・サービス業以外	割合
4億円以上（従業員数が35人以下の会社を除く。）	5億円以上（従業員数が35人以下の会社を除く。）	5億円以上（従業員数が35人以下の会社を除く。）	0.90
2億円以上（従業員数が20人以下の会社を除く。）	2億5,000万円以上（従業員数が20人以下の会社を除く。）	2億5,000万円以上（従業員数が20人以下の会社を除く。）	0.75
7,000万円以上（従業員数が5人以下の会社を除く。）	4,000万円以上（従業員数が5人以下の会社を除く。）	5,000万円以上（従業員数が5人以下の会社を除く。）	0.60

②　直前期末以前１年間における取引金額に応ずる割合

卸売業	小売・サービス業	卸売業、小売・サービス業以外	割合
7億円以上30億円未満	5億円以上20億円未満	4億円以上15億円未満	0.90
3億5,000万円以上 7億円未満	2億5,000万円以上 5億円未満	2億円以上4億円未満	0.75
2億円以上 3億5,000万円未満	6,000万円以上 2億5,000万円未満	8,000万円以上 2億円未満	0.60

⑷　**配当還元方式**（評基通188-2）

配当還元方式は、評価対象の株式に係る年配当金額を基準とする方法である[23)]。但し、その金額が原則的評価方式により評価した金額を超える場合には、原則的評価方式により計算した金額によって評価する（評基通188-2但書）。

$$\frac{\text{年配当金額}}{10\%}\times\frac{\text{1株当たりの資本金等の額}}{\text{50円}}$$

1）金子宏『租税法（第22版）』661頁（弘文堂、2017年）。
2）前掲注1)・金子662・663頁。
3）日本証券業協会の内規により、協会に店頭登録銘柄として登録されている株式。前掲注1)・金子675頁。
4）主に上場を廃止し又は店頭登録を廃止する措置がとられた株式で、廃止後の取引量が相当多いものと認められるものについて、日本証券業協会が一定期間（原則6カ月）店頭登録銘柄に準じて取り扱うこととした株式（日本税理士会連合会編・熊谷安弘『株式の評価：税務処理・申告・調査対策（第6版）』16頁（中央経済社、2009年））。
5）従業員数が70人以上（従来は100人以上であったが、平成29年の「財産評価基本通達の一部改正」により、70人以上に改められた。この改正は平成29年1月1日以降の相続、贈与から適用される）のもの、純資産価額が一定額以上で従業員数が一定数以下でないもの、又は年間取引金額が一定額以上のもの（前掲注1)・金子670・671頁）。
6）類似業種比準方式は、上場会社のうち評価対象会社の類似業種について1株当たりの配当、利益、純資産額を算出し、これを評価対象会社の1株当たりの配当、利益、純資産額をそれぞれ比較、平均して得た比率を当該類似業種の平均株価に乗じた価額に、さらに評価対象会社が非公開であることによる流動性のディスカウントを行って評価を行う方法である。計算式については、財産評価基本通達180参照。
7）従業員数が70人未満（前掲注5)と同様、平成29年度税制改正により100人未満から改正）の会社で、総資産価額が一定額以上である（但し、従業員数が一定数以下のものを除く）か、又は年間取引額が一定の範囲に達しているもの（前掲注1)・金子675頁）。
8）従業員数が70人未満（前掲注5)、前掲注7)と同様）で、純資産価額が一定額未満であるか又は従業員数が一定数以下であり、かつ年間取引金額が一定金額未満のもの（前掲注1)・金子672頁）。
9）純資産価額方式とは、評価会社の1株当たりの純資産価額によってその株価を評価する方法であり、1株当たりの純資産価額とは、評価会社の正味財産価額から、課税時期における負債の合計額並びに課税時期における評価差額を控除し、それを発行済株式数で除して得られる金額のことである（評基通185）。
10）平成29年度税制改正により、平成29年1月1日以降の相続、遺贈又は贈与について大会社・中会社の適用範囲が拡大された。

11) 前掲注 1)・金子 672 頁。

12) 前掲注 4)・熊谷 57 頁。

13) 財産評価基本通達の旧 189(2)では、株式保有特定会社の判定基準につき大会社については株式保有割合を 25% 以上と定めていたが、東京高等裁判所の平成 25 年 2 月 28 日判決（税資 263・12157）において合理性が否定された。そこで同通達は会社規模を問わず株式保有割合を 50% 以上とする旨改正され、平成 25 年 5 月 27 日以降の相続・遺贈又は贈与に適用されることになった。

14) 「S1＋S2 方式」と呼ばれる方式。詳しくは、前掲注 4)・熊谷 127 頁参照。

15) 前掲注 4)・熊谷 58 頁。

16) 開業後 3 年未満のもの、及び類似業種比準方式の算式における「1 株当たりの配当金額」、「1 株当たりの利益金額」及び「1 株当たりの純資産価額」の各金額のうち、いずれか 2 以上がゼロであり、かつ直前々期末を基準にして計算した場合にも、各金額のうち、いずれか 2 以上がゼロであるもの（前掲注 1)・金子 676 頁)。

17) 前掲注 4)・熊谷 64 頁。

18) 前掲注 4)・熊谷 94 頁。

19) 平成 29 年度税制改正では、取引相場のない株式の株価を適切に反映させるため、類似業種の比準要素の比重が「1：3：1」から「1：1：1」に変更された。

20) A・B・C・D については国税庁が公表する「類似業種比準価額計算上の業種目及び業種目別株価等について」を参照。

21) 前掲注 4)・熊谷 67 頁。

22) 前記注 10) 同様の趣旨により、大会社・中会社の判定規模の拡大に伴い、適用範囲を拡大する改正が行われた。

23) 小林憲司編著『ケースでわかる株式評価の実務』171 頁（中央経済社、2008 年)。

19　種類株式

1　会社法上の定義

会社法は、一定の事項につき権利内容の異なる種類の株式を発行することを認めている。

種類株式の発行が認められる事項として、会社法108条1項は、以下の事項を規定している。

ア　剰余金の配当

イ　残余財産の分配

ウ　株主総会において議決権を行使することができる事項（議決権制限株式）

エ　譲渡による当該種類の株式の取得について当該株式会社の承認を要すること（譲渡制限株式）

オ　当該種類の株式について、株主が当該株式会社に対してその取得を請求することができること（取得請求権付株式）

カ　当該種類の株式について、当該株式会社が一定の事由が生じたことを条件としてこれを取得することができること（取得条項付株式）

キ　当該種類の株式について、当該株式会社が株主総会の決議によってその全部を取得すること（全部取得条項付種類株式）

ク　株主総会等において決議すべき事項のうち、当該決議のほか当該種類の株式の種類株主を構成員とする種類株主総会の決議があることを必要とするもの（拒否権付株式）

ケ　当該種類の株式の種類株主を構成員とする種類株主総会において取締役又は監査役を選任すること（役員選任権付株式）[1]

2　税法上の取扱いが問題となる場面

種類株式の税法上の取扱いが問題となる場面としては、組織再編成、デット・エクイティ・スワップ（DES）、自己株式の取得、全部取得条項付株式による少数株主の排除（スクイーズアウト）、相続（事業承継を含む）などがある。

3　発行会社側の税務

⑴　株式発行時の取扱い

種類株式の発行は、普通株式の発行と同様、資本等取引に当たるため（法税 22 条 5 項）、法人税の課税の対象にはならない。

各種類株式に係る株主等から発行会社に払い込まれた金額は、普通株式の場合と同様、資本金等の額（法税 2 条 16 号）となる。但し、2 種類以上の株式を発行している会社は、株式の種類ごとに区分して資本金等の額を計算し、区分管理しなければならない[2]（法税令 8 条 1 項 20 号・2 項）。

⑵　発行会社側による取得（自己株式の取得）の取扱い[3]

発行会社が自己株式を取得する場合、株式の種類ごとに区分管理された資本金等の額から株主に対して交付した金額に対応する資本金等の額（「取得資本金額」法税令 8 条 1 項 20 号・2 項）を減ずる。

また、株主に対する交付金額が、上記取得資本金額を超える場合は、利益積立金額（法税 2 条 18 号）から取得資本金額を超える部分の金額（法税令 9 条 1 項 14 号）についても減ずる。なお、証券取引市場等における購入による取得の場合には、利益積立金額については、資本金等の額から減額しない（法税令 8 条 1 項 18 号・9 条 1 項 14 号）。

なお、発行会社が、ある種類の株式を他の種類の株式へ転換する場合、会社法の下では、自己株式の取得及び新株の発行と観念されるため、株式取得の側面については、上記における自己株式の取得と同様の取扱いがなされる。

4　発行された種類株式を取得した株主側の税務

⑴　株式取得時の取扱い

金銭出資により種類株式を取得した場合、当該種類株式の取得者には課税関係は生じない。

取得者は、払込金額及び株式取得のために要した費用の合計額を取得価額とする（法税令 119 条 1 項 2 号、所税令 109 条 1 項 1 号）。

これに対して、現物出資が行われた場合、取得者には、出資資産の譲渡によって実現した譲渡益について課税関係が生じることになる（法税 22 条 2 項、所税 33 条 1 項）。

(2)　株式を譲渡した場合の取扱い

種類株式を譲渡した場合の税務の取扱いは普通株式の譲渡の場合と同じである。法人株主が種類株式を譲渡した場合に発生した譲渡益又は譲渡損について、益金又は損金に算入される（法税 61 条の 2 第 1 項）。

個人株主の場合は、他の所得と区分して税金を計算する「申告分離課税」となっている（所税 33 条、租特 37 条の 10 等）。

(3)　取得条項付株式等を発行会社が取得した場合の取扱い

取得条項付株式・全部取得条項付種類株式・取得請求権付株式（以下、本項においてまとめて「取得条項付株式等」という）について、これらの権利の行使によって、発行会社が株式を取得し、その取得の対価として株式又は新株予約権のみを株主に交付をした場合には、取得する株式の価額と交付する株式又は新株予約権の価額がおおむね同額であることを要件に、法人株主においては、譲渡の対価は当該譲渡の直前の帳簿価額に相当する金額とみなされ、個人株主においては、譲渡がなかったものとみなされることとなる（課税の繰延べ。法税 61 条の 2 第 14 項 1 号～3 号、所税 57 条の 4 第 3 項 1 号～3 号）。

なお、取得条項付株式等の取得等の対価として、1 株に満たない端数に相当する部分に金銭等が交付されることがある。この場合、当該端株を保有していた株主等に対して、当該端株に相当する株式を交付したものと扱われる（法基通 2-3-1）。そのため、株式のみが交付されるという要件を満たし、課税の繰延べが認められる[4)]。

これに対して、取得する株式の価額と交付する株式又は新株予約権の価額がおおむね同額となっていない場合には、譲渡益について課税関係が生じる。

5 種類株式の評価

多種多様な性格を持つ種類株式の評価をどうするかについては問題となるが[5)]、財産評価基本通達に明文規定が存在しない。

もっとも国税庁から相続税について出されている、平成 19 年 2 月 26 日付課審 6-1 ほか 2 課共同「相続等により取得した種類株式の評価について（平成 19 年 2 月 19 日付平成 19 年 2 月 7 日中庁第 1 号に対する回答）」、及び資産評価企画官情報 1 号「種類株式の評価について（情報）」（平成 19 年 3 月 9 日）の中で、①配当優先の無議決権株式、②社債類似株式、③拒否権付株式の 3 類型の株式の評価方法が示されている。

⑴ 配当優先株式の評価

配当について優先・劣後のある株式を発行している株式を①類似業種比準方式[6)]により評価する場合には、株式の種類ごとにその株式に係る配当金（資本金等の減少によるものを除く）に基づいて評価し、②純資産価額方式により評価する場合には、配当優先の有無にかかわらず、従来どおり財産評価基本通達 185（純資産価額）の定めにより評価する。

⑵ 無議決権株式の評価

同族株主（原則的評価方式[7)]が適用される同族株主等をいう。以下同じ）が無議決権株式を相続又は遺贈により取得した場合には、原則として、議決権の有無を考慮せずに評価する。もっとも、次のすべての条件を満たす場合に限り、上記⑴又は原則的評価方式により評価した価額から、その価額に 5% を乗じて計算した金額を控除した金額により評価するとともに、当該控除した金額を当該相続又は遺贈により同族株主が取得した当該会社の議決権のある株式の価額に加算して申告することを選択することができる。

ア 当該会社の株式について、相続税の法定申告期限までに、遺産分割協議が確定していること

イ 当該相続又は遺贈により、当該会社の株式を取得したすべての同族株主から、相続税の法定申告期限までに、当該相続又は遺贈により同族株主が取得した無議決権株式の価額について、調整計算前の

その株式の評価額からその価額に5%を乗じて計算した金額を控除した金額により評価するとともに、当該控除した金額を当該相続又は遺贈により同族株主が取得した当該会社の議決権のある株式の価額に加算して申告することについての届出書が所轄税務署長に提出されていること

ウ　当該相続税の申告に当たり、評価明細書に、調整計算の算式に基づく無議決権株式及び議決権のある株式の評価額の算定根拠を適宜の様式に記載し、添付していること

（参考）無議決権株式を発行している場合の同族株主の判定

同族株主に該当するか否かの判定は、持株割合ではなく議決権割合により行うことから、同族株主グループに属する株主であっても、中心的な同族株主以外の株主で議決権割合が5%未満の役員でない株主等は、無議決権株式の所有の多寡にかかわらず同族株主に該当しないこととなるので、その株主等が所有する株式は財産評価基本通達188-2（同族株主以外の株主等が取得した株式の評価）により配当還元方式を適用して評価することに留意する。

(3)　社債類似株式の評価

次の条件を満たす株式（社債類似株式）については、その経済的実質が社債に類似していると認められることから、財産評価基本通達197-2(3)（利付公社債の評価）に準じて発行価額により評価する。もっとも、株式であることから、既経過利息に相当する配当金の加算は行わない。また、社債類似株式を発行している会社の社債類似株式以外の株式の評価に当たっては、社債類似株式を社債であるものとして計算する。

ア　配当金については優先して分配する

また、ある事業年度の配当金が優先配当金に達しないときは、その不足額は翌事業年度以降に累積することとするが、優先配当金を超えて配当しない

イ　残余財産の分配については、発行価額を超えて分配は行わない

ウ　一定期日において、発行会社は本件株式の全部を発行価額で償還

する

エ　議決権を有しない

オ　他の株式を対価とする取得請求権を有しない

⑷ 拒否権付株式の評価

拒否権付株式については、普通株式と同様に評価する。

1） 種類株式の税法上の取扱いについて、「種類株式の発行価額については、その内容により、個別的に決することになる……が、税法上は、基本的には、種類株式も、別段の定めがない限り、普通株と同様に扱われるのが通常である」とされている（中野百々造『会社法務と税務（全訂5版）』134頁（税務研究会出版局、2012年））。

2） 計算書類として、法人税法施行規則別表五（一）付表「種類資本金額の計算に関する明細書」が用意されている。

3） 自己株式の取得において、株式を譲渡した株主に、みなし配当課税が生じる場合があることについては、「21　自己株式の取得」を参照。

4） レックスホールディングス事件（最決平21・5・29金融商事1326・35、東京高決平20・9・12金融商事1301・28）の事案では、全部取得条項付種類株式が、MBOにおける少数株主締め出し（いわゆるスクイーズアウト）の手段として用いられた。この事案のように、少数株主締め出しの手段として全部取得条項付株式を用いたスキームが活用される背景として、以下の点が挙げられている。①企業再編税制の適用を受けないので、税制非適格の株式交換を用いたスキームにおける子会社の含み益に対する評価益課税の問題が生じない。②株式を買い取られる株主にとっては、端株の買取りはみなし配当課税の対象外となっている（法税24条1項5号、法税令23条3項）。荒井邦彦・大村健編著『新株予約権・種類株式の実務：法務・会計・税務・登記（第2次改訂版）』395・396頁（第一法規、2013年）。

5） 渋谷雅弘「種類株式の評価」金子宏編『租税法の基本問題』674頁（有斐閣、2007年）。

6） 類似業種比準方式は、上場会社のうち評価対象会社の類似業種について1株当たりの配当、利益、純資産額を算出し、これを評価対象会社の1株当たりの配当、利益、純資産額をそれぞれ比較、平均して得た比率を当該類似業種の平均株価に乗じた価額に、さらに評価対象会社が非公開であることによる流動性のディスカウントを行って評価を行う方法である。計算式については、財産評価基本通達180参照。

7） 取引相場のない株式の評価の評価方法として、原則的評価方式、特例的評価方式の2種類がある。原則的評価方式は、類似業種比準方式（評基通180）、純資産価額方式（評基通185）及びこれらの併用方式をいい、特例的評価方式は、配当還元方式（評基通188-2）をいう。詳細は「18　株式の評価3――相続税の場合」参照。

20　株式等の譲渡に関する課税

株式等を譲渡した場合の課税について、譲渡対象の株式等が、「上場株式等」の場合と上場株式等以外の「一般株式等」の場合、並びに譲渡人が個人または法人かによって区分して、述べる。

なお、一般に上場株式等の時価は、取引所における取引価格等で明確であるが、上場株式等以外の一般株式等の時価は、必ずしも明らかであるとは言い難い[1)]。

1　用語の説明等

(1)　一般株式等

一般株式等とは、次の株式等のうち次の(2)に記載する上場株式等以外のものをいう（租特37条の10第2項）。

① 株式（株主等となる権利、株式の割当てを受ける権利、新株予約権を含む）

② 特別の法律により設立された法人の出資者持分、合名会社、合資会社、合同会社の社員持分、協同組合等の組合員持分その他法人の出資者持分

③ 協同組織金融機関の優先出資等

④ 投資信託の受益権

⑤ 特定受益証券発行信託の受益権

⑥ 社債的受益権

⑦ 公社債（預金保険法の長期信用銀行債等、農林債、割引債で発行時に償還差益に係る源泉徴収が行われているものを除く）

(2)　上場株式等とは

上場株式等とは、次のものをいう（租特37条の11第2項）。

① 株式等で金融商品取引所に上場されているものその他これに類するもの

② 投資信託で公募によるもの
③ 特定投資法人の投資信託及び投資法人の投資口
④ 特定受益権発行信託の受益権
⑤ 特定目的信託の社債的受益権
⑥ 国債、地方債
⑦ 外国、外国地方公共団体が発行し、又は保証する債券
⑧ 会社以外の法人が特別の法律により発行する債券（公団、公庫等が発行する金融債）
⑨ 公社債で発行時の募集が取得勧誘である一定のもの
⑩ 社債のうちその発行日前9カ月以内に有価証券届出書を提出している法人が発行するもの
⑪ 金融商品取引所の公社債情報に基づき発行する公社債で目論見書に公社債情報基づき発行する旨の記載があるもの
⑫ 国外で発行された公社債で次のもの
　(i) 金融商品取引法の有価証券の売出しに応じて取得した公社債で取得時から引き続き売り出した金融商品取引業者等の営業所に保管されているもの
　(ii) 金融商品取引法の売付け勧誘等に応じて取得した公社債で、その取得の日前9カ月以内に有価証券報告書を提出している会社が発行したもの（取得時から引き続きその売付け勧誘等をした金融商品取引業者等の営業所に保管委託されているものに限る）
⑬ 外国法人が発行し、又は保証する債券で一定のもの
⑭ 銀行業、第一種金融商品取引業者又は外国法令で銀行業、金融商品取引業法人又はこれらに準ずる者が発行した社債（取得者が実質的に多数でないものを除く）
⑮ 平成27年12月31日以前に発行された公社債（法人税法の同族会社に該当する会社が発行したものを除く）

⑶ 「上場株式等に係る譲渡所得等」と「一般株式等に係る譲渡所得等」とに区分し申告分離課税

株式等の譲渡による所得税課税は、平成28年1月1日以後、「上場株式等」の譲渡と「一般株式等」の譲渡とに区分し、それぞれ譲渡所得、事業所得及び雑所得としての所得を合算のうえ、「上場株式等に係る譲渡所得等」又は「一般株式等に係る譲渡所得等」として、それぞれ別々に申告分離課税される（租特37条の10・37条の11）。

それにより、「上場株式等」の譲渡と「一般株式等」の譲渡との間で損益通算はできなくなった。

2 上場株式等の譲渡に対する課税

⑴ 譲渡人：個人　譲受人：個人

① 上場株式等を譲渡した個人に対する課税

(i) 個人が時価譲渡で株式等を譲渡した場合の所得は、所得税及び住民税の課税対象となる。事業所得、譲渡所得、雑所得のどれであっても、譲渡価額から取得費及び株式等の譲渡に要した費用等を引いた金額が所得として分離課税される（租特37条の10第1項、地税附則35条の2第1項・6項）。

有価証券の取得費は、事業所得の場合は、総平均法（有価証券を種類等の異なるごとに区別し、1月1日に有していた有価証券の取得価額の総額とその年中に取得した有価証券の取得価額の総額との合計額をこれらの有価証券の総数で除して計算した価額をその1単位当たりの取得価額とする方法）又は、移動平均法（有価証券をその種類等の異なるごとに区別し、当初の1単位当たりの取得価額が、種類等を同じくする有価証券を再び取得した場合にはその取得の時において有する当該有価証券とその取得した有価証券との数及び取得価額を基礎として算出した平均単価によって改定されたものとみなし、以後種類等を同じくする有価証券を取得する都度同様の方法により1単位当たりの取得価額が改定されたものとみなし、その年12月31日から最も近い日において改定されたものとみなされた１単位当たりの取得価額をその１単位当たりの取得価額とする方法をいう）のいずれかの方法により算出する（所税令105条）。

雑所得、譲渡所得の場合は、最初に取得した時（その後既に当該有価証券の譲渡をしている場合には、直前の譲渡の時。以下この項において同じ）から当該譲渡の時までの期間を基礎として、最初に取得した時において有していた当該有価証券及び当該期間内に取得した当該有価証券につき総平均法に準ずる方法（所税令118条）により計算する。

なお、取得費を計算する基礎となる取得価額は、その取得形態により次のようになる（所税令109条）。

ア　金銭の払込みにより取得した有価証券は、その払込みをした金銭の額

イ　発行法人から与えられた権利の行使により取得した有価証券は、その有価証券のその権利の行使の日における価額

ウ　発行法人に対し新たな払込み又は給付を要しないで取得した当該発行法人の株式又は新株予約権のうち、当該発行法人の株主等として与えられる場合は、零

エ　購入した有価証券は、その購入の代価（購入手数料その他その有価証券の購入のために要した費用がある場合には、その費用の額を加算した金額）

オ　上記以外の方法により取得した有価証券は、その取得の時におけるその有価証券の取得のために通常要する価額

税率は、次のとおりである（租特37条の10第１項・37条の11第１項）。

譲渡の形態	平成21年分～平成25年分	平成26年分以後
金融商品取引業者等を通じた「上場株式等」の譲渡	10% （所得税7%、住民税3%）	20% （所得税15%、住民税5%）
上記以外の譲渡	20% （所得税15%、住民税5%）	

（出典　国税庁タックスアンサー　No.1463）

なお、平成25年から平成49年までは、復興特別所得税として各年分の基準所得税額にその2.1%を併せて申告・納付することになる（東日本大震災からの復興のための施策を実施するために必要な財源の確保に関する特別措置法13）。すなわち、所得税が15%の場合は、合算すると15.315%となる。

（上場株式等に係る譲渡損失の損益通算及び繰越控除）

また、上場株式等に係る譲渡損失は、平成21年以降配当所得との損益通算と、3年間の繰越控除ができる（租特37条の12の2第1項・5項）。

（特定口座制度）

個人が証券会社に開設した特定口座で源泉徴収が実施される口座で上場株式等を売買した場合、原則として申告は不要である（租特37条の11の3～37条の11の6）。

（NISA）

また、個人投資家を対象とした証券優遇税制として平成26年から少額投資非課税制度（NISA）が開始し、年間一定額（年間100万円、平成28年以後は120万円）を上限として、上場株式等の譲渡で得た利益等が最長5年間非課税となる制度が行われている（租特37条の14第1項・2項。平成28年からは、未成年者等を対象としたジュニアNISAも開始（租特37条の14の2第1項・2項）。平成30年からは非課税期間を20年間に延ばした積み立て型のNISAも導入される（租特37条の14第1項2号））。

(ii)　低額譲渡

個人に対し時価の2分の1に満たない価額で株式等を譲渡した個人は、対価の額が取得費及び譲渡に要した費用の額の合計額に満たないときは、その不足額はないものとみなされる（所税59条2項、所税令169条）。すなわち、譲渡損が生じた場合でも、譲渡損はなかったものとみなされる。

② 上場株式等を譲り受けた個人に対する課税

(i) 時価による取得の場合、その取得上場株式等に時価による取得価額が付され、新たな課税は生じない（所税令109条1項4号）。

(ii) 低額譲受けの場合

個人から著しく低額で株式等を譲り受けた個人は、時価と譲渡価額との差額に相当する金額を贈与により取得したものとみなされ、その金額が贈与税の対象となる（相税7条）。個人から低額で株式等を譲り受けた個人に贈与税が課される場合は、譲渡価額が時価の2分の1に満たない場合に限られない[2)]。

(2) 譲渡人：個人　譲受人：法人

① 上場株式等を譲渡した個人に対する課税

(i) 次の(ii)、(iii)を除き、上記(1)①と同様。但し、特定の法人に譲渡する場合は、売委託でないのが通常のため軽減税率の適用はない。

(ii) 低額譲渡

法人に対し時価の2分の1に満たない価額で株式等を譲渡した個人は、時価で譲渡したものとして、所得税が課税される（みなし譲渡所得。所税59条1項、所税令169条[3)]）。

(iii) 市場外での株式等の発行者（法人）への譲渡[4)]

みなし配当（所税25条1項）とされる部分（「資本金等の額」を超える部分）が生じる場合がある[5)]（詳しくは「21　自己株式の取得」の3参照）。

② 上場株式等を譲り受けた法人に対する課税

(i) 時価による取得の場合、その取得上場株式等に時価による取得価額が付され、新たな課税は生じない（法税令119条1項1号）。

(ii) 低額譲渡の場合

株式等を低額で譲り受けた法人は、時価と売買価額との差額（受贈益）が益金に算入され（法税 22 条 2 項）、法人税が課税される。

(iii) 自己株式の取得の場合

自己株式を取得した場合、その取得のために株主に支払った金銭等の額のうち、その取得した株式に対応した「資本金等の額」を超える金額は、みなし配当とされ源泉徴収の対象となる（法税 24 条 1 項 5 号）。取得のために要した付随費用は、取得価額ではなく損金に算入される。

金融商品取引所の開設する市場における購入や、合併に反対する被合併法人の株主等の買取請求に基づく買取りなどの一定の事由による自己株式の取得は、みなし配当の対象から除かれる（所税 25 条 1 項 5 号、所税令 61 条 1 項）。

(3) 譲渡人：法人　譲受人：個人

① 上場株式等を譲渡した法人に対する課税

(i) 時価による譲渡の場合、譲渡価額が益金の額、取得費及び譲渡費用が損金の額に算入され、他の益金等と合算後に、その事業年度の取得金額に法人税が課税される（法税 22 条）。

(ii) 低額譲渡

株式等を低額で譲渡した法人は、時価で譲渡したものとして益金の額に算入される（法税 22 条 2 項、最判平成 7・12・19 民集 49・10・312）とともに、時価と低額譲渡価額との差額は、実質的に贈与をしたと認められる金額は寄附金と扱われる（法税 37 条）。譲受人との関係によっては給与、賞与、退職手当等と扱われることとなる。

② 上場株式等を譲り受けた個人に対する課税

(i) 時価による取得の場合、その取得上場株式等に時価による取得価額が付され、新たな課税は生じない（所税令 109 条 1 項 4 号）。

(ii) 低額譲渡の場合

法人から株式等を低額で譲り受けた個人は、時価と売買価額の差額が所得に算入され、所得税が課税される（所税36条1項・2項）。譲渡人との関係により、給与所得、退職所得、一時所得等とされる。

⑷　譲渡人：法人　譲受人：法人

①　上場株式等を譲渡した法人に対する課税

上記2⑶①と同様。

（但し、法人に対する無償譲渡、低額譲渡が寄附金には該当しない、とされる場合があることについて「51　寄附金」の1参照。また、平成22年10月1日以降、完全支配関係がある法人間で行われる一定の株式譲渡により発生する譲渡損益については、譲渡損益が繰延べられることについて「65　グループ法人税制」参照）。

②　上場株式等を譲り受けた法人に対する課税

上記⑵②と同様。

3　上場株式等以外の一般株式等の譲渡に対する課税

⑴　譲渡人：個人　譲受人：個人

①　上場株式等以外の一般株式等を譲渡した個人に対する課税

(i)　時価での譲渡の場合、上記2⑴①と同様に、所得税、住民税が課税される。

税率も上記2⑴①(i)の表（「譲渡の形態」下段の「上記以外の譲渡」）のとおりである。

(ii)　低額譲渡は、上場株式等と同様。

②　上場株式等以外の一般株式等を譲り受けた個人に対する課税

上記2⑴②と同様。

⑵　譲渡人：個人　譲受人：法人

①　上場株式等以外の一般株式等を譲渡した個人に対する課税

(i)　次の(ii)、(iii)以外の場合、上記2⑵と同様。

(ii)　発行者に対する譲渡（個人）はみなし配当（所税25条1項）となる。

但し、相続財産に係る株式で納付すべき相続税額があるものが、その発行した上場会社等以外の株式会社に譲渡した場合のみなし配当課税の特例（租特9条の7）の場合は、みなし配当所得とはならず、譲渡所得が課税される（詳しくは「21　自己株式の取得」の3(2)参照）。

(iii)　低額譲渡は、上場株式等と同様。

②　上場株式等以外の一般株式等を譲り受けた法人に対する課税

上記2(2)②と同様。

(3)　譲渡人：法人　譲受人：個人

①　上場株式等以外の一般株式等を譲渡した法人に対する課税

上記2(3)①と同様。

②　上場株式等以外の一般株式等を譲り受けた個人に対する課税

上記2(3)②と同様。

(4)　譲渡人：法人　譲受人：法人

①　上場株式等以外の一般株式等を譲渡した法人に対する課税

上記2(4)①と同様。

②　上場株式等以外の一般株式等を譲り受けた法人に対する課税

上記2(2)②と同様。

1）　株式等の評価は、「16～18　株式の評価1～3」の各項を参照。相続税贈与税の評価については財産評価基本通達178～189-7等。

2）　金子宏『租税法（第22版）』635頁（弘文堂、2017年）。

3）　所得税基本通達59-6参照。

4）「21　自己株式の取得」を参照。

5）「21　自己株式の取得」の3(1)を参照。配当に対する課税は総合課税となり、所得税と住民税の合計で最高税率55%になる（上場株式等の譲渡所得税税率は、上記のとおり所得税住民税の合計で20%（別途復興特別所得税が課される））。

21　自己株式の取得

1　自己株式の取得

会社が余剰資金を株主に分配しようとする場合、金銭による配当という方法（「44　剰余金の配当2――剰余金の配当を行う会社の税務」を参照）又は自己株式取得の方法をとり得るが、ここでは後者について取り扱う。

(1)　会社法上の取扱い

自己株式の取得は、平成13年商法改正により、一定の財源規制の下、原則として自由に行えることになった（いわゆる金庫株の解禁）。また、従前は自己株式を資産として取り扱う考え方に立脚していたが、自己株式取得の実質が資本の払戻しであるという点を重視し、資本の控除項目として取り扱う考え方に変更された。

なお、会社法上、自己株式の取得を市場取引又は公開買付けの方法で行う場合、取締役会設置会社では、定款の定めにより取締役会の決議で行うことができる（会社165条）のに対し、特定株主との相対取引で行う場合は、株主総会の特別決議による必要がある（会社309条2項2号・156条1項）。

(2)　会計上の取扱い

上記商法改正を受け、会計上も、平成14年、企業会計基準委員会により企業会計基準1号「自己株式及び準備金の額の減少等に関する会計基準」が設定され、自己株式を資本控除項目として取り扱う旨明確にされた[1]。

自己株式を取得した場合、取得した自己株式は、取得原価をもって[2]、貸借対照表の「純資産の部」の株主資本から控除し（同基準7項）、期末に保有する自己株式は、「純資産の部」の株主資本の末尾に自己株式として一括して控除する形式で表示する（同基準8項）。なお、自己株式の取得に要した付随費用は、損益計算書の営業外費用に計上する（同基準14項)。

(3) 税務上の取扱い

税務上は、平成18年度税制改正前までは、自己株式の取得は資産(税法上の有価証券)の取得取引と資本等取引の両面から把握されてきたが(平成18年度改正前法税令119条1項1号、平成18年度改正前法税2条18号カ)、同年改正により、自己株式は税法上の有価証券から除外され(法税2条1項21号)、自己株式の取得は資本等取引として取り扱う(自己株式取得時に資本金等の額・利益積立金の減額を行う)考え方に変更された(法税令8条1項20号・9条1項14号)。

2　発行会社の税務

(1) 税務上の原則処理

自己株式の取得は、上記のとおり資本等取引として取り扱われるため、株式発行会社に課税関係は生じない(法税22条参照[3])。

発行会社においては、自己株式を取得した際に譲渡株主に交付した金銭等を、資本の払戻部分と利益の分配部分に区分し、資本金等の額及び利益積立金額を減少させ、法人税の申告調整(巻末資料:法税規別表五(一)「利益積立金額及び資本金等の額の計算に関する明細書」参照)を行う。資本金等の額及び利益積立金額の減少額は、まず、減少させる「資本金等の額」(取得資本金額)につき、発行会社の取得直前の資本金等の額に、取得自己株式数の(発行会社の取得直前の)発行済株式総数に対する割合を乗じることにより算出する(法税令8条1項20号)。次に、譲渡株主に交付した金銭等の額から取得資本金額を控除した額を、利益積立金の減少額とする(法税令9条1項14号)。この部分は、税法上配当とみなされ、譲渡株主においては、みなし配当課税が行われる(下記3(1)①。なお、みなし配当の詳細については、「47　みなし配当」を参照)。

なお、発行会社は、みなし配当が生じる場合は、譲渡株主に金銭等を交付する際に源泉徴収義務を負い(所税181条・182条2号・212条3項・213条2項)、また、譲渡株主に対し、配当等とみなす金額に関する支払通知書を交付しなければならない（法税令23条4項、所税225条2項2号、所税規92条1項)。

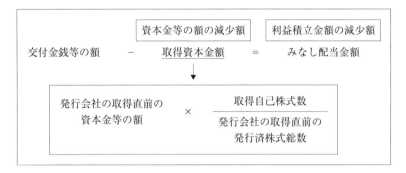

資本金等の額の減少額　　利益積立金額の減少額

交付金銭等の額　－　取得資本金額　＝　みなし配当金額

↓

発行会社の取得直前の資本金等の額　×　取得自己株式数／発行会社の取得直前の発行済株式総数

⑵　税務上の例外処理──みなし配当課税の適用がない場合

下記3⑵のとおり、譲渡株主にみなし配当課税の適用がない場合には、利益積立金を減少させない（法税24条1項5号括弧書)。自己株式の取得により金銭等を交付した場合の取得資本金額だけ資本金等の金額を減少する（法税令8条1項21号)。

3　譲渡株主の税務

⑴　税務上の原則処理

株式発行会社に対して株式を譲渡した株主（法人・個人）には、原則として、みなし配当課税と譲渡益課税が行われる[4]。

①　みなし配当課税

税務上、発行会社に株式を譲渡した株主が取得した対価は、資本の払戻部分と利益の分配部分に区分され、対価として交付された金銭等のうち、株式発行会社の「資本金等の額」を超える部分の金額が、原則として「みなし配当」として課税される（法税24条1項5号、所税25条1項5号)。すなわち、みなし配当分につき、法人株主については、受取配当等の益金不算入制度の適用を受け、個人株主については、配当所得として総合課税される[5]。みなし配当が生じる場合、上記のとおり、発行会社には源泉徴収義務が生じ（所税181条・182条2号・212条3項・213条2項)、また、発行会社から譲渡株主に対して、配当等とみなす金額に関する支払通知書が交付される（法税令23条4項、所税225条2項2号、所税規92条1項）。

なお、従来から、法人株主における発行会社の株式の帳簿価額によっては、みなし配当の額について受取配当等の益金不算入制度が適用されるとともに株式の譲渡損失が計上されることがあり、そのような処理を租税回避的に利用されることが問題視されてきたが、平成22年度税制改正において、当該行為を防止するための措置として、法人株主につき、自己株式として取得されることを予定[6)]して取得した株式が自己株式として取得された際に生ずるみなし配当については、受取配当等の益金不算入制度が適用されないこととされた（法税23条3項・81条の4第3項）。

② 譲渡益課税

法人株主については、法人税法上、譲渡対価からみなし配当金額を控除した金額が譲渡収入とされ、譲渡に係る原価[7)]との差額として有価証券譲渡損益を計算する（法税61条の2）。

なお、平成22年度税制改正において、完全支配関係にある内国法人の株式を発行会社に対して譲渡する等の場合には、その譲渡損益を計上しないこととされた（法税61条の2第17項[8)]）。

個人株主については、所得税法上、譲渡対価からみなし配当金額を控除した金額が譲渡所得等に係る収入金額とされ（租特37条の10第3項5号）、取得費・譲渡費用との差額として譲渡損益を計算する。

(2) 税務上の例外処理

以下の場合には、みなし配当課税の適用がない。

① 株主（法人・個人）が、市場取引により株式を発行会社に譲渡した場合には、みなし配当課税の適用はない（法税24条1項5号括弧書、所税25条1項5号括弧書）。これは、市場取引の場合、株式の売主は買主を選ぶことができないにもかかわらず、買主が発行会社であった場合には、有価証券の譲渡取引ではなくみなし配当として取り扱われることになる不都合を避けるためである。

②　相続又は遺贈により非上場株式を取得した者（個人）で、納付すべき相続税額があるものが、一定の要件のもと株式発行会社に当該株式を譲渡した場合には、みなし配当課税の適用はない（租特9条の7）。相続税の納税資金を捻出するために認められた特例措置である。

4　発行会社の自己株式を時価より低額・高額で譲渡した場合

(1)　低額で譲渡した場合

譲渡株主の税務処理については、法人株主の場合、譲渡株式の時価と対価との差額は寄附金として扱われる。個人株主の場合、原則として時価の2分の1未満の価額で発行会社に譲渡した場合には、みなし譲渡の規定が適用され、時価相当額での譲渡があったものとみなされる（所税59条1項2号、所税令169条、所基通59-3）。

なお、発行会社については、上記2で述べた処理と同様であり、資本等取引に該当するため、原則として受贈益として課税されない（但し、意図的な利益移転行為については、法人税法132条の適用可能性を指摘する見解もある[9]）。

(2)　高額で譲渡した場合

譲渡株主（法人・個人）の税務処理については、譲渡株式の時価と対価との差額につき受贈益課税が行われる。

なお、発行会社については、上記2で述べた処理と同様であり、譲渡株主が法人の場合でも、原則として寄附金の損金不算入規定は適用されない（但し、意図的な利益移転行為については、法人税法132条の適用可能性を指摘する見解もある[10]）。

1）　会計上、連結財務諸表では、平成13年商法改正前より資本の控除として取り扱われてきた。

2）　会社計算規則でも、株式会社が当該株式会社の株式を取得する場合には、その取得価額を、増加すべき自己株式の額とする旨定められている（会社計算24条1項）。

3）　但し、自己株式を時価より低額ないしは高額で取得し、意図的な利益移転行為とみられる場合に課税が行われる可能性があることに留意（4を参照されたい)。

4) 税務上は、相対取引の場合を原則、市場取引の場合を例外として規定している。

5) 法人株主と個人株主を比較すると、みなし配当分について、個人株主の場合は配当所得として総合課税されるが、法人株主の場合には、受取配当等の益金不算入規定の適用による税務上のメリットが生じる。この違いを悪用するケースがあり、従来から問題視されてきた。

6) 「予定」は、自己株式の取得が具体的に予定されていることを必要とし、例えば、公開買付けに関する公告がされている場合や組織再編成が公表されている場合などが該当する（泉恒有ほか『改正税法のすべて（平成22年版)』338頁（大蔵財務協会、2010年))。

7) 「譲渡に係る原価」の額とは、その有価証券についてその内国法人が選定した1単位当たりの帳簿価額の算出の方法により算出した金額（算出の方法を選定しなかった場合又は選定した方法により算出しなかった場合には、算出の方法のうち政令で定める方法により算出した金額）にその譲渡した有価証券の数を乗じて計算した金額をいう（法税61条の2第1項2号、法税令119条の7第1項)。

8) この場合には本項3(1)①なお書きで述べたような租税回避のおそれがないため、受取配当等の益金不算入制度が通常どおり適用される（法税23条3項・81条の4第3項)。

9) 清水秀徳「自己株式の無償・低廉取得に係る法人税の課税関係」税務大学校論叢66号365頁（2010年)。

10) 前掲注9)・清水365頁。

22　自己株式の処分・消却

会社法では、自己株式の処分方法として、処分[1)]（会社199条以下）、及び消却（会社178条）がある。

1　自己株式の処分

(1)　会社法上の取扱い

自己株式の処分は、法が特に別の処分方法を認める場合を除き[2)]、新株発行と同じ募集手続を経なければならない（会社199条1項）。

(2)　会計上の取扱い

自己株式の処分に伴う収入金額から帳簿価額[3)]を控除した額がプラスならば、貸借対照表上の「その他資本剰余金」を増額する（会社計算24条2項、企業会計基準1号「自己株式及び準備金の額の減少等に関する会計基準」9項）。

他方、上記控除額がマイナスならば、貸借対照表上の「その他資本剰余金」を減額する（同基準10項）。その他資本剰余金の額がマイナスとなった場合は、期末にその他資本剰余金を零とし、当該マイナス額を「その他利益剰余金」から減額する（同基準12項）。

(3)　税務上の取扱い

自己株式の処分は、新株発行と同様に株主資本の増加を伴うことから、原則として払い込まれた金銭の額又は給付を受けた資産の時価だけ税務上の資本金等の額を増額処理する（法税令8条1項1号）。かかる取引は、資本等取引（法税22条5項）に該当するため、益金の額は発生しない。

自己株式の交付を受けた取得者側の税務上の取扱いは、通常の有価証券の取得と同様である（「20　株式等の譲渡に関する課税」を参照）。

なお、消費税法上、自己株式の処分は資産の譲渡等に該当せず、不課税取引として取り扱われる（消基通5-2-9）。

⑷ 時価と著しく異なる譲渡代金の場合

自己株式の処分は、処分を行う会社側では資本等取引、取得者側では有価証券の取得取引となるので、原則としていずれも課税の問題は生じないが、自己株式の譲渡代金が時価と著しく相違する場合には、譲渡代金と時価との差額について課税の問題が生じる可能性がある（「12　新株発行（金銭出資）3――第三者割当て」及び「21　自己株式の取得」を参照）。

2　自己株式の消却

⑴ 会社法上の取扱い

株式の消却とは、特定の株式を消滅させる会社の行為であり、会社は保有している自己株式を消却できる（会社178条1項）。

自己株式の消却には、消却する自己株式の種類・数を決定したうえで、取締役会設置会社においては取締役会決議を要する（会社178条2項）。

自己株式消却の決議をしたときには、会社は遅滞なく株主名簿から当該株式に関する事項を抹消し、発行済株式総数の減少登記を行う等、当該株式抹消の手続を行わなければならない。

なお、自己株式の消却と資本減少は別個の制度であり、資本減少するためには別の手続が必要である。

⑵ 会計上の取扱い

自己株式の消却を行った場合、消却対象となった自己株式の帳簿価額[3)]をその他資本剰余金から減額する（会社計算24条2項・3項、企業会計基準1号「自己株式及び準備金の額の減少等に関する会計基準」11項）。

その他資本剰余金の額がマイナスになる場合は、期末にその他資本剰余金を零とし、当該マイナス額をその他利益剰余金から減額する（同基準12項）。

⑶ 税務上の取扱い

自己株式は、その取得時において資本の払戻しと同様の処理（具体的には、資本金等の額の減額処理、さらにみなし配当がある場合は利益積立金額の減額処理）がなされているため（「21　自己株式の取得」を参照）、消却時においては、税務上の処理は生じない。

1）　便宜上本項では、吸収合併等により、新株発行に代えて自己株式を交付する場合（自己株式の代用交付）を含む概念とする。
2）　吸収合併・吸収分割・株式交換の際に存続会社等がその対価として自己株式を交付する場合（会社749条1項2号イ・758条4号イ・768条1項2号イ）、新株予約権の行使に際し会社が自己株式を交付する場合（会社282条1項）等。詳細は、江頭憲治郎『株式会社法（第6版）』269頁注(1)（有斐閣、2015年）参照。
3）　自己株式の処分及び消却時の帳簿価額は、会社の定めた計算方法に従って、株式の種類ごとに算定する（企業会計基準1号「自己株式及び準備金の額の減少等に関する会計基準」13項）。

23　株式の併合・株式の分割・株式の無償割当て

1　株式の併合

⑴　会社法における取扱い[1)]

株式の併合とは、数個の株式（例えば10株）を合わせてそれより少数の株式（例えば1株）とする会社の行為である（会社180条1項）。株式の併合は、各株主の所有株式数を一律・按分比例的に減少させ、当該会社の発行済株式総数は減少するが、会社財産・資本金額・発行可能株式総数には変動を生じさせない。

株式の併合を行う場合、併合することによって1株に満たない端数が発生することもあり（例えば、2株を1株に併合する場合など、1株しか保有しない株主にとっては、株式の併合によりその保有株式が1株に満たない端数となってしまう）、株主にとって影響が大きい。そのため、株式の併合を行うに当たっては、その都度、株主総会の特別決議によって、①併合の割合、②株式の併合がその効力を生ずる日、③種類株式発行会社においては併合する株式の種類、④効力発生日における発行可能株式総数を定めなければならない（会社180条2項・309条2項4号）。

株式の併合の結果、1株に満たない端数が生じた場合、当該会社は、その当該端数に相当する数の株式を競売、市場価格等で売却又は当該会社が買い取る（会社235条2項・234条2項～5項）などして換価し、売得金を従前の株主に交付する（会社235条1項）。

⑵　税法における取扱い[2)3)]

①　会社（株式併合会社）の税務

株式の併合は、株数を均一の条件で減少させる手続であり、課税関係は生じない。

②　株主の税務

株主に関しては、所有株式数が減少し、1株当たりの単価を再計算する必要はあるが、課税関係は原則として生じない。

株主は、その所有する株式（旧株）について、株式の併合があった場合には、その併合後の所有株式の1株当たりの帳簿価額は、次の算式によって計算した金額となる（法税令119条の3第7項・119条の4第1項、所税令110条1項）。併合時点の時価によって受入評価することを要しない。

$$\text{所有1株当たりの帳簿価額}=\frac{\text{株式併合の直前の帳簿価額の合計}}{\text{株式併合の直後の所有株数}}$$

但し、1株に満たない端数が生じた場合の端数処理に関しては、金銭が交付されるため、譲渡損益を認識することになる（法基通2-3-25、所基通57の4-2）。すなわち、端数株式等の交付を受け直して譲渡したものとして計算することになる。したがって取得価格を上回る金銭が交付された場合には、譲渡益（法人の場合）、譲渡所得（個人の場合）を計上しなければならない。

なお、端数に関する金銭交付については、みなし配当課税の適用から除外される（法税24条1項5号、法税令23条3項9号、所税25条1項5号、所税令61条1項9号）。

2　株式の分割

(1)　会社法における取扱い[4)]

株式の分割とは、発行済株式を細分化する（例えば1株を2株にする）会社の行為である（会社183条1項）。株式を分割した場合、分割割合に応じて発行済株式数が増える。株式の分割は、各株主の所有株式数を一律・按分比例的に増加させ、当該会社の発行済株式総数も増加するが、会社財産・資本金額には変動を生じさせない。

株式の分割は、株式の併合とは異なり、取締役会設置会社においては、取締役会の決議、それ以外の会社においては株主総会の普通決議により行う（会社183条2項）。株式の分割を行う場合の決議事項としては、①分割比率（分割により増加する株式の総数の分割前の発行済株式（分割する種類の発行済株式）の総数に対する割合）及び分割の基準日、

②株式の分割がその効力を生ずる日、③種類株式発行会社においては分割する株式の種類を定めなければならない（会社183条2項）。

なお、公開会社において、分割後の発行済株式総数が発行可能株式総数を超える場合には、株式分割を決定する取締役会決議又は株主総会決議の手続中において（改めて定款変更を行う株主総会特別決議によることなしに）定款変更を行い発行可能株式数を増加させる必要がある（会社184条2項。但し、種類株式発行会社は原則どおり、改めて定款変更決議を行う必要がある）。

株式の分割の結果、1株に満たない端数が生じた場合、当該会社は、その当該端数に相当する数の株式を競売、市場価格等で売却又は当該会社が買い取る（会社235条2項・234条2項〜5項）などして換価し、売得金を従前の株主に交付する（会社235条1項）。

(2)　税法における取扱い[5)][6)]

①　会社（株式分割会社）の税務

株式の分割は、株数を均一の条件で増加させる手続であり、課税関係は生じない。

②　株主の税務

株主に関しては、所有株式数が増加し、1株当たりの単価を再計算する必要はあるが、課税関係は原則として生じない。

株主の所有する株式（旧株）について、株式分割があった場合には、その分割後の所有株式の1株当たりの帳簿価額は、次の算式によって計算した金額となる（法税令119条の2第1項、所税令110条1項）。株式分割時点の時価によって受入評価することを要しない（法税令119条1項3号）。これにより、その後の1株当たりの帳簿価額は平均化されるから、その後はそのいずれを譲渡しても譲渡原価は等しくなる。

$$\text{所有1株当たりの帳簿価額} = \frac{\text{株式分割の直前の帳簿価額の合計}}{\text{株式分割の直後の所有株数}}$$

但し、1株に満たない端数が生じた場合の端数処理に関しては、金銭が交付されるため、譲渡損益を認識することになる（法基通 2-3-25、所基通 57 の 4-2）。すなわち、端数株式等の交付を受け直して譲渡したものとして計算することになる。したがって取得価格を上回る金銭が交付された場合には、譲渡益（法人の場合）、譲渡所得（個人の場合）を計上しなければならない。

なお、端数に関する金銭交付については、みなし配当課税の適用から除外される（法税 24 条 1 項 5 号、法税令 23 条 3 項 9 号、所税 25 条 1 項 5 号、所税令 61 条 1 項 9 号）。

3　株式無償割当て

(1)　会社法における取扱い[7)]

株式無償割当てとは、株主（種類株式発行会社においてはある種類の種類株主）に対して新たに払込みをさせないで当該株式会社の株式の割当てをすることである（会社 185 条）。

株式無償割当ての場合、株式の分割の場合と同様、各株主の所有株式数を一律・按分比例的に増加させ、当該会社の発行済株式総数も増加するが、会社財産・資本金額には変動を生じさせない（会社計算 16 条 1 項）。但し、株式の分割とは異なり、株式無償割当ては、

ア　異なる種類の株式を割り当てることもできること

イ　自己株式を株主に無償で割り当てることもできること

ウ　自己株式に対して株式無償割当てはできないこと

といった点において株式分割とは異なる。

株式無償割当ては、取締役会設置会社においては、取締役会の決議、それ以外の会社においては株主総会の普通決議により行う（会社 186 条 3 項）。株式の無償割当てを行う場合の決議事項としては、①株主に割り当てる株式の数（種類株式発行会社においては株式の種類及び種類ごとの数）又はその数の算定方法、②当該株式無償割当てがその効力を生ずる日、③種類株式発行会社においては当該株式無償割当てを受ける株主の有する株式の種類を定めなければならない（会社 186 条 1 項）（株式無償割当てによって発行可能株式数を超過する場合には株式分割の場

合における会社法184条2項のような簡易な定款変更の手続はなく、株主総会特別決議によって定款変更を行わなければならない)。

株式無償割当ての結果、1株に満たない端数が生じた場合、当該会社は、その当該端数に相当する数の株式を競売、市場価格等で売却又は当該会社が買い取るなどして換価し、売得金を従前の株主に交付する（会社234条1項3号)。

(2)　税法における取扱い[8)][9)]

① 会社（無償割当て会社）の税務

株式分割の場合と同様である。

② 株主の税務

株式無償割当て（その有する株式と同一種類の株式を取得した場合に限る）にあっては、会社にとって、資本金、資本準備金の増減はない（会社計算16条1項)。株式無償割当てによって、当該会社の発行済株式総数は増加するものの、各株主の持株割合は、基本的には、変動がない。したがって、株主は、その1株当たりの単価修正を行う必要がある。なお、株式無償割当てにより取得した株式の取得価額は零となる（法税令119条1項3号・119条の2第1項、所税令111条2項)。

その他、例えば、異種の株式の数が増加して、他の株主に損害を及ぼすおそれがある場合（法税令119条1項4号括弧書、所税令111条2項）を除き、特に課税上の問題は発生しないことは、株式の分割の場合と同様である。

なお、株主として無償割当てにより取得した株式であっても、他の株主に損害を及ぼすおそれがある場合には、その経済的利益について課税問題が発生する（法税令119条1項4号括弧書、法基通2-3-8、所税令84条2項)。

また、会社が、個人又は法人に対して、他の種類の株主に損害を及ぼすおそれのある種類株主総会での決議をし、株式無償割当てをした場合は、「株式無償割当てに関する調書」を所轄税務署長に翌年の1

月31日までに提出しなければならないものとされている（所税228条の3、所税規97条の3）。

1）　江頭憲治郎『株式会社法（第6版）』283・284頁（有斐閣、2015年）。
2）　三宅茂久『資本・株式の会計・税務（第3版）』136頁（中央経済社、2010年）。
3）　中野百々造『会社法務と税務（全訂5版）』1492頁（税務研究会出版局、2012年）。
4）　前掲注1）・江頭289頁以下。
5）　前掲注2）・三宅141頁。
6）　前掲注3）・中野1011頁。
7）　前掲注1）・江頭291頁以下。
8）　前掲注2）・三宅141頁。
9）　前掲注3）・中野1015頁。

24　従業員持株会

1　従業員持株会

⑴　意　義

従業員持株会は、株式会社の従業員が当該会社の株式を取得することを目的として運営する組織・団体をいう。当該会社の従業員による当該会社の発行済株式の取得・保有の促進により、従業員の福利厚生の増進及び経営への参加意識の向上を図ることを目的とする。

従業員持株会は、会社法上に制度として規定されているものではないが、多くの株式会社において導入されている。

⑵　法的性格

従業員持株会（以下、「持株会」という）としての法的性格は、主として、法人である場合、権利能力なき社団である場合、そして民法上の組合である場合の3形態が考えられる[1)]。

法人又は権利能力なき社団の場合、持株会が取得した株式の所有名義は、当該持株会自体であるが、組合の場合には、持株会が取得した株式の所有名義は持株会代表者（理事長）の個人名義とされる。

なお、日本証券業協会が作成している「持株制度に関するガイドライン」（以下、「ガイドライン」という）第2章2⑵①によると、「実施会社の株式を取得することを主たる目的とする、民法第667条1項に基づく『組合』とするものとする」と記載されている。実際に、組合方式を前提とするものが比較的一般のようであるが、その規約の内容いかんによっては一概に断言できないものもある。例えば、東京地判平成18年6月26日（判時1958・99）では、法人格のない従業員持株会の行った規約に定めのない書面による解散決議につき、当該持株会の法的性質を当然に組合であるとは断ぜず、「民法上の組合であるか権利能力なき社団であるかについては争いがある」と判示している[2)]。

(3) 方　式

持株会の実際上の運営方式としては、主として下記のいずれかの方式が取られている（法基通1-3の2-3、連基通1-2-3参照）。持株会の規約にもよるが、各方式のいずれが採用されるかによって会員の税務上の取扱いが異なる場合があり得る。

ア　信託銀行方式[3)]

会員が株式取得のための資金を拠出し、持株会の理事長を包括代理人として、信託銀行と株式の取得及び管理の信託契約を締結するものである[4)]。

イ　証券会社方式

下記の二種に分かれる。

(ア)　全員組合員方式

会員の出資をもって持株会が株式を取得し、取得した株式及びその配当金は、従業員持株会の財産として組み入れられ、会員は、出資に応じたその持分を管理の目的をもって従業員持株会に信託する方式である[5)]。

(イ)　少数組合員方式

持株会の会員とはならない参加者が、その所有に属する積立金等を拠出して、参加者の共有財産として株式を取得し、その共有持分を管理の目的をもって持株会に信託し、同株式の名義人を持株会理事長とするものである[6)]。

ウ　各方式による違い

上記のうち、信託銀行方式による場合、持株会は会員の代理行為を行っているにすぎないことから、持株会の法的性格いかんによって会員の課税関係に影響することはない[7)]。

証券会社方式による場合、下記4のとおり持株会の法的性格いかんによって会員の課税関係に影響する場合があり得る。

2　従業員持株会の課税主体性

法人・権利能力なき社団と民法上の組合との税務上根本的な差異は、法人税法上、その団体自体が課税主体として納税義務を負うか否かである。

この点、従業員持株会が組合である場合は、従業員持株会自体は、法人格を有するものではないし、法人税法上も「人格のない社団」に該当しないため納税義務がなく（法基通1-1-1[8]）、直接組合員である個人（従業員）が納税義務を負う。

他方、権利能力なき社団である場合は、従業員持株会は、税法上は法人とみなされるため納税義務が生じ得ることとなる（国通3、法税3等）。もっとも、従業員持株会そのものは収益事業を目的とするものではないから、権利能力なき社団方式の持株会自体に法人税が課されることはほとんどない（法税7条・2条13号、法税令5条）。

3　持株会による株式取得

⑴　株式取得等に関する税務

従業員持株会が株式を取得する一般的な方法は、上場会社の場合は市場からの購入、非上場会社の場合はオーナーをはじめとする他の株主からの購入であるが、その他、会社からその自己株式を購入する方法がある。

ア　譲渡側：通常の株式譲渡と同様である（「20　株式等の譲渡に関する課税」、「22　自己株式の処分・消却」を参照）。

イ　譲受側：持株会が組合である場合は、持株会自体は納税義務を負わない。なお、取得した株式処分時に譲渡益が発生した場合には、持株会会員個人に対し、直接、所得税の課税がなされる。

⑵　第三者割当てにより株式を取得する場合

上記⑴の方法以外に、第三者割当てによって従業員持株会が株式を取得する場合がある。その税務に関しては通常の第三者割当てによる株式発行の場合と同様である（「12　新株発行（金銭出資）3――第三者割当て」を参照）。

4　配　当

(1)　信託銀行方式

信託銀行方式による場合、会員が、持株会導入企業の株式の取得及び管理を信託銀行に信託していることから、会員を委託者兼受益者、信託銀行を受託者とする受益者等課税信託に該当する[9)]。

この場合、信託が保有する株式に対する配当金は、受益者に帰属するとみなされるため、受益者である会員の配当所得となり、課税される。

(2)　証券会社方式

ア　全員組合員方式

持株会の法的性格が組合である場合、持株会が取得した株式は、出資に応じて会員に直接帰属する。そして、会員は、その株式の持分を持株会理事長に信託することとなるため、会員を委託者兼受益者、持株会を受託者とする受益者等課税信託に該当することとなり、持株会が保有する株式に対する配当金は、受益者である会員の配当所得となる。

他方、持株会の法的性格が権利能力なき社団である場合、会員からの拠出金は、納税義務の主体となる持株会への出資となり、取得した株式は当該持株会に帰属するため、その保有する株式に対する配当金は、当該持株会に帰属する。

そして、会員が持株会理事長に信託するのは、出資に応じた権利能力なき社団等の持分となるから、当該配当金は、持株会から会員への収益の分配であり、雑所得となる。この場合、会員は配当控除の適用が受けられない。

イ　少数組合員方式

持株会の法的性格が組合である場合、参加者が拠出する積立金等によって取得した株式は、参加者の共有となる。そして、参加者は、その株式の共有持分を持株会理事長に信託することとなるため、参加者を委託者兼受益者、持株会を受託者とする受益者等課税信託に該当することとなり、持株会に共有持分を信託した株式に対する配当金は、受益者である参加者の配当所得となる。

そして、持株会の法的性格が権利能力なき社団等であった場合でも、当該配当金は、受益者である参加者に帰属するとみなされることとなるので、受益者である参加者の配当所得となる。

(3) 税務上の扱い

配当金が持株会会員等の配当所得とされた場合、当該会員等は、配当控除の制度を利用でき、源泉徴収された税額の還付を受けることができる場合もある[10)]。

なお、持株会が組合である場合における理事長等は、信託の受託者として、配当が一定額を超えた会員について、「信託の計算書」を所轄税務署に提出するものとされている（所税227条）。

5　奨励金

従業員持株制度を採用している会社では、従業員の利益を図り、その株式取得を促進するため、会社が自社株式を取得した従業員に奨励金を支給することがある。

支給基準が明確であれば、従業員に対する課税関係としては給与所得として処理することができる（社員の積立ての都度及び一定期間の継続的積立てについて交付する一定額の奨励金につき、給与所得として処理してよい旨の国税庁特別審理室の昭和44年9月27日付回答）。

会社側の税務としても、支給基準が明確であれば損金に算入できる。

6　従業員持株会の退会

(1) 会員の退会時に株式持分の処理が当然問題となる。この点、退会者がその出資相応の株式自体の引渡し（名義書換）を受けるのであれば、特段、課税関係は生じない。

しかし、買戻し等の金銭による精算の場合には、税法上、譲渡人及び譲受人双方に譲渡所得の課税（申告分離課税）がなされる。

(2) 株式の外部流出を避けるため、持株会の規約において株式の持出しや第三者への譲渡を禁止し、かつ一定の価格で会社側が買い戻すことを定めることが多いが、低額譲渡に当たる場合（所税59条1項2号）や、みなし配当（所税25条1項）となる場合がある（「20　株式等の譲渡に関する課税」を参照[11]）。

(3)　上記(2)のような場合には、会員の退会によって持株会は会員から株式の買取りをする必要があるが、持株会に株式を買い取る資金がない場合には会社から資金の借入れをして買取りに応ずることもある。

もっとも、上記のような場合に、会社からの貸付金債務を解消するため、持株会が会社の貸付金債務に対し株式の代物弁済をすることで当該債務を消滅させることにした事案で、当該代物弁済により消滅した債権のうち、当該会社が取得した株式に対応する資本等の金額を超える部分はみなし配当であり、当該会社には源泉徴収義務があったとして、課税庁からの当該会社への源泉徴収に係る所得税納税告知処分・不納付加算税賦課決定処分を是認した判例があり（大阪高判平24・2・16税資262・11882。最決平26・1・16税資264・12386により上告棄却及び上告不受理決定がなされ確定）、十分な注意を要する。

1）　なお、税務上の争いではないが、元会社従業員であった原告が、従業員持株会の退会に伴う清算金相当額の未払部分の支払を当該会社に求めた事案で、従業員持株会の法的性格について、当該従業員持株会は当該会社と別個独立の団体ではなく、会社組織の一部局に過ぎないので、株式清算金債務も当該会社に帰属するとした裁判例がある（札幌地判平14・2・15労判837・66）。

2）　本判決では「従業員持株会がおよそ解散がありえない団体ではない以上、まず規約の変更により解散の手続に関する規定を定めた上で、これに従って解散するという二段階の手続が可能であることからすると、このような二段階の手続を踏むまでもなく、規約の変更に準じた手続によることも許されないわけではない」と述べ、従業員持株会の法的性質に言及することなく、問題となった規約に定めのない書面による解散決議につき、有効と判示した。

3）　近年上場会社において「従業員持株会信託型ESOP」（以下、「ESOP信託」という）の導入件数が増えている。従業員持株会信託型ESOPは、米国で広く普及しているESOP（Employee Stock Ownership Plan）の制度を参考に、従業員持株会の仕組みを信託スキームの活用により発展させた従業員向けのインセンティブ・プランである。ESOP信託は、委託会社が受託者である信託銀行に一定の金銭を信託し、その受託者である信託銀行が委託会社の従業員持株会が信託期間内に取得すると見込まれる委託会社の株式を一括して取得し、毎月一定日に従業員持株会に対して譲渡していくことによって、従業員持株会の安定的運用を図るという仕組みである。信託期間中の株価上昇により信託終了時に残余財産がある場合には、受益者適格要件を充足する従業員持株会加入者に拠出割合等に応じた金銭を分配し、従業員持株会加入者の福利厚生を図ることを目的とする。ESOP 信託は、従業員持株会とは別の独立した法主体（受託者）や株式を取得して持株会に対し定期的に売却するスキームであって、信託銀行方式とはまったく別個のものである。

4）斉木秀憲『従業員持株会に関する一考察』税務大学校論叢 70 号 75・87〜88 頁（2011 年）。

5）前掲注 4）・斉木 76〜78 頁・88〜90 頁。

6）前掲注 4）・斉木 76〜78 頁・88〜90 頁。

7）前掲注 4）・斉木 75〜76 頁・87〜88 頁。

8）林孝悦・小川実「従業員持株会の設立・運営のポイント」税理 47 巻 8 号 169 頁（2004 年）。

9）受益者等課税信託とは、税務上、信託の受益者が、当該信託の信託財産に属する資産及び負債を有するものとみなし、かつ、信託財産に帰せられる収益及び費用を受益者のものとみなして、当該受益者に課税するという制度である（法税 12 条、所税 13 条）。

10）牧口晴一・齋藤孝一『事業承継に活かす従業員持株会の法務・税務（第 3 版）』134 頁（中央経済社、2015 年）。

11）税務の問題ではないが、「株式会社の従業員が持株会から譲り受けた株式を個人的理由により売却する必要が生じたときは持株会が額面額でこれを買い戻す」旨の当該従業員と持株会との合意の有為性が争われた事案につき①その合意の目的の合理性、②当該株式会社が非公開会社であって市場性がなく、上記株式譲渡のルールでは従業員が持株会から株式を取得する際の価格も額面額とされていた、③当該株式会社が多額の利益を計上しながら、特段の事情もないのに一切配当を行うことなくこれをすべて会社内部に留保していたというような事情のないこと等を理由として当該合意を会社法 107 条、127 条の規定に反するものではなく、公序良俗にも反しないから有効とした判例（最判平 21・2・17 判タ 1294・76）がある。

[参考文献]

日本証券業協会「持株制度に関するガイドライン」（2008 年 6 月 5 日）。

林孝悦・小川実「従業員持株会の設立・運営のポイント」税理 47 巻 8 号 169 頁（2004 年）。

牧口晴一・齋藤孝一『事業承継に活かす従業員持株会の法務・税務（第 3 版）』（中央経済社、2015 年）。

弥永真生『リーガルマインド会社法（第 14 版）』（有斐閣、2015 年）。

斉木秀憲『従業員持株会に関する一考察』税務大学校論叢 70 号（2011 年）。

25　名義株

1　名義株の発生原因

株式会社設立の際、実際の出資者は1名であるが、親族などを名義上の株主として設立の手続を行い、以後会社存続後も会社はその者を株主名簿に登載し、配当をするなどして株主として扱う、といったものが名義株の典型例である。このほか、後記の裁判例のように、実際に株式の譲渡があったのに、譲受人への名義書換が未了で譲渡人の名義のままになっている場合、自己が買受け等により取得をしながら所得税等を免れるためその他の理由で他人名義にする場合、実質譲渡する当事者間には法令上の制限があり譲渡できないため真実とは異なった相手に譲渡する場合等が名義株の発生原因として挙げられる。

2　実質帰属者課税の原則

株式の名義と実体が一致しない場合、この株式の真の所有者に対し課税がなされる。所得税法12条は「資産又は事業から生ずる収益の法律上帰属するとみられる者が単なる名義人であつて、その収益を享受せず、その者以外の者がその収益を享受する場合には、その収益は、これを享受する者に帰属するものとして、この法律の規定を適用する」と規定している。法人税法11条、地方税法24条の2の2等にも同様の規定がある。この規定の意義につき、法律的帰属説と経済的帰属説がある[1)]。

これは、株式等の有価証券のほか、不動産や預貯金についても適用される。

なお、この原則によって収益を享受する者（実質帰属者）に課税が行われ、その滞納処分を執行してもなお徴収すべき額に不足する場合は、その収益が生じた財産の額を限度として、その収益が法律上帰属するとみられる者（名義人）が、その収益を享受する者の滞納にかかる租税について第二次の納税義務を負う（国徴36条1号等）。

3　実質帰属者への課税の裁判例

⑴　東京高判昭和 48 年 3 月 14 日（判時 703・17）

同族会社判定についての旧法人税法 7 条の 2 の株主は、株主名簿に記載された株主をいう。日本鉱業は日本土地名義の本件株式を譲り受けたが、名義書換未了であり、同条項の株主には含まれないというべきであるが、本件においては実質的に議決権を行使していたと認められ、このような実質上の株主も同条項の株主に該当する。

⑵　横浜地判昭和 50 年 2 月 27 日（税資 93・1707）

これは所得税法違反の刑事事件であるが、自己所有の株式を他人名義として保有しながら、これに対する配当所得を除外するなどの方法で所得税を免れ、ほ脱した事案である。

⑶　東京地判昭和 55 年 11 月 6 日（税資 115・474）

日本に居住する原告とパートナーが外国居住の元パートナーに株式を譲渡しようとしたが、昭和 40 年当時は居住者から非居住者への株式の譲渡につき大臣の許可が必要とされていたもののこれを受ける見込みがなかったので、非居住者から非居住者への譲渡の形を作るため、いったん原告がパートナーから名義上の株式を取得し、原告がカナダに移住後この原告名義の株式を元パートナーへ譲渡した。これにつき課税庁は、原告が 50% 超の株式を所有しこれを譲渡したとして国内源泉徴収の課税をした。これにつき裁判所は、パートナーから原告への株の譲渡はなく、原告が 50% 超の株式を所有したことがないとして課税処分を取り消した。この判決は、課税庁は真実の権利関係に即して処分を行うべきであり、通謀虚偽表示又はこれに準ずる法理に依拠するのは相当ではないと指摘した。

⑷　最判昭和 62 年 5 月 8 日（訟月 34・1・149）、福岡高判昭和 59 年 5 月 30 日、熊本地判昭和 57 年 12 月 15 日

妻が行った株式等有価証券の取引につき、その取引は原告である夫の包括的な委任によるものであり、その所得は夫に帰属するとされた事例である。最高裁は、重加算税の要件として、隠蔽、仮装を原因とする過

少申告の結果の発生で足り、納税者が過少申告を行うとの認識は必要とされない旨判示した。

⑸　東京地判平成 11 年 5 月 19 日（税資 242・720）

破産会社に対する法人税等更正処分につき、破産会社が増資をして各名義人に株式を割り当てたものの、原資は破産会社の受贈益等であるから、各名義人の株式は破産会社に帰属している、破産会社はこれを譲渡して売買益を得た旨認定した。

⑹　東京高判平成 12 年 6 月 28 日（税資 247・1385）、浦和地判平成 11 年 11 月 29 日（税資 245・452）

他人名義の株式の譲渡益を除外した申告につき所得税の更正処分を受けた件について、名義人 3 名の株式を控訴人が取得して譲渡したものであるとして、3 名分の株式とその譲渡益は控訴人に帰属する旨認定した。

⑺　東京地判平成 18 年 7 月 19 日（税資 256・10471）

被相続人の株式であるものの相続人名義や親族名義にしていた株式を、被相続人の子である原告が、被相続人の所有する株式であることを認識しながら相続財産から除外して相続税の申告をしたため、相続人が重加算税等の処分を受けた事案である。この判決は、株式の帰属の認定に当たって、購入時の原資出捐者が誰か、売買の意思決定をした者が誰か、株式を管理・運用して売買益を取得した者が誰か、配当金の取得者が誰か、名義人と管理・運用者との関係など総合考慮すべきものと解されるとしている。

⑻　東京地判平成 18 年 10 月 19 日（税資 256・10532）

昭和 62 年ごろに子である相続人（原告）名義にしていた被相続人の株式を、原告が被相続人の所有と認識しながら相続財産から除外して相続税の申告をしたため、相続人が重加算税等の処分を受けた事案である。

⑼　東京地判平成 19 年 2 月 23 日（情報公開法による開示）

原告への株式の譲渡は仮装のものであり原告への株式の譲渡はなかっ

たとして、原告に対する贈与税の決定を取り消した。

4 名義株に対する贈与税に関する通達

⑴ 株式につき名義変更があった場合の相続税法基本通達 9-9 は、ⓐ「不動産、株式等の名義の変更があった場合において対価の授受が行われていないとき」、ⓑ「又は他の者の名義で新たな不動産、株式等を取得した場合」においては、これらの行為は原則として贈与として扱うものとしている。

⑵ これに対し、名義変更等が行われた後にその取消し等があった場合の贈与税の取扱いについての、相続税個別通達 8 は、以下のとおり定めている（「名義変更等が行われた後にその取消し等があった場合の贈与税の取扱いについて」昭和 39・5・23 直審（資）22・直資 68、昭和 57・5・17 改正直資 2-177)。

① 他人名義により有価証券を取得した場合で贈与としない場合（相続税個別通達 8-2)

他人名義により有価証券を取得したとして株主名簿へ登載等をしたため、相続税法基本通達 9-9 に該当して贈与があったとされるときであっても、次のア、イの事実が認められるときは、当該有価証券に係る最初の贈与税の申告若しくは決定又は更正の日前に有価証券の名義をその取得者の名義としたときに限り、当該有価証券については贈与がなかったものとして取り扱う。

ア 有価証券の名義人となった者がその名義人となっている事実を知らなかったこと

イ 名義人となった者がその有価証券を管理運用し、又はその収益を享受していないこと

② 他人名義により取得した財産の処分代金等を取得者の名義とした場合（相続税個別通達 8-3)

他人名義により取得をした有価証券がこの財産に係る最初の贈与税の申告、若しくは決定、又は更正の日前に災害等により滅失、又は処分されたこと等のため、この財産の名義を取得者等の名義とすることができないと

きは、当該取得者等がその保険金、損害賠償金又は処分に係る譲渡代金等を取得し、かつその取得していることが当該保険金等により取得した財産をその者の名義としたこと等により確認できる場合に限り、この財産については前記①に該当するものとして贈与としない。

③　他人の名義による財産の取得等に関する取扱いを熟知している場合の不適用（相続税個別通達 8-4）

実質の権利者が他人名義の株式としていて、取得者等が上記①ア、イの扱いを利用して贈与税のほ脱を図ろうとしている場合は、①の適用はなく、贈与として扱われる。

④　過誤等により取得財産を他人名義とした場合の取扱い（相続税個別通達 8-5）

しかし、①ア、イに該当しない場合でも、有価証券の取得（自己所有の有価証券を他人名義にした場合も同じ）が過誤に基づき又は軽率にされたものであり、かつそれが確認できるときは、当該有価証券に係る最初の贈与税の申告若しくは決定又は更正の日より前に有価証券の名義をその取得者の名義としたときに限り、当該有価証券については贈与がなかったものとして取り扱われる。

⑤　法令等により取得者等の名義とすることができないため他人名義とした場合等の取扱い（相続税個別通達 8-6）。

権利能力なき社団の代表者名義で有価証券を取得するなど、法令に基づく所有の制限その他これに準ずる真にやむを得ない理由に基づいて他人名義により有価証券を取得した場合（自己所有の有価証券を他人名義にした場合も同じ）には、その名義人になった者との合意により名義を借用したものであり、かつその事実が確認できる場合に限り、その有価証券につき贈与がなかったものとして取り扱われる。

⑥　法定取消権等に基づいて贈与の取消があった場合の取扱い（相続税個別通達 8-8）

贈与契約が法定取消権又は法定解除権に基づいて取り消され、又は解除されその旨の申出があった場合においては、その取り消され、又は解除のあったことが当該贈与に係る財産の名義を贈与者に変更したことその他により確認された場合に限り、その贈与はなかったものとして取り扱う。

5　真実の権利者に名義を戻す場合

権利を有しない名義人から実質の権利者に名義を戻すのであるから、本来は何の問題も発生しないはずである。

しかし、上記個別通達上、贈与と扱わない要件に当たらない通謀虚偽表示の積極的な継続の場合は名義人となった者への贈与税の問題が残ることになる。

また、この問題とは別に、真実の権利者と名義人が名義人の名において長期にわたり株主として所得税の申告をしていたような場合には、課税庁は名義人が権利者であると信じ、真実の権利者への名義戻しをもって贈与と認定する場合も起こり得る。このような認定を争うべきことは当然であるが、実際には真実の権利者は自己が権利を取得したことの証明をする必要があろう。上記個別通達8-12は贈与契約の取消し、解除により名義を贈与者に変更した場合にはその名義変更については贈与として取り扱わないと定めている（相続税個別通達8-12）。

6　更正の請求の可否

⑴　贈与税の申告をした場合

①判決により贈与契約が取消し又は解除されたときや、②贈与契約につき法定の取消し、解除などやむを得ない理由があるなどで名義が戻されたときは、国税通則法23条2項1ないし3号による更正の請求ができる（相続税個別通達8-8・8-9）。この場合以外の更正の請求は困難と考える。

⑵　贈与税の決定、更正があった場合

①　取得者等の名義とすることが更正決定後に行われた場合の取扱い（相続税個別通達8-7）

贈与税の決定、更正があった後でも、次の場合には更正の請求により贈与がなかったものとして取り扱われる。異議の申立をすること、税務署の扱いを知らなかったことに基づくものであること、異議申立後速や

かに名義を取得者の名義にしたこと。

②　贈与税の決定、更正の後に前記4⑥の法定取消又は法定解除がなされたときは更正の請求ができる（相続税個別通達8-9）。

⑶　所得税の申告をした場合

名義人の名義のまま株式が譲渡された場合に、実質の取得者がその代金を取得し、このことが確認できるときに限り、上記相続税個別通達8-2（一）（二）に該当したものとして名義人への贈与はなかった取扱いとなるが、この場合には贈与税の申告や決定前との要件がある。

名義人が配当所得など所得税の申告をした場合、名義人が自らの株式所有を認めることとなり、また上記通達の有価証券の名義人となった者がその名義人となっている事実を知らなかったことにはならず、これを知っていることにもなり、これは贈与税の申告や決定の根拠ともなり、贈与税の申告や決定のあったときには所得税の更正の請求は困難である。しかし、名義人が有価証券の取得時に引き続き、所得税の申告時においても相続税個別通達8-5の過誤や軽率に基づく事情や、相続税個別通達8-6のやむを得ない理由が引き続き存する間に、贈与税の申告や決定前に名義を真実の権利者に戻した場合には、贈与がなかった扱いがなされると同じように、所得がなかった旨の5年以内の一般的な更正の請求は認められるべきである。

この場合には真実の権利者に所得税の課税がなされることになる。

後発的事由による更正の請求は判決により申告などの基礎となる事実が異なることが確定した場合や、法定取消し、解除などやむを得ない理由があるなど国税通則法23条2項1ないし3号に該当する場合のみ更正の請求ができ、これ以外の場合の更正の請求は困難と考える。

1）　金子宏『租税法（第22版）』173・174・175頁（弘文堂、2017年）。

Ⅳ　新株予約権

26　一般の新株予約権

1　会社法上の定義

新株予約権とは、株式会社に対して行使することにより当該株式会社の株式の交付を受けることができる権利をいう（会社2条21号）。新株予約権は平成13年11月の商法改正により導入された概念であり、新株予約権者は、一定の期間内に一定の価額を会社に払い込んで新株予約権を行使することができ、新株予約権が行使されると、当該新株予約権者は会社から新株発行を受け、又は自己株式の移転を受けて、当該株式会社の株主となることができる。なお、ストック・オプションを目的とする新株予約権については次項において述べることとし、ここでは、新株予約権の一般論について説明する。

2　税務上の取扱い

(1)　新株予約権を発行した株式会社の税務（発行会社の税務）

新株予約権の発行時には、税務上、払い込まれた金銭の額が負債として認識される。新株予約権の発行時には、払い込まれた金銭の額が時価に満たないときのその満たない金額、又は、払い込まれた金銭の額が時価を超えるときのその超える部分の金額は、損金の額又は益金の額に算入されない（法税54条の2第5項）。その結果、発行会社に法人税は課税されない。

新株予約権の権利行使時には、払い込まれた金銭の額及び給付を受けた財産の額と、権利行使直前の新株予約権の帳簿価額との合計額が、資本金等の額として計上される（法税令8条1項2号）。権利行使に伴う新株の発行（又は保有している自己株式の移転。以下、両者を総称して「自己の株式の交付」という）は、増資などと同じく資本等取引（法税

22条5項）に該当するので、発行法人において法人税は課税されない[1]。

発行された新株予約権が失効した場合には、負債に計上されている新株予約権の帳簿価額が益金の額に計上される[2]。

⑵　新株予約権の取得者の税務

①　法人の場合[3]

(i)　取得時

新株予約権が、①時価で発行された場合（時価発行）、及び、②株主割当てにより有利な価額で発行されたが（有利発行[4]）他の株主に損害を及ぼすおそれがないと認められる場合[5]、払込みをした金銭の額及び払込みによる取得のために要した費用（付随費用）の合計額もって取得価額として計上する（法税令119条1項2号）。この場合には、株主間に価値の移動がないので、新株予約権を取得した法人に、法人税の課税対象とされる益金の額等は生じない。

新株予約権が、第三者割当てにより有利な価額で発行された場合（有利発行）、取得時における時価（「その有価証券の取得のために通常要する価額」）を新株予約権の取得価額として計上する（法税令119条1項4号）。その時価と払込金額との差額が益金の額に計上され（法税22条2項）、法人税の課税対象となる[6]。

(ii)　権利行使時

法人が新株予約権を行使した時、権利行使により取得する株式の取得価額は、権利行使直前の新株予約権の帳簿価格、払い込んだ金銭の額及び付随費用の合計額であり（法税令119条1項2号）、法人税の課税対象とされる益金等は生じない[7]。

(iii)　新株予約権の譲渡時

新株予約権を譲渡した場合には、有価証券の譲渡損益を計上することになり（法税61条の2第1項）、法人税の課税対象となる[8]。

なお、新株予約権を発行会社に譲渡した場合（自己新株予約権）であっても、自己株式の場合のようにみなし配当課税の対象にはならず、帳簿価格と譲渡した価額との差額により算出された譲渡損益が、法人税の課税対象となる。[9]

(iv)　権利が失効した場合

新株予約権の権利行使期間が経過し権利が失効した場合、新株予約権者であった法人では、新株予約権の帳簿価額が損金に算入される（法税22条3項）。[10]

(v)　取得した株式の譲渡時

法人が新株予約権の権利行使により取得した株式を譲渡した場合には、通常の株式の譲渡と変わりがなく、株式の帳簿価額と譲渡した価額との差額により算出された譲渡損益が、法人税の課税対象となる。[11]

②　個人の場合[12]

所得税法施行令84条の対象となるストック・オプション目的の新株予約権、すなわち譲渡制限その他の特別の条件が付されているもので有利発行であるものについては次項において説明する。この項目では所得税法施行令84条適用対象外のものについて触れる。

(i)　払込みによる取得時

個人が新株予約権を時価で取得した場合、及び、個人が新株予約権を株主等として与えられた（他の株主等に損害を及ぼすおそれがないと認められる）場合、要するに所得税法施行令84条に該当しない場合には、払込みをした金銭の額及び払込みによる取得のために要した費用（付随費用）の合計額をもって取得価額として計上する（所税令109条1項1号）。

これらの場合には、株主間に価値の移動がないので、新株予約権を取得した個人に、収入金額の認定はなく所得税は課税されない。[13]

個人が所得税法施行令84条に該当しない譲渡禁止が付されていない新株予約権を有利な発行価額で取得した場合には、取得時に、新株予約権の時価と取得価額との差額について経済的利益を得たものとして、所得税が課税されるものと考えられる（所税36条2項）。[14][15]仮に市場において売買されるような新株予約権を有利な発行価額で取得した場合は、その経済的利益（市場価額と発行価額との差額）は、所得税法36条2項により収入金額を構成すると考えられる。もっとも、現時点で譲渡禁止でない市場性のある新株予約権が株主等としてでなく有利発行で付与されるということはほとんど考えられない[16)]。

⒤　権利行使時

新株予約権の権利行使により取得する株式の取得価額は、原則として、新株予約権の取得価額、払い込んだ金銭の額及び付随費用の合計額であり（所税令109条1項1号）、権利行使により株式を取得しても、所得税の課税対象となる収入金額は生じない[17)]。

なお、「27　ストック・オプション」で説明するとおり、譲渡制限等の条件が付され所得税法施行令84条4号の要件を満たす税制非適格ストック・オプション（新株予約権）が発行される場合には、権利取得時には取得者に所得税が課税されず、権利行使時に所得税が課税される（所税36条2項）。但し、租税特別措置法29条の2の要件に該当する税制適格ストック・オプション（新株予約権）については、権利行使時にも課税されず、取得した株式の譲渡時まで課税が繰り延べられる[18)]。

(iii)　新株予約権の譲渡時

個人が新株予約権を譲渡し、有価証券の譲渡所得が生じた場合には、所得税（事業所得、譲渡所得又は雑所得）の課税対象となり、他の所得と区分して税金を計算する申告分離課税（所得税・住民税）とされている（租特37条の10第2項1号[19)]）。なお、税制非適格ストック・オプション目的の新株引受権を、権利行使前に発行法人に譲渡する場合の課税については、従来譲渡所得として申告分離課税が適用されていたが、平成26年度税制改正により、給与所得等として総合課税されることとなった。詳細については、「27　ストック・オプション」に譲る。

(iv)　権利が失効した場合

新株予約権者である個人が権利行使せず、新株予約権の権利行使期間が経過し権利が失効した場合、課税関係は生じない（株式等の譲渡損失としては取り扱われない[20]）。

(v)　取得した株式の売却時

個人が新株予約権の権利行使により取得した株式を売却した時点で生じる譲渡益は、所得税の課税対象となる。取得した株式を売却した場合、その売却価額と株式の取得価額の差額（譲渡益）が、株式等に係る譲渡所得等として課税対象となり、申告分離課税（所得税・住民税）が適用される（租特37条の10第1項[21]）。

1）税理士法人山田＆パートナーズ・優成監査法人・山田FAS株式会社編著『新株予約権の税・会計・法律の実務Q＆A（第6版）』14～18頁（中央経済社、2014年）、中野百々造『会社法務と税務（全訂5版）』972～991頁（税務研究会出版局、2012年）。

2）税理士法人プライスウォーターハウスクーパース・PwCアドバイザリー株式会社・あらた監査法人編『株式・新株予約権　税務ハンドブック』94・95頁（中央経済社、2009年）。

3）前掲注1）・中野1005頁、山田＆パートナーズほか24～29頁、98～101頁、三宅茂久『資本・株式の会計・税務（第3版）』80～82頁（中央経済社、2010年）。

4）税務上、新株予約権の発行価額が当該新株予約権の時価のおおむね90％を下回っている場合に、有利発行とされる（法税22条2項、法税令119条1項4号、法基通2-3-7）。

5）「他の株主等に損害を及ぼすおそれがないと認められる場合」とは、「株主等である法人が有する株式の内容及び数に応じて株式又は新株予約権が平等に与えられ、かつ、その株主等とその内容の異なる株式を有する株主等との間においても経済的な衡平が維持される場合をいう」（法基通2-3-8）。他の株主等に損害を及ぼすおそれがある場合の例としては、A及びBの種類株式を発行している場合において、Aの種類株式のみに株式無償割当てを行い、Bの種類株式の価値を低下させる場合が挙げられている。前掲注1）・中野725頁注3。

6）株主割当ての有利発行で、他の株主に損害を及ぼすおそれがないとは認められない場合には、取得時における時価を新株予約権の取得価額として計上する（法税令119条1項4号）。その時価と払込金額との差額が益金の額に計上され（法税22条2項、法人税の課税対象となる。前掲注1）・中野1005

頁。

7）　前掲注 1)・山田＆パートナーズほか 28 頁。

8）　前掲注 1)・中野 1007 頁注 4、前掲注 2)・プライスウォーターハウスクーパースほか 97 頁。

9）　前掲注 3)・三宅 83 頁。

10）　前掲注 2)・プライスウォーターハウスクーパースほか 96・97 頁、前掲注 3)・三宅 82 頁。

11）　前掲注 1)・山田＆パートナーズほか 28 頁。

12）　前掲注 1)・中野 991〜1005 頁以下、山田＆パートナーズほか 19 頁以下及び 106 頁以下、太田洋・山本憲光・柴田寛子編『新株予約権ハンドブック（第 3 版）』425 頁以下（商事法務、2015 年）。

13）　前掲注 1)・山田＆パートナーズほか 20 頁。

14）　青木孝徳ほか『改正税法のすべて（平成 18 年版）』152 頁（大蔵財務協会、2006 年)、柴﨑澄哉ほか『改正税法のすべて（平成 14 年版）』222 頁（大蔵財務協会、2002 年)。

15）　但し、前掲注 1)・中野 991〜994 頁。同 995 頁注 1 には、「本来的には、その取得自体について、所得税法第 36 条第 2 項の規定により、各種所得（所基通 23〜35 共-6）の収入金額として処理しなければならないものであるが、新株予約権自体の市場価格（時価）は必ずしも明確とはいえないこと等の実情から、上述の新株予約権を取得した時点では、一般的には課税問題は発生しないと解されており」との説明がある。

16）　現行の上場新株予約権は無償株主割当てに限定されている。上場新株予約権にかかる税務上の取扱いについては、国税庁文書回答事例「株主に無償で割り当てられた上場新株予約権の行使により交付される端数金等の税務上の取扱いについて」（平 22・3・31）参照。

17）　前掲注 1)・山田＆パートナーズほか 20 頁、前掲注 3)・三宅 84 頁。

18）　前掲注 1)・中野 991〜995 頁。

19）　前掲注 2)・プライスウォーターハウスクーパースほか 97 頁。

20）　所得税基本通達 23〜35-共 6 の 2。前掲注 1)・中野 998 頁注 4、前掲注 2)・プライスウォーターハウスクーパースほか 97 頁、283・284 頁。

21）　前掲注 1)・中野 995〜998 頁、前掲注 3)・三宅 84・85 頁。

27　ストック・オプション

1　会社法上の定義

ストック・オプションとは、会社が業績向上のインセンティブとして、また、労務や業務執行等の対価として、役員や従業員等に対し付与する新株予約権をいう。一般的に、会社の業績向上や企業価値の増大に対する意欲、株主重視の経営意識等を高めるためのインセンティブを与えることを目的として、ストック・オプションは発行される。

2　税務上の取扱い

ここでは、所得税法施行令84条の適用がある新株予約権（ストック・オプション）について触れる。ストック・オプションには、税制適格（租特29条の2）のものと税制非適格のものがあるので、まず税制適格の意義、要件について触れ、その後に、各時点での税務上の取扱いについてそれぞれに区分して触れることにする。

(1)　税制適格について

①　意義

ストック・オプションを目的とする新株予約権の税務上の取扱いについては、税制適格・非適格の区別が重要である。

租税特別措置法29条の2の定める要件を満たす新株予約権については、新株予約権の取得者に対して、新株予約権行使時には課税されず、新株予約権の行使により取得した株式の譲渡時に譲渡所得税が課税される。本項では、同条の適用により、新株予約権取得者に対して、株式譲渡時まで課税の繰延が認められる新株予約権を、税制適格ストック・オプションという。これに対して、当該要件を満たさないストック・オプション目的の新株予約権を、税制非適格ストック・オプションという。

②　税制適格ストック・オプションの要件

税制適格ストック・オプションの具体的な要件は、以下のとおりである（租特29条の2、租特令19条の3第3項[1]）。

(i)　新株予約権に係る契約書において、以下の要件が定められていること

ア　新株予約権の権利行使は、権利付与決議の日後2年を経過した日から10年を経過する日までの間に行わなければならないこと

イ　新株予約権の権利行使価額の年間の合計額が、1200万円を超えないこと

ウ　新株予約権の行使に係る1株当たりの権利行使価額は、当該新株予約権に係る契約を締結した時における株式時価以上とすること

エ　新株予約権については、譲渡をしてはならないこととされていること

オ　新株予約権の行使に係る新株の発行又は株式の移転若しくは譲渡が、付与決議がされた会社法238条1項に反しないで行われるものであること

カ　当該新株予約権の行使により取得する株式につき、新株予約権の発行会社（以下、「発行会社」という）と金融商品取引業者又は金融機関等との間であらかじめ締結される新株予約権の行使により交付をされる当該株式会社の株式の振替口座簿への記載若しくは記録、保管の委託又は管理及び処分に係る信託に関する取決め（当該振替口座簿への記載若しくは記録若しくは保管の委託に係る口座又は当該管理等信託に係る契約が権利者の別に開設され、又は締結されるものであること、当該口座又は契約においては新株予約権の行使により交付をされる発行会社の株式以外の株式を受け入れないことその他の政令で定める要件が定められるものに限る）に従い、株式取得後直ちに、発

行会社を通じて、証券業者等の営業所又は事務所に保管の委託又は管理等信託がされること

(ii)　適用対象となる者が、発行会社又は発行会社と一定の資本関係にある子会社等の取締役、執行役又は使用人である個人（監査役、会計参与、会計監査人は対象外）及びその相続人であること。但し、新株予約権を付与する旨の決議がなされた日において発行会社の政令で定める数の株式を有していた者（「大口株主」）及び同日において発行会社の大口株主に該当する者の配偶者その他政令で定める特別の関係があった個人（「大口株主の特別関係者」）については適用が除外される

(iii)　株主総会の決議に基づき無償で発行された新株予約権であること

(2)　取得者の税務上の取扱い[2)]

①　取得時

(i)　税制非適格ストック・オプションに対する所得税課税

会社法238条2項（募集事項の決定）の決議（会社法239条1項（募集事項の決定の委任）の決議による委任に基づく場合及び会社法240条1項（公開会社における募集事項の決定の特則）の規定に基づく場合を含む）に基づく新株予約権でその内容として譲渡制限その他特別の条件が付されているものを取得した場合（所税令84条2項4号）には、取得者に対し、取得時に所得税は課税されない。

従来、税制非適格ストック・オプションは、権利行使時には給与所得等として総合課税される一方で、権利行使前に発行法人に譲渡した場合には、譲渡所得として申告分離課税が適用されていた。この場合、総合課税の税率次第では、当該譲渡によって給与課税される場合と比べて納税額が抑えられる場合がある。そこで、平成26年所得税法改正により、発行法人から与えられた株式を取得する権利の譲渡による収入金額（所税41条の2）が創設され、居住者が新株予約権等（株式を無償又は有利な価額により取得することがで

きる一定の権利で、当該権利を行使したならば経済的な利益として課税されるものをいう）を発行法人から与えられた場合において、当該居住者等が当該権利をその発行法人に譲渡したときは、当該譲渡の対価の額から当該権利の取得価額を控除した金額を、事業所得に係る収入金額、給与等の収入金額、退職手当等の収入金額、一時所得に係る収入金額又は雑所得に係る収入金額とみなして課税することとされた。

(ii)　税制適格ストック・オプションに対する所得税課税

税制適格ストック・オプションについても、新株予約権取得時に取得者に所得税は課税されない。

②　権利行使時

(i)　税制非適格ストック・オプションに対する所得税課税

上記①(i)のとおり譲渡制限等の条件が付され所得税法施行令84条2項4号が適用される税制非適格ストック・オプションは、以下のとおり、権利行使時に課税される。

新株予約権に譲渡制限その他特別の条件が付されている場合（株主割当てで他の株主に損害を及ぼすおそれがないと認められる場合を除く）であって、有利な条件若しくは金額で発行された新株予約権又は役務の提供その他の行為による対価として発行された新株予約権の場合は（所税36条2項、所税令84条2項4号）、権利行使により取得した株式の取得価額は、権利行使日の時価となる（所税令109条1項3号）。この場合、権利行使により取得した株式の権利行使日の時価から、新株予約権の取得価額と権利行使の際に払い込む金額を控除した金額が所得税の収入金額となり、所得税が課税される（所税36条2項、所税令84条2項4号[3)]）。

権利行使時に所得税が課税される場合の所得区分は、新株予約権者と発行会社との実態に応じて、以下のとおりとされている（所基通23～35共-6(2)[4)]）。

ア　発行法人との間の雇用契約又はこれに類する関係に基因して

当該権利が与えられたと認められるとき（給与所得とされる場合）

新株予約権が発行会社（その子会社等を含む）の役員又は従業員[5]に与えられた場合などには、給与所得とする。新株予約権の発行会社が外国会社である場合も同様に給与所得とされる[6]。但し、退職後に当該権利の行使が行われた場合において、例えば、権利付与後短期間のうちに退職を予定している者に付与され、かつ、退職後長期間にわたって生じた株式の値上り益に相当するものが主として供与されているなど、主として職務の遂行に関連を有しない利益が供与されていると認められるときは、雑所得とする[7]。

イ　新株予約権者の営む業務に関連して新株予約権が与えられたと認められるとき（事業所得又は雑所得とされる場合）

例えば、外部コンサルタント等がサービスの対価として与えられた場合など、会社外部の者が業務の対価として与えられた場合には、事業所得又は雑所得とする[8]。

ウ　上記以外のとき

原則として雑所得とされる。

(ii)　税制適格ストック・オプションに対する所得税課税

税制適格ストック・オプションには、権利行使時にも課税されず、取得した株式の譲渡時まで課税が繰り延べられる[9]。

③　取得した株式の譲渡時

(i)　税制非適格ストック・オプションに対する所得税課税

所得税法施行令84条が適用される場合（上記②(i)）、株式の取得価額は、権利行使により取得した株式の権利行使時における時価となり（所税令109条1項3号）、この取得価額と譲渡収入金額（売却額）との差額に対し、譲渡所得税の課税を受ける[10]。

(ii)　税制適格ストック・オプションに対する所得税課税

税制適格ストック・オプションには、取得した株式の売却時に、その売却価額と株式の取得価額（新株予約権の取得価額及び権利行使の際に払い込むべき金額）の差額（譲渡益）に対して株式等にかかる譲渡所得として課税することとされている（租特 29 条の 2）。

(3) 発行会社の税務上の取扱い

① 会計処理

ストック・オプション目的で発行された新株予約権の会計処理に関しては、「ストック・オプション等に関する会計基準[11]」が定められている。同基準によると、新株予約権の発行会社は、原則として発行時における新株予約権の公正な評価額を算定し、当該公正な評価額を新株予約権の発行時から権利行使が可能となる期間にわたって合理的に費用計上したうえで、新株予約権の権利行使時において、新株予約権の発行価額と権利行使価額を払込資本に振り替える会計処理を行うこととされている[12]。

新株予約権を失効させた場合には、「ストック・オプション等に関する会計基準」によると、新株予約権者が権利行使期間内に権利行使せず、既に計上した新株予約権を取り崩して利益に計上するとされている。

② 税務上の取扱い（損金算入）

(i) 税制非適格ストック・オプションに対する所得税課税

上記「ストック・オプション等に関する会計基準」の適用開始を受けて、平成 18 年度税制改正において現行の法人税法 54 条の 2 が定められた。

内国法人が、個人から役務の提供を受ける場合において、その役務提供に係る費用の額につきその対価として新株予約権を発行しているときは、その個人において給与所得等の課税（給与等課税事由）を受けた日においてその役務の提供を受けたものとして、その役務提供に係る費用の額の損金算入を認めることとされた（法税 54 条の 2 第 1 項[13][14][15][16]）。

この取扱いは、費用の額の損金算入時期を会計のように期間配分するのでなく、個人の側で給与等の課税事由が生ずるタイミングに合わせたものである。

(ii)　税制適格ストック・オプションに対する所得税課税

税制適格ストック・オプションにおいては[17]、給与等課税事由が生じないことになるため、当該役務の提供に係る費用の額の損金算入は認められない（法税54条の2第2項）。

新株予約権が失効等により消滅した場合には、当該消滅により会計上で計上された利益の額は、税務上は、益金の額に算入しないものとされている（法税54条の2第3項）[18]。

③　新株予約権に関する調書の提出

新株予約権の発行会社は、新株予約権を引き受ける者に特に有利な条件若しくは金額で発行した場合、又は、役務の提供その他の行為に係る対価として発行した場合には、税制適格ストック・オプションの発行の場合を除き、新株予約権の行使を受けたときに、所定の事項を記載した「新株予約権の権利の行使に関する調書」を、行使を受けた日の属する年の翌年1月31日までに、税務署長に提出しなければならない（所税228条の2、所税令354条）[19]。

1）　税制適格ストック・オプションを付与する会社は、当該ストック・オプションを付与した取締役等の氏名及び住所、権利行使価額、付与された取締役等が死亡した場合にストック・オプションが相続される相続人の有無その他所定の事項を記載した調書（「特定新株予約権等の付与に関する調書」）を、当該ストック・オプションを付与した日の属する年の翌年1月31日までに、本店所在地の所轄税務署長に提出しなければならない（租特29条の2第5項、租特令19条の3第16項）。

2）　太田洋・山本憲光・柴田寛子編集代表『新株予約権ハンドブック（第3版）』405～420頁（商事法務、2015年）、中野百々造『会社法務と税務（全訂5版）』991～1009頁（税務研究会出版局、2012年）、税理士法人山田＆パートナーズ・優成監査法人・山田FAS株式会社編著『新株予約権の税・会計・法律の実務Q&A（第6版）』109頁以下（中央経済社、2014年）。

3）　三宅茂久『資本・株式の会計・税務（第3版）』84頁（中央経済社、2010年）、前掲注2）・中野991～1005頁。

4）　前掲注 2)・中野 992 頁、前掲注 3)・三宅 84 頁。

5）　ここでいう役員又は従業員には、発行会社が 50% を超える株式又は出資を直接又は間接に保有する関係にある法人の取締役、執行役又は使用人も含まれる（所基通 23～35 共-6(2)注、租特 29 条の 2 第 1 項）。

6）　最判平成 17 年 1 月 25 日（民集 59・1・64、判タ 1174・147）は、内国法人の役員が、当該内国法人を子会社とする外国法人のストック・オプションを付与され、それを行使した場合の利益について、一時所得ではなく、給与所得（所税 28 条 1 項）に該当すると判示した。

7）　東京国税局の文書回答事例には、権利行使期間が役員を退任した日の翌日から 10 日間に限定されているなどの条件を満たす場合には、退職所得扱いとして差し支えないとの回答がある。東京国税局審理課長の文書回答事例「権利行使期間が退職から 10 日に限定されている新株予約権の権利行使益に係る所得区分について」（平成 16 年 11 月 2 日付回答。http://www.nta.go.jp/tokyo/shiraberu/bunshokaito/shotoku/07/01.htm）。

8）　前掲注 3)・三宅 84 頁。

9）　前掲注 2)・中野 995 頁。

10）　前掲注 2)・山田＆パートナーズほか 115 頁。

11）　企業会計基準適用指針 11 号「ストック・オプション等に関する会計基準の適用指針」。

12）　前掲注 2)・山田＆パートナーズほか 117～122 頁。

13）　法人税法 54 条の 2 第 1 項によると、発行会社は、(3)①のとおり合理的に計上した費用について、「給与等課税事由」が生じた日において役務の提供を受けたものとして取り扱うこととされている。すなわち、当該費用は、給与等課税事由が生じた日の属する事業年度の損金に算入することになる。給与等課税事由とは、「当該個人において当該役務の提供につき所得税法その他所得税に関する法令の規定により当該個人の同法に規定する給与所得その他の政令で定める所得の金額に係る収入金額とすべき金額又は総収入金額に算入すべき金額を生ずべき事由」をいう。具体的には、所得税法 36 条及び所得税法施行令 84 条により、ストック・オプションを取得した者が、権利行使時に給与所得課税等を受けることをいう。前掲注 2)・山田＆パートナーズほか 120 頁。

14）　前掲注 2)・山田＆パートナーズほか 117～122 頁。

15）　計上される費用は新株予約権付与時の公正な評価額であるのに対し、給与所得等は権利行使により取得する株式の時価から権利行使価額及び新株予約権の取得価額を控除した額であるから、発行会社の損金算入額と新株予約権の付与を受けた個人の給与所得等の金額は一致するとは限らない。前掲注 2)・山田＆パートナーズほか 121 頁、前掲注 3)・三宅 78 頁。

16）　役員の役務の対価としてストック・オプションを付与する場合には、法人税法 34 条 1 項各号（定期同額給与、事前確定届出給与、利益連動給与）の適用から除外される給与に該当するため、不相当に高額な部分に該当しない限り、損金の額に算入される。

17)　法人税法54条の2第2項には、「給与等課税事由」が生じない場合、損金に算入しないものと定められている。税制適格ストック・オプション（新株予約権）の取得者は、新株予約権の行使時には課税されず、新株予約権の行使により取得した株式の譲渡時に譲渡所得課税されるが、この譲渡所得課税は「給与等課税事由」（法税54条の2第1項）に該当しない（法税令111条の3第1項）。したがって、税制適格ストック・オプションにおいては、当該費用の損金算入が認められない。

18)　前掲注2)・山田＆パートナーズほか121・122頁、前掲注3)・三宅78頁。

19)　前掲注2)・中野990・991頁、前掲注2)・山田＆パートナーズほか123〜125頁。税制適格ストック・オプションの発行の場合には、前掲注1）記載のとおり、「特定新株予約権等の付与に関する調書」を税務署長に提出しなければならない（租特29条の2第5項）。

28　買収防衛策における新株予約権

1　買収防衛策の概要[1][2]

(1)　会社法における買収防衛策

会社法における買収防衛策としては、①新株予約権を用いたライツプラン、②黄金株[3]や複数議決権株式[4]などの種類株式を用いる方法、及び、③合併や取締役解任の要件加重などの定款変更による方法などが考えられている[5]。本項においては新株予約権を用いたライツプランについて述べる。

(2)　ライツプランの意義

ライツプランとは、「典型的には、会社が平時に新株予約権を株主に配っておいて、敵対的買収者が例えば2割の株式を買い占めれば、買収者以外の株主に大量の株式を発行して買収者の持株比率を劇的に低下させる仕組み[6]」である[7]。ライツプランのライツとは、株主に新株を与える権利のことであり[8]、ライツプランは、新株予約権を利用した買収防衛策の仕組みということもできる[9]。

(3)　ライツプランの3類型

経済産業省の平成17年4月28日付「ライツプランの類型について」では、以下の3類型を挙げている。

①　第一類型――事前警告型ライツプラン

平時にはライツプラン導入の事前警告のみを行い、有事の際に新株予約権を発行する方法

②　第二類型――信託型ライツプラン（直接型）

平時に新株予約権を信託銀行の信託勘定に預けておき、有事の際に信託銀行から株主に対して新株予約権を交付する方法

③　第三類型――信託型ライツプラン（SPC型）

平時に新株予約権をSPCに発行して、SPCから信託銀行の信託勘

定に預けておき、有事の際は信託銀行から株主に対して新株予約権を交付する方法

これらの3類型は、敵対的買収者には新株予約権の行使を認めないだけでなく、新株予約権の譲渡も認めないという、買収防衛策としての強力な効果を想定したものだった。しかし、買収者に交付された新株予約権については新株となる機会を失うことになるので、実質的に、一般株主に対する有利発行と同じこととなり、買収者から一般株主に対する価値の移転が生じる。つまり、経済的には、一般株主に対する有利発行となり、新株予約権の付与（取得）時及び行使時における一般株主に対する課税（法人税・所得税）をどのように考えるかが問題となる[10)]。例えば、第一類型における一般株主である法人には、新株予約権の付与時において、新株予約権の時価相当額の受贈益が生じ、法人税の受贈益課税が生じる[11)]。

⑷　ライツプランの新類型

上記3類型による新株予約権を利用したライツプランでは、一般株主に法人税・所得税の課税の問題が生じる。そこで、経済産業省は、平成17年7月7日付「ライツプランの新類型について」において、買収者についても取締役会の承認による新株予約権の譲渡を認めるというライツプランの新類型を公表した。国税庁は、同日付「新株予約権を用いた敵対的買収防衛策の【新類型】に関する原則的な課税関係について（法人税・所得税関係）」（国税庁平成17年7月7日付ガイドライン）において、新類型では、新株予約権の付与により一般株主に受贈益に係る課税関係は生じない、という指針を示した。

2　新株予約権を利用したライツプランの課税関係について

国税庁平成17年4月28日付ガイドライン及び同年7月7日付ガイドラインによると、上記3類型及び新類型における課税関係は、以下のとおりである[12)13)]。

⑴　第一類型——事前警告型ライツプラン

（平時にはライツプラン導入の事前警告のみを行い、有事の際に新株予

約権を発行する方法）

ライツプラン導入時（平時）には、新株予約権は発行されないので、発行会社、法人株主・個人株主ともに課税関係は生じない。

敵対的買収者の登場後（有事）、全株主に対し、買収者は権利行使できないという差別的権利行使条件及び譲渡制限付の新株予約権が無償で付与される。買収者は新株予約権を行使することが認められないので、実質的に、一般株主に対する新株予約権の有利発行と同じこととなり、買収者から一般株主に対する価値の移転が生じる。一般株主が法人株主である場合、無償で付与された新株予約権の時価相当額について法人税の受贈益課税が生じる（法税令119条1項4号）。一般株主が個人株主である場合、新株予約権の付与時には所得税は課税されないが、権利行使時に株式の時価と権利行使価額（新株予約権を行使した際の払込金額）との差額に所得税が課税される（所税36条2項、所税令84条2項）。新株予約権の発行法人には、課税関係は生じない。

⑵　第二類型――信託型ライツプラン（直接型）

（平時に新株予約権を信託銀行の信託勘定に預けておき、有事の際に信託銀行から株主に対して新株予約権を交付する方法）

ライツプラン導入時（平時）には、信託銀行（受託者）に対し、買収者は権利行使できないという差別的権利行使条件及び譲渡制限付の新株予約権が無償で付与される。この時点では、信託財産である新株予約権の受益者が特定されていないことから、税務上は、発行会社が委託者である自分自身に新株予約権を発行したものとして扱われ、発行会社（委託者）、信託銀行（受託者）及び株主に法人税・所得税の課税関係は生じない。

敵対的買収者の登場後（有事）、受益者として確定した一般株主は、第一類型と同様に課税される。すなわち、一般株主が法人株主である場合、無償で付与された新株予約権の時価相当額について法人税の受贈益課税が生じる（法税令119条1項4号）。一般株主が個人株主である場合、新株予約権の付与時には所得税は課税されないが、権利行使時に株式の時価と権利行使価額（新株予約権を行使した際の払込金額）との差額に所得税が課税される（所税36条2項、所税令84条2項）。新株予約権の発行法人には、課税関係は生じない。

(3) 第三類型――信託型ライツプラン（SPC型）

（平時に新株予約権をSPCに発行して、SPCから信託銀行の信託勘定に預けておき、有事の際は信託銀行から株主に対して新株予約権を交付する方法）

ライツプラン導入時（平時）に、発行会社が信託財産である新株予約権をSPCに無償で譲渡することから、SPCにおいて新株予約権の株主への時価移転があったとされ（法税22条）、発行会社から新株予約権の交付を受けた際の時価が譲渡原価となり、時価相当額の受贈益課税（法人税）が生じるのが原則である[14)]。しかし、SPCが新株予約権を第三者に譲渡することが実質できない等の契約条件により、結果として、新株予約権の時価が限りなく零に近くなる場合があり得ることから、課税されない場合がある。第三類型では、新株予約権を取得したSPC（委託者）が信託銀行（受託者）に新株予約権を信託するが、当該信託の受益者が特定していないことから、税務上はSPCが新株予約権を保有し続けているものと扱われ、この点について課税関係は生じない。

敵対的買収者の登場後（有事）、信託銀行（受託者）から新株予約権を取得した法人株主には、新株予約権の時価相当額の受贈益課税が生じることになる。新株予約権を取得した個人株主には、新株予約権の時価相当額の経済的利益が生じ、所得税が課税される。発行会社ではなくSPCが個人株主に新株予約権を無償で譲渡したこととなるため、第二類型の個人株主とは異なる取扱いとなる。敵対的買収者の登場後（有事）、新株予約権を無償で譲渡したSPCには、寄附金課税が生じるのが原則であるが、契約条件により寄附金課税は生じないものとされている。

(4) 新類型

（買収者についても取締役会の承認による新株予約権の譲渡を認める類

型）

ライツプラン導入時（平時）には、新株予約権は発行されないので、発行会社、法人株主・個人株主ともに課税関係は生じない。

敵対的買収者の登場後（有事）、全株主に譲渡制限付の新株予約権が無償で付与される。第一類型とは異なり、買収者も取締役会の承認により新株予約権を第三者に譲渡することができ、買収者から新株予約権を譲り受けた第三者は新株予約権を権利行使することができる。そのため、買収者を含めた株主間で価値の移転はなく、経済的には株主割当ての新株予約権発行と同等となり、法人株主・個人株主共に法人税・所得税は課税されない[15)]。新株予約権の発行会社にも課税関係は生じない。

1）①企業価値研究会「企業価値報告書～公正な企業社会のルール形成に向けた提案～」（平成17年5月27日）（以下、「平成17年5月27日付企業価値報告書」という）76～79頁、②経済産業省「ライツプランの類型について」（平成17年4月28日）、③経済産業省「ライツプランの新類型について」（平成17年7月7日）、④国税庁「新株予約権を用いた敵対的買収防衛策に関する原則的な課税関係について（法人税・所得税関係）」（平成17年4月28日）（以下、「国税庁平成17年4月28日付ガイドライン」という）、⑤国税庁「新株予約権を用いた敵対的買収防衛策の【新類型】に関する原則的な課税関係について（法人税・所得税関係）」（平成17年7月7日）（以下、「国税庁平成17年7月7日付ガイドライン」という）。

2）前掲注1）の④国税庁平成17年4月28日付ガイドライン及び⑤国税庁平成17年7月7日付ガイドラインを、資料として本項の末尾に掲載する。

3）ここでいう黄金株とは、「合併承認決議や取締役の選解任決議に対して拒否権を持つ特殊な株式のこと」である。前掲注1）・平成17年5月27日付企業価値報告書78頁。

4）ここでいう複数議決権株式とは、「1株1票を超える議決権がある特殊な株式のこと」である。前掲注1）・平成17年5月27日付企業価値報告書78頁。

5）前掲注1）・平成17年5月27日付企業価値報告書76～79頁。

6）前掲注1）・平成17年5月27日付企業価値報告書58頁。

7）「ただし、買収者は新株予約権の消却を求めて会社と交渉することになるので、この仕組みが現実に発動することは想定されていない」。前掲注1）・平成17年5月27日付企業価値報告書120頁。「米国では手違いで発動された一件のみしか実績はない」。前掲注1）・平成17年5月27日付企業価値報告書59頁。

8）　前掲注1）・平成17年5月27日付企業価値報告書58頁。
9）　前掲注1）・平成17年5月27日付企業価値報告書120頁。
10）　前掲注1）の②経済産業省「ライツプランの類型について」（平成17年4月28日）では、「課税をどのように考えるか」と記載され、課税されるか否かが明記されていないが、同④国税庁平成17年4月28日付ガイドラインでは、新株予約権の付与を受けた法人株主については第一から第三類型を通じて「新株予約権の時価相当額の受贈益が生ずる」と記載し、付与を受けた個人株主について第一及び第二類型では「株式の時価と権利行使価額（略）との差額に課税される」と記載し、第三類型では「新株予約権の時価相当額の経済的利益が生ずる」と記載している。
11）　税理士法人プライスウォーターハウスクーパース・PwCアドバイザリー株式会社・あらた監査法人編『株式・新株予約権　税務ハンドブック』214頁（中央経済社、2009年）では、無償で割り当てられた新株予約権の時価に相当する金額につき法人株主に受贈益課税が生じるとされている。
12）　税理士法人山田＆パートナーズ・優成監査法人・山田FAS株式会社編著『新株予約権の税・会計・法律の実務Q＆A（第6版）』71～92頁（中央経済社、2014年）、前掲注11）・プライスウォーターハウスクーパースほか208～218頁、荒井邦彦・大村健編著『新株予約権・種類株式の実務：法務・会計・税務・登記（第2次改訂版）』464～468頁（第一法規、2013年）。
13）　平成19年9月の改正信託法施行に伴い、平成19年度税制改正により、信託税制も改正された。信託型ライツプラン（第二類型及び第三類型）において、国税庁平成17年7月7日付ガイドラインどおりの課税関係となるかは明確ではない。この点、「実務上は従前の国税庁ガイドラインに沿って課税関係を考えられるケースが多いものと推察される」との指摘がある。前掲注11）・プライスウォーターハウスクーパースほか214～216頁。
14）　前掲注12）・山田＆パートナーズほか84頁。
15）　新株予約権を第三者に譲渡した株主に対しては、譲渡益に係る課税関係が生ずる。

1　事前警告型ライツプランに係る税務上の取扱い（第一類型）

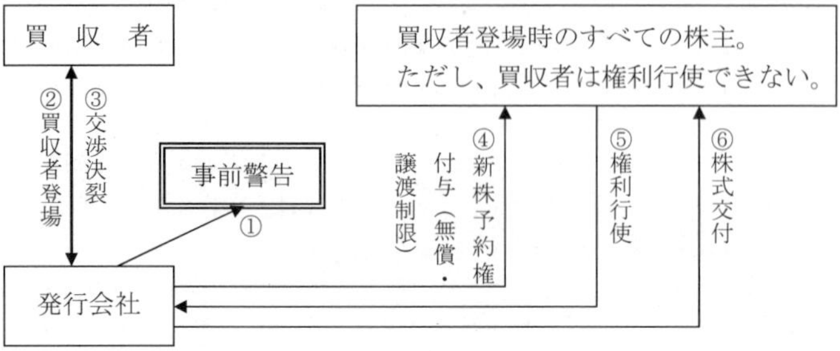

○　原則的な課税関係

区　分	発行会社	付与を受けた法人株主	付与を受けた個人株主
①の時点〔事前警告〕	―――	―――	―――
②・③の時点〔買収者の登場・決裂〕	―――	―――	―――
④の時点〔新株予約権の付与〕	―――	新株予約権の時価相当額の受贈益が生ずる。（注）	（所得税法施行令第 84 条）
⑤・⑥の時点〔新株予約権の行使〕	―――	―――	株式の時価と権利行使価額（新株予約権を行使した際の払込金額）との差額に課税される。

（注）　新株予約権を所有している場合に、消却等があったときには、付与を受けた法人において帳簿価額相当額の雑損が生ずる。その消却等が受贈益の生じた事業年度と同一事業年度である場合には、結果として、課税関係は生じない。　　　　　（出典　国税庁ホームページ）

2　信託型ライツプラン（直接型）に係る税務上の取扱い（第二類型）

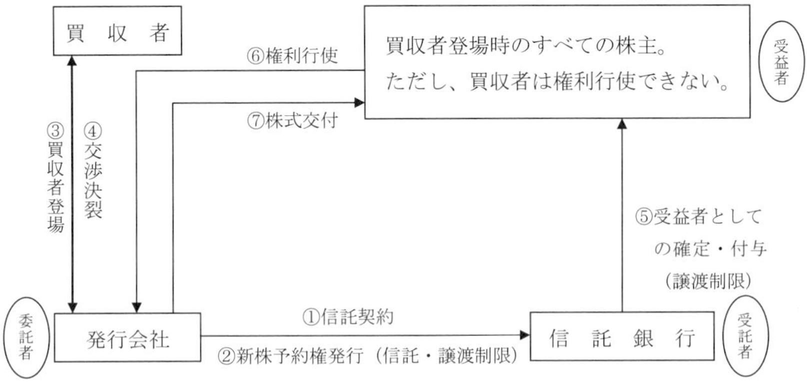

○　原則的な課税関係

区　分	発行会社	信託銀行	付与を受けた法人株主	付与を受けた個人株主
①・②の時点（信託契約・新株予約権の発行）	――	――	――	――
③・④の時点（買収者の登場・決裂）	――	――	――	――
⑤の時点（新株予約権の付与）	――	――	新株予約権の時価相当額の受贈益が生ずる。（注）	（所得税法施行令第 84 条）↓
⑥・⑦の時点（新株予約権の行使）	――	――	――	株式の時価と権利行使価額（新株予約権を行使した際の払込金額）との差額に課税される。

（注）　新株予約権を所有している場合に、消却等があったときには、付与を受けた法人において帳簿価額相当額の雑損が生ずる。その消却等が受贈益の生じた事業年度と同一事業年度である場合には、結果として、課税関係は生じない。　　　　（出典　国税庁ホームページ）

3　信託型ライツプラン（ＳＰＣ型）に係る税務上の取扱い（第三類型）

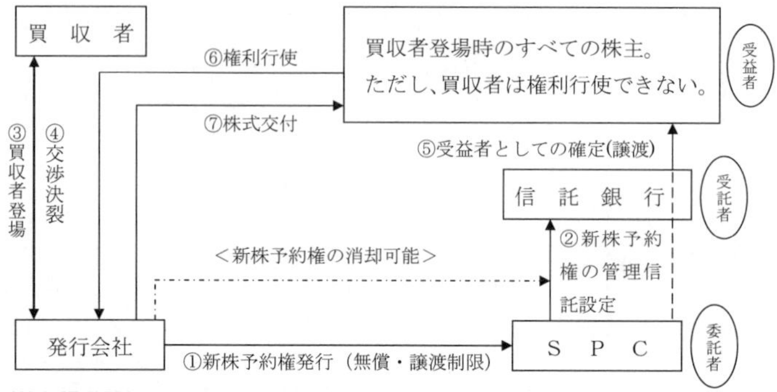

○　原則的な課税関係

区　分	発行会社	ＳＰＣ	信託銀行	譲渡を受けた法人株主	譲渡を受けた個人株主
①の時点（新株予約権の付与）	――	原則として新株予約権の時価相当額の受贈益が生ずるが、契約条件により課税されない場合がある。（注1, 2）	――	――	――
②の時点（管理信託の設定）	――	――	――	――	――
③・④の時点（買収者の登場・決裂）	――	――	――	――	――
⑤の時点（ＳＰＣから株主への譲渡）	――	契約条件によりＳＰＣに寄附金課税は生じない。（注3）	――	新株予約権の時価相当額の受贈益が生ずる。（注2）	新株予約権の時価相当額の経済的利益が生ずる。
⑥・⑦の時点（新株予約権の行使）	――	――	――	――	――

（注）1. 新株予約権の時価算定に当たり、発行会社とＳＰＣとの契約において、ＳＰＣが新株予約権を他の第三者に譲渡することが実質できない契約である等の価格マイナス要因等により、結果として、①の時点での時価が限りなくゼロに近くなる場合があり得る。

2. 新株予約権を所有している場合に、消却等があったときには、ＳＰＣ又は譲渡を受けた法人において帳簿価額相当額の雑損が生ずる。その消却等が受贈益の生じた事業年度と同一事業年度である場合には、結果として、課税関係は生じない。

3. ⑤の時点の時価と①の時点の時価との差額が譲渡損益と認識されるとともに、⑤の時点の時価が費用・損失と認識されることから、結果として、①の時点の受贈益に見合う費用・損失が生ずる。

（出典　国税庁ホームページ）

新株予約権を用いた敵対的買収防衛策（ライツプラン）の【新類型】に係る税務上の取扱い（有事）

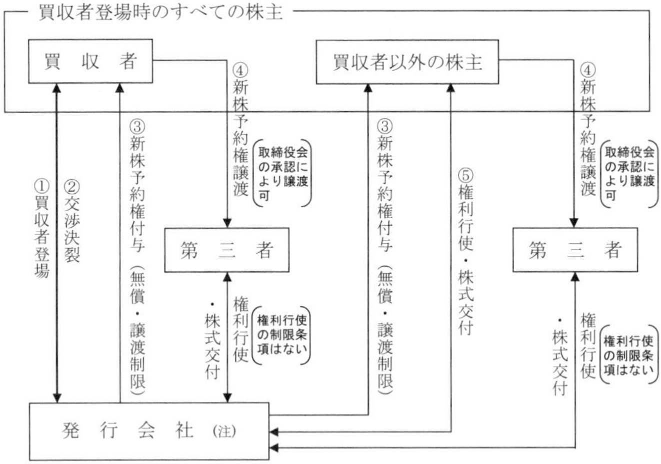

(注)　信託型ライツプラン（ＳＰＣ型）の場合は、新株予約権の付与はＳＰＣが行う。

○　上記【新類型】に係る原則的な課税関係（注 1）

区　分	発行会社	付与を受けた法人株主・個人株主	
①・②の時点（買収者の登場・決裂）	――	――	
③の時点（新株予約権の付与）	――	――	
④の時点（新株予約権の一部譲渡）	――	保有したままの株主	譲渡した株主
		――	（注 2）
⑤の時点（新株予約権の行使）	――	――	

（注）1. 当該課税関係は、平成 17 年７月７日付の経済産業省資料「ライツプランの新類型について」中の【新類型】に掲げる各要件を基に整理したものである。なお、「平時の課税関係」及び同資料中の「【４月 28 日における類型】についての課税関係」は、平成 17 年４月 28 日付の国税庁資料に示した課税関係となる。

2. 新株予約権を第三者に譲渡した株主に対しては、譲渡益に係る課税関係が生ずる。

（出典　国税庁ホームページ）

V　機　　関

29　定時株主総会と税務申告（確定決算主義）

1　株式会社における決算の手続

(1)　会社法における決算手続の意義

株式会社は、対外的経済活動によって利益を得て、得た利益を構成員（株主）に分配することを目的とする法人（会社105条2項）であることから、利益がいくら存するかは会社にとって最も重要な事柄である。そしてこの利益の多寡を確定する手続が決算手続であり、その中心は、計算書類（貸借対照表、損益計算書等）の作成・確定である（会社435条〜444条。計算書類の確定には、株主への分配可能額の確定のほか、株主や利害関係人に対し会計情報を提供するという目的もある）。

(2)　計算書類の確定時期

計算書類は代表取締役（指名委員会等設置会社では取締役会が選定した執行役[1]）が作成し、会計監査人設置会社では会計監査人及び監査役（監査等委員会設置会社にあっては監査等委員会、指名委員会等設置会社にあっては監査委員会）の監査、監査役設置会社では監査役の監査が行われた後、取締役会設置会社においては取締役会の承認（会社436条3項）を経て、定時総会の承認（会社438条2項）によって確定する。

ただし、会計監査人設置会社については、計算書類が法令・定款に従い会社の財産・損益の状況を正しく表示しているとして法務省令（会社計算135条）で定める要件に該当する場合は、取締役会の承認を経れば、その内容を定時総会で報告すれば足りること（会社439条）から、計算書類は上記取締役会（決算取締役会という）の承認によって確定する[2]。

2 確定決算主義

(1) 確定決算主義とは

法人税法74条1項は、法人税の課税所得を計算し、申告するに当たっては、「確定した決算に基づき」行わなければならない旨を規定するが、これを確定決算主義という。「確定した決算」とは、定時総会の承認等により確定した計算書類のことを意味する。

(2) 確定決算主義を採用している理由

法人税法が確定決算主義を採用している主な理由は、①申告の正当性、②課税の便宜性、③課税の安定性の観点等から、課税所得の計算を会社法に基づく計算に基づいて行うということである。すなわち確定決算主義により、①会計処理に関して最終的な会社の意思決定を基礎として税法上の効果を付与でき、さらに②会社法上作成される計算書類を課税所得算定の基礎とすることにより、会社の課税所得計算の簡便化、税制の簡素化、課税当局のコスト削減が図られるとともに、③決算上の収益については大きくする会計処理を、課税所得については小さくする会計処理を会社が選ぶ可能性に対し、損金経理要件等により両者の結合を維持することで、課税所得が不当に減少する事態を防ぐことができるとの理由である[3)]。

(3) 逆基準性

なお、確定決算主義には、節税動機に基づき会社法上の計算処理が行われるケースなど、逆に企業会計上の費用の計算が税法上の計算の影響を受けて、本来あるべき場合より多い場合や少ない場合があるという逆基準性の問題がある。

例えば、租税法は減価償却資産の償却方法について法令の定めに従い納税者が選定し得るが（例えば法税31条、法税令48条）、法人税法においては、納税者が選定した償却方法で計算した金額は、損金に算入できる償却費の限度額を意味する（法税31条1項）。そのため、企業会計上はその限度額以上の額を減価償却費として計上することが適正な場合でも、法人税法の基準を超えた額の費用計上は法人税の計算において損金算入が否認されるため（法税令62条）、損金算入可能額を超えて費用計上する処理は敬遠され、企業会計上、減価償却費が適正額より少なく計上される場合がある[4)]。

3　確定した決算に基づかない税務申告の効力

確定した決算に基づかない申告書（定時総会の承認を経ていないなど）を提出した場合は、法人税法74条の規定による申告と認められず、不適法である。しかし、同条の趣旨は会計処理に関する会社の意思を確認することにその重要なポイントがあることから、株主総会の承認がなされていない場合でも、実質的に会社の意思に基づくと評価できる限り、当該税務申告は有効なものと扱うべきである。したがって、小規模の会社（例えば同族会社）において実質的なオーナーである代表者のみによって決算が組まれ、それに基づき申告書が提出されたとしても、当該申告は有効である[5)]。

これについて裁判例は、株主総会の承認がなされていない場合でも必ずしも申告を無効なものと扱っておらず、会社の実質的な意思に基づきなされたものと認められる限り、当該税務申告は有効なものとしている。

①　東京地判昭和54年9月19日（税資112・1269）

株主総会における計算書類の承認手続が全く行われていず、単に、会社の顧問税理士が申告書とともに貸借対照表、損益計算書を作成して、会社の代表者がこれを了承し同人の押印を得て申告書を提出した事案について、「法人税法が確定決算の原則（法74条1項）を導入している所以は、課税所得については会社の最高の意思決定機関である株主総会の承認を受けた決算を基礎として計算させることにより、それが会社自身の意思として、かつ正確な所得が得られる蓋然性が高いが故であるという趣旨に鑑みれば、たとえ商法上の確定決算上の手続に依拠せず、従って商法上は違法であるとしても、確定申告自体が、実質的に、法人の意思に基づきなされたものと認められる限り、税法上は法74条に基づく有効な申告として扱うものと解するのが相当である」と判示した。

②　福岡高判平成19年6月19日（訟月53・9・2728）

「会社は、法人税の申告に当たり、各事業年度終了の日の翌日から2か月以内に、確定した決算に基づき所定の事項を記載した申告書を税務署に提出しなければならない（法74条1項）。この規定の趣旨は、法人税の課税所得については、会社の最高の意思決定機関である株主総会又は社員総会の承認を受けた決算を基礎として計算させることにより、それが会社自身の意思として、かつ正確な所得が得られる蓋然性が高いという点にある。そうすると、同規定の『確定した決算に基づき』とは株主総会又は社員総会の承認を受けた決算書類を基礎として所得及び法人税額の計算を行う意味と解すべきである。

しかしながら、我が国の株式会社や有限会社の大部分を占める中小企業においては、株主総会又は社員総会の承認を経ることなく、代表者や会計担当者等の一部の者のみで決算が組まれ、これに基づいて申告がなされているのが実情であり、このような実情の下では、株主総会等の承認を効力要件とすることは実体に即応しないというべきであるから、株主総会又は社員総会の承認の承認を経ていない決算書類に基づいて確定申告が行われたからといって、その確定申告が無効になると解するのは相当ではない。

したがって、決算がなされていない状態で概算に基づき確定申告がなされた場合は無効にならざるを得ない……が、当該会社が、年度末において、総勘定元帳の各勘定の閉鎖後の残高を基に決算を行って決算書類を作成し、これに基づいて確定申告した場合は当該決算書類につき株主総会又は社員総会の承認が得られていなくても、当該確定申告は無効とはならず、有効と解すべきである」。

4　確定申告書の提出期限

(1)　確定申告は、確定決算に基づき各事業年度終了の日の翌日から2カ月以内に行わなければならない（法税74条1項）。

(2)　提出期限の延長の特例

上場会社などでは、会社法124条2項（現在の実務では、基準日を定款で定め、事業年度終了の日（決算日）と一致させている）により、定時総会は事業年度終了の日の翌日から3カ月経過する直前（例えば、事業年度終了日：3月31日、開催日：6月26日）に行われており、計算書類の確定に株主総会の承認が必要な場合、提出期限である2カ月以内には確定申告書を提出できない。そこで法人税法75条の2第1項本文は、「定款、寄附行為、規則、規約その他これらに準ずるもの（以下この条において「定款等」という。）の定めにより、又は当該内国法人に特別の事情があることにより、当該事業年度以後の各事業年度終了の日の翌日から2月以内に当該各事業年度の決算についての定時総会が招集されない常況にあると認められる場合」には、申請により、提出期限を1カ月延長することを認めている。延長が認められる場合でも、法定納期限の翌日から延長された提出期限までの期間、未納税額に対し原則7.3％（特例あり。租特66条の3・93条）の利子税がかかること（法税75条の2第8項・75条7項）に注意を要する。「最近において納付すべき税額の確定することが確実であると認められる国税」（国通59条1項2号）として予納すれば、利子税は発生しない。なお、延長の申請については、当該事業年度終了の日までに税務署長に申請する必要がある（法税75条の2第3項）が、1回申請すれば、取消しがない限り翌期以降改めて申請する必要はない。なお、計算書類の確定に株主総会の承認が不要な場合には、取締役会の承認により計算書類を確定のうえ、決算日から2カ月以内に確定申告書を提出している場合が多い。

⑶　平成29年度税制改正による期限延長の特例の追加

提出期限延長の更なる特例として、平成29年度税制改正により、①会計監査人を置いている場合で、かつ、②定款等の定めにより当該事業年度以後の各事業年度終了の日の翌日から3カ月以内に決算についての定時総会が招集されない常況にあると認められる場合には、その定めの内容を勘案して4カ月（決算日の翌日から6カ月）を超えない範囲内において税務署長が指定する月数の期間の確定申告書の提出期限の延長が認められることとなった（法税75条の2第1項1号）。上場企業の株主総会期日の設定を柔軟化し、企業と株主・投資家との対話期間の充実を図るために、障害となっていた法人税の申告期限を延長するものである。なお、定時総会を決算日から3カ月を超えて開催するには、前述のとおり定時総会の議決権行使基準日を決算日として定款で定めていることが一般的な実務のため、定款変更をして基準日を見直す必要がある。

5 確定申告書の添付書類

確定申告書には、①当該事業年度の貸借対照表、損益計算書、②当該事業年度の株主資本等変動計算書、③当該事業年度の貸借対照表及び損益計算書に係る勘定科目内訳明細書など（法税74条3項、法税規35条）を添付しなければならないが、株主総会の議事録や取締役会の議事録を添付する必要はない。

1） 会計参与設置会社では上記の者と会計参与が共同して作成しなければならない（会社374条1項・6項）。
2） 岸田雅雄『会社税法』299頁（悠々社、1997年）、神田秀樹『会社法（第19版）』291頁（弘文堂、2017年）。
3） 野口浩「確定決算主義の意義と必要性」税法学550号27頁（2003年）。
4） 前掲注3）・野口32頁。
5） 金子宏『租税法（第22版）』868頁（弘文堂、2017年）においても、一定の場合には、株主総会の承認を受けていない確定申告も有効であるとする。

30　会社法上の役員と税法上の役員

1　はじめに

法人税法では、会社が使用人に対して支給する給料、賃金、賞与、退職給与等については、ごく一部の例外を除き損金算入を認めているのに対し、役員に対して支給する給与等については、別段の定めを設けてその損金算入につき厳重な規制を加えている。このように会社から給与を受ける者が役員であるか使用人であるかは、法人税負担の面で著しい違いをもたらすことから、課税の公平を図るため、法人税法では独自に役員の範囲を定めており、法人税法の役員の範囲と会社法上の役員の範囲とは一致しない。

2　会社法における役員

会社法上「会社役員」とは当該株式会社の取締役、会計参与、監査役及び指名委員会等設置会社の執行役を意味する（会社規2条3項4号。会社329条1項は株主総会で選任する役員を規定する関係から、括弧書で役員を取締役・会計参与・監査役と定義している[1]）。

会計監査人は、取締役、会計参与、監査役、執行役と同様に、会社及び第三者に対し損害賠償責任を負う関係で、これらの者と合わせて「役員等」とされているが（会社423条1項括弧書）、会社法上の役員には該当しない。

また執行役員は、会社法にはその定めはなく、その法的な地位や権限・義務の範囲は必ずしも明確ではないが、一般的には、会社法上の役員ではなく、「重要な使用人」と位置づけられている。

3　税法上の役員

(1)　税法上の役員の範囲

法人税法上の役員の範囲は、会社法上の役員より広く、会社法などその法人の設立根拠となった法令で役員とされているもののほか、会社の経営に従事している者のうち一定の要件を満たす者をみなし役員として扱っている。

法人税法上の役員の範囲をまとめると、次のとおりとなる。

税法上の役員	設立根拠法上の役員	法人の取締役、執行役、会計参与、監査役、理事、監事及び清算人	法税2条15号
税法上の役員	みなし役員	法人の使用人以外の者で、その法人の経営に従事している者（通常のみなし役員）	法税令7条1号
税法上の役員	みなし役員	同族会社の使用人のうち、一定の要件を満たす株主等（以下、本項において「特定株主等」という）で、その会社の経営に従事している者（同族会社のみなし役員）	法税令7条2号

※　上記における「使用人」は、職制上使用人としての地位のみを有する者に限る。

以下、これらの具体的内容について説明する。

(2) 設立根拠法上の役員

会社法その他法人の設立根拠法である各種法令の規定によりその役員とされる者は、法人税法上も役員として扱われる。

すなわち、会社法に基づく取締役、執行役、会計参与及び監査役は、法人税法上も当然に役員に当たる。清算人も、会社法上取締役の規定が準用されていることから（会社478条8項)、役員の範囲に含まれる。

一般社団法人及び一般財団法人に関する法律に基づく理事、監事及び清算人、中小企業等協同組合法に基づく理事、監事及び清算人なども、当然に、法人税法上の役員に当たる。

なお、会計参与には、監査法人や税理士法人が就任することもできることから（会社333条1項)、会計参与である監査法人又は税理士法人は法人税法上の役員として扱われる（法基通9-2-2)。

これら法定の役員は、適法に役員として選任されているという法形式上の地位に基づいて税法上も役員として扱うことになるから、たとえ実態的には役員としての職務に従事していないとしても、役員でないという抗弁は税法上許されない（福岡高判昭40・12・21行裁集16・12・1942、訟月12・3・402、税資41・1249)。

(3) みなし役員

① 通常のみなし役員

(i) 通常のみなし役員とは

「法人の使用人（職制上使用人としての地位のみを有する者に限る。……）以外の者でその法人の経営に従事しているもの」である(法税令7条1号)。

なお「職制上使用人としての地位」とは、支店長、工場長、営業所長、支配人、主任等、法人の機構上定められている使用人たる職務上の地位を意味する（法基通9-2-5、法税令7条2号も同じ)。したがって、これらの地位のみを有する者は、法人税法施行令7条1号の定めるみなし役員から除かれることから、例えば支店長でその職務だけに従事する使用人は、同号のみなし役員にはならない(但し、法税令7条2号の同族会社のみなし役員に該当することはあり得る)。

(ii) 以上のことから「通常のみなし役員」には次に掲げるものがこれに該当する。

ア　総裁、副総裁、会長、副会長、理事長、副理事長、組合長、副組合長その他これらに準ずる者で取締役又は理事でない者

イ　合名会社、合資会社又は合同会社の業務執行社員

ウ　人格のない社団又は財団の代表者又は管理人

エ　定款等で役員として定められた者

オ　相談役、顧問その他これらに類する者でその法人内における地位、その行う職務等からみて他の役員と同様に実質的に法人の経営に従事していると認められるもの（法基通9-2-1)

(iii) 持分会社の業務執行社員はみなし役員か

持分会社（合名会社、合資会社及び合同会社）の社員は、定款に別段の定めがある場合を除き、その会社の業務を執行する（会社590条1項[2)])。したがって、定款に別段の定めをしない限り、すべての社員が業務を執行することになり、全社員が法人税法上の役員

になる。定款で業務執行社員を定めれば、原則として、その者だけが法人税法上の役員になる。

なお、持分会社においては、法人も業務執行社員になることができることから（会社576条1項4号・598条1項）、持分会社の社員である法人も法人税法上の役員として扱われる（法基通9-2-2）。

(iv)「経営に従事している」とは

通常のみなし役員については、「経営に従事していること」が要件として必要である。この要件は、同族会社のみなし役員にも共通する要件である。

「経営に従事している」の意義、具体的判断基準については、特に法令等に定められてはいない。一義的に定義することはできず、個別の事実認定において検討をするほかない。一般的には、次のような要件を具備しているか否か等を検討することになろう[3)]。

ア　取締役会等に出席して経営に関する重要案件の決定に参画しているか

イ　社員の採用権等、人事及び給与に関する権限を有しているか

ウ　主要な取引先の選定及び重要な契約に関する決定権を有しているか

エ　金融機関の選択、融資に関する決定権を有しているか

また、課税庁の元担当者の著書によれば、「経営に従事している」について、「一般的に言えることは、単なる事務処理の上で重要な職務に従事している事実だけで法人の経営に従事しているとするのは妥当ではなく、その者が、例えば、売上価額又は仕入価額の決定、資金の調達・返済、使用人の採用及び退職の決定等、当該法人の重要な職務に従事している等、法人の経営の枢機に参画していることを要すると解される」（週刊税務通信2027号20頁〔大淵博義〕）との説明がなされている。

なお、「経営に従事している」に該当するかどうかの判断に関する参考判例として、山口地判昭40・4・12訟月11・8・1249、税資

41・330、新潟地判平6・12・8税資206・617、名古屋高判平7・9・13税資213・621などがあるので参照されたい。

② 同族会社のみなし役員

(i) 同族会社のみなし役員とは

同族会社の使用人（職制上使用人たる地位を有する者に限る）のうち、一定の要件（以下、ア、イ、ウいずれの要件も満たさなければならない）を満たしている株主等（特定株主等）で、その会社の経営に従事しているものである（法税令7条2号・71条1項5号）。

上記の特定株主等に該当するための「一定の要件」とは、具体的にはアからウまでのすべての要件のとおりである（法税令71条1項5号参照）。

ア　50％超基準	当該会社の株主グループにつき、その所有割合が最も大きいものから順次その順位を付し、上位3位グループ（同順位の株主グループが2以上ある場合にはそのすべての株主グループ[4]）の所有割合を算定した場合に、当該使用人が次に掲げる株主グループのいずれかに属していること ① 第1順位の株主グループの所有割合が50％超である場合におけるその株主グループ ② 第1順位と第2順位の株主グループの所有割合を合計して初めて50％超となる場合におけるこれらの株主グループ ③ 第1順位から第3順位の株主グループの所有割合を合計して初めて50％超となる場合におけるこれらの株主グループ
イ　10％超基準	当該使用人の属する株主グループの所有割合が10％を超えていること
ウ　5％超基準	当該使用人（その配偶者及びこれらの者の所有割合が50％超である他の会社を含む）の所有割合が5％を超えていること

以上の基準は、その法人を支配することが可能であろう株主グループに属し（上記ア）、その株主グループ自体もある程度の主要株主グループであり（上記イ）、なおかつその使用人自身（配偶者及び支配会社を含む）も相当の株式数を所有していること（上記ウ）を判定しているものである。同族会社の場合、自己及びその同族関係者の持株を通して、会社経営にある程度の支配権を持つ場合も考えられることから、たとえ使用人であっても、上記の要件を満たし、かつ、その会社の経営に従事しているものについては、役員として取り扱うこととしているものである。

(ii) 「株主グループ」とは

「株主グループ」とは、〈その会社の一の株主等、並びに当該株主等と特殊な関係にある個人及び法人〉を意味する（法税2条10号）。

そして「特殊の関係のある個人及び法人」の範囲は以下のとおりである（法税令4条）。

同族関係者の範囲

ア　株主等の親族（6親等内の血族、配偶者及び3親等内の姻族）
イ　株主等と婚姻の届出をしていないが事実上婚姻関係と同様の事情にある者
ウ　株主等（個人に限る）の使用人
エ　上記アないしウ以外の者で、株主等から受ける金銭その他の資産によって生計を維持しているもの[5]
オ　上記イないしエの者と生計を一にするこれらの者の親族[6]
カ　株主等及びその上記アないしオの同族関係者によって、直接・間接に50%超を支配される会社

なお、ここでいう「株主等」は、株主名簿、社員名簿又は定款に記載又は記録されている株主等によるのであるが、その株主等が単なる名義人であって、当該株主等以外の者が実際の権利者である場合には、その実際の権利者を株主等とする（法基通1-3-2）。

(iii) 「所有割合」とは

特定株主等に該当するかどうかの判定基準である「所有割合」は、ア持株割合、イ議決権割合、ウ社員数割合のいずれかによる判定で、上記(3)②(i)のア～ウの要件をすべて満たせば、特定株主等の要件に該当することになる。

法人税法施行令71条3項の概要

ア　持株割合	その会社が、株式数、出資数又は出資金額（以下、「株式数等」という）による判定により同族会社に該当する場合には、その株主グループの有する株式数等の割合（但し、自己株式又は出資は除いて算出）
イ　議決権割合	その会社が、議決権による判定により同族会社に該当する場合には、その株主グループの有する議決権数の割合（但し、議決権を行使することができない株主等の議決権数は除いて算出）
ウ　社員数割合	その会社が、社員又は業務を執行する社員の数による判定により同族会社に該当する場合には、その株主グループに属する社員又は業務を執行する社員数の割合

(iv)　経営に従事していること

特定株主等が同族会社のみなし役員に該当するためには、上記の要件のほか、「経営に従事していること」が必要である。この点は、(3)①(iv)にて既述したとおり、通常のみなし役員の場合と同じである。

(4)　執行役員の取扱い

①　問題の所在

執行役員は一般的には「重要な使用人」と位置づけられることから、法人の使用人に該当し、普通のみなし役員には当たらない。しかし国税庁は、下記ア、イの要件をいずれも満たす執行役員制度がとられている場合は、使用人から執行役員に就任したことは、「勤務関係の性質、内容、労働条件等において重大な変動があつて、形式的には継続している勤務関係が実質的には単なる従前の勤務関係の延長とはみられないなどの特別の事実関係」（最判昭58・12・6判時1106・

61、判タ517・112、訟月30・6・1065、税資134・308）があるとする（所基通30-2の2）。

ア　執行役員との契約は委任契約又はこれに類するもの（雇用契約又はこれに類するものは含まない）であり、かつ、執行役員退任後の使用人としての再雇用が保障されているものではないこと

イ　執行役員に対する報酬、福利厚生、服務規律等は役員に準じたものであり、執行役員は、その任務に反する行為又は執行役員に関する規程に反する行為により使用者に生じた損害について賠償する責任を負うこと

このような場合については、当該執行役員は「使用人としての地位」のみを有する者ではなく、「法人の使用人以外の者でその法人の経営に従事しているもの」に該当するのではないかが問題となる。

②　この点について国税庁は次のような見解を明らかにしている。

「執行役員制度とは、取締役会の担う①業務執行の意思決定と②取締役の職務執行の監督、及び代表取締役等の担う③業務の執行のうち、この③業務の執行を『執行役員』が担当するというものである。この執行役員制度の下での執行役員は、一般に、代表取締役等の指揮・監督の下で業務執行を行い、会社の経営方針や業務執行の意思決定権限を有していないことから、『法人の経営に従事しているもの』には該当しないものと考えられる。

したがって、所得税基本通達30-2の2に定める要件を満たす執行役員制度の下での執行役員が、直ちにみなし役員に該当するとは限らない。

なお、個々の執行役員制度によっては、その執行役員が会社の経営方針や業務執行の意思決定に参画することも予想され、その場合にはみなし役員に該当することとなる[7)]」。

すなわち、執行役員は、所得税基本通達30-2の2に定める要件を満たす場合であっても、必ずしもみなし役員には該当せず、あくまで「経営に従事していること」（上記(3)①(iv)参照）の実態があるかによっ

て、みなし役員に該当するかどうかが決せられるものであるとする見解をとっている。

⑸ 使用人兼務役員

① 問題の所在

使用人兼務役員に対して支給する、使用人としての職務に対する給与については、適正額である限り、使用人給与と同じ取扱いをし、役員給与の損金不算入の規定の適用範囲から除外されている（法税 34 条 1 項括弧書）。

そのため、法人税法では、使用人兼務役員の範囲が規定されており、それに該当するかどうかが問題になる。

② 使用人兼務役員とは

法人税法上、使用人兼務役員とは、役員（社長、理事長その他政令で定めるものを除く）のうち、部長、課長その他法人の使用人としての職制上の地位を有し、かつ、常時使用人としての職務に従事するものをいう（法税 34 条 6 項）。

ここでいう「部長、課長その他法人の使用人としての職制上の地位」とは、支店長、工場長、営業所長、支配人、主任等法人の機構上定められている使用人たる職務上の地位をいい、取締役等で総務担当、経理担当というように使用人としての職制上の地位でなく、法人の特定の部門の職務を統括しているものは、使用人兼務役員には該当しない（法基通 9-2-5）。

また、事業内容が単純で使用人が少数である等の事情により、法人がその使用人について特に機構としてその職務上の地位を定めていない場合には、その法人の役員（社長、理事長その他政令で定めるものを除く）で、常時従事している職務が他の使用人の職務の内容と同質であると認められるものについては、使用人兼務役員として取り扱うことができるものとされている（法基通 9-2-6）。

なお、「常時使用人としての職務に従事するもの」という要件により、使用人として常勤していることが求められるから、非常勤役員は使用人兼務役員には該当しないこととなる。

③ 使用人兼務役員とされない役員

(i) 概 説

使用人としての職務に従事していても、社長、理事長等一定の役員は、法人税法上、使用人兼務役員になることができない（法税34条6項括弧書）。使用人兼務役員になることができない者は、具体的には次のとおりである（法税令71条1項）。

ア 代表取締役、代表執行役、代表理事及び清算人

イ 副社長、専務、常務その他これらに準ずる職制上の地位を有する役員

ウ 合名会社、合資会社及び合同会社の業務を執行する社員

エ 取締役（指名委員会等設置会社の取締役及び監査等委員である取締役に限る）、会計参与及び監査役並びに監事

オ 同族会社の役員のうち、一定の要件を満たす特定株主等である者

以下、これらについて補足説明を行う。

(ii) 副社長、専務、常務その他これらに準ずる職制上の地位を有する役員

上記(i)イの「副社長、専務、常務その他これらに準ずる職制上の地位を有する役員」とは、定款等の規定又は総会若しくは取締役会の決議等によりその職制上の地位が付与された役員をいうとされている（法基通9-2-4）。

そのため、単なる通称又は自称専務等のように、実態は単なる平取締役であるような者は、これには該当しない。

但し、取締役会の決議等を省略しただけであって、実態としては対外的にも会社内においても専務取締役等であることが認知され、事実上その地位を付与されたうえで業務を執行しているような者については、これに該当し、税法上の使用人兼務役員にはなれないと考えられる。

(iii)　取締役（指名委員会等設置会社の取締役及び監査等委員である取締役に限る）、会計参与及び監査役

指名委員会等設置会社の取締役及び監査等委員である取締役は、取締役会の構成員として執行役等の職務の執行を監督する立場にあるから、会社法上、執行役の指揮命令を受ける使用人を兼務することは禁止されている（会社331条3項・4項）。

また、会計参与及び監査役も、会社の業務執行からの独立性を保持するため、会社法上、使用人の兼務が禁止されている（会社333条3項1号・335条2項）。兼任禁止に触れる者が会計参与・監査役に選任された場合には、従前の地位を辞任して会計参与・監査役に就任したとみなされ、同人が事実上従前の地位を継続したとしても、会計参与・監査役の任務懈怠となるにすぎない[8)]。

そのため、税法上も、これらの者は使用人兼務役員になることができないとされている。

なお、零細企業等においては、実際は使用人としての業務しか行っていない者を名目上の監査役とするケースがあるが、税法上の取扱いとしては、監査役として選任されている以上、使用人兼務役員になり得る余地はない。

(iv)　同族会社の役員

同族会社の主要株主である役員については、会社経営にある程度支配権を持ち得る立場にあるため、たとえ使用人としての職務を有しているとしても、その実態に関係なく、形式基準をもって、使用人兼務役員とされない取扱いとなっている[9)]。

具体的には、次の要件のすべてを満たしている役員は、使用人兼務役員とはならない（法税令71条1項5号[10)]）。

	当該会社の株主グループにつき、その所有割合が最も大きいものから順次その順位を付し、上位3位グループ（同順位の株主グループが2以上ある場合にはそのすべての株主グループ）の所有割合を算定した場合に、当該

ア 50％超基準	役員が次に掲げる株主グループのいずれかに属していること ① 第1順位の株主グループの所有割合が50％超である場合におけるその株主グループ ② 第1順位と第2順位の株主グループの所有割合を合計して初めて50％超となる場合におけるこれらの株主グループ ③ 第1順位から第3順位の株主グループの所有割合を合計して初めて50％超となる場合におけるこれらの株主グループ
イ 10％超基準	当該使用人の属する株主グループの所有割合が10％を超えていること
ウ 5％超基準	当該使用人（その配偶者及びこれらの者の所有割合が50％超である他の会社を含む）の所有割合が5％を超えていること

なお、ここで規定される「同族会社の役員」には、次に掲げる役員が含まれることに留意する必要がある（法基通9-2-7)。

ア　自らは当該会社の株式又は出資を有しないが、その役員の同族関係者が当該会社の株式又は出資を有している場合における当該役員

イ　自らは当該会社の法人税法施行令4条3項2号イからニまでに掲げる議決権を有しないが、その役員の同族関係者が当該会社の当該議決権を有している場合における当該役員

ウ　自らは当該会社の社員又は業務を執行する社員ではないが、その役員の同族関係者が当該会社の社員又は業務を執行する社員である場合における当該役員

1）　なお、会社法施行規則2条3項2号は、「会社等」とは、会社（外国会社を含む)、組合（外国における組合に相当するものを含む）その他これらに準ずる事業体をいうと定義していることから、役員についても、取締役、会計参与、監査役、執行役、理事、監事その他これらに準ずる者と広く定義している（会社規2条3項3号)。

2）〔平成17年改正前商法下で設立された合資会社について〕

平成17年改正前商法下では、合資会社の有限責任社員には業務執行権は認められていなかった（平成17年改正前商151条）。この点、会社法整備法70条4項は、平成17年改正前商法下で設立された合資会社の定款には、有限責任社員は当該合資会社の業務を執行しない定めがあるものとみなすと規定している。したがって、会社法施行後においても、上記みなし規定を廃止する旨の定款変更の手続を経ない限り、有限責任社員は、原則として法人税法上の役員に含まれない。無限責任社員（定款で業務執行社員を定めた場合にはその者）のみが、原則として法人税法上の役員になる。

3）　山本守之『判決・裁判例からみた役員報酬・賞与・退職金（4訂版）』11・12頁（税務経理協会、1999年）。

4）　第1順位の株主グループと同順位の株主グループがあるときは当該同順位の株主グループを含めたものが第1順位の株主グループに該当し、これに続く株主グループが第2順位の株主グループに該当する。例えば、A株主グループ及びB株主グループの株式の所有割合がそれぞれ20%、C株主グループ及びD株主グループの株式の所有割合がそれぞれ15%の場合には、A株主グループ及びB株主グループが第1順位の株主グループに該当しその株式の所有割合は40%となり、C株主グループ及びD株主グループが第2順位の株主グループに該当しその株式の所有割合は30%となる（法基通9-2-8）。

5）「生計を維持しているもの」とは、その株主等から給付を受ける金銭その他の財産又は給付を受けた金銭その他の財産の運用によって生ずる収入によって、日常生活の資の主要部分を賄っている者をいう（法基通1-3-3）。

6）「生計を一にする」こととは、有無相助けて日常生活の資を共通にしていることをいうのであるから、必ずしも同居していることを必要としない（法基通1-3-4）。

7）　江頭憲治郎『株式会社法（第6版）』515・519頁（有斐閣、2015年）、兼任禁止に触れるものが監査役に選任された場合につき最判平成元・9・19（判時1354・149、判タ732・194、金融法務1263・30）。

8）　所得税基本通達30-2の2《使用人から執行役員への就任に伴い退職手当等として支給される一時金》の取扱について（情報）別紙問7（答）

9）　かかる取扱いの合理性を判示したものとして、京都地判昭和50・2・14（判時797・93、判タ324・309、訟月21・5・1131、税資80・201）がある。

10）「所有割合」・「株主グループ」等の意義、実質的な株主等によって判定する点は、**3**(3)②を参照。

31　会社法における役員報酬等に係る規制の概略

1　報酬等の意義

会社法 361 条 1 項は取締役の報酬等を「取締役の報酬、賞与その他の職務執行の対価として株式会社から受ける財産上の利益」と定義し、監査役及び会計参与についても会社法 387 条、379 条で「報酬等」について、定款にそれを定めていないときは、株主総会の決議を必要とした結果、従来、報酬とは別立ての賞与（平成 17 年改正前商法では利益処分とされた）が報酬等の一部に組み込まれることになった。これらの規制の目的は、取締役についてはお手盛り防止、監査役及び会計参与については適正な報酬等を確保することによるその独立性の保障にある。

2　報酬額の決定

報酬等については、形態に応じ、次の事項を定めなければならない。

なお、この規制の目的から定款、株主総会により個々の役員ごとに各事項を定める必要なく、取締役、監査役、会計参与にそれぞれの役員ごとの支給総額を定め、各人に対する具体的分配はそれぞれの役員の協議に任せることはできる。

ア　報酬等のうち金額が確定したものについてはその額（会社 361 条 1 項 1 号）

イ　報酬等のうち金額が確定しないもの（業績連動型報酬など）については、その具体的な算定方法（会社 361 条 1 項 2 号）

この形態の報酬等の新設・改定については、議案を提出した取締役は株主総会でその算定方法を相当とする理由を説明しなければならない。この点、取締役の報酬等については明文規定（会社 361 条 4 項）はあるが、監査役、会計参与の報酬等についても同条を類推し同様に解すべきである[1)]。

ウ　報酬額のうち非金銭的報酬については、その具体的内容（会社 361 条 1 項 3 号）

取締役についてこの形態の報酬等の新設・改定については、その内容を相当とする理由を説明しなければならない（会社 361 条 4 項）。この点、取締役の報酬等については明文規定（会社361 条 4 項）はあるが、監査役、会計参与の報酬等についても同条を類推し同様に解すべきである[2)]。

また、指名委員会等設置会社においては、報酬委員会が、執行役、取締役、会計参与が受ける「個人別の額等の具体的内容」を決定する必要がある（会社 409 条 3 項 1 号～3 号）。なお、不確定報酬（会社 409 条 3 項 2 号）や非金銭報酬（会社 409 条 3 項 3 号）は会計参与の報酬等については認められない（会社 409 条 3 項但書）。

3　使用人兼務取締役の報酬等

(1)　株主総会における決議方法

税法上の不利益を被らないように、実務上「取締役の報酬は月額○○円以内とする。ただし使用人兼務取締役の使用人分の給与は含まれない」とする趣旨の決議が行われている。

代表取締役又は業務執行権を有する取締役以外の取締役は、監査等委員会設置会社の監査等委員である取締役、指名委員会等設置会社の取締役を除き（会社 331 条 3 項・4 項）使用人を兼務することが認められている（最判昭 60・3・26 判時 1159・150。監査役や会計参与は使用人兼務を禁止（会社 335 条 2 項・333 条 3 項 1 号））が、その場合、使用人分の給与は使用人としての労務の対価であって、取締役としての職務執行の対価でないことから会社法 361 条 1 項の決議は不要である。しかし、法人税法上定款又は株主総会等において役員報酬等に使用人兼務役員の使用人分給与が含まれていないことを明確に定め又はこれを明確にして決議している場合は役員報酬が不相当に高額となるかどうかの形式基準の対象から使用人の労務対価としての相当額（法基通 9-2-23）を除くことができること（法基通 9-2-22、税法上は役員給与が不相当に高額となるかどうかの形式基準に使用人の給与も含まれるのが原則）から、実務上「取締役の報酬は月額○○円以内とする。ただし使用人兼務取締役の使用人分の給与は含まれない」とする趣旨の決議が行われている（前掲・最判昭 60・3・26）。

(2) 取締役が使用人給与を受ける場合には、会社法 356 条 1 項 2 号の自己取引に当たり、取締役会（株主総会）の承認を要するか

これについて、あらかじめ取締役会の承認を得て一般に定められた給与体系に基づいて給料を受ける場合には、使用人としての職務に不相当な金額が支払われて会社に損失を及ぼすおそれはなく、その都度改めて取締役会の承認を要しないが、特定の取締役の裁量で個別に使用人分の給与額が定められる場合は、会社に損失を及ぼすおそれがあることから、具体的に取締役会の承認を受けることを要する（最判昭 43・9・3 金融法務 528・23）。

4 役員報酬等の開示

(1) 事業報告（会社 435 条 2 項）による開示

公開会社においては、役員の報酬等については「当該事業年度に係る」報酬等のほか、当該事業年度に対応しない報酬等についても「当該事業年度において受け、又は受ける見込みの額が明らかとなった」報酬等については開示しなければならない（会社規 121 条 4 号・5 号。その開示方法について会社規 121 条 4 号参照）。なお社外役員がいる場合については、社外役員等の報酬等について記載しなければならない（会社規 124 条 4 号～6 号）。

なお、事業報告書は取締役会設置会社においては総会招集通知に添付され株主に提供される（会社 437 条）とともに、本店及び支店（写し）に備え置かれ、株主、会社債権者及び権利行使に必要な親会社の社員の閲覧等に供される（会社 442 条）。

なお、非公開会社においては、役員報酬等は事業報告の記載事項ではない。

(2) 株主総会における説明義務

役員報酬等については決議事項とされた場合はもちろん、事業報告書の記載事項として報告事項となることから、この内容について株主から説明を求められた場合、報告事項については通常の判断能力を有する株主が理解するのに必要な範囲で、決議事項については通常の判断能力を有する株主がその賛否を合理的に判断するために必要な範囲で、取締役は説明しなければならない[3)]。

(3) 有価証券報告書による開示

金融商品取引法24条に基づく有価証券報告書提出会社は、事業年度ごとに、会社の経理状況その他事業の内容に関する重要な事項等を内閣府令で定めた事項を記載した有価証券報告書を作成し、当該事業年度経過3カ月以内に内閣総理大臣に提出しなければならない。そして「企業内容等の開示に関する内閣府令」で「コーポレート・ガバナンスの状況」の開示が求められており、その中で「役員報酬の内容」の開示が要求されている（企業内容等の開示に関する内閣府令第二号様式・記載上の注意（57）a（d））。ポイントを以下に掲げる。

ア　取締役（社外取締役を除く）・監査役（社外監査役を除く）・執行役・社外役員に区分した報酬額等の総額、報酬等の種類別（基本報酬・ストック・オプション・賞与・退職慰労金等の区分）の総額等

イ　役員ごとの提出会社と主要な連結子会社の役員としての報酬等（連結報酬等）の総額・連結報酬等の種類別の額等（なお報酬等の額が1億円以上の役員に限ることができる）

ウ　提出日現在の報酬等の額又はその算定方法の決定方針がある場合、その内容及び決定方法

・最近事業年度の末日までに退任した者を含む。

・報酬等とは報酬、賞与その他その職務執行の対価として会社から受ける財産上の利益であって、当事業年度に係るもの及び当事業年度において受け、また受ける見込みが明らかになったものをいう。

・使用人兼務役員の使用人給与分のうち重要なものがあれば、総額及び内容等を記載する。

平成 22 年 3 月 31 日に終了する事業年度に係る有価証券報告書等からその開示を義務づけている。

(4) 法人税申告の際の役員報酬の記載

法人税の申告をするときに使用する申告書及び明細書は、その書式が「別表」として規定され、会社はその定められた書式に基づいて記載しなければならない（法税規 34 条 2 項)。別表四の「所得の金額の計算に関する明細書」は税務上の損益計算書ともいわれているもので、確定した会社の損益計算書における当期利益又は当期損失を基礎に、加算（損金不算入額、益金算入額）・減算（損金算入額、益金不算入額）による申告調整により、税務上の課税所得金額若しくは欠損金額を計算する。別表四には、「役員給与の損金不算入額」が加算の項目があり、役員報酬として支払った金額のうち、損金に算入できない金額を記載しなければならない（巻末資料：法税規別表四「所得の金額の計算に関する明細書」参照)。

1） 江頭憲治郎『株式会社法（第 6 版)』447・535 頁（有斐閣、2015 年)。
2） 前掲注 1)・江頭 447・535 頁。
3） 河村貢・豊泉貫太郎・河和哲雄・蜂須優二・岡野谷知広『株主総会想定問答集平成 29 年版』（別冊商事法務 418 号）60・61 頁（商事法務、2017 年)。

32　役員報酬（金銭報酬の場合）

1　法人税法における役員給与

法人税法における役員給与に関する規制は、役員給与が損金に算入されるかどうかを示す点にある。この点、法人税法は、「内国法人がその役員に対して支給する給与（退職給与で業績連動給与に該当しないもの、使用人としての職務を有する役員に対して支給する当該職務に対するもの及び第3項（筆者注：隠蔽・仮装による役員給与）の規定の適用があるものを除く。以下この項において同じ。）のうち次に掲げる給与のいずれにも該当しないものの額は、その内国法人の各事業年度の所得の金額の計算上、損金の額に算入しない」と定め（法税34条1項本文）、一定の例外に該当しない限り、原則として損金算入しないことを明確にしている。したがって、役員給与を損金に算入するためには、例外として掲げられている①定期同額給与、②事前確定届出給与、③業績連動給与のいずれかに該当することが必要となる。

以下、損金に算入することが可能な3種類の給与について述べる。

2　定期同額給与

定期同額給与とは、その支給時期が1カ月以下の一定の期間ごとである給与で、当該事業年度の各支給時期における支給額が同額であるものその他これに準ずるものとして政令で定める給与をいう（法税34条1項1号、法税令69条1項）。具体的には以下のとおりである。

(1)　定期性

定期同額給与については、定期的に支給されることが要件となっており、あらかじめ定められた支給基準（慣習によるものを含む）に基づいて、毎日、毎週、毎月のように月以下の期間を単位として規則的に反復又は継続して支給する必要がある[1)]。そのため、例えば、非常勤役員に対し、1年間の報酬を年1回又は年2回に分けて支給するような場合には、たとえその支給額が各月ごとの一定の金額を基礎として算定されているものであっても、「定期同額給与」には該当しないことになる（法基通 9-2-12）。[2]

⑵ 事業年度中の改定

定期同額給与は、事業年度中、定期的に、同額を支給することが原則であるが、事業年度中に支給額を改定した場合であっても、事業年度開始後に、定時株主総会等によって給与額が改定された場合（通常改定事由)、役員の職制上の地位や職務内容に変更があった場合（臨時改定事由)、経営状況が著しく悪化した場合（業績悪化改定事由）の 3 つに該当する場合には、例外的に、定期同額給与に該当するものとして扱うことが認められている。

① 通常改定事由

通常改定事由とは、事業年度開始日から 3 カ月（確定申告書の提出期限の延長の指定（法税 75 条の 2 第 1 項各号）を受けた内国法人は、指定された月数に 2 を加えた月数）を経過する日までに、定期給与が改定された場合である（法税令 69 条 1 項 1 号イ）。これは、一般的に、定時株主総会において役員給与の額の改定が行われることが多く、通常、定時株主総会は、基準日に関する規制から、事業年度の終了後 3 カ月以内に開催する必要があることを踏まえたものである。

なお 3 カ月経過日以後に改定された場合であっても、継続して毎年所定の時期に改定されるものであって、3 カ月経過日以後に改定されることについて「特別の事情」がある場合には通常改定事由として扱うことが可能である（法税令 69 条 1 項 1 号イ括弧書)。ここでいう「特別の事情」とは、ある年に、突発的に生じるものではなく、毎年、株主総会等が 3 カ月以内に行うことができない事情がある場合をいう。具体的には、次のようなものが想定されている（法基通 9-2-12 の 2)。

ア 全国組織の協同組合連合会等でその役員が下部組織である協同組合等の役員から構成されるものであるため、当該協同組合等の

定時総会の終了後でなければ当該協同組合連合会等の定時総会が開催できないこと

イ　監督官庁の決算承認を要すること等のため、3カ月経過日以降でなければ定時総会が開催できないこと

ウ　法人の役員給与の額がその親会社の役員給与の額を参酌して決定されるなどの常況にあるため、当該親会社の定時株主総会の終了後でなければ当該法人の役員の定期給与の額の改定に係る決議ができないこと

②　臨時改定事由

臨時改定事由とは、役員の職制上の地位の変更[3)]、その役員の職務の内容の重大な変更その他これらに類するやむを得ない事情をいう（法税令1項1号ロ）。具体的には、定時株主総会後、次の定時株主総会までの間において社長が退任したことに伴い臨時株主総会の決議により副社長が社長に就任する場合や、合併に伴いその役員の職務の内容が大幅に変更される場合をいう（法基通9-2-12の3)。

そのほか、会社やその役員が不祥事等を起こした場合に役員給与の額を一定期間減額することが見受けられるが、このような役員給与の一定期間の減額が社会通念上相当と認められる範囲のものであるときは、その減額改定についても臨時改定事由によるものに該当する[4)]。

③　業績悪化改定事由

業績悪化改定事由とは、経営状況が著しく悪化したことその他これに類する理由をいい（法税令69条1項1号ハ)、この場合の改定は減額に限られる。この点、どの程度経営状況が悪化すればこの要件を満たすかは必ずしも明確ではないが、通達によれば、法人の一時的な資金繰りの都合や単に業績目標値に達しなかったことなどはこれに含まれないものとされている（法基通9-2-13)。

(3)　毎月おおむね一定の利益

定期同額給与には、継続的に供給される経済的な利益のうち、その供与される利益の額が毎月おおむね一定であるものも含まれる（法税令

69条1項2号）。

この点については、「33　役員報酬（非金銭報酬の場合）」を参照。

⑷　定期同額給与の額を改定した場合の損金不算入額

定期同額給与を事業年度中に改定した場合には、上記⑵の通常改定事由、臨時改定事由又は業績悪化改定事由のいずれかに該当すれば損金に算入することができるが、これらの事由に該当しなかった場合、損金不算入となるのはいくらか、という点が問題となる。

この点、平成18年12月公表の「役員給与に関する質疑応答事例」では、「事業年度の中途で定期給与の額を改定した場合であって、それが……（通常改定事由、臨時改定事由又は業績悪化改定事由）のいずれにも該当しないときには、原則として、その事業年度における定期給与の支給額の全額が、定期同額給与に該当しないこととなり、損金不算入とな」るとしながら、次のように述べて、増額改定及び減額改定の双方について、改定後の各支給時期における支給額も同額であるときは、従前からの定期同額給与との差額部分のみが損金不算入になる、としている。

すなわち、3月決算の会社が月額50万円の役員給与を支給していたところ、2月に臨時株主総会を開催して同月分の給与から月額20万円ずつ増額して支給することを決議した場合の損金不算入額について、「定期給与の額について、ご質問のような事業年度の中途の増額改定が行われた場合であって、増額後の各支払時期における支給額も同額であるようなときなどは、従前からの定期同額給与とは別個の定期給与が上乗せされて支給されたものと同視し得ることから、上乗せ支給された定期給与とみられる部分のみが損金不算入になるものと考えられます」と述べ、損金不算入額は、20万円部分のみであることを明らかにしている。

これを図で表すと、次のようになる。

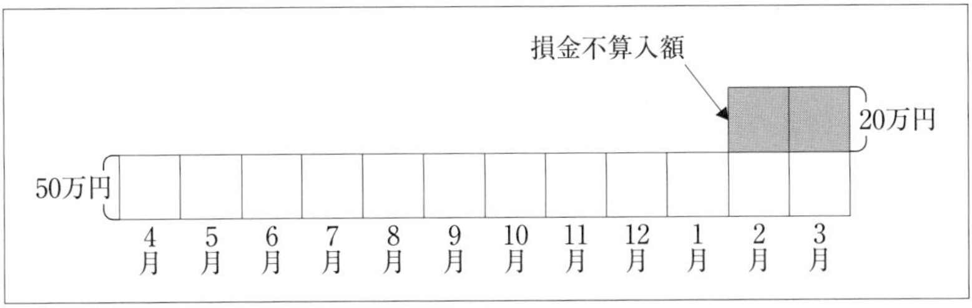

また、逆に、事業年度の中途で定期給与の額を減額した場合についても、原則としてその事業年度における定期同額給与の支給額の全額が定期同額給与に該当しない、としながら、「減額後もその各支給時期における支給額が同額である定期給与として給与の支給を行っているときには、本来の定期同額給与の額は減額改定後の金額であり、減額改定前は、その定期同額給の額に上乗せ支給を行っていたものであるともみられることから、減額改定前の定期給与の額のうち減額改定後の定期給与の額を超える部分の金額のみが損金不算入とな」ることを明確にしている。

これを、役員給与を2月に50万円から30万円に減額したと仮定して図に表すと、次のようになる。

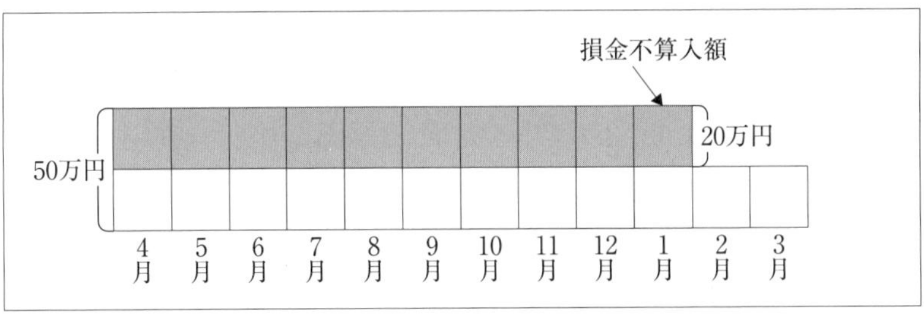

これらの平成18年12月の「役員給与に関する質疑応答事例」を踏まえ、実務上は、定期同額給与を事業年度中に改定し、改定事由が法人税法施行令69条1項1号に定める事由に該当しない場合であっても、その全額が損金不算入となるのではなく、変動のない「根っこ」部分は損金算入が認められる、と解されている[5)]。

⑸ 平成29年度税制改正

同改正によって、税及び社会保険料の源泉徴収等の後の金額が同額である定期給与も定期同額給与に準ずるものとし定期同額給与として扱われることとなったので、額面が一定である給与のみならず、手取額が一定となる給与も定期同額給与に含まれることとなった（法税令69①条2項）。手取保証をしている会社にとっては、メリットがある。

3 事前確定届出給与

事前確定届出給与とは、その役員の職務につき所定の時期に確定額を支給する旨の定めに基づいて支給する給与であって、届出期限までに所轄税務署長にその定めの内容に関する届出をしているものをいう（法税34条1項2号イ）。従来の役員賞与を想定したものである。

平成28年度税制改正によって、一定の条件を満たす特定譲渡制限付株式及び承継譲渡制限付株式（法税54条1項等）の付与による給与が含まれることとなり、平成29年度税制改正によって、所定の時期に確定した数の株式又は新株予約権（市場価格のある株式又は市場価格のある株式の取得の基因となる新株予約権で、役務の提供を受ける内国法人又は関係法人（内国法人と支配関係があるものとして政令で定めた法人。法税34条7項）を交付する給与も対象に加えられた（法税34条1項2号ロ・ハ）一方で、利益その他の指標を基礎として譲渡制限が解除される数が算定される譲渡制限付株式による給与が対象から除外された（法税34条5項の業績連動給与に含まれる場合があり、法税34条1項3号の要件を満たすことにより損金算入が可能、下記4参照）。

また、平成28年度税制改正では、一定の条件を満たす特定譲渡制限付株式及び承継譲渡制限付株式については、事前確定届出給与に係る届出を不要としたが、平成29年度税制改正ではさらに届出不要の範囲を拡張し、確定した数の株式または新株予約権を交付する給与で、将来の役務の提供にかかるものとして政令に定めるものは事前確定届出給与に係る届出を不要とした（法税34条1項2号イ括弧書）。

ここで「確定額」とは、現物資産により支給するもの、支給額の上限のみを定めたもの及び一定の条件を付すことにより支給額が変動するようなものは、これに含まれない（法基通 9-2-15）。

また、同族会社に該当しない法人が定期給与を支給しない役員に対して支給する給与（金銭によるものに限る）については、その定めの内容に関する届出が不要とされている（法税 34 条 1 項 2 号イ）。なお、法人が「同族会社」に該当するかどうかは、法人が事前確定届出給与の定めをした日の現況によって判断されることとなる（法税令 69 条 6 項）。

⑴　**事前確定届出給与の届出期限**

事前確定届出給与の届出期限は、①通常の場合と②臨時改定の場合とで異なる。

①　通常の場合

通常の場合の届出期限は、

ア　株主総会、社員総会又はこれらに準ずるものの決議によって、役員の職務について所定の時期に確定額を支給することを決議した日から 1 カ月を経過する日

イ　職務の執行を開始する日から 1 カ月を経過する日（「職務の執行を開始する日」とは、定時株主総会において役員に選任されその日に就任した者及び定時株主総会の開催日に現に役員である者（同日に退任する者を除く）にあっては、当該定時株主総会の開催日をいう（法基通 9-2-16））

ウ　事業年度開始の日から 4 カ月[6)]を経過する日

のうち、いずれか早い日までに届出をすることが必要となる（法税令 69 条 4 項 1 号）。

②　臨時改定の場合

臨時改定事由とは、定期同額給与における臨時改定事由と同様の事由をいう（法税令 69 条 1 項 1 号ロ括弧書）。臨時改定事由により、新たに所定の時期に確定額を支給する旨を定めた場合の届出期限は、臨時改定事由が生じた日から 1 カ月を経過する日又は上記①アないしウの日のうち、いずれか遅い日である（法税令 69 条 4 項 2 号）。

③ 事前確定届出給与の内容を変更する場合

既に事前確定届出給与の届出を行っている法人が、一定の事由に基づき直前の届出の内容を変更する場合、その届出期限は、次のとおりとなる。

まず、支給額の改定事由は、①臨時改定事由及び②業績悪化改定事由に限られるが、ここでの「臨時改定事由」及び「業績悪化改定事由」は、いずれも定期同額給与における「臨時改定事由」と「業績悪化改定事由」と同一である（法税令69条1項1号ロ・ハ括弧書）。なお、業績悪化改定事由については、減額変更のみが認められる。

これらの事由により直前の届出の内容を変更する場合の届出期限は、①については臨時改定事由が生じた日から1カ月を経過した日、②については業績悪化改定事由により、その定めの内容の変更に関する株主総会等の決議をした日から1カ月を経過する日となる。但し、②の場合、その日より前に、変更前の届出に係る支給の日が到来する場合には、支給日の前日が届出期限となる（法税令69条5項）。

④ 届出期限を徒過した場合の「やむを得ない事情」

税務署長は、届出期限までに届出がなかったことについてやむを得ない事情があると認めるときは、届出期限までにその届出があったものとすることができる（法税令69条7項）。一般的には、納税者本人の責めに帰すことのできない事情をいうもので、単なる失念等はこれに該当しない[7)]。

(2) 届出どおり支給しなかった場合の損金不算入額

事前に確定給与として届け出たにもかかわらず、届出どおりに支給できなかった場合にどうなるかが問題となる。

この点、通達では、「事前確定届出給与は、所定の時期に確定額を支給する旨の定めに基づいて支給される給与をいうのであるから、同号の規定に基づき納税地の所轄税務署長へ届け出た支給額と実際の支給額が異なる場合にはこれに該当しないこととなり、原則として、その支給額の全額が損金不算入となることに留意する」（法基通9-2-14）と規定している。

例えば、3月決算法人が、平成19年6月26日から平成20年6月25日までを職務執行期間とする役員に対し、平成19年12月及び平成20年6月にそれぞれ200万円の給与を支給することを定め、所轄税務署長に届け出た場合において、平成19年12月又は翌年6月に、満額の200万円ではなく、100万円しか支給できなかった場合、満額を支給できなかった支払時期に支払った100万円が損金不算入となるのか、それとも職務執行期間を通して支払われた300万円全額が損金不算入となるのか、という問題である。

この点、国税庁の「役員給与に関する質疑応答事例」（平成18年12月）においては、支給が複数回にわたる場合であっても、定めどおりに支給されたかどうかは当該職務執行期間をひとつの単位として判定すべきであるとして、満額支給できなかったのが平成19年12月である場合には、300万円全額が損金不算入であるとする一方、満額支給できなかったのが平成20年6月である場合には、6月に支給しなかったことにより、その直前の事業年度（平成20年3月期）の課税所得に影響を与えるようなものではないことから、翌事業年度（平成21年3月期）に支給した給与の額のみについて損金不算入と取り扱っても差し支えない、としている。

4　業績連動給与

利益連動給与は、平成28年度税制改正前は「利益に関する指標を基礎として算定される給与」とされていたが、同改正によって、「利益の状況を示す指標を基礎として算定される額を支給する給与」とされるとともに（法税34条1項2号）、その指標の範囲が「利益の額、利益の額に有価証券報告書に記載されるべき事項により調整を加えた指標等」に拡大された（法税34条1項2号・3号イ）。

さらに、平成29年度税制改正によって、「利益連動給与」は「業績連動給与」に改められ損金算入の要件となる給与算定の基礎となる指標が後記④のとおり拡大された。なお、平成29年度税制改正では、「業績連動給与」の意義について新たに規定を設け、利益の状況を示す指標、株式の市場価格の状況を示す指標その他の内国法人又は当該内国法人との間に支配関係がある法人の業績を示す指標を基礎として算定される額又は数の金銭又は株式若しくは新株予約権による給与及び法人税法54条1項が規定する特定譲渡制限付株式若しくは承継譲渡制限付株式又は同法54条の2、1項に規定する特定新株予約権若しくは承継新株予約権による給与で無償で取得され、又は消滅する株式又は新株予約権の数が役務の提供期間以外の事由より変動するものをいうとした（法税34条5項）。

また、平成29年度税制改正までは、「同族会社に該当しない」内国法人が支給する給与に限られていたが、同族会社が同族会社以外の法人との間に当該法人による完全支配関係がある場合に当該同族会社が支給する給与も対象に加えられた（法税34条1項3号本文）。

そして、業績連動給与を損金算入するためには次の要件を満たす必要がある。

①　支給する法人が内国法人（同族会社にあっては、同族会社以外の法人との間に当該法人による完全支配関係あるものに限る）であること（法税34条1項3号柱書）

平成29年度税制改正により同族会社でも支給できる例外を認めたため、持株会社に全株を支配されているグループ参加の子会社（いわゆる非同族の同族会社）も支給できることになった。

②　支給対象者が業務執行役員であること（法税34条1項3号柱書）

具体的には、(i)取締役会設置会社の代表取締役及び取締役会の決議によって業務を執行する取締役として選定された者、(ii)委員会設置会社における執行役、(iii)(i)及び(ii)に準ずる役員、すなわち実質的に法人業務を執行している役員（例えば、取締役会を設置していない会社の取締役、持分会社における業務を執行する社員等）が該当する[8)]（法税令69条9項）。

法人の役員であっても、取締役会設置会社における代表取締役以外の取締役のうち業務を執行する取締役として選定されていない者、社外取締役、監査役及び会計参与は、これに含まれない（法基通 9-2-17）。

③　他の業務執行役員のすべてに対して損金算入するための要件を満たす業績連動給与を支給すること（法税 34 条 1 項 3 号柱書）

したがって、業務執行役員の一部の者が要件を満たさない場合や支給が一部の者にのみに行われた場合には、すべての業績連動給与が損金算入できない。

④　給与の算定方法が、「利益の状況を示す指標」または「株式の市場価格の状況を示す指標」または「売上高の状況を示す指標」を基礎とした客観的なものであること（法税 34 条 1 項 3 号イ）

平成 28 年度税制改正によって、「利益に関する指標」が「利益の状況を示す指標」に改正され、その指標の範囲が「利益の額、利益の額に有価証券報告書に記載されるべき事項による調整を加えた指標その他の利益に関する指標として政令で定めるもの」とされ、利益の額（法税令 69 条 10 項 1 号）の他に、EBITDA（earnings before interest, taxes, depreciation and amortization＝利払・税引・減価償却前当期利益。法税令 69 条 10 項 2 号）、ROA（return on asset＝総資産利益率。法税令 69 条 10 項 3 号）、ROE（return on equity＝株主資本利益率。法税令 69 条 10 項 3 号）も含まれることになった（法税 34 条 1 項 3 号、法税令 69 条 10 項・17 項 1 号）。

また、平成 29 年度税制改正によって、「利益の状況を示す指標」以外に、「株式の市場価格の状況を示す指標」（当該内国法人又はその 100% 子会社の「株式の市場価格又はその平均値その他の株式の市場価格に関する指標として政令で定めるもの）及び「法人の業績を示す指標」（売上高、売上高に有価証券報告書に記載されるべき事項による調整を加えた指標その他の売上高に関する指標として政令で定めるもののうち、利益の状況を示す指標又は株式の市場価格の状況を示す指標と同時に用いられるもので、有価証券報告書に記載されるもの）も加えられることになった。また、これまで、上記の指標の基準時は、「当該事業年度」であったが、「当該事業年度後の事業年度又は将来の所定の時点若しくは期間」とすることが可能となり、中長期の業績に連動する指標が認められたこととなる。なお、これに伴い、損金経理要件について所要の見直しを行うとされている。

⑤ 金銭による給与については確定額を、株式又は新株予約権による給与にあっては確定数をそれぞれ限度としているものであること（法税34条1項3号イ(1)）

支給額の上限が具体的な金額をもって定められている必要があり、例えば、「経常利益の○○％を限度として支給する」という定め方はこれに当たらない（法基通9-2-18）。

⑥ 他の業務執行役員に対して支給する業績連動給与に係る算定方法と同様のものであること（法税34条1項3号イ(1)）

役員の職務の内容等応じて合理的に定められている限り、役員ごとに業績関連指標が異なることを妨げるものではない。例えば、業務執行役員の業務に応じて、セグメント別の指標を用いることはこの要件を満たす[9]。

⑦ 算定方法が、当該事業年度開始の日から3カ月確定申告書の提出期限の延長の指定（法税75条の2第1項参考）を受けた内国法人は、指定された月数に2を加えた月数を経過する日までに決定されていること（法税令69条13項）

⑧ 算定方法が、委員会設置会社における報酬委員会の決議（法税34条1項3号イ(2)）その他法人税法施行令69条15項に規定される手続を経ていること

税務上の適正性を担保する必要性から、業務執行役員である本人やその親族をはじめとする「職務執行役員関連者」（法税令69条14項）等が決定プロセスに関与する場合は、この要件を満たさない。

⑨ 算定方法が、遅滞なく、有価証券報告書に記載されていること（法税34条1項3号イ(3)）

具体的には、業務執行役員のすべてについて、当該業務執行役員ごとに次に掲げる事項を開示することをいう。

ア　その業績連動給与の算定の基礎となる業績の状況を示す指標

イ　支給の限度としている確定額

ウ　客観的な算定方法の内容

但し、算定方法の内容の開示に当たっては、個々の業務執行役員ごとに算定方法の内容が明らかになるものであれば、同様の算定方法を採る業績動給与について包括的に開示することとしていても差し支えない（法基通9-2-19）。

⑩　業績の状況を示す指標の数値が確定した後1カ月以内に支払われ又は支払われる見込みであること（法税令69条17項1号）

「業績の状況を示す指標の数値が確定した」ときとは、通常は、定時株主総会により計算書類の承認を受けたときをいい、会社法439条により計算書類については定時株主総会への報告で足りる場合も、定時株主総会への報告のときを意味する（法基通9-2-20（注））。

⑪　損金経理をしていること（法税令69条17項2号）

5　役員給与と源泉徴収

役員給与は、給与所得に該当するため（所税28条1項）、支払者である内国法人は、その支払のたびごとに、その支払額に応じた税額を徴収し、国に納付する必要がある（所税183条1項）。したがって、役員に対する何らかの便宜供与が、税務当局又は裁判所において役員報酬又は役員賞与と認定された場合には、内国法人に対し源泉所得税の納税義務が発生する。他方、上記のとおり、損金算入することのできる役員給与は定期同額給与、事前確定届出給与、業績連動給与の3つの類型に限定されているため、源泉徴収義務を負うにもかかわらず、役員給与として損金算入ができない可能性がある。

1）　定期同額給与は、定期的に同額を支給する必要があるが、例えば、役員が任期途中で辞任し、最終月は半月しか勤務しなかった場合に、月額の半額を支給した場合も、定期同額給与に該当する（渡辺淑夫・山本清次編『法人税基本通達の疑問点（5訂版）』537頁（ぎょうせい、2012年））。

2）　定期同額給与に該当しない場合でも、3の「事前確定届出給与」として損金算入することが可能となる（法税34条1項2号括弧書、法基通9-2-12（注））。

3） ここでの「職制上の地位」とは、定款等の規定又は総会若しくは取締役会の決議等により付与されたものに限られ、単なる通称や自称は含まれない（法基通9-2-12の3（注））。

4） 小原一博編著『法人税基本通達逐条解説（8訂版）』746頁（税務研究会出版局、2016年）。

5） 金子雅実『新版・徹底解説役員給与』159頁（清文社、2011年）。

6） 保険会社にあっては、会計期間開始の日から5カ月。

7） 青木孝徳ほか『改正税法のすべて（平成19年版）』327頁（大蔵財務協会、2007年）。

8） 藤曲武美・古矢文子『役員給与税制の実務：法令解釈と適用上の問題点』165頁（中央経済社、2008年）。

9） 武田昌輔編著『DHC　コンメンタール法人税法』2161の56頁（第一法規、1979年-）。

33　役員報酬（非金銭報酬の場合）

1　会社法361条1項3号における「報酬等のうち金銭でないもの」とは

金銭でない報酬とは、①現物の給付（低額賃料による社宅の提供等）、②退職年金の受給権・保険金請求権（取締役の親族を保険金受取人とする生命保険契約、取締役の会社に対する賠償責任をてん補する会社役員賠償責任保険（会社が支払う保険料等を報酬とみなして会社法361条1項1号又は2号に当たるとする説あり）等）の付与、③職務執行の対価としての新株予約権の付与、④BIP信託の受益権の付与、⑤特定譲渡制限株式の付与等である（③については「27　ストック・オプション」④については「34　主な株式報酬の概略」、⑤については「35　特定譲渡制限付株式」を参照[1]）。

ただ、役員が役員であるがゆえに受け取っている利益、特別待遇は多様であるが、役員として会社から受け取っているすべての経済的利益が「報酬等」に当たるのではなく、あくまで職務執行の対価として株式会社から受ける財産上の利益（金銭で評価できるすべてのもの）のみ（役員室の利用（著しく豪華な場合は除く）など職務執行に必要な費用は原則含まれない）が、会社法の定める報酬等の決定手続（その概略については「31　会社法における役員報酬等に係る規制の概略」を参照）に従い、その具体的内容を定めなければならない。

ただ「会社の一般的な福利厚生施設や制度の利用と見られる場合」（社内預金、会社製品の割引購入など）や「便益の程度が僅少な場合」（例えば、永年勤続者への記念品贈呈）は、お手盛りの危険はないことから、報酬等に当たらず、定款又は株主総会の承認を要しない[2]。

2　法人税法における役員（会社法上）に対する非金銭報酬についての規制

⑴　非金銭報酬の扱い

税法上も、会社法と同様に役員が職務執行の対価として法人から受け

役員給与に含まれる経済的利益の例示（法基通 9-2-9）	役員給与に相当する価額	左のうち定期同額給与と認められるもの（法基通 9-2-11）
① 役員等に対する資産の贈与	資産の価額	その額が毎月おおむね一定しているもの
② 役員等に対する資産の低額譲渡	資産価額と譲渡価額の差額	その額が毎月おおむね一定しているもの
③ 役員等から高い価額の資産買入れ	資産価額と譲渡価額の差額	定額同額給与にならない
④ 役員等に対する債権の免除・放棄（貸倒れに該当する場合除く）	放棄・免除した債権額に相当する額	定額同額給与にならない
⑤ 役員等からの無償の債務引受け	引き受けた債務の額	定額同額給与にならない
⑥ 居住用土地及び家屋の無償・低対価による貸付け	通常取得すべき賃貸料と実際の賃貸料の差額	通常定額同額給与になる
⑦ 役員等に対する金銭の無償・低利率による貸付け	通常取得すべき利率による利息と実際の利息との差額	通常定額同額給与になる
⑧ 役員等に対する無償・低対価による⑥、⑦以外の用役の提供	通常のその用役の対価と実際の対価との差額	その額が毎月おおむね一定しているもの
⑨ 役員等に対して機密費、接待費、交際費、旅費等の名義で支給した場合	その法人の業務で使用したことがあきらかでないもの	毎月定額により支給される渡切交際費に係るもの
⑩ 役員等のために個人的費用を負担した場合	その費用の相当額	毎月定額により支給される光熱費、家事使用人給料等
⑪ 役員等のために要する社交団体の入会金、通常経費等	当該役員が負担すべきものを法人が負担した額	経常的に負担するもの
⑫ 役員等を被保険者及び保険受取人とする生命保険契約の保険料を負担	負担した保険料の額	経常的に負担するもの

取る経済的利益については「報酬等」に該当するとし（その結果、役員に所得税が課せられる）、通達では役員給与に相当するとされる経済的利益（法基通 9-2-9）を例示し、このうち「その供与される利益が毎月おおむね一定であるもの」については定期同額給与に該当する（法基通 9-2-11）としている（その結果、会社はその価額を損金算入できる）。報酬と認定された場合には、会社は源泉徴収義務を負担する。

(2)　定期同額給与とされる非金銭報酬

既述のとおり、「供与される利益が毎月おおむね一定であるもの」については定期同額給与に該当するとしているが、これに該当するかは、法人の費用の支出時期によるのではなく、その役員が現に受ける利益が一定であるかどうかにより判定する。例えば役員等を被保険者、親族が受取人とする生命保険契約の保険料につき法人が年払いとしていたとしても、定期同額給与となる[3)]。

(3)　給与認定基準

法人税法上の役員給与に該当するか否かは、法人の主観的意思によって左右されるものではなく、その支出が職務執行に対する対価の性質を有するか否かという客観的な基準によって判断すべきである（この点会社法も同様である）。そして、一般に、法人の役員に対し当該法人に支給される金銭又は経済的利益は、その支給が右役員の立場と全く無関係に、法人からみて純然たる第三者との間の取引ともいうべき態様によりなされるものでない限り、原則として職務執行の対価の性質を有するとされる（名古屋地判平 4・4・6 行裁集 43・4・589）。すなわち、職務執行の対価かどうか判断が困難な場合は、原則として職務執行の対価となるということである。

(4)　給与としない非金銭報酬（法基通 9-2-10）

法人が役員に対して、非金銭報酬を供与した場合であっても、それが所得税や所得税基本通達で課税されないとされる役員等の経済的利益については、当該法人がその役員に対する給与として経理しなかったときは、給与として取り扱わないこととされている。例えば災害、疾病等により臨時的に多額の生活資金に充てるため無利息で貸し付け、合理的期間内に返済を受けるものは、適正利息との差額分について役員等には所得税法上課税されないが（所基通 36-28）、会社も経理上給与として計上しなければ法人税法上給与として認識しないのがこの取扱いである[4]。

3 具体例

(1) 役員に対する社宅家賃

役員が会社（国、地方公共団体その他これに準ずる法人には適用されない）から社宅を無償又は「通常の賃貸料」に満たない金額で借りた場合には、その満たない金額は借り受けた役員の給与として課税される。

通常の賃貸料（月額））は次のとおり計算する。

① 豪華役員社宅（「使用者が役員に貸与した住宅等に係る通常の賃貸料の額の計算に当たっての取扱いについて」（平 7・4・3 平 7 課法 8-1・課所 4-4）

役員に貸与された社宅のうち、床面積が 240 m^2 を超えるもの（なお 240 m^2 以下でもプールや茶室等の役員個人の趣味嗜好が著しく反映した設備等を有するもの）で、社会通念上一般に貸与されている住宅と認められない役員社宅がこれに当たり、「法人等の資産の専属的利用による経済的利益の額」（所税令 84 条の 2）の適用を受け、周辺の家賃相場等からその社宅を第三者に貸与した場合に見込まれる賃料額（実勢価額）により計算される（この点下記②及び③と異なる[5]）。

② 会社が所有する社宅（小規模社宅以外の社宅）（所基通 36-40）

$$\left(\begin{array}{l}\text{その年度の家屋}\\\text{の固定資産税の}\\\text{課 税 標 準 額}\end{array}\times 12\%\ \{\text{木造家屋以外は }10\%\} + \begin{array}{l}\text{その年度の敷地}\\\text{の固定資産税の}\\\text{課 税 標 準 額}\end{array}\times 6\%\right)\times\frac{1}{12}$$

「木造家屋」とは耐用年数省令別表 1 に規定する耐用年数が 30 年以下の住宅用建物、「木造家屋以外」とは耐用年数 30 年を超える住宅用建物を意味する

なお、借上社宅の場合は、上記の算式による額とその社宅の借上料の 50% 相当額とを比べて、いずれか多い額

③ 小規模社宅（所基通 36-41）（木造家屋 132 m^2 以下、木造家屋以外 99 m^2 以下）

$$\text{その年度の家屋の固定資産税の課税標準額}\times 0.2\% + 12\text{円}\times\frac{\text{当該家屋の総面積(㎡)}}{3.3\text{(㎡)}} + \text{その年度の敷地の固定資産税の課税標準額}\times 0.22\%$$

なお、個々の社宅について徴収する賃貸料の額を、役員間において合理的な基準で調整し（プール計算）、これによって賃貸料を徴収している場合には、役員から徴収している賃貸料の合計額が個々の社宅につき評価した通常の賃貸料の合計額以上である場合には、これらの社宅すべてについて適正な「通常の賃貸料」の額の徴収が行われていると取り扱われる（所基通36-44）。

なお、従業員社宅の場合、徴収している賃貸料の合計額が、「通常の賃貸料」額の合計額の2分の1以上であれば、その差額について所得税を課税しなくてもよいとされている（所基通36-47・36-48）が、役員の場合はこのような特例はない。

会社は会社法上の役員である場合は株主総会で役員報酬として承認を受けておくことが必要である。またその金額が、毎月一定額である場合は定期同額給与として損金算入できる。

(2)　ゴルフクラブの入会金等について会社が負担した場合（法基通9-7-11～9-7-13）

①　役員を個人会員として入会（役員名義）した場合

(i)　入会金

その会員となる役員に対する給与とされ、その役員に所得税が課税される。但し無記名式の法人会員制度がないので個人会員として入会した場合で業務遂行上必要とされる場合で、かつ会社がその入会金を資産として計上した場合は法人税法上給与とされずその役員に対する所得税の課税はない。

(ii)　ゴルフクラブの年会費、年極めロッカー費その他の費用（名義書換料を含む）

入会金が給与とされた場合、給与とされ所得税が課税され、資産として計上された場合は交際費となる。

(iii) プレーをする場合に直接要する費用を会社が負担した場合（会社が入会した場合（会社名義）も同様）

そのプレーを行う役員の給与とされるが、そのプレーが業務遂行上必要なものであるときは、給与とされず、役員に対する課税はなく、会社は交際費等に算入する。

なお、給与とされている場合、それが経常的に負担するものである場合（年会費、年極めロッカー使用料など）は、定期同額給与となり、会社は損金算入できる。

② 会社が法人会員と入会する場合（無記名式の法人会員制度がないので個人会員として入会した場合で業務遂行上必要とされる場合を含む）

(i) 入会金

会社の資産として計上される。資産計上した入会金について消却は認められないが、その脱退時に返還を受けられないときは当該入会金に相当する金額又はその会員たる地位を他に譲渡したことにより生じた当該入会金に係る譲渡損失を脱退し又は譲渡した日に属する事業年度の損金に算入する。

(ii) 年会費その他の費用

その入会金が資産として計上されている場合は会社の交際費等とされる。

(iii) プレー費

入会金を資産として計上しているかどうかを問わず、そのプレーが業務遂行上必要なものであるときは、会社の交際費等とされ、役員に対する課税はない。

(3) **会社役員賠償責任保険**（会社役員に対し損害賠償請求がなされることにより同人が被る損害を担保する保険）

① 会社役員賠償責任保険とは、会社役員に対し損害賠償請求がなされたことにより同人の被る損害を填補する責任保険である。これまで販売されてきた同保険は、普通保険約款（基本契約）により、会社役員

が会社以外の第三者に対し負う賠償責任及び争訟費用並びに会社から損害賠償請求がなされた場合に勝訴した場合の争訟費用を填補している。しかし株主代表訴訟等において役員が敗訴して会社に対し損害賠償責任を負うことになった場合は免責とされ保険金が支払われないため、この場合の損害賠償金等の支払に対して、別に株主代表訴訟担保特約条項（特約）を締結することが必要となる。株主代表訴訟担保特約条項では、株主代表訴訟等において取締役が会社からの賠償請求に対し敗訴した場合の賠償責任及び訴訟費用を填補している。

② 会社が会社役員賠償責任保険の保険料を負担した場合の税務処理

(i) 基本契約の保険料に係る税務処理

役員個人に対する給与課税として扱う必要はなく、役員個人の所得税は課税されず、また会社は損金に算入できる。

会社役員が会社以外の第三者に対し損害賠償責任及び争訟費用を負担する場合の危険を担保する部分の保険料は、会社の業務の遂行に必然的に生ずるリスクを担保するものであることから、役員に対する経済的利益の供与ではない。

また役員勝訴の場合の争訟費用を担保する部分の保険料は、役員が適正な業務執行を行い損害賠償責任が生じない場合に争訟費用を担保するもので、適正な業務執行を行っている役員のリスクをカバーするものであり、役員に対する経済的利益の供与ではない。

(ii) 特約保険料に係る税務処理

会社が特約部分の保険料を負担した場合について、ア会社の賠償責任請求権の事前かつ一般的放棄に当たり違法とする見解、イ定款・株主総会で定めれば可能とする見解、ウ当該保険のてん補範囲（取締役の必然的に生ずるリスクをてん補するもの）に鑑みればそれは会社の利益となる支出であり当然可能とする見解があり、これについて報酬等類似の色彩があることも否定できないのでイの見解により定款又は株主総会の決議を要する（会社361条1項3号）を妥当とする有力説があるが、実務上はアの見解があることに鑑み、取締役の個人負担とされるのが通常であった。そのため役員に対して経済的利益の供与があったものとして給与として所得税が役員個人に課税され、また当該保険料は継続的に供される経済的利益であり毎月おおむね一定であることから、過大役員報酬等に該当しない限り、定額同額給与として損金額に算入できる（「会社役員賠償責任保険の保険料の税務上の取扱いについて」（平6・1・20課法8-2、課所4-2））として扱われてきた。

③ ところが経済産業省は平成27年7月24日にコーポレート・ガバナンス・システムの在り方に関する研究会がまとめた報告書において、会社にとって利益となる面もある等の理由により、以下のア及びイの手続を経ることにより、会社が会社役員賠償責任保険の特約部分の保険料全額を負担することも適法であるとの解釈が示された（経済産業省の解釈で裁判所の判断は示されていません)。

ア 取締役会の承認

イ 社外取締役が過半数の構成員である任意の委員会の同意又は社外取締役全員の同意の取得

④ これを受けて、今後は株主代表訴訟敗訴時担保部分を免責する旨の条項を設けない（したがって特約部分のない）新たな会社役員賠償責任保険の販売が想定されることから、経済産業省の照会に対し国税局は平成28年2月24日に新たな会社役員賠償責任保険の税務上の取扱いについて明らかにした（「新たな会社役員賠償責任保険の保険料の税務上の取扱いについて（情報)」個人課税課情報第2号・法人課税課情報第1号、平成28年2月24日)。

(i) 新たな会社役員賠償責任保険の保険料を会社が上記ア及びイの手続を行うことにより会社法上適法に負担した場合は、役員に対する経済的利益の供与はないとして考えられることから、役員個人に対する給与課税を行う必要はない。

(ii) 上記(i)以外の会社役員賠償責任保険の保険料を負担した場合は、従然の取扱いどおり役員に対する経済的利益の供与があったと考えられることから、役員個人に対する給与課税を行う。

⑤　以上の国税庁の回答を踏まえると一定の手続を踏まえるかどうかにより株主代表訴訟敗訴時担保部分の保険料を会社が負担した場合の税法上の取扱いが異なってくるものと考えられる。

(4)　役員に対する無利息又は低利率による金銭貸付け

実際支払っている利息と通常支払うべき利息相当額（所基通 36-49 参照）との差額に相当する金額の経済的利益については、給与として所得税が課せられるが、次の場合は課されない（所基通 36-28）[6]。

ア　災害、疾病等により臨時的に多額の生活資金を要することになった役員等に対し、その資金を満たすために貸し付けた金額につき、その返済に要する期間として合理的と認められる期間内の経済的利益（災害、疾病から立ち直るための厚生貸付金であるから無利息で構わない）

イ　役員等に貸し付けた金額につき、会社の借入金の平均調達金利など合理的と認められる貸付金利を定め、これにより利息を徴している場合に生ずる経済的利益（これにより、所得税基本通達 36-49で計算した利率より低い利率を適用できる）

ウ　ア及びイ以外の貸付金につき役員が受ける経済的利益で、法人の１事業年度における利益の合計額が 5000 円以下のもの（少額な貸付金についての経済的利益は、手数の点から課税しない）

一般には支給を受けた金額が経済的な利益として毎月一定であることから、定期同額給与として損金に算入される[7]。

(5)　役員に対する資産の低額譲渡

会社所有の住宅を役員が低額で譲り受けた場合、これにより受ける経済的利益は給与（賞与）として所得税が課税される。例えば、時価 3000 万円の資産を 1000 万円で譲渡した場合は、その役員は 2000 万円について所得税が課税される。

役員に対する給与に当たるが、このような経済的利益の供与は、臨時に支給されるものであって、定額同額給与（法税 34 条１項１号）又は事前確定届出給与（法税 34 条 1 項 2 号）のいずれにも当たらず、損金に算入されない。

(6) 役員の海外渡航費について

役員が海外渡航費についてその海外渡航が会社の業務遂行上必要なものであり、かつ、当該渡航のために必要なものについて（どのような海外渡航が業務遂行上必要と認められるかについて詳細は法人税基本通達 9-7-6〜9-7-10 参照）は、役員の給与とならず所得税の課税はなく、また会社は必要経費として損金に算入できる。

(7) 役員等に接待費、交際費等の名目で毎月一定額の金銭を支給している場合

たとえ交際費、接待費等の名目で支給されたものであっても、それが役員に対して支給されるものである限り、役員に対する給与の支給があったとして役員に対し所得税が課税される。

しかし、その支給を受けた者が実際にこれを会社の業務に関係ある接待、交際のために使用しているときは、これを受給者の所得とするのは妥当でないことから、使用者の業務の使用すべきものとして支給されたもので、かつ、そのために使用されたことが明らかなものについては、受給者に対する所得税の課税はなされない。

しかし、交際費、接待費等の名目で役員の支給されたままで精算を行われないため会社の業務に使用されたことが明らかでない金額又は精算されたが会社業務に関係ない（個人的費用）と認められる金額は、交際費等に該当せず、給与を支給したものと取り扱われる（法基通 9-2-9 (9)、租特通 61 の 4(1)-1〜61 の 4(1)-12）。但し、会社側はその支給した金額が継続的に供される経済的利益で毎月一定額の場合は、定額同額給与として損金に算入できた。

1） 江頭憲治郎『株式会社法（第 6 版）』447 頁（有斐閣、2015 年）。
2） 酒巻俊雄・龍田節編集代表『逐条解説会社法（第 4 巻）』461 頁（中央経済社、2008 年）。

3）　田辺総合法律事務所・至誠清新監査法人・至誠清新税理士法人編著『役員報酬をめぐる法務・会計・税務（第4版）』272頁（清文社、2017年）。
4）　森田政夫『問答式・会社役員間取引の税務（最新版）』114頁（清文社、2009年）。
5）　若林孝三・中津山準一・有賀文宣・吉田行雄・鈴木博共編『実例問答式・役員と使用人の給与・賞与・退職金の税務（平成28年版）』490頁（大蔵財務協会、2016年）。
6）　前掲注4)・森田316頁。
7）　前掲注5)・若林ほか601頁。

34　主な株式報酬の概略

1　はじめに

平成27年6月より適用が開始されたコーポレートガバナンス・コードにおいては、経営陣の「攻めの経営」を後押しするため「経営陣の報酬については、中長期的な会社の業績や潜在的リスクを反映させ、健全な企業家精神の発揮に資するようなインセンティブ付けを行うべきである」(原則4-2)、「経営陣の報酬は、持続的な成長に向けた健全なインセンティブの1つとして機能するよう、中長期的な業績と連動する報酬の割合や、現金報酬と自社株報酬との割合を適切に設定すべきである」(補充原則4-2①) として、業績連動型報酬や株式報酬による企業価値向上のためのインセンティブ付与の重要性が盛り込まれている。これを踏まえて平成28年度の税制改正においては、日本版リストリクテッド・ストック（特定譲渡制限付株式）の税務上の取扱いが整備され、更に平成29年度の税制改正においては、後述のとおり利益連動給与における算定指標の範囲が、「利益の状況を示す指標」だけではなく「株式の市場価格の状況を示す指標」や「売上高の状況を示す指標」に拡張され、算出期間についても複数年度の指標を用いることが可能となった（利益連動給与から業績連動給与に名称を変更）のに併せて、損金算入が可能となる事前確定届出給与や業績連動給与に金銭だけではなく株式や新株予約権を交付する給与が含まれるとしたうえ（株式又は新株予約権による事前確定給与で将来の役務に対するものとして政令に定めるものについては届出なしに損金算入を可能とした）で、その損金算入要件を定めるなど実務においては役員報酬として支給する株式報酬の選択肢が広がってきている。これを受けて、今後さらに役員報酬におけるインセティブ付与の観点から、固定の金銭報酬が総報酬の大部分を占めている役員報酬制度を見直し、業績の達成度合いに応じた株式報酬を役員報酬に取り入れる企業は一層増加すると思われる。

2　株式報酬の主な類型と概略

(1)　株式報酬型ストックオプション

①　概要

ストック・オプションの詳細については、「27　ストック・オプション」を参照されたいが、そのうちいわゆる1円ストックオプションと呼ばれる株式報酬型ストック・オプションについて、その意義及び税務上の留意点を説明すると、会社法上無償で株式を発行したり、労務出資を受けることができない（会社199条1項2号・3号）ことから、無償でも交付可能な新株予約権（一般に譲渡制限が付されている）を利用して、株式を報酬（労務の対価）として役員に交付する方法が利用されている。すなわちストック・オプション（あらかじめ定められた新株予約権の行使価格を支払うことによって自社株式を取得する権利）を職務執行の対価として無償方式又は相殺方式により役員に付与し、かつ権利行使価格を極めて低廉な価格（実務上1円とするのが通例）とすることにより、役員に実質的な負担をかけることなく自社株式を報酬として付与するものである。ここにいう無償方式とは、ストック・オプション自体を職務執行の対価と考え、役員に現金の拠出を求めずにストック・オプションを付与する方式であり、相殺方式とは、付与するストック・オプションの公正価値相当額の報酬債権を役員に付与すると同時に、当該公正価値相当額を払込金額としてストック・オプションを付与し、払込金額として会社が有する債権と役員が有する債権を相殺する方式である。

②　会計処理

会計処理については、相殺方式、無償方式にかかわらず、ストック・オプションの付与と引換えに会社が役員から取得するサービスは各会計期間における費用として計上し、対応する金額をストック・オプションの権利の行使又は失効が確定するまでの間、貸借対照表の純資産の部に「新株予約権」として計上する。各会計期間における費用計上額は、ストック・オプションの公正な評価額のうち、対象勤務期間を基礎とする方法その他の合理的な方法に基づき当期に費用として発生したと認められる額である。ストック・オプションの公正な評価額は、公正な評価単価（日々変化するため、付与日を基準日とする）にストック・オプション数を乗じて算定される（企業会計基準8「ストックオプション等に関する会計基準」5項・6項参照）。

そしてストック・オプションが行使され、これに対し新株を発行した場合は新株予約権として計上した額のうち、権利行使に対応する部分を払込資本に振替える。これに対し権利不行使により失効した場合、会社は自社株式の提供を免れ無償で役務の提サービスを受けたことになることから、新株予約権として計上した額のうち、当該失効に対応する部分を利益として計上する（同会計基準8、9参照）。

③　税務上の取扱い

報酬型ストック・オプションを付与された役員に対する課税は、役員がストック・オプションの権利を行使した時点において、権利行使により取得した株式の時価からストック・オプションの取得価額及び払込価額を控除した金額（報酬型ストック・オプションの場合一般に1円とする場合が多い）が付与対象者の所得となり（所税36条2項、所税令84条2項4号）、給与所得又は退職所得として課税（「給与等課税事由という」）される（所税令84条2項、所基通23～35共-6参照）。なお退職所得か給与所得かで税務上の取扱いが異なるが、国税庁が公表した回答事例によるとストック・オプションの権利行使期間を役員を退任した日の翌日から10日間とする権利行使益の所得区分について退職所得とした。

一方会社においては、給与等課税事由が生じた日（権利行使があった時点）において当該役員から役務の提供をうけたものとして、ストック・オプションの付与時の公正価値相当額を損金に算入することができる（旧法税54条の2第1項、法税令111条の3第3項）。このように株式報酬型ストック・オプションの場合、旧法人税法34条の適用対象から除外され、同条1項各号（定期同額給与、事前確定給与、利益連動給与）の要件を満たさなくても、不相当に高額でない限り損金に算入できた（旧法税34条1項本文括弧書）。

しかし平成29年度税制改正により、法人税法34条は改正され平成29年10月1日以後の交付にかかる決議（その決議が行われない場合は、その交付）が行われた株式報酬型ストック・オプションについては、従前と異なり法人税法34条が適用され（附則14条）、譲渡制限付新株予約権で同法54条の2第1項の要件を満たす株式報酬型ストック・オプション（特定新株予約権）についても、市場価格のある株式が交付される新株予約権（適格新株予約権）であることなど同法34条の定める一定の要件を満たすことにより、損金算入が可能な事前届出確定給与（法税34条1項2号、将来の役務に対するものは届出不要）又は業績連動給与（同法34条1項3号・5項）に加えられた。したがって平成29年10月1日以降の決議に基づいて交付される特定新株予約権（譲渡制限付新株予約権（譲渡につき制限その他の条件が付されている新株予約権として政令で定めるもの）で同法54条の2第1項1号又は2号の要件を満たす株式報酬型ストック・オプション）については、事前確定届出給与又は業績連動給与として一定の指標を満たすなど損金算入するために求められる要件（法税34条1項・5項）を満たした場合に損金算入ができる（なお、損金算入時期は従前どおりである）。

⑵　特定譲渡制限付株式

導入会社は、役員の報酬として一定期間の譲渡制限を課した「譲渡制限付株式」を役員に交付するもの（既述のとおり、無償での株式発行や労務出資は認められないことから、付与対象者の役員に確定額の金銭報酬債権を付与し、その金銭報酬債権の現物出資と引換えに株式を交付する法的構成を採る）であるが、併せて役員個人の勤務状況や会社の業績状況等の指標に基づき交付した株式を無償で取得（没収）できる事由（無償取得事由）を定めることにより、会社が一定の業績等に達しないなど無償取得事由に当たる役員から交付した株式を没収できることから、インセンティブ報酬として機能する。特定譲渡制限株式については平成28年税制改正により、事前確定届出給与とされて所得税の課税時期の定めや損金算入が可能となるため等の税法上の法整備なされたもの（さらに平成29年度税制改正では、利益その他の業績を示す指標を基礎として譲渡制限が解除される数が算定される譲渡制限付株式による給与は事前確定届出給与でなくなったが業績連動給与としての損金算入要件（法税34条1項3号）を満たせば損金算入できるようになった）で、今後採用する企業は増えるものと思われ、その詳細については「35　特定譲渡制限付株式」を参照されたい。

(3) 株式交付信託（BIP信託）

①　概要

株式交付信託とは、信託を利用して、在任時又は退任時に株式（又は役員の希望により株式の時価相当額の現金）を役員に交付するスキームであり、その基本的な枠組みは、①導入会社（委託者）においてあらかじめ株式交付規程を定め、役位、在籍年数及び業績達成度等に基づき役員に付与されるポイントの算定基準や交付条件を設定（信託において株式の一定割合を売却し現金を交付する旨定めることは可能）し、②当該株式交付規程に基づき株式交付に必要と見込まれる株式総数の取得原資となる一定の株式取得資金及び信託費用準備金として合理的に算出される額（信託金）を導入会社が信託（受託者）に拠出することで、一定の受益者要件を満たす役員を受益者とする信託を設定し、③当該信託が当該金銭を用いて導入会社の株式を取得し、④その後（一般に3年）株式交付規程に基づく支給条件が成就し受益者要件を満たした役員に対して報酬又は退職金として信託から株式（又は金銭）が交付される。なお、②において会社が金銭を支出することになるため、制度導入時に、このスキームによる役員に対する「報酬等」の支給について株主総会の決議（会社361条1項）又は報酬委員会の決定（会社409条1項）を得ることが必要である。

BIP信託は、以上のとおり一定期間経過後に、業績目標の達成度等に応じて役員に自社株式を交付されるため、役員が中長期的な視野での業績や株価を意識した経営が期待できる。

② 会計上の処理

役員を対象とする株式交付信託の企業会計基準については、従業員を対象とする株式投資信託いわゆるESOPの企業会計基準に準ずるものとし、企業は、役員に割り当てられたポイントに応じた株式数に、信託が自社の株式を取得したときの株価を乗じた金額を基礎として、費用及びこれに対応する引当金を計上する。信託から役員に株式が交付される場合、企業はポイント割当時に計上した引当金を取り崩す。引当金の取崩額は、信託が自社株式を取得した株価に株式数を乗じて算定する。なお、信託による自社株式の取得が複数回にわたって行われる場合には、割り当てられるポイントの費用及びこれに対応する引当金、引当金取崩額は、平均法又は先入先出法により算定される（実務対応報告30号「従業員等に信託を通じて自社の株式を交付する取引に関する実務上の取扱い」）。

③ 信託設定時及び信託期間中の課税関係

信託終了時点で一定の条件を満たしている役員が受益者となることから、それまでの間、受益者は不存在ということになる。しかしながら委託者である導入企業が、①信託行為において、受託者等との合意により信託の変更をする権限を有し、かつ②信託終了時において信託金から株式取得資金を控除した信託費用準備金等の帰属権利者と指定されている場合（一般にはこのように設計されている）、当該信託は委託者である導入企業を「みなし受益者」とする受益者等課税信託に当たるとされる。そのため信託財産に属する資産及び負債並びに信託財産に帰される収益及び費用は、当該受益者である導入企業に帰属するものとみなされて、法人税法及び所得税法が適用されることになる（法税 12 条 1 項・2 項、法税令 15 条 1 項、法基通 14-4-8、所税 13 条 1 項・2 項、所税令 52 条 1 項・2 項、所基通 13-8）。

したがって委託者である導入会社が金銭を信託した段階では、導入会社が信託財産を保有することになることから、特段の課税関係は生じない。また、信託が取得し保有する導入企業の株式は、みなし受益者である導入企業が所有するものとみなされ、自己株式に該当するものと考えられる。したがって信託が保有する株式に対する剰余金の配当は、自己株式に対する配当であることから、同一法人内の資金の移動であり、当該配当は行われなかったとみることができ、課税関係は生じない。

④　信託終了時の課税関係

役員が株式交付信託の受益者となるまでは、役員に対し特に課税は行われないが、役員が株式交付信託の受益者となった場合、信託からの株式又は現金の交付時に、交付を受けることができる株式の時価相当額又は現金を給与所得または退職所得として課税されることになる。

それでは会社は、報酬又は退職金を支給したとして損金に算入できるか。会社は役員に対して支給した給与を損金に算入するためには、「定期同額給与」「事前確定届出給与」「利益連動給与」のいずれかの要件を満たす必要がある（法税 34 条 1 項）。BIP 信託は中長期的な業績目標の度合いによって交付され株式数が変動し、かつ事業年度終了まで確定した債務にならないため、定期同額給与、事前確定届出給与に当たらないが、利益連動給与については損金算入が可能となる指標の範囲を、平成 29 年度税制改正おいて「利益の状況を示す指標」に、「株式の市場価格の状況を示す指標」や「売上高の状況を示す指標」を加え、その名称も

「業績連動給与」とするとともに、損金算入が可能となる指標の期間を、当該事業年度に限定せず、職務執行期間開始日以後に終了する事業年度等（当該事業年度後の事業年度や将来の所定の時点など複数年）の指標を用いることができるようになったこと（法税34条1項3号）から、損金算入可能（その場合、「確定した株式数を限度とする」ものでなければならない）なBIP信託の設計は容易となった。

なお平成29年度税制改正前の旧法人税法34条1項では「退職給与（のすべて）」を同条の適用除外としたことから、役員が退職する際に受益者要件を満たし交付された場合は退職給与としての性質を有することから、旧34条1項の要件を満たさなくても不相当に高額な部分を除いて損金算入が可能であると解されていた。しかし平成29年度税制改正において法人税法34条1項は「退職給与で業績連動給与に該当するもの」については法人税法34条1項の適用除外とされず同条が適用され、業績連動給与の損金算入要件を満たさないものは損金不算入となった（法税34条1項本文括弧書参照、同年10月1日施行、それ以外の退職給与は従前どおり法人税法34条1項は適用されず、同条の要件を満たさなくても損金算入が可能）ことから、BIP信託において業績連動指標に基づき算定される株式を退職給与として交付した場合について、従前と異なり業績連連動給与として損金算入要件（法税34条1項3号）を満たさないと損金算入ができなくなった。

(4)　役員持株会型報酬

「役員持株会型報酬」とは、金銭による役員報酬の一定額を「株式取得資金報酬」等の名目で支給するものであり（確定報酬額の上限の範囲で支給することも、業績に連動させて算定する方法を決議することも可能）、役員はこの一定額全額を役員持株会に拠出することにより、持株会を通じて継続的に自社株式を取得することになる。「株式取得資金報酬」の名目で支給したとしても、法人税法上役員給与であることから、定期同額給与（法税34条1項1号）の要件を満たす限り、会社は支給時に支給時に損金算入できる。また役員については所得税法上、役員給与となる。

また、当該報酬が役員持株会に拠出され、当該役員持株会が株式を取得した場合についての課税関係について当該役員持株会の法的性格をどのように解するかによって異なる。これについて役員持株会が民法上の組合（課税主体となり得ないもの）であった場合、取得した株式は出資に応じて会員である役員に直接帰属することになる。そのため持株会が取得した株式の配当金は、出資に応じて会員である役員の配当所得になり（所税24条）、また役員が持株会を脱退して株式の交付を受ける場合は格別の課税関係は生じない。

他方、役員持株会が人格なき社団（課税主体となり得るもの）であった場合、取得した株式は当該持株会に帰属するため、配当金は当該持株会に帰属することになり、会員である役員が配当金を受け取った場合、持株会からの収益の分配として雑所得となり（所税35条、所基通35-1⑺）、また役員が持株会を脱退して株式の交付を受けた場合は、自己の株式を取得した場合と同様の課税関係になる。

⑸　今後の株式報酬

平成29年度の税制改正により利益連動給与のうち、損金算入が可能となる利益連動給与の指標に「株式の市場価格の状況を示す指標」及び「売上高の状況を示す指標（利益の状況を示す指標又は株式の市場価格の価格を示す指標と同時に用いられるものに限る）」を加えて、名称も利益連動給与から業績連動給与となり、その指標の期間についても当該事業年度に限定されず、当該事業年度後の複数の事業年度又は将来の所定の時点や期間を用いることができるようになった。これと併せて、前述した損金算入が可能となる業績連動指標を基礎として給与の支給額が算定される適格株式（市場価格のある株式）又は適格株式が交付される新株予約権（適格新株予約権）を交付する給与で確定した数を限度とするもの、並びに前述した業績連動指標を基礎として行使できる数が算定される適格新株予約権を交付する給与も損金算入が可能となる業績連動給与の対象に加えられた。そのため、今後はその役員に中長期的なインセンティブ効果を持たせること等を目的として単に業績連動指標に応じて適格株式又は適格新株予約権を交付する給与だけではなく、交付された適格新株予約権の行使できる数につき業績連動指標に応じて算定されるとする給与や損金算入が可能となる複数の株式報酬を組み合わせた給与についても今後増えていくものと思われる。

35 特定譲渡制限付株式

1 特定譲渡制限付株式及び承継譲渡制限付株式の新設などについて

我が国では、株式の無償発行が認められないこと（会社199条1項2号・3号）等から、ストック・オプション以外の株式報酬はこれまで採用されてこなかったが、米国の制限付株式プラン（Restricted Stock）のようなエクイティ型報酬の導入を求める経済産業省等の要請を受けて、平成28年度税制改正で「譲渡制限付株式を対価とする費用の帰属事業年度の特例」に関する規定（法税54条1項）が新設され事前確定届出給与のなかに事前交付型リストリクテッド・ストックとして一定条件の特定譲渡制限付株式付与による給与を含める扱いとなり（法税34条1項、法税令69条2項）、さらに同29年度税制改正で、同旨の特定譲渡制限付新株予約権を交付する給与が新たに対象に追加され（法税54条の2第1項・34条1項2号柱書）、特定譲渡制限付株式の範囲に関係法人の株式を加えるとともに（法税34条7項、法税令71条の2）、事前に確定した数の株式若しくは新株予約権によるもの、報酬額が確定していて交付直前の株価を参照して交付株式数を決定するタイプの報酬で端数部分を金銭交付するものも事前確定届出給与の対象とする扱いとなった（法税令69条8項）。

ちなみに、新株予約権による給与については、改正前は税制非適格の場合において不相当に高額な部分を除けば損金算入が可能とされていたが、平成29年度税制改正（法税34条1項柱書括弧内の規定内容等の変更）により、損金算入の対象が事前確定届出給与又は業績連動給与の損金算入要件を満たすもののみに限定された。さらに、特定譲渡制限付株式以外にも、後述する事後交付型リストリクテッド・ストック（事前確定届出給与に該当するもの）や株式交付信託（事前確定届出給与、業績連動給与に該当するもの）による株式報酬も損金算入の対象に加えられるなど平成29年度税制改正により選択肢は多様化しており、導入に際しては多角的な検討が必要である（「34　主な株式報酬の概略」参照）。

なお、この制度は法人税法の改正によって創設されたものであり、それに対応する所得税法及び金商法開示府令の改正はなされたが、会社法及び社振法の改正は行われなかった。如上の税制改正を推進してきた経済産業省は、「『攻めの経営』を促す役員報酬～企業の持続的成長のためのインセンティブプラン導入の手引～」（以下、「経産省導入手引」という）を公表しており、導入を検討する際には、必読の資料とされている。

2　前項の税制特例措置の対象となる株式又は新株予約権について

法人税法上の特定譲渡制限付株式又は同新株予約権（以下、「株式等」という）は、次のア～オの各要件をすべて満たすものとされている。なお、特定譲渡制限付株式については、種類株式（会社108条1項4号）を用いる必要はなく、普通株式により導入が可能であり、ウの譲渡制限やエの無償取得の手法としては、発行会社と役員等とが締結する付与契約において約定（債権的合意）すれば足りるとされている。この場合、特定人が複数の振替口座を保有することは可能とされていることから、株式等が記載・記録されることとなる専用の振替口座の管理に委ねられることが想定されており、無償取得の効力発生には振替の完了が必要とされている（「経産省導入手引」参照）。

ア　役務提供の対価として交付される株式等であること（法税54条1項・54条の2第1項）。

イ　役員が職務に従事する法人又はその法人の関係法人の株式等であり、かつ、その株式が市場価格のある株式又は市場価格のある株式と交換される株式等であること（法税34条1項2号ロ・ハ）。

なお、改正前は、交付時から譲渡制限期間終了時まで100％の資本関係が見込まれる親法人等であることを要するとされていたが、平成29年度税制改正で、役員等が職務に従事する法人と支配関係のある法人で株式等の譲渡制限解除時（事後交付型リストリクテッド・ストックでは株式を交付する時）まで支配関係が継続することが見込まれる関係法人の株式も範囲に加えられた（法税34条7項、法税令71条の 2)。

ウ　一定期間の譲渡制限その他所定の権利譲渡の制限が設けられている株式等であること（法税令 111 条の 2 第 1 項・111 条の 3 第 1 項)。

エ　法人により無償取得（没収）される事由が定められている株式等であること（法税令 111 条の 2 第 1 項 2 号、所税令 84 条 1 項 2 号)。これは、会社法が自己株式の無償取得を許容していること（会社 155 条 13 号、会社規 27 条 1 号）を基礎とするものである。必須要件である無償取得事由の設計は柔軟化されているが（法税令 111 条の 2 第 1 項 2 号、所税令 84 条 1 項 2 号)、平成 29 年度税制改正により、譲渡制限付株式による給与について、無償で取得する株式の数が業績指標に応じて変動するものは、事前確定届出給与、業績連動給与のいずれにも該当しないこととされている（法税 34 条 1 項 3 号柱書及び 5 項参照)。

オ　役務提供の対価として役員等に生じる報酬債権の給付と引換えに交付される株式等であること（法税 54 条 1 項・54 条の 2 第 1 項)。過去の役務提供の対価として付与することは、認められない（法基通 9-2-15 の 2)。なお、株式等の交付は、役員等に対し職務執行開始当初に職務執行期間（将来の役務提供）に係る報酬債権の額を確定させて付与し、所定の時期までに確定額の金銭報酬債権の金銭報酬債権の現物出資を受けることにより株式等を発行するという法的構成を採っており（法基通 9-2-15 参照)、株式等を役員等に対し交付する際には募集株式発行等の手続（会社 199 条以下）をとる必要があるが、付与する株式等の総数が発行済株式総数の 10% 以下である場合は検査役による調査は免除される（会社 207 条 9 項 1 号)。

3　事前確定届出が不要化されているものと届出を要するものについて

前項で述べた特定譲渡制限付株式又は同新株予約権による給与については、次のア及びイの各要件を満たすものは事前確定届出給与に係る届出が不要とされている（法税 34 条 1 項 2 号イ、法税令 69 条 3 項、「経産省導入手引」Q26 参照)。

ア　職務執行開始日から1カ月を経過する日までに、株主総会の決議等により、対象となる役員ごとに、その職務執行期間（約定された将来の役務提供期間）に係る金銭報酬債権の額が確定していること。

イ　上記の株主総会の決議等からさらに1カ月を経過する日までに、当該役員による金銭報酬債権の現物出資と引換えに株式等が交付されること（「経産省導入手引」Q46参照）。

これに対し、次項で述べる事後交付型リストリクテッド・ストックについては、届出が必要とされている。

4　事後交付型リストリクテッド・ストックについて

特定譲渡制限付株式は事前に株式を交付したうえで所定の事由が生じたときに無償取得（没収）する建付であるが、平成29年度税制改正で、役員選任決議のあった株主総会日等の業務執行開始日から1カ月以内に報酬内容を決定し、所轄の税務署へ届出を行うとともに、予め決定している所定の時期に予め定めた数の株式を交付する事後交付型リストリクテッド・ストックも、事前確定届出給与として損金算入の対象とされた（法税34条1項2号、法税令69条4項）。これについては、損金算入するためには個人ごとの届出が必要である。

対象となる株式は、特定譲渡制限付株式と同様、適格株式（市場価格のある株式（役員の所属する法人に加え関係法人の発行する株式を含む））に限定されている。

なお、予め決定している時期に予め定めた額の金銭を交付する旨の届出をして、その所定の時期の株価をもって交付株式数を算出して適格株式と端数の金銭を交付することも可能である（法税令69条8項、株数等の算出手法は「経産省導入手引」Q49を参照）。

5　法人税法上の取扱い

特定譲渡制限付株式等による役務の提供を受けたものとする給与額の損金算入時期は、当該役員等に給与等課税額が生ずることが確定した日（所税令84条1項により譲渡制限解除日）の属する事業年度である（法税54条1項・54条の2第1項）。これは、所得税における給与等の収入金額に係る権利確定主義の原則に基づくものである。

損金算入額は、原則として、給与等課税額が生ずることが確定した特定譲渡制限付株式の交付と引換えに当該役員等により現物出資された金銭報酬債権等の額である（法税令111条の2第5項、新株予約権については法税令111条の3第3項が算出式を規定）。法人税における特定譲渡制限付株式の発行法人における損金算入額と所得税における課税対象となる収入金額とは一致しないことが考えられる。

なお、無償取得（没収）によって給与等課税額が生じないときは、当該役務の提供を受けたことによる費用の額又は当該役務の全部若しくは一部の提供を受けられなかったことによる損失の額は、当該法人の各事業年度の所得金額の計算上、損金の額に算入されない（法税54条2項）。

6　所得税法上の取扱い

役員等については、金銭報酬債権の付与時や株式の交付時では課税されず、特定譲渡制限付株式の譲渡制限が解除された日に、その日の同株式の価額をもって給与等として課税される（所税令84条1項）。法人での源泉徴収も、同価額を基礎として算定される。そして、同価額が、特定譲渡制限付株式の取得価額となる（所税令109条2項）。

特定譲渡制限付株式等の譲渡制限解除日における価額は、通達（所基通23～35共-5の4）が掲記する区分により定まる。

なお、特定譲渡制限付株式等の譲渡制限が、当該特定譲渡制限付株式等を交付された者の退職に基因して解除されたと認められる場合は、退職所得とし得る扱いが平成29年度から明確化された（所基通23～35共-5の2）。

また、譲渡制限期間内における議決権や配当受領権の存否が、特定譲渡制限付株式等の該当性に影響を及ぼすことはない（「経産省導入手引」Q23参照）。

7　承継譲渡制限付株式及び承継譲渡制限付新株予約権について

上記1～6に記した各取扱いは、合併若しくは分割型分割により被合併法人若しくは分割法人の特定譲渡制限付株式又は同新株予約権を有する者に対し交付される合併法人若しくは分割承継法人の譲渡制限付株式又は同新株予約権（これらを「承継譲渡制限付株式」「承継譲渡制限付新株予約権」という）が交付された場合にも適用される（法税54条1項括弧書・54条の2第1項括弧書、法税令111条の2第4項・111条の3第3項）。

8　会社法の手続について

(1)　株式取得目的型報酬若しくは株式交付信託等を利用する報酬については、改めて株主総会において役員報酬の決議を経ることが必要とされる（会社361条1項1号・2号等）。株主総会に付議する報酬議案等のサンプルは、経産省導入手引のなかに添付されている。

なお、株式の無償発行は許容されていないこと（新株予約権に関する会社238条1項2号との対比等）、持分会社（合同会社を除く）では労務出資も許容されているが（会社576条1項6号括弧書の反対解釈、会社計算30条1項）株式会社については労務出資が認められないと解されていることなどの観点から、特定譲渡制限付株式の会社法上の許容性について考察議論した論稿等（弥永真生『リストリクテッド・ストックの法的陥穽』50頁、ビジネス法務17巻4号（2017年）、「新しい株式報酬の法的問題、設計についての考え方」34頁（資料版商事法務398号、2017年））はあるが、経産省導入手引では会社法の条規に抵触する問題は存しないとの見解を示している。

(2)　上記**3**に記したとおり、法人税法上、特定譲渡制限付株式の交付は、株主総会の決議等からさらに1月を経過する日までに当該役員による金銭報酬債権の現物出資と引換えに履行されることを要件としているが（法税令69条3項）、これまでのほとんどの導入例では、金銭報酬債権額を確定する取締役会決議と株式発行の取締役会決議等とを同時に行い、決議された現物出資の払込期日の前日までに譲渡制限期間や無償取得（没収）事由を定めた付与契約（株式割当等契約）の締結を完了させている。

これは、「報酬決定決議」の額と株式の交付に際して現物出資する財産の価額が一致しなくなり、確定した額の金銭債権に係る特定譲渡制限付株式に該当しなくなる可能性があるからとされる。

36　役員退職給与

1　退職給与の意義

役員の退職時に支給される給与について、会社法上は「退職慰労金」（会社425条4項）という語が用いられているが、その定義規定は置かれていない。しかし、それが在職中の職務執行の対価として支給される限り「報酬等」（会社361条1項）に該当し（最判昭39・12・11民集18・10・2143参照）、支給には株主総会決議を要するなど会社法上の手続規制に服する。

法人税法上も「退職給与」（法税34条1項）という語が用いられているが、その定義規定は置かれていない。もっとも、その文言や適用場面等の同一性から、所得税法上の「退職所得」（所税30条1項）の解釈に準じるものと解されている[1)]。「退職所得」とは、「退職手当、一時恩給その他の退職により一時に受ける給与及びこれらの性質を有する給与（以下この条において「退職手当等」という。）に係る所得」をいう（所税30条1項）。所得税基本通達30-1（退職手当等の範囲）は、「退職手当等とは、本来退職しなかったとしたならば支払われなかったもので、退職したことに基因して一時に支払われることとなった給与をいう。したがって、退職に際し又は退職後に使用者等から支払われる給与で、その支払金額の計算基準等からみて、他の引き続き勤務している者に支払われる賞与等と同性質であるものは、退職手当等に該当しないことに留意する」として、その意義を敷衍している。

「退職手当等」の意義をめぐっては、最判昭和58年9月9日（民集37・7・962）は、「ある金員が、右規定にいう『退職手当、一時恩給その他の退職により一時に受ける給与』にあたるというためには、それが、⑴退職すなわち勤務関係の終了という事実によつてはじめて給付されること、⑵従来の継続的な勤務に対する報償ないしその間の労務の対価の一部の後払の性質を有すること、(3)一時金として支払われること、との要件を備えることが必要であり、また、右規定にいう『これらの性質を有する給与』にあたるというためには、それが形式的には右の各要件のすべてを備えていなくても、実質的にみてこれらの要件の要求するところに適合し、課税上、右『退職により一時に受ける給与』と同一に取り扱うことを相当とするものであることを必要とすると解するべきである」と判示している。

「退職手当」に該当するかどうかは、その名義いかんは問わず、実質上「退職手当」として支給されるかにより判断される（相基通 3-18・3-19 参照）。

なお、退職年金として支払われる場合は、定期的に複数回にわたって支払う性質上、一時金として支払われるものではなく、「退職手当等」に当たらない。

被保険者を役員、受取人を法人とする生命保険に法人が加入している場合、当該役員の死亡により、当該法人が受け取る死亡保険金の額と同額にて退職給与を支給されることがある。死亡保険金自体は保険料の対価としての性質を持つため退職給与といえないように思える。しかし、法人が支払った保険料自体は損金に算入される（法基通 9-3-5(1)）。一方、死亡した役員の退職給与の原資を何に求めるかは当該法人が決定するべき事柄である[2)]。したがって死亡保険金と同額をそのまま退職給与として支払った場合でも、他の退職給与と扱いを異にしない。その全額が当然に損金に算入されるわけではなく、あくまで前述の基準に従って損金に算入されるか否かが判断される（長野地判昭 62・4・16 訟月 33・12・3076、高松地判平 5・6・29 判時 1493・65 等）。

2　損金算入額――過大役員退職給与の損金不算入

役員退職給与は、退職する役員の在任期間中の役務の提供に関わる性質を持つものとして会計上費用処理され[3)]、したがって、法人税法 22 条 3 項 2 号、同条 4 項によりその全額が損金の額に算入されるのが原則である。

但し、例外として、役員に対して支給する退職給与の額のうち不相当に高額な部分の金額は、損金算入されない（法税34条2項。すなわち、同項が法人税法22条3項にいう「別段の定め」に該当する）。隠れた利益処分を防止するためである[4)]。不相当に高額か否かは、①「業務に従事した期間」、②「その退職の事情」、③「その内国法人と同種の事業を営む法人でその事業規模が類似するものの役員に対する退職給与の支給の状況」等に照らして決せられる（法税令70条2号）。実務上主流の適正額の算定方法は、功績倍率法である[5)]。功績倍率法とは、「当該役員の最終の月額報酬×勤続年数×功績倍率」により求められる額を、過大か否かの基準とする。功績倍率法には、上記「功績倍率」を、同業種法人のうち規模が類似するものの事例の平均値で算出する「平均功績倍率法」と、同業種法人のうち規模が類似するものの事例の最高値で算出する「最高功績倍率法」とがある（裁判例上も両説ある）。功績倍率は業種・規模によって異なることになるが、およそ2倍から3倍の範囲といわれている。もっとも、最終の月額報酬が著しく減額されており当該役員の功績等を適正に反映していない場合には、功績倍率法は妥当ではなく、1年当たり平均額法により算定するのがより合理的である。1年当たり平均額法とは、「同業種・類似規模の法人における役員退職給与の1年当たりの平均額×当該役員の勤続年数」により求められる額を、過大か否かの基準とする。

3　平成29年度税制改正

平成29年度税制改正前の旧法人税法34条1項では本文括弧書で「退職給与」を旧法人税法34条1項の適用除外としたので、退職給与であれば旧法人税法34条1項各号（定期同額給与、事前確定給与、利益連動給与）の各要件を満たさなくても損金算入できたところ、新たに改正された法人税法34条1項では本文括弧書で「退職給与」全部でなく「退職給与で業績連動給与に該当しないもの」を適用除外とした。したがって業績連動指標で算定されない退職給与は法人税法34条1項各号の要件を満たさなくても損金算入できるが、業績連動指標で算定される退職給与は算定指標等、法人税法34条1項3号の定める要件を満たさないと損金算入はできない。

4　損金算入時期

役員退職給与の損金算入時期は、原則として、支給に関する株主総会決議又は総会の一任に基づく取締役会決議によりその額が確定した日の属する事業年度（以下、「支給決議事業年度」という）である（法基通 9-2-28 柱書）。複数の事業年度に分割して支給する場合も同じであり、それぞれの事業年度に算入するのではない。役員退職給与は会計上費用処理がされ、費用の損金算入時期は、原則、債務が確定した日の属する事業年度とされる（債務確定主義。法税 22 条 3 項 2 号）ところ、役員退職給与に係る債務が確定するのは、通常、退任した事実に加え、支給に関する株主総会決議又は総会の一任に基づく取締役会決議によりその額が確定したときであるからである。

但し、例外として、支給決議事業年度と実際に支払がなされた事業年度（以下、「支払事業年度」という）が異なる場合に、損金経理を要件として、支払事業年度の損金として算入することを選択することも認められている（法基通 9-2-28 但書）。これは、役員が病気等で退任した場合に株主総会決議を翌事業年度に行うことを前提に、取締役会決議で内定した金額を支払う場合や、株主総会決議等がなされたが資金繰りの都合で実際の支給が翌事業年度以降になる場合を考慮して、支払事業年度に損金算入することを選択できる余地を認めたものである。分割支給の場合も実際に支給した事業年度において退職金として計上すれば損金算入が認められる[6)]。なお、「損金経理」とは、「法人がその確定した決算において費用又は損失として経理することをいう」（法税 2 条 25 号）。すなわち、多くの会社が役員退職慰労金の支給に関する内規を定め、これに基づいて計算された各事業年度末までの負担相当額を役員退職慰労引当金として計上しているところ、支給時の会計処理として、当該計上済みの退職慰労引当金を直接取り崩して充当するのではなく、引当金の戻入益をいったん計上した後改めて役員退職給与を費用計上することを原則とする。

なお、退職年金の場合は当該年金を支給するべき時の損金に算入するべきとなっている（法基通 9-2-29）。また、引当金に繰り入れた金額は損金に算入できない（大阪地判昭48・8・27税資70・940参照。法税22条3項2号括弧書参照）しかし、法人が退職年金業務等（法税84条1項）を行う法人と年金契約を締結して、この法人に掛金を納付し、退職者にはその法人から退職年金を支給することとした場合、この掛金は納付した年度の損金に算入できる（法税令135条2号・3号）。一方、掛金の納付を受けた退職年金業務等を行う法人は、退職年金等積立金に対して法人税が課せられる（法税8条・83条）。

5　分掌変更等

役員退職給与は、退職したことに基因して一時に支払われることとなった給与（所基通30-1）であり、退職給与に該当するためには、退職した事実が原則として必要である。しかしながら、役員の場合一般従業員と異なり、法人の役員を退任した場合でなくても、分掌変更、改選による再任等を契機に、役員としての地位又は職務の内容が激変し、実質的に退職したと同様の事情がある場合もある。このような場合においては、当該分掌変更等時に退職給与として支給する金員も法人税法上、退職給与として取り扱うことが相当である。法人税基本通達9-2-32は、実質的に退職したと同様の事情がある場合として3つのケースを例示している。

ア　常勤役員が非常勤役員（常時勤務していないものであっても代表権を有する者及び代表権は有しないが実質的にその法人の経営上主要な地位を占めていると認められる者を除く）になったこと

イ　取締役が監査役（監査役でありながら実質的にその法人の経営上主要な地位を占めていると認められる者及びその法人の株主等で法人税法施行令71条1項5号（使用人兼務役員とされない役員）に掲げる要件のすべてを満たしている者を除く）になったこと

ウ　分掌変更等の後におけるその役員（その分掌変更等の後においてもその法人の経営上主要な地位を占めていると認められる者を除く）の給与が激減（おおむね50%以上の減少）したこと

この通達に関しては、京都地判平成18年2月10日（税資256・10309）を受けて、平成19年度税制改正により、前記ウの報酬激減の例に、アとイの例と同様に、「(その分掌変更等の後においてもその法人の経営上主要な地位を占めていると認められる者を除く。)」との括弧書が加えられた。同裁判例は、原告X社の代表取締役Aが辞任して取締役に就任し、取締役B（X社の創業者でAの父）が辞任して監査役に就任し、それぞれの月額報酬もAが95万から45万円に、Bが20万円から8万円に減額され、形式的には平成19年度改正前法人税基本通達9-2-23の例示③を充たしていた事例において、Aについては「主要な取引先との実質的な対応は、引き続きAが担当していたこと……などの事情を考慮すると、Aは、同日以降も、原告で常勤しており、原告の売上げの相当程度を占める主要な活動について重要な地位を占めていたというべきである……そうすると、Aが……原告を実質的に退職したのと同様な事情があったとは認められない」、Bについても「実質的に原告を退職したと同様に取り扱うのが相当なほど業務が激変したことをうかがわせる事情は見当たらない」と判示して、A及びBに支給された金員について役員退職給与としての損金算入を認めなかった[7)8)]（大阪高判平18・10・25税資256・10553も同旨。最決平19・3・13税資257・10652。上告棄却及び上告不受理により確定)。このように、実質的に退職したと同様の事情があるかどうかは、通達に示されたケースに形式的に該当すればよいのではなく、分掌変更後における職務の内容、役員としての地位の激変等の事実に基づき実質的に判断がなされることに改めて注意が必要である。

6 役員退職慰労金制度の廃止に伴う打切支給

役員退職慰労金制度を廃止する場合、在任中の役員に対する廃止時点までの内規に基づく支給額につき、①制度の廃止に伴い、株主総会において承認決議を行い、在任中に支給する場合、②制度の廃止に伴い、株主総会において承認決議を行うが、実際の支給を当該役員の退任時まで留保する場合、③制度は廃止するものの、当該廃止時点においては株主総会での承認決議を行わず、当該役員の退任時に承認決議を行う場合がある。実務では、②のケースが多い。

①の場合、退職した事実がないため、退職給与とは認められない。定期

同額給与、事前確定届出給与、利益連動給与にも該当しないことから、損金算入が認められない。

②の場合、支給決議事業年度と支払事業年度が異なり得るため、法人税基本通達 9-2-28 但書により、支払事業年度の損金に算入するためには損金経理が必要とされるのではないかとの疑念が生じる。会計上は、株主総会での承認決議済みの支払留保額は、退任時点に支払うという条件付きの（金額確定）債務であると考えられるため、株主総会での承認決議後、実際に支払われるまでの間は、原則として長期未払金（1 年以内に支給されることが確実である場合には、未払金）として表示され[9]、支給時に、当該未払金を取り崩す処理を行う。損金経理はなされない。もっとも、支給決議が退任の事実に先行するかかる場合において、役員退職給与に係る債務が確定（法税 22 条 3 項 2 号）するのは実際に退任した時である。したがって、損金経理を要することなく、当該退任日の属する事業年度（多くは支払事業年度と同じであろう）での損金算入が可能であり、またそれが原則であると考えられる[10]。

③の場合、支給決議事業年度の損金算入となるのが原則である。

7　役員側の税務

なお、以上は、役員退職給与を支給する法人の側の税務である。他方、受給する役員個人の側は、「退職所得」（所税 30 条 1 項）として、所得税課税の問題となる。退職所得の意義については既述したとおりである。

退職所得は、在職中の職務執行の対価の性質を有する点で、給与所得と何ら異なるものではない。しかしながら、退職所得は、受給者の退職後の生活を保障し、多くの場合いわゆる老後の生活の糧となる。それゆえ、給与所得とは別個の所得類型とされ、課税の対象がその年中の退職手当等の収入金額から退職所得控除額を控除した残額の 2 分の 1 に相当する金額となること（所税 30 条 2 項）、係る退職所得控除額が勤続年数の増加に応じて増額されること（所税 30 条 3 項）、他の所得と分離して累進税率が適用されること（所税 22 条 1 項・201 条）により税負担の軽減が図られており、他の給与所得と異なる優遇措置が講ぜられている。

退職所得に対する所得税は、支払者が源泉徴収して国に納付するのが原則である（所税 199 以下）。

1） 藤曲武美・古矢文子『役員給与税制の実務：法令解釈と適用上の問題点』171 頁（中央経済社、2008 年）。
2） 『実例問答式　役員と使用人の給与・賞与・退職金の税務　法人税・所得税・消費税の各税から多面的に解説（平成 28 年版）』719・720 頁（大蔵財務協会、2016 年）。
3） 役員退職慰労金の会計処理については、①役員退職慰労金の支給に関する内規に基づき（在任期間・担当職務等を勘案して）支給見込額が合理的に算出されること、②当該内規に基づく支給実績があり、このような状況が将来にわたって存続すること（設立間もない会社等のように支給実績がない場合においては、内規に基づいた支給額を支払うことが合理的に予測される場合を含む）のいずれも満たす場合には、内規に基づいて計算された各事業年度末までの負担相当額を役員退職慰労引当金に繰り入れなければならない（監査・保証実務委員会報告第 42 号「租税特別措置法上の準備金及び特別法上の引当金又は準備金並びに役員退職慰労引当金等に関する監査上の取扱い」（日本公認会計士協会、平成 19 年 4 月 13 日改正））。それ以外の場合には、株主総会決議時あるいは支出時に費用計上する方法もあるが、いずれにせよ、役員退職慰労金は、会計上費用として処理される。
4） 金子宏『租税法（第 22 版）』377 頁（弘文堂、2017 年）。
5） 金子雅実『新版　徹底解説役員給与』272 頁（清文社、2011 年）。
6） 前掲注 2）720・721 頁。
7） 以上に加え、同裁判例では、租税回避の疑いがあった点につき、「本事業年度には、保険金等の雑収入があり、本件金員の支払がない（本件金員の支払があっても損金として認められない）場合には、本件事業年度の法人税額は多額になるのに対し、本件金員の支払がされ、それが損金として認められた場合には、法人税額は 0 円となること、……を考慮すると、上記の雑収入があったことに伴う法人税額の増額を避けるために、A 及び B が原告を退職したものとして、本件金員の支払をしたという疑いも生じる」と判示している。
8） もっとも、品川芳宣「役員の分掌変更等に伴って支給した給与の『退職給与』性」税研 130 号 102 頁（2006 年）は、B については、「X 会社の創業者であって事実上 X 会社の業務から身を引いている状態にあり、かつ報酬月額が 60% も減額されているというのであるから、本件金員のうち B の部分については、『退職給与』と認める余地があるように考えられる」としている。渡辺充・月刊税務事例 451 号 5・6 頁（2007 年）も同旨。
9） 前掲注 3）・監査・保証実務委員会報告第 42 号。
10） 田辺総合法律事務所・清新監査法人・清新税理士法人編著『最新　役員報

酬をめぐる法務・会計・税務』297・298 頁（清文社、2012 年）。

37 役員給与に関する法人税法上の特殊な取扱い

1 特殊な取扱いの概要

役員の報酬等の支給は、株主総会決議などの法定の手続（会社 361 条・379 条・387 条・404 条 3 項参照）を経れば、会社法上、適法である。

そして、役員の報酬等は、その者の「職務執行の対価」（会社 361 条参照）として支給されるのであるから、概念的には、法人税の算定上原則としてすべて損金に算入し得る、「一般管理費」に該当する（法税 22 条 3 項 2 号)。

しかし、役員[1]の給与の損金算入を自由に認めると、いわゆるお手盛りにより、給与名下の「隠れた利益処分」を容認することとなり、租税負担の公平を欠く危険がある。特に、閉鎖型の中小企業においては、役員給与が剰余金の配当に代わる機能を果たすことが多い[2]。そこで、法人税法は、損金算入し得る役員給与の種類を限定し、かつ役員に対して支給する給与の額のうち不相当に高額な部分の金額を法人の所得の計算上損金の額に算入しない等の、使用人に対する給与とは異なる、特殊な取扱いをしている(法税 34 条等)。

役員給与について、法人税法上特殊な取扱いをするのは次の場合である。

まず第 1 は、役員に支給する給与のうちあらかじめ定められた基準どおりに支給するもの（定期同額給与など所定の給与）以外を損金不算入とする一方[3]、法人税法 34 条 1 項等で損金不算入とならない給与について「不相当に高額」な部分の金額を損金不算入とする処理である（法税 34 条 1 項・2 項、法税令 70 条 2 号)。この点で、法人税法は「恣意性排除のために二重の仕組みで規制をする」とも指摘される[4]。

第 2 は、事実を隠蔽し又は仮装して経理することにより支給した役員給与を損金不算入とするものである（法税 34 条 3 項)。支給全額が損金不算入となる。これは、税務調査で簿外収益が発覚し、それを益金に計上する修正申告や更正がなされたような場合に、簿外収益から支払われていた役員給与の損金算入を認めると、不正行為に対する制裁が不十分となるからであるといわれる[5)]。

第3は、出向その他の場合である。

2　特殊な取扱い各論

⑴　**不相当に高額な役員給与**（法税34条2項、法税令70条）

①　対象となる役員給与（法税34条2項）

「内国法人がその役員に対して支給する給与」のうち、法人税法34条1項又は同条3項の適用のあるものは、同条2項の適用対象から除かれている（法税34条2項括弧書）。言い換えれば、不相当に高額か否かの判定対象となる役員給与は、定期同額給与（法税34条1項1号）、事前確定届出給与（法税34条1項2号）、及び特定の業績連動給与（法税34条1項3号）、並びに退職給与で業績連動給与に該当しないもの、及び使用人兼務役員に対する使用人分給与（法税34条1項柱書括弧書）である。

②　役員給与の不相当高額部分の判定（法税令70条）

役員に対して支給する給与のうち、法人税法施行令70条1号から3号までに掲げる金額の合計額が、「不相当に高額な部分の金額」として損金不算入となる。

(i)　70条1号関係

まず、1号において、法人税法34条2項の適用対象のうち退職給与以外のものについて、判定基準が定められている。

いわゆる実質基準により算出した相当な額を超える金額（法税令70条1号イ）又はいわゆる形式基準により算出した限度額を超える金額（法税令70条1号ロ）のいずれか多い金額が「不相当に高額な部分の金額」となる。

実質基準（法税令70条1号イ）は、①当該役員の職務の内容、②その内国法人の収益及びその使用人に対する給与の支給の状況、

③その法人と同種の事業を営む法人でその事業規模が類似するもの(類似法人）の役員に対する給与の支給の状況等に照らして、当該役員の職務に対する対価として相当と認められる金額を超える部分の金額を損金不算入とする基準である。税務訴訟において重視されるのは、上記③の類似法人における役員給与の支給状況との比較であるとされる[6]。なお、この実質基準による判定は個々の役員ごとに行う。

形式基準（法税令70条1号ロ）は、定款の規定又は株主総会、社員総会若しくはこれらに準ずるものの決議により役員に対する給与として支給することができる金銭の額の限度額若しくは算定方法又は金銭以外の資産の内容を定めている場合には、その支給する役員給与の額の合計額が、その限度額及びその算定方法により算定された金額並びにその支給対象財産の支給時の価額の合計額を超える場合のその超える部分の金額を損金不算入とする基準である。限度額を個々の役員ごとに定めている場合においては、各役員について各別に判定を行う。指名委員会等設置会社の場合、報酬委員会が執行役等の個々の役員の報酬等の内容を決定する（会社404条3項）ことから、個々の役員ごとに形式基準が適用される。

なお、支給限度額を使用人兼務役員の使用人分を含めないものと定めていれば、使用人分相当額を含めないで判定する（法税令70条1号ロ括弧書)。

(ii) 70条2号関係

退職給与として相当であると認められる金額を超える部分である。判定基準自体は、上記(i)の実質基準に類似する。詳細は、「36 役員退職給与」を参照。

(iii) 70条3号関係

「使用人兼務役員の使用人としての職務に対する賞与で、他の使用人に対する賞与の支給時期と異なる時期に支給したものの額」が全額不相当とされる。下記⑤を参照のこと。

③　実質基準による判定の問題点（法税令70条1号イ）

実質基準による判定上の問題点としては、納税者側から類似法人における役員給与の支払状況の把握が困難であること等が指摘されている。実質基準による不相当高額が争われた裁判例は少なからずある（例えば、酒造メーカーが支払った役員給与に「不相当に高額な部分の金額」があるか否かが争われた事例として、東京高判平29・2・23平28（行コ）205号（納税者側控訴棄却・上告）[7]）。

④　不相当に高額な役員給与の典型例

実質基準の適用に関する重要な判例として次のものがある。

それは、衣服等の縫製加工業を営む法人の代表者とその妻（取締役）の役員給与の相当性が争われた事案である。課税庁の処分において類似法人の役員給与額の平均値が原則として相当な給与額の上限とされたところ、最判は当該平均値が相当額の上限であるとする合理的根拠はないとして排斥した。具体的な相当額の認定について、法人の売上金額及び売上総利益の前年度増加率（各々約1.43倍、約2.25倍）を加味して、前年度の1.5倍までの範囲で役員給与の増額がされた場合は、相当な範囲にあるとした。当該法人についてヒット商品の注文処理のため勤務時間が顕著に増加したという事情を配慮したものであろう（名古屋地判平6・6・15税資201・485、名古屋高判平7・3・30税資208・1081、最判平9・3・25税資222・1226[8]）。

なお、上記事案において、同業種・類似規模の法人の役員給与の支払状況について、納税者が入手可能な資料からある程度予測できることから、納税者側でも相当性は判断可能であるとされている。

⑤　使用人兼務役員の場合（法税令70条3号）

使用人兼務役員の場合、この者に対する給与は、役員分として支給する給与と使用人としての職務に対して支給する給与とに分けられる。

法人税基本通達9-2-26によると、使用人としての賞与につき、他の使用人に対する賞与の支給時期に未払金として経理し、他の役員への給与の支払時期に支払ったような場合には、当該賞与は、「他の使用人に対する賞与の支給時期と異なる時期に支給したもの」に該当するものとされている。

他に、使用人分の給与の適正額に係る法人税基本通達9-2-23、使用人兼務役員に対する経済的な利益に係る法人税基本通達9-2-24、使用人が役員に就任した直後に支給される賞与等に係る法人税基本通達9-2-27等も参照されたい。

⑥　非常勤役員の場合

非常勤役員は勤務実態が実に様々であることから、その役員の給与が職務執行の対価として相当額を超えていないか否かが問題となる。特に同族会社における非常勤役員の場合、税負担回避のための給与支給ではないかと疑われやすいと指摘される。

実質基準を適用する場合、当該非常勤役員の職務の内容特に経営への関与度合い、法人の収益状況、使用人に対する給与の支給状況、類似法人の役員給与の支給状況等について、過去の判例（最判平11・1・29税資240・407）及び裁決例等（国税不服審判所裁決平2・4・6裁決事例集39・237、国税不服審判所裁決平9・9・29裁決事例集54・306等）を確認し、前期比で大幅に増額していないかなどの点に留意すべきである[9)]。

(2)　隠蔽・仮装による役員給与（法税34条3項）

法人が事実を隠蔽し、又は仮装して経理することによりその役員に対して支給した給与（退職給与を含む）の額は、損金の額に算入しない（法税34条3項）。この給与には、金銭で支給するもののほか、債務免除益その他の経済的な利益を含むものとされている。

①　隠蔽・仮装の意義

法人税法34条3項にいう「事実を隠蔽し、又は仮装して経理をすること」については、法人税法に定義がない。隠蔽又は仮装が頻繁に問題となるのは、重加算税の賦課要件としてのものである（国通68条1項・2項）。

法人税法34条3項にいう隠蔽又は仮装の意義も、国税通則法における重加算税の賦課要件に該当する事実をいうものと解される（国税庁事務運営指針「法人税の重加算税の取扱いについて（事務運営指針）」平12・7・3課法2-8ほか3課共同、平27・6・26改正において例示されている）。

詳細は、「54　不適正な会計処理」を参照。

② 隠蔽又は仮装による役員給与の具体的事例

役員給与について、現行法人税法34条3項により、事実の隠蔽又は仮装して経理することによる役員給与だとして損金不算入が争われた公表事例は、ないようである。

過去の裁判例においては、売上除外金から毎月その一定金額を役員が費消していた場合において、経理処理漏れと役員への定期給与が相殺され会社の所得金額に変動はないという類の主張に対し、定期給与とはいえず臨時的な給与に当たるとして、役員給与を損金不算入とする判決が下されている（名古屋高判平4・7・30税資192・259）。

現在、役員給与の取扱いが厳格化したことから、損金算入を狙い隠蔽又は仮装経理を行うことは困難になったとも指摘される[10)]。

3　その他

(1)　出向の場合

① 役員給与の負担

出向とは、出向者が出向先法人に対して出向先法人における役員又は使用人として労務を提供し、その間、出向元法人における雇用契約も維持されている形態をいう。この場合において、いずれ出向元法人に戻ることが前提とされている。

出向者に対しては、労務の提供を受ける出向先法人が出向元法人に支出する給与負担金を原資に、出向元法人が給与を支給する方法が多いようである（なお、出向者への給与の支給とその負担には様々な形態がある）。この場合、出向先法人が出向者に対し給与を支給した扱いとなる。出向先法人が支出する役員給与負担金については法人税基本通達 9-2-46 が規定している。

②　較差補塡等

さらに、出向元法人が出向先法人との給与条件の較差を補塡するために、出向者に対して支給した合理的な較差補塡金は、当該出向元法人の損金に算入する（法基通 9-2-47）。

また、給与条件の較差以外の事由で、出向元法人が出向者に対して賞与又は留守宅手当を支給した場合、給与条件の較差補塡のための支給とみなされる（法基通 9-2-47（注））。

⑵　ストック・オプションの付与

役員に対しストック・オプションが付与される場合（新株予約権の付与による経済的利益）の取扱いについては、「27　ストック・オプション」を参照。

⑶　特殊支配同族会社の扱い

特殊支配同族会社については、業務主宰役員給与の損金不算入制度（いわゆる「一人オーナー会社課税制度」）が、平成 18 年度税制改正における役員報酬等税制の全面見直しの際に導入されていた（平成 22 年度税制改正前の法税 35 Ⅰ等参照）。特殊支配同族会社の業務主宰役員（一人オーナー）は自ら給与を決定し税負担の調整を図れるところ、係る役員給与が法人段階で損金算入され、他方個人段階でも給与所得控除の対象となる。この「二重控除」の問題に対処するため導入された制度である[11)]。

しかし、同制度に対しては、二重控除を是正する手法として妥当でない等の批判が強く、平成 22 年度税制改正で廃止され、平成 22 年 4 月 1 日以後に終了する事業年度から適用されないこととなった。これに伴い、法人税法 35 条は削除された。

そして、特殊支配同族会社の役員給与に関する課税のあり方については、平成 23 年度税制改正で抜本的措置を講ずることとされ[12)]、同年度の税制改正において、役員給与等に係る給与所得控除の見直しが行われ、給与所得控除の縮減措置が設けられた。平成 24 年度及び平成 26 年度の改正で、給与所得控除の上限額が設けられたのは、この問題に部分的に対応する意味をもっていると指摘されている[13)]。

1）　役員の範囲については、「30　会社法上の役員と税法上の役員」を参照。
2）　江頭憲治郎『株式会社法（第6版）』446頁（有斐閣、2015年）。
3）　法人税法34条1項による規制については「32　役員報酬（金銭報酬の場合）」を参照。
4）　藤曲武美・古矢文子『役員給与税制の実務：法令解釈と適用上の問題点』189頁（中央経済社、2008年）。
5）　東京弁護士会編著『法律家のための税法（新訂第5版）』403～405頁（第一法規、2006年）。
6）　東京弁護士会編著『法律家のための税法（新訂第6版）会社法編』211頁（第一法規、2011年）。
7）　第一審（東京地判平28・4・22平25（行ウ）5号）において損金算入が認められた役員退職給与部分については国側の控訴がなかったため、役員報酬部分について高裁で争われた。
8）　前掲注4）・藤曲・古矢196～198頁。
9）　山本守之編著・守之会著『事例からみた法人税の実務解釈基準』229～234頁（税務経理協会、2009年）。
10）　前掲注4）・藤曲・古矢203～207頁。
11）　会社法施行により、株式会社の資本金規制が撤廃され、取締役1人という機関設計も可能となった。そのため、例えば個人事業者が「法人成り」し節税を狙う場合に生ずる課税ベースの剥落などへの対応を図るものであったと指摘される。
12）「平成22年度税制改正大綱～納税者主権の確立へ向けて～」第3章3、第4章3(2)（平成21年12月22日、財務省HP）参照。
13）　金子宏『租税法（第22版）』379頁（弘文堂、2017年）。

38　利益相反取引・競業取引

1　利益相反取引

⑴　利益相反取引とは

取締役が、①当事者として、又は他人の代理人（代表者）として、会社と取引をしようとする場合（直接取引）、②会社が取締役の債務を保証する等、取締役以外の者との間で会社・取締役間の利害が相反する取引をしようとする場合（間接取引）、取締役の利益と会社の利益が衝突する。

このことから、会社法は、取締役が会社の利益の犠牲において自己又は第三者の利益を図ることを防止するため、取締役会設置会社以外の会社においては、その取引につき重要な事実を開示して株主総会の承認を（会社 356 条 1 項 2 号・3 号）、取締役設置会社においては同じく取締役会の承認（会社 365 条 1 項）を受けなければならないとする。

これについて税法上は、その取引が適正な価額に基づく場合は一般の取引と同様にその課税関係を取り扱えばよいが、種々の理由により、株主総会等の承認を得ていたとしても適正価額に基づく取引が行われるとは限らず、これらの課税関係について独自に定めている。

⑵　役員への無償（低利率）での金銭貸付け

会社は、利益の追求を目的とする営利法人であることから、取引を行う場合には、常に経済的合理性が要求される。したがって、会社が役員に無償又は低利率で金銭の貸付けを行った場合、会社の経済的合理性に反する行為として、実際受け取った利息と適正利率による利息との差額に相当する部分についても、税務上は受け取ったものとみなされ、会社の益金となり（法税 22 条 2 項。大阪高判昭 53・3・30 訟月 24・6・1360）、課税対象となる（認定課税）。そしてその差額に相当する部分については、その役員に供与した経済的利益（役員に対する給与）となり

（法基通 9-2-9(7)）、役員の収入として所得税の課税対象となる（所税36）とともに、会社は、通常は定期同額給与として損金に算入できる（法基通 9-2-11(2)）。

その基本となる適正利率（所基通 36-49）については次のとおり定められている。

ア　その資金を他から借り入れている場合、借入金の利率

イ　その他の場合は、貸付日を行った日の属する年の租税特別措置法93条2項（利子税の割合の特例）に規定する特例基準割合による利率

このように適正利率による利息分との差額分について、原則として課税関係は生じるが、次の場合は役員及び会社に対し課税しなくても差し支えない（所基通 36-28）。

ア　災害、疾病等により臨時的に多額な生活資金が必要になった役員に対して行う貸付け、合理的な期間内に返済を受けたるもの（災害、疾病から立ち直るための厚生貸付金であるから、無利息等でも差し支えない）

イ　会社の借入金平均調達金利など合理的な貸付利率を定めて利息を徴している場合に生じる経済的利益

ウ　ア及びイ以外で、法人における1事業年度の利益の額が5000円以下のもの（少額な経済的利益は、手数の点から課税しない）（例えば、法人からのごく短期間の一時貸し）

このように、所得税法上課税されないこととされている経済的利益については、会社がその役員の給与として経理処理しない限り、法人税もその役員の給与として扱わない（法基通 9-2-10）。その結果、差額分について会社に対しても認定課税がなされない。

(3)　役員から会社への無償（低利率）での金銭貸付け

役員が会社に無利息貸付けを行ったとしても、個人は会社と異なり常に経済的合理性をもって取引を行うとは限らないことから、適正利率による利息との差額分については役員に雑所得として認定課税はなされな

い。

会社が役員に対して現実に利息を支払うときは、役員個人が受け取る利息は雑所得となり、会社が支払った利息は支払利息となる（なお、会社が役員に対して現実に利息を支払う場合、適正利息の範囲内である限り、会社は費用として損金に算入できる[1)]）。

(4) 役員から会社への高利率での金銭貸付け

会社が役員に対し通常より高い利率、すなわち適正利率超の利息を支払った場合、役員に対し給与所得として所得税が課税され（所税36条、所基通36-15(3)参照[2)]）、適正税率を超える利息の支払は法人税の計算上「役員報酬」という扱いになり、会社は源泉徴収しなければならなくなる。役員報酬が過大であるかどうかについても、この役員報酬を加えた額について判断されることになる。また過大給与に当たらない場合、その経済的利益が毎月一定したものであることから定額同額給与となり損金に算入できる。

(5) 役員に対する会社資産の低額譲渡

個人（役員）が会社（法人）に資産を譲渡したときは、時価の2分の1未満の価額で譲渡した場合は時価で譲渡したものとみなす規定（所税59条1項2号、所税令169条）があるため、時価の2分の1以上で譲渡した場合その差額について会社の益金とされて課税関係が生ずることはない。なぜなら個人は会社と異なり常に経済的合理性をもって取引を行うとは限らないからである。

しかし、会社は、利益の追求を目的とする営利法人は、常に経済的合理性が要求されることから、役員に対する低額譲渡の場合は、いったん時価で役員に売却したものとみなされて（法税22条2項。認定課税）、その購入価額と時価との差額分について課税され、改めて時価と実際の売却価額との差額を役員に給与として支給したものとされる（法基通9-2-9(2)）。なお、この場合臨時的なもので毎月一定したものではないことから定額同額給与とならず（法基通9-2-11(1)）、事前確定届出給与に係る届出もしていないことから、損金の額に算入されない。

(6) 会社による役員の所有資産の高額買入れ

① 役員自身からの買入れ

時価との差額については、会社と売主との間に特別の関係がない場合は、一般寄附金となるが、役員と会社の場合はこのようにはならず、会社の買入価額のうち時価までの部分を資産の取得価額とし、それを超える部分の金額は、当該役員に対する経済的利益の供与とされ給与として認定される（法基通 9-2-9(3)）。この場合臨時的なもので毎月一定したものではないことから定期同額給与とならず（法基通 9-2-11(1)参照）、事前確定届出給与に係る届出もしていないことから、損金の額に算入されない。一方役員はその差額分について、給与所得の収入金額に算入される。

② 役員の家族で会社の役員及び使用人でない者からの買入れで、役員がその取引に関与した場合

同族会社の場合は、大株主の役員が介在してこのような取引が行われやすく、会社は当該売主に給与を支払う理由がないことから経済的利益の供与を同人に対する給与と認定できないが、営利法人である会社が特別の理由がないのに贈与することは考えられず、役員が介在することによりそのような不自然な取引が行われたことを考慮すると、買入価額が家族に支払われたとしても、買入れ価額と時価との差額についてはいったん会社が役員に給与として支給し、役員からその家族に贈与されたものとみなされる[3)]。

(7) 会社の借入金に役員の個人保証を受けた場合の保証料

会社が銀行から必要な資金を借りるに当たり、役員の個人保証が要件となっている場合は、当該役員に支払う保証料等の額が融資の内容及び保証の内容からみて適正な金額であれば[4)]、法人の業務遂行に必要な費用として、当該保証料を会社の損金額に算入できる。また役員の受領した保証料は、雑所得になる。但し、その支払保証料は適正額でなければならず、それを超える部分の金額は、役員に対する給与として取り扱われ、会社はそれが毎月一定していない場合は定期同額給与にならず、か

つ事前確定届出給与に該当しない場合は損金算入ができない。

これについて、保証料の適正額については、会社が第三者の保証等を受けたときに通常支払う保証料等の額相当額とすべきである[5]。これについて信用保証協会その他の保証機関等が通常徴収している保証料の額を参考とすべきとする見解もある[6]。

2 競業取引

⑴ 会社法の扱い

取締役が自己（又は第三者）のために会社の事業の部類に属する取引をしようとする場合、取締役会設置会社以外の会社においては、その取引につき重要な事実を開示して株主総会の承認（会社356条1項1号）を、取締役設置会社においては同じく取締役会の承認（会社365条1項）を受けなければならない。これは、取締役の競業は、会社のノウハウ、顧客情報等を奪う形で会社の利益を害する危険が高いので、予防的・形式的に規制を加えたものである。

⑵ 税務上の扱い

税務では、会社法施行前は介入権の行使の有無にかかわらず違法競業取引はすべて会社の取引と推認するとの立場がとられていたが、会社法の施行により、旧商法にあった会社の介入権は削除され、税務上も当該取引を会社の取引と推認して当該取引に係る所得を会社の所得に加算する処理はできなくなった。

このように会社の取引と認定されないため、承認を得た場合は勿論、承認を得ずに行われた場合でも、取締役個人の所得として事業所得等として課税される。これに対し、会社については、承認を得て競業取引が行われた場合は課税されることはないが、承認を得ずに行われた場合、取引によって当該取締役又は第三者が得た利益の額を会社に生じた損害額と推定し、会社は当該取締役に対し損害賠償を請求できることから、当該取締役に対して損害賠償請求すべき金額が会社の有する債権として認定課税される[7]。

同族会社等の行為又は計算の否認規定（法税132条）が適用される場

合には会社の取引と認定され、会社の所得に加算される。

1）　森田政夫『問答式・会社役員間取引の税務（最新版）』344 頁（清文社、2009 年）。
2）　岸田雅雄『会社税法』115 頁（悠々社、1997 年）。
3）　前掲注 1）・森田 499 頁。
4）　前掲注 1）・森田 354 頁。
5）　前掲注 1）・森田 355 頁。
6）　戸島利夫・辻敢・堀越董『税法・会社法からみた役員給与』143 頁（税務研究会出版局、2008 年）。
7）　前掲注 1）・森田 130 頁。

39　役員・従業員が行った背任横領の税務処理

1　第三者の不法行為による損害、あるいは第三者に対する不法行為による損害について行う税務処理

⑴　被害者のとき

法人が不法行為によって損害を被ったときは、保険金又は共済金により補塡される部分の金額を除き、その損害の発生した日の属する事業年度の損金に算入することができる（法基通 2-1-43（注））。そして、法人が加害者に対し損害賠償債権を取得したときは、「他の者から支払を受ける損害賠償金（債務の履行遅滞による損害金を含む。以下、2-1-43において同じ。）の額は、その支払を受けるべきことが確定した日の属する事業年度の益金額に算入するのであるが、法人がその賠償金の額について実際に支払を受けた日の属する事業年度の益金の額に算入している場合には、これを認める」と規定し、損失は損失としてその発生時点で計上し、損害賠償請求権はこれと切り離してその支払を受けるべきことが確定した時点（原則）又は実際に支払を受けた日の属する事業年度の益金に計上することを認めたものである（法基通 2-1-43[1]）。

これは、損害発生と同時に民事上は会社に損害賠償請求権が発生するとしても、現実問題としては、損害賠償責任の存否ないし程度、具体的にいくらの賠償を受け取るかなどは不確定で和解書の締結や裁判の結果を待たなければならないことも多いため、かかる実態を考慮して、損失と収益について「異時両立計上」する処理を認めたものである[2]。

⑵　加害者のとき

法人がその業務の遂行に関連して他の者に与えた損害につき支払わなければならない損害賠償金は、故意・重過失であっても損金に算入される。損金に計上する時期は、支払額が確定したときであるのが原則であるが、事業年度の終了の日までに確定していないときであっても、同日

までにその額として相手方に申し出た金額に相当する金額を当該事業年度の未払金に計上したときは損金に算入することが認められている（法基通 2-2-13）。

2　1における税務処理と、役員・従業員が行った背任横領の税務処理の違い

⑴　ここで注意しなければならないのは、1⑴で述べた法人税基本通達 2-1-43 は、第三者による不法行為に基づく損害賠償請求権については、その行使を期待することが困難な事例が往々にしてみられることに着目して例外的扱いを特に認めたものであり、当該会社の取締役等は、同通達の「他の者」には含まれないと解されていることである。

法人の役員・使用人等が秘密裏に背任横領などを行っていたことが、税務調査によって発覚するケースは、相当数あるとされる。

かかる場合、横領等の違法行為をした役員等に対して法人が取得する損害賠償債権を当該法人の収益として計上すべき事業年度をいつにすべきかについては、古くから、第三者の不法行為により損害を被った場合と同様、現金主義によるべきとする考え方（異時両立説）と、違法行為等を発見した時点で更正等の措置をとり被った損害額を損失に計上するのと同じ事業年度に損害賠償請求権を益金に計上すべきとする考え方（同時両立説）とが鋭く対立してきた。

⑵　収益をどの事業年度に計上すべきかは、一般に公正妥当と認められる会計処理の基準に従って処理すべきものとされ（法税 22 条 4 項）、これによれば、収益は、その実現があった時、すなわち、その収入すべき権利が確定した時の属する事業年度の益金に計上すべきであるとするのが一般的な考え方（権利確定主義）である。

そして、損害賠償請求権の計上時期も、権利確定主義に基づいて決定すべきものとされるが[3]、ここでいう権利の確定とは、権利の発生とは同一ではなく、権利発生後一定の事情が加わって権利実現の可能性を客観的に認識することができるようになることを意味すると解されているので、如上の問題について、この決定の画一的判断基準を見出すことは極

めて困難である。

上記(1)の問題について、実務界では、現金主義によるべきとする考え方も有力であるが[4)5)]、以下で解説するとおり、現行裁判実務は、益金の計上時期について現金主義によるべきとする考え方を否定し、損失と益金との異時両立計上を認めない傾向にある。

3 現行裁判実務のリーディング・ケースとされる最判昭和43年10月17日（裁判集民92・607）について

(1) この最高裁判決は、法人の会計担当役員であり代表取締役でもあった者が3事業年度にわたりしばしば保管金を横領しながら、これを経費に仮装計上していた事案に関し、法人は、横領行為により被った損害額を損金に計上するとともに、その同じ事業年度に、当該役員に対して取得した損害賠償請求権を益金に計上すべきは当然のことであり、請求権の実現性の薄弱なことを課税庁の益金計上の更正処分の取消理由とする上告人の主張は、肯認し得ない。また、同人が示談を拒否し懲役の実刑判決を受けたという主張事実だけでは、いまだ係争事業年度の間において同人に対する損害賠償債権の全部又は一部の実現不能が明らかになったと認めるに足りるものではないと判示した。

上告人（納税者）は、犯罪行為に基因する賠償請求権はその実現可能性が極めて薄いと主張しており、これは首肯し得るとしても、実現可能の希薄性から直ちに益金性の否定を導き出すことは論理に飛躍があると言わざるを得ず、この点、最高裁判決も、当該賠償請求権につき発生年度に計上し得ぬことを主張しながら、他方において横領による損害から生ずる損金についてはこれを発生年度に計上し得ることを主張する上告人の論理構成については肯認の余地がないものとしている。

上記判断を受けて、これ以降の同種事案においては、納税者側は、違法行為をした役員等に対する損害賠償請求権について、その益金性を否定するのではなく、益金に計上する事業年度は第三者の不法行為により損害を被った場合と同様、現金主義によるべきものであるとの主張を展開するようになった。

(2)　上記最高裁判決が判示した、賠償債権を益金に計上する同じ事業年度を、損失を計上するのと同じ事業年度とすべきとする説（同時両立説）の論拠は、おおむね以下のように説明されている。

①　損害賠償請求権は、成立と同時に履行期が到来するものであり[6)]、かつ同請求権について商行為による金銭債権等とは別異の取扱いをなすべき特段の理由は存在しない。

②　法人税法22条2項は、資本等取引に係るものを除く「純資産の増加となるべき一切の事実を益金」としているものと解され、賠償債権の取得が、当該事業年度の収益に該当することは明白である。そして、役員等の犯罪を発見して更正等により被った損害額を損金として計上したのであるから、法人税法が基礎と公平妥当な会計原則（法税22条4項）からしても、賠償請求権についても同じ事業年度終了の日までに債権額が確定したものとして益金に計上すべきである。そして、それが債務者の無資力その他の理由によって実現不能が明白になったときに改めて償却処理すべきである。

(3)　下級審の裁判例は、ごく少数の例外を除き、前掲・最判昭和43年10月17日に沿った判断をしてきている[7)]。

最近、注目された事例としては、東京高判平成21年2月18日（訟月56・5・1644）が挙げられる（原審東京地判平成20年2月15日参照）。

この事案の概要は、X会社の経理部長であったAが、正規の外注費の金額に「架空外注費」の金額を上乗せしてXの決済を受け、「架空外注費」分の金員をXから詐取していたが、Xはこれに気づかず、税務調査をきっかけとして詐取行為が発覚した。Y税務署長は、上記の外注費の架空計上が損金の過大計上に当たること等を理由として、Xの過去の事業年度の法人税について更正処分及び重加算税の賦課決定処分を行ったため、Xがその取消しを求めて提訴したというものである。

主要な争点は、Aに対して取得した損害賠償請求権の額を、その取得した事業年度の益金の額に算入すべきかどうかという点であった。

本判決は、前掲・最判昭和43年10月17日の考え方を前提としながら、「通常人を基準にしても、加害者を知ることが困難であるとか、権利内容を把握することが困難なため、直ちには権利行使（権利の実現）を期待することができないような場合には、現金主義による処理も許容され得る」との判断基準も示したうえで、当該事案においては、「本件詐取行為は、経理担当取締役が預金口座からの払戻し及び外注先への振込み依頼について決裁する際に、(不正行為者が) 持参した正規の振込依頼書をチェックしさえすれば容易に発覚するものであった」から上述した基準を充足しない旨の事実認定をして、1審判決を取り消し、Yの更正処分及び重加算税の賦課決定処分をすべて肯認した。

そして、最高裁も、上記東京高裁判決を維持した（最決平21・7・10(税資259・11243))。

4　重加算税等の賦課決定処分の問題について

(1)　また、前掲・東京高判平成21年2月18日は、重加算税の賦課決定処分の問題について、法人税の過少申告又は無申告の事実が当該法人の担当者の隠蔽・仮装による場合には、代表者がその事実を知らなくとも、原則として重加算税賦課の要件は満たされるとする[8)]、現行裁判実務の採る見解に沿った判断をした。

この説は、違法行為等が行われた時点が属する事業年度当時ないし納税申告時に納税者がどういう認識でいたのか（納税者の主観）は問題とすべきではないとの考え方に立ち、国税通則法68条1項により過少申告加算税に代え重加算税を課すことは適法とする。

(2)　ちなみに、最判平成18年4月20日（判時1939・12）は、税理士が申告に際して隠蔽・仮装行為をした事案について、税理士による隠蔽仮装行為を納税者本人の行為と当然には同視することができないとして重加算税の賦課決定処分を取り消したが、役員・使用人は、法人の内部者であるから、その隠蔽・仮装行為は納税者本人の行為と同視されることになるものと解される。

前掲・最判昭和43年10月17日の事案では、課税庁は過少申告加算税の賦課決定処分をし、各審級の判決は、いずれも当該処分を不当とする納税者の主張を斥けている。

5　現行裁判実務を踏まえた税務処理について

(1)　国税庁担当官らが執筆した小原一博編著『法人税基本通達逐条解説（8訂版）』176頁（税務研究会出版局、2016年。但し、「はしがき」に個人的見解に基づくとの趣旨の記載がある）は、上記の問題について、（特許権や著作権などの権利を巡る損害賠償請求や交通事故による損害賠償請求のような場合を除き）「法人の役員又は使用人による横領等によって法人が損害を受けた場合には、通常、損害の発生時におけるこれらの点が明らかであり、損害賠償請求権はその時において権利が確定したものということができることから、被害発生事業年度において、損失の額を損金の額に算入するとともに、損害賠償請求権を益金の額に算入することになろう」と記しており、上記裁判実務を踏まえたものとなっている。

(2)　以上より、法人は、損金を計上した事業年度の法人税について課税庁から更正処分及び重加算税の賦課決定処分を受ける税務リスクを回避するためには、前掲・東京高判平成21年2月18日が説示するような特段の事情が明確に存在しない限り、役員等の違法行為による損害額を損金に計上したのと同一の事業年度にそれと同額の損害賠償債権を益金に計上したうえで、それが債務者の無資力その他の理由によって実現不能が明白になったときに損金とする一律的処理をするしかないとの結論になろう。

6　法人の役員が簿外処分により行った金員の不正領得行為等と、当該法人に対する認定賞与に伴う源泉所得税に係る納税告知処分等について

(1)　いわゆる認定賞与は、法人の経理処理のうえでは役員に対する賞与とはされていないが、その支出又は利益の供与により実質的に役員が賞与の支給を受けたと同様な関係に置かれた場合に、税務計算上、役員に対する賞与として認定される性質のものをいうとされる。賞与とみなされた金額は、法人税法上損金不算入とされるとともに（定期同額給与、事前確定届出給与等に該当しないため）、その役員に対する給与若しくは賞与の支払として所得税法183条1項、240条により源泉徴収に係る所得税及び不納付加算税を賦課決定されるので、当該法人は、極めて厳しい事態に直面することとなる。

従前より、課税庁が、種々の間接事実から役員において法人の金員を領得したことを推認する手法により、実質的に賞与としての支給がなされたと認定する例が相当数あり、特に法人が代表者とその親族によって支配される同族会社であり、代表者が当該法人経営の実権を一手に掌握しているような場合には、実質は「隠れた利益処分」であるとして認定賞与とされる可能性が高くなるので、注意が必要である。

以下、具体的事例に即して説明する。

① 仙台高判平成16年3月12日（税資254・9593）

この事案は、架空工事の計上や代金額を水増しさせたリース契約の締結などにより捻出した金員を、順次法人の口座から引き出し、配偶者の事業資金のために費消せしめた社会福祉法人の代表者（理事長）であった者の行為について、課税庁が、認定賞与に伴う納税告知（源泉徴収）等の処分を行ったため、その取消しを求めて法人が提訴した。

まず、法人代表者が享受した経済的利益は、所得税法上の「所得」に該当するか否かについては、経済的利益の原因となった行為が違法・無効とされ、その返還債務が発生する場合であっても（法人と元代表者は、返済合意公正証書を作成していた）、現実に経済的利益が存在する限り、所得税法上の「所得」に当たると判断した。

次に、法人代表者が享受した経済的利益は、所得税法28条1項の「給与所得」に該当するか否かについては、以下のとおり判断した（該当すれば、支払者たる法人は、同法183条、240条により源泉徴収する義務を罰則をもって強制される）。

すなわち、資金引出しの実態は、「ワンマン理事長である地位及び権限に基づき、公私混同（権限濫用）して、配偶者の事業資金捻出のため、法人の資金を流用取得したものである。そうすると、代表者の金員取得は、理事長として実質的に有していた権限に基づき、ないし理事長として実質的に有していた地位（法人に対する貢献等を含む）に基づき支給された給与（臨時の一時金といえるので賞与）であると推認することが許される」として、課税庁の処分をすべて肯認した。

②　東京地判平成19年12月20日（税資257・10853）

また、上記判決では、所得税法183条1項（源泉徴収義務）にいう「支払」の意義につき、「その金員の移転や利益の取得が、職務執行の対価に準ずる性質を有するかどうかといった事情や法人における地位に基づいて支給されたものかどうかといった点を併せ考慮して判断する事項であって、当該支出が私法上の給与として支給される機序に基づいてなされたか否かといった事情やその支給に当たり適正な手続を経て支給されたのかといった事情が影響するものではない」とされた[9)]。

⑵　次に、法人の資金が外部に流出したが、流出後の金の流れ（ルート）やその使途等を直接証拠に基づいて完全には解明把握できなかった事案では、使途等の立証責任ないし課税庁が実質的に賞与と推認する手法の合理性が問題となる。

これについても、具体的事例に即して説明する。

①　東京地判昭和52年3月24日（税資91・416）、及び東京高判昭和56年6月19日（訟月27・10・1949）

この事案では、第三者名義の通知預金の帰属先、その資金出所及び払戻金の使途等が争点となり、課税庁が、通知預金は同族会社に帰属する簿外預金であり、別法人に対する貸付け等の間接事実から払戻金は実質的な代表者に対する賞与の支払に供したものと推認し得るとして、当該法人に源泉徴収に係る所得税及び不納付加算税の賦課決定処分をしたのに対し、法人はこれを全面的に争い、処分の取消しを求めて提訴したというものである。

1、2審判決は、ともに通知預金は当該法人に帰属する簿外預金であることを認めたうえで、「預金の払戻金につきこれを代表者個人の認定賞与と認めるには、右払戻金を同人において取得した事実、少なくとも同人において取得したと合理的に推認することができる事実について、課税当局がこれを主張、立証する必要があるところ、本件では立証責任を尽くしているとは認め難い」旨の理由づけにより法人の請求を認容し、上告棄却判決（最判昭57・7・1税資127・1）により課税庁の敗訴が確定した。

上記東京高裁判決は、課税庁が使途等について立証責任を負うとの原則論を明確に説示したが、課税庁が実質的に役員への賞与支給に供されたと推認した手法が合理的であればこれを肯認するとしているので、納税者側は、個々の事案の実態を正確に踏まえて課税庁に対応していくほかないこととなろう。

② 神戸地判平成10年9月30日（税資238・533）、及び大阪高判平成14年8月28日（税資252・9179）

この事案は、会社に入金した不動産取引に伴う解決金20億2500万円のうち代表者が別法人の口座に入金させた10億円について、当該会社が、10億円は取引の関係者数人に分配したものであり解決金収入の原価であるとして申告したのに対し、課税庁は、会社は10億円の使途等を容易に主張、立証できるにもかかわらず具体的な説明及び根拠資料の提出を行わず、支払先も事業活動の実体のない法人であることから、10億円は原価に架空計上したものと認定し、法人に対し青色申告承認取消し及び重加算税賦課決定の処分を行い、併せて、代表者が自己の事業資金を賄うために会社の金員を実体のない法人の口座を経由させて個人的に使用したことは代表者に対する「貸付金」と評価するのが相当であるとして、同「貸付金」の利息相当額の経済的利益を供与したものとして納税告知処分も行ったというものである。

1、2審判決は、ともに課税庁が行った処分をすべて肯認し、上告不受理により確定している。

この事案で、課税庁が認定賞与ではなく認定貸付けとした理由は、

10億円が代表者名義の土地等の取得資金に充てられたとの推定はできるものの、そこに至る金の流れ（ルート）を完全には解明把握できなかったこと（代表者個人が全額を自己のために費消した事実までは認定できなかったこと）、及び課税庁の基幹目的が原価否認にあったことによると考えられる。

ちなみに、課税庁対応実務のなかでは、修正申告において認定賞与となることを回避するため、説明等によって貸付金の認定にしてもらうことはよくあることとされている。

1）　東京弁護士会編著『新訂第七版　法律家のための税法［民法編］』283頁（第一法規、2015年）。

2）　小原一博編著『法人税基本通達逐条解説（8訂版）』176頁（税務研究会出版局、2016年）。

3）　最判平成5年11月25日（判時1489・96）等参照。

4）　渡辺伸平『税法上の所得をめぐる諸問題』司法研究報告書第2第19輯1号94頁以下（1967年）。

5）　山下清兵衛『法人（被害者）の損害賠償請求権の益金計上時期』平成21年5月1日日弁連新聞：税制委員会ニュースNo.4。

6）　最判昭和37年9月4日（民集16・9・1834）。

7）　大阪高判平成13年7月26日（判タ1072・136）、東京高判平成21年2月18日（訟月56・5・1644）。近時の事例として、広島地判平成25年1月15日（税経通信69巻11号199頁）。

8）　金子宏『租税法（第22版）』321・345頁（弘文堂、2017年）。なお、末端の従業員の隠蔽・仮装行為を除外しようとする見解として、武田昌輔「使用人等による不正行為と租税逋脱に関する若干の考察」税理30巻5号2頁以下（1987年）。

9）　仙台高判平成16年3月12日や東京地判平成19年12月20日と同旨の裁判例として、大阪高判平成15年8月27日（税資253・9416）。

Ⅵ　計　　算

40　企業会計、会社法会計、租税会計

1　会社法会計と企業会計

会社は、会社法の定めに従い、各事業年度の終わりに決算を行う。具体的には、適時かつ正確な会計帳簿に基づき計算書類（貸借対照表、損益計算書等）等を作成し（会社432条・435条等）、法に定められた承認手続及び開示手続を行わなければならない（会社436条・438条・439条等）。そして、これら手続の前提となる会社の会計は「一般に公正妥当と認められる企業会計の慣行に従う」（会社431条・614条。なお、会社計算3条参照）とされているとおり、企業会計を基礎としている。また、上場会社等一定の会社（基本的に大規模会社である）は、さらに金融商品取引法に基づく開示義務を負い、具体的には、有価証券報告書等に記載される財務計算に関する書類（金商193条）を作成し、開示しなければならないが、これら書類も「一般に公正妥当と認められる企業会計の基準に従う」（財務規1条1項）とされ、企業会計を基礎とすべきことが明らかにされている[1)]。

2　租税会計と企業会計

法人税は、会社の所得に対して課されるので、法人税の課税計算においても、所得に相応する企業利益の把握が前提となる。

この点、法人税法は、法人税の課税標準を会社の各事業年度の所得の金額とし（法税21条）、その所得の金額を益金の額から損金の額を控除した金額とし（法税22条1項）、益金の額は別段の定めがない限り収益の額、損金の額は別段の定めがない限り原価の額、費用の額及び損失の額の合計とし（法税22条2項・3項）、そのうえで、各事業年度の収益の額並びに、原価、費用及び損失の額は、「一般に公正妥当と認められる会計処理

の基準に従って計算されるものとする」（法税22条4項）としており、法人税の課税計算も、会社の決算のためになされている企業会計を基礎とすべきことを明らかにしている。

また、法人税法は、確定した決算に基づいて確定申告を行わなければならない旨を定め（法税74条1項）、法人税の計算が会社法上行われる決算手続を前提としてなされることを明らかにしている。そして、その確定した決算も、上記のとおり、一般に公正妥当と認められる企業会計の慣行に従うとされるので（会社431条・614条）、結局、「わが国の法人税法は、企業所得の計算についてまず基底に企業会計があり、その上にそれを基礎として会社法の計算規定があり、さらにその上に租税会計がある、という意味での『会計の三重構造』を前提としている」と理解されている[2)]。

もっとも、法人税法は、公平な負担の実現あるいは産業政策目的など税法独自の目的のため、企業会計上の利益の額から法人税法上の所得の金額を導くに際し、下記4のとおり、様々な別段の定めを置いて調整をしている。すなわち、公正な会計慣行に基づく企業会計上の利益の額がそのまま課税計算の基礎となる所得の金額になるわけではない。そして、上記確定決算主義、すなわち会社が行った決算の結果を基礎に法人税法上の所得の金額の計算を行うという構造から、例えば減価償却計算などにおいてしばしば見られるように、逆に税法の規定に従った会計処理を企業会計ないし会社法会計の段階で行うといういわゆる逆基準性の現象が生じているといわれている。

3　一般に公正妥当と認められる会計処理の基準

「一般に公正妥当と認められる会計処理の基準」とは、「企業会計原則や、商法（〔編注〕現行会社法）、証券取引法（〔編注〕現行金融商品取引法）の計算規定に代表される、財務諸表の作成上の指針あるいは制約事項として、企業会計実務の中に慣習として発達具体化した会計原則をいうものであって、経営者に恣意的な会計方法の選択を許すものではなく、一般社会通念に照らして公正かつ妥当であると評価されうる会計処理の基準を意味するもの」（神戸地判平14・9・12判タ1139・98）と解されている。

もっとも、「一般に公正妥当と認められる会計処理の基準」の意義に関する注意点として、「企業会計原則の内容や確立した会計慣行が必ず公正妥当であるとは限らない[3)]」との指摘がある一方で、「企業会計原則等による定めは、およそ原理的、基本的な事項に限られ、全ての企業活動について網羅的に定めるものでない。そのため、企業会計原則等に定められていない会計処理の基準であっても、一般社会通念上会計処理として公正かつ妥当と評価され得るもので、現実に継続して適用され、社会的に容認されているものであれば、会計慣行としての規範性を有するもの」（前掲・神戸地判平 14・9・12）とも解されている。

このように「一般に公正妥当と認められる会計処理の基準」の具体的な内容については明確でない部分が多く、例えば、収益や費用の帰属年度が問題となる場合など、個々の事案において、「一般に公正妥当と認められる会計処理の基準」から個別具体的な処理基準を導くことには困難を伴うことも多いと言わざるを得ない[4)]。

4　租税会計における調整

法人税法は、益金の額に算入すべき金額に無償の取引が含まれることを明定している（法税 22 条 2 項）。これは、公正な企業会計における基準が必ずしも明らかでない無償取引に関し、税法独自の取扱いを定めたものといえる[5)]。

また、益金の額及び損金の額に関する別段の定め（法税 22 条 2 項・3 項）として、法人税法及び租税特別措置法にたくさんの定めが置かれている。これら定めはそれぞれ固有の立法理由に基づくのであるが、①会社法、企業会計等に依存しながら、その適用範囲や限界を明確にするもの（法税 25 条・33 条等）、②主として租税政策上の見地から益金の額及び損金の額について特別の取扱いをするもの（法税 23 条・37 条等）、③主として産業政策その他の政策目的から特別な計算を認め、又は計算を規制するもの（租特 67 条の 4・42 条の 5 等）に分類して整理すると理解に資すると思われる[6)]。

法人税額は、公正な企業会計に従い算出され会社の決算として確定した利益額を基に、上記別段の定め等による調整を経て、法人税法上の益金の額と損金の額の差額である所得の金額が計算され、係る所得の金額に基づいて算定される、という計算過程をたどる。法人所得の具体的な計算については、「41　法人所得の計算方法」を参照されたい。

1）　金融商品取引法に基づく開示においては、企業会計審議会（金融庁組織令24Ⅰ参照）により公表された企業会計の基準、及び平成13年7月に民間の会計基準設定主体として設置された企業会計基準委員会により公表される個別の会計基準が「一般に公正妥当と認められる企業会計の基準」に該当するものとされている（財務規1条2項・3項、金融庁告示70号平成21年12月11日)。他方、会社法の会計でも、上記会計基準が一応「一般に公正妥当と認められる企業会計の慣行」に当たると推定されると理解されているが、会社法が金融商品取引法では適用対象にならない中小企業なども適用の対象とするため、例えば「中小企業の会計に関する指針」(日本税理士会連合会、日本公認会計士協会、日本商工会議所、企業会計基準委員会、平成17年8月。最終改正27年4月21日）も、一定の会社において「一般に公正妥当と認められる企業会計の慣行」に該当すると考えられるし、その他不文の会計慣行なども直ちに「一般に公正妥当と認められる企業会計の慣行」から排除されるものではないと考えられている（江頭憲治郎『株式会社法（第6版)』628頁以下、有斐閣、2015年)。

2）　金子宏『租税法（第22版)』331頁（弘文堂、2017年）以下。

3）　前掲注2)・金子332頁。なお、大阪高判平3・12・19行裁集42・11＝12・1894も同旨。

4）　例えば、船荷証券が発行されている商品の輸出取引による収益の計上時期が一般に公正妥当と認められる会計処理の基準との関係で問題となった事案に関する最判平成5年11月25日（民集47・9・5278、原審は前掲注3)・大阪高判平成3年12月19日）では、結論において、課税庁の主張を認めた原審を維持したが、2つの反対意見が付されている。

5）　中村利雄『法人税の課税所得計算（改訂版)』86頁（ぎょうせい、1990年)。

6）　渡辺淑夫『法人税法（平成29年度版)』134頁（中央経済社、2017年)。

41　法人所得の計算方法

1　概　要

法人税の額は、法人の各事業年度の所得の金額に所定の税率を乗じた金額として計算される（法税66条）。事業年度とは、法人の財産及び損益の計算の単位となる期間で、定款や寄附行為などに定められたものをいい（法税13条1項）[1]、各事業年度の所得の金額は、当該事業年度の益金の額から当該事業年度の損金の額を控除した金額として計算される（法税22条1項）。当該事業年度の益金の額に算入すべき金額は、当該法人の各事業年度の企業会計上の収益の額を基礎として、また、当該事業年度の損金の額に算入すべき金額は、当該法人の各事業年度の企業会計上の原価の額、費用の額及び損失の額（以下、「費用等の額」という）を基礎として、それぞれ法律に定める必要な調整を行うことで計算される（法税22条2項・3項）。上記の調整について、法人税法は、基本的に企業会計上の収益の額（但し、無償取引を含む）をもって法人税法上の益金の額に算入すべき金額としたうえで、別段の定めとして、収益の額であるが益金の額に算入すべき金額にならないもの（益金不算入）、収益の額ではないが益金の額に算入すべき金額になるもの（益金算入）を定め、他方、基本的に企業会計上の費用等の額をもって法人税法上の損金の額に算入すべき金額としたうえで、別段の定めとして、費用等の額であるが損金の額に算入すべき金額にならないもの（損金不算入）、費用等の額ではないが損金の額に算入すべき金額になるもの（損金算入）を定めている。

実務においては、企業会計上の収益の額及び費用等の額から、それぞれ法人税法上の益金の額及び損金の額を計算してその差額である所得の金額を算出するという計算過程を経ることはせず、企業会計上、収益の額から費用等の額を控除したものが当期利益の額であるので、企業会計上の当期利益の額を基礎として、法人税法上の所得の金額の計算に当たり加算されるべき金額（益金算入額及び損金不算入額）を加算し、減算されるべき金額（益金不算入額及び損金算入額）を減算して、所得の金額を算出するという計算過程を経る。この計算過程は、法人税申告書別表四に記載される。

以上の調整過程を図で示すと、以下のとおりとなる。

〈調整過程〉

企業会計上の利益　＝　収益の額　－　費用等の額

↓　↓

調整項目　別段の定め（益金算入・益金不算入）　別段の定め（損金不算入・損金算入）

所得金額　＝　益金の額　－　損金の額

〈実務上の計算構造〉

調整項目（別段の定め）

企業会計上の利益⇒｛＋（益金算入・損金不算入）－（益金不算入・損金算入）｝⇒**所得金額**

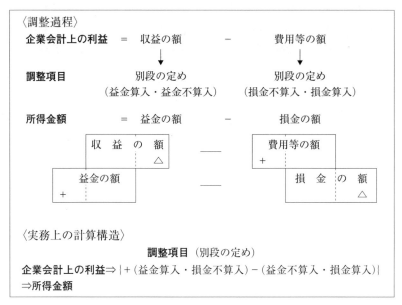

2　法人税の税額の計算の流れ

株主総会で承認を受けることにより当該事業年度の決算が確定する（但し、会計監査人による無限定適正意見その他一定の要件を満たした場合は、取締役会の承認により確定する。会社439条）。この確定した決算における会計上の当期利益の額から必要な調整を行うことにより、当該事業年度の税務上の所得の金額を計算し、その所得の金額から法人税の額を算出する。

(1)　決算調整

法人の所得の金額の計算上損金の額に算入される項目の中には、法人がその確定した決算において費用又は損失として経理すること（損金経理という。法税2条25号）が要件とされる項目がある。例えば、減価償却資産に係る償却費（法税31条）、貸倒引当金勘定に繰り入れた金額（法税52条）などで、基本的に法人の内部意思決定により損金算入額を決定する性質の項目である[2)]。なお、平成18年の法人税法の改正前においては、役員退職慰労金も利益処分として支出する場合には損金の額に算入することができなかったことから、費用等として支出する法人の意思を明らかにする趣旨で損金経理が要件であった。現在では、利益処分による役員への支出はできなくなったので（会社452条）、役員退職慰労金の損金経理に関する規定はなくなった。

また、長期割賦販売等に係る延払基準の適用（法税63条）や一般工事の請負に係る工事進行基準の適用（法税64条2項）のような経理基準の選択も、法人が確定した決算においてその選択した経理基準に従って経理することが要件とされている。

このように、ある費用を損金の額に算入するために、又は、ある経理基準を選択するために、一定の経理が必要な場合があり、このような場合には、株主総会等において確定する決算において必要な経理処理しておかなければならない。このような決算段階での処理のことを、実務上決算調整と呼ぶことがある。

(2)　申告調整

上記のとおり、法人税の額の計算の基礎となる所得の金額は、法人の確定した決算における企業会計上の当期利益の額に、上記の加算すべき金額（益金算入額及び損金不算入額）を加算し、上記の減算すべき金額（益金不算入額及び損金算入額）を減算することにより算出する。企業会計上の当期利益の額は法人の計算書類に記載されており、この計算書類を確定申告書に添付する（法税74条3項）とともに、法人税申告書別表四において上記の調整を行う。この調整のことを実務上申告調整と呼ぶことがある。

上記の加算すべき金額及び減算すべき金額に該当する主な項目として、以下のものがある。

① 加算すべき金額に係る項目

益金算入とされるものには、国庫補助金等や保険差益等に係る特別勘定の要取崩額又は目的外取崩額（法税 43 条 3 項・48 条 3 項）などがある。

損金不算入とされるものとして、法人税額等の損金不算入額（法税 38 条）、交際費等の損金不算入額（租特 61 条の 4）、寄附金の損金不算入額（法税 37 条）、貸倒引当金その他の引当金や減価償却費などについて損金算入限度額の超過額に係る損金不算入額（法税 31 条・52 条参照）、有価証券その他資産の評価損の損金不算入額（法税 33 条）、役員給与の損金不算入額（法税 34 条）などがある。法人税額等の金額を所得の金額の計算上加算するのは、企業会計上の当期利益の額が税引後の利益の額であるので、税引前の利益の額に引き直すためである。

② 減算すべき金額に係る項目

益金不算入とされるものに、受取配当等の益金不算入額（法税 23 条）、資産の評価益の益金不算入額（法税 25 条）、法人税等の還付金等の益金不算入額（法税 26 条）などがある。

損金算入とされるものに、一定の繰越欠損金の損金算入額（法税 57 条）などがある。

(3) 税額の計算

各事業年度の所得の金額に所定の税率を乗じて計算した法人税の額から、控除されるべき税額を控除して、納付すべき法人税の額が算出される。この税額の計算は法人税申告書別表一において行う。

ちなみに、平成 29 年 4 月 1 日現在の法人税の税率は、次のとおりである。

法人税率

事業年度末の資本金の額等が1億円超の普通法人	所得の金額の23.4%(※3)
事業年度末の資本金の額等が1億円以下の普通法人(※1)、一般社団（財団）法人、人格のない社団等	所得の金額のうち800万円以下の部分につき15%(※4)、800万円超の部分につき23.4%(※3)
公益社団（財団）法人、協同組合等(※2)	所得の金額のうち800万円以下の部分につき15%(※4)、800万円超の部分につき19%

（※1）　大法人（資本金の額等が5億以上の法人等）との間に当該大法人による完全支配関係がある法人や、複数の完全支配関係がある大法人に発行済株式等の全部を保有されている法人には軽減税率の適用はない（法税66条2項・6項2号・3号）。

（※2）　特定の協同組合等（構成員が50万人以上など一定の要件を満たす組合等）は所得の金額のうち10億円を超える部分につき22%（租特68条）となる。

（※3）　平成30年4月1日以後開始する事業年度から23.2%となる。

（※4）　本則は19%であり、平成31年3月31日までの間に開始する事業年度につき、15%の軽減税率が適用されている（租特42条の3の2）。

また、上記の控除されるべき税額として、受取利子及び配当に関し源泉徴収された所得税の額（法税68条）、試験研究を行った場合の法人税額の特別控除（租特42条の4）、中小企業者等が機械等を取得した場合の法人税額の特別控除（租特42条の6）等がある。

3　確定申告書の概要

申告期限までに法人が作成し提出することになる確定申告書は、法人税法施行規則に基づき多数の別表で構成されている。このうち、所得の金額及び法人税の額の計算を行ううえで基本となるのは、別表一、四及び五(一)である。

(1)　別表四

別表四は、所得の金額の計算に関する明細書で、企業会計上の当期利益の額と各加算項目及び各減算項目の金額を列挙したうえで、それらに従った加減算計算をして所得の金額（又は欠損金額）を算出するものである。税務上の損益計算書といわれることがある（巻末資料：法税規別表四「所得の金額の計算に関する明細書」参照）。

⑵ 別表五（一）

別表五（一）は、利益積立金額及び資本金等の額の計算に関する明細書で、利益積立金額と資本金等の額及びこれらの増減明細が記載されるものである。税務上の貸借対照表といわれることがある（巻末資料：法税規別表五（一）「利益積立金額及び資本金等の額の計算に関する明細書」参照）。

利益積立金額とは、法人の所得の金額で留保している金額をいう。利益積立金額は、別表四の当期利益の額及び加算項目の各金額のうち留保されるべき金額がその増加要因になり、同表の減算項目の各金額のうち留保されるべき金額がその減少要因となる。

例えば、別表四に記載された当期利益の額（＝企業会計上の当期利益の額）のうち配当その他により社外流出することなく法人に留保された金額や同別表の加算項目の中の減価償却費の償却限度額の超過額などは、留保された所得の金額として利益積立金額の構成要素となり、別表五（一）に記載され、翌期に繰り越されることになる[3)]。

他方、交際費のように別表四で加算され、所得の金額に含まれる項目であっても、法人外に支出されたもので留保される所得の金額でないものは、利益積立金額の構成要素とならず、別表五（一）にも記載されない[4)]。

⑶ 別表一

別表一は、確定申告書の表紙であり、別表四で算出された所得の金額から法人税の額が計算されるものである。具体的には、所得の金額に所定の税率を乗じて法人税の額を計算し、当該法人税の額から各種の税額控除額や法人税の中間納付額等を控除して、確定申告時の納付税額が計算される（巻末資料：法税規別表一（一）「各事業年度の所得に係る申告書」参照）。

1）法人の会計上の事業年度が、1年を超える場合は（会社計算59条2項参照）、当該期間をその開始の日以後1年ごとに区分した各期間（最後に1年未満の期間を生じたときは、その1年未満の期間）が、法人税法上の事業年度となる（法税13条1項但書）。

2）　固定資産の圧縮記帳による損金算入（法税令80条、租特64条1項）等のように確定した決算において剰余金の処分により積み立てる経理処理をすることによって、損金算入が認められる項目もある。

3）　別表四の中の「留保」という欄に記載された項目が、別表五（一）における利益積立金額の内訳となる。

4）　別表四の中の「社外流出」という欄に記載された項目は、別表五（一）に記載されないことになる。

42　欠損金

1　欠損金の意義

欠損金（額）とは、各事業年度の損金の額が益金の額を超える場合におけるその超える部分の金額をいう（法税2条19号）。企業会計（会社法会計ないし金商法会計）上の（税引前）当期純損失に対応する概念であるが、企業会計上の収益・費用と租税会計上の益金・損金が必ずしも一致しないため（法税22条2項・3項。「40　企業会計、会社法会計、租税会計」を参照）、同一期間における欠損金の額と（税引前）当期純損失の額も必ずしも一致しない。

2　欠損金の繰越し・繰戻し

各事業年度の法人税額は、基本的に、当該事業年度の所得金額に一定の法人税率を乗じて算定され、所得が発生しない事業年度（欠損金発生の場合を含む）の法人税額は零となる（法税66条）。しかし、そのままでは、総合的な担税力に違いがない法人同士でも、所得・欠損の期間変動が激しい法人と、所得が安定的な法人との間で、長期的な納税額が大きく異なることとなって、法人の総合的・長期的な担税力に応じた公平な賦課（応能負担原則。憲13条・14条・25条・29条）の実現が図れないこととなる。

そのため、法人税法は、欠損金が発生した場合、その一定の範囲を当該年度以前又は以後の事業年度の所得金額と通算し、相応する額の法人税を還付又は減額するという制度を置いている。欠損金を、その発生年度以前の事業年度の所得と通算する場合を欠損金の繰戻し、発生年度以後の事業年度の所得と通算する場合を欠損金の繰越し、という。

なお、企業会計では、当期純利益ないし当期純損失は、企業の当該期間における経営成績を示す最終的な数値であり、それは貸借対照表上の繰越利益剰余金に加減算され、企業の留保利益額として翌期以降に引き継がれるという形で、複数会計期間の連携が図られる。したがって、企業会計においては、ある事業年度の当期純損失を、その前後の事業年度の当期純利益と直接に通算する処理を行うことはない。

3　欠損金の繰越し

(1)　概　要

欠損金の繰越しとは、ある事業年度の所得金額の計算において、過去に発生した欠損金の一部を損金として算入することを認める制度である。繰越欠損金を損金算入できる範囲及び条件について異なるいくつかの制度が用意されている（法税 57 条以下）。

(2)　青色申告書を提出した事業年度の欠損金の繰越し

欠損金の繰越しの基本的制度であり、ある事業年度の所得金額（欠損金控除前）の一定の割合を上限として、その事業年度開始の日に先立つ一定期間内に開始した事業年度に発生した欠損金額を損金として計上できるというものである（法税 57 条 1 項）。

「一定の割合」は、平成 23 年度税制改正前は 100% であったが、同改正、平成 27 年度税制改正及び平成 28 年度税制改正により、平成 24 年 4 月 1 日から平成 27 年 3 月 31 日までに開始する事業年度については 80%、平成 27 年 4 月 1 日から平成 28 年 3 月 31 日までの間に開始する事業年度については 65%、平成 28 年 4 月 1 日から平成 29 年 3 月 31 日までの間に開始する事業年度については 60%、平成 29 年 4 月 1 日から平成 30 年 3 月 31 日までの間に開始する事業年度については 55%、その後については 50% に変更された（平成 28 年改正法 18 条で改正された平成 27 年改正法附則 27 条 2 項）。ただし、大会社に完全支配等されていない[1]資本金又は出資金の額が 1 億円以下の法人、倒産手続等の開始等から一定期間[2]を経過していない法人、及び事業年度開始日において設立から 7 年を経過していない法人で大会社に完全支配等されておらず上場等（法税令 112 条 19 項）もしていないものについては、平成 23 年度税制改正前と同様に、所得金額（欠損金控除前）の全部に相当する額の欠損金を損金として計上できる（法税 57 条 11 項）。

また、「一定期間」は、平成 23 年度税制改正前は 7 年以内であったが、同改正で平成20年4月1日以後に終了した事業年度に生じた欠損金額について9年以内に延長され、平成27年度及び平成28年度税制改正で平成30年4月1日以降に開始する事業年度については10年以内に延長された（平成28年度改正法18条で追加された平成27年度改正法附則1条8号の2イ）。

この適用を受けるには、当該欠損金が発生した事業年度に青色申告を行い、かつ、その後の事業年度において連続して確定申告を行っていることが要件となる（法税57条10項。巻末資料：法税規別表七（一）「欠損金又は災害損失金の損金算入等に関する明細書」参照）。

なお当然ながら、損金に計上できるのは、それ以前に繰越し又は繰戻しに充てられていない欠損金額（以下「未処理欠損金額」という）のみである（法税57条1項但書）。

⑶　災害による損失金の繰越し

欠損金の発生した事業年度に青色申告を行っていなかった場合も、棚卸資産・固定資産等についての災害による損失に係る損金額については、例外的に繰越しが認められている。適用要件は、欠損金の発生した事業年度に、棚卸資産・固定資産等についての災害による損失に係る損金額の計算の明細を記載した確定申告を行っていることが求められるほかは、青色欠損金の繰越しの場合とほぼ同様である（法税58条、前掲・法税規別表七（一））（平成27年度改正法1条2項、同法附則1条7号イ・27条2号も参照）。

⑷　組織再編における取扱い

企業の組織再編を税制面から支援すべく、適格合併等の場合に、合併法人等が、合併等の日前9年以内（合併等が平成30年4月1日以降の場合は10年以内。平成28年度改正法18条で追加された平成27年度改正法附則1条8号の2イ）に開始した事業年度に発生した被合併法人等の未処理欠損金を引き継ぐことができる制度が用意されている（法税57条2項）。もっとも、未処理欠損金の利用のみを目的とした合併等による租税回避を防ぐため、一定以上に密接な資本関係のある法人同士の合併においては、引き継げる欠損金額の範囲について一定の制限が付されている（法税57条3項・4項、法税令112条・113条）。

この点の詳細については、「59　組織再編税制――総論」を参照されたい。

(5) 特定の者に支配された法人における取扱い

未処理欠損金額又は評価損資産を抱える法人（以下、「欠損等法人」という）が、他の者から特定支配されている場合（当該他の者が当該法人の株式の50%超を有する場合等）、当該欠損等法人の特定支配日（特定支配関係の成立した日）前の各事業年度において生じた欠損金は、一定の場合、当該欠損等法人の損金に算入できないとされている（法税57条の2、法税令113条の2）。これは、例えば、繰越欠損金を抱える休眠中の会社を取得して、その会社に事業を行わせることで、当該事業の所得に係る納税を回避する等の方法を防ぐための措置である。

「一定の場合」とは、欠損等法人が特定支配日直前には事業を営んでおらず、特定支配日後に事業を開始した場合や、欠損等法人が営んでいた事業のすべてを特定支配日以降に廃止する（と見込まれる）場合において当該事業の事業規模（売上金額等）のおおむね5倍を超える資金借入れ・出資等を受け入れた場合、その他これに類する場合が定められている。

(6) 再生型倒産手続における取扱い

税制面から会社の事業再生を支援するために、再生型倒産手続又はこれに類する手続の過程にある企業については、期限切れで繰越不可となった欠損金の一部についても損金算入が認められる（法税59条1項・2項）。具体的には、当該手続等の開始決定等があった事業年度において、①当該開始決定等があった時において当該法人に対して債権を有した者から債務の免除を受けた場合の債務免除益（デット・エクイティ・スワップ等による債権消滅益を含む）の額、②当該法人の役員等から金銭その他の贈与を受けた場合の受贈益の額及び③法人税法25条2項・3項又は33条2項・3項に基づき税務上の資産負債価額の評価換えが行われた場合の評価益の額から評価損の額を控除した額の合計額（以下、まとめて「債務免除益等の額」という）を超えない範囲で、過去の事業年度に発生した欠損金で期限切れにより繰越しできなくなったもの（以下、「期限切れ欠損金」という）の合計額の全部又は一部を、損金に算入できるというものである。

ただし、更生手続においては、期限切れ欠損金のすべてを青色欠損金・災害による欠損金に優先して損金算入されるのに対し、再生手続等(民事再生、特別清算、破産及び私的整理ガイドライン等に則った準則型任意整理等）においては、上記③の資産の評価替えに係る部分を除き、青色欠損金・災害による欠損金が優先して損金算入されるという違いがある（法税令116条の3・117条の2)。

この点の詳細については、「71　倒産・解散手続における債務者の税務」の説明を参照されたい。

(7) 解散した場合における取扱い

平成22年度税制改正で清算所得課税が廃止されたことに伴い、法人の清算過程において残余財産がないと見込まれる場合には、期限切れで繰越不可となった欠損金の損金算入を認める制度が設けられた（法税59条3項)。これについては、債務免除益等の額が損金算入の上限とされる再生型倒産手続の場合と異なり、事実上、損金算入額に制限はない(厳密には青色欠損金・災害による欠損金を控除した後の所得金額が上限となる。法税令118条)。この規定により、清算所得課税廃止後も、残余財産がない場合には、従前と同様に課税が発生しないこととなった。[3)]

なお、再生型倒産手続における期限切れ欠損金の損金算入と、清算における期限切れ欠損金の損金算入の両方を、同一事業年度において行うことはできない（法税59条3項)。清算型の民事再生を行う場合等は留意が必要である。

(8) 連結納税制度における取扱い

連結納税制度においても、単一法人における欠損金の制度とほぼ同様の欠損金の繰戻し・繰越し制度が用意されている（法税81条の9以下）。もっとも、連結納税は親法人とその完全支配子法人のみが対象のため、子会社株式の一部を売買する等で連結納税範囲を適当に調整する形の租税回避が行われてしまう可能性がある。そのため、連結欠損金額とみなされる欠損金額の範囲について一定の制限が付されている。

この点の詳細については、「66　100％グループ内の法人間の現物分配、及び株式分配等」を参照されたい。

4　欠損金の繰戻し

欠損金の繰戻しとは、欠損金が発生した場合に、当該年度以前の年度に納付した法人税（の一部）の還付を認める制度である（法税80条）。欠損金の繰越しのみでは法人が事業停止目前である場合等に十分な救済が与えられないというシャウプ勧告の指摘に基づき、昭和25年3月税制改正によって創設されたものである。

具体的には、ある年度で欠損金が発生した場合、その年度の開始の日前1年以内に開始したいずれか[4]の事業年度（以下、「還付所得事業年度」という）の法人税額（法人税申告書別表一で税額控除を行う前のもの）のうち、当該欠損金額が還付事業年度の所得に占める割合（最大で100％）分の還付を求めることができるというものである。これを計算式で示すと以下のとおりである。

還付税額＝（前期法人税額＋前期税額控除合計）×当期欠損金額÷前期所得金額

法人税法の定める本制度の適用条件は、①還付所得事業年度以降の各年度について青色申告を行っていたこと、並びに欠損金発生年度について②提出期限までに青色申告を行うこと及び③申告と同時に還付請求を行うことである（法税80条1項）。しかし、平成30年3月31日までの間に終了する事業年度において生じた欠損金についての本制度の適用は、中小企業者等[5]（大法人に完全支配等されていない資本金又は出資金の額が1億円以下の法人など）を除いて停止されているため（租特66条の13）、現在のところ、④中小企業者等であること[6]も本制度の適用条件となっている。

ただし、解散、事業全部の譲渡、会社更生法等による更生手続の開始、民事再生法による再生手続の開始その他の事実が発生した場合については、中小企業者等以外の法人についても本制度の適用が認められる（租特66条の13、法税80条4項、法税令154条の3)。この場合、還付請求の期限は解散等の事実の発生日以後1年以内であり、還付の対象となる法人税は当該事実の発生日前1年以内に開始したいずれかの事業年度のものとなる。

1） 具体的には、大法人（資本金の額等が5億円以上の法人等）との間に当該大法人による完全支配関係がある中小法人や複数の完全支配関係がある大法人に発行済株式等の全部を保有されている中小法人が除かれる（法税57条11項1号・66条6項2号・3号)。

2） 更正手続及び再生手続については開始決定日から認可決定日以後7年を経過した日（それ以前に弁済期間の満了等があった場合はその満了等した日）までの期間を含む事業年度、その他の準則型私的整理手続等については開始日以後7年を経過した日（それ以前に弁済期間の満了等又は上場等があった場合はその日）までの期間を含む事業年度が対象となる（法税57条11項2号、法税令112条14項～19項)。

3） 清算所得課税の廃止で、債務超過法人の資本金等の額がマイナスの場合、資産の譲渡益や債務免除益に課税される懸念があったが、平成23年度税制改正で資本金等の額のマイナスも期限切れ欠損金と同様に扱われることになり（法税令118条)、その懸念はなくなった。

4） 事業年度が決算日変更等により1年に満たない場合があるため複数の事業年度が該当することもある。

5） 所得の全額に相当する繰越欠損金の損金計上が認められる中小法人等の範囲とほぼ一致する。

6） 平成21年度税制改正前は、設立後5年以内の中小企業者等に限られていた。

43　剰余金の配当1――企業会計・会社法・税法における「剰余金」・「配当」概念

1　「剰余金」概念

「剰余金」概念は、企業会計上のそれを土台としつつ、会社法及び税法においてその目的に応じた修正がなされている。

(1)　企業会計

会計学では、株主資本（純資産のうち株主に帰属する部分）のうち資本金以外の部分を「剰余金」と呼び、そのうち株主からの払込みを源泉とするものを「資本剰余金」、払込資本を利用して得られた成果（利益）を源泉とするものを「利益剰余金」として区分してきた[1)]。企業が維持すべき払込資本と、それを利用して獲得した利益、すなわち出資者に分配可能な余剰（利益の留保）とを分別する趣旨である。

金融商品取引法が作成を求める貸借対照表においても、純資産の部（資産の部と負債の部の差額）のうちの「株主資本」は「資本金」「資本剰余金」「利益剰余金」に分類して記載するとされ（財務規59条・60条）、そのうち「資本剰余金」については「資本準備金」と「その他資本剰余金」に、「利益剰余金」については「利益準備金」と「その他利益剰余金」に区分して掲記するものとされている（財務規63条1項・65条1項[2)]）。

(2)　会社法

会社が作成及び株主への提供を求められる貸借対照表（会社435条2項・437条）の純資産の部の構造も企業会計上のそれと同様であり、「資本剰余金」は「資本準備金」と「その他資本剰余金」に、「利益剰余金」は「利益準備金」と「その他利益剰余金」に区分されて表示するとされる（会社計算76条）。

しかしながら、会社法上の「剰余金の額」は、最終事業年度末日における貸借対照表の「その他資本剰余金」及び「その他利益剰余金」の合計額に、同日後におけるその増減額を加減した額と定義され（会社446条、会社計算149条）、上記の貸借対照表の表示方法にかかわらず、「資本準備金」及び「利益準備金」の額は含まれない。会社法上の「剰余金の額」（会社461条2項1号）は株主への分配可能額を算出する出発点となるものであるため、会社債権者への引当てとする趣旨で積立てが強制された「資本準備金」及び「利益準備金」（会社445条・449条も参照）は会社法上では「剰余金の額」から除外されたのである。

(3) 税　務

税務上、法人の純資産は株主資本のみで構成されると扱われ[3)]、払込資本に対応する税務上の概念である「資本金等の額」（法税2条16号、法税令8条）と利益の留保に対応する税務上の概念である「利益積立金額」（法税2条18号、法税令9条）のいずれかに区分される。

概念的には、税務上の「資本金等の額」は企業会計上の「資本金」と「資本剰余金」を合わせたものに、税務上の「利益積立金額」は企業会計上の「利益剰余金」に対応するが、法人税法22条2項・3項にいう「別段の定め」によって企業会計・会社法会計上の収益・費用と税務上の益金・損金の額が一致しない場合があること、「資本金等の額」の計算方法について税法独自のルールがあること[4)]等から、「資本金」「資本剰余金」の合計額と「資本金等の額」、また「利益剰余金」の額と「利益積立金額」は必ずしも一致しない。その差因は法人税申告書別表五（一）に記載されることになる（巻末資料：法税規別表五（一）「利益積立金額及び資本金等の額の計算に関する明細書」参照）。

会社法(※)	税　務
純資産の部	資本金等の額
Ⅰ　株主資本	
資本金	利益積立金額
新株式申込証拠金	
資本剰余金	
資本準備金	
その他資本剰余金	
利益剰余金	
利益準備金	
その他利益剰余金	
自己株式（△）	
自己株式申込証拠金	
Ⅱ　評価換算差額等	
Ⅲ　新株予約権	

（※）　会社法の貸借対照表では、資産額と負債額の差額を「純資産の部」として表示する。「純資産の部」は、①株主の持分額を表示する「株主資本」（株主が拠出した金額と留保利益（又は累積損失））と②負債にも株主資本にも当たらない中間的性格のものを表示する部分（「評価換算差額等」・「新株予約権」）からなる[7]。

2　「配当」概念

「配当」概念は、会社法の制定によって従前のそれから大きく変容したので、まずは会社法上のそれについて説明し、その後企業会計及び税法上のそれについて説明する。

⑴　会社法

剰余金の配当は、会社が株主に対しその有する株式の種類及び数に応じて会社の財産を分配する行為であり（会社453条・454条２項・３項）、営利を目的とする株式会社の活動の本質的要素の一つである（会社105条１項１号・２項）。会社法は、旧商法下では散在していた配当や自己株式の買取り等に伴う会社財産の流出に関連する規定について横断的な整備を行い、それらを統一的に分配可能限度額（会社461条）内で可能とするという形で整理したので、剰余金の配当もかかる規制に服することになる。

平成13年改正前商法では資本剰余金のすべてが資本準備金とされ、資本金への組入れ又は資本の欠損の塡補以外に充てることはできなかったが（平成13年改正前商289条1項）、平成13年改正（議員立法）により、資本準備金及び利益準備金について、その合計額から資本金の4分の1に相当する額を控除した残額の範囲で減少させ、その分だけ配当可能利益を増加させることが認められるようになり（平成13年改正商289条2項・290条1項）、これによって資本準備金を原資とした配当、すなわち出資の返還を行うことが可能となった。その経緯を踏まえて、会社法においては、利益配当と出資返還が、その会計的性質の差異にかかわらず、統一的に「剰余金の配当」として規定されることになった（会社453条・446条1号、会社計算149条）。

⑵ 企業会計

会計学では、資本剰余金と利益剰余金の区分が伝統的に要請されてきた。それは単に会計的に両者を区別して処理・表示することにとどまらず、本質的に分配不能な部分（維持すべき部分）と本質的に分配可能な部分とを区別するということも含意されていたと考えられる[5)]。かかる考えの下では、「配当」とは当然に分配可能な部分からなされるものであり、それに出資の返還は含まれないと理解されることになる。

そのため、会社法が、分配の原資が資本剰余金であるか利益剰余金であるかを区別せずに「剰余金の配当」とまとめて規定したことについては、会計学者から「『配当』という文言は、『その他利益剰余金の配当』の場合に限定し、資本剰余金の場合には、文言を『その他資本剰余金の払戻し』に変更し、規制も分けて行うのが望ましかった[6)]」、あるいは「元本である資本の払戻しと成果である利益の配当とでは、その会計学的性格を著しく異にしている」、「会社法では『剰余金の配当』の名のもとに……企業会計が伝統的に峻別してきた『資本』と『利益』が混合されることになり、その結果、会社法の論理と企業会計の論理に齟齬をきたすことになった[7)]」といった批判が提起されている。

その後、企業会計基準適用指針3号「その他資本剰余金の処分による配当を受けた株主の会計処理」の制定に見られるように、会計の分野においても、出資の返還に「配当」の文言を使用することが一般的とはなったが、利益の配当と出資の返還の会計処理までが共通となったわけではない。配当した企業においては資本剰余金を取り崩すのか利益剰余金を取り崩すのかの違いがあるだけであるが、配当を受領した企業においては、利益剰余金の処分による配当については「受取配当金」等として収益を計上し、資本剰余金の処分による配当については原則として配当の対象となった有価証券の簿価を配当受領額だけ減額する（前掲「その他資本剰余金の処分による配当を受けた株主の会計処理」3項）という形で会計処理が区別されている。

⑶　税　務

「剰余金の配当」の税務上の取扱いも、原資が利益剰余金のみであるか資本剰余金を含むかで区別されている（なお、分割型分割及び株式分配による「剰余金の配当」の取扱いは組織再編税制の一環として別途規定されているため本項では説明しない。詳細は「61　会社分割」及び「59　組織再編税制――総論」を参照）。

利益剰余金のみを原資とした配当については、従前の利益配当と同様に、受領者側では配当収入として全部又は一部が益金又は所得に算入され（法税23条1項1号、所税24条1項）、配当法人側では利益積立金額の減算項目として処理される（法税令9条1項8号）。なお、配当法人側はこれにつき源泉徴収義務を負う（所税181条、東日本大震災からの復興のための施策を実施するために必要な財源の確保に関する特別措置法28条1項）。

これに対し、資本剰余金を原資に含む配当については、平成18年度税制改正で、その全体が「資本の払戻し」になるとされたが（法税23条1項1号、所税24条1項）[8]、同時に「資本の払戻し」のうち、概要、直前の税務上の純資産額に対する資本剰余金減少額の割合（以下、「純資産減少割合」という）を直前の「資本金等の額」に乗じた額を超える部分の金額は配当収入とみなされることとなった（法税24条1項3号、法税令 23 条 1 項 3 号、所税 25 条 1 項 3 号、所税令 61 条 2 項 3 号)。配当収入とみなされた部分の取扱いは、利益剰余金のみを原資とする配当の場合と同様である（ただし配当法人の利益積立金額の減算項目となる根拠は法人税法施行令 9 条 1 項 8 号ではなく 11 号となる)。

資本剰余金を原資に含む配当のうち、配当収入とみなされない部分は、配当法人側では「資本金等の額」の減算項目として処理され（法税令 8 条 1 項 16 号)、受領者側においては保有する株式等の純資産減少割合に相当する部分の譲渡収入として処理される（法税 61 条の 2 第 1 項・17 項、租特 37 条の 10 第 3 項・37 条の 11 第 3 項、所税 114 条 1 項)。

配当法人は、受領者側が以上の区分処理を行えるよう、資本剰余金を原資とした配当に際して、純資産減少割合を株主等に通知することが求められる（法税令 119 条の 9 第 2 項、所税令 114 条 5 項)。

なお、税務上、利益又は剰余金の分配には、法人が剰余金又は利益の処分により配当又は分配したものだけでなく、株主等に対しその出資者たる地位に基づいて供与した一切の経済的利益を含むとされる点には留意が必要である（法基通 1-5-4、所基通 24-1)[9)]。

1） 壹岐芳弘「資本と利益の区分」企業会計 59 巻 2 号 27 頁（2007 年)。

2） 厳密には、株主資本には、他にも、資本準備金に準ずる資本剰余金（財務規 63 条 2 項)、利益準備金に準ずる利益剰余金（財務規 65 条 2 項)、新株式申込証拠金（財務規 62 条)、自己株式（控除項目として。財務規 66 条)、自己株式申込証拠金（財務規 66 条の 2）も掲記される。しかし、前二者は法定準備金として資本準備金又は利益準備金と同視でき、後三者は自己株式処分や払込期日経過によりいずれ資本金又は資本剰余金の増減額に振り替えられるものであるため、本質的な区分はやはり資本金・資本剰余金・利益準備金の 3 つということになる。

3） かつては企業会計での取扱いも同様であった（企業会計原則第 3　4⑶資本の項を参照)。

4） 例えば税務上は利益準備金も「資本金等の額」に含まれるとされる（法税令 8 条 1 項 13 号)。

5） 前掲注 1)・壹岐 31 頁。

6）　前掲注1）・壹岐32頁。

7）　広瀬義州『財務会計（第13版）』420頁（中央経済社、2015年）。

8）　資本剰余金を原資とした配当と利益剰余金を原資とした配当を別個の議案として株主総会の承認決議を経ても、配当を同日に行った場合はその全部が「資本の払戻し」に該当するとした裁決例（国税不服審判所平成24・8・15裁決事例集No.88）があることに注意されたい。

9）　ただし、株主の地位に基づく経済的な利益であっても、法人の利益の有無にかかわらず供与される株主優待乗車券や株主優待施設利用権などは、法人が剰余金又は利益処分として取り扱わない限り、配当所得に含まれないとされる（所基通24-2）。

44　剰余金の配当2――剰余金の配当を行う会社の税務

1　会社法・会計上の取扱い

会社は、会社財産を唯一の担保とする会社債権者を保護するため、配当の効力が発生する日における「分配可能額」を超えて剰余金の配当を行ってはならない（会社461条1項8号・2項)。

「分配可能額」は、最終事業年度末日の剰余金の額から会社債権者保護上控除すべき額及び最終事業年度の末日後の剰余金の減少額を控除し、さらに債権者異議手続を経た最終事業年度の末日後の剰余金の増加額を加算した額である[1)]（会社461条2項)。

剰余金の配当原資は、「その他資本剰余金」と「その他利益剰余金」である。両者の剰余金をどのように使用するかについては会社法に別段の定めがないので、「その他資本剰余金」又は「その他利益剰余金」のいずれを減少させるかは、一般に公正妥当と認められる企業会計の基準その他の企業会計の慣行をしん酌して（会社計算3条)、会社が定めることになる。

2　税務上の取扱い

⑴　剰余金の配当を行う会社の税務

会社法は、株式会社について利益の配当・資本の払戻しを一括して「剰余金の配当」として一本化したが（会社453条)、税務では、従来からの利益と資本の峻別を維持し、剰余金の配当を、利益の配当と資本の払戻しとに区別して取り扱っている。

もっとも、資産、負債及びその差額である純資産の計上方法が会計と税務で異なっているため、会計上の資本金・資本剰余金の合計額と税務上の「資本金等の額」（法税2条16号、法税令8条)、会計上の利益剰余金の額と税務上の「利益積立金額」（法税2条18号、法税令9条）の額は異なるのが通常である。したがって、配当を行う会社は、会計処理における「その他資本剰余金」又は「その他利益剰余金」の減少額にかかわらず、税務上は、後記①②のとおり、利益の配当として計算された額を「利益積立金額」から減少させ、それ以外の額を「資本金等の額」から減少させることになる。ただし、分割型分割[2]による剰余金の配当及び株式分配[3]に該当する剰余金の配当については、組織再編税制の一環として異なる取扱いがされていることに注意を要する（詳細については「61　会社分割」及び「66　100%グループ内の法人間の現物分配、及び株式分配等」を参照されたい）。

① 「その他利益剰余金」のみを原資とした配当

会計上の「その他利益剰余金」は利益の留保であり、概念的には法人税法上の「利益積立金額」に対応する（法税2条18号）。それゆえ、「その他利益剰余金」のみを原資とした配当は、分割型分割に伴うものを除き、税務上も「配当等の額」（法税23条1項）とされ、これを行った会社は、その額だけ「利益積立金額」を減額するものとされている（法税令9条1項8号）。

② 「その他資本剰余金」を原資に含む配当

「その他資本剰余金」を原資に含む配当は、分割型分割によるもの及び株式分割に該当するものを除き、法人税法上の「資本の払戻し」（法税24条1項4号、所税25条1項4号）に該当する。

「資本の払戻し」は、配当を行った会社においては、概要、配当直前の「資本金等の額」に当該配当に伴う「その他資本剰余金」の減少額が純資産額に占める割合を乗じた額のみを「資本金等の額」から減額し、その余の「その他資本剰余金」の減少額及び「その他利益剰余金」の減少額は「利益積立金額」から減額するものとされている（法税2条16号・18号、法税令8条1項18号・9条1項12号）。「利益積立金額」の減額分は、配当金の受領者側では「配当等の額」とみなされる（法税24条1項4号、所税25条1項4号）。この点については、「47　みなし配当」も参照されたい。

なお、「剰余金の配当」は、法人税法上の「資本等取引[4]」（法税22条5項）に該当し、会社財産が社外へ払い出されてはいるが損金算入はできない（法税 22 条 3 項 3 号）。法人税法は、出資者に利益を還元する前の段階の法人の所得を課税の対象としているため、剰余金の分配は、所得計算の範囲から除外されているのである。

⑵ 配当に係る源泉・特別徴収義務

① 所得税の源泉徴収義務

(i) 所得税は、納税者自身がその年の所得金額とこれに対する税額を計算し法定期限までに自発的に申告して納税するという申告納税制度を採用しているが、これと併せて、特定の所得についてはその所得の支払の際に支払者が所得税を徴収して納付する源泉徴収制度も取り入れている[5)]。

すなわち、所得税法は、支払者に対して源泉徴収義務を課し、源泉所得税の納付がないときは税務署長がこれを支払者から徴収することとし（所税 221 条）、国は専ら源泉徴収義務者との間に租税債権債務関係を設定するという構成をとっている[6)]。納税義務者は徴収納付義務者の徴収を受忍する義務を負うのみで、自ら租税を納付する義務を負わない。それゆえ、租税債権者たる国と納税義務者との直接の関係は切断されており、両者は徴収納付義務者を通じて間接的に対立し合うにすぎない[7)]。

(ii) 居住者に対し国内において「配当」（所税 24 条 1 項）の支払をする者は、その支払の際、所得税を徴収し徴収日の属する月の翌月 10 日までにこれを国に納付しなければならない（所税 181 条 1 項）。

源泉徴収の対象とされる「配当」（所税 24 条 1 項）は、資本剰余金の額の減少に伴うもの及び分割型分割によるものを除いた配当である。但し、資本の払戻し及び非適格型分割を事由とする金銭その他の資産の交付についても、それに「配当」とみなされる部分（所税 25 条 1 項 2 号・3 号）がある場合には、その部分について通常の「配当」（所税 24 条 1 項）と同じように配当を支払う者に源泉徴収義務（所法 181 条 1 項・212 条 3 項）が発生する。

(iii)　所得税の源泉徴収税率は、原則 20% である（所税 182 条 2 号）。

但し、上場株式等の配当については、一定の個人（発行済株式の 3%（平成 23 年改正により、同年 10 月 1 日以降、5% から 3% に引き下げられた）以上を保有する等の個人大口株主）が支払を受けるものを除き、所得税の源泉徴収税率は 15% とされている（租特 9 条の 3)。この 15% の税率は、特例として、7% に軽減されていたが、平成 26 年 1 月 1 日から 15% に戻された。

未上場株式や個人の大口株主が受ける上場株式等の配当は、原則どおり 20% の税率により所得税の源泉徴収を行わなければならない。

(iv)　居住者又は内国法人に対し配当の支払をする者は、支払に関する調書を税務署長に提出しなければならない（所税 225 条 1 項 2 号)。

また、居住者又は恒久的施設を有する非居住者に対して国内において上場株式等の配当の支払をする者は、上場株式配当等の支払に関する通知書を支払の確定した日から 1 カ月以内にその支払を受ける者に交付しなければならない（租特 8 条の 4 第 4 項)。

なお、剰余金の配当とみなされるものの支払をする者（所税 225 条 2 項 2 号）も、支払に関する通知書をその支払の確定した日から 1 カ月以内にその支払を受ける者に交付しなければならない（所税 225 条 2 項柱書)。

(v)　内国法人も所得税の納税義務者とされ（所税 5 条 3 項)、内国法人である株主に対して配当を支払う場合も個人株主に支払う場合と同様に、支払者は源泉徴収義務を負う（所税 212 条 3 項)。これは、利子や配当など不特定多数の者に支払われる金員について、支払の都度受領者が個人であるか法人であるかを一つひとつ確認し源泉徴収の要否を判定すると定めてしまうと源泉徴収義務者の事務が煩雑となるので、その不都合を回避する趣旨である[8)]。

②　個人住民税（道府県民税配当割）の特別徴収義務

道府県民税配当割とは、都道府県が「特定配当等[9)]」の支払を受ける個人に対して、その配当等に課する都道府県民税をいう（法人には適用されない）。

納税義務者は、配当の支払を受ける個人で当該配当の支払を受けるべき日現在において都道府県内に住所を有するもの（地税 24 条 1 項 6 号）である。道府県民税配当割の徴収は、特別徴収義務者として指定された配当の支払をする者がその支払をする際に行う（特別徴収）。

すなわち、個人に対して配当の支払をする者は、当該個人が配当の支払を受けるべき日に住所を有する当該都道府県の条例によって特別徴収義務者として指定されるので、道府県民税配当割を特別徴収し、翌月 10 日までに納入告知書を提出したうえでその納入金を当該都道府県に納入する（地税 71 条の 30・71 条の 31）。道府県民税配当割の特別徴収税率は 5% である（地税 71 条の 28）。

3 現物配当

株式会社は、金銭以外の会社財産をもって剰余金の配当を行うことができる（会社 454 条 4 項）。

現物配当を行う会社の原則的な会計処理は、配当の効力発生日における配当財産の時価と適正な帳簿価額との差額を配当の効力発生日の属する期の損益として計上し、配当財産の時価をもってその他資本剰余金、その他利益剰余金又はその双方を減額する（企業会計基準適用指針 2 号「自己株式及び準備金の額の減少等に関する会計基準の適用指針」10 項）ことになる。

税務上は、法人が剰余金の配当又は利益の配当として金銭以外の資産の移転をした場合は、無償による資産の譲渡に該当し、その資産の時価の額の剰余金を配当したと扱われ、かつ、当該資産と取得価額との差額に相当する金額について譲渡損益が発生したとみなした課税が行われる（法税 22 条 2 項・3 項）。

平成 22 年度税制改正により、100% グループ内の内国法人間の現物配当を組織再編税制の一環として位置づけたうえで譲渡損益の計上を繰り延べる措置が講じられた。すなわち、内国法人が適格現物分配（直前に完全支配関係にあった法人のみへの現物分配。法税2条12号の15）又は適格株式分配（完全子法人と現物分配法人とが独立して事業を行うことが目的と扱われる株式分配。法税2条12号の15の3）により被現物分配法人にその有する資産の移転をしたときは、その資産の適格現物分配の直前の帳簿価額による譲渡をしたものとして、その内国法人の各事業年度の所得の金額を計算する（法税62条の5第3項）。

また、適格現物分配による配当額又はみなし配当となる金額は、所得税法24条（配当所得）の規定上「法人税法第2条第12号の15に規定する適格現物分配に係るものを除く」とされ、所得税法上の配当所得から除かれるので、源泉徴収は不要となる。

1）　江頭憲治郎『株式会社法（第6版）』676頁（有斐閣、2015年）。

2）「分割型分割」とは、分割法人が交付を受ける分割対価全資産を、その分割の日において当該分割法人の株主等に交付する場合等をいう（法税2条12号の9）。

3）「株式分配」とは、完全子法人の株式等の全部を剰余金の配当として株主に移転させる現物分配をいう（法税2条12号の15の2）。組織再編税制の一環としてのスピンオフ税制として平成29年度税制改正において導入された。

4）「資本等取引」とは、法人の資本金等の額の増減取引及び法人が行う利益又は剰余金の分配等をいう（法税22条5項）。

5）　池本征男『所得税法　理論と計算』376頁（税務経理協会、2017年）。

6）　前掲注5）・池本377頁。

7）　金子宏『租税法（第22版）』931頁（弘文堂、2017年）。

8）　前掲注5）・池本372頁。

9）「特定配当等」は、租税特別措置法8条の4第1項に規定する上場株式等の配当等をいう（地税23条1項15号）。

45　剰余金の配当3――剰余金の配当を受け取る法人株主の税務

1　会計処理と税務

「41　法人所得の計算方法」で述べたとおり、法人税の課税所得は、会計上の当期利益を出発点として誘導的に計算される仕組みとなっている[1)]。

それゆえ、税務（課税計算）を考えるに際しては、まず対象となる取引について会計上、収益（又は費用）が計上されているか否か等、会計上の取扱いを把握することが必要となる。

2　会計上の取扱い（収益計上の有無）

配当金を受け取る会社においては、原則として、その他利益剰余金の処分による配当を受けた場合は「受取配当金」として収益に計上し、その他資本剰余金の処分による配当を受けた場合には、配当の対象となる有価証券を売買目的有価証券に区分して保有している場合を除き[2)]、配当受領額を当該有価証券の帳簿価額から減額し、収益には計上しない（企業会計基準適用指針3号「その他資本剰余金の処分による配当を受けた株主の会計処理」3項）。

ただし、支払側の配当の原資（その他利益剰余金又はその他資本剰余金）に基づき会計処理すると合理性を欠くことになる場合には、例外的に、その他資本剰余金の処分による配当について「受取配当金」として収益計上したり、逆に、その他利益剰余金の処分による配当について有価証券の帳簿価額からの減額処理を行うこととなる（企業会計基準適用指針3号「その他資本剰余金の処分による配当を受けた株主の会計処理」5・13～15・17項）。

3　税務上の取扱い

(1)　総　論

税務上、剰余金の配当は、分割型分割及び株式分配によるものを除き、発行会社における会計処理が「その他利益剰余金」のみを原資としたものと「その他資本剰余金」を原資に含むものに区別されて取り扱われる。本項では、分割型分割及び株式分配によるものを除く剰余金の配当について説明する。

なお、分割型分割によるものについては、「61　会社分割」の項を参照。また、株式分配については「66　100%グループ内の法人間の現物分配、及び株式分配等」、「59　組織再編税制――総論」参照。

(2)　発行会社の「その他利益剰余金」のみを原資とした配当

これは法人税法上「配当等の額」（法税23条1項1号）とされ、本来は法人税法22条2項の「収益」として全額が益金の額に算入されるはずのものであるが[3)]、政策的配慮から、下記(5)に記すように、その全部又は一部は益金の額に算入されない（法税23条1項1号）。

(3)　発行会社の「その他資本剰余金」を原資に含む配当

これは税務上「資本の払戻し」（法税24条1項4号）となる。ただし、受領した配当額のうち、資本の払戻しにより減少した資本剰余金の額が税務上の前期期末時の純資産額（ただし前記期末時から払戻しまでの間に資本金等の額の増減があった場合には、その増減額調整後の金額）に占める割合（以下、「純資産減少割合」という）に税務上の配当直前の資本金等の額を乗じ、これを当該配当の対象となった株式の総数で除したものに、配当を受領した株主の保有する配当の対象となった株式数[4)]を乗じた金額を超える部分は、税務上、「その他利益剰余金」のみを原資とした配当と同様に「配当等の額」とみなされ（みなし配当）、上記(2)のとおり処理される。一方、みなし配当とならない部分については、譲渡対価として取り扱われ、当該株式の払戻し直前の株式の帳簿価額に純資産減少割合を乗じた額との差額について譲渡損益を計上することとなる（法税61条の2第1項・18項、法税令119の9第1項・23条1項4号）。

なお、配当受領者側における上記の処理を可能とするために、発行会社は、純資産減少割合を株主に通知しなければならない（法税令119条の9第2項）。

(4) 収益計上時期

剰余金の配当は、その剰余金の配当を受けることが確定したときに計上する（法基通 2-1-27）。但し、その支払のために通常要する期間内に支払を受ける剰余金の配当等は、継続して計上することを条件に、その支払を受けた日に収益計上をすることができる（法基通 2-1-28。現金主義）。

(5) 受取配当等の益金不算入

内国法人が他の内国法人から受けた「配当等の額」（法税 23 条 1 項）の一部又は全部の額は、原則、所得計算に反映させないこととされている（受取配当等の益金不算入）。そのため、会計上で収益として計上され、当期利益に反映された配当のうちの一定額は、税務申告の際、別表四において益金不算入額として減算され、税務上の所得金額から除外されることになる。具体的には、①完全子法人株式等（法税 23 条 5 項）又は関連法人株式等（おおむね 3 分の 1 超の保有、正確には法税 23 条 6 項）に係る配当等については全額、②非支配目的株式等（おおむね 5% 以下の保有。正確には法税 23 条 7 項）に係る配当等についてはその 20% に相当する金額[5)]、③そのいずれにも該当しない株式等に係る配当等についてはその 50% に相当する金額が、当該法人の所得金額の計算上、益金の額に算入されない（法税 23 条 1 項）。

かかる受取配当等の益金不算入制度は、法人は究極のところ個人株主の集合体であって、法人税は個人株主に課税されるべき所得税の前払として課税されているという考え方に立脚していた。すなわち、個人株主が当該株式を取得する前に複数の法人株主が存在する場合に、その法人株主に対して配当金受領の都度課税を行うと二重三重に法人税の課税が累積し、その後個人株主が配当金を取得した段階での前払課税額の合理的な清算が不可能になる。そこで、法人株主段階における受取配当については非課税として、このような不都合を排除しようとしたのが本制度の趣旨である[6)]。

従前は、法人間で行われた配当等は 100% 益金不算入であったが、法人企業による株式保有の増大や連結納税制度導入時の税収減の補完などを背景に、完全子法人等及び旧関係法人等からの配当等を除き、益金不算入の限度額は80%、50%と段階的に引き下げられた[7)]。そして平成27年度税制改正により、関連法人株式等（旧関係法人株式等）の範囲が狭められる（持株割合の下限を25%以上から3分の1超に引上げ）とともに、完全子法人株式等及び関連法人株式等以外の一般株式等の配当等が、持株割合5%以下の非支配目的株式等の配当等とそれ以外の配当等とに区分されることとなり、前者については益金不算入割合が20%に引き下げられることとなった。

なお、適格現物分配（完全支配関係がある法人に対する現物分配（法税2条12号の6）をいう（法税2条12号の15））については、組織再編成の一類型と位置づけられており、組織再編成に係る規定に従って処理されるため（法税62条の5第4項）、受取配当等の益金不算入の規定（法税23条1項）の適用対象からは除外されている[8)]。

⑹ 負債利子の控除

関連法人株式等に関し、配当等の元本たる株式等を取得するために要した負債の利子があるとき、益金不算入の対象となる金額は、受取配当等の額から、その負債の利子の額を控除した額である（法税23条1項・4項）。負債によって調達した資金により元本たる株式等を取得していた場合に、その株式等から生ずる配当等について益金不算入としながら負債の利子について損金算入を認めると、非課税の収益に対応する費用を他の収益から控除することとなり適当でないためである[9)]。

なお、平成22年度税制改正において、100%支配関係にある完全子法人株式等からの配当は、間接的に行われる事業からの資金移転と考えられる等の理由により、負債利子の控除が不要となり、全額益金不算入が認められた（法税23条4項・81条の4第4項[10)]）。

さらに平成27年度税制改正により、完全子法人株式等及び関連法人株式等以外の一般株式等（非支配目的株式等を含む）の受取配当金についても負債利子の控除が不要となった。これは、一般株式等については、その益金不算入割合を20%ないし50%と制限しているため、これにより益金算入部分が負債の利子の損金算入額を十分カバーしていると考えられるためである[11)]。

(7) 短期所有株式等に係る配当等の全額益金算入

配当の支払に係る基準日以前1カ月以内に取得され、かつ、同日後2カ月以内に譲渡された株式等の配当等（みなし配当を除く）には、益金不算入の規定は適用されない（法税23条2項）。

その趣旨は、株式の時価は、配当の支払基準日近くになると配当含みで高くなり配当の確定とともに下落するので、支払基準日近くに株式を購入して支払基準日後にすぐ売却すれば譲渡損失が生じる。そのため、受け取る配当は益金不算入になる一方で譲渡損失を損金にするという租税回避を防止することである[12)]。

(8) 外国子会社からの受取配当等の取扱い

企業所得に対する二重課税を排除するとの国際的ルールに基づき、従前は、外国子会社が当該国で納付した法人税を親会社が納付したとみなす間接外国税額控除制度が置かれていたが、制度が複雑であるとの批判や、我が国よりも法人税率が低い国に所在する外国子会社が我が国の親会社に配当した場合に発生する追加納税義務が外国子会社の利益の我が国への還流を敬遠させているのではないかとの指摘があったことから[13)]、平成21年度税制改正において、間接外国税額控除制度に代えて、内国法人が一定の外国子会社から受ける配当等を益金不算入とする制度が導入された。

具体的には、内国法人が、25%以上の持株割合を、配当等の支払義務が確定する日以前6カ月以上引き続いて有している「外国子会社」から剰余金の配当等を受け取った場合は、国際的な二重課税を排除しつつ海外事業活動による獲得資金の国内還流を容易にするために、その受取配当等の額（これに係る費用の額として、その5%相当額を控除した金額）を益金の額に算入しない（法税23条の2第1項、法税令22条の4第1項・2項[14)]）。但し、外国子会社の配当等であっても、外国子会社配当等の益金不算入制度が、国際的な非課税所得の形成に利用されるような弊害が生じないよう、外国子会社の配当等の額の全部又は一部が、外国子会社の本店が所在する国又は地域における課税上、損金の額に算入されている場合には、益金不算入の対象から除かれる（法税23条の2第2項）[15]。この場合、益金不算入の対象外となる配当等の額は、その外国子会社からの受取配当等の額の全額であるが、その配当等の額の一部が損金算入される場合には、損金算入対応受取配当等の額をもって、対象外となる配当等の額とすることができる（法税23条の2第3項、法税令22条の4第4項）。

(9)　源泉徴収額の税額控除（所得税額控除）

内国法人は、配当について所得税の納税義務者であり（所税5条3項）、配当を受け取る際に源泉徴収が行われる（所税212条3項）。源泉徴収された所得税額は、所得税と法人税の二重課税を排除する趣旨から、法人税を申告する際に法人税額から控除することができる（法税68条1項）[16]。

1）　成松洋一『法人税法　理論と計算（13訂版）』21頁（税務経理協会、2017年）。

2）　配当の対象となる有価証券が売買目的有価証券である場合、配当に伴う価値の低下が期末時価に反映され、会計上評価差額が損失として損益計算書に計上されることとなる。その場合、配当の原資にかかわらず配当受領額を収益に計上し、評価損失と相殺することが売買目的有価証券の運用損益を把握するうえで適切であるため、その他資本剰余金の処分による配当の場合も、受取配当金として処理することとされている（企業会計基準適用指針3号「その他資本剰余金の処分による配当を受けた株主の会計処理」12項）。

3）　例外的に配当の原因たる有価証券の帳簿価格を減額する会計処理がなされた場合（前掲企業会計基準適用指針3号17項）も、税務上は当該減額部分は損金算入できないため（法税33条1項）、法人所得の計算においては収益（受取配当金）が計上された場合と同じこととなる。

4）　この計算においては、資本の払戻しの対象となる種類株式が2以上ある場合も区別されない。資本の払戻しに係る法人税法施行令23条1項4号と自己株式の取得等に係る同項6号の規定を比較されたい。

5）　特例として、青色申告書を提出する保険会社（保険業法3条1項又は185

条１項に規定する免許を受けて保険業を行うもの）については、非支配目的株式等の配当等の額の益金不算入割合は 40% となる（租特 67 条の 7)。

6） 前掲注 1)・成松 44 頁。

7） 渡辺淑夫『法人税法（平成 28 年度版)』192・193 頁（中央経済社、2016 年)。

8） 武田昌輔編著『DHC　コンメンタール法人税法』1215 の 2 頁（第一法規、1979 年－)。

9） 武田昌輔編著『DHC　会社税務釈義』1562 頁（第一法規、1964 年－)。

10）「資本に関係する取引等に係る税制についての勉強会　論点とりまとめ」(財務省、平成 21 年 7 月)。

11） 前掲注 7)・渡辺 207 頁。

12） 前掲注 1)・成松 47 頁。

13） 前掲注 8)・武田 1253 の 4 頁。

14） 前掲注 7)・渡辺 211・212 頁。

15） 前掲注 7)・渡辺 213 頁。

16） 前掲注 1)・成松 326・327 頁。

46　剰余金の配当4――剰余金の配当を受け取る個人株主の税務

1　所得税

⑴　剰余金の配当に係る所得区分

個人株主が受ける剰余金の配当（分割型分割によるもの及び株式分配を除く）のうち、それを支払う会社（発行会社）の「その他利益剰余金」のみを原資とした配当は、所得税法上、「配当等」とされ、配当所得の対象になる（所税24条1項）。

他方、発行会社の「その他資本剰余金」を原資に含む配当（分割型分割によるもの及び株式分配を除く）は、資本の払戻しにより減少したその他資本剰余金の額が税務上の純資産額に占める割合（以下、「純資産減少割合」という）に発行会社の配当直前の税務上の資本金等の額を乗じ、これを当該配当の対象となった株式の総数で除したものに、配当を受領した株主の保有する株式数[1]を乗じた金額までの部分とそれを超える部分に区分され、前者については配当の対象となった株式の一部の譲渡収入とみなされて譲渡所得の対象になり、後者については「配当等」とみなされて（みなし配当。「47　みなし配当」も参照。）配当所得の対象になる（所税25条1項4号、所税令61条2項4号、租特37条の10第3項4号・37条の11第3項）。

剰余金の配当のうち資本剰余金を原資とする部分は、会計的にはすべてが資本の払戻しであるが、税務上は純資産の全体が割合的に払い戻されたものとみなし、そのうち資本金等の額に対応する部分以外を利益配当と扱っているのである。

なお、剰余金の配当のうち分割型分割によるもの及び株式分配については、組織再編税制の一環としての別途取扱いが定められている。これらの点については、「61　会社分割」並びに「66　100%グループ内の法人間の現物分配、及び株式分配等」及び「59　組織再編税制――総論」の項を参照されたい。

⑵ 配当所得の計算

「配当等」(みなされるものを含む)の支払を受けた個人株主の配当所得は、「配当等」の収入金額から負債利子を控除した額となる(所税24条2項)[2]。

株主は他から資金を借り受けて投資や出資を行うことが少なくないため、「株式その他配当所得を生ずべき元本を取得するために要した負債の利子」の配当収入からの控除が、当該配当等の収入金額を限度として認められているのである。その負債が株式等の取得に要したものであるかどうかは、株式等の取得時期、取得価額、資金の借入時期、借入れ額等から判定することになる。

負債の利子は、当該負債によって取得した株式等の配当収入からのみ控除し、他の株式等の配当収入からの控除は認めないという厳密な個別計算とする考え方もできるが、現行所得税法においては、実務面への配慮等の観点から、当該負債によって取得した株式等以外の株式等の配当等からも控除できるという総体計算主義的な規定となっている(所基通24-5⑴)。ただし、既に譲渡した株式等を取得するために要した負債の利子で譲渡後の期間に係るものや配当の確定申告不要制度を選択して総収入金額に算入しなかった配当等に係る株式等を取得するために要した負債の利子は、「配当所得を生ずべき元本を取得するために要した負債の利子」ではなくなることから、他の株式等の配当収入から控除できないとされている(所基通24-5⑵、租特通8の5-2)。この通達の趣旨は、①条文上の文理で「元本を有していた期間に対応するもの」と明記されているので、売却してしまった後の負債はこれに該当しない。②申告不要で除外されるのは、配当収入の金額ではなく配当所得の金額が除外されるのであり、負債利子はその除外される配当所得の金額に含まれているということを示したものである。

⑶ 事業所得等の計算

資本剰余金を原資に含む剰余金の配当のうち「配当等」とみなされな

い部分については、株式等の譲渡に係る事業所得、譲渡所得及び雑所得（以下、まとめて「譲渡所得等」という）に係る収入金額とみなされ、これから当該配当等の基因となった株式等（以下、「旧株」という）の取得価額（取得費）に払戻し等割合（所税令61条2項4号）を乗じた金額を控除した金額が譲渡所得等として分離課税される（租特37条の10第1項・3項・37条の11第1項・3項、租特通37の10-3・37の11-11）（「20　株式等の譲渡に関する課税」も参照）。なお、当該剰余金の配当のあった日以後における旧株は、旧株1株当たりの従前の取得価額から旧株1株当たりの上記控除した金額を控除した価額によって同日において取得されたものとみなされる（所税令114条1項）。

(4) 申告等

配当所得については、配当等の支払時に源泉徴収が行われた後、確定申告によって他の所得と合算して課税額が調整される総合課税が建前とされている（所税22条2項1号）。

しかし、以下に述べるように、申告分離課税制度、確定申告不要制度など種々の例外的制度が設けられている（租特8条の4・8条の5）。

① 確定申告（総合課税）

所得税の確定申告は、納税者自らがその年1年間の所得の金額とそれに対応する所得税の額又は損失の金額を計算し、翌年2月16日から3月15日（還付を受ける場合は2月16日以前でも行うことができる）までの間に納税地の所轄税務署長に対して確定申告書を提出して、予定納税額及び源泉徴収税額との過不足額を精算するための手続である（所税120条1項・122条1項・2項・123条1項）[3]。

配当所得につき確定申告による総合課税を選択した場合、所得税額の計算上、配当所得の一定割合を税額から控除（配当控除）できる（所税92条1項）。これは、配当した法人に課税された法人税は配当を受けた者の所得税の先取りであるとの前提の下、配当した法人の法人税課税後の剰余金を原資とする配当所得に対する二重課税を調整する趣旨である[4]。

② 申告分離課税

上場株式等の配当等に係る配当所得については、他の所得と区分して所得税15％（復興特別所得税を含めると15.315％）の税率により申告分離課税を選択することができる（租特8条の4第1項）（ほかに個人住民税5％）。申告分離課税を選択した場合、確定申告を行う場合に認められる配当控除は適用できない（租特8条の4第1項）が、上場株式等の譲渡損失との損益通算はすることができる（租特37条の12の2）。

なお、株主が上場株式等の配当等に係る配当所得について総合課税を選択した場合は、その者が同一の年中に支払を受けるべき他の上場株式等の配当等に係る配当所得について申告分離課税をすることができない（租特8条の4第2項）。

③ 確定申告不要制度

以下の配当所得については、確定申告を要しないこととされ（租特8条の5第1項）、源泉徴収された税額を納めたことにより納税は終了する。但し、確定申告をして源泉徴収税額の還付を受けることもできる[5)]。

ア　上場株式等の配当等（発行済株式、出資の総数又は総額の3％（平成23年10月1日以前に支払を受けるべき配当等については5％）以上を保有する等の個人大口株主（租特9条の3第1号）を除く）

上場株式等とは、金融商品取引所に上場されている株式や投資信託受益権など租税特別措置法に列挙されたものをいう（租特9条の3・37条の11の3第2項）。申告不要とすることができる金額に制限はない。

上記に該当する配当等につき確定申告を行うかの選択は、1回に支払を受けるべき配当等の額ごとに行うことができる。また金融商品取引業者等（例えば証券会社）と締結した上場株式配当等受領委任契約に基づき設定された「特定上場株式配当等勘定」に受け入れられた上場株式等の配当等については当該口座ごとに選択することができる（租特８条の５第４項・37条の11の６第９項）。

イ　ア以外の配当（大口株主等が受ける上場株式等の配当等及び非上場株式の配当）

１回に支払を受けるべき金額が所定の金額以下のもの（少額配当）は確定申告不要とすることができる。上場株式等以外の株式等からの配当等が確定申告を要しない少額配当に該当するかどうかの判定は、内国法人から１回に支払を受けるべき金額が所定の算式（10万円×配当計算期間の月数／12）で計算した金額以下であるかによる（租特８条の５第１項１号）。

④　源泉徴収選択口座（源泉徴収のある特定口座[6]）内配当

上場株式等の配当等は、所定の手続により、金融商品取引業者等のいわゆる一般口座又は特定口座（租特37条の11の３第３項１号）のいずれかで受け取ることができる。このうち、金融商品取引業者等と締結した上場株式配当等受領委任契約に基づき特定上場株式配当等勘定に受け入れられた配当（源泉徴収選択口座（特定口座のうち一定の手続がなされた口座のこと（租特37条の11の６第１項））で受け取った配当）の所得金額については、それ以外の配当に係る配当所得の金額と区分して計算される（租特37条の11の６第１項）。金融商品取引業者等は、配当等の交付に際して源泉徴収する際に、源泉徴収選択口座内の上場株式等の譲渡損失又は信用取引による決済損失の金額があるときは、当該損失額を控除した残額を配当等の金額とみなして源泉徴収税額を計算することになる（租特37条の11の６第６項[7]）。源泉徴収選択口座内配当等の交付の際に既に徴収した所得税の額が損益通算後の所得税額を超えるときは、その超える部分の所得税額が還付される（租特37条の11の６第７項）。

⑤　非課税口座内少額上場株式等に係る非課税特例（いわゆるNISA）

居住者等が金融商品取引業者等の営業所との間で、非課税上場株式等管理契約に基づき平成26年から平成35年までの間に設定された非課税口座（その年の1月1日において満20歳以上、1人につき1年1口座）において管理される上場株式等（平成28年以降、毎年新規投資額120万円、合計600万円まで）に係る配当等で、その非課税口座に非課税管理勘定を設けた日から同日の属する年の1月1日以降5年を経過する日までの間に支払を受けるべきものについては[8]、所得税が課されない（租特9条の8)。未成年者口座内の少額上場株式等（毎年新規投資額80万円まで）に係る配当所得等についても非課税とされる（租特9条の9第1項)。

また、平成29年度税制改正において、少額からでも積立・分散投資ができる、非課税累積投資契約に係る非課税措置（積立NISA）が創設され、平成30年1月1日より上記のNISAといずれかを選択して適用できることとされた。積立NISAは非課税口座内に設定した積立NISA専用の累積投資勘定において管理される一定の公募等株式投資信託（平成30年以降、毎年新規投資額40万円まで）に係る配当等で、その非課税口座に非課税管理勘定を設けた日から同日の属する年の1月1日以降20年を経過する日までの間に支払を受けるべきものについては所得税が課されないこととされた（租特9条の8)。

2 個人住民税

個人住民税である都道府県住民税と市町村住民税は、市町村（都の23区の部分については特別区）が一括して徴収する（地税41条・319条2項)。そこで、納税義務者は、都道府県民税及び市町村民税の課税標準申告書を市町村長に提出しなければならない（地税45条の2第1項・317条の2第1項)。但し、納税者の二重の手間を省くために、前年分の所得税について確定申告書を提出している者はその提出の日に住民税の申告書を提出したとみなされ、改めて申告する必要はない（みなし申告の制度）（地税45条の3・317条の3）[9]。

⑴ 個人住民税配当割

個人住民税配当割とは、都道府県、市町村が特定配当等の支払を受ける個人に対し、その配当等に対して課する個人住民税をいう。

上場株式等の配当等（大口株主等が支払を受ける以外のもの）は、地方税法に定める「特定配当等」（地税23条1項15号）に該当し特別徴収の対象となり、特別徴収義務者として指定された配当の支払をする者がその支払をする際に個人住民税配当割を徴収する（地税71条の30・71条の31）。

特別徴収税率は5%である（地税71条の28）。

地方税においても総合課税を選択した場合は、当該配当を総所得金額に含めて算出された所得割額から特別徴収税額を控除できる（地税32条13項・37条の4・313条13項・314条の9）。また、上記**1**で記した所得税に関する例外的制度と類似の取扱いが地方税においても設けられている。

平成29年度改正において、所得税の確定申告後に所得税の申告と異なる選択を個人住民税において行うことができることが明確化された。すなわち、所得税においては総合課税を選択し、個人住民税においては申告不要を選択することなどができるようになった。

⑵　非上場株式

非上場株式（大口株主等が支払を受ける上場株式等の配当等を含む）の配当等は、⑴の個人住民税の課税対象ではなく特別徴収が行われない。

そのため、所得税について確定申告不要制度（上記**1⑷③イ**）を選択し源泉徴収のみで所得税の課税関係を終了させた非上場株式の個人株主は、個人住民税については特別徴収により納税を終了することができないので、個人住民税の申告をする必要がある[10)]（総合課税）。

1）　この計算においては、資本の払戻しの対象となる種類株式が2以上ある場合も区別されない。資本の払戻しに係る法税令23条1項4号と自己株式の取得等に係る同項6号の規定を比較されたい。

2）　金子宏『租税法（第22版）』220頁（弘文堂、2017年）。

3）　松崎啓介編『図解 所得税（平成29年版）』663頁（大蔵財務協会、2017年）。

4） 前掲注 2)・金子 223 頁。

5） 池本征男『所得税法　理論と計算（11 訂版)』259 頁（税務経理協会、2017 年)。

6） 特定口座とは、特定口座開設届出書を提出して、金融商品取引業者等との間で締結した上場株式等保管委託契約等に基づき設定された口座をいう（租特 37 条の 11 の 3 第 3 項 1 号)。源泉徴収選択口座とは、所定の手続により特定口座源泉徴収選択届出書が提出された特定口座をいう（租特 37 条の 11 の 4 第 1 項)。

7） 前掲注 5)・池本 260 頁。

8） ただし、いわゆるロールオーバーを使うことにより、10 年間かかる税制上の特典を利用できる。

9） 前掲注 2)・金子 606 頁。

10） 逸見幸司『図解 地方税（平成 29 年版)』107 頁（大蔵財務協会、2017 年)。

47　みなし配当

1　制度概要

みなし配当とは、法人の株主等が当該法人の行った法人税法24条1項各号及び所得税法25条1項各号に掲げる合併、資本の払戻し、残余財産の分配、自己株式の取得等の事由によって、純粋な留保利益の配当という形式を取らない金銭その他の資産（以下、「交付金銭等」という）の交付を受けた場合において、その金銭の額及び金銭以外の資産の価額[1]の合計額（以下、「交付金銭等の額」という）が、当該法人の資本金等の額のうちその交付の基因となった株式又は出資に対応する部分（以下、法令上の用語ではないが「資本払戻対応部分」という）の額を超えるときに、その超える部分の額を、課税上、「配当等（の額）」（法税23条1項、所税24条1項）とみなす制度である（法税24条、所税25条）。

その趣旨は、法人擬制説的見地から、法人の留保利益への多重課税回避ため、法人の留保利益の分配とみられるものを受取配当等の益金不算入（法税23条1項）又は配当控除（所税92条）の対象と扱うことと説明されるが、資本払戻対応部分の金額あるいはみなし配当とされる額の算定方法は、その時々の法人税制及び所得税制との兼ね合いで政策的に決定される部分があり[2]、必ずしも会計理論等から必然的に導き出されるものではない。

なお、みなし配当の額を、交付金銭等のうち資本金等の額に対応する部分を超える部分と消極的に定義し、利益積立金額の側からの積極的な定義を行わないのは、交付時における当期損益を利益積立金額に反映させるための計算の煩雑さを回避する趣旨である。

2　資本払戻対応部分の金額

上記のとおり、資本払戻対応部分の金額は政策的に決定される部分があるが、現行制度においては、おおむね、交付金銭等の交付の基因となった事由により当該交付を受けた株主等が交付の基因となった旧株式等を必ず失う場合（合併、自己株式の取得、出資の消却、持分の払戻し等）には当該株式等を発行した法人の当該事由の直前の資本金等の額に当該株主等の当該株式等の保有割合を乗じた額とされ、それ以外の場合（分割型分割、株式分配、資本の払戻し（資本剰余金を原資に含む剰余金の分配等。法税24条1項4号）、残余財産の分配）には、当該事由の直前の資本金等の額のうち、当該法人の当該事由により流出した当該法人の純資産の割合とみなされる割合（但し資本金等の額及び流出したとみなされる純資産の額の一方又は双方が零以下の場合は0%、それ以外の場合で当該割合が計算上マイナスとなる場合（直前の純資産額がマイナスの場合）又は100%超となる場合（流出したとみなされる純資産の額が直前の純資産額を上回る場合）は100%とされる）の部分の額に、当該株主等の当該株式等の保有割合を乗じた額としているものと解される。

具体的には、法人税法24条1項及び所得税法25条1項に列挙される交付金銭等の交付事由ごとの概要は下記のとおりとなるが、正確な計算方法は各条文を確認されたい。

ア　合併（適格合併を除く）（法税24条1項1号、所税25条1項1号）

この場合の資本払戻対応部分の額は、被合併法人の合併の日の前日の属する事業年度[3)]の終了の時の資本金等の額を、当該被合併法人の発行済株式又は出資から当該法人の有する自己株式及び出資を除いたもの（以下、「発行済株式等」という）の総数又は総額で除し、これに当該株主等の保有していた当該被合併法人の株式等の数又は金額を乗じた金額とされる[4)]（法税令23条1項1号、所税令61条2項1号）。

なお、適格合併（法税2条12号の8）とは、合併の前後で企業体の実態に変化がないとみなされる要件を満たすことにより、税務上、合併法人による被合併法人の資産・負債の簿価の引継ぎが認められる合併をいい、この場合、被合併法人の資本金等の額及び利益積立金額（マイナスの場合を含む）もそのまま合併法人に引き継がれ、その外部流出が観念されないことから、みなし配当の発生事由から除かれている。その詳細は「60　合併」を参照されたい。

イ　分割型分割（適格分割型分割を除く）（法税24条1項2号、所税25条1項2号）

分割型分割とは、分割承継法人が分割の対価として交付する当該法人の株式等その他の資産のすべてが分割時に分割法人の株主等に交付される分割及びこれに類する分割をいう（法税2条12号の9）。

この場合の資本払戻対応部分の額は、分割法人の分割直前の税務上の純資産額を近似する額[5]に占める分割承継法人に移転した資産の税務上の帳簿価額から分割承継法人に移転した負債の税務上の帳簿価額を控除した額[6]の割合を分割法人の分割直前の資本金等の額に乗じた額（但し下限は零、上限は当該資本金等の額となる）を、分割法人の発行済株式等の総数又は総額で除し、それに当該株主等が有する当該分割法人の株式等の数又は金額を乗じた額とされる（法税令23条1項2号、所税令61条2項2号[7]）。

なお、適格分割型分割（法税2条12号の12・12号の11）とは、適格合併と同様の要件又は一定の事業切出し要件[8]を満たすことにより移転資産・負債の簿価引継ぎが認められる分割型分割をいい、適格合併と同様の理由でみなし配当の発生事由から除外されている。その詳細は「61　会社分割」を参照されたい。

ウ　株式分配（適格株式分配を除く）（法税24条1項3号、所税25条1項3号）

株式分配とは、現物分配（剰余金の配当又は利益の配当に限る）のうち、その現物分配の直前において現物分配法人の完全子法人の発行済株式等の全部を移転させるものをいう（法税2条12号の15の2[9]）。

この場合の資本払戻対応部分の額は、株式分配法人の分配直前の税務上の純資産額を近似する額[10]に占める株式分配される完全子法人株式等の株式分配法人における税務上の帳簿価額の割合を株式分配法人の分配直前の資本金等の額に乗じた額（但し下限は零、上限は当該資本金等の額となる）を、株式分配法人の発行済株式等の総数又は総額で除し、それに当該株主等が有する当該株式分配法人の株式等の数又は金額を乗じた額とされる（法税令23条1項3号、所税令61条2項3号）[11]。

なお、適格株式分配（法税2条12号の15の3）とは、一定の事業切出し要件を満たすものをいう。その詳細は「59　組織再編税制——総論」並びに「61　会社分割」及び「66　100％グループ内の法人間の現物分配、及び株式分配等」を参照されたい。

エ　資本の払戻し（剰余金の配当（資本剰余金の額の減少に伴うものに限る）のうち、分割型分割によるもの以外のもの及び投資信託及び投資法人に関する法律に定める投資法人が行う出資等減少分配（法税23条1項2号、法税規8条の4）又は解散による残余財産の分配（法税24条1項4号、所税25条1項4号）

この場合の資本払戻対応部分の額は、資本の払戻し又は残余財産の分配（以下、「払戻し等」という）を行った法人の分割直前の税務上の純資産額を近似する額[12]に占める資本剰余金の減少額又は残余財産分配として払い出された交付金銭等の額の合計額の割合（計算上）を乗じた額（但し下限は零、上限は当該資本金等の額となる）を当該払戻し等に係る株式等の総数[13]で除し、それに当該株主等が当該払戻し等の直前に有していた当該払戻し等に係る株式等の数を乗じた金額とされる（法税令23条1項4号・5号、所税令61条2項4号・5号）。資本払戻対応部分の金額の算定に際しては、資本の払戻しについては資本剰余金の減少額だけの、残余財産分配については交付金銭等の額だけの当該法人の純資産の流出があったものとみなす趣旨と解される[14][15]。

オ　自己の株式又は出資の取得（金融商品取扱所の開設する市場における購入による取得等、一定の事由による取得を除く。法税24条1項5号括弧書、法税令23条3項、所税25条1項5号括弧書、所税令61条1項）（法税24条1項5号、所税25条1項5号）、出資の消却（取得した出資について行うものを除く）、出資の払戻し、社員その他の法人の出資者の退社又は脱退による持分の払戻しその他株式又は出資をその発行した法人が取得することなく消滅させること（法税24条1項6号、所税25条1項6号）、組織変更（当該組織変更に際して当該組織変更をした法人の株式又は出資以外の資産を交付したものに限る）（法税24条1項7号、所税25条1項7号）。

この場合の資本払戻対応部分の額は、上記の自己株式等の取得等を行った法人が一の種類の株式等のみを発行していた場合には当該取得等の直前の資本金等の額を当該直前の発行済株式等の総数又は総額で除したものに当該株主等の手放した株式等の数を乗じた金額とされ、当該法人が二以上の種類の株式等を発行していた場合には株主等が手放した種類株式等に対応する種類資本金額（資本金等の額のうち当該種類株式等に対応するとされる部分。法税令8条2項・1項20号ロ）を当該直前の当該種類の発行済株式等の総数又は総額で除したものに当該株主等の手放した株式等の数を乗じた金額とされる（法税令23条1項6号、所税令61条2項6号）。

3　交付金銭等を受領した株主等の税務

交付金銭等のうちみなし配当に該当する部分は株主等が受けた「配当等（の額）」（法税23条1項、所税24条1項）と扱われ、受取配当等の益金不算入（法税23条）や配当控除（所税92条）の適用対象にもなる。但し、元々自己株式等の取得の対象となることが予定されていた株式等を取得し、その株式等[16)]をもって自己株式等の取得に応じた場合に生じるみなし配当については、受取配当等の益金不算入は適用されない（法税23条3項、法税令20条）。

交付金銭等のその余の部分については、原則として、当該株主等の当該株式等に係る譲渡収入とみなされ（法税61条の2第1項1号、租特37条の10第3項1号～7号）、そこから当該株主等が当該株式等を失う場合は当該株主等における当該株式等の帳簿価額（法税61条の2第1項2号、所税令109条）を減じた額、それ以外の場合は資本払戻対応部分の算定に際して当該株式等を発行した法人から流出したとみなされる純資産の割合を当該株主等における当該株式等の帳簿価額に乗じた額（法税61条の2

第4項・8項・18項・19項、所税令113条3項・113条の2第2項・114条）を減じた額が当該株主等の譲渡損益と認識され、課税所得の計算に算入される（法税61条の2第1項柱書、所税33条3項）。ただし、交付金銭等として合併法人、分割承継法人又はこれらの親法人の株式等のみが交付される場合や完全支配関係にある法人間における自己株式の取得の場合には、当該譲渡対価の額は譲渡原価の額とされ、当該譲渡損益に係る課税は繰り延べられる。以上の点の詳細については、みなし配当発生事由の各々についての項を参照されたい。

なお、相続又は遺贈により取得した非上場株式を、相続開始の日の翌日からその相続税申告書の提出期限の翌日以後3年を経過する日までの間にその発行法人に自己株式として取得させた場合で、所定の要件を満たす場合は、一定の事項を記載した書面を発行法人を経由して税務署長に提出することにより、当該譲渡による交付金銭等へのみなし配当規定の適用を排除し、本来は配当収入となる部分を譲渡収入に転換できるという特例が用意されている（租特9条の7、租特令5条の2）。

4　交付の基因となった株式等を発行した法人の税務

交付金銭等の交付は、交付した法人にとっては資本等取引（法税22条5項・3項3号）に該当するため、課税所得の計算には算入されない。当該法人の資本金等の額がおおむね交付金銭等のうちの資本払戻対応部分の合計額だけ[17]減額され（法税2条16号、法税令8条1項14号・15号・17号～22号）、その額が交付金銭等の合計額を超える部分[18]だけ利益積立金額が減額されるのみである（法税2条18号、法税令9条1項9号・11号～14号）。ただし、交付金銭等として交付された資産の価額と、その資産の当該法人における帳簿価格が異なる場合には、その差額につき譲渡損益が認識され、当該法人の課税所得の計算に算入される。

なお、当該法人（被合併法人を包括承継した合併法人を含む）は、交付金銭等のうちみなし配当に該当する部分の額の20%を、「配当等（の額）」（法税23条1項、所税24条1項）を支払う場合と同様に源泉徴収しなければならない（所税212条3項・174条2号・24条1項・213条2項2

号[19]。また、当該法人は、交付金銭等を受けた株主等が上記**3**で説明した処理を行えるよう、法人の株主等に対しては、みなし配当の発生事由、その事由の生じた日及びその前日（事由が資本の払戻しである場合はその基準日）における発行済株式等の総数並びに1株当たりのみなし配当に相当する額等を通知しなければならない（法税令23条4項）。さらに、みなし配当発生事由が資本の払戻し等又は残余財産分配の場合には、法人株主・個人株主の双方に対し、資本払戻対応部分の計算に際して流出したとみなされた純資産の割合を通知しなければならならない（法税令119条の9第2項、所税令114条5項）。

1）　原則として時価となるが（法税23条1項、所税24条1項の「価額」)、適格現物分配（法税2条12号の15の3）に該当するものは交付する法人における簿価相当額となる。なお、適格現物分配によるみなし配当相当額は法人税法の配当等の額から除かれる（法税23条1項括弧書)。
2）　例えば小山真輝「配当に関する税制の在り方－自己株式のみなし配当に対する取扱いを中心として－」税大論叢58号110頁以下（2008年）を参照。
3）　被合併法人の最後の事業年度である（法税14条1項2号)。
4）　合併の場合、保有割合の計算に当たって交付の基因となった被合併法人の株式等の種類の違いは考慮されない。合併契約等で適当に手当てされるとみなしたものと思われる。
5）　直前の決算又は仮決算における税務上の純資産額にそれ以後の資本金等の額及び利益積立金額の増減額を算入したものであるが、当期の損益ないし所得に関連する利益積立金額の増減項目等の算入から除外されているため「近似する額」となる。算入除外は計算の簡便化の趣旨と解される。
6）「減額」ではなく「控除」なので最小額は零であり、マイナスにはならない。また、条文の定めにより、最大額は分割法人の分割直前の純資産額に準ずる額となる。
7）　分割型分割の場合にも、合併の場合と同様、保有割合の計算に当たって交付の基因となった分割法人の株式等の種類の違いは考慮されない。
8）　平成29年度税制改正で創設。
9）　前掲注8）と同様。
10）　前掲注6）と同様。
11）　株式分配の場合にも、合併や分割型分割の場合と同様、保有割合の計算に当たって交付の基因となった株式分配法人の株式等の種類の違いは考慮されない。

12) 前掲注 6) 同様。

13) 発行済株式等の総数ではない点に注意。なお、払戻し等に係る株式等の中では種類の違いは考慮されない。国税不服審判所平成 24 年 8 月 15 日裁決事例集 No. 88 を参照。

14) 資本の払戻しに係る当該割合の計算において企業会計上の額を税務会計上の額で除していること及び資本剰余金を原資に含む剰余金の配当の全体を「資本の払戻し」と扱いつつ資本払戻対応部分の額の算定に際して資本剰余金を原資とした部分のみに着目していることの妥当性には疑念がないとはいえない。

15) その他資本剰余金とその他利益剰余金の双方を減額して剰余金の配当を行った場合について、資本剰余金を原資とした部分のみが「資本の払戻し」となり、利益剰余金を原資とした部分は「配当等」となるとの誤解があるが、これによると「払戻し等に係る株式の総数」につき現行制度と差異が生じ、もって課税額に差異が生じる場合があるため注意が必要である。前掲注13)・国税不服審判所平成 24 年 8 月 15 日裁決を参照。

16) 厳密には、適格合併、適格分割又は適格現物出資に伴い被合併法人、分割法人又は現物出資法人から移転を受けて取得したものについては、さらに移転元の法人の取得の時にも自己株式等の取得の対象となることが予定されていた株式等だけである。

17) 端数に伴う差異が生じる可能性がある他、資本払戻対応部分の額と資本金等の額の減少額の計算方法を定める条文の文言はおおむね同一であるが完全には一致していないことから、資本払戻対応部分の合計額と資本金等の額の減少額が一致しない可能性がある。

18) おおむね交付金銭等のうちのみなし配当に該当する部分の合計額であるが、前掲注 14) 記載の不一致の他、3で説明した相続した株式等に係る特例などがあるため、みなし配当の合計額と利益積立金額の減少額は必ずしも一致しない。

19) 交付金銭等に含まれる金銭の額が源泉徴収額に満たない場合にも源泉徴収義務は免除されないと解されるため注意されたい。

48　資本金の額の減少

1　会社法

⑴　株式会社は、資本金の額を減少することができる（会社447条）。このとき、株式会社は原則として株主総会の特別決議によって次の3つの事項を定めなければならない。

ア　減少する資本金の額

イ　減少する資本金の額の全部又は一部を準備金とする場合は、その旨及び準備金の額

ウ　効力の発生日

但し、①それが定時株主総会において決議され、②減少する資本金の額が当該定時株主総会の日における零又は零から分配可能額を減じて得た額のうち高い額を超えない場合には、普通決議で足りる（会社309条2項9号、会社規68条）。②はわかりにくい規定の仕方ではあるが、分配可能額がマイナス10のときは、10までの資本金の額の減少は普通決議で足りるということである。

なお、アの減少する資本金の額はウの効力の発生日における資本金の額を超えてはならない（会社447条2項）。その結果、資本金の額が零になることはあっても、マイナスになることはあり得ない。

⑵　株式の発行と同時に資本金の額の減少をし、従前より資本金の額が減少しない場合には、取締役会の決議で足りる（会社447条3項）。

⑶　資本金の額の減少については、債権者保護手続が必要である（会社449条）。

⑷　資本金の額の減少に関する会社法の規定は、従来の商法の規定とは大きく変化した。すなわち、商法下における資本の減少には、①会社財産を株主に払い戻す「実質上の資本減少」と、②払戻しは行わず、資本欠損のてん補のために行う「形式上の資本減少」とがあり、①の「実質上

の資本減少」では、例えば減少するべき資本の額を10とすると、配当可能利益の有無を問わず10を払い戻すことができた（平成17年改正前商375条1項1号）。

一方、会社法下では上記①の「実質上の資本減少」のように会社財産を株主に払い戻すことはできない。ただ、分配可能額がなく剰余金の配当ができなかった会社が資本金の額の減少手続を行った結果、「その他資本剰余金」が増加し（会社計算27条1項1号）、分配可能額が発生すれば、その範囲内で剰余金の配当を行うことができる（会社453条以下）。会社法により、「実質上の資本減少」はなくなり、従来の「形式上の資本減少」が残ったといえる。

(5) 資本金の額を減少する場合は、上記(1)イの決議がなければ「その他資本剰余金」の額は減少する資本金の額に相当する額が増加する。また、上記(1)イの決議をして減少する資本金の額の全部又は一部を準備金とする場合には、「その他資本剰余金」の額は、減少する資本金の額から準備金とする額を減じた額に相当する額が増加する（会社計算27条1項1号）。準備金とする額は、資本準備金となる（会社計算26条1項1号・28条1項）。

例えば上記(1)アの減少する資本金の額が100、上記(1)イの準備金とする額が30だとする。その場合は資本準備金が30増加し（会社計算26条1項1号・28条1項）、「その他資本剰余金」が100－30＝70増加する（会社計算27条1項1号）。

2 税 務

(1) 資本金の額の減少の段階

資本金の額の減少については法人税法施行令8条1項柱書の「資本金の額」は減少するが同項12号により資本金以外の資本金等の額が同額増加するので、資本金等の額は結果的には増加も減少も生じない。会社法の資本金の減少は、法人税法上、資本金等の額の内部における数値の移動にすぎず、益金の額、損金の額に該当しない。この扱いは、減少する資本金の額の全部又は一部を準備金とする場合でも、その他剰余金とする場合でも同じである。

⑵　剰余金の配当を行う場合

資本金の額の減少により分配可能額が発生したことに伴って剰余金の配当（会社 453 条以下）を行う場合の税務は、通常の剰余金配当と同様であるので、「44　剰余金の配当 2――剰余金の配当を行う会社の税務」を参照されたい。

49　準備金（資本準備金・利益準備金）の額の増減

ここでは、資本準備金、利益準備金が「増減する場合」の税務について取り扱う。

以下、それぞれの場面ごとに検討していくが、下記に掲げる1(1)資本金→資本準備金、1(2)剰余金→準備金、2(1)準備金→剰余金、2(2)準備金→剰余金〔欠損てん補〕のいずれのケースも基本的に課税問題は発生しない。

なお、2(1)の資本準備金、利益準備金を取り崩し、「その他資本剰余金」「その他利益剰余金」としたうえで、それらの剰余金をもって「剰余金の配当」や「自己株式取得」を行う場合の税務については、それぞれ「44　剰余金の配当」～「46　剰余金の配当 4」、「21　自己株式の取得」を参照されたい。

また以下では、準備金の増減に「資本金」の増減が絡むケースについても若干言及しているが、「資本金」の増減を中心とした税務については、併せて「48　資本金の額の減少」を参照されたい。

1　「準備金の額」の増加

(1)　資本金→資本準備金（減資により「資本準備金」を増加させる）の場合

①　会社法上の手続

減資、すなわち資本金の額を減少させ、資本準備金を増加させる（資本金→資本準備金）場合の会社法上の手続としては、「株主総会決議（特別決議）」（会社 447 条 1 項・309 条 2 項 9 号）と「会社債権者異議手続」（会社 449 条 1 項）とが必要である。

但し、「株主総会決議」については、それが定時株主総会による場合で、かつ、減少させる資本金の額が当該定時株主総会の日における欠損の額として法務省令で定める方法により算定される額を超えない場合は、普通決議で構わない（会社 309 条 2 項 9 号イ・ロ）[1)]。

②　当該会社の税務

この場合（資本金→資本準備金）、当該会社に課税問題は発生しない。

その理由は、法人税の課税対象は各事業年度の所得であり（法税21条）、その所得はその事業年度の益金から損金の額を控除したものであるが（法税22条1項）、「資本金を減少して資本準備金を増加させる」という株主資本内の係数の変動は、税法上の益金及び損金を定める法人税法22条2項及び3項のいずれにも該当しないからである。

「資本金を減少して資本準備金を増加させる」場合、税法上では、「資本金等の額」（法税2条16号）の増減が問題となるが、法人税法は「収益取引や損失に係る取引のうち、益金や損金を構成しない取引」として「資本等取引」を規定し（法税22条2項・3項）、それは、①「資本金等の額」の増加又は減少を生ずる取引、並びに②法人が行う利益又は剰余金の分配、及び③残余財産の分配又は引渡しをいうとする（法税22条5項）。

そして、上記の「資本等取引」に係る①の「資本金等の額」について、具体的には法人税法2条16号が「法人……が株主等から出資を受けた金額として政令で定める金額をいう」と定義したうえ、法人税法施行令8条1項がその額を算出する具体的な計算式を規定している。

それによれば、「資本金等の額」は、もともとの「法人の資本金の額又は出資金の額」に、当該時点までの「加算項目に該当する金額」（1号から12号までに掲げる金額）を加え、それから当該時点までの「減算項目に該当する金額」（13号から22号までに掲げる金額）を控除して算出される。算式で表すと「法人の資本金の額＋加算項目（1号から12号）該当金額－減算項目（13号から22号）該当金額」となる。

「資本金の額を減少させ資本準備金を増加させる」ケースにおいては、資本準備金の増加は、法人税法施行令8条1項1号～22号のいずれの加算・減算項目にも該当せず、それによる加算・減算はない一方、もともとの「資本金の額」が減少した額については12号の「資本金の額が減少した場合のその減少金額相当額」として加算されるから、結局、法人税法上の「資本金等の額」には増減はないことになる[2)]。

このように資本金→資本準備金については、「資本金等の額」には増減はないから、文理上では「資本等取引」には当たらないとも解される。が、いずれにしても「資本金等の額」にも増減はないわけであるから、およそ「収益（益金）の発生」を捉えようがなく、そもそも「収益（益金）は発生しない」ということになる（勿論、損金の発生もとらえられない）。

③　株主の税務

当該会社の株主に対して金銭その他の資産の交付がないことから、みなし配当等の問題も発生しない。また、株式等の譲渡に係る対価の額も存在しないので、株式等の譲渡に係る課税も生じない。

④　本件ケースとは反対の「資本準備金→資本金」の場合について

(i)　本件ケースとは反対の「資本準備金→資本金」（資本準備金を減少させ、資本金に組み入れる）の場合[3)]については、会社法上の手続としては「株主総会決議（普通決議）」が必要となる（会社448条1項）。

「会社債権者異議手続」については、準備金の額を減少する場合は、会社法449条1項但書が規定する場合[4)]を除いて必要が原則であるが（会社449条1項）、「減少する準備金の額の全部を資本金とする場合」には、不要である（会社449条1項本文括弧書[5)]）。

(ii)　「当該会社の税務」については、本件ケースとは流れ（方向）が反対になるものの、基本的な状況は同様であり、課税問題は発生しない。

すなわち、資本準備金の減少は法人税法施行令8条1項各号のいずれの「減算・加算項目」にも該当せず、それによる減算・加算はない一方、もともとの「資本金の額」は資本金への組入額相当額だけ増加することとなるが、その増加額は同項13号の減算項目としての「準備金及び剰余金の資本組入額」として控除されることになるので、結局、「資本金等の額」には増減はない。いずれにしても益金や損金は発生せず、課税は発生しない。

(iii) 「株主の税務」についても、本件ケースと同様に、当該会社の株主に対して金銭その他の資産の交付がないことから、みなし配当等の問題も発生しない。また、株式等の譲渡に係る対価の額も存在しないので、株式等の譲渡に係る課税も生じない。

(2)　剰余金→準備金（剰余金の準備金への組入れ）の場合

①　会社法上の手続

「株主総会決議（普通決議）」により、剰余金を減少させ、準備金に組み入れることになる（会社451条1項・2項）[6]。

この場合（剰余金→準備金）、会社計算規則は資本取引と損益取引を峻別し、「その他利益剰余金」は「利益準備金」に計上し（会社計算28条1項）、「その他資本剰余金」は「資本準備金」に計上する（会社計算26条1項2号）、としている[7]。

この場合、「会社債権者異議手続」は必要ない（「会社債権者異議手続」は、会社法449条1項から明らかなとおり、「株式会社が資本金又は準備金……の額を減少する場合」の会社債権者保護のための手続である）。

②　当該会社の税務

この場合（剰余金→準備金）も、「資本金等の額」は、もともとの「資本金の額」に変動がないうえ、「剰余金の減少」も「準備金の増加」も法人税法施行令8条1項各号の加算・減算項目のいずれにも該当せず、それによる加算・減算はないから、何ら増減は生じない。

いずれにしても、益金や損金は発生せず、当該会社に対し何ら課税問題は生じない。

③　株主の税務

当該会社の株主に対しても、金銭その他の資産の交付がないことから、みなし配当等の問題も発生しない。また、株式等の譲渡に係る対価の額も存在しないので、株式等の譲渡に係る課税も生じない。

2 「準備金の額」の減少

(1) 準備金→剰余金（準備金を減少させ、剰余金を増加させる）の場合

①　会社法上の手続

「株主総会決議（普通決議）」により、準備金を減少させ、剰余金を増加させることとなる（会社448条1項）[8]。

この場合（準備金→剰余金）も、会社計算規則は資本取引と損益取引を峻別し、「資本準備金」は「その他資本剰余金」へ計上し（会社計算27条1項2号）、「利益準備金」は「その他利益剰余金」に計上する（会社計算29条1項1号）、としている[9]。

この場合、「債権者異議手続」も原則として必要となる（会社449条1項）。

但し、会社法449条1項但書が規定する、「準備金のみを減少する場合であって、かつ、①定時株主総会で決議し、かつ、②上記の減少額が当該定時株主総会の日における欠損の額として法務省令で定める方法により算定される額（会計計算151条〔マイナスの分配可能額〕）を超えない場合[10]」は、債権者異議手続は不要である（会社449条1項）。

②　当該会社の税務

この場合も、上記1(2)（剰余金→準備金）の場合と同様に、もともとの「資本金の額」に変動がないうえ、準備金の減少も剰余金の増加も法人税法施行令8条1項各号の加算・減算項目のいずれにも該当しないから、「資本金等の額」に何ら増減は生じない。いずれにしても、益金や損金は発生せず、当該会社に対し何ら課税は発生しない。

③　株主の税務

当該会社の株主に対しても、金銭その他の資産の交付がないことか

ら、みなし配当等の問題も発生しない。また、株式等の譲渡に係る対価の額も存在しないので、株式等の譲渡に係る課税も生じない。

(2)　準備金→剰余金〔欠損てん補〕（準備金を減少させ、欠損てん補に）

これは、準備金を剰余金に振り替え（準備金→剰余金）、欠損のてん補に充てる、という場合である。

準備金から剰余金に振り替えた資金を「自己株式取得」や「剰余金の配当」に充てる場合の税務については、それぞれ「21　自己株式の取得」「44　剰余金の配当2――剰余金の配当を行う会社の税務」を参照されたい。

①　会社法上の手続

この場合、まず、上記(1)において説明した「準備金を減少させ剰余金に振り替える」（準備金→剰余金）ための手続として、「株主総会決議（普通決議）」（会社448条1項）と「債権者異議手続」（会社449条1項）とが必要となる。

但し、「債権者異議手続」については、上記(1)①で述べたとおり、会社法449条1項但書に該当する場合[11)]は、不要である。

そのように株主総会決議（普通決議）により「資本準備金」は「その他資本剰余金」に、「利益準備金」は「その他利益剰余金」に振り替えたうえで、会社法452条に基づき株主総会決議（普通決議）により「剰余金の処分」として繰越利益剰余金の欠損てん補をすることとなる。

②　当該会社の税務

かかる繰越利益剰余金の欠損のてん補によって、何ら当該会社に益金や損金は発生しないから、何らの課税問題も生じない。

③　株主の税務

この場合も、株主に対し何ら金銭その他の資産の交付がないことから、みなし配当等の問題も発生しない。また、株式等の譲渡に係る対価の額も存在しないので、株式等の譲渡に係る課税も生じない。

1） 神田秀樹『会社法（第19版）』301頁（弘文堂、2017年）。
2） 本文の「資本金→資本準備金」のケースとは違って、「資本金→その他資本剰余金」（資本金の額を減少させ、その他資本剰余金を増加させる）の場合（会社447条1項、会社計算27条1項1号）にも、状況は基本的に同様であり、その場合も何ら課税問題は発生しない。
3） 「資本準備金→資本金」のほか、「利益準備金→資本金」（利益準備金を減少させ、資本金に組み入れる）についても、平成21年3月27日公布の会社計算規則改正により、認められることとなった（会社計算25条1項1号）。
4） 2⑴①にも出てくる「準備金のみを減少する場合であって、かつ、①定時株主総会で決議し、かつ、②上記の減少額が定時株主総会の日における欠損の額として法務省令で定める方法により算定される額（会社計算151条〔マイナスの分配可能額〕）を超えない場合」（前掲注1）・神田302頁）である。
5） 前掲注1）・神田301頁。
6） 前掲注1）・神田303頁。
7） 本文の剰余金→準備金のほか、剰余金→資本金（剰余金を資本金に組み入れる）も株主総会決議（普通決議）により行い得る（会社450条1項・2項）（前掲注1）・神田303頁）が、その場合（剰余金→資本金）は、前掲注3）で述べた準備金→資本金の場合と同様に、資本剰余金からのみではなく、利益剰余金からもできる（会社計算25条1項2号）。
　その場合の「当該会社の税務」については、剰余金の減少は法人税法施行令8条1項各号のいずれの加算・減算項目にも該当しないうえ、剰余金の資本金への組入れによりもともとの「資本金の額」が増加した相当額については、同項13号の減算項目の「準備金及び剰余金の資本組入額」として控除されることとなるから、結局、「資本金等の額」に増減はない。いずれにしても、益金や損金は発生せず、課税問題は発生しない。
　また、こうした準備金→資本金、剰余金→資本金の場合の「株主の税務」については、平成13年の商法改正までは一定の場合において「みなし配当課税」が行われていたが、同改正で廃止となっており、現在、法人税法上では、剰余金が資本金に組み入れられても、上記のとおり「資本金等の額」は何ら増加しないようになっているから、配当課税は現実の配当まで繰り延べられていることとなる（なお、金子宏『租税法（第22版）』219頁（弘文堂、2017年）を参照）。
　理論的には（みなし配当＋出資）という構成もとれるが、現行法の解釈上は無理である。
8） 会社法448条1項は、株主総会決議（普通決議）により準備金を減少し得ると規定し、その全部又は一部を資本金に組み入れる場合は、その金額等を決議する必要があると規定する（会社448条1項2号）。そして、そのように資本金に組み入れた残りは、当然剰余金となる（会社計算27条1項2号・29条1項1号）。

9）　江頭憲治郎『株式会社法（第6版）』694頁（有斐閣、2015年）。
10）　前掲注1）・神田301頁(イ)。
11）　前掲注1）・神田301頁(イ)。

50　会社の無償行為

1　はじめに

会社の無償行為については、その行為の結果収益が認識されて益金の額への算入が生じるかという側面の問題と、その行為の結果発生した費用・損失について損金の額への算入が制限されるかという側面の問題とがある。

2　無償行為――益金の側面

法人税法22条2項は、「益金の額に算入すべき金額は、別段の定めがあるものを除き、資産の販売、有償又は無償による資産の譲渡又は役務の提供、無償による資産の譲受けその他の取引で資本等取引以外のものに係る当該事業年度の収益の額とする」と規定している。すなわち、資産の販売や有償による資産の譲渡又は役務の提供といった有償行為だけではなく、無償による資産の譲渡、無償による役務の提供や、無償による資産の譲受けといった無償行為によっても収益が認識されて益金の額への算入が生じる。時価よりも低い価格による取引〔低額取引〕も、時価との差額部分は無償取引として扱われる（最判平7・12・19民集49・10・3121）。

(1)　無償による資産の譲渡

無償により資産を譲渡した場合、譲渡した側（つまり、何ももらっていない側）にも益金が発生することに注意しなければならない。資産を無償で譲渡すると、譲渡した資産の時価相当額が益金の額に算入されるのである。無償取引の場合にも益金の額が発生する理由とし、通説は、法人税法22条2項は「正常な対価で取引を行った者との間の負担の公平を維持するために、無償取引からも益金が生ずることを擬制した創設的な規定」（宮崎地判平5・9・17民集49・10・3139、行裁集44・8＝9・792、上告審判決、前掲・最判平7・12・19）であると説明する（適正所得算出説[1]）。資産に値上り益が存在する場合、譲渡を機会として清算し課税すべきであるが、この点は、譲渡対価と関係がないから、無償取引に対しても、値上り益に対する清算課税がなされるのである。無償取引を2段階の取引に引き直し、例えば、A社がB社に資産を無償で譲渡した行為を、A社がB社にいったん資産を時価で売却し（この段階で益金が発生したと考える）その対価をB社に寄附したと2段階の行為に擬制して説明されることもよくある。

⑵　無償による役務の提供

「役務の提供」とは、受取利子、受取手数料、受取倉庫料、技術役務提供報酬などの収益を生ずべき役務の提供のことである[2]、これを無償で行った場合、通常の対価相当額（例えば無利息貸付けの場合の通常の利息相当額）が益金の額に算入される。無償による役務の提供により益金が発生する理由は、無償による資産の譲渡の場合と同様である。例えば、大阪高判昭和53年3月30日（高裁民集31・1・63）は、その理由につき、「資産の無償譲渡、役務の無償譲渡は、実質的にみた場合、資産の有償譲渡、役務の有償譲渡によつて得た代償を無償で給付したのと同じであるところから、担税力を示すものとみて、法22条2項はこれを収益発生事由として規定したものと考えられる」と判示している。

⑶　無償による資産の譲受け

無償で資産を取得した場合、その結果会社の純資産が増加するから、取得した資産の時価相当額が益金になる。

これに対して、無償で役務を受領した場合、益金への算入は生じない。その理由は、無償で役務を受領したことによって支出すべき費用が減少し、その分課税所得が増加することから、その経済的利益を益金とする必要がないからであると説明されている[3]。

3　無償行為――損金の側面

法人税法22条3項は、損金の額に算入すべき金額として、①「当該事業年度の収益に係る売上原価、完成工事原価その他これに準ずる原価の額」、②「当該事業年度の販売費、一般管理費その他の費用（償却費以外の費用で当該事業年度終了の日までに債務の確定しないものを除く。）の額」、③「当該事業年度の損失の額で資本等取引以外の取引に係るもの」、つまり、原価の額、費用の額、損失の額の３つを挙げている。したがって、無償行為による支出であったとしても、原価の額、費用の額、損失の額であれば、法人税法上、損金の額に算入されるのが原則である。しかし、「別段の定め」がある場合には、その定めにより損金の額への算入が制限される場合がある（法税22条３項）。会社の無償行為で特に問題となり得る別段の定めとしては、寄附金（法税37条）、交際費等（租特61条の４）がある。また、役員が対象のものは原則として役員給与として取り扱われる（法税34条、法基通9-2-9以下）。これらの法人税法上の取扱いについては、「51　寄附金」、「53　交際費等」、「32　役員報酬（金銭報酬の場合）」及び「33　役員報酬（非金銭報酬の場合）」をそれぞれ参照されたい。

4　100％グループ内の法人間の寄附の特則

平成22年度税制改正によって、内国法人がその内国法人との間に完全支配関係（法税２条27号の６）がある他の内国法人に対して支出した寄附金についてその全額が損金不算入とされるとともに（法税37条２項・81条の６第２項）、当該他の内国法人が受けた受贈益についてその全額が益金不算入とされることとなった（法税25条の２）。グループ法人の一体的運営が進展している状況を踏まえて、実態に即した課税を実現する観点から、グループ内部の無償取引については、課税関係を生じさせないことにしたのである。

この特則に関して、特に次の３点に注意を要する。

第１に、この特則の対象は「内国法人から内国法人に対する寄附」に限られる。外国法人が関連する寄附金はこの特則の対象外であり、移転価格税制の適用がある（租特66条の４第３項）。

第２に、この特則の対象は、「法人による完全支配関係」がある２つの法人間の寄附に限られ、個人による完全支配関係はあるが法人による完全支配関係のない２つの法人間の寄附は除かれる（法基通9-4-2の５）。個人による完全支配関係とは、一の個人及びその同族関係者が二の法人の発行済株式の100%を直接又は間接に保有する場合のその二の法人間の関係をいう。個人による完全支配関係がある2つの法人間の寄附がこの特則の対象外とされたのは、例えば、親が発行済株式の100%を保有する法人から子が発行済株式100%を保有する法人への寄附について損金不算入とすると、親から子への経済的価値の移転が無税で行われることとなり、相続税・贈与税の回避に利用されるおそれが強いことからである。

第3に、100%グループ内の法人間で金銭の無利息貸付けや役務の無償供与などの無償の経済的利益の供与を受けた場合、上記の2(3)の場合とは異なり、支払利息又は役務提供の対価の額を損金の額に算入するとともに同額を受贈益の額として益金に算入するという両建ての処理を行ったうえで、受贈益の額を益金不算入とすることが必要になる（法基通4-2-6）。

1）　金子宏『租税法（第22版）』321頁（弘文堂、2017年）。
2）　谷口勢津夫『税法基本講義（第5版）』375頁（弘文堂、2016年）。
3）　岡村忠生『法人税法講義（第3版）』42頁（成文堂、2007年）。

51 寄附金

1 寄附金の意義

寄附金とは、「金銭その他の資産又は経済的な利益の贈与又は無償の供与（広告宣伝及び見本品の費用その他これらに類する費用並びに交際費、接待費及び福利厚生費とされるべきものを除く。……）」をいう（法税37条7項）。ここに「無償」とは、対価又はそれに相当する金銭等の流入を伴わないことであると解されている[1)]。

但し、たとえ無償であっても、経済取引として十分に首肯するに足りる合理的な経済目的のために経済的利益の無償の供与を行った場合については、寄附金に該当しないと考えられる（大阪高判昭53・3・30高裁民集31・1・63参照）。通達においても、子会社整理のための損失負担や子会社再建のための無利息貸付け等を寄附金から除外する旨の規定が設けられている（法基通9-4-1・9-4-2）。

2 一般寄附金の課税上の取扱い

寄附金には、一般寄附金と特別な寄附金とがある。特別な寄附金は、下記**3**で述べる一定の要件を満たす場合にのみ一般の寄附金とは異なる取扱いが認められる特別な寄附金のことである。

一般寄附金については、その法人の資本金等の額と所得の金額を基礎として一定の算式で計算された金額（法税令73条。この金額を「損金算入限度額」という）を超える部分は、損金の額に算入されないという損金算入制限に服する（法税37条1項）。一般寄附金の損金算入限度額は、普通法人の場合、次のとおりである。

$$\frac{\left(\text{資本金等の額}\times\dfrac{\text{事業年度の月数}}{12}\times 0.0025+\text{所得の金額}\times 0.025\right)}{4}$$

すなわち、事業年度の月数が12カ月の法人の場合、その法人の資本金等の額の0.25％相当額と所得の金額の2.5％相当額の合計額の4分の1であり、例えば、資本金等の額が2億円で所得の金額が1億円あるような規模の法人では、一般寄附金の損金算入限度額は150万円となる。

一般寄附金についてこのような一定の算式による形式的な損金算入制限が設けられた趣旨について、通説は、寄附金の中には事業との関連性を有し収益獲得のために必要なもの（費用性のあるもの）と、利益の分配に近い費用性のないものがあるが、両者を具体的に区分することは困難であるから、行政的便宜並びに公平の維持の観点から、統一的な損金算入限度額が設けられたと解している[2)3)]。

3　特別な寄附金の課税上の取扱い

一般寄附金に対する損金算入制限規定の対象とならない特別な寄附金として、次のものがある。

(1)　全額が損金の額に算入されるもの

次の2種類の寄附金は、その全額が損金の額に算入される（法税37条3項）。

ア　国又は地方公共団体に対する寄附金（法税37条3項1号）

イ　公益法人その他公益を目的とする団体に対する寄附金のうち一定の要件を満たすものとして財務大臣が指定したもの（いわゆる「指定寄附金」。法税37条3項2号、法税令75条・76条）

(2)　一般寄附金の損金算入限度額と別枠で損金算入制限に服するもの

ア　特定公益増進法人に対する寄附金

いわゆる特定公益増進法人（公益の増進に著しく寄与するものとして法人税法施行令77条で定められた公共法人、公益法人等）に対する寄附金で、その法人の主たる目的である業務に関連するものは、一般寄附金とは別枠で、別途法人税法施行令77条の2に規定された特別損金算入限度額[4)]まで損金の額に算入される（法税37条4項、法税令77条）。

イ　認定特定非営利活動法人（認定NPO法人）に対する寄附金

認定特定非営利活動法人（特定非営利活動促進法2条3項・44

条1項）に対する寄附金で、その法人の行う特定非営利活動に係る事業に関連するものは、特定公益増進法人に対する寄附金と合算して、特定公益増進法人に対する上記の別枠の特別損金算入限度額まで、損金の額に算入される（租特66条の11の2第1項・2項、法税37条4項）。

4　資産の贈与による寄附金

金銭ではなく資産を贈与した場合、寄附金となる金額は贈与した資産の取得価額ではなく、「資産のその贈与の時における価額」（法税37条7項)、すなわち時価である。

ところで、資産の時価は時の経過により変動するので、贈与した資産の取得価額は贈与時の時価と異なる場合がある。この場合の会社の課税関係につき、以下、説明する。

⑴　贈与資産の時価が取得価額よりも高い場合

例えば取得価額が7億円、時価が10億円の資産を会社が贈与した場合、会計上は贈与した資産の取得価額7億円の費用又は損失が発生したとして記録される。しかし、法人税法上は、その資産を10億円で譲渡しその譲渡代金10億円を贈与したのと同様の課税がなされることとなる。すなわち、この取引の結果、時価と取得価額の差額である値上り益3億円が益金に算入されるとともに、資産の時価10億円が寄附金となる。

⑵　贈与資産の時価が取得価額よりも低い場合

例えば、取得価額が7億円、時価5億円の資産を会社が贈与した場合、会計上は贈与した資産の取得価額7億円の費用又は損失が発生したとして記録される。しかし、法人税法上は、その資産を5億円で譲渡しその譲渡代金5億円を贈与したのと同様の課税がなされることとなる。会計上の費用又は損失である7億円のうち贈与した資産の時価である5億円は寄附金となるが、残りの2億円（値下りによる損失額）は費用又は損失として損金に算入される。

5　非正常取引による寄附金

資産の譲渡又は経済的な利益の供与が、その取引時の「価額」よりも低い対価で行われた場合、その差額のうち実質的に贈与又は無償の供与をしたと認められる金額は、寄附金の額に算入される（法税37条8項）（取引時の「価額」とは一般には時価のことであるが、転売特約により時価を実現できない場合には、例外的に、特約による金額が取引時の「価額」であると解されている（大阪高判昭59・6・29行裁集35・6・822））。

例えば、取得価額5億円の資産を8億円で譲渡した場合、譲渡対価の額8億円が益金に算入され、取得価額5億円が損金の額に算入されるのが原則である。しかし、譲渡時の資産の価額が10億円である場合には、譲渡時の「価額」と譲渡対価との差額2億円について法人税法22条2項により益金に算入されるとともに（最判平7・12・19民集49・10・3121参照）、その差額2億円が実質的に贈与であると認められる場合には寄附金とされる。

6　100％グループ内の法人間の寄附についての特則

平成22年度税制改正によって、内国法人がその内国法人との間に法人による完全支配関係がある他の内国法人に対して支出した寄附金についてその全額が損金不算入とされるとともに、当該他の内国法人が受けた受贈益についてその全額が益金不算入とされることとなった（法税37条2項・81条の6第2項）。詳細については、「50　会社の無償行為」、「65　グループ法人税制」を参照。

1）　金子宏『租税法（第22版）』385頁（弘文堂、2017年）。
2）　前掲注1）・金子383頁。
3）　岡村忠生『法人税法講義（第3版）』158頁（成文堂、2007年）。
4）　特定公益増進法人に対する寄附金の特別損金算入限度額は、普通法人の場合、次のとおりである（法税令77の2）。

$$\frac{\left(\text{期末資本金等の額}\times\dfrac{\text{事業年度の月数}}{12}\times 0.00375+\text{所得の金額}\times 0.0625\right)}{2}$$

52　使途不明金・使途秘匿金

1　使途不明金

課税実務上、「法人が交際費、機密費、接待費等の名義をもって支出した金銭でその費途が明らかでないものは、損金の額に算入しない」と扱われている（法基通 9-7-20）。この取扱いを受ける法人の金銭支出は、一般に使途不明金（あるいは費途不明金）と呼ばれる。

使途不明金が損金不算入とされる理由は、それが法人の損金に算入される①原価の額、②費用の額、③損失の額（法税 22 条 3 項）のいずれかに該当するとは認められないからと解される。したがって、目的、相手方、内容の一部又は全部が不明な支出であっても、それが原価、費用又は損失のいずれかに該当すると示されれば、使途不明金にはならないと解される[1)]。

実際、東京高判昭和 53 年 11 月 30 日（訟月 25・4・1145）は、交際費支出の相手方氏名の開示が交際費認定の不可欠の要件ではない旨の原審判断を維持している。

なお、法人が役員等に対して機密費・接待費・交際費・旅費等の名義で支給したもののうち、その法人の業務のために使用したことが明らかでないものは、使途不明金ではなく役員等の給与とするのが課税実務上の扱いである（法税 34 条 4 項、法基通 9-2-9⑼）。

2　使途秘匿金

⑴ 「使途秘匿金」の重課制度

法人の使途不明金が違法ないし不当な支出の隠れ蓑になっているとの社会の批判の高まりを背景に、平成 6 年度税制改正で、「使途秘匿金」に税を重課する制度が立法化された[2)]。具体的には、法人が平成 6 年 4 月 1 日から平成 26 年 3 月 31 日までの間に後記の「使途秘匿金の支出」に該当する支出を行った場合に、通常の法人税課税に加え支出額の 40%

に相当する金額の法人税を追加課税するというものであった。なお、平成26年度税制改正で、適用期限が撤廃された（租特62条1項）。

⑵ 「使途秘匿金」の定義

かかる重課の対象となる「使途秘匿金の支出」とは、法人がした金銭の支出（贈与、供与その他これらに類する目的のためにする金銭以外の資産の引渡しを含む）のうち、相当の理由がなく、その相手方の氏名又は名称及び住所又は所在地並びにその事由を当該法人の帳簿書類に記載していないもので、資産の譲受けその他の取引の対価として相当と認められるものの支払としてされたと明らかでないものをいう（租特62条2項）。

上記「相当の理由」がある場合の例としては、「手帳、カレンダー等の広告宣伝用物品の贈与やチップ等の小口の謝金[3]」、中元又は歳暮用品として金額的に相当であると認められるビール券（国税不服審判所裁決平成15年6月19日裁決事例集65・436）等が挙げられる。

また、使途不明金のような社会的モラルの問題の是正に税制を活用することは慎むべきである[4]という観点から、税務署長は、「法人がした金銭の支出のうちに、その相手方の氏名等を当該法人の帳簿書類に記載していないものがある場合においても、その記載をしていないことが相手方の氏名等を秘匿するためでないと認めるときは」その金銭の支出を使途秘匿金の支出に含めないことができる（租特62条3項）。

なお、利権獲得のための工作資金、謝金、ヤミ献金、取引先への役員への裏リベート、株主総会対策費等の支出は、通常、相手方の氏名等を明らかにしないため、使途秘匿金課税の対象となる[5]。

ただし、使途秘匿金課税は、公益法人等又は人格のない社団等の収益事業以外の事業にかかる支出、外国法人の恒久的施設を通じて行う事業又は人的役務の提供事業以外の事業にかかる支出には適用されない（租特62条4項）。

1）　金子宏『租税法（第22版）』401頁（弘文堂、2017年）。

2）『税務大学校講本〔法人税法〕平成 29 年度版』124 頁。
3） 前掲注 2)・124 頁。
4） 税制調査会『平成 6 年度の税制改正に関する答申』。
5） 前掲注 2)・税務大学校講本 124 頁。

53　交際費等

1　はじめに

交際費等は、企業が事業を行ううえで、販売の促進や取引の円滑化等を図るため支出されるものであるから、事業遂行上必要な経費であり、本来、全額が損金算入されるべき性質のものであるが、昭和29年以降、創設時は企業の資本の充実を目的とし、その後は冗費・濫費抑制のためなどを理由として、政策的にその全部又は一部が損金不算入とされてきた。

このため、企業会計上の費用であっても税務上の「交際費等」に該当するものは、その損金算入が制限される（租特61条の4第1項）。つまり、会社の支出が税務上の「交際費等」に該当するかどうかは会社に対する課税額に影響を与えることとなる。

そこで、本項では、「交際費等」の意義、範囲、「交際費等」との区別が問題となりやすい費目（福利厚生費、広告宣伝費、会議費、寄附金）について見た後に、「交際費等」の課税上の取扱い（「交際費等」が損金算入となる限度）を概説する。

2　「交際費等」の意義

「交際費等」とは、交際費、接待費、機密費その他の費用で法人が、その得意先、仕入先その他事業に関係のある者等に対する接待、供応、慰安、贈答その他これらに類する行為（以下、「接待等」という）のため支出するものをいう（租特61条の4）。但し、次の五つの費用は明文で「交際費等」から除外されている。

専ら従業員の慰安のために行われる運動会、演芸会、旅行等のために通常要する費用（租特61条の4第4項1号）

これらの費用は、従業員の慰安のために通常要する費用である限り福利厚生費に該当すると考えられるため、「交際費等」から除外されている

（租特通61の4(1)-1、10。タックスアンサーNo.5261も参照）。

飲食その他これに類する行為のために要する費用（専ら役員若しくは従業員又はこれらの親族に対する接待等のために支出するものを除く。）であって、その内容が帳簿等に記載されて保存され、かつ1人当たりの支出金額が5000円以下であるもの（租特61条の4第4項2号・6項、租特令37条の5第1項、租特規21条の18の4）

これは平成18年度税制改正により導入されたもので、1人当たり5000円以下の少額の飲食費（以下、「少額飲食費」という）については、「交際費等」から除くとするものである。

ここでいう「5000円」とは、当該法人の適用している消費税等の経理処理（税抜経理方式又は税込経理方式）により算定した価額により行うとされているから[1]、当該法人の経理方式が税込経理方式であれば税込価格で5000円以下が対象であり、税抜経理方式であれば税抜価格で5000円以下が対象となる。したがって、少額飲食費に関していえば、税抜経理方式の方が有利となる。

注意したいのは、「専ら役員若しくは従業員又はこれらの親族に対する接待等のために支出するもの」（以下、「社内飲食費」という）が除かれていることである。このため、社内飲食費に関しては、1人当たり5000円以下であっても、直ちに「交際費等」から除外されるわけではなく、当該支出が「交際費等」に該当するか否かを判断しなければならない。

また、1人当たりの飲食費が5000円を超える場合、その全体が「交際費等」となるのであって、5000円部分を「交際費等」から控除できるというものではない[2]。

なお、少額飲食費として「交際費等」から除外されるためには、次の事項を記載した書類を保存している必要がある（租特規21の18の4）。

① 飲食等のあった年月日

② 飲食等に参加した得意先、仕入先その他事業に関係のある者等の氏名又は名称及びその関係

③ 飲食等に参加した者の数

④　飲食費の額並びにその飲食店、料理店等の名称及び所在地（店舗がない等の理由で名称又は所在地が明らかでないときは、領収書等に記載された支払先の名称、住所等）

⑤　その他飲食費であることを明らかにするために必要な事項

カレンダー、手帳、扇子、うちわ、手ぬぐいその他これに類する物品を贈与するために通常要する費用（租特61条の4第4項3号、租特令37条の5第2項1号）

これらの費用は盆暮などに行う贈答品であって、本来的には「交際費等」に該当するが、このような慣習的、かつ、金額の微細なものについてまで損金不算入の対象とするのは適当でないため、「交際費等」から除くものとされている[3)]。

会議に関連して、茶菓、弁当その他これらに類する飲食物を供与するために通常要する費用（租特61条の4第4項3号、租特令37条の5第2項2号）

これらの会議費は企業に通常必要とされる内部的な費用であるが、「交際費等」の定義に含まれるとも解されるため、「交際費等」から除くものとされている[4)]。しかし、会議費か「交際費等」であるかについては、しばしば問題となる。詳細は後述する。

新聞、雑誌等の出版物又は放送番組を編集するために行われる座談会その他の記事の収集のために、又は放送のための取材に通常要する費用（租特61条の4第4項3号、租特令37条の5第2項3号）

このような費用は、編集等について不可避的なものであって、通常の商業又は製造業における仕入商品又は原材料を意味するところからこれを交際費等から除くものとされている[5)]。

このように、「交際費等」は一般に交際費と呼ばれているものと比べてかなり広く、税法上の固有概念である[6)]。交際費という勘定科目に記帳されていない費用であっても、また、常識的な言葉の意味としての交際費に該当しない費用であっても、税法上の「交際費等」の定義に該当するものは

「交際費等」と扱われるので、注意を要する。

3 「交際費等」の範囲

「交際費等」の定義は上述のとおりであるが、その範囲は必ずしも明確ではないため、どのようなものが「交際費等」に該当するか、従来から議論があるところである。

一般的には、上記2で説明した租税特別措置法61条の4第4項の規定文言及び「交際費等」が一般的に支出の相手方及び目的に照らして、取引関係の相手方との親睦を密にして取引関係の円滑な進行を図るために支出するものと理解されていることから、①「支出の相手方」が事業に関係のある者等であり、②「支出の目的」が事業関係者等との間の親睦の度を密にして取引関係の円滑な進行を図ることであるとともに、③「行為の形態」が接待・供応・慰安・贈答その他これらに類する行為であること、の三要件を満たすものが「交際費等」に該当すると解されている（三要件説。東京高判平15・9・9判時1834・28）[7]。

しかしながら、具体的な適用場面において納税者と課税当局との間で対立が生ずることがある。以下では、「交際費等」との区別が問題となりやすい費目について概説する。

(1) 福利厚生費

租税特別措置法61条の4第4項は、「交際費等」の支出の相手方を「その得意先、仕入先その他事業に関係のある者等」（傍点は引用者）と規定しているところ、この「その他事業に関係のある者」には当該費用を支出した法人の役員及び従業員も含まれると一般的には理解されている（神戸地判平4・11・25判タ815-184。控訴審である大阪高判平5・8・5税務資198-476及び上告審である最判平6・2・8税資200-562が是認）。

そのため、会社の得意先や仕入先に対する支出だけでなく、会社の役員や従業員に対する支出も「交際費等」に該当する場合がある[8]（租特通61の4(1)-22）。いわゆる社内交際費と呼ばれるものである。

そこで、会社の役員や従業員に対して支出した金額について、福利厚生費なのか「交際費等」なのかが問題となることがある。

ここで、一般に福利厚生費とは、従業員の全体が、各人の労働の質、量、能率に対応せずに、当該企業に所属する従業員集団の一員として享受する給付、換言すれば、従業員であれば誰でも同じ給付を受けられると期待し得るような原則で運営される給付を対象とする支出であり、各人への帰属部分を金額的に特定できないものと解される。

そうだとすれば、福利厚生費といえるためには、従業員の全体に対する支出が予定されており、かつ、社会常識上一般に福利厚生の範囲と認められる内容及び程度の給付のために必要な限度のものでなければならないと考えられる（東京地判昭56・4・15訟月29・2・306参照）。

したがって、会社の役員や従業員に対して支出した金額が、福利厚生費なのか「交際費等」なのかは、従業員全員に対する支出が予定されているものか否かが判断のポイントとなると思われる。

通達においても「創立記念日、国民祝日、新社屋落成式等に際し従業員等におおむね一律に社内において供与される通常の飲食に要する費用」や「従業員等（従業員等であった者を含む。）又はその親族等の慶弔、禍福に際し一定の基準に従って支給される金品に要する費用」は「交際費等」に含まれないこととされており（租特通61の4(1)-10)、そこでは「一律」とか「一定の基準」といったメルクマールが設定されているが、同趣旨であろう。

以上を前提とすると、一部特定の従業員のみを対象とした支出は、福利厚生費の名目で支出されていても「交際費等」となる（東京高判昭57・7・28訟月29・2・300）。

また、従業員全員を対象とした支出でも、冗費・濫費の抑制という「交際費等」の損金算入制限の規定の趣旨から、「通常要する費用」を超える場合には、福利厚生費ではなく「交際費等」となると考えられる。そして、「通常要する費用」であるかどうかは、支出の態様や支出金額の程度等から社会通念に照らして判断されることになるものと思われる（東京地判昭55・4・21訟月26・7・1265参照）。

⑵ 広告宣伝費

宣伝的効果を意図して支出する金額が、「交際費等」なのか広告宣伝費なのかが問題となることがある。

ここで「交際費等」とは、上述のとおり、一般的に支出の相手方及び目的に照らして、取引関係の相手方との親睦を密にして取引関係の円滑な進行を図るために支出するものである（前掲東京高判平15・9・9）。

そして、租税特別措置法61条の4第4項の「事業に関係のある者」とは、近い将来事業と関係をもつにいたるべき者を含むが、その文言からすれば不特定多数の者まで含むものではないと解される（東京地判昭44・11・27行裁集20・11・1501）。

そうだとすれば、一般論としては、「交際費等」なのか広告宣伝費なのかについては、①支出の目的が交際目的（親睦の度を密にして取引関係の円滑な進行を図ること）なのか広告宣伝目的（購買意欲の刺激）なのか、②支出先が特定なのか不特定なのかの2つの要素を総合衡量して区別すべきであろう（刑事事件であるが、東京地判昭55・2・29税資118・130参照）。通達においても、不特定多数の者に対する宣伝的効果を意図した支出は広告宣伝費とされており（租特通61の4⑴-9）、同趣旨であると思われる。

なお、交際目的と広告宣伝目的は両立するため、両者が併存することも十分にあり得る。その場合には、交際目的と広告目的とのいずれが主たる目的であるかを事例に即して客観的に判断し、決定することになるものと考えられる（前掲東京地判昭44・11・27、前掲東京地判昭55・2・29参照）。

⑶ 会議費

会議（取引先等との打ち合わせや商談を含む）の際に飲食物を提供することがあるが、これらの飲食物の費用については、「通常要する費用」であれば会議費として扱われる（租特61条の4第4項3号、租特令37条の5第2項2号）。しかしながら、「通常要する費用」の範囲が必ずしも明確ではないため、当該費用の支出が「交際費等」なのか会議費なのかが問題となることがある。

通達によれば「通常要する費用」とは、「会議に際し社内又は通常会議を行う場所において通常供与される昼食の程度を超えない飲食物等の接待に要する費用」とされている（租特通61の4(1)-21。前掲神戸地判平4・11・25も参照）。ここで、「社内又は通常会議を行う場所において通常供与される」というのは、「昼食」の程度を示す形容詞としての意味合いを持つものであって、場所を限定する趣旨ではないため、会議場所で出前により提供されるような程度の食事であれば、都合によって外部の食堂やレストランへ出掛けたからといって取扱いが異なるものではないとされている[9)]。

では、いくらであれば「社内又は通常会議を行う場所において通常供与される昼食の程度」といえるのだろうか。この点については会議の規模や性質等（参加者が社内のみか、社外関係者もいるか、参加者は何人か、会議の内容に重要性・機密性があるか否か、開催場所はどこか等）に応じて変わり得るから、一律的な金額設定はなじまないと思われる。

したがって、接待等のために支出したのか、あくまで会議に関連して供与したにすぎないのか等について、事業上の必要を超えた冗費濫費を防止しようとした交際費課税の趣旨に照らして判断するほかない。実務上、1人当たり3000円程度の食事が上限であり、飲酒を伴う場合は1人当たりビール1本が限度などといわれることもあるようであるが、その根拠は明らかではない。このような一律的な金額基準の設定は、実務に携わる者にとっては便利である一方で、「租税法解釈権」の放棄につながる危険性があるとの指摘[10)]もあるところであり、その都度、具体的事例に即して判断する必要がある。

裁判例には、ジャズレストラン、スナック、居酒屋、鮨屋、割烹料亭、しゃぶしゃぶ店、串焼店、天ぷら店、ステーキ店、鉄板焼店、ふぐ専門店等における参加者1人当たりおおむね3000円を超える支出について、会議の際に通常供される茶菓、弁当、昼食の程度のものとも通常会議を行う場所におけるものともいえないから会議費には該当しないとしたものがある（東京地判平 16・5・14 税資 254・9648)。

なお、飲食費が会議費として扱われるためには、支出の前提になる会合が会議の実体を備えていなければならず、会議が単なる名目、形式にすぎず、会議としての実体を備えているといえない場合は、「交際費等」と扱われる。そして、会議が実体を備えているかどうかは、開催場所、会議の議題及び内容並びに支出内容等を総合的に検討して判断される(前掲神戸地判平 4・11・25)。

(4) 寄附金

寄附金とは金銭その他の資産又は経済的な利益の贈与又は無償の供与(広告宣伝及び見本品の費用その他これらに類する費用並びに交際費、接待費及び福利厚生費とされるべきものを除く）をいう（法税 37 条 7 項)。

「交際費等」も、行為自体は金銭その他の資産又は経済的な利益の贈与又は無償の供与（以下、「金銭等の贈与等」という）に該当するため、当該金銭等の贈与等が寄附金なのか「交際費等」なのかが問題となることがある。

そこで検討するに、「48　寄附金」で述べたとおり、法人税法上、寄附金は資本金等の額と所得の金額を基礎とした損金算入限度額が設けられている。これは、寄附金の性質上、当該寄附金が事業に関連するかどうかの判断が困難であるため、行政的便宜及び公平の維持の観点から、一種のフィクションとして、統一的な損金算入制度が設けられたものである。

このような立法趣旨からすれば、法人税法 37 条 7 項にいう「寄附金」は、事業の関連性の有無にかかわらず、直接的な対価を伴わない支出をいい、同条 7 項の括弧書所定のものに該当しない限り、寄附金性は失われないと解される（大阪高判昭 53・3・30・判タ 822・205 参照)。つまり、直接的な対価を伴わない支出は、広く寄附金扱いとされるが、同項括弧書所定のものは費用性が明らかなので寄附金から除外されると考えられるのである。

このように考えてくると、ある金銭等の贈与等が寄附金であるか「交際費等」であるかは、まず三要件説に照らし、「交際費等」に該当するかを検討し、それが否定されれば、次に法人税法37条7項括弧書のその他の費用に該当しないかを検討し、これらのいずれにも該当しない場合に、はじめて寄附金に該当するということになると考えられる[11]。

以上を前提とすると、取引先等に対する金銭等の贈与等は、相手方が事業に関係のある者であり、取引関係の円滑な進行を図るであるとともに、接待等の行為があることが通常であろうから、「交際費等」に該当し、寄附金から除かれることが多いと思われる。

もっとも、三要件説に照らして「交際費等」に該当しないもので、かつ、広告宣伝費等の法人税法37条括弧書所定のものに該当しないときは、取引先等に対する金銭等の贈与等といえども、寄附金に該当することになろう。例えば、前掲東京高判平15・9・9（萬有製薬事件）では、英文添削料の差額負担が「交際費等」に該当しないとの判断がなされたが、当該差額負担は広告宣伝費等にも該当しないであろうから、したがって、寄附金と扱われることになるものと思われる[12]。

他方、事業に直接関係のない者に対する金銭等の贈与等は、三要件説からは、一つ目の要件を満たさず、「交際費等」に該当しないと考えられるので、広告宣伝費等に該当しない限り、寄附金になると考えられる。通達は、事業に直接関係のない者に対する金銭、物品等の贈与は、個々の実態により判定すべきであるが、金銭でした贈与は原則として寄附金とするとしている（租特通61の4(1)−2）。

4　「交際費等」の課税上の取扱い

平成26年4月1日から平成30年3月31日までの間に開始する各事業年度において支出する「交際費等」の額については、次の区分に従って、処理される（租特61条の4）。

(1)　資本金の額又は出資の額が1億円を超える法人

事業年度中に支出した「交際費等」の金額のうち、①接待飲食費以外の全額及び②接待飲食費の額の100分の50に相当する金額を超える部分が損金不算入となる。換言すれば、損金算入できる「交際費等」は接待飲食費の50％までということになる。

ここで、接待飲食費とは、「交際費等」のうち飲食その他これに類する行為のために要する費用（社内飲食費を除く）であって、その旨が法人税法・財務省令上で整理・保存が義務付けられている帳簿書類等に次の事項を記載することにより明らかにされているものをいう（租特61条の4第4項・6項、租特規21条の18の4）。

ア　飲食等のあった年月日

イ　飲食等に参加した得意先、仕入先その他事業に関係のある者等の氏名又は名称及びその関係

ウ　飲食費の額並びにその飲食店、料理店等の名称及び所在地（店舗がない等の理由で名称又は所在地が明らかでないときは、領収書等に記載された支払先の名称、住所等）

エ　その他飲食費であることを明らかにするために必要な事項

なお、少額飲食費は、上述のとおり「交際費等」から除外され、全額の損金算入が認められる点には留意が必要である。また、少額飲食費の場合は参加人数が記載要件となっているが、接待飲食費の場合には参加人数が記載要件とされていない（租特規21条の18の4参照）。これは、少額飲食費においては1人当たり5000円以下の判定をするために参加人数の情報が必須であるのに対し、接待飲食費の場合は、1人当たりの金額が要件とされておらず、参加人数の情報が必要ないからであると推察される。

以上から、「交際費等」の課税は、次のとおり整理できる。

ア　1人当たり5000円以下の飲食費（社内飲食費を除く）は、財務省令の帳簿要件を満たしていれば少額飲食費として「交際費等」から除外し、全額を損金算入する。帳簿要件を満たさないものは除外しない。

イ　1人当たり5000円超の飲食費（社内飲食費を除く）は、財務省令の帳簿要件を満たしていれば、接待飲食費としてそのうちの50

%を損金算入する。帳簿要件を満たさない場合は、損金不算入とする。

ウ 上記ア、イ以外の交際費等（帳簿要件を満たさない飲食費、社内飲食費、その他交際費（贈答費等））は、全額損金不算入とする。

これを図にすると、以下のとおりとなる（図1）。

<図1>資本金の額又は出資の額が1億円を超える法人の場合の「交際費等」の損金算入のイメージ

飲食費				飲食費以外	
少額飲食費※1	接待飲食費		帳簿要件を満たさぬ飲食費	社内飲食費※2	その他交際費（贈答費等）
損金算入	損金算入（50%まで）	損金不算入	損金不算入	損金不算入	損金不算入

※1 少額飲食費は、租税特別措置法上、そもそも「交際費等」に含まれないが、便宜上、本図に入れている。

※2 租税特別措置法の定義上、社内飲食費は「飲食費」から除かれているので、飲食費以外の「交際費等」として整理した。

(2) 資本金の額又は出資の額が1億円以下である法人（中小法人）[13]

「交際費等」に含まれる接待飲食費の50%相当の金額と後記の定額控除限度額のいずれか大きい方を損金算入することができる（租特61の4Ⅱ）。

ここで、定額控除限度額とは、800万円に当該事業年度の月数（1月に満たない端数を生じたときは、これを1月とする）を乗じてこれを12で除して計算した金額をいう。1年決算の法人の場合、定額控除限度額は800万円となる（800万円×12月/12＝800万円）。

これを図にすると、次頁のとおりとなる（図2）。

＜図2＞中小法人の場合の「交際費等」の損金算入のイメージ

●接待飲食費の額が年1600万円を超える場合

飲食費				飲食費以外	
少額飲食費	接待飲食費		帳簿要件を満たさぬ飲食費	社内飲食費	その他交際費（贈答費等）
損金算入	損金算入（50%まで）	損金不算入	損金不算入	損金不算入	損金不算入
	800万円				

●接待飲食費の額が年1600万円以下の場合

飲食費				飲食費以外	
少額飲食費	接待飲食費		帳簿要件を満たさぬ飲食費	社内飲食費	その他交際費（贈答費等）
損金算入	損金算入（50%まで）	損金不算入	損金不算入	損金不算入	損金不算入
	800万円				

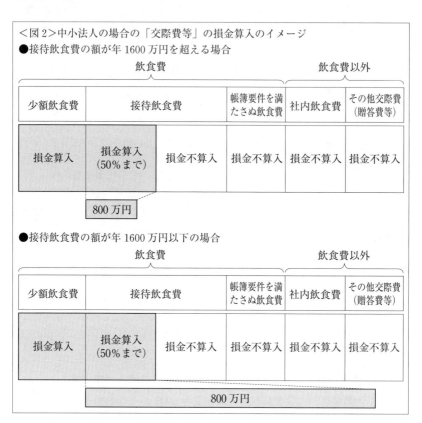

(3) 資本又は出資を有しない法人、公益法人等又は人格のない社団等、外国法人

その事業年終了時の貸借対照表における純資産の価額の100分の60に相当する金額を資本金の額とするなど、法人の区分に応じて租税特別措置法施行令37条の4において資本金の額に相当する金額が定められているので、そちらを参照されたい。

1） 平成元年3月1日直法2-1「12」。タックスアンサーNo.5265も参照。
2） 国税庁HP「交際費等（飲食費）に関するQ＆A」（2006年5月）Q9。
3） 武田昌輔編著『DHCコンメンタール法人税法』3211頁（第一法規）。
4） 前掲注3）・武田3211頁。

5）　前掲注3)・武田3213頁。
6）　山田二郎『租税法の解釈と展開⑴』269頁（信山社、2007年)。
7）　従来の裁判例では、支出先と支出の目的の二要件を満たせば「交際費等」に該当するという旧二要件説・新二要件説が主張されていたが（東京高判昭52・11・30行裁集28・11・1257、東京高判平5・6・28行裁集44・6＝7・506、東京地判平14・9・13税資252・9189)、いわゆる萬有製薬事件（前掲東京高判平15・9・9）で三要件説が用いられて以降は、三要件説によることが一般的となっている。
　租税特別措置法61条の4第4項の文言を分析すると、交際費等となるための要件として、①「交際費、接待費、機密費その他の費用」であること（支出の目的)、②「得意先、仕入先その他事業に関係のある者等に対」するものであること（支出先)、③「接待、供応、慰安、贈答その他これらに類する行為」であること（行為の態様）の三つが規定されている。条文上明記されているのに接待・供応・慰安・贈答等の行為形態を無視して交際費等を判断し損金の額への算入を制限することは租税法律主義に反するから、三要件説によるのが妥当であると考えられる（増田英敏「税法上の交際費等の意義とその判断要件――萬有製薬事件」税務事例36巻2号6頁（2004年）参照)。
8）　松沢智『新版租税実体法（補正第2版)』327頁（中央経済社、2003年)。
9）　大澤幸宏編著『法人税関係　租税法通達逐条解説〔平成26年3月1日現在版〕』402頁（財経詳報社、2014年）参照。
10）　山本守之『法人税の理論と実務〔平成29年度版〕』418頁（中央経済社、2017)。
11）　藤曲武美『寄附金 法人税実務の新基軸1』92頁（税務経理協会、2016)。
12）　前掲注11)・藤曲95頁。
13）　大法人（資本金の額等が5億円以上の法人等）との間に当該法人による完全支配関係がある法人や複数の完全支配関係がある大法人に発行済株式等の全部を保有されている法人は除かれる（租特61の4Ⅱ、法税66Ⅵ②・③)。

54　不適正な会計処理

1　不適正な会計処理の種類

会社の会計は、一般に公正妥当と認められる企業会計の慣行に従う必要があり（会社431条・614条）、金融商品取引法（以下、「金商法」という）においても、財務計算に関する書類の作成は一般に公正妥当であると認められるところに従うとされる（金商193条、財務規1条）。同様に、法人税の計算においても、収益・費用・損失の額は「一般に公正妥当と認められる会計処理の基準[1)]」に従うものとされる（法税22条4項）。

一般に公正妥当と認められるところに基づかない不適正な会計処理には、売上その他の収益、原価・経費その他の費用、損失、資産や負債についての架空計上や簿外処理と様々なバリエーションがあり、その結果として利益・所得の計上が過大となるものと過少となるものがある。一般に前者を企業会計上は粉飾決算、税務上は仮装経理と呼ぶが（法税70条参照）、後者についても粉飾決算・仮装経理と呼ぶ場合があり、用語法は一定していない。

なお、減価償却額の過少計上、引当金・準備金繰入額の過少計上等は、企業会計における粉飾決算に該当するとしても、税法上の仮装経理には該当しない。法人税法上、それらの費用等の計上は任意とされており、計上しなくとも違法でないからである（法税31条1項・52条1項等参照）。このように、企業会計上の粉飾決算となる場合でも、税務上の仮装経理とはならない場合があることには注意を要する。

不適正な会計・経理処理については、会社法・税法・金商法の各々が規制（罰則を含む）を置いている。しかし、その方向性は、各法の目的に応じて異なっている。すなわち、金商法では、金融商品の適正な価格形成という見地から、利益の過大計上・過少計上にかかわらず、公表された財務情報の虚偽表示について特に重い規制を用意し、会社法では、会社債権者保護という見地から、利益の過大計上による会社財産の不当な流出の防止について特に重い規制を用意し、税法では、適正な徴税の確保という見地から、所得の過少計上（による脱税）について特に重い規制を用意している。

2 不適正な会計処理により所得を過大に計上した場合

(1) 課税関係上の取扱い

一般に、課税標準等又は税額等の計算が税法の規定に従っていなかったこと等により税額を過大に申告した場合（過大申告）には、それを行った各事業年度の確定申告につき、税務署長に対して更正の請求（法定申告期限から5年以内[2]。国通23条）を行って、過納付した税の還付を受けることができる。なお、法人税に係る減額更正の除斥期間は法定申告期限から5年以内[2]であるため（国通70条1項[3]）、それ以前の過大申告については更正を受けることができない。

そして、仮装経理による過大申告も、過大申告であることは変わらないので、本来は上記の取扱いを受けるはずである。しかし、事実を仮装して経理したところに基づく過大申告は、粉飾決算抑制の見地から、通常の過大申告と以下の点で異なる取扱いを受ける。

第1の点は、税務署長は、当該法人が過去の仮装経理に係る「修正の経理」をし、かつ「修正の経理」をした事業年度の確定申告書を提出するまで、更正をしないことができることである（法税129条1項）。この「修正の経理」とは、従前は過去の仮装経理に係る修正額を損益計算書の特別損益項目中に前期損益修正損等として計上することと解されていたが、企業会計基準24号「会計上の変更及び誤謬の訂正に関する会計基準」の制定及び会社計算規則の改正により、平成23年4月1日以後開始する事業年度の期首以後に行われる過年度の重要な誤謬等の修正は、過年度の財務諸表を訂正し[4]、その累積的影響額を当期首の資産、負債及び純資産の額に直接に反映させるとともに、修正した誤謬の内容等を注記することとされた（会社計算2条3項64号・102条の5[5]）。

なお、税務上は、従前より前記の前期損益修正損等の損金計上は認められておらず（法税22条3項）、あくまで仮装経理を行った事業年度の確定申告所得額（及びそれに基づく課税額）を修正する方法によるとされていた。前記の企業会計基準の制定及び会社計算規則の改正で企業会計・会社法会計上の取扱いと税務会計上の取扱いが揃ったことになる。

第2の点は、事実の仮装に対応する部分の過納付税額につき、原則として還付を受けることができず（法税135条1項）、以後の事業年度に係る納税額からの控除を受けられるだけということである（単体法人につき法税70条、連結法人につき法税81条の16）。もっとも、例外的に、更正の日の属する事業年度の開始日前1年以内に開始した事業年度の確定した申告納税額の合計に達するまでの金額（法税135条2項）、更正の日の属する事業年度の開始日から5年を経過した日、残余財産の確定した日、合併により解散した場合の合併日の前日、破産手続開始により解散した場合の破産手続開始日、連結納税の承認を受け又は承認を取り消された日の前日、及び公益法人等に該当した日の前日を含む事業年度の納税額決定後の未控除・未還付の残額（法税135条第3項）、並びに会社更生手続、民事再生手続、特別清算手続又は準則型私的整理手続の開始後1年以内に還付請求を行った場合の未控除・未還付の残額（法税135条4項・6項・7項、法税令175条）については、例外的に還付が受けられる。

なお、従来は単に解散しただけでも還付が受けられたが、平成22年度税制改正において清算所得課税が廃止されたことに伴い、解散したのみでは還付が受けられなくなった。

(2) 罰則等

税法上には、仮装経理に基づく過大申告に関する罰則規定はない。

しかし、会社法上は、粉飾決算については財務諸表等虚偽記載等（会社977条2号。100万円以下の過料）の対象となり得、また粉飾決算に伴って違法配当を行った場合には同法の会社財産を危うくする罪（会社963条5項。5年以下の懲役若しくは500万円以下の罰金又は併科）の対象となり得る。

さらに、上場会社等については、金商法上の有価証券報告書虚偽記載罪（金商197条・207条。10年以下の懲役若しくは1000万円以下の罰金又は併科、両罰規定あり、7億円以下の罰金）の対象ともなり得る。

なお、粉飾した決算書を用いて金融を得た等の場合は詐欺罪が成立し得る。

3　不適正な会計処理により所得を過少に計上した場合

⑴　課税関係上の取扱い

一般に、納税者は、申告を行った後又は更正・決定の後に、当該申告若しくは更正・決定に係る税額の過少、純損失等の金額の過大又は還付金の額に相当する税額の過大等を認めた場合（過少申告）、それに係る更正があるまでは、当該申告又は更正・決定に係る課税標準等又は税額等を修正する内容の申告を行うことができる（修正申告。国通19条）。

ただし、税務調査を受けた等により過少申告につき更正があるべきことを予知して修正申告を行った場合、及び修正申告を行う前に更正を受けた場合は、当該過少申告について過少申告加算税が賦課される（国通65条1項・5項）。その税額は、増差税額の10％（当初の申告納税額と50万円の多い方を超える部分については15％）である（国通65条2項）。

さらに、過少申告加算税が賦課されるべき場合において、その過少申告に事実を隠蔽し、又は仮装することにより行われた部分がある場合には、その部分について、過少申告加算税の代わりに重加算税が賦課される（国通68条1項）。この税額は増差税額の35％となる。なお、国税庁事務運営指針「法人税の重加算税の取扱いについて（事務運営指針）」（平12・7・3課法2-8ほか3課共同）は、事実を隠蔽し、又は仮装した場合として、以下のような例を挙げている。

ア　いわゆる二重帳簿を作成していること

イ　次に掲げる事実（以下、「帳簿書類の隠匿、虚偽記載等」という）があること

①　帳簿、原始記録、証憑書類、貸借対照表、損益計算書、勘定科

目内訳明細書、棚卸表その他決算に関係のある書類（以下、「帳簿書類」という）を、破棄又は隠匿していること

② 帳簿書類の改ざん（偽造及び変造を含む。以下同じ）、帳簿書類への虚偽記載、相手方との通謀による虚偽の証憑書類の作成、帳簿書類の意図的な集計違算その他の方法により仮装の経理を行っていること

③ 帳簿書類の作成又は帳簿書類への記録をせず、売上その他の収入（営業外の収入を含む）の脱ろう又は棚卸資産の除外をしていること

ウ　特定の損金算入又は税額控除の要件とされる証明書その他の書類を改ざんし、又は虚偽の申請に基づき当該書類の交付を受けていること

エ　簿外資産（確定した決算の基礎となった帳簿の資産勘定に計上されていない資産をいう）に係る利息収入、賃貸料収入等の果実を計上していないこと

オ　簿外資金（確定した決算の基礎となった帳簿に計上していない収入金又は当該帳簿に費用を過大若しくは架空に計上することにより当該帳簿から除外した資金をいう）をもって役員賞与その他の費用を支出していること

カ　同族会社であるにもかかわらず、その判定の基礎となる株主等の所有株式等を架空の者又は単なる名義人に分割する等により非同族会社としていること

ちなみに、過少申告加算税及び重加算税のいずれも、賦課決定通知書の発送の翌日から1カ月以内に納付する必要がある（国通35条3項）。

(2) その他の税法上の効果

法人税法上、帳簿書類上の隠蔽・仮装により、当該隠蔽・仮装した事項の全体につき真実性を疑うに足りる相当の理由があると認められる場合、当該隠蔽・仮装の行われた事業年度に遡及して青色申告の承認が取り消され、当該年度以降の青色優遇措置を不適用とする更正が行われる

（法税 127 条 1 項 2 号）。具体的には、当該年度以降の青色欠損金の繰越控除、欠損金の繰戻し還付、試験研究費の増加に係る特別控除及び租税特別措置法上の特別償却若しくは特別控除等の適用がすべて否定され、それにより増加した税額について本税の納付義務が生じるほか、延滞税や重加算税が賦課されることとなる。

なお、国税庁事務運営指針「法人の青色申告の承認の取消しについて（事務運営指針）」（平 12・7・3 課法 2-10 ほか 3 課共同）において承認を取り消すべき場合とされているのは、隠蔽・仮装により減少した所得金額と増加した欠損金額の合計額が、更正等の後の所得金額に当初の申告に係る欠損金額を加算した額の 50% を超え、かつ 500 万円以上の場合である。

⑶　罰則等

隠蔽・仮装による過少申告については、法人税法上の偽りその他不正の行為による法人税免脱に係る罰則の対象となる（法税 159 条 1 項・163 条 1 項。10 年以下の懲役若しくは 1000 万円以下の罰金又は併科。両罰規定：1000 万円以下の罰金）。

なお、会社法上の財務諸表等虚偽記載罪及び金商法上の有価証券報告書虚偽記載罪が問題となることは先と同様である。

1）　企業会計原則の規定や確立した会計慣行が直ちに「一般に公正妥当と認められる会計処理の基準」となるわけではない点には注意が必要である。最判平成 5 年 11 月 25 日（民集 47・9・5278。反対意見も参照）及びその原審である大阪高判平成 3 年 12 月 19 日（行裁集 42・11＝12・1894、税資 187・419）を参照。

2）　法人税に係る純損失等の額が過少だった場合については 9 年以内。

3）　更正の請求が期間内に行われた場合は請求日の 6 カ月後まで延長される。法人税に係る純損失等の額の増減等に係るものについては 9 年以内である。

4）　この訂正で過年度の有価証券報告書や確定決算が変更されたことになるわけではなく、訂正に重要性がある場合、別途訂正報告書の提出や株主総会決議等を経ることが必要となるが、更正の請求に際しては、そこまでは要求されない。

5）　日本公認会計士協会他「中小企業の会計に関する指針」の損益計算書の例

示で前期損益修正益勘定が使われていること等から、中小企業に「会計上の変更及び誤謬の訂正に関する会計基準」の適用はないと一般に理解されているが、それを明示したものは不見当である。

Ⅶ 社　債

55 社　債

1 定　義

(1) 会社法上の定義

社債は、会社法の規定により会社が行う割当てにより発生する当該会社を債務者とする金銭債権であって、会社法676条各号に掲げる事項についての定めに従い償還されるものをいう（会社2条23号）。国内の会社が準拠法を外国法として発生させる債券や、外国会社が発行する債券は、会社法上の社債には該当しない[1)]。

(2) 税法上の定義

税法上の社債は、会社が会社法その他の法律に基づき発行する債券に加え、会社以外の法人が特別法に基づき発行する債券及び外国法人が発行する債券でこれらに準ずるものを含むものとされ（所基通2-11)、これと公債（外国のものを含む）を合わせた公社債（所税2条9号、租特2条1項5号等）は、単なる貸金とは異なる様々な取扱いがなされている。

2 会計上の取扱い

(1) 社債発行の形態

社債の発行形態には、平価発行、割引発行、打歩発行の3種類がある。

平価発行とは、払込金額を当該社債の額面金額と同額とする発行形態である。

割引発行とは、払込金額を当該社債の額面金額より低額とする発行形態である。

打歩発行とは、払込金額を当該社債の額面金額より高額とする発行形態である。

(2) 社債発行者側の処理

① 貸借対照表価額

社債発行時に払込金額を負債として計上する。

割引発行・打歩発行されたときの払込金額と額面金額との差額は、償却原価法に基づき期間配分し、当該貸借対照表期間に対応する額を社債計上額に加算（割引発行の場合）又は減算（打歩発行の場合）したものを当該貸借対照表上の社債価額とする[2)]。なお、償却原価法には、上記の加減算調整額を各計算期間における元本に一定の実効利子率を乗じて計算する利息法（原則）と、各計算期間の償還までの期間に占める割合に発行時の差額を乗じて計算する定額法（簡便法）がある。

② 社債利息の処理

社債利息は、額面金額に表面利率を乗じた額と、払込金額と額面金額との差額に係る上記調整額を合計した額を営業外費用（社債利息）として計上する（財務規 93 条）。

③ 社債発行費の処理

社債発行費とは、社債を発行するために直接支出した金額をいう。具体的には、社債募集広告費、金融機関の取扱手数料、社債目論見書・社債券等の印刷費、社債登記の登録税等である。原則として支出時に営業外費用として処理されるが、会社法上の繰延資産に計上できる。したがって、社債発行費等を繰延資産に計上するか否かは会社の任意である[3)]。

④ 償還時の処理

償還時までの経過利息（払込金額と額面金額との差額に係る調整額を含む）を社債利息として計上し、それと社債の期首簿価の合計額が、償還に際して実際に支払った金額と差異を生じた場合は、その差額を特別損益（社債償還損又は社債償還益）として計上する。

(3) 社債権者側の処理

① 社債取得時の会計処理

社債権者が社債を引受けにより取得した場合には、払込金額に社債の取得に要した手数料その他の付随費用額を加えた額を払込時に資産として計上し、社債権者が社債を購入して取得した場合には購入価格に付随費用を加えた額から前回利払日後取得日までの期間に対応する利息相当額を控除した額を資産に計上すると共に控除した利息相当額を負の有価証券利息として計上する。

② 利息受領時の会計処理

受け取った利息額を有価証券利息として計上する。通常は営業外収益として計上される。

③ 期末における会計処理

前回利払日後決算日までの期間に対応する利息相当額を有価証券利息と未収有価証券利息の両建てで計上する。

その余の会計処理は、社債を短期に売却し利ざやを稼ぐ目的で保有する場合（売買目的有価証券)、満期までの保有を予定する場合（満期保有目的債券)、それ以外の場合（その他有価証券）によって異なる。

(i) 売買目的有価証券の場合

この場合、期末に時価を簿価とすると共に、時価と旧簿価の差額を有価証券評価損益として営業外損益に計上する[4)]。その後の処理は、翌期首に上記と逆の会計処理を行う洗替法とそれを行わない切放法がある。

なお、貸借対照表上は、有価証券として流動資産に計上される[5)]。

(ii) 満期保有目的債券の場合

この場合、おおむね社債発行者の処理に対応した形の処理となり、取得価額と額面金額との差額は、原則として[6)]、償却原価法に基づき各計算期間に配分し、期末にその配分額を簿価に加減算すると共に営業外損益（有価証券利息）として計上する[7)]。

なお、貸借対照表上は、満期まで1年を切っているものは有価証券として流動資産に、それ以外は投資有価証券として固定資産に計上される[8]。

(iii)　その他有価証券の場合

期末に、まず満期保有目的債券と同様の会計処理を行い、その後の簿価（償却原価という）と時価との差額を簿価に加減算すると共に、その他有価証券評価差額金として純資産に計上する（全部純資産直入法）。ただし、継続適用を前提として、上記差額が負のものをその他有価証券差額金ではなくその他有価証券評価損として営業外費用に計上することも認められる（部分全資産直入法）。いずれの方法を取った場合も、翌期首に、簿価が償却原価となるよう上記と逆の会計処理を行う[9]。

貸借対照表上の計上方法は満期保有目的債券と同じである[10]。

④　譲渡・償還時の会計処理

社債を譲渡した場合、期首から譲渡日までの期間に対応する利息相当額及び償却原価法に基づく配分額（満期保有目的債券及びその他有価証券の場合に限る）を営業外収入（有価証券利息）として計上し、これらを譲渡代金から控除した額と簿価との差額を特別損益（有価証券売却損益）として計上する。償還された場合も、上記差額を特別損益（有価証券償還損益）に計上する点を除いて同様の処理を行う。

3　税務上の取扱い

(1)　社債発行者側の税務

①　発行時から償還直前まで

(i)　払込金部分

社債発行とは、基本的には償還期限までの間、社債権者より返済義務のある資金を借り入れることにほかならない。したがって、受け入れた払込金が社債を発行した会社の益金となることはなく、特段の課税問題は生じない。

(ii)　社債利息

社債利息は、会計上の取扱いと同様に、期間に対応して損金又は益金（計算上社債利息がマイナスになる場合）として処理される。払込金額と額面価額の差額の調整額については、会計上の償却原価法と同様な処理が税務上も行われ、調整額については益金の額又は損金の額に算入される。ただし、会計原則と異なり、月割の定額法で計算される（法税令136条の2）。

(iii) 社債発行費

税務上、繰延資産に計上された社債等発行費（法税2条24号、法税令14条5号）は、任意償却（法税32条1項、法税令64条1項1号）の対象とされ、償却費として損金経理した金額を限度として損金の額に算入される。

したがって、支出の日を含む事業年度において全額償却してもよく、また全く償却しなくてもよい。これらの中間的な償却方法も認められている。

② 償還時

社債の償還は、社債発行者（会社）から見れば債務の返済であるから償還金が社債発行会社の損金となることはなく、特段の課税問題は生じない。なお、償還日の属する事業年度については、払込金額と額面額の差額の調整額から前事業年度までの各事業年度の所得の金額の計算上、益金の額又は損金の額に算入された金額を控除したところの金額が、益金の額又は損金の額に算入される。

(2) 社債権者側の税務

社債権者側の税務については、平成25年度税制改正によって、平成27年12月31日以前と平成28年1月1日以降とで大幅に異なる取扱いがなされている。平成27年12月31日以前の課税関係については、改正前の法令の参照を要する場合もあるため、留意されたい。

① 社債権者が（内国）法人の場合

(i) 実際に受け取るべき社債利息の取扱い

実際に受け取るべき社債利息（未受領のものも含む）は、会計上の取扱いと同様に、その発生期間に対応する額が益金の額に算入される。これについては支払を受ける時に所得税15%、復興特別所得税0.315%が源泉徴収されるが[11]、二重課税を防止するため、源泉徴収された所得税等は、法人税額から控除（所得税額控除）される（法税68条[12]）。

(ii) 払込金額と額面金額の差額の取扱い

社債取得時の税務上の社債価額も、会計上の取扱いと同様に、払込金額に取得に際しての付随費用額を合計した額となる。

(iii) 期末の評価額について

社債が売買目的有価証券の場合、会計上の取扱いと同様に期末評価額を時価とすると共に、評価損益を当該期の益金又は損金に算入する（法税61条の3第1項1号・2項）。税務上は、会計上の取扱いと異なり、切放法は認められず、洗替法による処理だけが認められている（法税令119条の15第1項）。上記の時価は法人税法施行令119条の13に定めるものとなり、取引所売買有価証券等は期末日の最終売買価格等によるものと定められているが、取引所売買有価証券等以外のものについては、後記の売買目的有価証券以外の場合の期末簿価と同様となる（法税令119条の13第4号）。

社債が売買目的有価証券以外の場合、満期保有目的債券として保有するかその他有価証券として保有するかにかかわらず、払込金額と額面金額との差額を月割の定額法による償却原価法に基づいて計算した調整差益又は調整差損が各事業年度の益金又は損金の額に算入され（法税令139条の2）、これに応じて税務上の社債価額も加算又は減算される（法税令119条の14）。利息法に基づく償却原価法を原則とする会計上の取扱いと異なる点には留意が必要である。

なお、平成27年12月31日以前に割引発行された社債については、発行時に所得税等が源泉分離課税され、源泉徴収されていたものがあり[13]、発行時に取得した際に源泉徴収された源泉所得税は取得価額に含める。

⒤ 譲渡時の取扱い

社債は法人税法上の有価証券（法税2条21号、法税令11条）に該当することから、社債の譲渡による損益は、原則として契約をした日（約定日）の属する事業年度において、譲渡対価の額から譲渡原価の額を差し引いた金額を益金又は損金の額に算入する（法税61条の2第1項)。税務上の譲渡原価は、譲渡時における税務上の社債価額に譲渡に要した付随費用を加算した額となる。

(v) 償還時の取扱い

償還金額で売却した場合と同様、償還差益に課税がなされる。ただし、一般社団法人等の一定の法人に対しては、償還時に、法定の方式により計算された差益金額に合計15.315%（所得税15%、復興特別所得税0.315%）の所得税等が課され、源泉徴収される（租特41条の12の2)。公益法人や非営利型の一般社団法人等が受ける償還差益については、収益事業を原資とするものだけが法人税の課税の対象とされる。

② 社債権者が個人（居住者）の場合

(i) 平成25年度税制改正により、平成28年1月1日以後の個人の証券税制は、株式だけでなく公社債を含めて、上場株式等のグループと一般株式等のグループに区分して課税関係を定めるようになった。

(ii) 公社債の利子

公社債の利子の所得区分はいずれも利子所得であり、課税方法は以下のとおりである。

(ア) 上場株式等に区分される特定公社債に該当する社債の利子

社債市場に上場されている社債や同族会社ではない会社が平成27年12月31日以前に発行した社債等の一定の社債は、租税特別措置法上、上場株式等に区分される特定公社債とされる。

特定公社債に該当する社債の利子は、合計20.315%（所得税15%、復興特別所得税0.315%、地方税5%）の申告分離課税の対象となり（租特８条の４第１項６号）、源泉徴収される。また、源泉徴収のみで課税が完了する申告不要を選択することができる。

⑷ 一般株式等に区分される特定公社債以外の公社債の利子

特定公社債に該当しない社債の利子は、合計 20.315％（所得税 15％、復興特別所得税 0.315％、地方税 5％）の源泉分離課税の対象となり（租特３条１項）、源泉徴収される。

⑸ 総合課税の対象となる公社債の利子

特定公社債以外の公社債の利子で、同族会社からその同族株主が支払を受けるものは、総合課税の対象となる（租特３条１項４号）。

⑹ 平成 27 年 12 月 31 日以前に支払われるべき公社債の利子

平成 27 年 12 月 31 日以前に支払われるべき公社債の利子については、上記⑶から⑸までにかかわらず、すべて源泉分離課税の対象であった。[14]

(iii) 払込金額と額面金額の差額の取扱い

個人については、譲渡又は償還までの間は、帳簿価額の調整は行われず、課税関係も生じない。

ただし、平成 27 年 12 月 31 日以前に割引発行された社債については、発行時に所得税等が源泉分離課税され、源泉徴収されていたものがある。[15]

(iv) 譲渡時の取扱い

⑶ 上場株式等に区分される特定公社債の譲渡

ア　上場株式等の譲渡所得に係る申告分離課税

上場株式等に区分される特定公社債に該当する社債の譲渡益は、上場株式等に係る譲渡所得等として、合計 20.315％（所得税 15％、復興特別所得税 0.315％、地方税 5％）の申告分離課税の対象となる（租特 37 条の 11 第１項）。

所得区分は、譲渡の原因によって、事業所得、譲渡所得又は雑所得のいずれかとなる。

なお、いずれの場合も、払込金額及び取得に要した付随費用額並びに譲渡に要した付随費用の合計を必要経費又は取得費として所得から控除できる。

イ　上場株式等の譲渡所得に係る申告不要

特定口座のうち源泉徴収選択口座を有する者の上場株式等に係る譲渡所得については、20.315％の源泉徴収が行われ、申告不要を選択することができる（租特37条の11の5）。

ウ　上場株式等に係る譲渡損失の損益通算、繰越控除

金融商品取引業者への売委託により譲渡した上場株式等の譲渡によって、譲渡損失が生じた場合には、確定申告により、上場株式等に係る譲渡損失を上場株式等に係る配当所得等の金額を限度として、その年分の配当所得等の金額から控除することができる（租特37条の12の2）。

また、上場株式等の譲渡損失の金額で上場株式等に係る配当所得の金額から控除してもなお控除しきれない譲渡損失の金額については、一定の計算明細書の添付がある場合に限り、確定申告により、翌年以後3年間繰り越すことができる（租特37条の12の2）。

(イ)　一般株式等に区分される公社債の譲渡

一般株式等に区分される特定公社債に該当しない社債の譲渡益は、一般株式等に係る譲渡所得等として、合計20.315％（所得税15％、復興特別所得税0.315％、地方税5％）の申告分離課税の対象となる（租特37条の10第1項）。

所得区分は、譲渡の原因によって、事業所得、譲渡所得又は雑所得のいずれかとなる。

なお、いずれの場合も、払込金額及び取得に要した付随費用額並びに譲渡に要した付随費用の合計を必要経費又は取得費として所得から控除できる。

上場株式等に係る譲渡所得の計算と一般株式等に係る譲渡所得の計算とは、完全に分離していて、相互で損益の通算などはできない。

(ウ) 発行時に源泉分離課税された割引債

平成27年12月31日以前に発行された割引債で、発行時に上記(ii)の源泉分離課税がなされたものについては、その後譲渡されても非課税である（租特37条の15第1項）。

(エ) 平成27年12月31日以前の譲渡

社債の譲渡益は、平成27年12月31日以前の譲渡に係るものに関しては、一定の公社債[16]の譲渡益を除き、非課税であった[17]。

(v) 償還時の取扱い

社債の元本の償還は、課税上、社債の譲渡とみなされる（租特37条の10第3項8号・37条の11第3項）。したがって、上記(iv)(ア)及び(イ)と同様の規律で課税されるのが原則である。

ただし、特定公社債に該当しない社債の償還益のうち、同族会社である社債発行会社の同族株主などの一定の者に償還するものについては、総合課税の雑所得となる（租特37条の10第3項8号、租特通37の11-6(2))。

割引債については、一定の場合、償還時に、法定の方式により計算された差益金額につき合計20.315%（所得税15%、復興特別所得税0.315%、地方税5%）の税率での源泉徴収がなされる（租特42条の12の2)。

なお、平成27年12月31日以前に償還された社債については、発行時に上記(iii)の源泉分離課税がなされたものについては償還時には課税されず、それ以外の社債については償還時に償還益が雑所得として総合課税の対象とされていた。

(vi) 障害者等マル優制度

遺族年金を受けることができる妻であったり、身体障害者手帳の交付を受けていたりする者が、公社債等の預入れに際して、非課税貯蓄申込書を提出したときは、元本等が350万円に達するまでの利子が非課税になる制度がある（所税10条）。

1） 江頭憲治郎『株式会社法（第6版）』715頁（有斐閣、2015年）。
2） 企業会計基準10号「金融商品に関する会計基準」26項。
3） 実務対応報告19号「繰延資産の会計処理に関する当面の取扱い」3(2)。
4） 企業会計基準10号「金融商品に関する会計基準」15項。
5） 企業会計基準10号「金融商品に関する会計基準」23項。
6） 例外は、発行体の信用リスクが著しく高いために割引発行される等の場合である。
7） 企業会計基準10号「金融商品に関する会計基準」16項。
8） 企業会計基準10号「金融商品に関する会計基準」23項。
9） 企業会計基準10号「金融商品に関する会計基準」18項。
10） 企業会計基準10号「金融商品に関する会計基準」23項。
11） 平成27年12月31日以前に受け取った社債利子については地方税利子割5％も課税されていたが、平成25年度税制改正によって廃止された。
12） 平成27年12月31日以前の公社債の利子等については所有期間による按分計算が必要であったが、平成28年1月1日以後のものについては全額が控除される。
13） 平成25年度税制改正によって平成28年1月1日以後に発行された割引債については廃止された。
14） 平成25年度税制改正前の租特3条1項。
15） 平成25年度税制改正によって廃止された。
16） 平成27年12月31日以前に譲渡益が課税されていた公社債の例としては、いわゆるゼロクーポン債やストリップス債が挙げられる。
17） 平成25年度税制改正前の租特37条の15。

56　新株予約権付社債

1　会社法上の定義[1)]

新株予約権付社債とは、新株予約権を付した社債をいう（会社2㉒）。新株予約権付社債には、新株予約権付社債に係る社債を出資の目的とするもの（転換社債型、CB）及び金銭等当該社債以外の財産を出資の目的とするもの（非分離の新株引受権付社債型）がある。

会社法上の新株予約権付社債は、新株予約権と社債とを分離して譲渡・質入れすることはできない（会社254条2項）。平成13年商法改正前には、新株引受権部分と社債部分を分離して譲渡することができる「分離型の新株引受権付社債」も存在したが、平成13年の商法改正により、「分離型の新株引受権付社債」は新株予約権と社債とを同時に募集し、同時に同一人に割り当てるものにすぎないとして、概念が整理された[2)]。

2　税務上の取扱い

⑴　発行法人の税務

①　発行時

新株予約権付社債の発行は、新株予約権の発行に準じて、法人税の課税関係は生じない（法税22条2項・5項[3)]）。新株予約権付社債の発行時には、社債の払込価額が負債として認識される[4)]。

②　権利行使時

転換社債型新株予約権付社債の権利行使時には、社債の価額と交付される株式の価額がおおむね同額であることを条件に（法税61条の2第14項4号）、行使直前の社債の帳簿価格が、資本金等の額として計上される（法税2条16号、法税令8条1項2号[5)]）。

非分離の新株引受権付社債型新株予約権付社債については、通常の新株予約権の権利行使時と同様である[6)]。すなわち、新株予約権の権利行使時には、払い込まれた金銭の額及び給付を受けた財産の額と、権利行使直前の新株予約権の帳簿価額との合計額が、資本金等の額として計上される（法税令８条１項２号）。

③　自己新株予約権付社債の取得時

新株予約権付社債の発行会社が当該新株予約権付社債を取得した場合、税務上、自己新株予約権付社債は資産として取り扱われる（法税２条21号、法税令11条１号、金商２条１項５号）。この場合には、取得代価に購入手数料等取得のために要した費用を加算した額をもって、新株予約権付社債の取得価額とされる（法税令119条１項１号）。但し、発行会社の新株予約権付社債取得の対価が通常要する価格に比して有利な金額である場合には、新株予約権付社債の取得価額は時価（その取得の時における当該新株予約権付社債の取得のために通常要する価額）とされる（法税令119条１項４号）。

④　自己新株予約権付社債の償却時

自己新株予約権付社債の償却時には、当該自己新株予約権の帳簿価格が損金に算入され、負債に計上された新株予約権付社債の帳簿価格が益金に算入される。

⑵　新株予約権の取得者の税務

①　新株予約権付社債の取得者が法人の場合

(i)　取得時

新株予約権付社債は法人税法上の有価証券である（法税令11条１項、金商２条１項５号）ため、以下のとおり取得価額が決定される（法税令119条１項１号・２号・４号[7]）。

ア　新株予約権付社債を購入した場合

購入代価に、購入手数料その他の付随費用を加算した金額

イ　金銭の払込み又は金銭以外の資産の給付による場合

払込みをした金銭の額及び給付をした金銭以外の資産の価額の合計額に、付随費用を加算した金額

ウ　有利発行の場合

時価（その取得の時における当該新株予約権付社債の取得の

ために通常要する価額）

上記ア及びイの場合には、当該新株予約権付社債の取得価額が払込金額等であることから、課税対象とはならない。上記ウの場合には、時価と払込価額との差額が受贈益として益金の額に計上され（法税令119条1項4号）、法人税の課税対象となる。

⒤　権利行使時

転換社債型新株予約権付社債は、会社法上、社債の現物出資による自己の株式の交付と構成されている。しかし、経済的効果としては、社債が同一性を保ちつつ株式に転換されることと同様であることから、新株予約権付社債の価額（時価）が発行又は交付を受ける株式の価額（時価）とおおむね同額である場合には、権利行使時における譲渡損益は繰り延べられ、当該新株予約権付社債の当該権利行使直前の帳簿価額が株式の取得価額となる（法税61条の2第14項4号、法税令119条1項20号）[8)]。

転換社債型新株予約権付社債の価額（時価）が発行又は交付を受ける株式の価額（時価）とおおむね同額となっていない場合、新株を有利発行した場合と同様であるから、新株予約権の行使により取得した株式の取得価額は時価となり（法税令119条1項4号）、新株予約権付社債の時価との差額について譲渡損益を計上しなければならない[9)]。

非分離の新株引受権付社債型新株予約権付社債については、通常の新株予約権の場合と同様である。すなわち、法人が新株予約権を行使した時、権利行使により取得する株式の取得価額は、権利行使直前の新株予約権の帳簿価格、払い込んだ金銭の額及び付随費用の合計額であり（法税令119条1項2号）、法人税は課税されない。

(iii)　譲渡時

新株予約権付社債は、税務上、有価証券とされており、新株予約権付社債の譲渡時には、原則として有価証券の譲渡損益が認識されることとなる（法税61条の2第1項）。

② 新株予約権付社債の取得者が個人の場合

(i) 取得時

個人が時価で発行された新株予約権付社債を取得した場合、所得税の課税対象とはならない（所税令109条1項1号)。個人が時価よりも低廉な価額によって新株予約権付社債を取得した場合、その価額と払込金額との差額について、経済的利益を享受したものとして、所得税が課税される（所税36条2項)。新株予約権付社債は、申告分離課税の対象とされている（租特37条の10)。

(ii) 権利行使時

転換社債型新株予約権付社債の場合、当該社債と交付を受ける株式がおおむね同額と認められる場合には、譲渡についての課税が繰り延べられる（所得税については当該譲渡がなかったものとされる（所税57条の4第3項4号)）[10]。交付を受けた株式の取得価額は当該社債の取得価額相当額となる（所税令167条の7第6項6号)。

当該社債と交付を受ける株式がおおむね同額と認められない場合、交付を受けた株式の時価と社債の帳簿価額との差額につき、譲渡所得等として申告分離課税がなされる（租特37条の10)。

非分離の新株引受権付社債型新株予約権付社債については、通常の新株予約権の権利行使の場合と同様である。すなわち、新株予約権付社債の権利行使により取得する株式の取得価額は、原則として、新株予約権の取得価額、払い込んだ金銭の額及び付随費用の合計額であり（所税令109条1項1号)、権利行使により株式を取得しても、所得税の課税対象とはならない[11]。

(iii) 譲渡時

新株予約権付社債の譲渡により譲渡益が生じた場合には、譲渡所得等として申告分離課税がなされる（租特37条の10)[12]。

1） 中野百々造『会社法務と税務（全訂5版)』961頁以下（税務研究会出版局、2012年)、太田洋・山本憲光・柴田寛子編『新株予約権ハンドブック

（第3版）』430頁以下（商事法務、2015年）。

2） 荒井邦彦・大村健編著『新株予約権・種類株式の実務：法務・会計・税務・登記（第2次改訂版）』71頁（第一法規、2013年）、前掲注1）・太田ほか438頁以下。

3） 鳥飼総合法律事務所・大野木公認会計士事務所・渡邊公認会計士事務所編著『実践企業組織改革3増資・減資・自己株式・新株予約権　法務・税務・会計のすべて』189頁（税務経理協会、2004年）。

4） 税理士法人プライスウォーターハウスクーパース・PwCアドバイザリー株式会社・あらた監査法人編『株式・新株予約権　税務ハンドブック』98頁（中央経済社、2009年）。

5） 前掲注4）・プライスウォーターハウスクーパースほか98頁。

6） 前掲注1）・太田ほか447・448頁。

7） 前掲注4）・プライスウォーターハウスクーパースほか99頁。

8） 前掲注1）・中野961・962頁。前掲注4）・プライスウォーターハウスクーパースほか99・100頁。

9） 前掲注1）・中野961・962頁。

10） 前掲注4）・プライスウォーターハウスクーパースほか99・100頁。

11） 三宅茂久『資本・株式の会計・税務（第3版）』84頁（中央経済社、2010年）。

12） 前掲注4）・プライスウォーターハウスクーパースほか99・100頁。

Ⅷ　事業譲渡

57　事業譲渡

ここでは、譲渡人、譲受人がいずれも法人であることを前提に説明する。

1　会社法上の定義・法的性質

事業譲渡（会社467条）は、会社法上、有機的一体性のある組織的財産を取引行為（特定承継）として他に譲渡する行為であると解されている[1)]。

2　税法の考え方

税法には事業譲渡に関する特別の規定がないこともあり、税務上、事業譲渡は個別資産及び負債の譲渡の集積であると理解されている。

事業譲渡により譲受人が取得した資産・債務の受入価額は、原則として時価であり、税制上、譲渡会社は、当該価額と帳簿価額との差額につき、事業譲渡日の属する事業年度の所得として課税される。

但し、内国法人の行う事業譲渡が一定の要件を満たす現物出資（法税2条12号の4）の形態をとったものであるときは、「適格現物出資（法税2条12号の14)」として、税制上譲渡前の帳簿価額による譲渡があったとみなされるので、譲渡会社の譲渡損益の計上は繰り延べられる（法税62条の4。「6　現物出資の場合」を参照)。

なお、平成22年度税制改正により、適格事後設立が廃止され、適格現物分配（法税2条12号の15。「66　100％グループ内の法人間の現物分配、及び株式分配等」を参照）が定められたが、現物分配による事業譲渡は、不可能ではないものの、当時特に実例やニーズがないとされ、税制上も措置されず、そのままとなっている[2)]。

3　事業譲渡額の算定

税務実務上は、資産又は負債が適正な価額で評価されているか否かという評価の適正性が問題とされることが多い。事業譲渡価額の算定に当たっては、種々の方法があり、例えば個々の資産、負債を時価評価し（実務上は簿価を時価として計算することも多いが、帳簿に資産計上されていても繰延資産など資産性のないものは資産として評価できないし、また含み益が存在する可能性が高い土地等については単純に簿価によることはできない)、この個別資産及び負債を時価評価した合計額に営業権の評価額を加えて算出されることもある。その点では、各個の資産の譲渡代金を事業譲渡契約において個別具体的に定めることが望ましいが、実際には事業譲渡は個々の譲渡資産の総和を超えた有機体としての事業の譲渡であるから、実務上は個々の資産の評価額を参照しつつも最終的には総合的な評価に基づき一括的に譲渡代金が決定されることも多く、したがってその対価が適正か否かの判断は必ずしも容易でない。とはいえ、純然たる第三者間において種々の経済性を考慮して定められた取引価額は、一般に合理的なものとして是認されると解される[3)]。

なお、後述するように、評価が適正でない場合、寄附金課税や受贈益課税の問題が生じる（「50　会社の無償行為」「51　寄附金」を参照)。

4　各当事者の課税関係

(1)　原　則

①　譲渡会社（資産譲渡法人）の課税関係

事業譲渡財産の時価相当額が益金に算入され（法税22条2項)、譲渡財産の帳簿価額が損金に算入されて（法税22条3項)、譲渡損益(時価と帳簿価額との差額）が認識され、他の益金や損金と合算されたうえで、申告所得があれば法人税が課税される。

但し、評価が適正でなく、譲渡代金が時価と乖離し、低額又は高額と認定されたときは、寄附金課税又は受贈益課税の問題が発生するので注意が必要である（法税37条・22条2項)。

また、譲渡会社の従業員が譲受会社に出向ないし転籍した場合の給与や賞与、退職給与等の損金算入の取扱いに関しては、出向については法人税基本通達9-2-45から9-2-51に、転籍については法人税基本通達9-2-52に規定されている。

②　譲受会社（資産受入法人）の課税関係

原則として、課税はない。受入価額は時価による（法税令54条1項6号等）。

但し、評価が適正でなく、譲渡代金が時価と乖離し、低額又は高額と認定されたときは、受贈益課税又は寄附金課税の問題が発生するので注意が必要である（法税22条2項・37条）。

事業の譲受けのうち、事業及び当該事業に係る主要な資産又は負債のおおむね全部が移転するものにつき、譲渡代金が、個々の資産・負債の時価評価額の合計を超える場合、評価が適正である限り、資産調整勘定として処理され、5年均等償却が必要になる（法税62条の8、法税令123条の10。「58　営業権（のれん）の評価・償却」を参照）。

その他、譲受会社については、同族関係者間の事業譲渡における譲渡人の滞納国税についての譲受人の第二次納税義務、無償又は著しく低額での譲受けの場合の譲受人等の第二次納税義務を定めた規定がある（国徴38条・39条、地税11条の7・11条の8）。

なお、引当金（貸倒引当金など）及び準備金（租税特別措置法上の海外投資等損失準備金など）の譲受会社への引継ぎは認められない。

(2)　例　外

①　譲渡会社について

平成13年度の組織再編成の税制改正により、事業譲渡のうち、一定の要件を満たす現物出資の形態をとったもので適格現物出資に該当するものについては、帳簿価額による移転として扱い、譲渡損益の計上を繰り延べることができるようになった（法税62条の4。「6　現物出資の場合」を参照）。

②　譲受会社について

上記適格現物出資については、譲受会社において引当金ないし準備金を引き継ぐものとされている（法税52条8項・53条6項、租特55条18項等）。

③　グループ法人税制

平成22年度税制改正により、完全支配関係にあるグループ法人間（100％グループ内）の資産の譲渡については、寄附金の特例のほか、譲渡損益の繰延べがなされることとされた（「65　グループ法人税制」を参照）。

(3)　当事会社の各株主の課税関係

株主への課税はない。

5　流通税等

(1)　消費税

譲渡会社については、消費税も、譲渡財産のうち、金銭債権、有価証券、土地等の非課税取引部分（消税6条1項・別表第一）を除き、他の資産譲渡部分（営業権も含む）には課税されるので（消税2条1項8号・4条1項・3項、消税令6条1項8号参照）、譲渡価額を消費税の金額分だけ上乗せしておく必要がある。

譲受会社については、課税仕入れに係る消費税額については消費税の計算上、仕入税額控除できる（消税30条）。

(2)　登録免許税及び不動産取得税

譲受会社については、譲受資産に不動産がある場合、不動産登記の際の登録免許税及び不動産取得税が課税される（登免税2条・別表第一1号、地税73条の2）。

(3)　印紙税

ほかに契約書作成時の印紙税が課税され、譲渡会社と譲受会社が連帯納税義務者となる（印税2条・別表一1号物件の欄1）。

1）　神田秀樹『会社法（第18版）』384・349頁（弘文堂、2016年）、江頭憲治郎『株式会社法（第6版）』948頁（有斐閣、2016年）。
2）　泉恒有ほか『改正税法のすべて（平成22年版）』211頁（大蔵財務協会、2010年）。
3）　森文人編著『法人税基本通達逐条解説（6訂版）』754頁（税務研究会出版局、2011年）参照。

58　営業権（のれん）の評価・償却

1　会社法上の定義・法的性質

会社法上、「営業権」という文言はないが、会社計算規則11条において、適正な額の「のれん」の計上が認められている。のれんは、会社の計算上の概念であり（詳細は会計慣行に委ねられる[1]）、次の税法上の「営業権」と一致するものではなく、両者の関係については、後述するとおり（下記5）である。

2　税法上の考え方

税法では、「営業権」が無形固定資産として減価償却資産とされている（所税令6条8号ル、法税令13条8号ヲ）。営業権とは「当該企業の長年にわたる伝統と社会的信用、立地条件、特殊の製造技術及び特殊の取引関係の存在並びにそれらの独占性等を総合した、他の企業を上回る企業収益を稼得することができる無形の財産的価値を有する事実関係である」（最判昭51・7・13判時831・29）と解されている。

償却方法については、平成10年度の税制改正により、平成17年改正前商法の規定に合わせて5年間の定額法とされ（法税令48条1項4号・48条の2第1項4号、減価償却資産の耐用年数等に関する省令別表第三）、会社法制定後も変更はない。なお、個人が取得した営業権の償却方法も同様である（所税令120条1項4号・120条の2第1項4号、減価償却資産の耐用年数等に関する省令別表第三）。

営業権については従前、年度単位での償却とされていたが、平成29年度税制改正により、法人税・所得税ともに、平成29年4月1日以後に取得する営業権について、取得年度の償却限度額の計算は月割計算で行うこととされた（法税令59条1項、所税令132条1項[2]）。

法人税法には営業権として計上できる資産について明文の規定がないが、いわゆる営業権の取得の対価として支払ったものでなくとも、許可漁業の出漁権、タクシー業のいわゆるナンバー権のように法令の規定、行政官庁の指導等による規制に基づく登録、認可、許可、割当て等の権利を取得するために支出する費用は、営業権に該当するとの法人税基本通達 7-1-5 があり、上記のほかにも、例えば青果市場の買収では譲受資産の対価のほかに営業権の対価も支払われるのが通常の取引慣行であると認めた事例（高松高判昭 52・9・7 税資 95・454）や穀物商品取引所の商品仲買人たる地位が営業権に当たるとされた事例（東京高判昭 57・1・26 行裁集 33・1＝2・8、原審東京地判昭 55・2・26 行裁集 31・2・202）等があり、比較的広義に解されている。

なお、平成 18 年度税制改正により、営業権につき、独立した資産として取引される慣習のある営業権（営業権のうちその権利のみを一の資産として取引の対象になるもの）に限る旨の規定が設けられたが（法税 62 条の 8 第 1 項、法税令 123 条の 10 第 3 項)、これによって営業権の一般的な概念を画したものではなく、後述する非適格合併等における資産調整勘定（法税 62 条の 8 第 1 項・4 項）を算定するためのものであるということに留意する必要がある[3)]。

3　営業権の評価

⑴　営業権の価額

営業権の価額としては、従来、事業譲渡代金と引受債務の合計額から受入資産の客観的な評価額を控除した残額を計上していることが多いが、前述のように営業権は償却の対象となるので、過大に営業権を計上して否認されることがみられた。

営業権というものが一般的には上記判例のとおりであるにしても、実際の評価には困難が伴う。特に譲渡人側の超過収益力が公表利益において具体的に表れていない場合、つまり赤字法人から事業を譲り受けたような場合に問題となる（従来からの問題として、被合併法人等（譲渡会社）の欠損金相当額が潜脱的に営業権として扱われている実態もあると指摘されている[4)]）。赤字法人であるとか超過収益力が認められないとかの理由だけで営業権なしとは通常しないが、何らかの独占的営利が保証される事実上の権利と認められるものが存在することを要すると解されているようである。

⑵ 営業権の評価方法

所得税法及び法人税法には、営業権の評価についての規定はなく、確立した評価方法がないため、税務実務としては課税庁が当事者間の譲渡価額の決定方法を検討し、その妥当性を判定することになる。営業権の評価方法には、収益還元法（間接法と直接法）、年買法、株価算定法などがある。なお、相続税法では、相当の超過収益力のある事業を営む者が死亡した場合、営業権を相続財産としたうえで（相税10条1項13号、相基通10-6）、その評価方法については、財産評価基本通達165及び166で、次の算式によって算出された金額によって評価することになっており、ひとつの参考となる。

> 平均利益金額×0.5－標準企業者報酬額－総資産価額×0.05＝超過利益金額
> 超過利益金額×営業権の持続年数（原則として10年とする）に応ずる基準年利率による複利年金現価率＝営業権の価額
> ※平成28年12月の場合，基準年利率（評基通4-4）は長期（7年以上）0.1%，複利年金現価率は10年9.945とされている。なお，基準年利率及び複利年金現価率は国税庁のホームページで毎月公表されている

4　流通税等

営業権は、消費税の課税対象とされている（消税4条3項1号、消税令6条1項8号）。

5　のれんと営業権（非適格合併等におけるのれんの計上）

⑴ 「のれん」について

一般に会計慣行の重要な指針とされる企業会計基準21号「企業結合に関する会計基準」31項は、取得原価が受け入れた資産及び引き受けた負債に配分された純額を上回る場合の超過額を「のれん」とし、下回る場合の不足額を「負ののれん」としている。

もっとも「企業結合に関する会計基準」111項においては、国際的な

会計基準とのコンバージェンス（統合）のために、負ののれんの負債計上が禁止されている[5]。

(2) のれんと営業権の関係

のれんと営業権の関係については、通常用語としてはほぼ同義で使用される場合が多いが、上記のとおり、商品仲買人たる地位（昭和 42 年法律 97 号改正前商品取引所法（現行商品先物取引法） 41）など本来の意味ののれんではないものであっても税法上の営業権には含まれると解されている（前掲・東京高判昭 57・1・26）。

税法上の営業権は無形固定資産として掲記されており、会計上の「のれん」に相当する資産調整勘定には含まれず、異なるものとされている。

(3) のれんの法人税法上の取扱い

従前、のれんについては、実務的な取扱いに委ねられてきたが、企業結合会計基準等が整備されてきたことを踏まえ、その取扱いを明確化するため[6]、平成 18 年度税制改正により、事業譲受けの対価（非適格合併等対価額）が移転を受けた資産及び負債の時価純資産額（譲受資産の価額（時価）から引受負債の価額（時価）を減額した金額）を超える場合のその超える部分を「資産調整勘定」とし、営業権と同様に 5 年均等償却で損金算入されるものとした（法税 62 条の 8 第 1 項・4 項・5 項、法税令 123 条の 10 第 1 項[7]）。また、平成 29 年度税制改正において、営業権と同様に、取得年度の償却限度額の計算は月割計算で行うこととされた（法税 62 条の 8 第 4 項[8]）。なお、非適格組織再編成の場合における調整勘定については、「59　組織再編税制――総論」を参照。

なお、事業譲渡代金である非適格合併等対価額に契約時から交付時までの間に著しい変動があった場合の差額及び譲渡人である被合併法人等（資産を交付する側）の欠損金代替額については、資産等超過差額として、資産調整勘定から控除される[9]（法税令 123 条の 10 第 4 項、法税規 27 条の 16）。これは、資産調整勘定の金額の計算の仕組みが、移転資産とその対価が等価のものとして合理的に成り立っていることを前提としているため、上記のようなその前提を欠く場合は、5年間で償却すべき資産調整勘定に該当しないからである[10)]。

上記純資産額が対価を超える場合のその超える部分については、「差額負債調整勘定」として、資産調整勘定同様に5年均等償却で益金算入の処理がされる（法税62条の8第3項・7項・8項、法税令123条の10）。

1）大野晃宏ほか「会社法施行規則、会社計算規則等の一部を改正する省令の解説」商事法務1862号5頁（2009年）。
2）平成29年度税制改正の大綱（平成28年12月22日閣議決定）56頁⑩、金子宏『租税法（第22版）』364頁（弘文堂、2017年）。
3）青木孝徳ほか『改正税法のすべて（平成18年版）』367頁（大蔵財務協会、2006年）。
4）前掲注3)・改正税法（平成18年版）368頁。
5）前掲注1)・大野ほか5頁。
6）前掲注3)・改正税法（平成18年版）365・366頁。
7）前掲注3)・改正税法（平成18年版）369頁、前掲注2)・金子478頁。
8）前掲注2)。
9）前掲注3)・改正税法（平成18年版）368・369頁。
10）前掲注3)・改正税法（平成18年版）368頁。

Ⅸ　組織再編

59　組織再編税制――総論

1　会社法上の定義

会社法上、「組織再編」とは、会社法第5編に規定される、組織変更、合併、会社分割、株式交換及び株式移転を総称する概念[1)]、又は、会社法第5編に規定するものに事業譲渡等（譲渡及び譲受け）を加えたものを総称する概念[2)]として用いられている。

2　法人税法上の定義・取引関係（行為態様）

他方、法人税法においても「組織再編成」という用語が使用されているが（法税2編1章1節6款）、それらは、合併・分割・現物出資・現物分配（株式分配[3)]を含む）・株式交換等[4)]・株式移転における税制を総称する用語として用いられており（法税62条～62条の9）、会社法で用いられている概念と一部は重なるものの、範囲を異にする部分もある[5)]。

したがって、本項以下で、「組織再編」という場合には、法人税法上の概念としての「組織再編成」を意味するものとする。

組織再編税制は、法的な仕組みが異なるが実質的に同一の効果を発生させることができるもの（分割型吸収分割と合併など）について、異なる課税を行うべきではないという考え方に基づいて整備されており[6)]、各組織再編行為は、組織再編の当事者である各法人間と、その株主においてそれぞれ生ずる取引行為に分解・分析して定められていて、税法上の考え方が、会社法上の考え方と異なる規定もある。合併については、会社法上は、合併法人の株式は、被合併法人の株主に対して、合併法人から直接交付されると理解されるが、法人税法上は、合併法人の株式は、いったん被合併法人に交付された後に、直ちに合併法人の株主に対して交付されたものとするという規定となっている（法税62条1項[7)]）。

法人税法における各組織再編行為を整理すると以下のようになっており、そのうえで、各当事者に対する課税関係が規定されている。

	取引関係（行為態様（典型的な場合））
合　併 （法税62条1項・62条の2等）	① 被合併法人（法税2条11号）は、合併法人（法税2条12号）に対し、自社の全資産・負債を移転する。 ② 合併法人は、被合併法人に対し、受け入れた資産等の対価として、合併法人の株式等を交付する。 ③ 被合併法人は、被合併法人の株主に対し、直ちに、②で交付された合併法人の株式等を交付する。
分　割 （法税62条1項・62条の2・62条の3・62条の6等）	ア　分割型分割（法税2条12号の9）[8)] ① 分割法人（法税2条12号の2）は、分割承継法人（法税2条12号の3）に対し、自社の全部又は一部の資産・負債を移転する。 ② 分割承継法人は、分割法人に対し、受け入れた資産等の対価として、分割承継法人の株式その他の資産（分割対価資産）を交付する。 ③ 分割の日において、分割法人は、分割法人の株主に対し、剰余金の配当として、②で交付された分割対価資産のすべてを現物配当する。[9)] イ　分社型分割（法税2条12号の10） 上記の①・②の取引のみ。
現物出資 （法税62条の4等）	① 現物出資法人（法税2条12号の4）は、被現物出資法人（法税2条12号の5）に、現物出資により資産・負債を移転する。 ② 被現物出資法人は、現物出資法人に対し、受け入れた資産等の対価として、被現物出資法人の株式を交付する。
現物分配 （法税2条12号の5の2柱書括弧書・62条の5等）[10)]	現物分配法人（法税2条12号の5の2）は、被現物分配法人（法税2条12号の6の2）に、現物分配（剰余金の配当又はみなし配当により株主等に金銭以外の資産を交付すること。法税2条12号の6括弧書）により資産を移転する。
株式分配 （法税2条12号の15の2・61条の2第8項等）	現物分配法人は、その株主等に、現物分配（剰余金の配当又は利益の配当に限る）として、現物分配法人の完全子法人の全株式を移転する。

株式交換（法税62条の9・61条の2第9項等[11]）	① 株式交換完全子法人（法税2条12号の6の3）の株主は、株式交換完全親法人（法税2条12号の6の4）に対し、全株式を移転する。 ② 株式交換完全親法人は、株式交換完全子法人の株主に対し、受け入れる株式の対価として、株式交換完全親法人の株式を交付する。
株式移転（法税62条の9・61条の2第11項等）	① 株式移転完全子法人（法税2条12号の6の5）の株主は、株式移転完全親法人（法税2条12号の6の6）（新設法人）に対し、全株式を移転する。 ② 株式移転完全親法人は、株式移転完全子法人の株主に対し、受け入れる株式の対価として、株式移転完全親法人の株式を交付する。

3 組織再編税制の基本的考え方[12]

(1) 資産等移転法人の課税関係

そもそも、法人が、合併・会社分割等の組織再編によらずに、その有する資産又は負債を他に移転した場合、それらを移転した法人においては、移転した資産及び負債（以下、「資産等」という）の時価と帳簿価額との差額として実現する譲渡損益（資産等の含み損・含み益）が損金又は益金として計上され、課税の対象となるのが原則である（法税22条2項・3項）。

このことは、組織再編成によって資産又は負債を移転する場合にも同様に妥当するため、組織再編成による資産等の移転については、原則として、移転資産の譲渡損益（完全子法人株式を通じて完全子法人の有する資産等を取得することとなる株式交換と株式移転の場合には、その時価評価資産等の時価評価損益）を認識したうえで、所得の金額の計算上、益金の額又は損金の額に算入することとされている（法税62条1項・2項・62条の5第1項・2項・62条の9第1項、法税令119条1項26号等）。

しかし、組織再編成により資産等を移転する前後で経済実態に実質的な変更がないと認められるときは、組織再編行為前の課税関係を継続させるのが適当と考えられる。そこで、移転資産に対する支配が組織再編成後も継続していると認められるもの（「支配の継続性」）については、平成13年度税制改正で導入された組織再編税制により、例外的に、適格組織再編成として、資産等を移転した法人（各組織再編行為における被合併法人、分割法人、現物出資法人、現物分配法人、株式交換完全子法人、株式移転完全子法人がこれに該当する。以下、「資産等移転法人」という）の移転資産の帳簿価額を、資産等を受け入れた法人（各組織再編行為における合併法人、分割承継法人、被現物出資法人、被現物分配法人、株式交換完全親法人、株式移転完全親法人がこれに該当する。以下、「資産等受入法人」という）にそのまま引き継がせるなどして、譲渡損益や評価損益の計上を繰り延べて課税関係を継続させることとなっている（法税62条の2第1項・2項・62条の3第1項・62条の4第1項・62条の5第3項・62条の9第1項第1括弧書、法税令119条1項9号・11号・119条の7の2第3項）（法人段階での資産の移転に伴う譲渡損益の繰延べ）。

この税法上の取扱いは強制的である[13)]。

また、移転資産の対価として金銭等の株式以外の資産が交付される場合には、その経済実態は通常の売買取引と異なるところがなく、移転資産の譲渡損益の計上を繰り延べることは適当でないと考えられる。そのため、資産等移転法人の資産等の移転に伴う譲渡損益の繰延べが認められるためには、対価として金銭等が交付されないことも要件とされる。

この「支配の継続性」が認められる具体的要件が「適格要件」であり、これについては下記4にて詳述する。

なお、適格要件を充足せず、したがって非適格組織再編成として本来は時価譲渡とされる場合でも、完全支配関係のあるグループ法人間においては、グループ法人税制の適用により、一定の資産に係る譲渡損益等の繰延べがなされる点に注意が必要である（法税61条の13第1項）（詳細は「65　グループ法人税制」を参照）。

(2) 資産等受入法人の課税関係

資産等受入法人においては、原則として、資産等の取得価額は時価となり（法税令32条1項3号等)、かつ、資本の部の利益積立金額と、各種引当金や未処理欠損金額の引継ぎはいずれもできない。

しかし、例外的に、適格組織再編成の場合は、従前の課税関係を継続させるのが適当であるから、組織再編行為によって移転を受けた資産等を、組織再編行為直前のその帳簿価格で引き継ぐなどするとともに（法税62条の2第4項・62条の3第2項・62条の4第2項・62条の5第6項、法税令123条の3第3項・123条の4・123条の5・123条の6第1項)、利益積立金額、各種引当金、未処理欠損金額の引継ぎなどが認められる（法税52条・53条・57条・58条、法税令9条・112条等)。

適格要件を満たした場合のこのような税法上の取扱いは強制的であるため、資産等受入法人は、受け入れた資産等につき、会社法や企業会計処理と税務処理が異なる場合は、申告書において税務調整を行うこととなる。

ただし、適格要件を充足した場合であっても、被合併法人等の青色欠損金の引継制限（法税57条3項、法税令112条3項・4項)、合併法人等の有する欠損金額の使用制限（法税57条4項）があるので、注意を要する。

(3) 資産等移転法人の株主の課税関係

資産等移転法人[14)]の株主は、組織再編行為（分社型分割、現物出資、現物分配を除く）に伴い、その法人の株式（旧株）を失い、その対価として、資産等受入法人の株式（新株）等を取得する。

合併を例として説明すると、税法上、この新株の取得は、被合併法人が、合併法人の発行する新株を時価で取得し、直ちに、それを被合併法人の株主に（旧株と引換えに）交付した取引として整理されている（法税62条1項)。

そのうえで、その新株の交付につき、原則として、①資産等移転法人の資本金等の金額に対応する部分を原資として行われたと認められる部分については、旧株の譲渡を行って得られた対価として、時価による株式の譲渡損益を認識し（合併につき、法税61条の2第1項、法税令119条1項26号。なお上場株式等以外の一般株式等に係る譲渡所得等の課税の特例につき租特37条の10第1項・3項1号）、また、②利益積立金を原資として行われたと認められる部分については、配当が支払われたものとみなして（みなし配当[15]。法税24条1項1号、法税令23条1項1号、所税25条1項1号、所税令61条2項1号）、それぞれ課税がなされる。すなわち、株主側の処理として、組織再編成行為は、①株式譲渡損益取引と②みなし配当取引の二面性を有する取引になる。

このうち、上記①の株式譲渡損益取引に関しては、原則として、組織再編に伴う旧株の譲渡損益の計上を行うことになるが、例外的に、株主の投資が継続していると認められるもの（「投資の継続性」）については、資産等移転法人において「支配の継続性」があるときと同様、組織再編成の前後で経済的実態に実質的な変更がないので、課税関係を継続させるのが適当と考えられるから、その計上を繰り延べることが考えられる（株主段階での旧株の譲渡損益の繰延べ）。

この考え方に基づき、組織再編成の際に、株主による「投資の継続性」があると認められる場合、すなわち、株主が、旧株の譲渡の対価として新株のみを取得し、金銭等（但し、所定の例外がある）の交付を受けていないときには、株式を実質的に継続保有しているとみることができるので、譲渡損益の計上を繰り延べるものとされた（合併につき、法税61条の2第2項、法税令119条の7の2第1項[16]）。ただし、株主が、資産等移転法人の株式の対価として、資産等受入法人の株式以外に金銭等の交付も受ける（又は金銭の交付のみを受ける[17]）場合、それは出資の清算であるから、原則として「投資の継続性」が認められない[18]。

他方、上記②のみなし配当課税に関しては、組織再編成が適格要件を満たす場合には、資産等移転法人の利益積立金額は、資産等受入法人に引き継がれるので、みなし配当とされる部分（利益の分配とされる部分）がないことになる。

したがって、適格組織再編成に該当する場合には、株主に対するみなし配当課税は行われない（法税24条1項1号括弧書、所税25条1項1号括弧書）。

注意すべきは、①の譲渡損益繰延べと②みなし配当の有無の要件は異なることである。すなわち、旧株の譲渡損益繰延べは、株主に対して金銭等（但し、所定の例外がある）の交付がないこと（「投資の継続性」）が要件であるが、これは、適格要件を満たすとき（「支配の継続性」）の要件とは異なる。そのため、旧株の譲渡損益の繰延べがあっても、みなし配当課税が行われることはあり得る。

(4) 資産等受入法人の株主の課税関係

資産等受入法人の株主は、（株式分配を除く）いずれの組織再編行為においても、取引に直接関係することがなく、その財産状況にも変化はないことから、組織再編成が税制適格であるか否かにかかわらず、特段の課税問題を生じない。

4 適格組織再編成の類型と要件

「支配の継続性」が認められる一定の組織再編行為は、適格組織再編成として、移転資産の譲渡損益の計上の繰延べが認められるが、その適格要件は、(1)企業グループ内の組織再編成と、(2)共同事業を行うための組織再編成の2つの類型に区分して規定されている。このうち、(1)企業グループ内の組織再編成については、さらに組織再編行為の当事者間の関係性が、①完全支配関係（法税2条12号の7の6、法税令4条の2第2項）にあるか、②支配関係（法税2条12号の7の5、法税令4条の2第1項）にあるかによって適格要件が異なる[19)20)]。ただし、適格現物分配は、完全支配関係にある法人間での場合に限られている。

また、平成29年度税制改正は、上記(1)と(2)のいずれにも属しない新たな類型として、(3)スピンオフを行うための一定の組織再編行為と、(4)スクイーズ・アウトを行うための一定の組織再編行為についても、適格組織再編成として認めることとした。

各類型における適格要件（適格現物分配を除く）の概要を整理すると、以下のとおりである。なお、適格組織再編成には、適格合併、適格分割、適格現物出資、適格現物分配、適格株式交換等、適格株式移転の各組織再編行為が存在するが、下記の各条文は、特に断りのない限り、適格合併の場合に関するもののみを参照している点に留意されたい。また、現物出資に関しては、以下の適格要件を充足したとしても適格現物出資とならない場合がある（法税2条12号の14括弧書、法税令4条の3第10項・11項・12項）ことに注意が必要である（各適格組織再編成の詳細は、「6　現物出資の場合」、「60　合併」、「61　会社分割」、「62　株式交換・株式移転」及び「66　100％グループ内の法人間の現物分配、及び株式分配等」を参照）。

(1) 企業グループ内の組織再編成

同一の企業グループ内の組織再編成により資産等を企業グループ内で移転した場合には、支配の継続性が認められる以下の要件の下で、移転資産等をその簿価のまま引き継ぎ、譲渡損益の計上が繰り延べられる。

①　完全支配関係にある法人間での組織再編成（法税2条12号の8イ、法税令4条の3第2項）

	適格要件	内容	注記
ア	金銭等不交付要件	対価として資産等受入法人又はその親法人のいずれか一方の株式以外の資産の交付がないこと	一定の例外等につき、下記(5)参照
イ	完全支配関係継続要件	次に掲げるいずれかの関係があること	単独新設分社型分割及び単独新設現物出資の後に適格株式分配が見込まれている場合には、適格株式分配後の完全支配関係の継続は不要
		当事者間の完全支配関係における組織再編の場合…　いずれか一方の法人による完全支配関係（※）の継続が見込まれていること ただし、株式移転に関しては、単独株式移転の場合…　完全親法人による完全支配関係の継続が見込まれていること	合併の場合には、それにより一の法人となるため、この場合の完全支配関係継続要件は不要 ※株式交換の場合には、株式交換後に完全親法人が完全子法人の発行済株式の全部を保有する関係
		同一の者による完全支配関係における組織再編の場合…　その同一の者による完全支配関係の継続が見込まれていること	分割型分割においては、分割承継法人との間の完全支配関係の継続が見込まれていることで足りる[21]

② 支配関係にある法人間での組織再編成（法税2条12号の8ロ、法税令4条の3第3項）

<table>
<tr><th></th><th>適格要件</th><th colspan="2">内容</th><th>注記</th></tr>
<tr><td>ア</td><td>金銭等不交付要件</td><td colspan="2">対価として資産等受入法人又はその親法人のいずれか一方の株式以外の資産の交付がないこと</td><td>一定の例外等につき、下記(5)参照</td></tr>
<tr><td rowspan="3">イ</td><td rowspan="3">支配関係継続要件</td><td colspan="2">次に掲げるいずれかの関係があること</td><td></td></tr>
<tr><td colspan="2">当事者間の支配関係における組織再編成の場合…　いずれか一方の法人による支配関係の継続が見込まれていること</td><td>合併の場合には、それにより一の法人となるため、この場合の支配関係継続要件は不要</td></tr>
<tr><td colspan="2">同一の者による支配関係における組織再編成の場合…　その同一の者による支配関係の継続が見込まれていること</td><td>分割型分割においては、分割承継法人との間の支配関係の継続が見込まれていることで足りる[22]</td></tr>
<tr><td rowspan="4">ウ</td><td rowspan="3">独立事業単位要件（合併・分割・現物出資の場合）</td><td colspan="2">次に掲げる二つの要件を満たしていること</td><td></td></tr>
<tr><td>ⅰ主要資産負債引継要件</td><td>組織再編により移転事業に係る主要な資産等が資産等受入法人に移転していること</td><td>合併の場合は当然のことなので要件とされていない</td></tr>
<tr><td>ⅱ従業者引継要件</td><td>組織再編の直前の移転事業に係る従業者（※）のうちおおむね80％以上の者が組織再編後に資産等受入法人の業務に従事することが見込まれること</td><td>※合併の場合は、被合併法人の合併の直前の従業者</td></tr>
<tr><td>従業者継続従事要件（株式交換・株式移転の場合）</td><td colspan="2">完全子法人の組織再編の直前の従業者のうちおおむね80％以上の者が完全子法人の業務に引き続き従事することが見込まれること</td><td></td></tr>
<tr><td>エ</td><td>事業継続要件</td><td colspan="2">移転事業（※）が組織再編後に資産等受入法人において引き続き行われる見込みであること</td><td>※合併の場合は、被合併法人の合併前に行う主要な事業のいずれか
※株式交換・株式移転の場合は、完全子法人の株式交換（移転）前に行う主要な事業のいずれか</td></tr>
</table>

⑵　共同事業を行うための組織再編成

企業グループ内組織再編成でなくとも、共同で事業を行うために組織再編成により資産等を移転した場合であって、その対価として交付された株式の継続保有等の一定の要件が満たされているのであれば、移転資産等に対する支配が継続していると考えられることから、同様に譲渡損益の計上が繰り延べられる（法税2条12号の8ハ、法税令4条の3第4項各号）。

<table>
<tr><th></th><th>適格要件</th><th colspan="2">内容</th><th>注記</th></tr>
<tr><td>ア</td><td>金銭等不交付要件</td><td colspan="2">対価として資産等受入法人又はその親法人のいずれか一方の株式以外の資産の交付がないこと</td><td>一定の例外等につき、下記⑸参照</td></tr>
<tr><td>イ</td><td>事業関連性要件</td><td colspan="2">資産等移転法人の行う移転事業（※）と資産等受入法人の組織再編前に行う事業（※※）のいずれかとが相互に関連するものであること</td><td>※合併の場合は、被合併法人の合併前に行う主要な事業のいずれか
※株式交換・株式移転の場合は、完全子法人の株式交換（移転）前に行う主要な事業のいずれか
※※株式交換・株式移転の場合は、完全親法人の株式交換（移転）前に行う事業</td></tr>
<tr><td rowspan="3">ウ</td><td rowspan="3">事業規模等要件</td><td colspan="2">次に掲げる要件のいずれかを満たすこと</td><td></td></tr>
<tr><td>ⅰ事業規模要件</td><td>資産等移転法人の移転事業と資産等受入法人の組織再編前の事業それぞれの売上金額、従業員の数、資本金の額等の規模割合（規模の差）がおおむね5倍を超えないこと</td><td></td></tr>
<tr><td>ⅱ経営参画要件</td><td>組織再編行為における各当事者の役員等又は特定役員（※）のいずれかが、組織再編後において資産等受入法人の特定役員となることが見込まれていること（※※）</td><td>※特定役員とは、社長、副社長、代表取締役、代表執行役、専務取締役若しくは常務取締役又はこれらに準ずる者で法人の経営に従事している者をいう</td></tr>
</table>

	適格要件	内容		注記
				※※株式交換・株式移転の場合は、完全子法人の特定役員のいずれかが組織再編後も留任することが見込まれていること
エ	独立事業単位要件（合併・分割・現物出資の場合）	次に掲げる二つの要件を満たしていること		（上記⑴②のウに同じ）
		ⅰ主要資産負債引継要件	組織再編により移転事業に係る主要な資産等が資産等受入法人に移転していること	合併の場合は当然のことなので要件とされていない
		ⅱ従業者引継要件	組織再編の直前の移転事業に係る従業者（※）のうちおおむね80％以上の者が組織再編後に資産等受入法人の業務に従事することが見込まれること	※合併の場合は、被合併法人の合併の直前の従業者
	従業者継続従事要件（株式交換・株式移転の場合）	完全子法人の組織再編の直前の従業者のうちおおむね80％以上の者が完全子法人の業務に引き続き従事することが見込まれること		
オ	事業継続要件	移転事業（※）が組織再編後に資産等受入法人において引き続き行われる見込みであること		※合併の場合は、被合併法人の合併前に行う主要な事業のいずれか ※株式交換・株式移転の場合は、完全子法人の株式交換（移転）前に行う主要な事業のいずれか
カ	株式継続保有要件	合併・分割型分割・株式交換・株式移転の場合…　資産等移転法人の支配株主（※）に交付される対価株式の全部が支配株主により継続して保有されることが見込まれていること[22]		※支配株主とは、当該組織再編の直前に当該組織再編に係る資産等移転法人と他の者との間に当該他の者による支配関係がある場合に

	適格要件	内容	注記
			おける当該他の者及び当該他の者による支配関係があるもの（資産等受入法人を除く。）をいう
		分社型分割・現物出資の場合…　資産等移転法人が組織再編により交付を受ける対価株式の全部を継続して保有することが見込まれていること	
キ	組織再編後完全支配関係継続要件（株式交換・株式移転の場合のみ）	組織再編後に完全親法人と完全子法人との間に完全親法人による完全支配関係の継続が見込まれていること	

(3)　スピンオフ税制

①　事業部門のスピンオフ

平成29年度税制改正前においては、大企業が事業部門の一部門を分離独立させるなどの目的で、他の者による支配関係のない状況において新設の分割型分割を行う場合、支配関係がないことから上記(1)による適格要件を充足せず、また、資産等移転法人の事業と相互に関連する事業を行う資産等受入法人である分割承継法人が存在していないことから上記(2)による適格要件も充足せず、税制非適格となっていた。

そこで、平成29年度税制改正により、単独新設分割型分割（法税62条の6に定める分割型分割と分社型分割の双方が行われたとみなされる分割は除く）であって、分割法人の分割前に行う事業を分割により新たに設立する分割承継法人において独立して行うための分割のうち、以下の各要件を充足するものについても、適格分割に含まれることとなった（法税2条12号の11ニ、法税令4条の3第9項）。

	適格要件	内容		注記
ア	金銭等不交付要件	対価として資産等受入法人又はその親法人のいずれか一方の株式以外の資産の交付がないこと		但し、その株式が分割法人の株主等の有する分割法人株式の数の割合に応じて交付される必要がある（下記(5)参照）
イ	支配関係不存在要件	分割の直前に分割法人と他の者の間に当該他の者による支配関係がなく、かつ、分割後に分割承継法人と他の者との間に当該他の者による支配関係が見込まれていないこと		
ウ	経営参画要件	分割前の分割法人の役員等（分割事業に係る重要な使用人を含む）のいずれかが、分割後において分割承継法人の特定役員となることが見込まれていること		
エ	独立事業単位要件	次に掲げる二つの要件を満たしていること		
		ⅰ主要資産負債引継要件	分割により分割事業に係る主要な資産等が分割承継法人に移転していること	
		ⅱ従業者引継要件	分割の直前の分割事業に係る従業者のうちおおむね80％以上の者が分割後に分割承継法人の業務に従事することが見込まれること	
オ	事業継続要件	分割事業が分割後に分割承継法人において引き続き行われる見込みであること		

なお、事業部門のスピンオフについては、平成29年度税制改正により、「単独新設分社型分割」又は「単独新設現物出資」と後述する「株式分配」を組み合わせて行う場合も税制適格として取り扱われることとなった。この場合、前者の行為に関する適格要件が緩和され、完全支配関係継続要件が適格株式分配の直前までで足りるとされている（法税2条12号の11イ・2条12号の14イ、法税令4条の3第6項1号ハ・4

条の3第13項1号ロ）。

②　完全子会社のスピンオフ

平成29年度税制改正前は、100％親会社に対する現物分配でなければ適格現物分配として認められていなかったことから、株主が複数存在する法人において剰余金の配当として子会社株式を現物分配した場合、税制非適格となっていた。

しかし、平成29年度税制改正により、現物分配（剰余金の配当又は利益の配当に限る）のうち、その現物分配の直前において現物分配法人の完全子法人の当該発行済株式等の全部が移転するものが「株式分配」と定義され（法税2条12号の15の2）、完全子法人の株式のみが移転する株式分配のうち、完全子法人と現物分配法人とが独立して事業を行うための株式分配であって、以下の各要件を充足するものについては、「適格株式分配」として税制適格扱いとされた（法税2条12号の15の3、法税令4条の3第16項）。

	適格要件	内容
ア	支配関係不存在要件	株式分配の直前に株式分配に係る現物分配法人と他の者の間に当該他の者による支配関係がなく、かつ、株式分配後に完全子法人と他の者との間に当該他の者による支配関係が見込まれていないこと
イ	経営参画要件	株式分配前の株式分配に係る完全子法人の特定役員のすべてが、株式分配に伴って退任するものでないこと
ウ	従業者継続従事要件	株式分配の直前の完全子法人の従業者のうちおおむね80％以上の者が完全子法人の業務に引き続き従事することが見込まれること
エ	事業継続要件	株式分配に係る完全子法人の主要な事業が分割後に完全子法人において引き続き行われる見込みであること

⑷　スクイーズ・アウト税制

平成29年度税制改正により、いわゆるスクイーズ・アウト税制として、株式交換を用いた完全子法人化における金銭不交付要件が緩和され、一定の少数株主への金銭交付については税制適格として実行することが可能となった。具体的には、吸収合併と株式交換に関しては、その直前において合併法人・株式交換完全親法人が被合併法人・株式交換完全子法人の発行済株式等の総数又は総額の3分の2以上に相当する数等を有する場合、その他の株主に対して交付する対価を除外して税制適格を判定することとされた（法税2条12号の8柱書第3括弧書・12号の17柱書第2括弧書）。

これに伴い、株式交換によるスクイーズ・アウトと同様の効果を持つ、全部取得条項付種類株式の端数処理（会社法173条・234条1項2号）、株式併合の端数処理（会社182条・235条）及び株式売渡請求（会社179条）による完全子法人化についても、株式交換と同様の適格要件を充足するものについては、「適格株式交換等」として、適格組織再編成の一類型と位置づけられることとなった（法税2条12号の17、法税令4条の3第18項～20項[23]）。

これにより、これらの手法による完全子法人化で適格株式交換等の要件を欠くものについては、時価評価が行われることとなる。

(5)　金銭等不交付要件について

金銭等不交付要件とは、組織再編行為の対価として資産等移転法人の株主等に金銭等の資産が交付されないことである。ただし、株式が交付される分割型分割にあっては、その株式が分割法人の株主等の有する分割法人株式の数の割合に応じて交付されるものに限り適格性が認められる（法税2条12号の11柱書第2括弧書）。

具体的には、適格合併の場合、被合併法人の株主等に、合併法人株式、合併親法人株式のいずれか一方以外の株式以外の資産が交付されないことをいうものとされており（法税2条12号の8柱書）、合併対価の交付が省略される無対価の場合もこの要件を満たす（法税令4条の3第2項1号第2括弧書）。

もっとも、金銭等の資産が交付される場合でも、以下の場合については、例外的に適格性が認められる（法税2条12号の8柱書第3括弧書、法税令139条の3の2第1項・2項等）。

ア　被合併法人等の剰余金の配当見合いとして株主に交付する金銭その他の資産[24)]

イ　合併等に反対する株主等に対するその買取請求の対価として交付される金銭その他の資産[25)]

ウ　合併の直前において合併法人が被合併法人の発行済株式等の総数又は総額の3分の2以上の数又は金額の株式等を有する場合における当該合併法人以外の株主等に交付される金銭その他の資産

エ　合併比率等に端数があるために生じた1株未満の株式を他に譲渡し、その譲渡代金として株主に交付する金銭（法基通1-4-2、所基通57の4-1）[26)]

また、スクイーズ・アウト税制の一環として、株式交換を用いた完全子法人化における金銭不交付要件も緩和されており、一定の少数株主への金銭交付が除外されている（法税2条12号の8柱書第3括弧書・12号の17柱書第2括弧書）。

(6)　連続的な組織再編成における適格要件の特則

平成29年度税制改正において、「当初の組織再編成の後に他の組織再編成が行われることが見込まれている場合の当初の組織再編成の適格要件」について、所要の規定が整備された（法税2条12号の8ロ・12号の11ロ・12号の14ロ・12号の17ロ・12号の18ロ、法税令4条の3第4項3号・4号等）。これは、平成29年10月1日以後に行われる組織再編成に適用される。

適格合併を例にとると、合併法人と被合併法人が支配関係にある場合の従業員引継要件と事業継続要件につき、特則が設けられた（法税2条12号の8ロ(1)・(2)）。下記の括弧書の部分である。

・従業者のうちおおむね80%以上の者が移転後に合併法人の業務（当該合併後に行われる適格合併により当該被合併法人の当該合併前に行う主要な事業が当該適格合併に係る合併法人に移転することが見込まれている場合には、当該適格合併に係る合併法人の業務を含む）に従事することが見込まれること

・移転事業が移転後に合併法人（当該合併後に行われる適格合併により当該主要な事業が当該適格合併に係る合併法人に移転することが見込まれている場合には、当該適格合併に係る合併法人を含む）において引き続き行われる見込みであること

(7)　クロスボーダーの組織再編成に係る適格性判定の特例

クロスボーダーで行われる組織再編成行為については、それを通じて内国法人を軽課税国（いわゆるタックス・ヘイブン）の法人の子会社としたうえで、当該軽課税国の親会社との取引を通じて所得移転を図るなどの濫用的な組織再編成が行われるおそれがあることから、国際的な租税回避を防止するため、適格組織再編成の範囲等に関する特例が設けられている。

例えば、適格合併に関しては、企業グループ内の法人間で行われる三角合併のうち「特定グループ内合併」に該当するものは、適格合併とされる合併の範囲から除外することとされ、合併の適格性が原則として否認される（租特68条の2の3第1項）。

5　非適格組織再編成の場合における調整勘定[27)]

適格組織再編成の場合、資産等受入法人は、取得価額として、資産等を移転する法人の帳簿価額を引き継ぐ。

しかし、非適格組織再編成の場合、資産等受入法人は、資産等移転法人から資産・負債を時価で取得し、対価として株式及び金銭等を交付する。

このとき、取得した資産等の取得価額について個別に時価を付した金額の合計額と、対価として交付した株式及び金銭等の合計額には、差額（プラス（正）、マイナス（負）双方があり得る）が生じ得る。

その場合の差額の取扱いについては、平成18年度税制改正以前は特段の定めがなかった。

しかし、企業会計の分野において、平成15年に企業会計基準21号「企業結合に関する会計基準」、平成17年に企業会計基準7号「事業分離等に関する会計基準」及び企業会計基準適用指針10号「企業結合会計基準及び事業分離等会計基準に関する適用指針」が公表され、これらの基準が平

成18年4月1日以後に開始する事業年度から適用することとされた。

これらの基準等では、個々の資産・負債の取得価額については個別時価を付し、これらの合計額と取得対価との間に生ずる差額を「(差額）のれん」として計上することとされた。

そこで、平成18年度税制改正において、非適格組織再編成等の場合の取扱いの明確化を図ることにし、企業会計基準を参考にしつつ、「資産調整勘定」及び「負債調整勘定」(退職給与負債調整勘定、短期重要負債調整勘定及び差額負債調整勘定）の概念が導入された（法税62条の8)。また、平成29年度税制改正により、非適格合併等により移転を受ける資産等に係る調整勘定の損金算入等において、資産調整勘定及び負債調整勘定の損金（又は益金）算入額の計算について、非適格合併等の日の属する事業年度においては月割計算を行うよう見直された（法税62条の8第4項第2括弧書・5項・7項第3括弧書・8項)。

税法上の各調整勘定も、会計上の「のれん」も、差額概念（取得価額と純資産価額の差額を意味する）ということでは基本的に同一であるが、税法は、会計基準を参考にしつつ、課税実務上の観点からの規定をしているため、税法と会計の処理に乖離が生ずる部分があり、その部分については申告調整を行う[28]。

企業会計上の「のれん」にはいわゆる営業権も含むと考えられるが、税法上の営業権は無形固定資産として掲記されており（法税令13条8号ヲ)、会計上の「のれん」に相当する資産等調整勘定は含まれず、異なるものとされている。このように企業会計上の「のれん」と税法上の資産等調整勘定は、その範囲が異なる[29]。

6　組織再編成に係る行為・計算の否認

(1)　規定内容

組織再編成（合併・分割・現物出資・現物分配・株式交換等・株式移転）において、資産等移転法人、資産等受入法人、三角合併親法人、又は資産等移転法人若しくは資産等受入法人の株主等である法人の行為・計算につき、税務署長がこれを容認した場合には、これらの組織再編成により移転する資産等の譲渡に係る利益の額の減少又は損失の額の増加、法人税の額から控除する金額の増加、資産等移転法人又は受入法人の株式の譲渡に係る利益の額の減少又は損失の額の増加、みなし配当金額の減少その他の事由により法人税の負担を不当に減少させる結果となると認められるものがあるときは、その行為又は計算にかかわらず、税務署長の認めるところにより、その法人に係る法人税の課税標準若しくは欠損金額又は法人税の額を計算することができる（法税 132 条の 2)。

所得税法、相続税法、地価税法及び地方税法も、同様の否認権限を税務署長に与えている（所税 157 条 4 項、相税 64 条 4 項、地価税 32 条 4 項、地税 72 条の 43 第 4 項)。

(2)　趣　旨

これらの規定は、法人の組織再編成における租税回避行為に対する一般的否認規定であり、同族会社の行為・計算の否認規定（法税 132 条 1 項 1 号）のように、適用対象が同族会社に限定されていないことに注意を要する[30)]。租税回避行為があった場合に、当事者が用いた法形式を租税法上は無視し、通常用いられる法形式に対応する課税要件が充足されたものとして取り扱うことを、租税回避行為の否認と呼び、これを一般的に認めるものを一般的否認規定という。我が国ではすべての分野を包括する一般的否認規定は設けられてないが、上記のように個別の分野に関する一般的否認規定が設けられている。

(3)　近時の判例

これまで法人税法 132 条の 2 に基づいて否認を行った事案に関する判例はなかった[31)]。しかし、「法人税の負担を不当に減少させる結果となると認められるもの」という不当性要件をめぐって、近年注目すべき判断が相次いで下されている。

日本 IBM 事件（最決平成 28 年 2 月 18 日平成 27 年（行ヒ）304 号公刊物未登載）により、上告が不受理となったことで、東京高判平成 27 年 3 月 25 日（判時 2267・24）が確定した）では、同族会社の行為・計算の否認規定（法税 132 条 1 項 1 号）の不当性要件は「経済的合理性」

があるかどうかを基準に判断し、「経済的合理性を欠く場合には、独立かつ対等で相互に特殊関係のない当事者間で通常行われる取引（独立当事者間の通常の取引）と異なっている場合を『含む』ものと解するのが相当」と判断した。これにより、従来通説的な考えであった「当該行為又は計算が、異常ないし変則的であり、かつ、租税回避以外に正当な理由ないし事業目的が存在しないと認められる場合に限定する」という考え方を否定した。

Yahoo 事件（最判平 28・2・29 判時 2300・29）及び IDCF 事件（最判平 28・2・29 判時 2307・46）では、組織再編成における一般的否認規定（法税 132 条の 2）の不当性要件は、法人税法 132 条 1 項 1 号と同じ文言ではあるものの「経済的合理性」を基準とはせず、法人税法 132 条の 2 が設けられた趣旨に遡り、「組織再編税制の濫用」になるかどうかを基準に「その濫用の有無の判断に当たっては、①当該法人の行為又は計算が、通常は想定されない組織再編成の手順や方法に基づいたり、実態とは乖離した形式を作出したりするなど、不自然なものであるかどうか、②税負担の減少以外にそのような行為又は計算を行うことの合理的な理由となる事業目的その他の事由が存在するかどうか等の事情を考慮した上で、当該行為又は計算が、組織再編成を利用して税負担を減少させることを意図したものであって、組織再編税制に係る各規定の本来の趣旨及び目的から逸脱する態様でその適用を受けるもの又は免れるものと認められるか否かという観点から判断する」とした。

組織再編成を行うに当たっては、「組織再編税制の濫用」とみなされるリスクがないか、全体のスキームを一層慎重に検討する必要があると思われる。

Ⅸ　組織再編

《スピン・オフ税制》（平成29年4月1日以後の組織再編行為に適用）

	適格分割（単独新設分割型分割）（法税2条12号の11ニ、法税令4条の3第9項）	適格株式分配（法税2条12号の15の3、法税令4条の3第16項）
適格要件	①　分割の前後に他の者による支配関係がない ②　特定役員・重要使用人のいずれかが分割承継法人の特定役員になる見込み ③　分割法人の分割事業に係る主要な資産及び負債の分割承継法人への移転 ④　従業者の継続（80％以上） ⑤　分割法人の分割事業の継続	①　完全子法人の株式のみの交付 ②　株式分配の前後に他の者による支配関係がない ③　現物分配法人の株主に按分交付される ④　特定役員のすべてが退任するものでないこと ⑤　従業者の継続（80％以上） ⑥　完全子法人の主要な事業の継続
資産等移転法人（現物分配法人）の課税関係	・分割法人 譲渡損益計上は繰延べ（簿価譲渡） （法税62条の2第3項）	・現物分配法人 譲渡損益計上は繰延べ（簿価譲渡） （法税62条の5第3項） みなし配当課税の適用なし （法税24条1項3号括弧書）
資産等移転法人（現物分配法人）の株主の課税関係	・分割法人の株主 1　新株（分割承継法人株式） 【譲渡損益課税】 簿価取得（法税令119条1項第6号、所税令113条1項） 【みなし配当課税】 なし（法税24条1項2号括弧書、所税25条1項2号括弧書） 2　旧株（分割法人株式） 【譲渡損益課税】 簿価譲渡（法税61条の2第4項）、取得価額の付け替え（所税令113条3項）	・現物分配法人の株主 1　新株（完全子法人株式） 【譲渡損益課税】 簿価取得（法税令119条1項8号） 【みなし配当課税】 なし（法税24条1項3号括弧書、所税25条1項3号括弧書） 2　旧株（現物分配法人株式） 【譲渡損益課税】 簿価譲渡（完全子法人株式の交付を前提に、完全子法人株式対応帳簿価額（法税61条の2第8項））
資産等受入法人の課税関係	・分割承継法人 資本等取引（法税22条5項） 資産等の簿価引継ぎ （法税令123条の3第3項）	該当なし （株式分配を受け入れるのは現物分配法人の株主等）
資産等受入法人の株主の課税関係	分割承継法人の株主は簿価引継ぎ（法税61条の2第4項）	上記資産等移転法人（現物分配法人）の株主と同一。

《スクイーズアウト税制》（平成29年10月1日以後の組織再編行為に適用）

適格株式交換等（法税2条12号の17）による完全子法人化		現金交付型
株式交換等 （法税2条12号の16）	全部取得条項付種類株式の端数処理、株式併合の端数処理及び株式売渡請求による完全子法人化を株式交換に組み込み株式交換等とし、適格株式交換等の要件を適用。	・現金交付型の適格合併 （法税2条12号の8柱書） ・現金交付型の適格株式交換 （法税2条12号の17柱書）

平成 23 年度税制改正

欠損金及び特定資産譲渡等損失額の制限額を移転資産の含み益の額までとする特例について、移転資産のうち移転を受けた法人の株式又は出資を含み益の額の計算の基礎となる資産から除外することが明確化。

平成 24 年度税制改正

適格合併等が行われた場合に被合併法人等から合併法人等に引き継がれる欠損金額の帰属する事業年度について明確化(法税令 112 条 2 項・5 項 1 号)。

（注） 引用されている条文は従前のもの。

平成 25 年度税制改正

組織再編税制

1．支配関係がある法人の間で適格合併等が行われた場合の繰越青色欠損金額に係る制限制度における引継対象外未処理欠損金額の計算（法税令 112 条 6 項)。
(法税令 112 条 7 項)。
(法税令 112 条 8 項)。
2．支配関係がある法人間で適格組織再編成等が行われた場合の繰越青色欠損金額に係る制限制度におけるないものとされる欠損金額の計算について、上記(1)と同様の見直しが行われた（それぞれ、法税令 112 条 6 項・11 項・112 条 7 項・11 項・113 条 11 項)。
3．特定資産に係る譲渡等損失額の損金不算入制度について、次の見直しが行われた。
① (法税令 123 条の 8 第 12 項)。
② (法税令 123 条の 8 第 15 項)。
③ (特定引継資産につき法税令 123 条の 9 第 4 項・7 項、特定保有資産につき法税令 123 条の 9 第 6 項・8 項)。

グループ法人税制

4．連結納税制度に関連して、連結グループ内で連結子法人を被合併法人とする適格合併等が行われた場合に連結欠損金額からないものとされる連結欠損金個別帰属額に相当する金額等の範囲が明確化された（法税 81 条の 9 第 5 項 1 号・2 号、法税令 155 条の 20 第 1 項 1 号・155 条の 21 第 2 項 2 号・5 項 2 号)。

（注） 引用されている条文は従前のもの。

平成26年度税制改正

特定事業再編投資損失準備金制度の創設 →

（概要）

① 一定の要件を満たす特定会社の特定株式等の取得について、
② その株式若しくは出資又は債権の取得価額又は帳簿価額の70％相当額以下の金額を特定事業再編投資損失準備金として積み立てたときは、その積立額を損金の額に算入することができる制度（租特55条の3第1項）。

（注） 引用されている条文は従前のもの。

平成27年度税制改正

適格合併等の範囲等に関する特例（クロスボーダーの組織再編成に係る適格性判定の特例）に関し、以下の改正が行われた[27]。

(1) 企業グループ内の法人間で行われる合併等の組織再編成のうち、軽課税国に所在する外国親会社（特定軽課税外国法人）の株式を対価とするものは、適格合併等に該当しないこととされているところ（租特68条の2の3第1項等）、外国子会社合算税制におけるトリガー税率が20％未満（改正前20％以下）に変更されたことに伴い、特定軽課税外国法人に該当することとされる著しく低い租税負担割合の基準が20％未満（改正前20％以下）に変更された（租特令39条の34の3第5項2号）。

(2) 特定軽課税外国法人に該当することとされる外国法人の要件について、その外国法人が合併等が行われる日を含む事業年度開始の日前2年以内に開始した事業年度がない外国法人である場合には、その合併等が行われる日を含む事業年度において行うこととされている主たる事業に係る収入金額から所得が生じたとしたときに適用される本店所在地国の外国法人税の税率をもってその外国法人の租税負担割合とすることとされた（租特令39条の34の3第5項2号ロ）。

（注） 引用されている条文は従前のもの。

平成 28 年度税制改正

分割型分割

① 分割により分割対価資産の全てが分割法人の株主等に直接に交付される分割が追加（法税 2 条 12 号の 9 イ）。
② 合併及び分割による資産等の時価による譲渡について、その追加される分割の分割法人がその分割承継法人からその分割対価資産をその時の価額により取得し、直ちにその分割対価資産をその分割法人の株主等に交付したものとする（法税 62 条 1 項後段）。

適格現物出資

① 外国法人に国内資産等の移転を行う現物出資のうちその国内資産等の全部がその移転によりその外国法人の恒久的施設を通じて行う事業に係るものとなる一定の現物出資が追加（法税 2 条 12 号の 14、法税令 4 条の 3 第 9 項）。
② 外国法人が他の外国法人に国外資産等の移転を行う現物出資のうちその国外資産等の全部又は一部がその移転によりその他の外国法人の恒久的施設を通じて行う事業に係るものとなる現物出資及び内国法人が外国法人に特定国外資産等の移転を行う現物出資のうちその特定国外資産等の全部がその移転によりその外国法人の恒久的施設を通じて行う事業に係るものとなる現物出資以外の現物出資が除外された（法税 2 条 12 号の 14、法税令 4 条の 3 第 10 項・11 項）。

共同で事業を営むための分割（法税令 4 条の 3 第 8 項）。

① 分割に係る分割法人の全てが資本又は出資を有しない法人である分割型分割が追加。
② その分割型分割に係る適格要件の判定においては、株式継続保有要件を除外して判定。

共同で事業を営むための株式交換又は株式移転

適格要件のうち役員継続要件について、その株式交換又は株式移転前の株式交換完全子法人又は株式移転完全子法人若しくは他の株式移転完全子法人のそれぞれの特定役員の全てがその株式交換又は株式移転に伴って退任をするものでないこと（法税令 4 条の 3 第 18 項 2 号）。

共同で事業を営むための合併、分割又は株式移転適格要件、共同で事業を営むための株式交換又は株式移転の適格要件のうち事業継続要件及び適格株式移転における支配関係継続要件について、所要の規定の明確化が行われた（法税令 4 条の 3 各項）。

合併等を無効とする判決が確定した場合における連帯納付義務制度の創設

→ 合併等を無効とする判決が確定した場合には、その合併等をした法人は、合併後存続する法人若しくは合併により設立した法人又は分割により事業を承継した法人のその合併等の日以後に納税義務の成立した国税及び地方税について、連帯納付義務を負うこととされた（国通 9 条の 2、地税 10 条の 3）。

（注）引用されている条文は従前のもの。

平成 29 年度税制改正

《平成 29 年 4 月 1 日から適用されるもの》
【スピン・オフ税制】
－単独新設分割型分割（法税 2 条 12 号の 11 ニ、法税令 4 条の 3 第 9 項）、適格株式分配（法税 2 条 12 号の 15 の 3、法税令 4 条の 3 第 16 項）。
適格単独新設分割型分割及び適格株式分配を創設し、それに応じて簿価移転、株主の簿価譲渡などの規定整備。
関連して非適格株式分配をみなし配当項目に加えたなどの関連整備（法税 24 条 1 項 3 号括弧書、所税 24 条 1 項括弧書・25 条 1 項 3 号括弧書、所税令 61 条 2 項 3 号）。
外国法人株主の場合の整備。

【その他】
・営業権の償却方法見直し（法税令 59 条 1 項、所税令 132 条 1 項参照）。

《平成 29 年 10 月 1 日から適用されるもの》
【スクィーズアウト税制】
　－現金交付型の適格合併・適格株式交換（法税 2 条 12 号の 8 柱書・12 号の 17 柱書）。
　－全部取得条項付種類株式の端数処理、株式併合の端数処理及び株式等売渡請求による完全子法人化を「株式交換等」にまとめた（法税 2 条 12 号の 17・61 条の 11 第 1 項・61 条の 12 第 1 項）。

【その他】
・株式継続保有要件の見直し
　－共同で事業を行うための合併・分割型分割・株式交換・株式移転に係る適格要件のうちの株式継続保有要件（支配株主による継続保有の見込み）（法税令 4 条の 3 第 4 項 5 号・8 項 6 号・20 項 5 号）。
　－分割型分割に係る株式の保有要件について分割承継法人との継続保有要件だけとした（法税令 4 条の 3 第 6 項 2 号・7 項 2 号）。
・連結納税の開始又は連結グループへの加入に伴う資産の時価評価制度見直し
　－帳簿価額が 1000 万円未満の資産を除外（法税令 122 条の 12 第 1 項 4 号）。
・多段階の組織再編成が見込まれる場合の当初の組織再編成の適格要件整備
＊全部取得条項付種類株式を発行する旨の定款等の変更に反対する株主の買取請求による自己株式取得について、みなし配当の除外（法税 24 条 1 項 5 号、法税令 23 条 3 項 10 号）。

1）相澤哲編著『立案担当者による新・会社法の解説』180頁（商事法務、2006年）。

2）江頭憲治郎・門口正人編集代表『会社法大系⑷』5・6頁（青林書院、2008年）、神田秀樹『会社法（第18版）』340頁（弘文堂、2016年）。

3）平成29年度税制改正により、現物分配（剰余金の配当又は利益の配当に限る）のうち、その現物分配の直前において現物分配法人により発行済株式等の全部を保有されていた法人（完全子法人）のその発行済株式等の全部が移転するもの（その現物分配によりその発行済株式等の移転を受ける者がその現物分配の直前においてその現物分配法人との間に完全支配関係がある者のみである場合におけるその現物分配を除く）が、「株式分配」として定義された（法税2条12号の15の2）。

4）平成29年度税制改正により、組織再編行為の一類型として、株式交換のほかに、全部取得条項付種類株式の端数処理、株式併合の端数処理及び株式売渡請求による対象法人の完全子法人化を含めたものが、「株式交換等」として定義された（法税2条12号の16）。

5）「『平成19年度の税制改正に関する答申』に関する用語集」（平成18年12月1日　税制調査会）参照。

6）「会社分割・合併等の企業組織再編成に係る税制の基本的考え方」（平成12年10月3日　税制調査会答申）。

7）合併法人の株式はいったん被合併法人を通して株主に交付されるという税法の考え方を「L字型」と呼ぶこともあるようである（日本税理士会連合会監修・朝長英樹（著者代表）「グループ法人税制完全マニュアル」税理53巻12号29頁、2010年）。

8）平成17年改正前商法は、分割法人の株主に分割承継法人の株式が交付される形態の分割（「分割型分割」又は「人的分割」）について、分割承継法人が、分割法人の株主に、直接、株式を交付するものと整理していた（旧商374条2項6号・374条の2第1項2号）。他方、法人税法は、分割型分割を、分割法人が、分割承継法人の株式をいったん取得し、直ちに分割法人の株主に交付すると整理したため（平成18年度税制改正前の法税62条1項後段・62条の2第1項後段）、商法と法人税法の整理にずれがあった。しかし、会社法では、分割型分割（人的分割）制度を廃止し、「分社型分割＋剰余金の配当」と整理したので（会社763条6号・12号ロ）、税法と会社法の構成が一致した（金子宏『租税法（第22版）』469頁、弘文堂、2017年）。

9）分割法人が分割により交付を受ける分割承継法人の株式その他の資産の一部のみを当該分割法人の株主等に交付をする分割が行われたときは、分割型分割と分社型分割の双方が行われたものとみなされる（法税62条の6）。

10）現物分配税制は、平成22年度税制改正により、組織再編税制の一環として創設されたが、現物分配税制が、本来的に、組織再編税制と資本等取引税制のいずれに位置づけられるべきかという議論がある（前掲注7）・「グループ法人税制完全マニュアル」171頁)。

11)　株式交換・株式移転の場合は、資産等の移転がないので、「譲渡損益」の計上はない。しかし、合併等と同一の効果を生ずるので、課税面では統一的に扱うべきという観点から、原則として「評価損益」(法税25条1項・33条1項参照）の計上がなされ、例外的に、適格要件を満たす場合、評価損益の計上が繰り延べられる。詳細は「62　株式交換・株式移転」を参照。

12)　前掲注6)・税制調査会答申。

13)　適格要件を満たせば、譲渡損益は計上されず、課税が繰り延べられるので、組織再編行為を行う前に、適格性を満たすように条件を整えることが通常と思われる。しかし、譲渡資産に含み損が多いときには、原則どおりに、譲渡時において譲渡損を認識させた方がよい場合もあり得、あえて非適格を選択することも考えられる。しかし、通常は考えられないような方法で適格要件を満たさない状況を作出したような場合などには、租税回避行為として、組織再編成に係る行為・計算の否認（法税132条の2、所税157条4項等）の対象とされ得るであろう。

14)　被合併法人等の新株予約権者については、旧新株予約権等を発行した法人を資産等移転法人とする組織再編行為により、旧新株予約権等に代えて当該組織再編行為に係る資産承継法人の新株予約権等のみの交付を受けた場合には、その旧新株予約権等の譲渡損益の計算については、譲渡対価の額は当該組織再編行為の直前の帳簿価格に相当する金額とされ、譲渡損益は生じないこととなっている（法税61条の2第12項)。

15)　〔「みなし配当」について〕

－法人が、株主に対し、一定の事由（合併（適格合併を除く)、分割型分割（適格分割型分割を除く)、資本の払戻し又は解散による残余財産分配、自己株式の取得等）により金銭等を交付し、その交付した金銭等の合計額が、交付の基因となった株式に対応する資本金等の額を超える場合、その超える部分の金額は、利益の分配又は剰余金の分配とみなされる（「47　みなし配当」。法税24条1項、所税25条1項)。これは、会社法上の配当ではないが、株主に対して、利益積立金を財源として配当したのと経済的実質が同一なので、税法上は配当とみなすことにしたものである。

－みなし配当は、組織再編のうち、非適格合併及び非適格分割型分割で、合併法人等の株式以外の資産の交付がある場合に生じ、株式交換・株式移転においては生じない。

16)　なお個人株主の場合には、上場株式等以外の一般株式等に係る譲渡所得等の課税の特例がある（租特37条の10第3項1号括弧書)。

17)　平成19年5月1日から、いわゆる対価柔軟化により、消滅会社の株主に、対価として、存続会社等の株式を交付せず、金銭のみを交付する形態（キャッシュ・アウト・マージャー）も許容された（会社749条1項2号・751条1項3号・758条4号・760条5号・768条1項2号・770条1項3号)。なお、対価柔軟化が認められるのは、吸収型組織再編（吸収合併、吸収分割及び株式交換）であり、新設型組織再編（新設合併、新設分割及び株式移転）においては認められていない（相澤哲編著『一問一答　新・会社法』218・219頁、商事法務、2005年)。

18)　前掲注6)・税制調査会答申、前掲注8)・金子459頁以下、前掲注2)・神田343頁。

19)　企業グループ内の組織再編成の適格要件は、平成22年度税制改正前は、「100%の支配関係」「50%超100%未満の支配関係」の有無により区分されていたが、平成22年度税制改正によって創設されたグループ法人税制により、「完全支配関係」「支配関係」という概念が新たに定義され、それに従って整備された。

20)　「完全支配関係」とは、①「一の者」が法人の株式の全部を直接又は間接に保有する関係（親会社が子会社の発行済株式の100%を直接又は間接に保有する、親子会社間の関係）と、②「一の者」との間に株式の全部を直接又は間接に保有する関係がある法人相互の関係（「一の者」が複数の法人の発行済株式の100%を直接又は間接に保有する、兄弟会社間の関係）をいい（法税令4条の2第2項)、「支配関係」とは、株式の保有割合が50%超となっている場合のそれらの関係をいう（法税令4条の2第1項)。完全支配関係の判定における「発行株式等」とは、法人税法におけるその他の規定と同様、会社法上の「株式」に該当するものすべてを含み、「発行済株式の全部を保有する」とは、普通株式のみならず、会社の「支配」には関係のない無議決権株式や、優先配当株式などの種類株式をあわせて、すべてを保有していることをいう（泉恒有ほか『改正税法のすべて（平成22年版)』191頁、大蔵財務協会、2010年)。

－支配関係の判定に当たり、「発行済株式等」は、自己株式を除くほか、発行済株式の総数のうちに、従業員持株会の所有株式とストック・オプションの行使により取得された株式の合計した数の占める割合が5%に満たない場合のその株式を除いて算定される。

21)　企業グループ内の分割型分割に係る適格要件のうち、支配継続要件については、(完全）支配法人と分割法人及び分割承継法人との間の関係が継続することが見込まれていることとされていたが、平成29年度税制改正により改められた（法税令4条の3第6項2号・7項2号)。新しい支配継続要件は、平成29年10月1日以後に行われる企業グループ内の分割型分割に適用される。

22)　共同事業を行うための合併、分割型分割、株式交換及び株式移転に係る適格要件のうち、株式継続保有要件については、株式の継続保有が見込まれる者が有する株式数が80%以上であること（株主数が50人以上である場合はこの要件は適用外）とされていたが、平成29年度税制改正により改められた(法税令4条の3第4項5号・8項6号・20項5号)。新しい株式継続保有要件は、平成29年10月1日以後に行われる共同事業を行うための組織再編成に適用される。

ここでいう「支配株主」とは、適格合併の場合には、「当該合併の直前に当該合併に係る被合併法人と他の者との間に当該他の者による支配関係がある場合における当該他の者及び当該他の者による支配関係があるもの（当該合併法人を除く。）をいう」と定義されており、株式の継続保有見込みの判断に際しては、「当該合併後に行われる適格合併により当該対価株式が当該適格合併に係る合併法人に移転することが見込まれている場合には、当該適格合併に係る合併法人」による継続保有も要件を充足するものとされている（法税令4条の3第6項5号第3括弧書）。

23）これに伴い、企業グループ内の株式交換と同様の適格要件を満たす場合における、その完全子法人となった法人を連結納税の開始又は連結グループへの加入に伴う資産の時価評価制度の対象から除外する（法税61条の11第1項4号・5号・61条の12第1項2号・3号）とともに、その完全子法人となった法人の連結納税の開始等の前に生じた欠損金額をその個別所得金額を限度として、連結納税制度の下での繰越控除の対象に含められた。

24）合併時に交付される金銭の性質として、平成17年改正前商法下では、①割り当てた株式の端数償還金②純粋な合併交付金③いわゆる配当代わり金の3種類があったことについて、相澤哲・葉玉匡美・郡谷大輔編著『論点解説新・会社法　千問の道標』679頁（商事法務、2006年）。

25）会社法上、買取請求の対価として交付される金銭は、そもそも合併等の対価ではないからである。

26）合併法人が合併対価として自己の株式を交付する場合、被合併法人の株主が交付を受けることとなる株式に、1未満の端数が生ずるときは、会社法234条等により端数の合計数に相当する株式を合併法人が売却等をして換金し、金銭が交付されることになる。この行為は、いったん端数の合計数に相当する株式が株主に交付（共有）され、合併法人がその株主に代わってその株式の売却等をし、その売却対価等である金銭を改めてその株主に交付するものであると解されている。したがって、この場合の合併対価はあくまでも合併法人の株式であり、株主に交付される金銭は合併対価ではないので、金銭不交付原則を満たすとされている。

－なお、平成20年度税制改正により、合併対価として合併親法人株式等の数に1未満の端数が生ずる場合に、その端数に応じて金銭が交付される場合も、適格要件を満たすことが明確化された。分割型分割及び株式交換においても同様とされている（法税令139条の3の2第1項・2項・3項。泉恒有ほか『改正税法のすべて（平成20年版）』335頁以下、大蔵財務協会、2008年）。

27）青木孝徳ほか『改正税法のすべて（平成18年版）』365頁以下（大蔵財務協会、2006年）、前掲注8）・金子478頁以下。

28）前掲注27）・改正税法（平成18年版）366頁では、（非適格合併等により移転を受ける資産等に係る調整勘定の損金算入制度の創設により）企業会計と

「比較的調和のとれた」取扱いとなる旨説明されている。

29）　のれんと営業権に関する詳細について、「58　営業権（のれん）の評価・償却」以下参照

30）　同族会社の行為・計算否認について、「3　同族会社」参照

31）　これらの規定の創設前、合併等に関し、同族会社の行為計算の否認規定（法税132条）の適用をめぐって争われた裁判例はある（最判昭33・5・29民集12・8・1254、広島地判平2・1・25行裁集41・1・42等）。

60　合　　併

1　会社法上の定義・法的性質[1]

合併とは、2つ以上の会社が契約を締結して行う行為であって、当事会社の一部又は全部が解散し、解散会社の権利義務の全部が清算手続を経ることなく存続会社又は新設会社に一般承継される効果を持つものをいう(会社2条27号・28号・748条)。

吸収合併とは、会社が他の会社とする合併であって、合併により消滅する会社の権利義務の全部を合併後存続する会社に承継させるものをいう(会社2条27号)。

新設合併とは、二以上の会社がする合併であって、合併により消滅する会社の権利義務の全部を合併により設立する会社に承継させるものをいう(会社2条28号)。

2　税法の考え方（税制の仕組み）

合併は、合併会社が被合併会社の権利義務を一般承継（包括承継）するものであり、通常の取引とは若干異なる性格を有するが、法人税法上は、合併を以下のように整理し、取引法的な観点から課税関係を規定している(法税62条1項)。

ア　被合併法人[2]は、自社の資産及び負債を合併法人[3]に対して時価で譲渡する

イ　合併法人は、譲り受けた資産及び負債の対価として被合併法人に対して合併法人の株式等[4]を交付する

ウ　被合併法人は、残余財産の分配として被合併法人株主に対して合併法人株式等を交付する

したがって、資産及び負債を譲り渡したとされる被合併法人においては、原則として譲渡損益が認識され、譲渡損益に対する課税の問題が生じることになる（法税62条2項)。しかし、平成13年度税制改正より導入

合併の課税関係

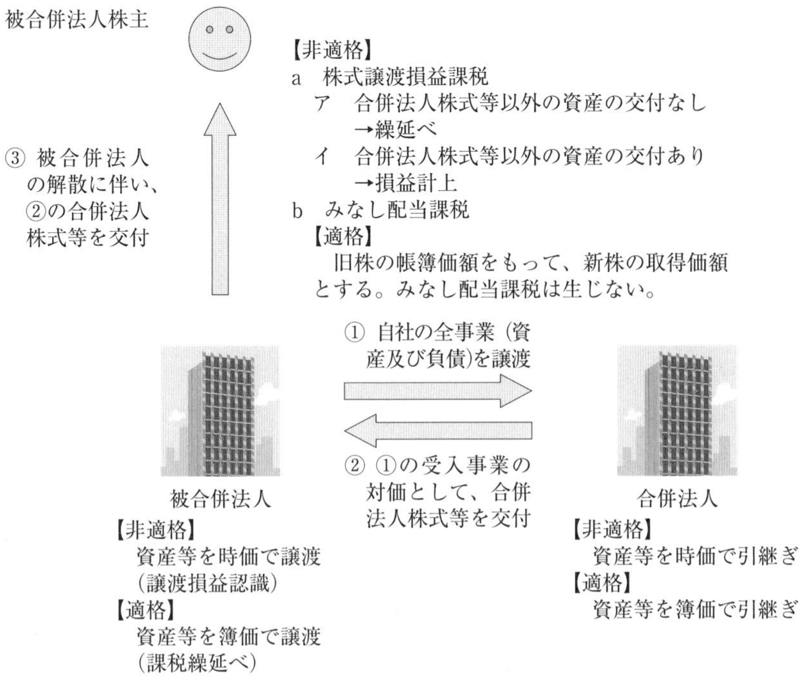

された組織再編税制においては、当該合併が「適格合併」の要件を充足する場合には、資産及び負債の譲渡は、被合併会社の帳簿価額での譲渡として譲渡損益を認識せず、課税を繰り延べるものとされた。

また、被合併法人の株主においては、交付を受けた合併法人の新株等の対価の価額が被合併法人の資本金等の額を超えるときには、その超過額がみなし配当とされ課税問題が生じるが（所税 25 条 1 項 1 号、法税 24 条 1 項 1 号)、適格合併に該当する場合には、みなし配当課税を行わないこととされた（所税 25 条 1 項 1 号括弧書、法税 24 条 1 項 1 号括弧書)。さらに、被合併法人の株主においては、合併があったことにより合併新株等以外の資産を取得することになった場合には、前記みなし配当課税に加えて、譲渡損益も認識することとなる（法税 61 条の 2 第 1 項、租特 37 条の

10 第 1 項・3 項 1 号)。

3　合併税制の趣旨

平成 13 年度税制改正により組織再編成に係る税制が整備された。平成 13 年度税制改正前の合併税制においては、実現した含み益等について合併差益課税又は清算所得課税が行われていた。

平成 13 年度税制改正後においては、原則として被合併法人には譲渡損益が生じ、また被合併法人の株主にはみなし配当課税が行われ、さらに、合併交付金等が支払われた場合には株式等の譲渡損益課税が行われる。しかし、例外として、合併が適格合併に当たる場合には、支配の継続性の観点から、被合併法人の譲渡損益の計上が繰り延べられるものとされた。また、被合併法人の株主に対し、合併法人の株式等以外の資産が交付されない場合は、投資の継続性の観点から、旧株の譲渡損益の計上が繰り延べられるものとされた。そして、適格合併の場合には、従前の課税関係を継続させるのが適当であることから、理論的には、被合併法人の利益積立金額が合併法人に引き継がれるので (法税令 9 条 1 項 2 号)、被合併法人の株主に対するみなし配当課税は行われない。

4　合併における各当事者の課税関係

(1)　非適格合併 (原則)

①　被合併法人の課税関係

被合併法人がその資産及び負債を合併法人に時価で譲渡したものとして譲渡益・譲渡損を計算し、それを被合併法人の最後事業年度 (合併の日の前日の属する事業年度) の益金の額・損金の額に算入して、その年度の所得を計算する (法税 62 条 1 項・2 項)。

②　被合併法人株主の課税関係

(i)　みなし配当課税

合併法人から被合併法人株主に交付される合併法人の新株その他の資産は、被合併法人が合併法人から時価で取得し、直ちにその株主等に交付したものとされる (法税 62 条 1 項後段)。かかる新株等の価額が被合併法人の資本金等の額を超えるときには、その超過額を剰余金の分配とみなしてみなし配当課税がなされる（法税24条1項1号）。

個人株主に関しても、みなし配当課税がなされる（所税25条1項1号）。

(ii) 譲渡損益課税

(ア) 合併法人（又は合併法人の親法人）の株式以外の資産（金銭等）の交付がある場合

合併交付金等の交付がある場合には、旧株の含み損益（旧株の帳簿価額と時価との差額）が譲渡により実現したものとして譲渡損益を計上しなければならない。その結果、旧株について時価による譲渡を行ったものとし、その新株及びその他の財産の取得時の時価を譲渡対価として譲渡損益の計上を行う（法税61条の2第1項、租特37条の10第1項・3項1号）。

(イ) 合併法人（又は合併法人の親法人）の株式以外の資産の交付がない場合

金銭等の交付がなく合併法人株式のみ（又は合併法人の親法人株式のみ）が交付された場合には、被合併法人の株主における旧株の帳簿価額が合併法人株式又は合併法人の親法人株式に引き継がれ、株式譲渡損益は生じないため、譲渡損益課税は繰り延べられる（法税61条の2第2項）。

③ 合併法人の課税関係

(i) 非適格合併の場合、被合併法人が合併法人に有する資産等の移転をしたときは、合併法人に移転をした資産等の合併時の時価による譲渡をしたものとして扱われる。そのため、合併により受け入れた資産等の税務上の価額は、被合併法人の実際の帳簿価額ではなく、合併時の時価となる。

(ii) 非適格合併交付等対価額（内国法人が非適格合併等により交付した金銭の額及び金銭以外の資産の価額の合計額）が合併により承継する純資産の時価（時価純資産価額）を上回っていれば、その差額は資産調整勘定として処理され（法税 62 条の 8 第 1 項)、合併の日の属する事業年度から 60 カ月で償却し、均等に損金の額に算入される（法税 62 条の 8 第 4 項・5 項)。時価純資産価額が支払対価より下回れば、その差額は負債調整勘定として処理され（法税 62 条の 8 第 3 項)、合併の日の属する事業年度から 60 カ月で償却し、均等に益金の額に算入される（法税 62 条の 8 第 7 項・8 項)。

(iii)　合併法人が受入純資産の対価として合併法人の株式等を交付する取引は、資本等取引のため、課税はない。

④　合併法人株主の課税関係

合併に伴う取引の対象外におかれているため、原則として課税関係が生じない。

(2)　適格合併（例外）

税制適格要件（法税 2 条 12 号の 8）を満たす合併は、以下のとおり、被合併法人の資産等の移転は帳簿価額によりなされ、株主の旧株式の譲渡損益及びみなし配当課税も繰り延べられることになるが、当該合併を適格合併という。

①　被合併法人の課税関係

被合併法人から合併法人への資産等の移転は被合併法人の最後事業年度終了時の帳簿価額による引継ぎをしたものとして、被合併法人の所得を計算することとしている（法税 62 条の 2 第 1 項)。したがって、被合併法人の譲渡損益はこの段階では発生せず、課税関係も生じない。

②　被合併法人株主の課税関係

(i)　みなし配当課税

適格合併の場合、被合併法人の利益積立金（法税 2 条 18 号）は合併法人に強制的に引き継がれるため、利益積立金を原資として合併対価が支払われることはない。したがって、みなし配当課税はなされない（法税 24 条 1 項 1 号括弧書、所税 25 条 1 項 1 号括弧書)。

(ii)　譲渡損益課税

適格合併の場合には、被合併法人株主に対して合併法人株式又は合併親法人株式以外の交付がなされないことから、旧株の譲渡に係る対価の額は、その旧株の合併直前の帳簿価額に相当する額とされる結果、譲渡対価の額と譲渡原価の額が同額となる。そのため、旧株の譲渡損益の計上が繰り延べられる（法税61条の2第2項）。

③　合併法人の課税関係

適格合併に該当する場合、合併法人においては移転を受けた資産等に被合併法人における合併直前の帳簿価額を付すこととなる（法税62条の2第4項、法税令123条の3第3項）。これは、適格合併の場合には、被合併法人は合併法人に移転をした資産等について最後事業年度終了時の帳簿価額による引継ぎをしたものとして、最後事業年度の所得金額の計算をすることとされていることによる（法税62条の2第1項、法税令123条の3第1項）。

合併法人が受入れ純資産に対応して、資本金等の額、利益積立金額を引き継ぐ取引は資本等取引であるため、課税はない。

④　合併法人株主の課税関係

合併に伴う取引の対象外におかれているため、原則として課税関係は生じない。

5　税制適格要件

法人税法は、組織再編を⑴100％グループ内の組織再編、⑵50％超100％未満のグループ内の組織再編、⑶グループ外の法人と共同事業を行うための組織再編の区分に分けて税制適格要件を定めている。これらの合併の税制適格要件を整理すると、下記の表のとおりである。

支配の継続性		
共通の要件	合併法人の株式等以外の資産の不交付	
	完全支配関係企業グループ内	同一の者による完全支配関係の継続
		①　支配関係の継続 ②　従業員の引継ぎ

<table>
<tr><td>a　企業グループ内の組織再編成</td><td>支配関係企業グループ内</td><td>被合併法人の従業者のおおむね80%以上のその事業への継続従事が見込まれていること
③　主要な事業の継続
被合併法人の主要な事業が引き続き営まれることが見込まれていること</td></tr>
<tr><td>b　共同事業を営むための組織再編成</td><td colspan="2">①　事業関連性
合併法人の事業と被合併法人の事業とが相互に関連するものであること
②　事業規模要件・経営参画要件
事業規模が5倍を超えないこと又は合併前の被合併法人の特定社員のいずれかと合併法人の特定役員のいずれかが合併後の合併法人の特定社員になることが見込まれていること
③　従業員の引継ぎ
被合併法人の従業者のおおむね80%以上のその事業への継続従事が見込まれていること
④　主要な事業の継続
被合併法人の被合併事業が引き続き営まれることが見込まれていること
⑤　株式継続保有
被合併法人等の発行済株式の50%超を保有する企業グループ内の株主がその交付を受けた合併法人等の株式の全部を継続して保有することが見込まれていること</td></tr>
</table>

前記表から明らかなように、金銭等の不交付要件はすべての場合に共通する。ただし、以下の場合は、金銭の交付があっても適格要件の判定に影響を与えない例外とされている（法税2条12号の8柱書の第3括弧書）。すなわち金銭交付要件の例外である。

・被合併法人の株主等に剰余金の配当等として金銭その他の資産を交付する場合

・合併に反対の株主の買取請求に応じて当該株主の株式を買い取る場合

さらに、平成29年度税制改正で、上記2つに加えて、以下の場合にも金銭の交付があっても適格要件の判定に影響を与えないこととなった。すなわち、いわゆるスクィーズアウトのための現金交付も適格要件の判定に影響を与えないこととなった。

・合併の直前において合併法人が被合併法人の発行済株式等の総数又は総額の３分の２以上に相当する数の株式を有する場合における当該合併法人以外の株主等に交付される金銭その他の資産

また、金銭交付以外の要件は完全支配関係があるか、支配関係があるか、グループ外の合併かによって異なるので、これらを俯瞰する。

⑴　完全支配関係のある企業グループ内の合併（法税２条12号の８イ）

①　当事者間の完全支配関係がある場合の合併（法税令４条の３第２項１号）

合併に係る被合併法人と合併法人（新設合併の場合はその被合併法人と他の被合併法人）との間にいずれか一方の法人が他方の法人の発行済株式等の全部を直接又は間接に保有する関係があること。

②　同一者による完全支配関係がある場合の合併（法税令４条の３第２項２号）

合併前にその合併に係る被合併法人と合併法人との間に同一の者によってそれぞれの法人の発行済株式等の全部を直接又は間接に保有する関係があり、かつ、合併後に同一の者による完全支配関係が継続することが見込まれること。

⑵　支配関係のある企業グループ内の合併（法税２条12号の８ロ）

①　当事者間の支配関係がある場合の合併（法税令４条の３第３項１号）

被合併法人と合併法人（新設合併の場合は、その被合併法人と他の被合併法人）との間にいずれか一方の法人が他方の法人の発行済株式等の総数の50％を超える数の株式等を直接又は間接に保有する関係があり、以下のア、イのいずれの要件も満たすこと。

ア　被合併法人の合併直前の従業者のうち、その総数のおおむね80％以上に相当する数の者が、その合併後の合併法人の業務に従事することが見込まれていること（従業者引継要件。法税２条12号の８ロ⑴）

イ　被合併法人の合併前に営む主要な事業が、その合併後の合併法人において引き続き営まれることが見込まれていること（事業継続要件。法税２条12号の８ロ(2)）

②　同一者による支配関係がある場合の合併（法税令４条の３第３項２号）

合併前にその合併に係る被合併法人と合併法人との間に同一の者によってそれぞれの法人の発行済株式等の総数の50％を超える数の株式等を直接又は間接に保有される関係があり、その合併後にその同一の者によってその合併法人の支配株式が直接又は間接に継続して保有されることが見込まれ、さらに上記①ア、イのいずれの要件も満たすこと。

(3)　共同事業を行うための合併（法税２条12号の８ハ[5)]）

上記(1)、(2)に該当する合併以外の合併で、その合併に係る被合併法人と合併法人（新設合併の場合は、その被合併法人と他の被合併法人）とが共同で事業を行うためのものとして、以下の共同事業要件のすべてを満たすこと。

ア　被合併法人の被合併事業と合併法人の合併事業が相互に関連するものであること（事業関連要件。法税令４条の３第４項１号）

イ　被合併法人の被合併事業と合併法人の合併事業のそれぞれの売上金額、従業者の数、資本金の額[6)]若しくはこれらに準ずるものの規模の割合がおおむね５倍を超えないこと（事業規模要件）又は合併前の被合併法人の特定役員のいずれかと合併法人の特定役員のいずれかとが合併後の合併法人の特定役員になることが見込まれていること（経営参画要件。法税令４条の３第４項２号）

ウ　被合併法人の合併直前の従業者のうち、その総数のおおむね80％以上に相当する数の者が、その合併後の合併法人の業務に従事することが見込まれていること（従業者引継要件。法税令４条の３第４項３号）

エ　被合併法人の被合併事業が合併法人において合併後引き続き営ま

れることが見込まれていること（事業継続要件。法税令4条の3第4項4号）

オ　支配株主（被合併法人等の発行済株式の50%超を保有する企業グループ内の株主）がその交付を受けた合併法人等の株式（端株などの議決権のないものを除く）の全部を継続して保有することが見込まれていること（株式継続保有要件。平成29年度税制改正によって、平成29年10月1日以降に行われる組織再編について、被合併法人の株主等の数に関わりなく、当該要件が必要とされた。法税令4条の3第4項5号）

6　個別規定の調整

⑴　貸倒引当金について

①　非適格合併の場合

法人税法上、貸倒引当金は合併法人には引き継がれない（法税52条8項1号）。

②　適格合併の場合

被合併法人の最後事業年度に損金の額に算入された個別評価金銭債権に係る貸倒引当金勘定（法税52条1項）及び一括評価金銭債権に係る貸倒引当金勘定（法税52条2項）の金額は、合併法人に引き継がれ（法税52条8項1号）、合併法人の合併事業年度の所得金額の計算上、益金の額に算入される（法税52条11項）。

⑵　欠損金について[7)]

①　原　則

適格合併が行われた場合において、被合併法人の当該合併の日前9年以内に開始した各事業年度において生じた欠損金額でまだ繰戻還付（法税80条1項）ないし繰越控除の対象とされていないもの（未処理欠損金額）があるときは、それを合併法人の前9年内事業年度の欠損金額（平成20年3月31日以前に終了した事業年度において生じた繰越欠損金は7年、平成29年度4月1日以後に開始する事業年度において生じた繰越欠損金は10年）とみなして、合併法人に引き継がれる（法税57条2項)。

②　引継制限

共同で事業を行うことを目的としないグループ内適格合併等について、繰越欠損金のある法人を適格合併により合併し、被合併法人の繰越欠損金を不当に利用することによる租税回避に対処することを目的として、一定の場合に繰越欠損金の引継制限がなされている。

適格合併に係る被合併法人と合併法人との間に支配関係（いずれか一方の法人が他方の法人の発行済株式等の50％超を直接・間接に保有する関係等）があり、かつ、以下の(i)又は(ii)のいずれにも当たらないときは、①にいう被合併法人等の未処理欠損金額には、被合併法人の支配関係事業年度で前9年内事業年度に該当する事業年度において生じた欠損金額（法税57条3項1号）及び、被合併法人の支配関係事業年度以後の各事業年度で前9年内事業年度に該当する事業年度において生じた欠損金額のうち特定資産譲渡等損失額（法税62条の7第2項）に相当する金額（法税57条3項2号）は、引継制限が課される（法税57条3項柱書)。

(i)　当該合併がみなし共同事業要件を満たす場合（法税57条3項、法税令112条3項）

以下のうち、(a)から(d)までの要件又は(a)及び(e)に該当する場合

(a)　被合併法人の被合併事業と合併法人の合併事業とが相互に関連するものであること

(b)　被合併事業と被合併事業と関連する合併事業のそれぞれの売上金額、被合併事業と合併事業のそれぞれの従業者数、被合併法人と合併法人のそれぞれの資本金額又はこれらに準じるもの規模の割合がおおむね5倍を超えないこと

(c)　被合併事業が、最後に支配関係の生じた時から合併の時まで継続して営まれており、かつ、その両時点での被合併事業の規模の割合がおおむね2倍を超えないこと

(d)　合併事業が、最後に支配関係の生じた時から合併の時まで継続

して営まれており、かつ、その両時点での合併事業の規模の割合がおおむね2倍を超えないこと

(e)　合併前の被合併法人の特定役員のいずれかの者と合併法人の特定役員のいずれかの者とが合併後に合併法人の特定役員になることが見込まれていること

(ii)　以下のうち最も遅い日の5年前の日から継続して支配関係があると認められる場合（法税令112条4項）

(a)　適格合併の属する事業年度開始の日

(b)　被合併法人設立の日

(c)　合併法人設立の日

③　引継制限の緩和

適格合併等における未処理欠損金額の引継制限は、上記のとおり、適格合併等による被合併法人等の欠損金の引継ぎを目的にした租税回避を防止する趣旨で設けられている。したがって、最後に支配関係があることとなった日の属する事業年度（支配関係事業年度）の前事業年度終了の時において被合併法人等の有する純資産全体としての含み益が未処理欠損金額を上回る状態が生じているような場合は、欠損金を利用した租税回避を防止するという本制度の趣旨を考慮すると、その前提が存在しないことになるともいえるため、被合併法人が支配関係事業年度以前に含み益を有する場合、適格合併が上記「みなし共同事業要件」を満たしていなくとも、含み益に対応する欠損金額は引継可能とすることができる（法税57条、法税令113条1項1号）。

以上の①から③を図示すると以下のようになる。

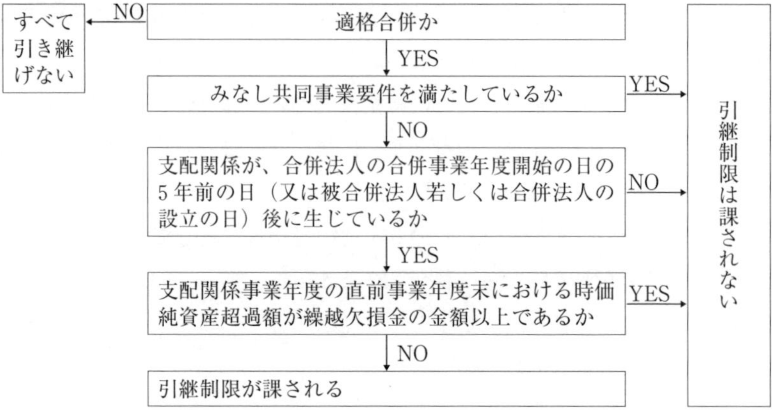

7　合併における資産調整勘定、差額負債調整勘定

⑴　合併によって新たに資産調整勘定、差額負債調整勘定が発生する場合

資産調整勘定とは、非適格合併等により、合併法人が合併により交付した金銭の額及び金銭以外の資産の価額の合計額が、被合併法人より移転を受けた資産及び負債の時価純資産価額を超える場合の、その超える部分の金額のうち資産等超過差額に相当する金額以外の金額をいう（法税62条の8第1項）。

差額負債調整勘定とは、非適格合併等により、合併法人が合併により交付した金銭の額及び金銭以外の資産の価額の合計額が、被合併法人より移転を受けた資産及び負債の時価純資産価額に満たない場合の、その満たない部分の金額をいう（法税62条の8第3項）。

資産調整勘定の金額又は差額負債調整勘定の金額に係る当初計上額は、60カ月で、均等割による金額が損金又は益金に算入されて、取り崩される（法税62条の8第4項・5項・7項・8項）。

⑵　被合併法人が資産調整勘定等を有する場合

①　非適格合併の場合

(i)　資産調整勘定

非適格合併における被合併法人が資産調整勘定を有する場合には、その資産調整勘定は合併法人に引き継がれず、被合併法人において最後事業年度終了の時の資産調整勘定の金額相当額を減額しなければならない（法税62条の8第4項）。この減額すべきこととなった資産調整勘定の金額相当額は、被合併法人の最後事業年度の損金の額に算入する（法税62条の8第5項）。

(ii) 差額負債調整勘定

非適格合併における被合併法人が差額負債調整勘定を有する場合には、その差額負債調整勘定は合併法人に引き継がれず、被合併法人において最後事業年度終了の時の差額負債調整勘定の金額相当額を減額しなければならない（法税62条の8第7項）。この減額すべきこととなった差額資産調整勘定の金額相当額は、被合併法人の最後事業年度の益金の額に算入する（法税62条の8第8項）。

② 適格合併の場合

(i) 資産調整勘定

適格合併における被合併法人が資産調整勘定を有する場合には、非適格合併の場合と異なり、合併直前におけるその資産調整勘定の金額は合併法人に引き継がれる（法税62条の8第9項1号）。合併法人が引継ぎを受けた資産調整勘定の金額は、合併法人がその適格合併の時において有する資産調整勘定の金額とみなされる（法税62条の8第10項）。

(ii) 差額負債調整勘定

適格合併における被合併法人が差額負債調整勘定を有する場合には、非適格合併の場合と異なり、合併直前におけるその差額負債調整勘定の金額は合併法人に引き継がれる（法税62条の8第9項1号ハ）。合併法人が引継ぎを受けた差額負債調整勘定の金額は、合併法人がその適格合併の時において有する差額負債調整勘定の金額とみなされる（法税62条の8第10項）。

8　無対価適格合併

無対価合併とは、合併に際し、被合併法人の株主等に合併法人の株式その他の資産が交付されない合併をいう（法税令4条の3第2項1号括弧書)。会社法上、無対価で吸収合併を行うことも可能であり、また、適格合併の要件のひとつである金銭等不交付は「被合併法人の株主等に合併法人株式又は合併親法人株式のいずれ一方の株式以外の資産が交付されないもの」と定められているので（法税2条12号の8)、無対価合併も適格要件に反するものではない。

ただし、無対価合併のすべてが適格合併とされるものではなく、平成22年度税制改正により、親会社が完全支配関係のある子会社子を吸収合併する場合及び同一の親会社と完全支配関係のある子会社同士の合併の場合、共同事業を営むための合併は被合併法人のすべて又は合併法人が資本又は出資を有しない公益法人等の場合にに、無対価適格合併となるものとして整理された（法税2条12号の8イ～ハ、法税令4条の3第2項1号括弧書・2号イ～ニ・3項1号の第2括弧書・4項柱書の括弧書)。

9　三角合併[8)]

⑴　定　義

被合併会社の株主に合併会社の親会社（関係会社）の株式を交付する形態の合併である。

⑵　制度概要

平成19年度税制改正により、適格合併の要件のうち合併の対価について、合併親法人の株式とすることも認められた（法税2条12号の8本文)。

⑶　改正の経緯

平成19年度税制改正前は、適格合併の要件として「被合併法人の株主等に合併法人の株式……以外の資産が交付されないもの」という要件が課されていたところ（旧法税2条12号の8)、三角合併の場合には合併法人の親会社株式が交付されることから、適格要件を充足しなかった。

しかし、三角合併がすべて非適格であるとすれば、仮に、通常の適格合併の場合と同様、合併会社の親会社も含めて企業グループとしてみた場合、合併前と後とで経済実態が実質的に変わらないと認められる場合がある。そのような場合にも、合併により移転承継される資産・負債が時価評価され、その譲渡損益が認識されて課税が生じるのは被合併法人及びその株主の負担が重く、実際上、三角合併の活用を委縮させる可能性があった。

そして、合併の対価として合併法人との間に100%の資本関係がある親法人の株式を交付するのであれば、その株式の保有を通じて合併法人に対する実質的な支配が継続でき、合併法人の株式による直接的な支配と同等の状態を創ることは可能である。

そこで、平成19年度税制改正において「合併親法人株式」という文言が追加され、三角合併が適格合併とされる場合が規定されることとなった。

⑷ 三角合併の適格合併となるための要件（法税2条12号の8、法税令4条の3第1項）

ア　合併の直前に三角合併における合併法人となる子会社の株式を直接全部保有していること

イ　三角合併後に合併法人の株式を直接全部保有することが見込まれていること

(注)　三角合併における事業関連性の有無は、合併法人（子会社）及び被合併法人の事業関連性をもって判断される。

10 流通税等

⑴ 消費税

法人税法上の扱いとは異なり、消費税法上、適格・非適格を問わず合併による資産等の移転は包括承継に該当し、資産の譲渡等には当たらないこととされている。よって、消費税は不課税である（消税2条1項8号、消税令2条1項4号）。

なお、合併法人の納税義務の判定については、被合併法人の課税売上高も考慮して判定されるので注意する必要がある（消税11条1項・2項等）。

⑵　登録免許税（資本金）

新設合併の場合は資本金の1000分の1.5、吸収合併の場合（資本の増加がある場合）は増加した資本金の額の1000分の1.5となる。但し、設立時の資本金額又は合併により増加する資本金額のうち被合併法人の合併直前の資本金の額とされる一定金額を超える金額に対応する部分は1000分の7となる（登免税2条・55条・別表第一）。

⑶　登録免許税（不動産所有権移転）

合併に伴い不動産所有権の移転がある場合、固定資産税課税台帳価額の1000分の4の税率で課税される（登免税2条・55条・別表第一）。

⑷　不動産取得税

所有権の移転は形式的であるとして（合併によって新たな取得が行われるわけではないため）、非課税とされている（地税73条の7第2号）。

⑸　印紙税

合併契約書1通につき、4万円が課税される（印税2条・別表第一・5号物件の欄1）。

1）　江頭憲治郎『株式会社法（第6版）』842・843頁（有斐閣、2015年）。
2）　合併によりその有する資産及び負債の移転を行った法人（法税2条11号）。
3）　合併により被合併法人から資産及び負債の移転を受けた法人（法税2条12号）。
4）　但し、合併対価の柔軟化により、合併会社の株式以外の対価の交付も可能とされている（会社749条1項2号）（その一例として、吸収合併の場合に合併会社の親会社の株式を交付する三角合併がある）。また、無対価の場合もある。
5）　仰星監査法人編著・澤田眞史監修『Q＆A企業再編のための合併・分割・株式交換等の実務（平成22年1月改訂）』401頁（清文社、2010年）。
6）「資本金等」ではない。「資本金」であり、会社法上の資本金を指す（準備金等は含まれない）。
7）　金子宏『租税法（第22版）』405頁（弘文堂、2017年）。
8）　完全支配関係が存在する連結グループ間における適格合併の要件として、完全支配関係が継続することが求められていることは前記のとおりである（法税2条12号の8イ、法税令4条の3第2項2号）。主に許認可等の関係で行われることの多い完全親法人を被合併法人とし、完全子法人を合併法人とする合併（いわゆる「逆さ合併」）を行う場合において、完全子法人が合併法人となることから、完全子法人が自社の発行済株式の全部を直接または間接に保有することは不可能であるため、法税2条12号の8イにいう支配関係にある適格合併に該当しない。したがって、逆さ合併の場合には、課税の繰延べはなされず、時価評価課税の対象になる。

［参考文献］

金子宏『租税法（第22版）』（弘文堂、2017年）
江頭憲治郎『株式会社法（第6版）』（有斐閣、2015年）
仰星監査法人編著・澤田眞史監修『Q&A企業再編のための合併・分割・株式交換等の実務　その法律・会計・税務のすべて（平成22年1月改訂）』（清文社、2010年）
森・濱田松本法律事務所・菊地伸＝監査法人トーマツ・布施伸章＝税理士法人トーマツ編著『企業再編　法律・会計・税務と評価』（清文社、2008年）
平野敦士編『会社法と企業会計・税務Q&A』（青林書院、2007年）
中野百々造『合併・分割の税務（6訂版）』（税務経理協会、2011年）
岡村忠生編『新しい法人税法』（有斐閣、2007年）
山口秀巳編『図解法人税（平成22年版）』（大蔵財務協会、2010年）
税理士法人プライスウォーターハウスクーパース『法人税の実務Q&Aシリーズ　組織再編』（中央経済社、2012年）
今中利昭編『【事業再編シリーズ②】会社合併の理論・実務と書式（第3版）』（民事法研究会、2016年）
佐藤信祐『組織再編における繰越欠損金の税務詳解（第4版）』（中央経済社、2015年）
大沼長清他編集『第八次改訂　会社税務マニュアルシリーズ第3巻　合併・分割』（ぎょうせい、2015年）

61　会社分割

1　会社法上の定義

会社分割は、会社の事業に関する権利義務を既存の会社又は新設する会社に包括承継させる組織法上の行為で[1]、吸収分割と新設分割がある[2]。

吸収分割とは、株式会社又は合同会社がその事業に関して有する権利義務の全部又は一部を分割後他の会社（承継会社）に承継させることをいい（会社2条29号）、新設分割とは、1又は2以上の株式会社又は合同会社がその事業に関して有する権利義務の全部又は一部を分割により設立する会社（設立会社）に承継させることをいう（会社2条30号）。

分割に際して承継会社又は設立会社の株式を分割会社の株主に割り当てる場合につき、平成17年改正前商法では、「人的分割」との概念を設けていたが、会社法は、この法律構成を廃止し、従前「人的分割」称していた形態につき、分割に際して承継会社又は設立会社の株式を、「剰余金の配当（現物配当）」又は「全部取得条項付株式の取得対価」として、分割会社の株主に交付したものと整理した（会社758条8号・760条7号・763条1項12号・765条1項8号）。

2　税法の考え方（税制の仕組み）

会社法は吸収分割と新設分割を区別して規定するが、法人税法は、主として分割型分割と分社型分割の区別に従い課税関係を規定している[3]。

分割型分割と分社型分割は、分割対価資産（分割により分割法人が交付を受ける分割承継法人の株式（出資を含む）その他の資産[4]）の有無に応じてそれぞれ次のとおり定義されている（法税2条12号の9・2条12号の10[5]）。

分割型分割	分割により分割法人が交付を受ける分割対価資産（分割により分割承継法人によって交付される当該分割承継法人の株式（出資を含む）その他の資産をいう。）のすべてが当該分割の日において当該分割法人の株主等に交付される場合（間接交付型）又は分割により分割対価資産のすべてが分割法人の株主等に直接に交付される場合（直接交付型）のこれらの分割[6)]。法税2条12号の⑨イ）
	分割対価資産がない分割（以下、「無対価分割」という）で、その分割の直前において、分割承継法人が分割法人の発行済株式等[7)]の全部を保有している場合又は分割法人が分割承継法人の株式を保有していない場合の当該無対価分割。法税2条12号の⑨ロ。
分社型分割	分割により分割法人が交付を受ける分割対価資産が当該分割の日において当該分割法人の株主等に交付されない場合の当該分割（無対価分割を除く。法税2条12号の⑩イ）
	無対価分割で、その分割の直前において分割法人が分割承継法人の株式を保有している場合（分割承継法人が分割法人の発行済株式等の全部を保有している場合を除く）の当該無対価分割。法税2条12号の⑩ロ

ここで分割法人とは、分割によりその有する資産又は負債の移転を行った法人をいい（法税2条12号の2）、分割承継法人とは、分割により分割法人から資産又は負債の移転を受けた法人をいう（法税2条12号の3）。

会社分割は会社法では組織法上の行為とされるが、法人税法は、次のような分割による資産の移転に着目し、むしろ取引法的な観点から課税関係を規定している。

ア　分割法人は、分割承継法人に対し、分割法人の資産及び負債を移転する。

イ　分割承継法人は、分割法人に対し、分割対価資産を交付する。

ウ　分社型分割以外の分割においては、分割法人は、分割法人の株主に対し、分割対価資産を交付し、分割法人の株主は、その保有する分割法人の株式（以下、「旧株」ともいう）の価値と引換えに分割対価資産を取得する。

無対価分割（法税2条12号の9ロ・12号の10ロ）の場合、上記イ、ウの分割対価資産の移転はないが、その交付が省略されたものと認められる場合については、交付された場合と同様に取り扱われる。分割型分割と分社型分割の双方が行われたものとみなされる場合もある（法税 62 条の 6 参照）。

3　分割税制の趣旨

平成 13 年度税制改正により、組織再編成に係る税制が整備された。これは組織再編成により移転する資産の譲渡損益の取扱いを中心とするものである。会社分割では、分割の対象となった分割法人の資産及び負債が分割承継法人に移転する。そのため分割法人は、資産を時価により譲渡したものとして譲渡損益を計上するのが原則である（法税 62 条 1 項）。但し、企業グループ内の分割、共同事業を行うための分割、若しくは独立して事業を行うための分割、として適格分割[8]（法税 2 条 12 号の 11、法税令 4 条の 3 第 6 項～9 項）に該当する場合には、資産及び負債が簿価で移転したものとして譲渡損益の計上を繰り延べなければならない（法税 62 条の 2 第 2 項・62 条の 3 第 1 項）。企業グループ内の分割、共同事業を行うための分割の場合には、分割の前後で経済実態に実質的な変更がなく、分割後も移転資産に対する支配の継続性が認められるからである。また、平成 29 年度税制改正においては、分割法人が行っていた事業の一部をその分割型分割により新たに設立する分割承継法人において独立して行うための分割（一法人のみが分割法人となる分割型分割に限る）において、一定の要件を満たしたものについて、適格分割として企業の事業部門の分社化（スピン・オフ）の際の譲渡損益の課税を繰り延べる等の扱いを認めることによって、企業の機動的な事業再編を可能とするための環境整備が図られた（いわゆるスピン・オフ税制。法税 2 条 12 号の 11 ニ・法税令 4 条の 3 第 9 項）。

分割型分割の場合、分割法人の株主は、所有株式（旧株）を譲渡し[9]、その対価として分割対価資産を取得すると考えられる。そのため分割法人の株主は、原則として所有株式（旧株）の譲渡損益を計上する。但し、（旧株）の保有割合に応じて分割承継法人の株式のみが交付された場合（按分型の分割型分割）には、適格分割か否かにかかわらず、譲渡損益の計上を繰り延べる（法税61条の2第4項、法税令119条の8第1項、租特37条の10第3項2号、所税令113条4項）。分割の前後で株式の所有実態に変化がなく実質的に投資の継続性が認められるからである。また、交付された分割対価資産については、そのうち分割法人の利益を原資とする部分を配当とみなして課税する。但し、適格分割型分割により資産の譲渡損益の計上が繰り延べられる場合には、従前の課税関係を継続させるという観点から利益積立金額を分割承継法人に引き継ぐため、配当とみなす部分は発生しない（法税24条1項2号括弧書等）。

4　各当事者の課税関係[10]

(1)　分割型分割の課税関係

分割の課税関係 ①分割型分割

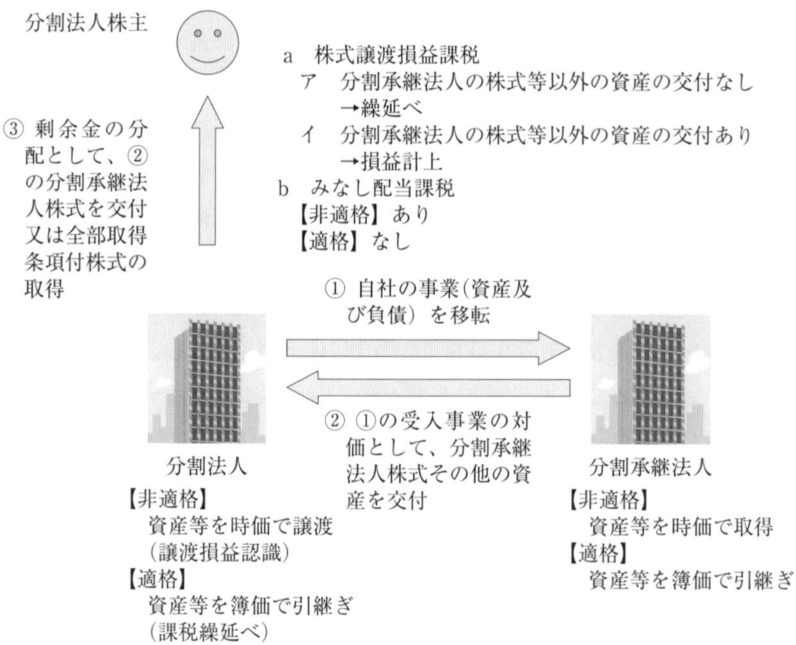

①　非適格分割型分割（適格分割型分割以外の分割型分割）の場合（原則）

(i)　分割法人の課税関係

分割により移転した資産及び負債について、分割時の価額による譲渡をしたものとして、譲渡損益を計上する（法税62条1項）。

なお、分割法人はその株主に対し取得した分割対価資産を交付するが、時価で取得したものを直ちに当該時価で移転するため、課税関係は生じない。

分割法人の資本の部の処理は、分割した純資産に対応する資本金等の額を減額するとともに対価として交付を受けた分割承継法人の株式等の対価の額から当該減額する資本金等の額を控除した額を利益積立金額から減額する（法税令8条1項15号・9条1項9号）。

(ii)　分割承継法人の課税関係

分割対価資産として分割承継法人の株式を交付する場合には、株式の交付取引として課税関係は発生しない。株式の交付取引であることから資本の部の処理は、資本金等の額として処理する（法税令8条1項6号）。

分割により移転を受けた資産及び負債の取得価額は、分割時の価額である。

分割により交付した分割対価資産の価額が移転を受けた資産及び負債の時価純資産価額を超過する場合にはその超過額を負債調整勘定に、後者が前者を超過する場合にはその超過額を資産調整勘定に計上する（法税62条の8第1項・3項）[11)]。これらは分割後に取り崩し、資産調整勘定の減額分は損金の額に、負債調整勘定の減額分は益金に算入して5年間で均等償却する（法税62条の8第4項・5項・7項・8項）。退職給与債務引受額と短期重要債務見込額も負債調整勘定に計上し、所定の事由が生じた場合に取り崩してその減額分を益金の額に算入して償却する（法税62条の8第2項・6項・8項）。

(iii)　分割法人の株主の課税関係

(ア)　所有株式（旧株）の譲渡損益の取扱い

a　金銭等不交付分割型分割[12]でない場合

法人株主については、所有株式（旧株）のうち分割により分割承継法人に移転した資産及び負債に対応する部分を時価で譲渡したものとみなして、その譲渡損益を計上する。旧株の原価の額は分割純資産対応帳簿価額（分割型分割直前の帳簿価額を基礎として所定の方法により計算した金額）とする（法税61条の2第4項、法税令119条の8第1項）。また、分割承継法人の株式の取得価額はその取得のために通常要する価額とされ（法税令119条1項27号）、分割法人の株式の帳簿価額については付替えを行う（法税令119条の3第9項・119条の4第1項[13]）。

個人株主については、交付された分割対価資産の価額（みなし配当に該当する部分を除く）を所有株式（旧株）の譲渡に係る収入金額とみなして課税する（租特37条の10第1項・3項2号）。この収入金額から控除すべき取得費等は、所有株式（旧株）の取得価額に純資産移転割合（所税令61条2項2号）を乗じた額を基礎として計算する。また、分割承継法人の株式の取得価額はその取得のために通常要する価額とされ（所税令109条1項5号）、所有株式（旧株）の取得価額については付替えを行う[14]（所税令113条3項）。

b　金銭等不交付分割型分割の場合

金銭不交付分割型分割とは、分割型分割のうち分割法人の株主に分割承継法人又は分割承継法人の株式等の全部を保有する関係にある法人の株式以外の資産が交付されなかったものをいう（法税61条の2第4項、所税令113条1項）。但し、非按分型の分割型分割は、これに含まれない（法税令119条の8第2項、所税令113条4項）。

法人株主については、上記aと同様に所有株式（旧株）の一部を譲渡したものとみなすが、その対価の額と原価の額はいずれも所有株式（旧株）の分割純資産対応帳簿価額とされるため、譲渡損益は計上されない（法税61条の2第4項、法税令119条の8第1項）。また、分割承継法人の株式の取得価額は分割直前の分割法人の株式の分割純資産対応帳簿価額（みなし配当及び取得費を加算する）とされ（法税令119条1項6号）、分割法人の株式の帳簿価額は付替えを行う（法税令119条の3第11項・119条の4第1項）。

個人株主については、交付された分割承継法人の株式の価額を収入金額から除外し（租特37条の10第3項2号）、課税を繰り延べる。分割承継法人の株式の取得価額は所有株式（旧株）の従前の取得価額に純資産移転割合を乗じた額（みなし配当及び取得費を加算する）とされ（所税令113条1項）、所有株式（旧株）については取得価額の付替えを行う（所税令113条1項・3項[15]）。

(イ)　みなし配当の取扱い

非適格分割型分割の場合は、金銭不交付分割型分割のいかんにかかわらず、原則としてみなし配当課税が行われる。分割法人の株主が交付を受けた分割対価資産の価額のうち資本等の金額を超える部分を原資とする金額が、配当とみなされる（法税24条1項2号、所税25条1項2号）。

(iv)　分割承継法人の株主の課税関係

上記のとおり、分割型分割の場合における分割承継法人の株主は、通常は同時に分割法人の株主の場合であるので、上記分割法人の株主の項目で記述したとおりである。

②　適格分割型分割の場合（例外）

(i)　分割法人の課税関係

分割により移転した資産及び負債について、分割直前の帳簿価額による引継ぎをしたものとして、譲渡損益は計上せず、課税を繰り延べる（法税62条の2第2項）。

なお、分割法人はその株主に対し取得した分割承継法人の株式を交付するが、その譲渡原価の額と譲渡対価の額はいずれも分割により移転した資産及び負債の簿価純資産価額とされるため[16]、ここでも譲渡損益は発生しない（法税61条の2第5項・62条の2第3項、法税令123条の3第2項）。

分割法人の資本の部の処理は、分割した純資産に対応する資本金等の額を減額するとともに分割法人の簿価純資産価額から当該分割した純資産に対応する資本金等の額を控除した額を利益積立金額から減額する（法税令8条1項15号・9条1項10号）。

(ii)　分割承継法人の課税関係

分割により移転を受けた資産及び負債は、分割直前の帳簿価額による引継ぎを受けたものとされる（法税令123条の3第3項）。

分割承継法人の資本の部の処理は、分割法人からの移転純資産に対応する資本金等の額、利益積立金額が引き継がれる（法税令9条1項3号）。

(iii)　分割法人の株主の課税関係

(ア)　旧株の譲渡損益の取扱い

適格分割型分割は、金銭等不交付分割型分割に該当するため、非適格の金銭等不交付分割型分割の場合（上記①(iii)(ア)b）と同様に処理し、旧株の譲渡損益は計上しない。分割承継法人の株式の取得価額及び分割法人の株式の帳簿価額の処理についても同様である。

適格分割型分割に該当する無対価分割の場合には、分割法人の株主が有する株式の価額の付替えを行い、旧株の譲渡損益は計上しない。法人株主は、その有する分割法人の株式の帳簿価額の付替えを行うが（法税令119条の3第11項・119条の4第1項）、当該法人株主が分割承継法人以外の法人であれば分割承継法人の株式も有するので、このときはその帳簿価額も付け替える（法税令119条の3第12項[17]・119条の4第1項[18]）。個人株主は、その有する分割承継法人の株式及び所有株式（旧株）について取得価額の付替えを行う（所税令113条2項・3項[19]）。

⑷　みなし配当の取扱い

みなし配当課税はない。適格分割型分割は、分割法人の移転純資産に対応する利益積立金額が分割承継法人に引き継がれるため、分割法人の株主に対して利益積立金を原資とした対価の交付は行われないことになり、みなし配当も発生しない（法税24条1項2号括弧書、所税25条1項2号括弧書）。

(ⅳ)　分割承継法人の株主の課税関係

上記のとおり、適格分割型分割の場合における分割承継法人の株主は、同時に分割法人の株主であるので、上記(ⅲ)分割法人の株主の項目で記述したとおりである。

⑵　分社型分割の課税関係

分割の課税関係 ②分社型分割

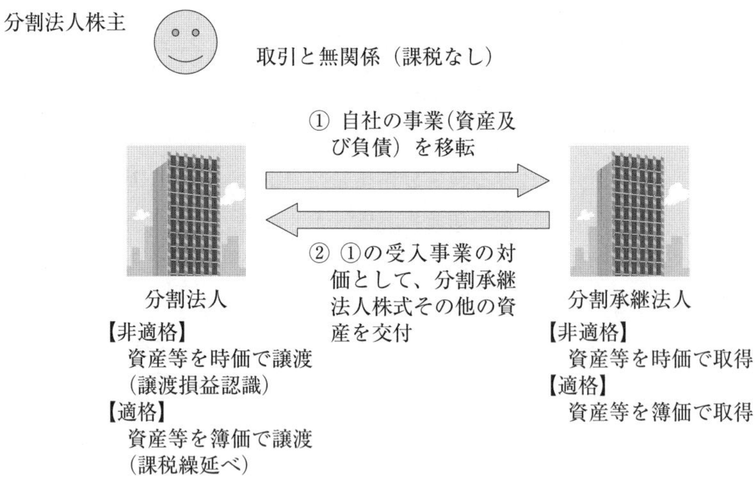

①　非適格分社型分割（適格分社型分割以外の分社型分割）の場合（原則）

(ⅰ)　分割法人の課税関係

分割により移転した資産及び負債について、分割時の価額による譲渡をしたものとして、譲渡損益を計上する（法税62条1項）。対価として交付される分割承継法人の株式の取得価額は、その取得のために通常要する価額とされる（法税令119条1項27号）。分社型分割の場合は、分割法人は出資による分割承継法人の株式等の取得とされる取引のため、資本の部の処理は生じない。

(ii)　分割承継法人の課税関係

分割により移転を受けた資産、負債は時価により取得することになる。分割承継法人の資本の部は、対価としての株式等の交付として資本金等の額として処理される（法税令8条1項7号）。

(iii)　分割法人の株主の課税関係

取引に関係しないため、課税関係は発生しない。

(iv)　分割承継法人の株主の課税関係

分社型分割の取引に関係する分割承継法人の株主は分割法人であるため、その処理は上記に述べたとおりである。なお、分割法人以外の分割承継法人の株主については、取引に関係しないため、課税関係は生じない。

②　適格分社型分割の場合（例外）

(i)　分割法人の課税関係

分割により移転した資産及び負債について、分割直前の帳簿価額による譲渡をしたものとして、譲渡損益は計上せず、課税を繰り延べる（法税62条の3第1項）。

分割法人が交付を受けた、分割承継法人又は分割承継親法人の株式の取得価額は、分割により移転した資産及び負債の簿価純資産価額とされる（法税令119条1項7号）。適格分社型分割に該当する無対価分割の場合には、分割法人が有する分割承継法人の株式の帳簿価額の付替えを行う（法税令119条の3第13項・119条の4第1項）[20]。

分社型分割の場合は、分割法人は出資による分割承継法人の株式等の取得とされる取引のため、資本の部の処理は生じない。

⒤ 分割承継法人の課税関係

分割承継法人の株式の交付は資本等取引に該当するため、課税関係は発生しない（法税22条2項・5項）。

分割により移転を受けた資産及び負債の取得価額は、分割直前の帳簿価額とされる（法税令123条の4）。

適格分社型分割の場合の分割承継法人の資本の部の処理は、移転簿価純資産価額相当額が資本金等の額として処理される（法税令8条1項7号括弧書）。

(iii) 分割法人の株主の課税関係

取引に関係しないため、課税関係は発生しない。

(iv) 分割承継法人の株主の課税関係

分社型分割の取引に関係する分割承継法人の株主は分割法人であるため、その処理は上記に述べたとおりである。なお、分割法人以外の分割承継法人の株主については、取引に関係しないため、課税関係は生じない。

5　税制適格要件

<table>
<tr><td>支配の継続性</td><td colspan="2"></td></tr>
<tr><td>共通の要件</td><td colspan="2">分割承継法人又は分割承継親法人の株式等以外の資産の不交付</td></tr>
<tr><td rowspan="2">企業グループ内の分割</td><td colspan="2">完全支配関係[21]（法税2条12号の7の6。一の者が法人の発行済株式等の全部を、直接若しくは間接に保有する関係として法税令4条の2第2項で定める関係をいう。）がある法人間の分割。(※)
①当事者間の完全支配関係又は②同一者による完全支配関係（法税2条12号の11イ、法税令4条の3第6項）。</td></tr>
<tr><td>支配関係[22]（法税2条第12号の7の5。一の者が法人の発行済株式若しくは出資（当該法人が有する自己の株式又は出資を除く）の総数若しくは総額の100分の50を超える数若しくは金額の株式若しくは出資を直接若しくは間接に保有する関係として法税令4条の2第1項で定める関係又は一の者との間に当事者間の支配の関係がある法人相互の関係をいう）がある法人間の分割。(※)
① 当事者間の支配関係又は
② 同一者による支配関係（法税2条12号の11ロ、法税令4条の3第7項）</td><td>③ 主要資産・負債引継要件
分割事業に係る主要な資産及び負債が分割承継法人に移転すること
④ 従業者引継要件
分割事業に係る従業者のおおむね80％以上が分割承継法人の事業に従事することが見込まれていること
⑤ 事業継続要件
分割承継法人が分割事業を引き続き営むことが見込まれていること</td></tr>
<tr><td></td><td colspan="2">① 事業関連性要件
分割事業と分割承継法人が営むいずれかの事業（複数新設分割においては各分割事業）が相互に関連するものであること
② 事業規模要件又は経営参画要件
①の各事業の一方の規模が他方のおおむね5倍を超えないこと、又は分割法人の役員等と分割承継法人の特定役員[24]の双方が分割後に分割承継法人の特定役員になること</td></tr>
</table>

共同事業を行うための分割[23]	③ 主要資産・負債引継要件（上欄③に同じ） ④ 従業者引継要件（上欄④に同じ） ⑤ 事業継続要件（上欄⑤に同じ） ⑥ 株式継続保有要件 ⅰ）分割型分割においては、 当該分割型分割により交付される当該分割型分割に係る分割承継法人の株式又は分割承継親法人株式のいずれか一方の株式（議決権のないものを除く）のうち支配株主に交付されるもの（以下、「対価株式」という）の全部が支配株主により継続して保有されることが見込まれていること。 当該分割型分割後に当該分割承継法人（当該分割法人の株主等が当該分割型分割により分割承継親法人株式の交付を受ける場合にあっては、法人税法２条12号の11に規定する全部を保有する関係として政令で定める関係がある法人）を被合併法人とする適格合併を行うことが見込まれている場合には、当該分割型分割の時から当該適格合併の直前の時まで当該対価株式の全部が支配株主により継続して保有されることが見込まれていること[25]。 ※　ここでいう「支配株主」とは、当該分割型分割の直前に当該分割型分割に係る分割法人と他の者との間に当該他の者による支配関係がある場合における当該他の者及び当該他の者による支配関係があるもの（当該分割承継法人を除く）をいう。 ⅱ）分社型分割においては、 当該分社型分割により交付される当該分社型分割に係る分割承継法人の株式又は分割承継親法人株式のいずれか一方の株式の全部が当該分社型分割にかかる分割法人（当該分社型分割後に行われる適格合併により当該株式の全部が当該適格合併に係る合併法人に移転することが見込まれている場合には、当該合併法人を含む。）により継続して保有されることが見込まれていること。 当該分社型分割後に当該分割承継法人（当該分割法人が当該分社型分割により分割承継親法人株式の交付を受ける場合にあっては、法人税法２条12号の11に規定する全部を保有する関係として政令で定める関係がある法人）を被合併法人とする適格合併を行うことが見込まれている場合には、当該分社型分割の時から当該適格合併の直前の時まで当該いずれか一方の株式の全部が当該分割法人により継続して保有されることが見込まれていること。 法税２条12号の11ハ、法税令４条の３第８項[25]

独立して事業を行うための分割（スピン・オフ税制）	① 分割型分割に該当する分割で単独新設分割であること。 ② 分割法人において分割前に他の者による支配関係がないものであり、分割承継法人が分割後に継続して他の者による支配関係がないことが見込まれていること。 ③ 主要資産・負債引継要件（上欄③に同じ） ④ 従業者引継要件（上欄④に同じ） ⑤ 事業継続要件（上欄⑤に同じ） ⑥ 分割法人の役員等（当該分割法人の重要な使用人（当該分割法人の分割事業に係る業務に従事している者に限る）を含む。）のいずれかが当該分割後に当該分割に係る分割承継法人の特定役員となることが見込まれていること（法税2条12号の11ニ、法税令4条の3第9項）。

（※）　企業グループ内の分割の場合、分割後の完全支配関係又は支配関係の継続の要否については、次表のとおり分割の種類に応じて異なる（法税令4条の3第6項・第7項[26]）。

分割の種類	分割前後の関係
吸収分割①	分割前に分割法人と分割承継法人との間に分割承継法人による完全支配関係又は支配関係がある吸収分割型分割（中間型分割（法人税法第62条の6第1項の分割対価の一部のみをその株主等に交付する分割）を除く（法税令4条の3第6項1号イ・7項1号イ））については、分割後の関係の継続は不要[27)①]。
吸収分割②	分割前に分割法人と分割承継法人との間に同一の者による完全支配関係又は支配関係がある吸収分割型分割（中間型分割を除く（法税令4条の3第6項2号イ・7項1号イ））については、分割後の株式の保有関係は、分割後にその同一の者と分割承継法人との間にその同一の者による完全支配関係又は支配関係が継続することが必要とされるが、分割後のその同一の者と分割法人との間の関係の継続は不要（法税令4条の3第6項2号イ・7項2号[27)②]）。
複数新設分割①[28)]	分割前に分割法人と他の分割法人との間にいずれか一方の法人による完全支配関係又は支配関係がある複数新設分割について、他方の法人（分割法人と他の分割法人のうち、そのいずれか一方の法人以外の法人をいう）が分割対価資産の全部をその株主等に交付した法人である場合には、分割後の株式の保有関係は、そのいずれか一方の法人と分割承継法人との間にそのいずれか一方の法人による完全支配関係又は支配関係が継続すること（法税令4条の3第6項1号ニ(1)・7項1号ニ(1)）。

複数新設分割②	分割前に分割法人と他の分割法人との間に同一の者による完全支配関係又は支配関係がある複数新設分割については、分割後の株式の保有関係は、分割後にその分割法人及び他の分割法人並びに分割承継法人とその同一の者との間にその同一の者による完全支配関係又は支配関係が継続すること（法税令4条の3第6項2号ニ・7項2号）。
単独新設分割[29]	分割後に分割法人と分割承継法人との間に同一の者による完全支配関係又は支配関係がある単独新設分割型分割（中間型分割を除く（法税令4条の3第6項2号ハ(1))。）については、分割後の株式の保有関係は、分割後にその同一の者と分割承継法人との間にその同一の者による完全支配関係又は支配関係が継続することが必要。分割後のその同一の者と分割法人との間の関係の継続は不要（法税令4条の3第6項2号ハ(1)・7項二）。

⑴　分割承継法人又は分割承継親法人の株式以外の資産の不交付

分割対価資産として分割承継法人の株式又は分割承継親法人株式（分割承継法人との間に当該分割承継法人の発行済株式等の全部を保有する関係として政令で定める関係（法税令4条の3第5項）がある法人の株式をいう。）のいずれか一方の株式以外の資産が交付されないもの（当該株式が交付される分割型分割にあつては、当該株式が分割法人の発行済み株式等の総数又は総数のうちに占める当該分割法人の各株主等の有する当該分割法人の数（出資にあっては金額）の割合に応じて交付されるものに限る）が、共通の適格要件である（法税2条12号の11柱書）。一定の無対価分割もこの要件を満たす。

⑵　企業グループ内の分割

完全支配関係のある法人間で行われる分割は、上記⑴の要件を満たせば適格分割に該当するが（法税2条12号の11イ）、支配関係のある法人間で行われる分割については、主要な資産等が独立した事業単位で移転し（前掲の表中「企業グループ内の分割」の欄③・④）、従業者が引き継がれ分割承継法人の業務に従事し分割事業が継続されること（同⑤）を要する（法税2条12号の11ロ、法基通1-4-4・1-4-8～1-4-10）。

(3)　共同事業を行うための分割

企業グループ内の分割に該当しない分割については、適格要件として、共同で事業を行うものといえること（前掲の表中「共同事業を営むための分割」の欄①・②）及び分割により移転した資産に対する支配の継続性の観点から分割承継法人の株式が継続保有されること（同⑥）が加わる（法税2条12号の11ハ、法税令4条の3第8項、法税規3条[30]・3条の2、法基通1-4-4・1-4-6～1-4-10）。但し、平成29年度税制改正にて、共同で事業を行うための分割型分割に係る適格要件のうち株式継続保有要件については、組織再編成の対価として支配株主に交付される株式の全部が支配株主により継続して保有されることが見込まれていることとされた（法税令4条の3第8項6号）。

(4)　分割法人が行っていた事業の一部をその分割型分割により新たに設立する分割承継法人において独立して行うための分割（スピン・オフ：分割型単独新設分割類型）

以下の要件が必要とされている（法税2条12号の11ニ、法税令4条の3第9項各号）。

①　分割の直前に当該分割に係る分割法人と他の者との間に当該他の者による支配関係がなく、かつ、当該分割後に当該分割に係る分割承継法人と他の者との間に当該他の者による支配関係があることとなることが見込まれていないこと。

この①の要件は、分割法人に支配関係を有する者がなく、分割承継法人に支配株主が登場することが見込まれないというものである。多くの閉鎖会社や上場子会社等の支配株主が存在する会社が行うスピン・オフは本規定の課税繰り延べの対象外となる。

また、法人格のないパススルー形態の法人（匿名組合等）を想定して、パススルー形態においても組合員等による支配関係があるものとして、適格要件を欠くこととしている点に留意する（法税令4条の3第9項1号括弧書参照）。

②　分割前の当該分割に係る分割法人の役員等（当該分割法人の重要な

使用人（当該分割法人の分割事業に係る業務に従事している者に限る）を含む）のいずれかが当該分割後に当該分割に係る分割承継法人の特定役員となることが見込まれていること。

この「重要な使用人」とは、通常、支店長、本店部長、執行役員といった者が該当すると考えられる。

③　分割により当該分割に係る分割法人の分割事業に係る主要な資産及び負債が当該分割に係る分割承継法人に移転していること。

④　分割に係る分割法人の当該分割の直前の分割事業に係る従業者のうち、その総数のおおむね100分の80以上に相当する数の者が当該分割後に当該分割に係る分割承継法人の業務に従事することが見込まれていること。

⑤　分割に係る分割法人の分割事業が当該分割後に係る分割承継法人において引き続き行われることが見込まれていること。

⑸　支配関係等がある法人間で行われる分割型分割に係る株式保有関係の見直し

完全支配関係又は支配関係がある法人間で行われる分割型分割に係る株式の保有関係に関する要件について、支配株主と分割法人との間の完全支配関係又は支配関係が継続することが見込まれることが不要とされた。

具体的には、次のとおりである（平成29年10月1日以後の分割について適用）。

①　分割前に分割法人と分割承継法人との間に分割承継法人による完全支配関係又は支配関係がある吸収分割型分割について分割後の関係の継続が不要とされた（法税令4条の3第6項1号イ・7項1号イ）

②　分割前に分割法人と分割承継法人との間に同一の者による完全支配関係又は支配関係がある吸収分割型分割については、分割後のその同一の者と分割法人との間の関係の継続が不要とされた（法税令4条の3第6項2号イ・7項2号）。

③　分割後に分割法人と分割承継法人との間に同一の者による完全支配

関係又は支配関係がある単独新設分割型分割については、分割後のその同一の者と分割法人との間の関係の継続が不要とされた（法税令4条の3第6項2号ハ⑴・7項2号）。

④　分割前に分割法人と他の分割法人との間に同一の者による完全支配関係又は支配関係がある複数新設分割のうち分割対価資産の全部をその株主等に交付した法人の同一の者との完全支配関係又は支配関係の継続は不要とされた（法税令4条の3第6項2号ニ・7項2号）。

⑹　分割後の適格合併と適格要件の緩和

分割後に適格合併が予定される場合の適格要件については以下のとおりとされる[31)]。

①　株式保有関係に関する要件

(i)　同一の者による完全支配関係又は支配関係（同一の者による完全支配関係又は支配関係がある法人間の分割におけるその分割後にその同一の者と下記のA～Cの法人との間にその同一の者による完全支配関係又は支配関係が継続することが見込まれていることの要件）

記

A　吸収分割型分割及び単独新設分割型分割（それぞれ中間型分割を除く）に係る分割承継法人

B　A以外の分割（複数新設分割を除く）に係る分割法人及び分割承継法人

C　複数新設分割に係る分割法人及びその他の分割法人（それぞれ分割対価資産の全部をその株主等に交付した法人を除く）並びに分割承継法人

その同一の者を被合併法人とする適格合併を行うことが見込まれている場合にはその適格合併に係る合併法人をその同一の者とみなすこととし、その後同一の者とみなされた法人を被合併法人とする適格合併を行うことが見込まれている場合にもその適格合併に係る合併法人をその同一の者とみなすこととされた（法税令4

条の3第6項2号・7項2号)。

(ii)　当事者間の完全支配関係又は支配関係（当事者間の完全支配関係又は支配関係がある法人間の分割におけるその分割又は現物出資後に次の法人による当事者間の完全支配関係又は支配関係支配関係が継続することが見込まれていることの要件）

下記のAからCまでの法人を被合併法人とする適格合併を行うことが見込まれている場合には、その適格合併に係る合併法人をAからCまでの法人とみなすこととし、その後みなされた法人を被合併法人とする適格合併を行うことが見込まれている場合にもその適格合併に係る合併法人をAからFまでの法人とみなすこととなった（法税令4条の3第6項1号ロ～ニ、7項1号ロ～ニ)。

記

A　吸収分割（中間型分割に該当しない分割型分割を除く）に係る分割法人と分割承継法人のうちいずれか一方の法人

B　単独新設分割に係る分割法人

C　複数新設分割に係る分割法人と他の分割法人のうちいずれか一方の法人

②　主要資産等移転要件

分割後に分割承継法人を被合併法人とする適格合併を行うことが見込まれている場合には、主要な資産及び負債がその適格合併にかかる合併法人に移転することが見込まれることを要しないこととされた(法税2条12号の11ロ⑴、法税令4条の3第8項3号)。

③　従業者引継要件又は従業者継続要件

分割事業の従業者のうち、その総数のおおむね100分の80に相当する数の者がその分割後に分割承継法人の業務に従事することが見込まれていることとの要件について、分割後に行われる適格合併により分割事業がその適格合併に係る合併法人に移転することが見込まれている場合には、「分割承継法人の業務」には、その適格合併に係る合併法人の業務を含むこととされた（法税2条12号の10ロ⑵、法税令

4条の3第8項4号)。

④　事業継続要件

当初の分割に係る分割法人のその分割前に行う主要な事業が分割後に分割承継法人において引き続き行われることが見込まれていることとの要件について、当初の分割後に行われる適格合併よりその主要な事業がその適格合併に係る合併法人に移転することが見込まれる場合には、「分割承継法人において引き続き行われること」における「分割承継法人」には、その適格合併に係る合併法人を含むこととされた(法税2条12号の11ロ(3)、法税令4条の3第8項5号)。

⑤　株式継続保有要件

分社型分割により交付される分割承継法人の株式の全部が分割法人により継続して保有されることが見込まれることとの要件について、分社型分割後に行われる適格合併により分割承継法人の株式の全部がその適格合併に係る合併法人に移転することが見込まれている場合には、この「分割法人により継続して保有されること」における「分割法人」には、その適格合併に係る合併法人を含むこととされた（法税令4条の3第8項6号ロ)。また、分割承継親法人株式が交付される場合についても同様とされた（法税令4条の3第8項6号ロ)。

6　各勘定の引継ぎ等

(1)　引当金その他の各種勘定の引継ぎ等

引当金その他の各種勘定の引継ぎや分割により移転する資産に関して適用される諸制度の取扱いについては、従前の課税関係を継続させるという観点から、非適格分割の場合には引継ぎ等が認められず、適格分割の場合には適宜引継ぎ等が認められている。

(2)　繰越欠損金の引継制限・使用制限

分割承継法人は、分割法人から繰越欠損金を引き継ぐことができない。

なお、分割承継法人自身の繰越欠損金については、適格分割後の使用が制限されているが、平成22年度税制改正により、みなし共同事業要件を満たさない適格分割であっても、①適格分割の日の属する事業年度開始の日の5年前の日、②分割承継法人の設立の日、③分割法人の設立の日の3つのうち、最も遅い日から支配関係が継続している場合には、原則として制限規定が課されないこととされた（法税57条4項、法税令112条）。

(3)　特定資産譲渡等損失額の損金不算入

支配関係のある法人間において共同事業を営むための適格分割に該当しない適格分割が行われた場合、分割承継法人は、適用期間[32]内に発生した特定資産譲渡等損失額を損金の額に算入することができない。但し、その支配関係が、分割事業年度開始日の5年前の日、分割承継法人の設立の日又は分割法人の設立の日のうち最も遅い日から継続している場合は、この制限が適用されない（法税62条の7第1項）。特定資産譲渡等損失額とは、特定保有資産又は特定引継資産[33]の譲渡等による損益をそれぞれ通算して発生した損失額の合計額をいう（法税62条の7第2項）。支配関係のある法人間の共同新設分割により設立された分割承継法人についても同様の制限がある（法税62条の7第3項）。

7　流通税等

(1)　消費税

消費税は課されない。会社分割による資産の移転は、消費税法上、課税の対象である「資産の譲渡等」（消税4条1項）に該当しない（消税令2条1項4号括弧書[34]）。

(2)　登録免許税

登録免許税は、各種の登記、登録や免許、許認可等を幅広く対象とする（登免税2条・別表第一　課税範囲、課税標準及び税率の表）。会社分割では分割に伴う商業登記のほか承継する権利に応じて不動産登記[35]等が必要で、それに応じて登録免許税が課される[36]。ここでは一例を紹介する[37]。

①　新設分割による分割承継法人の設立の登記（登免税9条・別表第一24(一)ト）

当該資本金の額が分割法人の分割直前の資本金の額から分割直後の

資本金の額を控除した額を超える場合は、その超過額に対して0.7%の税率になる。最低税額は3万円である。

② 吸収分割による分割承継法人の資本金の増加の登記（登免税9条・別表第一24(一)チ）

当該資本金の額が分割法人の分割直前の資本金の額から分割直後の資本金の額を控除した額を超える場合は、その超過額に対して0.7%の税率になる。最低税額は3万円である。

③ 不動産所有権移転登記

原則として、不動産の価額に対し2%の登録免許税が課される（登免税9条・別表第一1(二)ハ）。従前は、産業競争力強化法に基づく軽減措置として会社分割の実施時期に応じて次の軽減税率が設けられていたが（租特81条1項1号・改正附則（平成21年法律13号）67条4項）、平成27年3月31日をもって廃止された。

(3) 印紙税

吸収分割契約書又は新設分割計画書に対し、1通当たり4万円の印紙税が課される（印税2条・別表第一課税物件表5(二)・(三)）。

(4) 不動産取得税

会社分割により不動産が移転した場合、分割承継法人に対し不動産取得税（地税73以下）が課される。但し、分割対価資産として分割承継法人の株式以外の資産が交付されないこと（分割型分割の場合は按分型の分割に限る）に加え、主要資産・負債引継要件、事業継続要件及び従業者引継要件を満たす場合には非課税である（地税73条の7第2号、地税令37条の14）。

8 その他

(1) 中間型分割

① 中間型分割の意義

会社法によれば、分割会社は、分割により分割承継会社又は設立会社から交付を受ける株式その他の資産の一部を分割会社の株主に交付することもできる（会社758条8号等）。これを中間型分割とか一部分割などという。

②　中間型分割の課税関係

中間型分割は、分割型分割の定義にも分社型分割の定義にも該当しないが、分割型分割と分社型分割の双方が行われたものとみなされる（法税62条の6第1項）[38)]。2以上の法人を分割法人とする分割で法人を設立するものが行われた場合においても、分割法人のうちに分割対価資産の全部をその株主等に交付した法人と分割対価資産をその株主等に交付しなかった法人とがあるときは、分割型分割と分社型分割の双方が行われたものされる（注：平成29年税制改正で明確化。法税62条の6第2項）。

分割対価資産の交付を受けた分割法人の個人株主については、分割型分割が行われたものとみなして所得税法の規定が適用される（所税令83）。中間型分割の場合にも、適格分割に該当しない限り、分割法人については分割により移転する資産及び負債の譲渡損益を計上することになり、分割法人の株主については所有株式（旧株）の譲渡損益とみなし配当が発生することになる。

③　税制適格要件

適格分割に該当するには、適格分割の要件（法税2条12号の11）のうち分割型分割又は分社型分割固有の要件を除くすべての要件を満たす必要がある[39)]。

(2)　三角分割

①　三角分割の意義

三角分割とは、吸収分割に際して承継会社が分割会社に承継会社の親会社の株式を交付する場合をいう。会社法は、吸収型の組織再編成に関していわゆる合併等対価の柔軟化を行い、吸収分割についても承継会社が分割会社に対して承継会社の株式以外の財産を交付することを認めたため（会社758条4号）、承継会社の親会社の株式を交付できることになった。この場合には、承継会社がその親会社の株式を取得することもできる（会社800条）。

② 三角分割の課税関係

三角分割の課税関係についても、通常の分割の場合と同様であるが、承継会社の親会社の株式が交付されること等に伴い、おおむね次のような整備がなされている。

(i) 分割法人の課税関係

適格分割型分割により取得した分割承継親法人株式を分割法人の株主に交付した場合、その譲渡原価の額と譲渡対価の額はいずれも簿価純資産価額とされるため、譲渡損益は計上されない（法税61条の2第5項・62条の2第3項、法税令123条の3第3項)。ここに分割承継親法人株式とは、分割承継法人との間に当該分割承継法人の発行済株式等の全部を保有する関係[40]がある法人の株式をいう。

(ii) 分割承継法人の課税関係

分割承継法人が有する親法人株式[41]について、みなし譲渡によりその含み損益を清算する。すなわち、分割の契約日に有する親法人株式は、これを同日に時価で譲渡し、かつ取得したものとみなし、同日後に適格合併等により移転を受けた親法人株式は、移転を受けた日に時価で譲渡し、かつ取得したものとみなして譲渡損益を計上する（法税61条の2第23項、法税令119条の11の2第2項)。

分割承継親法人株式の交付も資産の譲渡として譲渡損益の計上が問題になる。非適格分割の場合には、時価で譲渡したものとして譲渡損益を計上するが（法税61条の2第1項)、適格分割の場合には、譲渡の対価が分割直前の帳簿価額とされるため譲渡損益は計上されない（法税61条の2第7項)。

(iii) 分割法人の株主の課税関係

按分型の分割型分割により親法人[42]の株式のみが交付された場合には、所有株式（旧株）の譲渡損益の計上が繰り延べられる（法税61条の2第4項、租特37条の10第3項2号)。

③ 税制適格要件

通常の分割の適格要件に代えて、分割対価資産として分割承継親法人株式のみが交付されること（法税2条12号の11柱書）のほか、共同事業を行うための分割の株式継続保有要件について、支配株主がある場合、支配株主に対して交付される対価株式である分割承継親法人株式全部の継続保有が見込まれること（法税令4条の3第8項6号）を要する。

(3)　グループ法人税制と会社分割

平成22年度の税制改正によりいわゆるグループ法人税制が導入された。これは100％グループ内の法人間の取引等について課税を繰り延べるもので、会社分割にも適用される。

すなわち、完全支配関係のある法人間の分割により移転した資産のうち譲渡損益調整資産については、譲渡損益を繰り延べなければならない（法税61条の13第1項）。譲渡損益調整資産とは、固定資産その他の所定の資産のうち分割直前の帳簿価額が1000万円以上のものである（法税令122条の14第1項）。

まず、分割法人は、非適格の分割型分割又は分社型分割[43]により分割承継法人に移転した譲渡損益調整資産の譲渡損益を計上する一方で、譲渡損益相当額を益金の額又は損金の額に算入して譲渡損益を相殺消去することにより、その実現時期を将来所定の事由が発生するまで繰り延べる（法税61条の13第1項[44]）。譲渡損益は、譲渡損益調整資産の分割時の価額を対価の額とし、分割直前の帳簿価額を原価の額として算定される。但し、適格分社型分割の場合は、対価の額と原価の額をいずれも分割直前の帳簿価額とするため、譲渡損益は計上されない（法税令122条の14第2項、法基通12の4-1-2）。

次に、分割承継法人は、交付する分割対価資産が譲渡損益調整資産に該当すれば、同様の方法で譲渡損益を繰り延べる（法税61条の13第1項[45]）。譲渡損益は、分割時の価額を対価の額とし、分割直前の帳簿価額を原価の額として算定する（法基通12の4-1-1・2）。但し、適格三角分割において分割対価資産である分割承継親法人株式が譲渡損益調整資産に該当する場合には、対価の額と原価の額をいずれも分割直前の帳簿価額とするため、譲渡損益は計上されない（法税61条の2第1項・7項）。

また、非適格分割型分割（金銭等不交付分割型分割を除く）において分割法人とその法人株主との間に完全支配関係がある場合には、分割法人の株式（以下、「所有株式（旧株）」という）の譲渡損益は計上されない。当該法人株主は、当該分割により分割対価資産の交付を受けた場合には、当該所有株式（旧株）のうち当該分割型分割により当該分割承継法人に移転した資産及び負債に対応する部分を譲渡したものとみなされ（法税61条の2第4項）、無対価分割の場合には分割法人の株式の一部を有しないことになるが、いずれもその譲渡の対価の額は原価の額に相当する額とされるからである（法税61条の2第17項）。

1）　会社分割について、平成17年改正前商法は「営業」の移転を要件としたが（平成17年改正前商373条・374条ノ16）、会社法は「事業に関して有する権利義務」を承継することに改めた（会社2条29号・30号）。立案担当者によれば「「営業」概念にはしばられないものとしている」（相澤哲・細川充「組織再編行為(上)」商事法務1752号5頁、2005年）。これに従えば、会社分割の形式により個別資産を移転することができるとも考えられる。

2）　平成17年改正前商法の下では、このほかに分割に際して承継会社又は設立会社の株式を分割会社に割り当てる場合と分割会社の株主に割り当てる場合が区別され、前者を物的分割、後者を人的分割と呼んだが、会社法は人的分割を廃止した。

3）　経済的には分割型分割は合併と同様の効果を持つのに対し、分社型分割は現物出資と同様の効果をもつといえるほか、分割型分割には分割法人の株主が関与する点でも両者は異なる。

4）　会社法は分割対価資産を①株式、②社債、③新株予約権、④新株予約権付社債、⑤その他の財産に区別している。吸収分割の分割対価資産は①〜⑤で「金銭その他の財産」であること以外に制限はなく、これらを交付しないこと（無対価分割）もできる（会社758条1項4号・151条柱書）。新設分割の分割対価資産は①〜④に限られ、①は必ず交付される（会社763条1項6号・8号）。

5）　吸収分割については無対価分割も行われているが、その税法上の取扱いには不明確な点もあった。平成22年度の税制改正により、無対価分割について分割型分割と分社型分割の区分が定められ（法税2条12号の9ロ・2条12号の10ロ）、その取扱いが明確にされた。

6）　会社法施行前の法人税法は、分割型分割を平成 17 年改正前商法の人的分割に対応して「分割により分割承継法人の株式その他の資産が分割法人の株主等にのみ交付される場合の当該分割」と定義していたが（平成 18 年改正前法税 2 条 12 号の 9）、他方で分割法人が分割承継法人から分割対価資産を取得し、直ちに分割法人の株主に交付したものと仮定していたため（平成 18 年改正前法税 62 条 1 項・62 条の 2 第 1 項）、その法的構成は、分割法人の株主に直接株式を交付する人的分割とは異なっていた。会社法が人的分割を廃止しそれと同様の結果は物的分割と剰余金の配当等との組合せにより実現することに改めたため（会社 758 条 8 号・763 条 12 号）、法人税法も平成 18 年度の税制改正において上記の仮定を廃したので、法的構成の不一致は解消された。

7）　法人の発行済株式又は出資（当該法人が有する自己の株式又は出資を除く）をいう（法税 2 条 12 号の 7 の 5）。

8）　分割型分割のうち適格分割に該当するものを適格分割型分割といい（法税 2 条 12 号の 12）、分社型分割のうち適格分割に該当するものを適格分社型分割という（法税 2 条 12 号の 13）。

9）　分割法人の株主は、通常は旧株を保有したままで分割対価資産を取得するから、旧株を譲渡するわけではないが、このとき旧株の価値は分割法人の資産の移転により減少し、その減少分に相当する分割対価資産を受け取る関係にある。これは、経済実態からみて旧株の一部を譲渡し、その対価として分割対価資産を取得したと考えることができる（中尾睦ほか『改正税法のすべて（平成 13 年版）』162 頁、大蔵財務協会、2001 年）。

10）　当事者の立場が重複する場合（分割承継法人が分割法人の株主である場合等）もあるが、各別に説明する。なお、本文中「分割承継法人の株主の課税関係」の項目は、分割前の分割承継法人の株主に関するもので、分割により分割承継法人の株式を取得した者（分割型分割後の分割法人の株主又は分社型分割後の分割法人）に関するものではない。

11）　事業が一体として移転する場合、すなわち、当該非適格分割の直前において行う事業及び当該事業に係る主要な資産又は負債のおおむね全部が当該非適格分割により当該日適格分割に係る分割承継法人に移転する場合に限られる（法税令 123 条の 10 第 1 項）。事業単位で移転する場合には移転する純資産の時価と当該事業の価値が異なることがあるからである。複数の事業のうち 1 つの事業が移転する場合でもよい（青木孝徳ほか『改正税法のすべて（平成 18 年版）』366 頁、大蔵財務協会、2006 年）。

12）　分割型分割のうち分割法人の株主に分割承継法人又は分割承継法人の株式等の全部を保有する関係にある法人の株式以外の資産が交付されなかったものをいう（法税 61 条の 2 第 4 項、所税令 113 条 1 項）。但し、非按分型の分割型分割は、これに含まれない（法税令 119 条の 8 第 2 項、所税令 113 条 4 項）。

13）　移動平均法による場合は、分割直前の帳簿価額から分割純資産対応帳簿価額を控除した額を分割直後の所有株式数で除した額とする。総平均法による場合は、事業年度開始時から分割直前までの期間と分割時から事業年度終了時までの期間をそれぞれ一事業年度とみなして帳簿価額を算出する。

14)　従前の取得価額からこれに純資産移転割合を乗じた額を控除する。

15)　旧株については、従前の取得価額からこれに純資産移転割合を乗じた額を控除する。

16)　このとき時価で譲渡したものとすると、譲渡損益が計上されてしまい、課税の繰延べにならない（前掲注9）・改正税法（平成13年版）163頁）。

17)　移動平均法による場合は、分割法人の株式の帳簿価額から分割純資産対応帳簿価額を控除し、分割承継法人の株式を有するときはその帳簿価額に当該分割純資産対応帳簿価額を付け替える。

18)　同一者による完全支配関係のある法人間の分割の同一者に該当する場合である。

19)　旧株の従前の取得価額からこれに純資産移転割合を乗じた額を控除し、当該控除額を分割承継法人の株式の従前の取得価額に加算する。

20)　移動平均法による場合は、分割承継法人の帳簿価額に移転簿価純資産価額を加算する。

21)　一の者が法人の発行済株式等の全部（従業員持株会とストック・オプションの行使により役員等が有する株式の合計が5％未満の場合はこれを除く）を直接又は間接に保有する関係（当事者間の完全支配の関係）及び一の者との間に当事者間の完全支配の関係がある法人相互の関係をいう（法税2条12号の7の6、法税令4条の2第2項）。

22)　一の者が法人の発行済株式等の50％超を直接又は間接に保有する関係（当事者間の支配の関係）及び一の者との間に当事者間の支配の関係がある法人相互の関係をいう（法税2条12号の7の5、法税令4条の2第1項）。

23)　無対価分割の場合には、注27）の(i)又は(iii)の関係がある分割型分割に限られる（法税令4条の3第8項本文）。

24)「特定役員」とは、社長、副社長、代表取締役、代表執行役、専務取締役若しくは常務取締役又はこれらに準ずる者で法人の経営に従事している者をいう。（法税令4条の3第4項2号）。「これらに準ずる者」については、法人税法基本通達では「役員又は役員以外の者で、社長、副社長、代表取締役、代表執行役、専務取締役又は常務取締役と同等に法人の経営の中枢に参画している者をいう。」と解されている。法基通1-4-7）。

25)　平成29年度税制改正によって、分割法人の50％超の株式を保有する株主（支配株主）又は分割法人は、公布された株式のすべてを継続保有することが必要となるが、50％超を保有する株主が分割法人に存在しない場合には、継続保有要件は課されない（法税4条の3第8項6号）。関根稔・白井一馬編著『立法趣旨で読み解く組織再編税制・グループ法人税制』289頁（中央経済社、2017年）。

26)　平成29年度税制改正において、完全支配関係又は支配関係がある法人間で行われる分割型分割に係る株式の保有関係に関する要件について見直しが行われ、支配株主と分割法人との間の完全支配関係又は支配関係が継続することが見込まれていることが不要とされた（平成 29 年度税制改正の解説法人税法等の改正主税局税制第三課課長補佐藤田泰弘ほか参照）。

27)① 無対価分割の場合、当事者間の完全支配関係・支配関係については、完全支配関係は、分割承継法人が分割法人の発行済株式等の全部を保有する関係に限られ、支配関係は、分割承継法人及びその分割承継法人の発行済株式等の全部を保有する者が分割法人の発行済株式等の全部を保有する関係に限られる（法税令 4 条の 3 第 6 項 1 号イ・7 項 1 号イ）。

27)② 無対価分割の場合、同一者による完全支配関係・支配関係は、(i)分割承継法人が分割法人の発行済株式等の全部を保有する関係、(ii)一の者が分割法人及び分割承継法人の発行済株式等の全部を保有する関係、並びに(iii)分割承継法人及びその分割承継法人の発行済株式等の全部を保有する者が分割法人の発行済株式等の全部を保有する関係に限られる（法税令 4 条の 3 第 6 項 2 号イ）。

28) 2 以上の法人による新設分割で、会社法上の共同新設分割に相当する（会社 762 条 2 項）。法人税法施行令上の定義としては、当該分割が新設分割で単独新設分割に該当しないもの、とされている（法税令 4 条の 3 第 6 項 1 号）

29) 法人税法施行令上の定義としては、当該分割が法人を設立する分割で一の法人のみが分割法人となるものとされている（法税令 4 条の 3 第 6 項 1 号）。

30) 「共同事業を営むための組織再編成（三角合併等を含む）に関する Q & A ～事業関連性要件の判定について～」（国税庁、平成 19 年 4 月）も参照。

31) 平成 29 年度税制改正。平成 15 年度税制改正により、分割後に適格合併が予定される場合には、当該適格合併により消滅する分割の当事者（被合併法人）に応じて要件が緩和されたが、平成 29 年度税制改正においては、それがさらに整理された。

32) 分割事業年度開始日から 3 年間と最後の支配関係発生日から 5 年間のうち先に経過する期間をいう。

33) 特定保有資産とは、分割承継法人が特定資本関係発生前から保有する資産をいい、特定引継資産とは、分割法人が特定資本関係発生前から保有する資産で分割により分割承継法人に移転したものをいう（法税 62 条の 7 第 2 項）。

34) 金子宏『租税法（第 22 版）』736 頁（弘文堂、2017 年）。

35) 権利の移転を対抗するのに対抗要件の具備を要する権利については、会社分割による承継の場合も、その権利の移転を対抗するには対抗要件の具備を要する（原田晃治「会社分割法制の創設について(下)」商事法務 1566 号 7 頁、2000 年）。

36) 分割事業に関し分割法人が受けた登録や免許、許認可等を分割承継法人が引き続き受ける場合（一般に、これらの登録等は会社分割により承継されず、分割承継法人が新規に取得する必要がある）、分割承継法人に登録免許税は課されない（登免税5条13号）。

37)　産業活力の再生及び産業活動の革新に関する特別措置法に基づき認定事業再構築計画等の認定を受けた場合には、軽減措置が設けられている（租特80条1項・3項）。

38)　本項の適用に関し必要な事項は政令により定められる（法税62条の6第2項）。分割により移転した資産及び負債について分割型分割による部分と分社型分割による部分に区分する方法に関する規定（法税令123条の7）がある。中間型分割については、分割対価資産の一部を分割法人の株主に交付する理由や基準等が明らかでないなど画一的な取扱いをするには疑義があると考えられたため、個別の条項にその取扱いについて詳細な規定を設けることはせず、基本的な取扱いのみを示し、個別の条項の適用に際しては、各条項の趣旨や分割の内容等が考慮される必要があるといわれる（朝長英樹ほか『企業組織再編成に係る税制についての講演録集』102頁、日本租税研究協会、2001年）。

39)　「法人税法第2条第12号の11は、分割型分割又は分社型分割の固有の要件として規定が定められている部分を除き、中間型分割についても一つの分割として適格か否かを判定するために規定が設けられている」（前掲注38)・朝長ほか103頁）。

40)　分割の直前に分割承継法人とそれ以外の法人との間に後者（親法人）による直接完全支配関係（二の法人のいずれか一方の法人が他方の法人の発行済株式等の全部を保有する関係）があり、かつ分割後に分割承継法人と親法人との間に親法人による直接完全支配関係が継続することが見込まれる場合をいう（法税令4条の3第5項）。

41)　分割の直前に分割承継法人の発行済株式又は出資の全部を保有することが分割の契約日において見込まれる法人の株式をいい（法税令119条の11の2第1項）、分割承継親法人株式とは異なる。

42)　分割の直前に分割承継法人の発行済株式等の全部を保有する法人である（法税令119条の7の2第2項、租特令25条の8第5項）。

43)　適格分割型分割については、分割による資産の移転が「引継ぎ」とされるため（法税62条の2第2項）、資産の「譲渡」に関する法人税法61条の13は適用されないと考えられる（法人税法施行令122条の14第2項は法人税法62条の2の適用を想定していない）。

44)　適格分割の場合に資産を帳簿価額により移転して譲渡損益の計上を繰り延べ、これを分割承継法人において将来実現する分割税制とは異なる。

45)　非適格分割型分割の場合、分割対価資産は分割承継法人から分割法人の株主に対して譲渡したものとみなされる（法税令122条の14第14項）。

62　株式交換・株式移転

1　会社法上の定義・法的性質

株式交換は、株式会社がその発行済株式の全部を他の株式会社又は合同会社に取得させることをいい（会社2条31号）、これによりひとつが完全親会社となり、他の会社が完全子会社となる。

株式移転は、1又は2以上の株式会社がその発行済株式の全部を新たに設立する株式会社に取得させることをいい（会社2条32号）、これにより完全親会社が新設され、既存の会社がその完全子会社となる。

これらの過程において、当事会社間に財産の変動はなく、他の組織再編とは異なる。他方、完全子会社の株主にとっては、その持株に代えて完全親会社株式等を取得する点で合併と同様の効果が生じる。このような合併と同様の効果が得られる点に着目すると、下記に述べるように、課税関係のうえでは合併と同様に処理すべきとの要請につながるのである。

2　税法の考え方（税制の仕組み）

税法上は、以下のとおり、個々の取引関係を分けて課税関係が整理されている（法税62条の9）。また、会社法上は組織再編ではない株式併合等を用いたいわゆるスクイーズ・アウトの各手法につき、税務上は「株式交換等」と定義して組織再編に位置づけている（法税2条12号の16）。

⑴　株式交換[1)]

ア　完全子法人となる会社の株主は、完全親法人となる会社に対し、完全子法人となる会社の株式を譲渡する

イ　完全親法人となる会社は、完全子法人となる会社の株主に対し、譲り受ける株式の対価として、完全親法人となる会社の株式又はその他の資産を交付する（但し、無対価株式交換も認められる）

ウ　完全親法人と完全子法人との間に資産等の移転はないが、完全子法人となる会社は、資産を時価評価して、評価損益を計上する

株式交換の課税関係

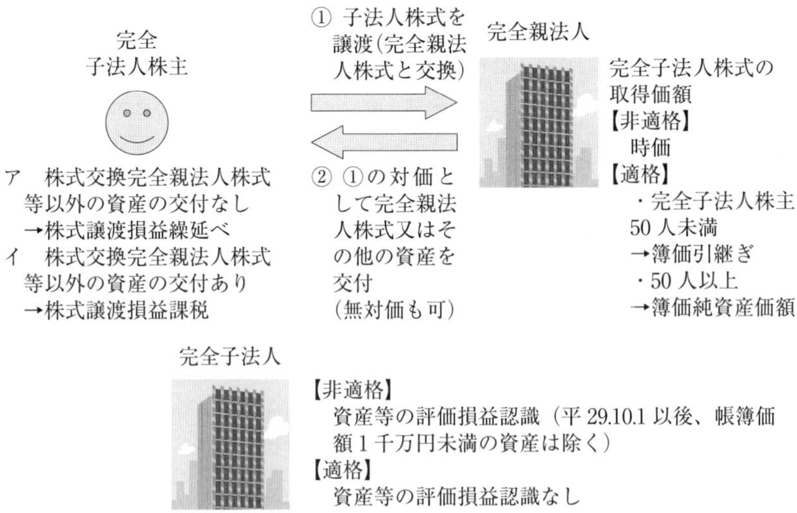

(2)　株式移転[2)]

ア　完全子法人となる会社の株主は、完全親法人となる新設会社に対し、完全子法人となる会社の株式を譲渡する

イ　完全親法人となる会社は、完全子法人となる会社の株主に対し、譲り受ける株式の対価として、完全親法人となる会社の株式又はその他の資産を交付する（新設する完全親会社の株主が存在しないこととなってしまうため、無対価株式移転という手法は採り得ない）

ウ　完全親法人と完全子法人との間に資産等の移転はないが、完全子法人となる会社は、資産を時価評価して、評価損益を計上する

3　株式交換・株式移転の課税関係

株式交換により、完全親法人は完全子法人の株式全部を取得し、また、株式移転により、完全親法人（新設法人）は、完全子法人の株主の有する株式のすべてを取得することにより、いずれも、100％の株式の取得を通じて、完全子法人の事業、資産等のすべてを実質的に取得する効果を持つ。

このように、株式交換と株式移転は、会社財産の取得である合併と実質

株式移転の課税関係

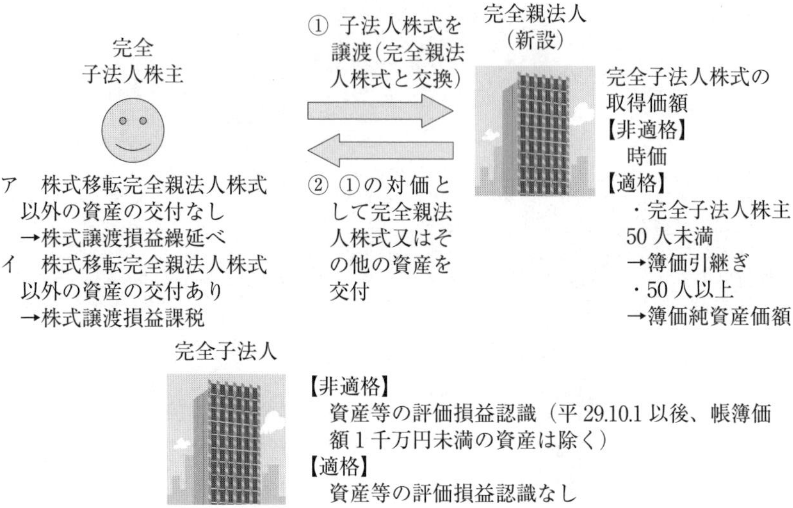

的に同一の効果が得られる取引であるため、課税の中立性の観点から、合併等に係る税制と整合性を持たせるために、以下のような課税関係になっている[3]。

(1)　原則——非適格株式交換・株式移転

①　完全子法人の課税関係

合併や会社分割とは異なり、株式交換・株式移転の場合、当事会社間における資産及び負債の移転はない。したがって、法人税本来の原則（実現主義[4]）からいえば当事会社に課税は生じないはずである。

しかし、上述のとおり株式交換・株式移転は実質的に合併と同一の効果が得られることから、法人税法は、非適格株式交換・株式移転を行った場合には、当該株式交換・株式移転により完全子法人が当該株式交換・株式移転の直前に有する時価評価資産[5]の評価益又は評価損が当該株式交換・株式移転の日の属する事業年度の所得の金額の計算上、益金又は損金に算入され、その含み損益に対し課税されるとしている（法税62条の9、法基通12の2-3-1参照)。但し、株式交換・株式移転の直前に、内国法人と株式交換完全親法人又は他の株式移転完全子法人との間に完全支配関係（法税2条12号の7の6、法税令4条の2第2項）があった場合における当該株式交換・株式移転は除かれる（法税62条の9第1項第1括弧書)。

時価評価を受けた資産の取得価額は、損金の額又は益金の額に算入された金額だけ増額又は減額される（法税令123条の11第4項)。

評価損益により、利益積立金額又は繰越欠損金も変化する。資本金等の額はそのまま維持される[6)]。

② 完全子法人の株主の課税関係

完全子法人の株主は、同社の株式を譲渡して完全親法人となる会社の株式等の対価を取得することになるため、当該対価の時価とそれまで所有していた完全子法人株式の帳簿価額の差額に対して譲渡益課税を受ける（法人の場合、益金又は損金として計上し（法税61条の2)、個人の場合、事業所得、譲渡所得若しくは雑所得又はそれらの所得における損失として計上する（所税27条・33条・35条))。

しかしながら、当該対価として完全親法人又はその100% 親法人の株式のいずれか一方の株式以外の資産が交付されなかった場合、当該対価の取得価額は子法人株式の直前の帳簿価額に相当する金額とみなされるため、株式譲渡損益は認識されず、課税は生じない。具体的には、法人株主の場合には旧株式の帳簿価額をもって譲渡したものとして株式譲渡損益を認識せず（法税61条の2第1項・9項・11項)、個人株主の場合には旧株式の譲渡がなかったものとして取り扱われる（所税57条の4第1項・2項)。

また、完全子法人からその株主への資産の交付がないため、みなし配当課税[7)]は生じない（法税24条1項、所税25条1項)。

③ 完全親法人の課税関係

完全親法人は完全子法人株式を取得し、自己の株式の交付及び金銭等の資産を交付する。自己の株式の交付による完全子法人株式の取得は、資本等取引[8)]となり課税されない。但し、その他金銭以外の資産を交付した場合には、その含み損益が認識される[9)]。完全子法人株式の取得価額は、その取得時の時価である（法税令119条1項27号）。

資本金等の額は、完全子法人株式の取得価額から、完全子法人株主に交付した金銭その他資産の価額を控除した金額だけ増加する（法税令8条1項10号・11号）。

④　完全親法人の株主の課税関係

資産等の移動はないため、課税関係は生じない。

(2)　例外――適格株式交換・適格株式移転

①　完全子法人の課税関係

4に詳述する税制適格要件を満たす株式交換等・株式移転については、法人税法62条の9の適用がないため、その有する時価評価資産の評価益又は評価損につき、益金の額又は損金の額に算入されず、課税されない（法税62条の9第1項第1括弧書）。適格株式交換等・適格株式移転に当たるか否かは自動的に決定され、適格要件を満たす場合に非適格株式交換・非適格株式移転を選択することはできない[10)]。

②　完全子法人の株主の課税関係

適格要件を充足する場合には、金銭等を対価として用いることはないため、課税繰延べが認められる（上記(1)②参照）。また、無対価株式交換かつ適格株式交換の場合にも課税繰延べが認められる。みなし配当も発生しない。

③　完全親法人の課税関係

完全子法人の株主の人数によって、完全親法人による完全子法人株式の取得価格が異なる。すなわち、①完全子法人の株主が50人未満であれば当該株主における簿価価額を引継ぎ（法税令119条1項10号イ・12号イ）、②50人以上の場合には、簿価純資産価額（株式交換直前の確定申告における完全子法人の純資産の帳簿価額に資本金等の額の増減と利益積立金の増減を調整した金額）となる（法税令119条1項10号ロ・12号ロ）。株主が多数存在する場合には、各株主の取得価額を捕捉することが困難なことから設けられた規定である[11)]。なお、株式交換完全親法人は対価として同社の100％親法人である株式交換完全支配親法人株式を用いた場合（いわゆる三角株式交換の場合）においても譲渡益課税を受けない（法税61条の2第10項）。

資本金等の額は、非適格株式交換・非適格株式移転の場合と同じく、完全子法人株式の取得価額から、完全子法人株主に交付した金銭その他資産の価額を控除した金額だけ増加する（法税令8条1項10号・11号）。

④　完全親法人の株主の課税関係

上記⑴④と同じく、取引がないため、課税関係は生じない。

4　税制適格要件

⑴　**株式交換等の税制適格要件**[12)]（法税2条12号の17イ～ハ、法税令4条の3第17項～20項）

支配の継続性（見込み可）	
共通の要件	株式交換に際して完全子法人の株主に交付される資産が完全親法人株式又は完全支配親法人株式（完全親法人を100％支配する法人の株式）のいずれか一方のみであること（剰余金の配当、反対株主の買取請求権に応じて交付される金銭等を除く） 平成29年10月1日以後に行われる株式交換においては、株式交換の直前において完全親法人が完全子法人の発行済株式（当該完全子法人が有する自己の株式を除く）の総数の3分の2以上に相当する数の株式を有する場合における当該完全親法人以外の株主に交付される金銭等を除く
a　企業グループ内の組織再編成	
完全支配関係（100％グループ内）	
支配関係（50％超グループ内） 無対価株式交換である場合には、株式交換前の支配関係は「同一者完全支配関係」又は「親法人完全支配関係」の場合に限る	①　従業員引継要件 完全子法人の従業員のおおむね80％以上がその事業へ継続従事することが見込まれていること ②　事業継続要件 完全子法人の主要な事業が引き続き行われることが見込まれていること
b　共同事業を行うための組織再編成	①　事業関連要件 当事会社間の事業が相互に関連すること ②　経営参画要件 事業規模の割合がおおむね5倍を超えない又は子法人の特定役員が1人以上留任すること ③　従業者引継要件 ④　事業継続要件 ⑤　株式継続保有要件[13] 株式交換によって交付される完全親法人株式又は完全支配親法人株式の全部を継続保有することが見込まれている完全子法人株主の子法人株式保有割合が80％以上であること（株主数が50人未満の完全子法人にのみ適用） 平成29年10月1日以後に行われる株式交換におい

	ては、支配株主（完全子法人の株式の50%超を保有する企業グループ内の株主をいう）が交付される株式の全部を継続保有することが見込まれていること ⑥ 完全支配関係継続要件 完全支配関係の継続が見込まれていること

⑵　**株式移転の税制適格要件**（法税2条12号の18イ～ハ、法税令4条の3第21項～24項）

支配の継続性（見込み可）	
共通の要件	株式移転に際して完全子法人の株主に交付される資産が完全親法人株式のみであること（剰余金の配当、反対株主の買取請求権に応じて交付される金銭等を除く） ※株式移転前に完全親会社を100%支配する会社が存在することはあり得ないため、完全支配親法人株式の交付は不可能
a　企業グループ内の組織再編成	
完全支配関係（100%グループ内）	
支配関係（50%超グループ内）	① 従業員引継要件 ② 事業継続要件
b　共同事業を行うための組織再編成	① 事業関連要件 ② 経営参画要件 ③ 従業者引継要件 ④ 事業継続要件 ⑤ 株式継続保有要件 ⑥ 完全支配関係継続要件

株式交換・株式移転と合併の適格要件は、ほぼ同じである。いくつか存在する差異は、合併と異なり、完全子法人の法人格が株式交換・株式移転の後も消滅しないことに基因しているものが多い（例えば、完全子法人の特定役員[14)]の1人以上が留任することとされていること、完全親法人と完全子法人の間の完全支配関係の継続要件等）。

なお、株式交換・株式移転によるグループ化後に完全子法人の事業を合併・会社分割等によりグループ内の法人に移転するなどの連続した組織再編に関する適格要件については、別途規定がある（法税2条12号の17ロ⑴括弧書・12号の18ロ⑴括弧書）。これにより、完全支配関係（100％グループ内）の場合は、株式交換・株式移転の後の完全支配関係継続要件が（法税令4条の3第18項・21項）、支配関係（50％超グループ内）の場合は、株式交換・株式移転後の支配関係継続要件等が（法税令4条の3第19項・23項）、また、共同事業を行うための株式交換・株式移転の場合には、経営参画要件、従業員引継要件、事業継続要件、株式継続保有要件、完全支配関係継続要件が緩和されている（法税令4条の3第20項・24項）。

また、平成22年度税制改正前は、無対価で行われる株式交換が適格要件を満たすのかについて、法人税法上明確な規定がなかったが、同改正により、従前からの取扱いと同じく、無対価で行われる場合であっても、純資産や支配関係に変動がなく単に対価の交付が省略されたものだけと認められるようなものについては、適格要件を満たし得ることが、規定上明確化された（法税令4条の3第18項〜20項）。

5　各勘定引継ぎ

株式交換・株式移転は、当事会社間で資産等の移転はないため、合併、会社分割等と異なり、各勘定の引継ぎは問題とならない。

6　流通税等

⑴　登録免許税

①　株式交換を行った場合

完全親法人は、変更の登記[15]が必要となる（会社915条）。当該変更の登記を行った場合、本店所在地において増加資本金の1000分の7（これによって計算した税額が3万円に満たない場合には3万円）について登録免許税が課される（登免税別表第一24号（一）ニ[16]）。

また、完全子法人の新株予約権者に完全親法人の新株予約権が交付された場合には、完全子法人の新株予約権の消滅について登記が必要であり（会社769条4項・911条3項12号）、申請1件につき3万円の登録免許税が課される（「登記事項の変更」登免税別表第一24号（一）ツ）。

②　株式移転を行った場合

完全親法人は、設立登記が必要になる（会社925条）。当該設立登記を行った場合、本店所在地において資本金等の額の1000分の7（これによって計算した税額が15万円に満たない場合には15万円）について登録免許税が課される（「株式会社の設立の登記」登免税別表第一24号（一）イ）。

完全子法人の登録免許税については、上記①の株式交換の完全子法人についてのものと同様である。

(2)　印紙税

株式交換契約書及び株式移転計画書は、いずれも課税文書でない。

完全親法人が株券を発行した場合には、その完全親法人の資本の額及び資本準備金の額の合計額を発行済株式（その新株を含む）の総数で除して得た額に券面当たりの株式数を乗じて計算した金額に応じて一定の印紙税が課税される（印税令24条1号）。

(3)　消費税

株式交換・株式移転は、完全子法人の株主から見れば、その所有する完全子法人株式と完全親法人株式との交換による譲渡である（消基通5-2-1）。もっとも、消費税法では、有価証券等の譲渡は消費税を課さないとしており、非課税取引となる（消税6条1項・別表第一（二））。[17]

7　三角株式交換対応税制の概要

平成19年5月から会社法上の合併等対価の柔軟化が施行され、株式交換において完全子会社の株主等に対して交付できる対価の種類についての限定がなくなった。これに伴い、税制上、次のような対応がなされた。[18]

(1)　完全子法人に対する課税――適格株式交換の対価の範囲の拡大

完全子法人は、一定の税制適格要件を満たせば、その資産の含み損益に対する税務上の損益認識が繰り延べられる一方、満たさなければ、完

三角株式交換の課税関係

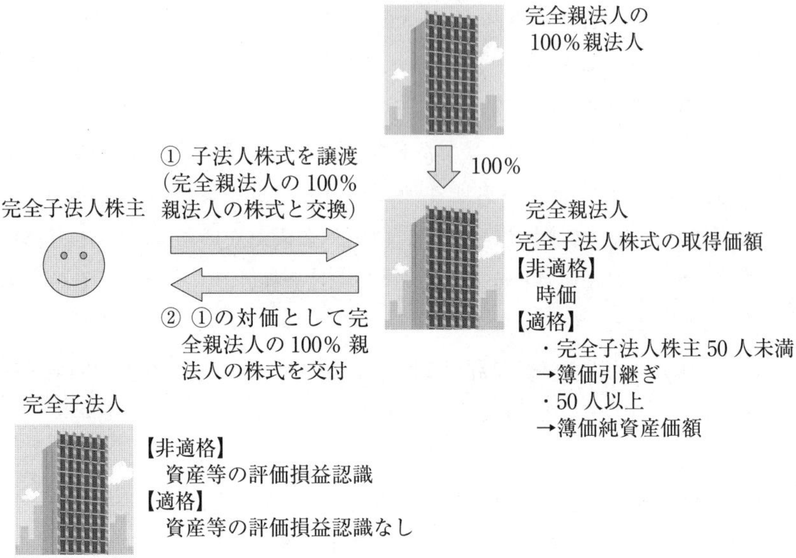

全子法人の法人格には何ら影響がない三角株式交換の場合でも、その資産の含み損益について強制的に時価評価課税が行われる（法税 2 条 12 号の 17)。

株式交換に際して完全子法人の株主に交付される資産が完全親法人株式又は完全支配親法人株式（完全親法人を 100％ 支配する法人の株式）のいずれか一方のみであることが税制適格要件に加えられた（法税 2 条 12 号の 17、法税令 4 条の 3 第 18 項)。

なお、適格要件のうち対価要件以外の要件については、完全子法人と完全親法人の間で通常の適格要件と同様に判定される。したがって、完全親法人がペーパーカンパニーの場合には共同事業要件のひとつである事業関連性要件を満たさない（法税 2 条 12 号の 17、法税令 4 条の 3 第 20 項、法税規 3 条 3 項)。

⑵　完全子法人の株主の旧株の譲渡損益

完全子法人の株主に対する株式譲渡益課税に関しては、完全親法人株式や完全親法人の100％親法人の株式以外の対価が交付されなければ課税が繰り延べられ、100％親法人の株式以外の対価の交付があれば課税される（法税61条の2第9項・10項、法税令119条の7の2第3項、所税57条の4第1項・2項）。みなし配当課税は行われない。

なお、完全子法人の株主に非居住者又は外国法人が含まれる場合、これら外国株主は、その保有に係る完全子法人株式を手放すことによる譲渡益が国内源泉所得[19)]となる場合には、一定の場合を除き、譲渡益課税を受ける（租特37条の14の2第3項、法税令188条1項17号）。

(3)　完全親法人が有するその100％親法人の株式の譲渡損益等

完全親法人が適格株式交換等によりその100％親法人の株式等を交付した場合における譲渡対価の額は、当該適格株式交換等の直前の帳簿価額に相当する金額である（法税61条の2第10項）。すなわち、適格株式交換等の対価として100％親法人株式を交付した場合には、その譲渡損益は計上されず、課税されない。

完全親法人が株式交換の対価としてその100％親法人株式を交付する場合、当該株式交換に係る契約日に100％親法人株式を保有するとき又はその契約日後に一定の事由[20)]により移転を受けたときは、契約日又は移転を受けた日（以下、「契約日等」という）において、その100％親法人株式をこれらの日の価額で譲渡し、かつ、その価額で取得したものとみなされる（法税61条の2第23項、法税令119条の11の2）。すなわち、完全親法人が株式交換等の対価として交付する100％親法人株式で契約日等において保有するものは、その契約日等に時価による譲渡をし、直ちにその価額で取得したものとして、それまでの含み損益を清算する。

8　連結納税制度との関係[21)]

①　完全子法人の資産の時価評価の要否

連結納税制度上、連結子法人として同制度の適用を受ける法人については、連結加入直前事業年度終了時に有する一定の資産につき時価評価し、当該連結加入直前事業年度の所得の金額の計算上、益金の額又は損金の額に算入することにより、その含み損益につき課税し、もって課税未了の含み損益の清算が行われるのが原則である（法税 61 条の 11 第 1 項柱書・61 条の 12 第 1 項柱書)。

しかし、適格株式交換等に該当する場合には完全子法人の資産の時価評価による含み損益への課税（法税 62 条の 9）が行われないこととの均衡から、平成 29 年度税制改正により、適格株式交換等に基づき完全子法人となった法人については、それが連結子法人として、(i)連結納税を開始する場合、又は(ii)連結グループに加入する場合（連結事業年度開始の日の 5 年前の日から開始の日までの間に株式交換等が行われ、かつ、完全支配関係が継続している場合を含む）に伴う、資産の時価評価制度の対象から除外される（法税 61 条の 11 第 1 項 4 号・5 号・61 条の 12 第 1 項 2 号・3 号)。

② 完全子法人の繰越欠損金

連結子法人として連結納税制度に加入する法人については、その有していた単体の繰越欠損金は、原則として連結欠損金とはされない（法税 81 の 9 参照)。しかし、連結納税制度の普及のため、適格株式交換等に係る株式交換等完全子法人が連結グループに完全子法人となり加入した場合等については、連結納税の開始等の前に生じた欠損金額をその連結子法人の個別所得金額を限度として、連結納税制度の連結欠損金の繰越控除の対象に加えることとされている（法税 81 条の 9 第 2 項・3 項)。

上記①及び②は、平成 29 年 10 月 1 日以後に行われる組織再編行為から適用される。

9 スクイーズ・アウト（又はキャッシュ・アウト／少数株主の締め出し）

① 従前、いわゆるスクイーズ・アウト（少数株主の締め出し）[22] の局面において、現金を対価とする株式交換を用いて完全子会社化する手法は、税制適格要件を充足せず、完全子法人が保有する時価評価資産について課税されるため、多額の含み益がある場合には選択しにくかった。

② そこで、従前の実務では、全部取得条項付種類株式（会社 108 条 1 項 7 号）を利用した手法が一般的となった[23]。この手法による場合、買付者

は種類株式の交付を受ける点について譲渡損益及びみなし配当を認識する必要はなく（法税 61 条の 2 第 14 項 3 号、所税 57 条の 4 第 3 項 3 号、法税 24 条 1 項 4 号、所税 25 条 1 項 4 号、法基通 2-3-1、所基通 57 の 4-2）、他方、買付者及び少数株主が端数部分の交付を受ける点については譲渡損益を認識する必要がある（法基通 2-3-25、所基通 57 の 4-2）。対象会社において時価評価課税の問題は生じないものとされていた。

③　平成 26 年会社法改正では、特別支配株主（議決権の 9 割を保有する株主）の少数株主に対する株式売渡請求（会社 179 条）が制度化された。また、株式買取請求権等の株主保護規定（会社 182 条の 3 以下）が設けられたことから、少数株主を締め出す手法として株式併合が利用しやすくなった。[24] これらの手法による場合も、対象会社において時価評価課税はなく、買付者及び少数株主において譲渡損益のみを認識すれば足りるものとされていた（法税 24 条 1 項 5 号、法税令 23 条 3 項 9 号）。

他方で、従前の株式買取請求権が行使された場合の課税関係は、全部取得条項付種類株式を用いたときと株式併合を用いたときとで異なっていた。株式併合の場合の株式買取請求に対する買取代金の交付については、みなし配当課税の対象から除外されていたにもかかわらず（法税令 23 条 3 項 9 号）、全部所得条項付種類株式の場合における株式買取請求に対する買取代金の交付については除外規定がなく、みなし配当課税の対象となっていた。法人株主にとっては益金不算入となり（法税 23 条 1 項）、みなし配当として課税を受けた方が有利となるため、かかる税制上の差異は株主の選択に影響を与え得るものであった。[25][26]

④　かかる問題意識を受けて、平成 29 年度税制改正では、スクイーズ・アウトの各手法を組織再編のひとつとして位置づけられた。[27] これにより、株式交換以外の方法による場合であっても、原則として時価評価課税が生じることとなった（法税 61 条の 2 第 9 項・62 条の 9）。

一方で、株式交換の直前において完全親法人が完全子法人の発行済株式の総数の 3 分の 2 以上の株式を有する場合において完全親法人以外の株主に金銭等を交付する株式交換について、金銭等の交付のみをもって非適格とはしないこととされた（法税2条12号の17）。

また、株式交換以外の方法による場合においても、連結納税制度の開始時における時価評価課税の対象から外されることとなった（法税61条の11第1項4号・5号・61条の12第1項2号・3号）。

さらに、全部取得条項付種類株式を発行するための定款等の変更に反対する株主等の買取請求に基づく買取代金の交付についてもみなし配当課税の対象から外すこととし、株式併合を用いた場合との差異は解消された（法税24条1項5号、法税令23条3項10号）。もっとも、株式交換の場合における株式買取代金の交付については、みなし配当課税の対象となっている。

なお、同改正は平成29年10月1日以後に行われるものについて適用され、それ以前に行われたものに関しては従前どおり扱われる（平成29年改正法附則11Ⅱ）。

スクイーズ・アウトの各手法

	手法	議決権	決定機関	効果	救済手段
端株型	全部取得条項付種類株式	2/3	株主総会特別決議	端数処理	①②③④
	株式併合	2/3	株主総会特別決議	端数処理	②③④
現金型	株式交換	2/3	株主総会特別決議	金銭交付	②③④⑤
	株式等売渡請求	90%	取締役会決議	特別支配株主から金銭交付	①③⑤

※①価格決定申立、②株式買取請求、③差止請求、④決議取消訴訟、⑤無効訴訟
（大石篤史〔平成29年6月8日〕日本租税研究協会セミナー「平成29年度税制改正がM＆Aの実務に与える影響」配布レジュメを参考に作成）

1）　法人税法上、株式交換によりその株主の有する株式を他の法人に取得させた当該株式を発行した法人を「株式交換完全子法人」（法税2条12号の6）、株式交換により他の法人の株式を取得したことによって当該法人の発行済株式の全部を有することとなった法人を「株式交換完全親法人」（法税2条12号の6の3）と定義されている。

2）　法人税法上、株式移転によりその株主の有する株式を当該株式移転により

設立された法人に取得させた当該株式を発行した法人を「株式移転完全子法人」（法税２条12号の６の５)、株式移転により他の法人の発行済株式の全部を取得した当該株式移転により設立された法人を「株式移転完全親法人」（法税２条12号の６の６）と定義されている。

3）平成18年度の法人税法改正により、それまで租税特別措置法において規律されていた株式交換・株式移転に係る税制は、法人税法本則の下で、他の組織再編行為とパラレルな形で規律されるに至った。この経緯について、青木孝徳ほか『改正税法のすべて（平成18年版)』298～321頁（大蔵財務協会、2006年）は、株式交換は、株主の意思に関係なく別法人の株主となる点で合併に類似し、株式取得を通じて子法人の事業、資産を実質的に取得する効果があり、合併と共通性がある行為とみることができるとする。

4）法人税法における実現主義については、金子宏『租税法（第22版)』336～339頁（弘文堂、2017年）参照。要するに、原則として実現した利益のみが所得であるという考え方である。

5）固定資産、土地（土地の上に存する権利を含む)、有価証券、金銭債権及び繰延資産（これらの資産のうち、その含み損益（資産の価額と帳簿価額との差額）が資本金等の額の２分の１又は1000万円のいずれか少ない金額に満たないもの等を除く。平成29年10月１日以後に行われる非適格株式交換等に係る株式交換完全子法人等の有する資産については、帳簿価額1000万円未満の資産を除く（法税令123条の11第１項、特に同項４号・５号))。

6）岡村忠生『法人税法講義（第２版)』399・400頁（成文堂、2006年)。

7）みなし配当課税とは、自己株式取得等による法人から株主への一定の金銭や資産の交付を対象とし、交付額のうちに利益積立金額からなる部分、すなわち配当の性質を持つ部分があるものとして、株主に対する配当課税を行う制度である。おおむね、分配された金額のうち、分配の基因となった株式に対応する資本金等の額を超える部分が配当とみなされる。本文に記載したとおり、株式交換・株式移転の場合、法人から株主への金銭や資産の交付がないため、みなし配当課税は問題とならない。

8）資本等取引とは、①法人の資本金等の額（法税２条16号・17号の２、法税令８条・８条の２）の増加又は減少を生ずる取引と、②法人が行う利益並びに剰余金の分配（資産の流動化に関する法律115条１項の中間配当を含む）及び残余財産の分配又は引渡しの２つを含む概念であり（法税22条５項)、当該取引からは益金と損金は生じない（法税22条２項・３項３号)。

9）株式移転の場合、対価は完全親法人の発行する株式、社債又は新株予約権に限られているので（会社773条)、含み損益が認識されるような対価が交付されることはない（草野耕一『金融課税法講義（補訂版)』307頁（注101)、商事法務、2010年)。

10）一般的には適格株式交換・適格株式移転の方が有利といわれているが、完全子法人の資産・負債に含み損がある場合は、非適格株式交換・非適格株式移転の方が譲渡損を認識でき、有利である。

11)　なお、従業員持株会等の株主数のカウント方法についての詳細は、澤田眞史監修『平成22年1月改定〈Q & A〉企業再編のための合併・分割・株式交換等の実務－その法律・会計・税務のすべて－』1142頁（清文社、2010年）参照。

12)　後に完全子法人の株式の全部又は一部の移動がある場合、その移動先が完全親法人の直接又は間接の他の100% 子会社であるといった極めて例外的な場合でない限り、適格性の要件を満たさない。

13)　「見込み」の有無は事実認定の問題であり、かかる株式の保有関係が失われるに至った事情、当該株式交換・株式移転を含む一連の組織再編取引の組成・検討の経緯及び関係当事者の理解・認識、当該株式交換・株式移転の実行からかかる株式の保有関係が失われるまでの期間の長短といった事情が総合的に考慮されることになるものと思われる（浅妻敬・平川雄士「新会社法下における企業組織と租税法⑷組織再編⑵」旬刊商事法務1778号25頁、2006年）。

14)　特定役員とは、社長、副社長、代表取締役、代表執行役、専務取締役若しくは常務取締役又はこれらに準ずる者で法人の経営に従事している者（役員又は役員以外の者で、これらの者と同等に法人の経営の中枢に参画している者）をいう（法税令4条の3第4項2号・20項2号・24項2号、法基通1-4-7）。

15)　具体的には、変更後の資本金の額、発行済株式総数（種類株式発行会社にあっては、発行済株式の種類及び数を含む）及び変更年月日並びに完全子会社の新株予約権者に新株予約権を発行した場合には、新株予約権に関する登記事項及び変更年月日（商業登記規則別表第五）。

16)　なお、同時にされた定款の変更による登記（商号変更等）、役員登記については、それぞれの登録免許税が加算される（登記研究編集室編『商業登記書式精義（全訂第4版）』1377・1379頁、テイハン、2008年）。

17)　前掲注11)・澤田1233・1234頁。なお、課税売上割合の計算についても、有価証券等の譲渡と同じく、譲渡対価の額の5% が分母に算入される（消税令48条5項・1項1号）。

18)　改正の趣旨等の詳細については、青木孝徳ほか『改正税法のすべて（平成19年版）』269～287頁（大蔵財務協会、2007年）等参照。また、三角株式交換を行った実際の例としてシティと日興コーディアルグループの事案があり、ここで問題となった税務上の論点を解説するものとして、太田洋「三角合併等対応税制とM & A実務への影響」租税研究705号35～64頁（2008年）、谷川達也・清水誠「シティグループと日興コーディアルグループによる三角株式交換等の概要（上）（下）」旬刊商事法務1832号55～62頁（2008年）、1833号19～26頁（2008年）があり、参考になる。

19)　所得税法及び法人税法は、非居住者ないし外国法人に対し、日本国内に源泉のある所得（国内源泉所得）に対して課税する（法税4条3項・9条、所税5条2項・4項・7条1項3号・5号）。国内源泉所得の範囲については、法人税法138条、所得税法161条にそれぞれ列挙されている。

20)　その法人が有していた株式を発行した法人の株式交換（その株式の譲渡損益の計上が繰り延べられることとなるものに限る）により、その株式交換に係る完全親法人から親法人株式の交付を受けた場合におけるその株式交換（法税令119条の11の2第2項5号）。

21)　前掲注13)・浅妻・平川26・27頁等参照。なお、連結納税制度とは、持株関係を通じて密接な関係のある複数の法人のグループを一体としてとらえ、各メンバーの所得を連結してグループ全体の所得を計算し、それを課税標準として法人税を課す制度である（前掲注4)・金子432頁)。

22)　例えば、MBOのように、上場会社を非上場の買収会社が完全子会社化する場合、被買収会社の株主全員に金銭を交付して会社から退出してもらうことをいう。

23)　浅妻敬・宰田高志「新会社法下における企業組織と租税法⑶組織再編⑴」旬刊商事法務1777号28・29頁（2006年)、前掲注22)・大石・小島・小山154～159頁等参照。ここではスキームの詳細な説明はしないが、①定款変更により対象会社の発行済普通株式すべてに全部取得条項を付し、取得の対価として割り当てる種類株式を買付者以外の株主に対しては端数とする、②株主総会特別決議により、株式を取得し、対価として種類株式を交付する、③端数の合計数に相当する種類株式を売却し、代金を端数の権利者に交付する、との手続を採る方法である。

24)　平成26年度会社法改正前から株式併合を利用した少数株主の締め出しは可能であったが、株式買取請求等の少数株主に対する手続保障を欠くために株主総会決議取消事由（会社831条1項3号）となりかねず（江頭憲治郎『株式会社法（第4版)』（有斐閣、2011）270頁注2)、実務上採り得ない手法であった。

25)　価格決定申立てをした株主には取得対価は交付されないため（会社173条2項)、結果として端数株の合計が1未満となり、その処理（会社234条4項）が不可能となる事態が生じ得る。株式買取請求権の行使の場合も同様である（会社171条2項参照)。これに対し、株式併合の効力は自己株式にも及ぶため（山下友信編『会社法コンメンタール4－株式⑵』（商事法務、2009年）153頁〔山本爲三郎〕、かかる問題は生じない。この点において、株式併合の方が有利な手法といえる。

26)　税務上の扱いの違いは株主の意思決定にも影響を与え得る。その問題点を指摘するものとして、内田修平・李政潤「キャッシュ・アウトに関する規律の見直し」旬刊商事法務2061号33頁（2015年）がある。

27)　平成29年度改正法人税法では、株式交換等の各手法を用いたスクイーズ・アウトをまとめて「株式交換等」と定義した（法税2条12号の16)。スクイーズ・アウトの結果、完全子法人・完全親法人になる会社を、株式交換等完全子法人（法税２条12号の６の２）・株式交換等完全親法人（法税２条12号６の４）という。なお、文理解釈上、端数処理をした後に複数株主が残るスキームについては「株式交換等」には該当しないと解される。

X　解散・清算・組織変更

63　株式会社の解散・清算

1　株式会社の解散及び清算

株式会社の解散とは、株式会社の法人格の消滅を生じさせる原因となる事実である。会社法は、株式会社の解散事由として、①定款で定めた存続期間の満了（会社 471 条 1 号)、②定款に定めた解散の事由の発生（会社 471 条 2 号)、③株主総会の決議（会社 471 条 3 号)、④合併（合併により当該株式会社が消滅する場合。会社 471 条 4 号)、⑤破産手続開始の決定（会社 471 条 5 号)、⑥解散命令又は解散判決（会社 471 条 6 号・824 条 1 項・833 条 1 項)、⑦休眠会社のみなし解散（会社 472 条）を定めている。

解散をした法人は、④合併又は⑤破産手続開始の決定[1)]の場合を除き（「60　合併」「72　法人の破産 1――法人税」「73　法人の破産 2――消費税、地方税、源泉所得税・破産管財人の源泉徴収義務、印紙税」を参照)、清算手続に入ることになる（会社 475 条 1 号[2)]）。

清算手続に入った株式会社（清算株式会社）は、清算が結了するまではなお清算の目的の範囲内で存続し（会社 476 条)、清算人が会社の現務の結了、財産の換価、債権の取立て、債務の弁済、残余財産の分配等を行うこととなる（会社 481 条)。そして、清算事務の終了後、決算報告の作成及び株主総会による承認（会社 507 条 1 項・3 項）により清算は結了し、会社の法人格は消滅することとなる。

株式会社の解散及び清算手続についての会社法上の手続の概略は、以下のとおりである[3)]。

株式会社の解散・清算手続

（清算人会・監査役・監査役会非設置会社の場合）

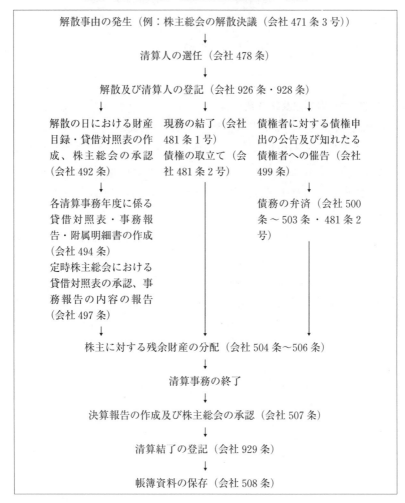

解散事由の発生（例：株主総会の解散決議（会社 471 条 3 号））

↓

清算人の選任（会社 478 条）

↓

解散及び清算人の登記（会社 926 条・928 条）

↓

- 解散の日における財産目録・貸借対照表の作成、株主総会の承認（会社 492 条）
  ↓
  各清算事務年度に係る貸借対照表・事務報告・附属明細書の作成（会社 494 条）
  定時株主総会における貸借対照表の承認、事務報告の内容の報告（会社 497 条）
- 現務の結了（会社 481 条 1 号）
  債権の取立て（会社 481 条 2 号）
- 債権者に対する債権申出の公告及び知れたる債権者への催告（会社 499 条）
  ↓
  債務の弁済（会社 500 条～503 条・481 条 2 号）

↓

株主に対する残余財産の分配（会社 504 条～506 条）

↓

清算事務の終了

↓

決算報告の作成及び株主総会の承認（会社 507 条）

↓

清算結了の登記（会社 929 条）

↓

帳簿資料の保存（会社 508 条）

なお、残余財産とは、清算株式会社の債権の取立て、資産の換価を行い、債務をすべて弁済した時点における株主に対する残余財産分配請求権の対象となる財産のことをいう。

残余財産の分配は、会社の資産を換価して金銭を交付する形で行うほか、金銭以外の財産を交付する形で行うこともできる（会社504条1項第1号、但し、残余財産が金銭以外の財産であるときは、株主は金銭分配請求権（当該残余財産に代えて金銭を交付することを清算株式会社に対して請求する権利）を有することとなる（会社505条））。また、これら未換価の財産については、残余財産が確定した時点で時価評価を行い、現金と合算し残余財産の価額とすることとなる。

2　解散会社（清算株式会社）の税務（法人税）

(1)　解散会社（清算株式会社）の税務における主な留意事項

①　事業年度

(i)　解散会社（清算株式会社）の事業年度

会社法上、株式会社が解散すると、定款上の事業年度は解散の日で終了し、解散の日の翌日から各1年の期間の清算事務年度が開始する（会社494条1項）。

法人税法上も、株式会社が事業年度の中途において解散した場合には、その事業年度開始の日から解散の日[4)]までを1事業年度とみなし、その翌日から清算事業年度が開始し（法税14条1項1号。みなし事業年度）、清算事業年度は、当該株式会社が定款で定めた事業年度にかかわらず、会社法494条1項に規定する清算事務年度になるものとされている（法税13条1項、法基通1-2-9）。また、清算事業年度の中途で残余財産が確定した場合には、その事業年度開始の日から残余財産の確定の日[5)]までの期間が1事業年度（清算確定事業年度）とみなされる（法税14条1項21号。みなし事業年度）。

そこで、株式会社が解散した場合には、その事業年度開始の日から解散の日までが1事業年度（解散事業年度）となり、その後は1年ごとに清算事業年度が繰り返されるとともに、清算事業年度の中途で残余財産が確定した場合には、その事業年度開始の日から残余財産の確定の日までの期間が1事業年度（清算確定事業年度）となる。

この点を具体的にまとめると、次のようになる。

<table><tr><td>
ア　解散事業年度
（定款上の）事業年度開始の日から解散の日までの期間
イ　清算事業年度（第１期）
解散の日の翌日から１年間
ウ　清算事業年度（第２期以降）
清算事業年度（第１期）の末日の翌日から１年間
以後も同様に１年ごとに清算事業年度が繰り返される
エ　清算確定事業年度
直前の事業年度末日の翌日から残余財産の確定の日までの期間
</td></tr></table>

但し、連結子法人については、平成22年の法人税法等の改正[6)]において連結子法人の解散（合併及び破産手続開始の決定による解散を除く）は連結納税の承認の取消事由から除外されることとなったことに伴い（法税４条の５第２項４号）、①解散（合併及び破産手続開始の決定による解散を除く）をしてもみなし事業年度は設けられず（法税14条１項９号・10号）、通常どおり連結親法人の事業年度に合わせたみなし事業年度が適用されるとともに、②残余財産が確定した場合に、その連結事業年度開始の日から残余財産の確定の日までの期間をみなし事業年度とすることとなった（法税14条１項10号）。

(ii)　解散した持分会社及び破産会社の事業年度

なお、①持分会社については会社法494条１項に対応する規定がないこと、②破産会社についてはそもそも会社法の「清算」規定の適用がないこと（会社475条１号括弧書）から、会社法施行前同様、清算事業年度は破産手続開始日から定款が定める事業年度末日までとなり（法税13条・14条）、株式会社の清算手続とは事業年度の考え方が異なることとなっているので注意を要する。

解散した持分会社及び破産会社の事業年度を具体的にまとめる

と、次のようになる。

ア　解散事業年度 　（定款上の）事業年度開始の日から解散の日までの期間 イ　清算事業年度（第１期） 　解散の日の翌日から（定款上の）事業年度の末日 ウ　清算事業年度（第２期以降） 　（定款上の）事業年度開始の日から（定款上の）事業年度の末日 　以後も同様に１年ごとに定款上の事業年度が繰り返される エ　清算確定事業年度 　（定款上の）事業年度開始の日から残余財産の確定の日

② 法人税の課税所得の範囲・課税標準

(i) 平成22年度税制改正前の課税所得の範囲・課税標準（清算所得課税）

平成22年度税制改正前においては、清算中の株式会社（普通法人）については、①解散事業年度を含む解散前の事業年度については、各事業年度の所得につき法人税が課税されるが（平成22年度改正前法税（以下、平成22年度税制改正前の法律については、「旧」を付するものとする）5・21)、②解散後の各事業年度（清算事業年度）の所得について法人税は課税されず（旧法税6条)、残余財産確定時に清算所得（残余財産の価額から解散時の資本金等の額（旧法税2条16号、旧法税令8条）と利益積立金額等（旧法税93条2項）の合計額を控除した金額（旧法税93条1項)[7)8)]）に対して法人税が課税されることとなっていた（旧法税5条・92条、国通15条2項3号、国通令5条8号)。

＜清算所得の金額の計算（平成22年度税制改正前）＞
清算所得の金額＝
残余財産の価額－（解散時の資本金等の額＋利益積立金額等）

ここで、各事業年度の所得に対する課税（通常所得課税）が損益法的な発想[9)]によるものであるのに対し、清算所得に対する課税の基本的な考え方は、法人に発生した所得のうち、解散前の事業年度の所得計算では反映されていなかった、清算時に保有する資産（残余財産）の未実現の含み益（キャピタル・ゲイン）が清算中の換価の過程で実現することからこれに対して課税するという、財産法的発想によるものであった。

(ii)　平成22年度税制改正後の課税所得の範囲・課税標準（通常所得課税）

しかし、上記平成22年度税制改正において、清算所得課税の制度は廃止され、平成22年1月1日以後に解散が行われる場合については改正法が適用され（法税改正附則（平成22年法律6号）10)、清算中の株式会社にも各事業年度の所得に対する法人税を課することとなった（旧法税5条・6条、法税5条)。

＜各事業年度の所得の金額の計算（平成22年度税制改正後）＞
各事業年度の所得の金額＝益金の額－損金の額

このように、平成22年度税制改正前後においては、株式会社の解散・清算に係る制度及び発想が大きく異なっている。平成22年度税制改正においては、清算所得課税の廃止に対応して期限切れ欠損金の損金算入等の制度が導入されているが、事案によっては改正前後においてその課税関係が大きく異なることもあることから、注意が必要である。

③　欠損金の取扱い[10)]

(i)　期限切れ欠損金の損金算入

平成22年度税制改正において清算所得課税が廃止されたことに伴い、法人が解散した場合において「残余財産がないと見込まれるとき」は、清算中の各事業年度において、青色欠損金額等[11)]以外の欠損金額（期限切れ欠損金額）に相当する金額は、青色欠損金等の控除後の所得の金額を限度として、その事業年度の所得の金額の計算上、損金の額に算入されることとなった（法税59条3項、法税令118条[12)13)]）。なお、会社の解散の場合には、会社更生の場合（法税59条1項）や民事再生の場合（法税59条2項）と異なり、債務免除（債権が債務免除以外の事由により消滅した場合でその消滅した債務に係る利益の額が乗じる場合を含む）以外の場合、例えば、固定資産売却益がある場合でも期限切れ欠損金の利用が認められている（法税59条3項）。

(ア)　「残余財産がないと見込まれるとき」の意義・判断時点

「残余財産がないと見込まれる」とは、法令上明確に定められているわけではないが、実質的に債務超過である場合をいうものと考えられる（法基通12-3-8[14)]）。ここで、「残余財産がないと見込まれる」（実質的債務超過である）かどうかの判定は、当該法人の清算中に終了する各事業年度終了の時の現況によるため（法基通12-3-7）、期限切れ欠損金を損金算入できるかどうかは、清算中の各事業年度末において判定することとなる[15)]。

(イ)　適用要件

また、期限切れ欠損金の損金算入は、①確定申告書に期限切れ欠損金額に相当する金額の損金算入に関する明細の記載があり、かつ、②残余財産がないと見込まれることを証明する書類の添付がある場合に限り、適用されることとされている（法税59条4項、法税規26条の6第3号。なお法税59条5項）。

そこで、具体的には、清算中の各事業年度における確定申告書に、①「会社更生等による債務免除等があった場合の欠損金の損金算入に関する明細書」（法税規別表七（二））及び②実態貸借対照表（当該法人の有する資産及び負債の価額により作成される貸借対照表）（法基通 12-3-9）を添付することとなる。[16)]

(ウ)　マイナスの資本金等の額の取扱い（法税令 118 条 1 号括弧書）

自己株式を市場価額で取得した場合、取得価額によっては適用年度の終了時点で「資本金等の額」が計算上マイナスになる場合がある。この「マイナスの資本金等の額」については、会社が解散した場合、「繰り越された欠損金額の合計額」から減算することが認められており（法税令 118 条 1 号括弧書）、その結果、「マイナスの資本金等の額」は累積欠損金額と同様に損金の額に算入することができることになる。

(ii)　欠損金の繰戻し還付

欠損金の繰戻し還付制度は、平成 30 年 3 月 31 日までに終了する事業年度までは、中小企業者等に関する一部例外を除き適用をしないという特例が設けられているが（租特 66 条の 13）、解散事業年度及び清算中の各事業年度[17)]についてはこの特例が除外されていることから、中小企業者等以外の法人についても欠損金の繰戻し還付を請求できる（租特 66 条の 13 但書）。

④　清算株式会社（子会社）と株主（親会社）が完全支配関係にある場合の特例

清算株式会社（子会社）と株主（親会社）が完全支配関係（法税 2 条 12 号の 7 の 6）にある場合については、子会社、親会社ともに各種の特例措置が設けられているが、これらについては下記**5**を参照のこと。

(2)　解散後の税務申告等の概略

①　解散事業年度に関する税務

上記(1)①のとおり、株式会社の解散により当該会社の事業年度は終了することから、解散会社（清算株式会社）は、解散の日の翌日より 2 カ月（延長法人は 3 カ月）以内に、解散事業年度の所得に係る法人税確定申告書を提出し（法税 74 条 1 項・75 条の 2）[18)]、当該法人税額を納付しなければならない（法税77条）。

かかる申告は、各事業年度の所得に対する法人税についての申告であるため、基本的には前事業年度までの申告と同様となる[19]。

② 清算中の各清算事業年度に関する税務

(i) 平成22年度税制改正前（予納申告）

平成22年度税制改正前においては、清算事業が長期間に及ぶ場合も多いため、清算所得に対する法人税の徴収確保を図る必要があるとして、清算中の各事業年度の所得に係る予納申告制度が設けられており、清算中の法人は、清算手続が1年以内に終了しない場合には、各清算事業年度の終了の日の翌日から2カ月以内に、当該清算事業年度の所得につき予納申告をし（旧法税102条）、当該法人税額を納付しなければならなかった（旧法税105条）。

また、平成22年度税制改正前においては、残余財産一部分配の場合の予納申告の制度が設けられており、清算中の法人は、清算中に残余財産の一部を分配しようとする場合において、その分配をしようとする残余財産の価額がその解散時における資本金等の額及び利益積立金額の合計額を超えるときは、残余財産の全部の分配をする場合を除き、分配又は引渡しの都度、その分配又は引渡しの日の前日までに、残余財産の一部分配による予納申告をし（旧法税103条）、当該法人税額を納付しなければならなかった（旧法税106条）。

(ii) 平成22年度税制改正後（確定申告）

しかし、清算所得課税の廃止に伴い、これらの制度は廃止され、清算中の各清算事業年度においても、当該各清算事業年度の所得につき、通常の事業年度と同様の所得計算及び申告を行うこととなった[20]。

すなわち、清算中の会社は、各清算事業年度終了の日の翌日より2カ月（延長法人は3カ月）以内に、解散事業年度の所得に係る法人税確定申告書を提出し（法税74条1項・75条の2第1項）、当該法人税額を納付しなければならない（法税77条）。

なお、清算中の各事業年度については、中間申告は必要とされない（法税71条1項本文）。

③　清算確定事業年度に関する税務

(i)　清算確定事業年度に係る確定申告

清算中の会社は、その残余財産が確定した場合には、その確定した日の翌日から1カ月以内（但し、当該翌日から1カ月以内に残余財産の最後の分配又は引渡しが行われる場合には、その行われる日の前日まで）に清算確定事業年度に係る確定申告をし（法税74条2項）、法人税額を納付しなければならない（法税77条[21]）。

上記のとおり、平成22年度税制改正において清算所得課税の制度は廃止され、清算中の株式会社にも各事業年度の所得に対する法人税を課することとなった。そこで、清算確定事業年度に係る確定申告についても、通常の事業年度と同様の所得計算及び申告を行うという点では、解散事業年度及び清算中の各清算事業年度と同様である。

(ii)　所得計算における主な留意事項

(ア)　金銭以外の資産による残余財産の分配又は引渡しによる譲渡損益

平成22年度税制改正により、清算中の会社が残余財産の全部の分配又は引渡し（適格現物分配（法税2条12号の15）に該当する場合を除く）によりその有する資産の移転をするときは、当該残余財産の実際の分配又は引渡しの時ではなく、残余財産の確定の時[22]の価額により譲渡をしたものとして、残余財産の確定の日の属する事業年度（清算確定事業年度）の所得の金額を計算することとなった（法税62条の5第1項・2項）。

(イ)　清算確定事業年度に係る事業税

事業税の損金算入時期は、原則として納税申告書が提出された日の属する事業年度とされているが（法基通9-5-1）、平成22年度税制改正により、清算確定事業年度に係る確定申告においては、同事業年度に係る事業税の額は、その事業年度の損金の額に算入することとされた（法税62条の5第5項）[23]。

(ウ)　清算中の各事業年度における交際費等

平成22年度税制改正前は、交際費等の損金不算入の規定は清算中の各事業年度を除いて適用されるものとされていたが、平成22年度税制改正により、清算中の各事業年度においても交際費等の損金不算入の規定が適用されることとなった（租特61条の4第1項）。

(エ)　仮装経理に基づく過大申告の場合の更正に伴う法人税額の還付の特例

仮装経理に基づく過大申告がなされた場合において税務署長が更正を行った場合における法人税額の控除・還付については特例があり、その更正により減少する法人税額については、原則として還付は行わず、その更正の日の属する事業年度又は連結事業年度以後に終了する事業年度又は連結事業年度の所得に対する法人税額から順次控除し（法税70条・81条の16）、更正から5年内に控除しきれない金額については還付することとされている（法税135条3項）。そして、平成22年度税制改正前は、繰越控除期間において、解散等の一定の還付事由が生じた場合（旧法税134条の2第3項・4項）には、その時における控除未済額を還付し、繰越控除制度の適用は終了することとされていた。

もっとも、平成22年度税制改正において清算所得課税が廃止され、通常所得課税に移行したことに伴い、解散（合併による解散及び連結親法人の解散を除く）については還付事由とはならずに繰越控除制度の適用が継続され、残余財産（連結法人の残余財産を除く）の確定、破産手続開始の決定による解散等があった場合に還付されることとなり、更生手続、再生手続開始の決定があった場合は還付を請求することができることとなった（法税135

条3項1号～3号・4項)[24]。

(iii)　第二次納税義務

未納税額がある場合、当該法人は、清算結了の登記（会社929条1号）がされていても、各事業年度の所得又は清算所得に対する法人税を納める義務を履行するまではなお存続するものとして取り扱われる（法基通1-1-7)。また、当該法人が税金を納付しないで残余財産の分配をした場合は、清算人及び残余財産の分配又は引渡しを受けた者は、それぞれ分配した財産の価額又はその受けた財産の価額を限度として、第二次納税義務を負うことになる（国徴34条1項、国徴基通34-7)。

3　解散会社（清算株式会社）の税務（消費税・住民税・事業税）

(1)　消費税

消費税については、清算株式会社においても従前どおりに課税される。法人の消費税の課税期間は法人税法上の事業年度とされていることから（消税19条1項2号・2条1項13号)、解散事業年度、各清算事業年度及び清算確定事業年度につき、消費税の申告・納付をする必要がある。

(2)　住民税・事業税

住民税（都道府県民税・市町村税)、事業税については、清算株式会社においても法人税の申告に準じた取扱いになっており、法人税について解散事業年度の所得に係る確定申告、各清算事業年度の所得に係る確定申告、清算確定事業年度の所得に係る確定申告をするときには、併せて住民税、事業税[25]についても申告・納付をする必要がある（地税53条1項・72条の29第1項・321条の8第1項)。

4　株主の税務

(1)　みなし配当課税

清算株式会社が株主に対して残余財産の分配を行った場合に、株主に交付した資産の価額の合計額が、その会社の資本等の金額のうちその交付の基因となった株式に対応する部分の金額を超える部分については、株主に対して配当金を支払ったものとみなされる（みなし配当課税）（法税24条1項3号、所税25条1項3号）。

みなし配当は通常の受取配当と同様に取り扱われるため、法人株主においては受取配当等の益金不算入の規定が適用されることになる（法税23条）。

残余財産の分配時にみなし配当が発生した場合には、当該清算株式会社は、次に掲げる手続を行う必要がある。

ア　株主に対する残余財産を分配する旨及び残余財産の分配が生じた日並びに1株当たりのみなし配当金額の通知（法税令23条4項）

イ　源泉所得税の徴収及び納付（所税181条・182条2号）

ウ　支払調書の所轄税務署長に対する提出及び株主に対する交付（所税225条2項2号）

(2)　譲渡損益課税

残余財産の分配として株主に交付した資産の価額の合計額から、配当とみなされた部分を控除した残額は、株式譲渡（みなし譲渡）損益に対する課税が行われる場合に、その対価の額となる（法税61条の2第1項1号、租特37条の10第3項3号）。

5　清算株式会社（子会社）と株主（親会社）が完全支配関係にある場合の特例

平成22年度税制改正において、いわゆるグループ法人課税が導入されたことに伴い、内国法人である清算株式会社（子会社）と内国法人である株主（親会社）が完全支配関係（法税2条12号の7の6）にある場合については、以下のような特例が設けられている。

(1)　完全支配関係にある親子会社間の譲渡損益課税の特例（株主（親会社）の税務）

株主（親会社）が、完全支配関係にある清算株式会社（子会社）からみなし配当の額が生ずる基因となる事由により金銭その他の資産の交付を受けた場合等には、当該事由により生ずる株式の譲渡損益を計上しないこととなった（法税61条の2第17項）。したがって、株主（親会社）

が清算株式会社から残余財産の分配を受け、みなし配当の適用を受ける場合には、譲渡損益課税は生じないことになり、当該譲渡損益相当額は資本金等の額の増加又は減少と処理することとなる（法税令8条1項19号）。

(2)　完全支配関係にある親子会社間の残余財産の現物分配が適格現物分配に該当する場合の特例

①　清算株式会社（子会社）の税務

清算株式会社（子会社）が適格現物分配（法税2条12号の15）により株主（親会社）に対しその有する資産の移転をしたときは、その移転をした資産の適格現物分配の直前の帳簿価額（その適格現物分配が残余財産の全部の分配である場合には、その残余財産の確定の時の帳簿価額）による譲渡をしたものとして、その事業年度の所得の金額を計算することとなった（法税62条の5第3項）。

また、適格現物分配に該当する場合、みなし配当（所税5条3項・174条3号・24条1項・25条1項4号）に対する源泉徴収（所税212条3項）については要しないこととされた（所税24条1項括弧書）。なお、適格現物分配は、現物分配により資産の移転を受ける者が、完全支配関係がある内国法人のみであることが前提である（法税2条12号の15）。

②　株主（親会社）の税務

他方、完全支配関係にある清算株式会社（子会社）から適格現物分配（法税2条12号の15）により資産の移転を受けた株主（親会社）は、その受けたことにより生ずる収益の額については益金の額に算入しないこととなった（法税62条の5第4項）。

この場合、株主（親会社）における適格現物分配資産の取得価額は、清算株式会社（子会社）における適格現物分配直前の帳簿価額となる（法税令123条の6第1項）。

⑶　完全支配関係にある子会社の欠損金の引継ぎ（株主（親会社）の税務）

完全支配関係にある清算株式会社（子会社）の残余財産が確定した場合において、当該清算株式会社（子会社）に未処理欠損金額等があるときは、その未処理欠損金額等に相当する金額は、その株主である親会社の当該残余財産の確定の日の翌日の属する事業年度以後の各事業年度における欠損金の繰越控除の適用において、その未処理欠損金額等の生じた清算株式会社（子会社）の事業年度開始の日の属するその株主である親会社の事業年度において生じた欠損金額とみなされることとなった（法税57条2項・58条2項）。なお、未処理欠損金額の引継ぎについては、みなし共同事業要件、5年継続支配関係のいずれかを満たさない場合には、欠損金額の引継制限がある（法税57条3項）。

1）　株式会社に破産手続開始の決定があっても、同時廃止（破216条）の場合には破産手続は進行しないので、当該株式会社は清算手続を行うことになる（江頭憲治郎『株式会社法（第6版）』987頁注⑴、有斐閣、2015年）。

2）　株式会社の清算事由としては、①解散のほか、②設立の無効の訴えに係る請求を認容する判決が確定した場合、③株式移転の無効に係る請求を認容する判決が確定した場合がある（会社475条1号～3号）。

3）　債権者に対する債権申出期間（会社499条1項）等の関係上、清算手続には最短2カ月半程度の期間を要することになる。

4）「解散の日」とは、株主総会その他これに準ずる総会等で解散の日を定めたときはその定めた日、定めなかったときは解散決議のあった日、解散事由の発生により解散した場合には当該事由発生の日とされる（法基通1-2-4）。

5）「残余財産の確定の日」については、法令や通達上定められているわけではないが、一般的には、債権の取立て、資産の換価、債務の弁済が終了し、残余財産として分配すべき額が確定した時点とすれば足りると解される。また、債務超過会社においては、弁済不能債務全額について債務免除を受け、分配すべき残余財産がないことが確定したときとなるものと解される（大沼長清・井上久彌・磯邊和男編『第八次改訂　会社税務マニュアルシリーズ1　設立・解散』178頁、ぎょうせい、2015年）。

6）　所得税法等の一部を改正する法律（平成22年法律第6号、平成22年3月24日成立、3月31日公布）による改正を、この項においては「平成22年度税制改正」というものとする。

7）　資本金等の額及び利益積立金額等の控除が認められていたのは、資本金等の額は株主からの実質的な出資額で法人の利益を構成しない部分であり、利益積立金額等は過去に法人税の課税が終了している部分であるということからであった（金子宏『租税法（第15版）』401・402頁、弘文堂、2010年）。

8）　残余財産の価額から控除する利益積立金額等の金額がマイナスの場合には、これを零円として計算するのではなく、マイナスのまま計算する旨の国税不服審判所の裁決が公表されている（国税不服審判所裁決平21・11・27裁決事例集78・397）。

9）　我が国の企業会計では、法人の利益は、一定期間における収益からそれを得るのに必要な費用を控除する方法で計算されるが、法人税法22条1項は、それを前提として、法人の各事業年度の所得の金額は、当該事業年度の益金の額から当該事業年度の損金の額を控除した金額とする旨定めている（金子宏『租税法（第22版）』320頁、弘文堂、2017年）。

10）　清算株式会社（子会社）と株主（親会社）が完全支配関係（法税2条12号の7の6）にある場合における子会社の欠損金の引継ぎについては、**5**(3)を参照のこと。

11）「青色欠損金等」とは、青色欠損金（法税57条1項）及び災害損失欠損金（法税58条1項）をいう。

12）　これは、従来の清算所得課税においては期限切れ欠損金という概念が存在しないことから、各事業年度の所得に対する法人税課税の方式に移行した場合にも過去の累積欠損金の損金算入を認め、課税方式の移行前後において税負担に大きな差異が生じないようにするための改正とされている。

13）　期限切れ欠損金額の具体的算定方法については、「平成22年度税制改正に係る法人税質疑応答事例（グループ法人税制その他の資本に関係する取引等に係る税制関係）（情報）」（国税庁HP。http://www.nta.go.jp/shiraberu/zeiho-kaishaku/joho-zeikaishaku/hojin/101006/index.htm）問8も参照。

14）　前掲注13）・法人税質疑応答事例問10も参照。

15）　前掲注13）・法人税質疑応答事例問9も参照。

16）　債務超過である会社の事業再生、事業の廃止のための清算における期限切れ欠損金の損金算入制度の適用については、「72　法人の破産――1法人税」「76　民事再生」を参照のこと。

17）　清算中の各事業年度については、平成22年度税制改正において欠損金の繰戻し還付を請求できるようになった。

18）　会社法上作成が要求されている解散の日における財産目録及び貸借対照表（会社492条1項）は、財産を換価処分した場合の純資産価額を表示する目的のものであり、資産の評価は処分価格によることになるが（会社規144条2項・145条2項）（前掲注1）・江頭639頁注(1)、解散事業年度の所得に対する法人税確定申告書添付の貸借対照表等（法税74条3項、法税規35条）については、通常の事業年度と同様に取得原価主義を基本とする評価によることになることから、これらの添付書類については税務申告用に別途作成することが必要となる。

19)　もっとも、解散を前提とした事業年度であるということから、欠損金の繰戻し還付、租税特別措置法上の特別償却、租税特別措置法上の準備金、圧縮記帳に係る特別勘定、租税特別措置法上の税額控除等についての特例等につき、通常の事業年度と異なる取扱いをする規定が存在する（前掲注5）・大沼・井上・磯邊186～207頁）。

20)　もっとも、期限切れ欠損金の損金算入・欠損金の繰戻し還付、特別償却、租税特別措置法上の準備金、圧縮記帳に係る特別勘定、租税特別措置法上の税額控除等についての特例等については、通常の事業年度と異なる取扱いをする規定が存在する（前掲注5）・大沼・井上・磯邊208～222頁）。なお、従来、清算中の法人に対しては、交際費等の損金不算入制度は適用されていなかったが、上記平成22年の法人税法等の改正により、清算中の法人に対しても適用されることとなった（租特61条の4）。

21)　但し、清算確定事業年度においては、確定申告書の提出期限の延長の特例は適用されない（法税75条の2第1号）。

22)　前掲注5）も参照。

23)　なお、この事業税の損金算入は、事業税の額の計算の基礎となる所得の金額が確定することが前提となるが、地方税法上、当該所得の計算においては法人税法62条の5第5項の規定の例によらないとすることにより、循環計算とならないよう手当てがなされている（地税72条の23第1項・2項）。

24)　なお、解散が還付事由から除外されたことに伴い、特別清算開始の決定が控除未済額の還付請求のできる企業再生事由に追加されている（法税令175条2項1号）。

25)　事業税の額の計算の基礎となる所得の金額の計算につき、前掲注23）も参照。

64　組織変更

1　組織変更の意義、税法上の考え方

組織変更とは、会社法上は、法人格の同一性を損なうことなく、株式会社から持分会社、持分会社から株式会社という会社組織の変更をする行為をいう[1)]。

したがって、組織変更前後の会社は法的に同一の法人であり、財産や債権債務等の承継が問題となることは基本的になく、税法上もこの考え方に基づいている。

ところで、持分会社間での組織変更は、会社法上の組織変更ではなく、会社の種類変更として整理されている（会社638条参照）。

もっとも、税法上は組織変更と同様に扱われていることから、合わせて検討することとする。

なお、特例有限会社の株式会社への変更は、同じ株式会社の枠内の行為であるから組織変更ではなく、定款変更による商号の変更にすぎない。

以下において各場合についての手続の概要を述べる。

2　組織変更等の手続の概要

⑴　組織変更手続について

会社が組織変更する場合には、まず実体的な要件として、組織変更計画を作成しなければならない（会社743条。具体的な記載事項は会社法744条参照）。

手続的な要件としては、組織変更計画に関する書面等の備置き及び閲覧等（会社775条）、総株主の同意による組織変更計画の承認（会社776条1項）、登録株式質権者等への通知等（会社776条2項・3項）、新株予約権の買取り（会社777条）、さらには債権者保護手続を必要とする（会社779条）。

但し、持分会社から株式会社へ組織変更する場合には、組織変更計画

等の事前の備置き等は不要である。

(2) 種類変更手続について

会社種類の変更には、定款の変更により社員の責任を変更し、又は社員を新たに加入させることによって行う（会社 638 条）。

また、合資会社の有限責任社員又は無限責任社員の退社により、合名会社又は合同会社となる旨の定款変更をしたものとみなされる場合がある（会社 639 条）。

なお、種類変更の場合には、債権者保護手続等は不要である。

(3) 特例有限会社から株式会社への変更

従前の有限会社は、会社法施行に伴い特例有限会社として存続するが（会社法整備法 2 条 1 項・3 条 1 項）、通常の株式会社への移行のため「株式会社」の文字を用いる商号の変更をすることができる（会社法整備法 45 条 1 項）。

この場合の株主総会決議は、総株主の半数以上（これを上回る割合を定款で定めた場合にはその割合以上）であってかつ当該株主の議決権の 4 分の 3 以上に当たる多数をもって行う必要がある（会社法整備法 14 条 3 項、会社 309 条 2 項 11 号）。

3　税務上の取扱い

(1) 組織変更等についての考え方

組織変更は、法人格の同一性を損なうことなく会社組織を変更する行為であるから、会社法上は、組織変更・種類変更の場合には法人の解散及び設立の登記が必要とされているものの（会社 919 条・920 条）、税務上はそれにかかわらず事業年度は継続することが示されている（法基通 1-2-2）。

また、会社の種類変更及び特例有限会社による株式会社への定款変更の場合についても同様とされている（法基通 1-2-2）。

したがって、税務上特別な処理は不要であり、青色申告の扱い、青色欠損金の繰越等の税務事項は、基本的にすべて変更後の会社に引き継がれるとされる[2)]。

⑵　みなし配当について

株主等が、法人の組織変更（組織変更をした当該法人の株式又は出資以外の資産を交付したものに限る）により当該法人から金銭その他の資産の交付を受けた場合において、その交付額がその法人の資本金等の額のうちその交付の基因となった株式又は出資に対応する部分の金額を超える場合には、その超える部分の額はみなし配当として課税されることとなる（所税25条1項7号。法人の場合、法税24条1項7号）。

なお、組織変更を行った会社においては、配当とみなされる金額に対し課される所得税に関して、源泉徴収をしなければならない（所税181条1項）。

⑶　組織変更等に伴う資本金の変更による税率の変更について

① 法人税法について

法人税の税率は、原則として、平成28年度税制改正により、平成28年4月1日以後に開始する事業年度については23.4%（法税 附則(平成28年3月31日法律15号) 26)、平成30年4月1日以後に開始する事業年度については23.2%であるが（法税66条1項)、組織変更等に伴い当該事業年度終了時において資本金又は出資金の額が1億円以下となったものについては、各事業年度の所得金額のうち年800万円以下の金額については、その部分について19%となる（法税66条2項)（租税特別措置法42条の3の2により平成29年3月31日までの間に開始する各事業年度に係る法人税の税率は15%とされている)。

② 地方税法について

法人に課される地方税としては法人住民税、法人事業税があるが、特に前者について、資本金等の変更によりその税率が変更となる場合がある。

すなわち、法人住民税の均等割に関しては、都道府県民税について例えば、資本金等の額が1000万円以下の場合には2万円、1000万円を超え1億円以下である法人の場合には年額5万円などとなっている

（地税52条1項）[3]。

また、市町村民税については、資本金等の額が1000万円以下である法人で従業者数の合計数が50人を超えるものについて年額12万円、資本金等の額が1000万円を超え1億円以下である法人で従業者数の合計数が50人以下であるものについて年額13万円などとなっている（地税312条1項）[4]。

したがって、組織変更等に伴い、資本金等の額が変更となる場合には、これらに応じた対応が必要となる。

(4)　登録免許税について

①　組織変更及び種類変更の場合

組織変更及び種類変更の場合には、変更前の会社については解散の登記を、変更後の会社については設立の登記を、それぞれしなければならない（会社919条・920条）。

したがって、解散の登記手続に際しては3万円を納付する必要があり（登免税2条・9条・別表第一24号（一）レ）、設立の登記手続については、原則として資本金の額の1000分の1.5（超過部分1000分の7）の割合による金額を納付する必要がある（登免税別表第一24号（一）ホ）。

②　特例有限会社の通常の株式会社への移行の登記

特例有限会社が通常の株式会社へ移行する場合には、有限会社の解散の登記及び株式会社の設立の登記が必要となる（会社法整備法46条）。

この場合、株式会社の設立登記については、登録免許税法上、組織変更による株式会社の設立の登記とみなされるため（登免税17条の3）、上記①の場合と同様、原則として資本金の額の1000分の1.5（超過部分1000分の7）の割合による金額を納付する必要がある。

また、解散の手続に際しても、上記①と同様に3万円を納付する必要がある。

⑸　異動届の提出

会社の組織変更等に伴って、異動届出書等を税務署に届け出る必要がある。

1）組織変更の特徴を一言でいえば、法人格の同一性を維持しながら、株式会社・持分会社間で会社の種類を変更することをいう。江頭憲治郎・門口正人編集代表『会社法大系⑷』26頁（青林書院、2008年)、会社法2条26号参照。

2）大沼長清・井上久彌・磯邊和男編『第八次改訂　会社税務マニュアルシリーズ4　破産・再生・組織変更』290頁（ぎょうせい、2015年)。

3）資本金の額が1億円を超える会社についても、一定の資本金の額にスライドして税率が定められている。詳細は、地方税法52条1項を参照されたい。

4）資本金の額が1億円を超える会社についても、一定の資本金の額及び従業者数にスライドして税率が定められている。詳細は、地方税法312条1項を参照されたい。

Ⅺ　グループ企業

65　グループ法人税制

1　グループ法人税制

(1)　平成22年度税制改正による単体グループ法人税制の導入

グループ経営の円滑化及びグループ内取引による選択的損益の計上の防止を図るなどの目的を徹底すべく、単体課税においても以下述べるようなグループ取引を意識した税制（「グループ法人単体課税制度」）が、平成22年度税制改正において導入された。

なお、一般的には、「グループ法人単体課税制度」をもって、「グループ法人税制」と称することが多い。そのため、本項でも説明の便宜上、「グループ法人税制」とは「グループ法人単体課税制度」を意味するものとする。

(2)　グループ法人税制の主要項目

グループ法人税制は、主要項目としては、100％グループ内の取引に係る以下の内容が挙げられる。そのうちウ及びカ以外について本項で記述するが、ウについては、「66　100％グループ内の法人間の現物分配、及び株式分配等」を、カについては「4　中小企業の特例措置」を参照されたい。

ア　資産の譲渡取引等における譲渡損益の繰延べ

イ　寄附金税制の見直し

ウ　適格現物分配制度の創設

エ　受取配当等の益金不算入制度の見直し

オ　株式の発行法人への譲渡に係る損益取引の見直し

カ　中小企業向け特例措置の大法人の100％子法人等に対する不適用

2　グループ法人税制の適用対象——完全支配関係

(1)　完全支配関係

グループ法人税制の適用対象となる取引は、「完全支配関係」にある法人間の取引である。

①　「完全支配関係」とは、「Ⓐ一の者が法人の発行済株式等（発行済株式若しくは出資のうち当該法人が有する自己の株式若しくは出資を除いたもの。法税2条12号の7の5）の全部を直接若しくは間接に保有する関係として政令（法税令4条の2第2項）で定める関係（「当事者間の完全支配の関係」）、又は、Ⓑ一の者との間に当事者間の完全支配の関係がある法人相互の関係」をいう（法税2条12号の7の6）。

②　上記①Ⓐの、「一の者が法人の発行済株式等……の全部を直接若しくは間接に保有する関係として政令（法税令4条の2第2項）で定める関係」とは、一の者が、原則として、法人の発行済株式等の全部を保有する場合におけるその一の者とその法人との間の関係（以下、「直接完全支配関係」という）である。なお、上記「法人の発行済株式等」は、自己株式は除くほか、イ．民法上の組合形式による従業員持株会の保有する株式数（法税令4条の2第2項1号）及び、ロ．会社法238条2項の決議により役員、使用人に付与された新株予約権（ストック・オプション）の行使によって取得された株式数（法税令4条の2第2項2号）を合計した数の発行済株式総数（自己株式を除いたもの）に占める割合が100分の5未満のものを、除いたものである。

例えば、ある株式会社で発行済株式が1000株、自己株式が100株であり、民法上の組合である従業員持株会の有する株式が44株であり、残りは「一の者」等が有するのであれば、従業員持株会の有する株式は（1000－100）×0.05＝45株未満の44株であるので、完全支配関係があると言える。仮に、従業員持株会の有する株式が50株である場合は、残りを「一の者」等が有していても（1000－100）×

0.05＝45株以上であるので、発行済株式総数から除外が出来ず、完全支配関係があるとは言えない。

①Ⓐでは、「その「一の者」及びこれとの間に直接完全支配関係がある一若しくは二以上の法人」又は「その「一の者」との間に直接完全支配関係がある一若しくは二以上の法人が他の法人の発行済株式等の全部を保有するとき」は、その「一の者」は、当該他の法人の発行済株式等の全部を保有するものとみなすこととされている（法税令4条の2第2項)。すなわち、①Ⓐについては、100%グループ内の親と子の関係、親と孫の関係、親と曾孫の関係、①Ⓑについては、親との関係における子と孫の相互関係及び子同士相互の関係のいずれも完全支配関係になる。

また、完全支配関係の判定における「発行済株式等」(法税2条12号の7の5）とは、会社法上の「株式」に該当するものすべてを含み、「発行済株式の全部を保有する」とは、普通株式のみならず、会社の「支配」には関係のない無議決権株式についても、すべてを保有していることをいう。

③　上記①Ⓑとは、一の者との間に株式の全部を直接又は間接に保有する関係がある法人相互の関係（法税2条12号の7の6）である。

(2)　完全支配関係のパターン

完全支配関係を整理すると、以下の2つのパターンに大別できる。

①　当事者間の完全支配の関係－親子関係のパターン

一の者が法人の株式の全部を直接又は間接に保有する関係で、(1)の①Ⓐである。

(i)　直接完全支配関係（法税令4条の2第2項）

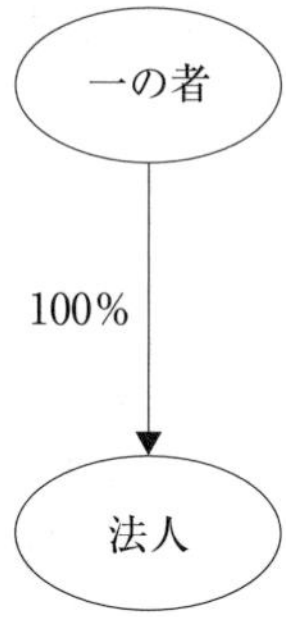

⒤　一の者が全部を保有するとみなされる場合（法税令４条の２第２項）

次の場合、一の者は他の法人の株式の全部を保有するものとみなされる。

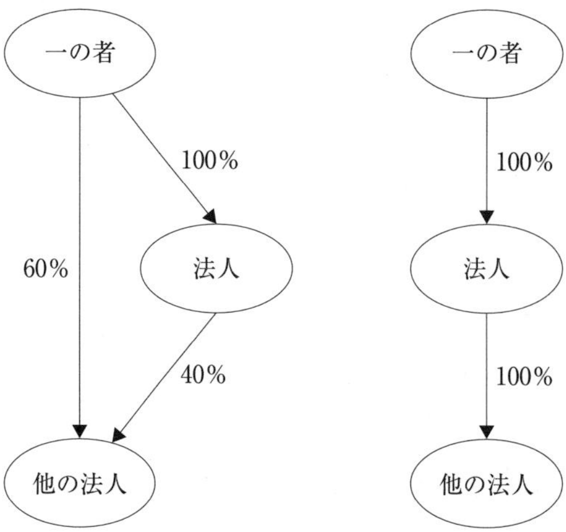

②　完全支配関係のある法人相互の関係－兄弟関係のパターン

一の者との間に株式の全部を直接又は間接に保有する関係がある法人相互の関係⑴の①Ⓑである。

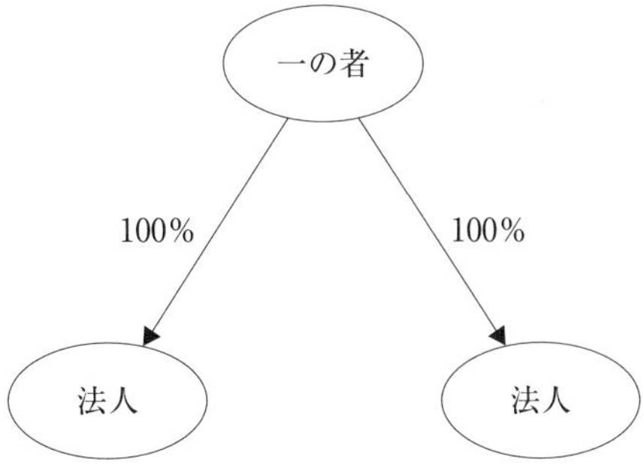

⑶　「一の者」が個人である場合

上記の「一の者」（すなわち株主等）が個人である場合には、「一の者」とは、その者及びこれと法人税法施行令４条１項に規定する特殊の関係のある個人を含む。法人税法施行令４条１項に規定する特殊の関係のある個人とは、次の者をいう（法税令４条の２第２項・４条１項）。

ア　株主等の親族

イ　株主等と婚姻の届出をしていないが事実上婚姻関係と同様の事情にある者

ウ　株主等（個人である株主等に限る）の使用人

エ　アからウまでに掲げる者以外の者で株主等から受ける金銭その他の資産によって生計を維持しているもの

オ　イからエまでに掲げる者と生計を一にするこれらの者の親族

⑷　具体例

①　甲がＡ社の株式を70％所有している。甲の子供である乙がＢ社の100％の株式を所有しており、Ｂ社はＡ社の株式の30％の株式を所有している場合に、Ａ社とＢ社との間に完全支配関係があるかどうかについて検討してみる。

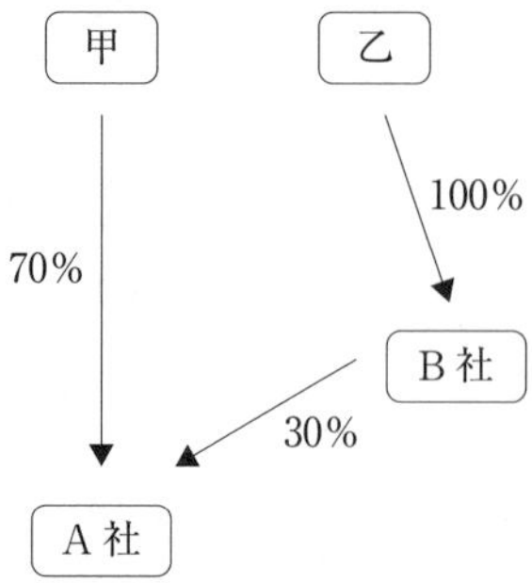

②　まず甲と乙とは親子であるので、「甲・乙」を「一の者」と考えることができる（法税令4条の2第2項・4条1項)。「甲・乙」はB社の100%の株式を保有するのであるから、「甲・乙」とB社とは直接完全支配関係にある。「甲・乙」はA社の株式を70%所有しているほか、直接完全支配関係を有するB社を介してA社の株式の30%有しているので、「甲・乙」とA社との間は完全支配関係である（法税2条12号の7の6、法税令4条の2第2項後段)。A社とB社はいずれも「甲・乙」と当事間の完全支配の関係があるので、A社とB社とは「一の者との間に当事者間の完全支配の関係がある法人相互の関係となり完全支配関係になる（法税2条12号の7の6後段、法税令4条の2第2項後段)。

3　100%グループ内の法人間の資産の譲渡等

100%グループ内の法人間の資産（譲渡損益調整資産）の譲渡取引に係る譲渡損益については計上せず、繰り延べる（法税61条の13第1項）こととなる。100%グループ内の法人間の取引からは、原則として所得・損失は生じないものとの考えに基づく。なお、100%親会社が自己の有する子会社の株式を子会社に譲渡する場合については、7を参照されたい。

(1)　譲渡損益の繰延べ

①　内国法人（普通法人または協同組合等に限る。以下、「譲渡法人」という）が、当該譲渡法人との間に完全支配関係がある他の内国法人（普通法人または協同組合等に限る。以下、「譲受法人」という）に譲

渡損益調整資産（法税 61 条の 13 第 1 項）を譲渡した場合には、その譲渡損益調整資産に係る譲渡利益額（その譲渡に係る対価の額が原価の額を超える場合におけるその部分の金額）または譲渡損失額（その譲渡に係る原価の額が対価の額を超える場合におけるその超える部分の金額）に相当する金額は、その譲渡した事業年度の所得金額の計算上、損金の額又は益金の額に算入する（法税 61 条の 13 第 1 項）すなわち、譲渡利益額が出れば、譲渡損益調整損として損金の額に算入して譲渡利益額の繰延べを行い、譲渡損失額が出れば譲渡損益調整益として益金の額に算入して譲渡損失額の繰延べを行う。その旨は、法人税申告書別表十四（五）（巻末資料：法税規別表十四（五）「完全支配関係がある法人の間の取引の損益の調整に関する明細書」参照）に記載する。

② 例えば、簿価 100 の譲渡損益調整資産（土地）を譲渡法人が譲受法人に 120 で譲渡した場合の「税務上の仕訳」は、下記のとおりである。

記

現金	120	土地	100
		土地売却益	20
譲渡損益調整損	20	譲渡損益調整勘定	20

③ 例えば、簿価 100 の譲渡損益調整資産（土地）を譲渡法人が譲受法人に 80 で譲渡した場合の「税務上の仕訳」は、下記のとおりである。

記

現金	80	土地	100
土地売却損	20		
譲渡損益調整勘定	20	譲渡損益調整益	20

(2) 譲受法人

① 譲渡法人について上記(1)のように譲渡損益を繰延べるが、譲受法人については取引金額がそのまま取引価額として計上されるので、留意されたい。

②　上記(1)②の取引がなされた場合の譲受法人の「税務上の仕訳」は、下記のとおりである。

記

土地	120	現金	120

③　上記(1)③の取引がなされた場合の譲受法人の「税務上の仕訳」は、下記のとおりである。

記

土地	80	現金	80

(3)　対象取引

適用対象となる取引は、内国法人（普通法人または協同組合等に限られる）間の取引に限定されている。個人又は外国法人との取引は、対象にならない（法税 61 条の 13 第 1 項）。

(4)　譲渡損益調整資産

譲渡損益の繰延べを行う対象資産は、次の資産に限定されている（法税 61 条の 13 第 1 項、法税令 122 条の 14 第 1 項）。

ア　固定資産

イ　土地（固定資産以外のもので土地の上に存する権利を含み、固定資産に該当するものを除く）

ウ　有価証券（法税 2 条 21 号、法税令 122 条の 14 第 1 号・2 号。売買目的有価証券又は譲受法人で売買目的有価証券になるものを除く）

エ　金銭債権

オ　繰延資産（法税 2 条 24 号）

なお、上記ア～オの資産に該当する場合でも譲渡直前の帳簿価額の「単位当たりの価額」が 1000 万円未満の資産は対象にならない（法税 61 条の 13 第 1 項、法税令 122 条の 14 第 1 項 3 号）。「単位当たりの価額」が 1000 万円未満の資産になるかどうかを判断する際の上記の「単位」は、次のようになる（法税規 27 条の 13 の 3・27 条の 15 第 1 項）。

ア　金銭債権……1債務者ごと（法税規27条の15第1項1号）

イ　減価償却資産（法税規27条の15第1項2号）

(i)　建物……1棟又は区分所有の区画部分ごと

(ii)　機械及び装置……1の生産設備又は1台又は1基ごと

(iii)　その他の減価償却資産……(i)、(ii)に準じる

ウ　土地等（法税規27条の15第1項3号）……1筆ごと（一体として事業の用に供される1団の土地等ごと）

エ　有価証券（法税規27条の15第1項4号）……銘柄の異なるごと

オ　その他の資産（法税規27条の15第1項5号）……通常の取引の単位ごと

(5)　繰延譲渡損益の計上と計上事由等

①　繰延譲渡損益の計上

譲渡損益調整資産に係る譲渡損益額はグループ外譲渡時まで繰り延べられるわけではない。

法人税法61条の13第1項に基づき譲渡損益調整資産に係る譲渡損益が繰り延べられた場合、譲受法人において譲渡損益調整資産の譲渡や償却等の計上事由が生じたときは、譲渡法人は、譲渡損益調整資産に係る譲渡利益額に相当する金額につき所定の計算により、所得金額の計算上益金の額に算入し、譲渡損失額に相当する金額につき所定の計算により、所得金額の計算上損金の額に算入する（法税61条の13第2項）。

②　計上事由と計上金額

計上事由及びその計上金額は以下のとおりである（法税令122条の14第4項）。計上時期は、その計上事由が生じた日の属する譲受法人の事業年度終了の日の属する譲渡法人の事業年度である（法税令122条の14第4項）。

ア　譲渡損益調整資産の譲渡、貸倒れ、除却その他これらに類する事由、適格分割型分割による分割承継法人への移転、譲受法人が公益法人等に該当することとなったこと（法税令122条の14第4項1

号）

計上金額は、繰り延べた譲渡利益額又は譲渡損失額に相当する金額である。

イ 譲受法人において法人税法25条2項の評価換えにより、資産の評価益につき益金の額に算入されたこと（法税令122条の14第4項2号）

計上金額は、繰り延べた譲渡利益額又は譲渡損失額に相当する金額である。

ウ 譲受法人において減価償却資産に該当し、減価償却費が損金の額に算入されたこと（法税令122条の14第4項3号）

計上金額は、繰り延べた譲渡利益額又は譲渡損失額に相当する金額にその減価償却資産の取得価額のうちに減価償却費として損金の額に算入された金額の占める割合を乗じて計算した金額であるが、下記計算式に基づき計算した金額を上記の計上金額にみなすことができる。このみなし規定は、譲渡損益調整資産の譲渡の日の属する事業年度の確定申告書にみなし規定の適用を受ける金額及びその計算明細の記載がある場合に限り適用がある（法税令122条の14第6項1号・7項・8項）。

$$（譲渡利益額又は譲渡損失額に相当する金額）\times\frac{内国法人のその事業年度開始の日から終了の日までの期間の月数}{譲渡損益調整資産の耐用年数\times 12}$$

エ 譲受法人において繰延資産に該当し、償却費が損金の額に算入されたこと（法税令122条の14第4項4号）

計上金額は、繰り延べた譲渡利益額又は譲渡損失額に相当する金額にその繰延資産の価額のうちに償却費として損金の額に算入された金額の占める割合を乗じて計算した金額であるが、下記計算式に基づき計算した金額を上記の計上金額にみなすことができる。このみなし規定は、譲渡損益調整資産の譲渡の日の属する事業年度の確定申告書にみなし規定の適用を受ける金額及びその計算明細の記載がある場合に限り適用がある（法税令122条の14第6項2号・7項・8項）。

> （譲渡利益額又は譲渡損失額に相当する金額）
>
> $\times \dfrac{\text{内国法人のその事業年度開始の日から終了の日までの期間の月数}}{\text{繰延資産となった費用の支出効果の及ぶ期間の月数}}$

オ　譲受法人において法人税法33条2項～4項の評価換えなどにより、資産の評価損につき損金の額に算入されたこと（法税令122条の14第4項5号）

計上金額は、繰り延べた譲渡利益額又は譲渡損失額に相当する金額。

カ　譲受法人において譲渡損益調整資産と銘柄を同じくする有価証券の譲渡をしたこと（法税令122条の14第4項6号）

計上金額は、繰り延べた譲渡利益額又は譲渡損失額に相当する金額のうち、その譲渡した数に相当する金額。

キ　譲受法人において譲渡損益調整資産が償還有価証券に該当し、その償還有価証券に係る調整差益又は調整差損が益金の額又は損金の額に算入されたこと（法税令122条の14第4項7号）

計上金額は、繰り延べた譲渡利益額又は譲渡損失額に相当する金額に、譲渡法人のその事業年度開始の日から償還日までの全日数のうちに譲渡法人のその事業年度の日数の占める割合を乗じて計算した金額である。

ク　譲受法人において譲渡損益調整資産が法人税法61条の11第1項の時価評価資産に該当し、譲渡損益調整資産につき同項に規定する評価益又は評価損が益金の額又は損金の額に算入されたこと（法税令122条の14第4項8号）

計上金額は、繰り延べた譲渡利益額又は譲渡損失額に相当する金額である。

⑹　譲渡法人と譲受法人とが完全支配関係を有しないこととなったとき

譲渡法人が、譲受法人との間に完全支配関係を有しないこととなった場合には、繰り延べた譲渡利益額又は譲渡損失額に相当する金額は、完全支配関係を有しないこととなった日の前日の属する事業年度の益金の額又は損金の額に算入する（法税 61 条の 13 第 3 項）。

なお、次の場合についてはこの取扱いは適用されない。

ア　譲渡法人の適格合併（合併法人がその譲渡法人との間に完全支配関係がある内国法人に限る）による解散により完全支配関係がなくなる場合

イ　譲受法人の適格合併（合併法人がその譲受法人との間に完全支配関係がある内国法人に限る）による解散により完全支配関係がなくなる場合

⑺　連結納税開始又は加入する法人の取扱い

連結納税を開始するにあたり、又は連結納税に加入する場合に譲渡会社（連結親法人以外の法人）がそれ以前の事業年度において譲渡損益調整資産に係る譲渡損益額を有している場合には、譲渡損益調整資産に係る譲渡利益額又は譲渡損失額に相当する金額は、少額であるもの等を除き、連結直前事業年度又は連結加入事業年度の所得金額の計算上、益金の額又は損金の額に算入する（法税 61 条の 13 第 4 項、法税令 122 条の 14 第 11 号）。

⑻　各種の通知

①　譲渡法人による譲受法人への通知

資産を譲渡した譲渡会社は、譲渡の後遅滞なく、完全支配関係がある譲受法人に対して、その譲渡した資産が譲渡損益調整資産該当資産である旨、繰延べ損益の計上金額については法人税法施行令 122 条の 14 第 6 項に規定するみなし計上額によるものとする場合はその旨を通知しなければならない（法税令 122 条の 14 第 15 項）。

②　譲受法人による譲渡法人への通知（その 1）

上記①の通知を受けた譲受会社は、通知を受けた後遅滞なく、次に掲げる旨、事項を譲渡会社に通知しなければならない（法税令 122 条の 14 第 16 項）。

ア　譲受法人において売買目的有価証券とされる場合はその旨

イ　譲渡法人により繰延損益の計上金額については法人税法施行令 122 の 14 第 6 項に規定するみなし計上額によるものとする旨の通知を受けた場合は、減価償却資産の耐用年数又は繰延資産の支出の効果の及ぶ期間

③　譲受法人による譲渡法人への通知（その 2）

譲受法人は、繰延べ譲渡損益の計上事由が生じた場合には、その旨及びその生じた日を、その事由が生じた事業年度終了後遅滞なく、譲渡法人に通知しなければならない（法税令 122 条の 14 第 17 項）。

(9)　グループ法人税制の組織再編への影響

①　グループ法人税制と組織再編行為

(i)　譲渡損益調整資産に係る譲渡損益繰延べの規定の適用

完全支配関係のある内国法人間の譲渡損益調整資産に係る譲渡損益繰延べの規定（法税 61 条の 13 第 1 項）は、適格合併等の別段の定め（法税 62 条の 2・62 条の 3 等）がある場合を除き、完全支配関係にある内国法人間における非適格組織再編における資産の移転による譲渡についてもその適用がある（法税 62 条・61 条の 13 第 1 項）。

なお、完全支配関係法人間の非適格分割型分割の場合、非適格分割型分割に係る分割承継法人により、譲渡損益調整資産が分割対価資産として交付された場合、当該分割承継法人から当該分割型分割に係る分割法人の株主等に対して当該譲渡損益調整資産が譲渡されたものとみなして、分割承継法人においてその資産に係る譲渡損益額は繰り延べられることになる（法税令 122 条の 14 第 14 項）。

(ii)　適格合併により解散する場合

譲渡法人の譲渡損益調整資産に係る譲渡損益について、譲渡会社が適格合併（合併法人が譲渡会社との間に完全支配関係がある内国

法人であるものに限る）により解散したときは、適格合併に係る合併法人のその合併の日の属する事業年度以後の各事業年度においては、その合併法人が譲渡利益額又は譲渡損失額につき法人税法61条の13の規定の適用を受けた法人とみなされ、同条の規制に服する（法税61条の13第5項）。

(iii)　譲受法人が適格合併等により資産を移転した場合

譲渡法人の譲渡損益調整資産に係る譲渡損益について、譲受法人が適格合併、適格分割、適格現物出資又は適格現物分配により合併法人、分割承継法人、被現物出資法人又は被現物分配法人（合併法人等という。合併法人等が譲受法人との間に完全支配関係がある内国法人であるものに限る）に譲渡損益調整資産を移転したときは、その移転した日以後に終了するその内国法人の各事業年度においては、その合併法人等を譲受法人とみなされ、同条の規制に服する（法税61条の13第6項）。

(iv)　非適格合併における被合併法人が適用を受ける場合

非適格合併に係る被合併法人が譲渡損益調整資産の移転につき同条の適用を受けた場合には、譲渡損益調整資産に係る譲渡利益額相当額はその合併に係る合併法人のその譲渡損益調整資産の取得価額に算入しないものとし、譲渡損益調整資産に係る譲渡損失額相当額はその合併に係る合併法人のその譲渡損益調整資産の取得価額に算入するものとする（法税61条の13第7項）。

②　適格事後設立制度の廃止

グループ法人税制の導入に伴い、適格事後設立に関する制度は、実質的に意味がなくなったので廃止された。

③　非適格株式交換、株式移転の資産の時価評価の廃止

株式交換、移転の直前に株式交換親法人又は他の株式移転子法人との間に完全支配関係にある場合、非適格であっても時価評価は行わないことにされた（法税62条の9第1項）。

4　100％グループ内の法人間の寄附金・受贈益

(1)　寄附金の損金不算入と受贈益の益金不算入

①　寄附金の損金不算入

内国法人がその内国法人と完全支配関係がある他の内国法人に対して支出した寄附金の額は損金の額に算入しない（法税37条2項）。この規定の適用を受ける寄附金の額は、法人税法25条の2に規定する受贈益の額に対応するものに限られている。寄附金の額は、いずれの名義をもってされるかを問わず、金銭その他の資産又は経済的な利益の贈与又は無償の供与（広告宣伝費等を除く）をした場合におけるその金銭の額若しくは金銭以外の資産のその贈与の時における価額又はその経済的利益のその供与の時における価額によるものとされている（法税37条7項）。低額譲渡の差額部分の金額についても寄附金の額に含まれるものとされている（法税37条8項）。法人税法37条2項の寄附金の額は、一般的な意味での寄附金の額のうち、法人税法25条の2の受贈益の額に対応するものに限られていることに留意する必要がある。

②　受贈益の益金不算入

内国法人がその内国法人と完全支配関係がある他の内国法人から受けた受贈益の額は益金の額に算入しない（法税25条の2第1項）。この場合の受贈益の額は、相手方において法人税法37条7項に規定する寄附金の額とされるものに対応するものに限られている点に留意する必要がある。受贈益の額は、寄附金の額と同様に規定されている（法税25条の2第2項・3項）。

③　寄附金・受贈益に関する上記特例は、寄附金の損金不算入と受贈益の益金不算入がセットになっている。各規定において「受贈益（寄附金）の額に対応するものに限る」と定められている（法税25条の2第1項、37条2項）。このことから、受贈益又は寄附金の片側だけの調整が行われることはないと言える。

(2) 対象となる取引、法人による完全支配

対象となる寄附金及び受贈益は、内国法人から内国法人に対する寄附金及び受贈益に限られる。したがって、法人と個人との取引、内国法人と外国法人との取引は適用の対象にならない。

法人税法25条の2第1項及び37条2項は、「完全支配関係」の文言の直後に括弧書きで「法人による完全支配関係に限る」としており、完全支配関係の定義のように「一の者による完全支配関係」としてはいない点に留意する必要がある。すなわち「一の者」とは、その者が個人である場合は、その者及びその者の親族等の特殊の関係のある個人を含めて判定される。

もし仮に「法人による完全支配関係」と限定せずに、「一の者による完全支配関係」とすると、「個人による完全支配関係」も容認されることから、親族間での経済的価値の移転が容易に行われるようになってしまう。

例えば親が発行済株式の100%を保有する法人から子が発行済株式の100%を保有する法人へ無償で資産を移転することに対して、寄附金及び受贈益の損金不算入、益金不算入の規定を適用すると、親から子への経済的価値の移転について課税を生じないで行うことが可能になり、相続税・贈与税の回避が容認できるようになってしまう。

なお、一の個人が発行済株式の100%を保有する株式会社Aが2つの100%子会社（B及びC）を有する場合のBC間の関係は、個人による完全支配関係があるだけでなく法人Aによる完全支配関係もあるため、この制度の対象となる。

完全支配関係の有無の判定時点は、寄附金の支出の時点になる。

(3) 寄附修正事由に基づく簿価修正

① 例えば、ある法人が寄附金となる支出を行った法人と当該寄附金を受けた法人双方の株式を保有し、それらの法人が完全支配関係にある場合において、寄附修正事由（子法人が他の内国法人から法人税法25の2第1項の適用を受ける受贈益を受け、又は子法人が他の内国

法人に対して法人税法37条2項の適用を受ける寄附金を支出したこと。法税令9条1項7号）が生じた場合には、その関係株式等の直前帳簿価額に次の算式で算出した金額を加算する（但し、この株式を有する法人における株式の帳簿価格の減額又は増額の処理は、連結法人間の寄附金＝受贈益の場合には適用されない。法税令9条1項7号)。

② 寄附修正事由が発生した子法人の株式を保有する法人は、簿価修正額につき自己の利益積立金額を減少させ又は増加させることになる(法税令9条1項7号)。

5　100％グループ内の法人間の現物分配

「66　100％グループ内の法人間の現物分配、及び株式分配等」を参照。

6　100％グループ内の法人間の受取配当等の益金不算入

(1)　受取配当等の益金不算入

法人が受ける完全子法人株式等（6(2)）に係る配当等の額については、負債利子の控除を行わず全額を益金不算入とする（法税23条1項・4項)。これは、完全支配関係のある法人間での資金、資産の移転については課税が生じないようにするための措置である。

(2)　完全子法人株式等

「完全子法人株式等」とは、配当等の額の計算期間を通じて内国法人との間に完全支配関係があった他の内国法人の株式又は出資をいう（法税23条5項、法税令22条の2第1項)。みなし配当の場合は支払効力が生ずる日の前日において完全支配関係があった場合の他の内国法人の株式又は出資をいう（法税令22条の2第1項)。

完全子法人株式等に規定する「他の内国法人」には、連結完全支配関係がある他の内国法人も含まれ、公益法人等、人格のない社団等などが除かれている。

配当等の額の計算期間とは、直前に支払われた配当等の額に係る基準日の翌日から今回の支払を受ける配当等の額に係る基準日までの期間をいう（法税令22条の2第2項)。

7　100％グループ内の法人の株式の発行法人に対する譲渡に係る損益

内国法人である株主が、①完全支配関係にある法人からみなし配当事由（法税24条1項各号）により金銭その他の資産の交付を受けた場合又は②その事由により完全支配関係のある法人の株式を有しないこととなった場合（以下、「みなし配当事由等」という）には、その株式は帳簿価格により譲渡したものとみなされる（法税61条の2第17項）。

すなわちこの制度は、完全支配関係がある株主において、みなし配当事由等による有価証券の譲渡損益は生じないものとする措置である。この制度は、典型的には自己株式の取得等に伴い生ずる譲渡損失を利用した租税回避的な行為を防止するとともに、完全支配関係にあるグループ内法人間での取引によっては、原則として法人間での所得の発生、移転は生じないものとしたグループ法人税制の趣旨に基づくものである。

⑴　対象となるみなし配当事由等

対象となるみなし配当事由等は、アまたはイに該当する場合である。

ア　みなし配当事由により金銭その他の資産の交付を受けた場合（上記①）

ⓘ　非適格合併（法税24条1項1号）

ⓘⓘ　非適格分割型分割（法税24条1項2号）

ⓘⓘⓘ　非適格株式分配（法税24条1項3号）

ⓘⓥ　資本の払戻し又は解散による残余財産の分配（法税24条1項4号）

ⓥ　自己の株式又は出資の取得（法税24条1項5号）

ⓥⓘ　出資の消却、出資の払戻し等（法税24条1項6号）

ⓥⓘⓘ　組織変更（法税24条1項7号）

イ　みなし配当事由により他の内国法人の株式を有しないこととなった場合（上記②）

みなし配当事由により他の内国法人の株式を有しないこととなった場合（残余財産の分配を受けないことが確定したことを含む残余財産の分配を受けないことが確定したことにより、所有株式に係る損失が生ずることになるため、その損失が生じないように対象取引に含めている。）

ⅰ　非適格合併

ⅱ　非適格分割型分割

ⅲ　自己株式の全部又は一部の無償取得

(2)　資本金等の額

①　みなし配当事由に伴う有価証券の譲渡損益が生じないものとすると、実際の交付金銭等の合計額との関係で、次の計算式で示される差額として生ずる譲渡損益額の処理をどのように行うかが問題になる。

> (みなし配当等の額)＋(譲渡対価とされる金額＝有価証券の帳簿価格)
> －(交付を受けた金銭等の合計額)

この算式により計算した金額は、法人株主において、資本金等の額の増減算項目として処理される（法税令8条1項22号)。

②　具体例

(i)　例えば、内国法人である株主（A社）が株式発行会社（B社）に対して、税務上の簿価が100であるB社株式を時価の150で譲渡した場合の「税務上の仕訳」は、下記のとおりである。なお、みなし配当金等は30だとする。

記

(現金)	150	(配当)	30
		(A社株式)	100
		(資本金等の額)	20

(ii)　また、例えば、内国法人である株主（A社）が株式発行会社（B社）に対して、税務上の簿価が200であるB社株式を時価の150で譲渡した場合の「税務上の仕訳」は、下記のとおりである。なお、みなし配当金等は30だとする。

記

(現金)	150	(配当)	30

（資本金等の額）　80　　　（A社株式）　　　200

8　中小企業向け特例措置の大法人の100％ 子法人等に対する不適用

これについては、「4　中小企業の特例措置」を参照されたい

9　資産の評価損の不計上

平成23年度税制改正において、内国法人がその内国法人との間に完全支配関係があるその他の内国法人で次の掲げる法人の株式等を有する場合におけるその株式等については、評価損の損金算入ができないこととされた（法税33条5項、法税令68条の3第3号)。

ア　清算中の内国法人

イ　解散（合併による解散を除く）をすることが見込まれる内国法人

ウ　内国法人でその内国法人との間に完全支配関係がある他の内国法人との間で適格合併を行うことが見込まれるもの

10　連結納税制度との関係

連結納税制度の詳細については、「67　企業グループと連結決算・連結納税」を参照されたい。

66　100% グループ内の法人間の現物分配、及び株式分配等

1　会社法における現物配当

剰余金の配当における現物配当の可否について、旧商法では明確な規定を欠いていたが、会社法では 454 条 4 項において金銭以外の財産による配当を行う場合の規定が設けられ、それが可能であることが明らかにされた。

現物配当の対象となるのは会社の財産に限定されている（会社 454 条 4 項）。そのため、負債の移転や事業そのものの移転は認められないと考えられる。自己株式や社債、新株予約権も現物配当の対象とならない（会社 454 条 1 項 1 号括弧書・107 条 2 項 2 号ホ）。

2　税法における現物分配[1)]

(1)　現物分配と平成 22 年度税制改正

平成 18 年会社法の施行により、現物配当が制度として可能になった。これに対応して税制面では、現物分配の概念を設け、現物分配は「資産の移転取引（損益取引）と利益又は剰余金の分配（資本等取引）の二取引から成る」ものとして資産の移転取引については時価による収益の額を認識するものとされていた（旧法基通 3-1-7 の 5）。しかし、実際に行われている現物分配の多くは会社分割と同様の効果をもつ、いわゆるスピンオフなどであることを考慮して平成 22 年度税制改正においては、組織再編成税制の一環と位置づけて、グループ法人税制の導入に併せて、適格現物分配制度を創設した。適格現物分配では、他の適格組織再編成と同様に資産の直前の帳簿価額により移転が行われ、譲渡損益課税の繰延べが可能になった。

なお、現物分配に関する規定は、法人税法上は、組織再編税制の款（第 2 編第 1 章第 1 節第 6 款「組織再編成に係る所得の金額の計算」）に含まれているが、「現物分配」に係る税制は、本来、組織再編税制では

なく、資本等取引税制となるものではないかとの疑問が指摘されている[2)]。

⑵　平成29年度税制改正（スピン・オフ税制：「株式分配」・「適格株式分配」の新設）

さらに平成29年度税制改正により、100％子会社を分離独立（スピン・オフの一種）させる分社化に対応した制度が導入され、100％子法人株式の全部を分配する現物分配につき、「株式分配」と定義され、分割型単独新設分割と同様に取り扱う措置が講じられた。

ここでいう株式分配とは、現物分配（剰余金の配当又は利益の配当に限る）のうち、その現物分配の直前において現物分配法人により発行済株式等の全部を保有されていた法人（以下、「完全子法人」という）のその発行済株式等の全部が移転するものをいう（平成29年改正で新設。法税2条12号の15の2）。但し、その現物分配によりその発行済株式等の移転を受ける者が当該現物分配の直前において、当該現物分配法人との間に完全支配関係がある者のみである場合における当該現物分配は、株式分配には該当しない。つまり、株式分配制度は、他の者に支配されていない法人が、100％子法人の現物分配を行うことを前提としている。

株式分配を行う法人（100％子法人の親会社）の株主は、旧株（株式分配を行う法人（100％子法人の親会社）の株式）のうち、その交付を受けた完全子法人株式の分配を受けたものと取り扱われる。そして、完全子法人株式の分配を受けた現物分配法人の株主は、①資本金等の金額に対応する部分は譲渡、②利益積立金に対応する部分はみなし配当とされる（法税24条1項3号）。株式分配により受け取った剰余金の配当等の額は益金に算入されない（法税23条1項1号）。

そして、株式分配のうち、以下の税制適格要件を満たした、完全子法人と現物分配法人とが独立して事業を行うための株式分配は「適格株式分配」（法税2条12号の15の3、法税令4条の3第16項）に該当する。

ア　現物分配法人の完全子法人（内国法人に限られない）の株式のみが交付されること。

イ　完全子法人の株式が、現物分配法人の発行済株式総数等に占める株式数（出資の場合は金額）の割合に応じて、株式分配法人の株主に交付されること（法税2条12号の15の3括弧書）。

ウ　株式分配法人が株式分配前に他の者による支配関係がなく、完全子法人が株式分配後に継続して他の者による支配関係がないことが見込まれていること（法税令4条の3第16項1号）。

エ　株式分配前の完全子法人の特定役員のすべてが当該株式分配に伴って退任しないこと（法税令4条の3第16項2号）。

オ　完全子法人の従業者のおおむね80％以上がその業務に引き続き従事すること（法税令4条の3第16項3号）。

カ　完全子法人の主要な事業が引き続き行われることが見込まれていること（法税令4条の3第16項4号）。

また、株式分配も現物分配のひとつであるから、主要資産等引き継ぎ要件は設けられていない。適格株式分配に該当する場合、完全子法人の株式を譲渡する法人（現物分配法人）側において、現物分配に際し金銭の交付がない限り、譲渡損益を計上せず簿価譲渡され、源泉徴収等は行われない（法税62条の5第3項、所税24条1項括弧書）。

また、適格株式分配は、受取配当等の益金不算入制度における剰余金の配当又は利益の配当から除外され、みなし配当課税の適用を受けない（法税24条1項3号括弧書、所税25条1項3号括弧書）。

(3) 現物分配

① 意　義

現物分配とは、法人が次に掲げる事由により、株主等[3)]に対して金銭以外の資産の交付をすることをいう（法税2条12号の5の2）。

ア　剰余金の配当など（法税2条12号の5の2イ）

ⅰ　剰余金の配当（株式又は出資に係るものに限り、分割型分割

によるものを除く)

ⅱ　利益の配当（分割型分割によるものを除く）

ⅲ　剰余金の分配（出資に係るものに限る）

イ　解散による残余財産の分配（法税2条12号の5の2ロ）

ウ　法人税法24条1項5号から7号に掲げるみなし配当事由（法税2条12号の5の2ハ）

ⅰ　自己の株式の取得（市場における購入による取得、1株未満の株式の取得などを除く（法税24条1項5号））

ⅱ　出資の消却、出資の払戻し、持分の払戻し等（法税24条1項6号）

ⅲ　組織変更（その会社の株式又は出資以外の資産を交付したもの。）（法税24条1項7号）

なお、既述のとおり、会社法において「現物配当」とは、剰余金の配当として定められているところ、法人税法における「現物分配」は、単に剰余金の配当に限られていないことに留意する必要がある。また、現物分配においては、会社法における現物配当と同様、負債の移転は前提とされていない。

② 現物分配法人、被現物分配法人

現物分配法人（公益法人等、人格のない社団等は除く）とは、現物分配により、その有する資産の移転を行った法人をいう（法税2条12号の5の2）。

被現物分配法人とは、現物分配により現物分配法人から資産の移転を受けた法人をいう（法税2条12号の5の3）

(4) 現物分配の原則的処理（非適格現物分配・非適格株式分配）

① 現物分配法人の処理

現物分配が行われた場合の現物分配法人における法人税上の原則的な処理は、資産の移転取引と利益又は剰余金の分配等の二取引に分解して処理する。

(i) 資産の移転取引

現物分配による資産の移転については、企業会計は配当の効力発生日における配当財産の時価と適正な帳簿価額との差額は、効力発生日の属する事業年度の損益として処理するとしている（企業会計基準適用指針2号「自己株式及び準備金の額の減少等に関する会計基準の適用指針」10項)。法人税においても法人税法22条2項により時価での移転が行われたものと処理され、譲渡損益が認識される。残余財産の全部の分配又は引渡しについては残余財産確定の時の価額により譲渡したものとする（法税62条の5第1項・2項)。

(ii)　利益又は剰余金の分配

利益剰余金からの剰余金の配当等については、利益又は剰余金の分配として資本等取引になる。現物分配した資産の時価総額の利益積立金額が減額される（法税令9条1項8号)。

(iii)　みなし配当取引

法人税法24条1項3号から6号のみなし配当事由による場合は、みなし配当事由により交付した資産の時価相当額が減資資本金額又は取得資本金額等を超える場合のその超える部分の金額がみなし配当等として利益積立金額が減額される（法税令9条1項11号〜13号)。

(iv)　源泉徴収

現物分配法人においては、現物分配につき被現物分配法人への配当等に係る源泉徴収が必要である（所税212条3項)。

②　被現物分配法人（含む現物分配法人の株主等）の処理

(i)　資産の移転取引

被現物分配法人においては、現物分配による受取配当等の額は、原則として配当の効力発生日における資産の時価による（法税62条の5第1項・2項、法税令32条1項3号、法基通3-1-7の5)。

(ii)　利益又は剰余金の分配

利益剰余金からの剰余金の配当等については、現物分配法人から移転を受けた資産の時価により収益（受取配当金）が生じ、当該事業年度の所得の計算上、受取配当等の益金に算入しない（法税 23 条 1 項）。

(iii)　みなし配当取引

みなし配当取引のうち、例えば資本剰余金の額の減少に伴う剰余金の配当を受けたとき（分割型分割によるもの以外）や解散による残余財産の分配等により資産の交付を受けたとき、その資産の価額の合計が現物分配法人の資本金等のうち交付の基因となった当該法人の株式又は出資に対応する部分の金額を超えるときには、その超えた部分の金額は剰余金の配当ないし分配とみなされ（法税 24 条 1 項、所税 25 条 1 項 3 号）、当該事業年度の所得の計算上、受取配当等の益金に算入しない（法税 23 条 1 項、所税 24 条 1 項）。

また、株式分配について、受取配当等の益金不算入制度の対象となる剰余金の配当又は利益の配当から除外されている（法税 23 条 1 項 1 号）。但し、株式分配により現物分配法人の株主等が交付を受けた資産の価額の合計額のうち、その法人の資本金等の額のうちその交付の基因となった株式等に対応する金額を超える部分の金額は、みなし配当の額とされた（法税 24 条 1 項 3 号、所税 24 条 1 項・25 条 1 項 3 号、所税令 61 条 2 項 3 号）。

(iv)　その他

現物分配による受取配当等の額については源泉徴収の対象となる（所税 212 条 3 項）。

(5)　適格現物分配

①　意　義

適格現物分配とは、内国法人を現物分配法人とする現物分配のうち、現物分配による資産の移転を受ける者が、その現物分配の直前においてその内国法人と完全支配関係がある内国法人のみである現物分配をいう（法税 2 条 12 号の 15）。

適格現物分配は内国法人間での現物分配に限定されており、かつ被現物分配法人が普通法人、協同組合に限定されている。

例えば、A社の100%の子会社であるB社がB社の100%子会社であるC社株式を、剰余金を原資とする配当として親会社A社に交付することによって、孫会社C社をA社の子会社にする場合などが具体例として挙げられる[4)]（A、B、C社がいずれも内国法人であることを前提とする）。

なお、適格現物分配における適格要件の中には、合併など他の組織再編の適格要件においてみられる、「50%超100%未満のグループ内の組織再編成」や「共同事業を営むための組織再編成」という枠組みはない。

② 適格現物分配における処理（適格株式分配もほぼ同様）

(i) 現物分配法人

現物分配法人たる内国法人が、適格現物分配又は適格株式分配により被現物分配法人その他の株主等に対し、その有する資産を移転したときは、当該被現物分配法人その他の株主等に当該移転をした資産の当該適格現物分配又は適格株式分配の直前の帳簿価額（当該適格現物分配が残余財産の全部の分配の場合は残余財産確定の時の帳簿価額）による譲渡をしたものとして、当該内国法人の各事業年度の所得金額の計算を行う（法税62条の5第3項）。適格現物分配においてみなし配当が生じる場合も同様である（当該法人のその交付の直前の当該資産の帳簿価額に相当する金額による。法税24条1項柱書の第2括弧書）。適格株式分配については、みなし配当に当たらない（法税24条1項3号括弧書）。なお、残余財産の全部の分配による現物分配は、当該残余財産の確定の日の翌日に行われたものとして各事業年度の所得金額の計算を行う（法税令123条の6第2項）。

(ii) 被現物分配法人

被現物分配法人は、資産を現物分配直前の現物分配法人の帳簿価額により取得したものとされる（法税令123条の6第1項）。

適格現物分配により資産の移転を受けたことにより生ずる収益の

額は、益金の額に算入されず（法税62条の5第4項）、利益積立金が増額される（法税令9条1項4号）。また、適格現物分配により受ける収益の額は、受取配当等の額から除外されているため、配当等に係る源泉徴収等の対象にならない（所税23条1項）。

完全支配関係がある法人間でのみなし配当事由による現物分配が行われた場合には、被現物分配法人において減資資本金額や取得資本金額に対応する部分は、対応株式等の譲渡とされるが、完全支配関係下での対応株式等の譲渡に伴う譲渡損益は計上されずに譲渡損益相当額は資本金等の額の増減として処理される（法税令8条1項20号）。

③　適格現物分配における欠損金の利用の制限

適格現物分配に係る現物分配法人と被現物分配法人間の支配関係[5)]が、当該適格現物分配の日の属する事業年度開始の日の5年前の日以後に生じている場合には、支配関係発生事業年度前に生じた欠損金及び支配関係発生事業年度以後の事業年度に生じた特定資産譲渡等損失に相当する欠損金は当該適格現物分配の行われた事業年度以後は原則として無いものとして取り扱われ、被現物分配法人において欠損金の利用の制限がある（法税57条4項、法税令112条9項・10項）。

④　特定資産に係る譲渡損失額の損金不算入

特定資産に係る譲渡損失額については損金不算入とされる（法税62条の7第1項）。

1）　藤曲武美「グループ法人税制（法人税の重要計算 平成22年版）」税務弘報58巻12号（2010年）。

2）　日本税理士会連合会監修・朝長英樹（著者代表）「グループ法人税制完全マニュアル」税理53巻12号172頁（2010年）には、「組織再編成税制は、組織再編成に伴って資産・負債が移転する場合の益金や損金の計上の繰延べに関する取扱いを定めることを基本とする税制であり、所得の分配に関する取扱いを定めるのは、資本等取引税制であって、この2つの税制は密接に関連するものですが、同じものではありません。資本等取引税制として位置づけるべきものが組織再編成税制として位置づけられるということになると、何を「組織再編成」といい、どのような理論で組織再編成税制を構築するべきかというような点が不明確となってしまう懸念があります」との指摘がある。

3） 自己株式を除く。株主又は合名会社、合資会社若しくは合同会社の社員その他法人の出資者（法税2条14号）をいう。

4） この場合の課税関係としては、適格現物分配を行った子会社Bでは、その移転する資産（C社株式）を帳簿価額により譲渡したものとし（法税62条の5第3項）、譲渡損益を計上せず、源泉徴収も行わない（所税24条1項）ことになる。これに対し、資産の移転を受けた親会社Aでは、C社株式を移転直前の帳簿価額相当額により取得したものとし（法税令123条の6第1項）、その受けたことにより生ずる収益について益金の額に算入しない（法税62条の5第4項）ことになる。

5） グループ法人税制の適用のあるケースは完全支配関係のある法人間での取引であるが、完全支配関係の概念を整理したとの関係で支配関係という概念が規定整備された。支配関係とは、次の2つのパターンに大別でき、保有割合が100％でなく50％超で100％未満である点が完全支配関係と異なる。その他の関係についての考え方は完全支配関係の場合と同様である（法税2条12号の7の6）。

① 一の者が法人の株式の50％超を直接又は間接に保有する関係（法税令4条の2第1項）

② 一の者との間に株式の50％超を直接又は間接に保有する関係がある法人相互の関係

67　企業グループと連結決算・連結納税

1　会社法における企業グループの取扱い

(1)　親会社・子会社・企業集団

企業グループに関して、会社法では、親子会社、企業集団という概念が用いられており、以下のとおり定義がなされている。

① 親会社とは、株式会社を子会社とする会社その他の当該株式会社の経営を支配している法人として法務省令で定めるものをいい（会社2条4号、会社規3条2項・3項）、具体的には、会社等（会社（外国会社を含む）、組合（外国における組合に相当するものを含む）その他これらに準ずる事業体をいう。会社規2条3項2号）が株式会社の財務及び事業の方針の決定を支配している場合における当該会社等をいう。

② 子会社とは、会社がその総株主の議決権の過半数を有する株式会社その他の当該会社がその経営を支配している法人として法務省令で定めるものをいい（会社2条3号、会社規3条1項）、会社が他の会社等（会社規2条3項2号の「会社等」）の財務及び事業の方針の決定を支配している場合における当該他の会社等をいう。

③ 企業集団とは、連結計算書類を作成する場合において当該会計監査人設置会社及びその子会社から成る集団であるとされている（会社444条1項）。

親子会社について、会社法においては、例えば、子会社による親会社株式取得の原則禁止（会社135条1項）・子会社の計算による親会社株主への利益供与禁止（会社120条1項）・親会社監査役による子会社調査権（会社381条3項）・連結配当規制の適用（会社計算2条3項51号）といった規律を設けられているが、企業集団という観点では、連結計算書類の作成（会社444条1項）、親会社及び子会社から成る企業集団における内部統制システムの構築（会社348条3項4号、会社規98条1項5号、会社362条4項6号、会社規100条1項5号、会社416条1項1号ホ、会社規112条2項5号）、事業報告書における企業集団に関する情報の記載（会社規118条・120条）といった規律が設けられている。

(2)　連結計算書類を作成すべき企業グループ

①　企業集団と連結計算書類

会社法上、事業年度の末日において、金融商品取引法24条1項に定める有価証券報告書の提出会社である大会社は、その会社及び子会社から成る企業集団の財産及び損益の状況を示すために、「連結計算書類」を作成しなければならないものとされている（会社444条3項）。これは、企業のグループ化に伴い、企業集団の財産及び損益に関する情報開示の重要度が高まってきているからである。

また、会計監査人設置会社は、企業集団の財産及び損益の状況を示すために連結計算書類を作成することができるものとされている。但し、これは任意であり、強制ではない（会社444条1項）。

②　連結計算書類と連結財務諸表

(i)　連結計算書類

連結計算書類とは、①連結貸借対照表、②連結損益計算書、③連結株主資本等変動計算書、④連結注記表であり、会社計算規則61条に列挙されたものである。連結決算書類については、監査役（監査等委員会設置会社にあっては監査等委員会、指名委員会等設置会社にあっては監査委員会）及び会計監査人の監査を受けなければならず（会社444条4項）、取締役会設置会社では、その後に連結計算書類について取締役会の承認を受けなければならない（会社444条5項）。さらに、取締役は、取締役会の承認を受けた連結計算書類を定時株主総会に提出し、その内容とともに監査役及び会計監査人の監査結果を株主総会に報告する（会社444条7項）ものとされている。

(ii)　連結財務諸表

金融商品取引法の関係においては、「連結財務諸表」という概念がある。

金融商品取引法上、作成及び内閣総理大臣[1)]へ提出が義務づけられている、有価証券届出書、有価証券報告書、四半期報告書及び半期報告書には、その会社の属する企業集団及びその会社の経理の状況に関する事項をその内容のひとつとして開示しなければならない（金商5条1項・24条1項・24条の4の7第1項・24条の5第1項）。具体的には、貸借対照表、損益計算書等の財務計算に関する書類の開示がこれに該当する（企業内容等の開示に関する内閣府令第二号様式（有価証券届出書の場合）第二部企業情報第5経理の状況、第三号様式（有価証券報告書の場合）、第四号の三様式（四半期報告書の場合）及び第五号様式（半期報告書の場合）第一部企業情報第5経理の状況）。財務計算に関する書類とは、財務諸表、連結財務諸表、四半期財務諸表、四半期連結財務諸表、中間財務諸表及び中間連結財務諸表をいう。

連結財務諸表は、支配従属関係にある2つ以上の会社から成る企業集団を単一の組織とみなして、親会社がその集団の財政状態及び経営成績を総合的に把握するために作成されるものである。連結財務諸表には、連結貸借対照表、連結損益計算書、連結包括利益計算書、連結株主資本等変動計算書、連結キャッシュ・フロー計算書、連結附属明細表等がある（連結財務諸表の用語、様式及び作成方法に関する規則1条1項）。

③　連結の範囲

連結計算書類を作成する場合の連結の範囲について、会社法上は、そのすべての「子会社」（会社2条3号、会社規3条1項・3項）を連結の範囲に含めなければならないこととされている（会社計算63条1項）。但し、財務及び事業の方針を決定する機関（株主総会その他これに準ずる機関をいう）に対する支配が一時的であると認められる子会社及び連結の範囲に含めることにより当該株式会社の利害関係人の判断を著しく誤らせるおそれがあると認められる子会社については、連結の範囲に含めないものとされている（会社計算63条1項但書・各号)。また、連結の範囲に含めるべき子会社のうち、その資産、売上高等からみて、連結の範囲から除いてもその企業集団の財産及び損益の状況に関する合理的な判断を妨げない程度に重要性の乏しいものは、連結の範囲から除くことができることとされている（会社計算63条2項)。なお、このような連結の範囲は、基本的に金融商品取引法における連結財務諸表の取扱いと同様とされている。

連結貸借対照表は、株式会社の連結会計年度に対応する期間に係る連結会社の貸借対照表の資産、負債及び純資産の金額を基礎として作成しなければならないこととされている（会社計算65条)。この場合、連結会社の貸借対照表に計上された資産、負債及び純資産の金額を連結貸借対照表の適切な項目に計上することができる。

また、連結損益計算書は、株式会社の連結会計年度に対応する期間に係る連結会社の損益計算書の収益若しくは費用又は利益若しくは損失の金額を基礎として作成しなければならないこととされている（会社計算66条)。この場合、連結会社の損益計算書に計上された収益若しくは費用又は利益若しくは損失の金額を連結損益計算書の適切な項目に計上することができる。

上記のほかの主な取扱いとして、連結計算書類の作成については、連結子会社の資産及び負債の評価並びに株式会社の連結子会社に対する投資とこれに対応する当該連結子会社の資本との相殺消去その他必要とされる連結会社相互間の項目の相殺消去をしなければならないこととされるとともに（会社計算68条)、非連結子会社及び関連会社に対する投資については、持分法により計算する価額をもって連結貸借対照表に計上しなければならないこととされている（会社計算69条)。

2　企業グループと納税

親子会社であっても、法人格は別個独立して与えられている。複数の会社が同一の企業グループ・企業集団に属している場合であっても、別個独立した法人格を持つ以上、それぞれの会社は法人税を個々別々に計算し納税するのが原則である。但し、法人税法は、企業グループのうち、一定の要件を満たすものについては、次に述べる「連結納税制度」を採用することができるものとし、当該企業グループを一体とみて、グループに属する個別の法人の損益をグループ内において通算し、連結親法人がそのグループの所得（連結所得）の金額等をひとつの申告書（連結確定申告書）に記載して法人税の申告納税を行うことができるものとしている。

上記1で説明した連結計算書類制度と下記3で説明する連結納税制度とは、その目的とするところ、適用要件、その制度を利用して作成される書類いずれについても異にしている。

3　連結納税制度

⑴　概　要

連結納税制度とは、持株関係を通じて密接な関係のある複数の法人のグループを一体としてとらえ、各法人の所得を連結して企業グループ全体の所得を計算し、それを課税標準として法人税を課す制度である。法人税は、通常、個別の法人を単位として課される（個別法人単位主義）が、連結納税制度は、法人税の課税単位を法人のグループに拡大して課税する制度である[2)]。我が国においては、平成14年8月施行の法人税法の改正により導入された（平成15年3月31日以後に終了する事業年度からこの制度が適用）。

連結納税そのものを選択するかどうかは、当該企業グループの任意であり、強制されるものではない。この点、平成22年度税制改正により導入された、強制適用されるグループ法人税制（グループ法人単体課税制度）と異なる。連結納税を行わない企業グループは、法人ごとに個別に所得計算を行い、申告し納税を行う。また、連結納税を選択する企業グループの頂点は法人（連結親法人）であるのに対して、グループ法人税制の場合、企業グループの頂点が法人に限定されず、個人の場合も対象となる（グループ法人税制における寄附金・受贈益の特例の場合は法人による完全支配関係に限定されている。）。

なお、消費税や地方税については、連結納税制度は導入されていない。したがって、連結グループ内の法人であっても、消費税や地方税は単体で申告・納税しなければならない。但し、地方税は、連結法人税の計算過程で算出される各連結法人への個別帰属額を課税標準として計算されることになる。

(2)　連結納税制度のメリット・デメリット

連結納税を選択した企業グループは、連結法人として企業グループ全体で通算した益金の額から同様に通算した損金の額を控除して連結所得を算出して法人税を計算することになる。その結果、例えば、当該企業グループ内の会社において黒字であっても、同じグループ内の他の会社が赤字であるような場合、連結納税を選択することにより税負担が軽減されるというメリットが享受できる。但し、後述するとおり、いったん連結納税の適用を受けた場合、原則としてそれは継続されなければならず、任意に止めることはできない。また、連結納税制度適用の要件を満たす子会社であればすべて連結納税の対象としなければならず、要件を満たすグループ会社を一部除外して連結納税を行うことはできない。

(3)　連結納税制度適用の要件

①　連結納税をなし得る企業グループ

連結納税をなし得る企業グループは、内国法人（普通法人又は協同組合等に限るものとし、清算中の法人等一定範囲の法人を除く）及びその内国法人が完全支配関係を有する他の内国法人（連結除外法人を除く）のすべてで、連結納税義務者として納税することにつき国税庁長官の承認を受けた場合の、これらの法人グループである（法税4条の2）。なお、連結除外法人とは、普通法人以外の法人、破産手続開始の決定を受けた法人、特定目的会社、投資法人など一定の法人をいう（法税令14条の6第1項）。

② 完全支配関係

ここでいう「完全支配関係」とは、発行済株式又は出資（自己が有する自己の株式又は出資を除く）の全部を直接又は間接に保有する関係（但し、連結除外法人及び外国法人が介在しないものとして政令で定める関係に限る）である（法税2条12号の7の6・4条の2、法税令14条の6第2項[3]）。

会社でいえば、100% 子会社をいう。但し、子会社の自己株式、合計が 5% 未満の組合契約による従業員持株会の株式等は完全支配関係判定上の発行済株式総数から除かれる（法税令4条の2第2項）。

また、孫会社・曾孫会社のように、100% 子会社・孫会社が 100% 株式を保有する会社や、親会社と 100% 子会社を合算すると発行済株式 100% を保有することになる会社もこれに含まれる（法税令14条の6第1項・2項）。

なお、法人税法は、連結親法人と連結子法人との間の完全支配関係（法人税法4条の2（連結納税義務者）に規定する政令で定める関係に限る）又は連結親法人との間に完全支配関係がある連結子法人相互の関係を、「連結完全支配関係」と定義している（法税2条12号の7の7）。

③ 国税庁長官の承認

法人のグループが連結納税を選択するためには、最初の連結事業年度としようとする期間の開始の3カ月前の日までに、連結予定法人（内国法人及び当該内国法人による完全支配関係がある他の内国法人）のすべての連名で、当該期間の開始の日その他所定の事項を記載した申請書（3部必要）を、当該内国法人の納税地の所轄税務署長を経由して、国税庁長官に提出し（法税4条の3第1項）、国税庁長官の承認を受けなければならない（法税4条の2・4条の3第3項～5項）。また、連結納税の承認申請の却下事由が定められている（法税4条の3第2項）。

⑷　連結納税制度における納税義務者等

①　連結納税における納税義務者

連結納税を選択した場合、連結納税を行う法人グループ（以下、「連結グループ」という）のうち、納税義務者になるのは、親法人（親会社）である。法人税法は、国税庁長官の承認を受けた連結グループの親法人を「連結親法人」と称し（法税2条12号の6の7）、同連結グループ内のその他の法人を「連結子法人」と称している（法税2条12号の7）ので、以下、本項においてもその表記に従う。また、連結親法人と連結子法人の両方を総称して連結法人と称している（法税2条12号の7の2）。

連結親法人は連結グループを代表して連結グループの所得（以下、「連結所得」という）について納税義務を負う（法税4条の2・81条）、連結子法人は連結親法人の各連結事業年度の連結所得に対する法人税（連結完全支配関係がある期間内に納税義務が成立したものに限る）について連帯納付の責任を負うことになる（法税81条の28）。

②　連結納税に参加すべき子会社

なお、親会社が連結納税を選択した場合、100％子会社はすべてその連結グループに参加しなければならない（全完全支配関係法人参加主義、法税4条の2）。連結納税制度を利用した租税回避を防止する趣旨である。

⑸　連結納税適用後の事業年度

①　連結事業年度

連結事業年度は、原則として、連結親法人の事業年度開始の日からその終了の日までの期間である（法税15条の2第1項本文）。

連結子法人（法税2条12号の7）は、連結子法人の本来の事業年度とは別に、連結親法人事業年度と同じ期間を事業年度として用いることとされている（法税15条の2第1項・14条1項4号参照）。

なお、連結納税を選択した場合であっても、連結親法人・連結子法人それぞれの事業年度は、影響を受けない。

②　連結子法人における連結納税制度適用開始・離脱による税法上の事業年度への影響

他の内国法人が連結親法人事業年度の中途において連結グループへ加入し連結子法人となったときには、当該連結子法人においては、連結グループ加入の日（完全支配関係を有することになった日、以下、「加入日」という）をもって課税期間である事業年度を区切ることとなる（みなし事業年度。法税14条1項6号）。加入日の前日の属する事業年度開始の日から当該前日までの期間が事業年度（単体の申告・納付）とみなされる。さらに、加入日から連結親法人事業年度終了の日までの期間が事業年度とみなされ、当該連結子法人の最初の連結事業年度となる（法税15条の2第1項4号）。

また、連結子法人が連結親法人事業年度の中途において連結グループから離脱したとき（連結完全支配関係を有しなくなった日、以下、「離脱日」という）は、離脱日をもって当該離脱法人の課税期間である事業年度を区切ることとなる（みなし事業年度。法税14条1項8号）。その連結事業年度開始の日から離脱日の前日までの期間、当該離脱日からその連結事業年度終了の日までの期間及びその終了の日の翌日から当該翌日の属する事業年度終了の日までの期間、が各々事業年度とみなされる。このうち、その連結親法人事業年度開始の日から離脱日の前日までの期間は、連結事業年度に含まない（法税15条の2第1項本文但書・3号）。

そのほか、連結納税に係るみなし事業年度については、連結納税を新たに開始する場合におけるみなし事業年度（法税14条1項4号）、連結親法人型の内国法人の100％子法人になったことなどにより連結納税取止めにおけるみなし事業年度（法税14条1項11号～16号）などがある。

(6)　課税物件・課税標準

①　課税物件・課税標準

連結所得に対する法人税の課税物件は各連結事業年度の連結所得で

ある（法税6条）。連結所得とは、連結法人（連結親法人及び連結子法人）の所得をいう。連結親法人に対して課する各連結事業年度の連結所得に対する法人税の課税標準は、連結親法人の属する連結法人（法税2条12号の7の2）の各連結事業年度の連結所得の金額である（法税81条）。

② 連結所得金額の計算

連結法人の各連結事業年度の連結所得の金額は、当該連結事業年度の益金の額から当該連結事業年度の損金の額を控除した金額である（法税81条の2）。

連結事業年度の益金の額及び損金の額は、別段の定めがあるものを除き、同一連結グループに属するすべての連結法人それぞれが、連結事業年度の期間を各事業年度の所得に対する法人税の事業年度として、その所得を計算するものとした場合の益金の額（個別益金額）及び損金の額（個別損金額）をそれぞれ合計した金額である（法税81条の3第1項）。完全支配関係がある法人の間の取引の損益について定めるグループ法人税制の条項（法税61条の13）や有価証券の譲渡損益及び時価評価損益についての条項（法税61条の2）などは、連結法人にも適用される。

他方、連結法人に対してのみ適用される別段の定めとしては、例えば、受取配当等や外国子法人からの受取配当等に関する益金の不算入（法税81条の3・81条の4）、連結事業年度における寄附金の損金不算入（法税81条の6）、連結欠損金の繰越し（法税81条の9）等の規定がある。

③ 受取配当等[4)]の益金不算入（法税81条の4）

受取配当等につき、以下の金額は、連結法人の各連結事業年度の連結所得の金額の計算上、益金の額に算入されない（法税81条の4第1項）。

受取配当等の益金不算入制度は、平成27年度税制改正において見直され、持株比率が高く支配目的で保有される株式等（株式又は出資）とそれ以外の株式等などに4区分し、益金不算入割合に大きな差異を設けている。持株比率が高い支配目的の株式等については、引き続き、「経営形態の選択や企業グループの構成に税制が影響を及ぼすことがないよう100%益金不算入」とされる一方で、支配目的の乏しい、例えば運用目的の株式等に係る配当等については、益金不算入割合を大きく減じて、他の投資機会との選択に税制が影響を与えないように課税の適正化がなされたといわれる。従来、益金不算入制度の対象とされていた公社債投資信託以外の証券投資信託の収益の分配の額は、益金不算入対象の配当等の額から除外され、100%益金算入される。

ア　完全子法人株式等[5)]に係る受取配当等については、その受ける配当等の額全額（法税81条の4第1項・5項）

イ　関連法人株式等[6)]に係るものについては、受ける配当等の額から負債の利子の額を控除した残額（法税81条の4第1項・4項・6項）

ウ　その他株式等[7)]に係るものについては、その受ける配当等の額の50%（法税81条の4第1項）

エ　非支配目的株式等[8)]に係るものについては、その受ける配当等の額の20%（法税81条の4第1項・7項[9)]）

連結法人の短期所有株式等の判定、連結法人株式等及び関連法人株式等の判定については、連結グループを一体として行う（法税81条の4第2項、法税令155条の7)。

④　外国子法人から受ける配当等の益金不算入

連結法人が外国子会社から受ける剰余金の配当等の額がある場合には、その剰余金の配当等の額のうちその5%相当額を控除した後の金額は、連結所得の金額の計算上、益金の額に算入しない（法税81条の3・23条の2、法税令22条の4第2項)。

この場合の外国子会社とは、連結グループ全体で保有するその外国法人の株式の保有割合が25%以上（二重課税排除条項のある租税条約において間接税額控除に係る保有要件が25%未満に緩和されている場合は、その緩和された保有割合以上で、かつ当該外国法人が当該租税条約の我が国以外の締約国又は締約者の居住者である法人に限る）であり、かつ、連結グループ全体で剰余金等の支払義務が確定する日前6月以上継続して株式等を保有している外国法人をいう（法税令22条の4第1項・7項)。

⑤ 連結事業年度における寄附金の取扱い

(i) 連結グループ内の法人間の寄附金の損金不算入

連結グループ内の法人間（つまり完全支配関係にある法人間）において支出した寄附金の額については、連結所得の金額の計算上、その全額が損金の額に算入されない（法税81条の6第2項)。この場合において、寄附金に対応する受贈益（連結法人内の寄附金受入側の受贈益）も、全額益金の額に算入されない（法税25条の2)。他に、法人税法基本通達9-4-2の5（完全支配関係がある他の内国法人に対する寄附金）及び9-4-2の6（受贈益の額に対応する寄附金)、参照。

(ii) 連結グループ外への寄附金の損金算入額の限度計算

連結グループ外への寄附金（一般寄附金という）の損金算入額の限度額計算については、連結グループ全体を一体として連結損金算入限度額を計算し、これを超える部分の金額は当該連結所得の金額の計算上、損金の額に算入しないこととされる（法税81条の6第1項)[10]。

⑥ 連結欠損金の繰越し

(i) 連結親法人の連結事業年度開始の日前9年以内（下記(ii)を参照）に開始した各連結事業年度において生じた連結欠損金額（既に繰越控除された金額及び連結欠損金の繰戻し還付の基礎とした金額を除いた金額）は、その連結事業年度の損金の額に算入する（法税81条の9第1項本文)。連結欠損金は、発生した連結事業年度ごとに区分し、最も古い連結事業年度において生じた連結欠損金から順次控除する（連基通11-1-1)。このような連結欠損金の繰越控除が認められるのは、所定の条件（法税81条の9第7項、法税規37条の3の2等）を満たす場合である。

但し、連結欠損金額に係る限度超過額については損金の額に算入できない（法税81条の9第1項但書)。

限度超過額とは、特定連結欠損金額に係る特定連結欠損金個別帰属額が当該各連結事業年度の当該各連結法人の控除対象個別所得金額を超える場合のその超える金額や、連結欠損金額を控除する前の連結所得金額を超える金額をいう。連結欠損金額の損金算入額は、連結欠損金額の損金算入前の連結所得の金額として計算される一定の金額の50%に相当する金額（以下、「損金算入限度額」という）が限度となる（法税81条の9第1項1号)。

同一の連結事業年度において生じた連結欠損金額（連結欠損金額とみなされたものを含む）のうちに特定連結欠損金額（法税81条の9第3項）とそれ以外の非特定連結欠損金額があるときは、まず特定連結欠損金額について、損金算入限度額の範囲内で、特定連結欠損金額を有する連結法人の連結欠損金額の損金算入前の個別所得金額として一定の金額（以下、「個別所得金額」という）を限度に損金の額に算入し、次に損金算入限度額から損金の額に算入された特定連結欠損金額を控除した金額を限度に非特定連結欠損金額を損金の額に算入する[11)]。

損金算入（控除）限度額については、次のように段階的引下げが行われている（平成27年改正法附則30条第2項)。但し、連結親法人が中小法人等である場合などにおいて、損金算入限度額は連結所得の金額そのものとなる（法税81条の9第8項)。

ア　連結親法人の平成27年4月1日から平成28年3月31日までの間に開始する連結事業年度……連結欠損金額控除前の連結所得の金額の65%

イ　連結親法人の平成28年4月1日から平成29年3月31日ま

での間に開始する連結事業年度……同上金額の60%

ウ　連結親法人の平成29年4月1日から平成30年3月31日までの間に開始する連結事業年度……同上金額の55%

エ　連結親法人の平成30年4月1日以後に開始する連結事業年度……同上金額の50%

(ii) 以下に挙げる欠損金額は、連結事業年度において生じた連結欠損金額とみなして、9年間の繰越控除を認めることとされている(「みなし連結欠損金額」の繰越控除。法税81条の9第2項)。但し、平成30年4月1日以後に開始する連結事業年度において生ずる連結欠損金額については、繰越期間が延長されて10年間の繰越控除となる（平成27年改正法附則30条1項)。上記(i)及び下記のアからエに記載の「9年以内」が「10年以内」となる。

ア　連結親法人又は特定連結子法人（法人税法61条の11第1項各号又は61条の12第1項各号に掲げる資産の時価評価制度の適用対象外となる法人）の最初連結法人事業年度開始の日前9年以内に開始した各事業年度において生じた欠損金額又は災害損失欠損金額（法税81条の9第2項1号イ）

イ　連結親法人又は特定連結子法人の最初連結法人事業年度開始の日前9年以内に開始した特定連結子法人の各連結事業年度において生じた当該特定連結子法人の連結欠損金個別帰属額（法税81条の9第2項1号ロ）

ウ　連結親法人又は連結子法人を合併法人とする適格合併が行われた場合における、その被合併法人の適格合併の日前9年以内に開始した各事業年度又は各連結事業年度において生じた、未処理欠損金額若しくは未処理災害損失欠損金額、又は当該被合併法人の連結欠損金個別帰属額（法税81条の9第2項2号イ・ロ）

エ　連結親法人との間に完全支配関係のある他の内国法人でその連結親法人又は連結子法人が発行済株式又は出資の全部又は一

部を有するものの残余財産が確定した場合における、当該他の内国法人の残余財産確定の日の翌日前9年以内に開始した各事業年度又は各連結事業年度において生じた、未処理欠損金額若しくは未処理災害損失欠損金額、又は当該他の内国法人の連結欠損金個別帰属額（法税81条の9第2項2号イ・ロ）

(iii)　連結法人を合併法人とする合併で、連結完全支配関係を有する他の連結法人を被合併法人とする合併が行われた場合、又は当該連結法人との間に連結完全支配関係がある他の連結法人で当該連結法人が発行済株式又は出資の全部又は一部を有するものの残余財産が確定した場合において、これらの他の連結法人の合併の日の前日又は当該残余財産の確定の日の属する事業年度において生じた欠損金額があるときは、当該欠損金額に相当する金額は、当該連結法人の合併の日の属する連結事業年度又は残余財産の確定の日の翌日の属する連結事業年度の連結所得の金額の計算上、損金の額に算入することとされている（法税81条の9第4項）。

(iv)　連結子法人が連結グループから離脱等をした場合、連結法人が連結納税の適用を取りやめる承認を受けた場合などは、連結欠損金個別帰属額を単体納税における欠損金額とみなす。

また、連結子法人の離脱等があった場合には、連結欠損金額のうち、その離脱等の事由（法税81条の9第5項1号～6号に列挙された事由）に応じ、その連結子法人の連結欠損金個別帰属額の全部又は一部に相当する金額は、ないものとされる（法税81条の9第5項）。

(v)　連結親法人で他の者との間に当該他の者による特定支配関係（法税57の2Ⅰにいう特定支配関係）を有することとなったもの及びその連結親法人との間に完全支配関係がある連結子法人のうち、その特定支配関係を有することとなった日（支配日）の属する連結事業年度（特定支配連結事業年度）においてその特定支配連結事業年度前の各連結事業年度において生じた連結欠損金額又は評価損資産を有するもの（連結前欠損等法人を含む）が、その支配日（連結前欠損等法人にあっては、政令で定める支配日）以後5年を経過した日の前日までに所定の事由に該当することとなった場合には、その該当することとなった日（該当日）の属する連結事業年度（適用連結事業年度）以後の各連結事業年度においては、その適用連結事業年度前の各連結事業年度において生じた連結欠損金額のうち政令で定める金額に相当する金額については、連結欠損金額の繰越控除の規定を適用しないこととされている（法税81条の10第1項、法税令155条の22第4項・5項各号）。

この場合の「特定支配関係」とは、特定の株主により発行済株式又は出資（自己が有する自己の株式又は出資を除く）の総数又は総額の50％を超える数又は金額の株式又は出資を直接又は間接に保有される関係をいい、その内容は、法人税法57条の2第1項（特定株主等によって支配された欠損等法人の欠損金の繰越しの不適用）に規定する特定支配関係と同様である。

(7)　連結納税の開始・連結グループ加入に伴う資産の時価評価制度等[12)]

① 連結納税開始に伴う時価評価資産の時価評価損益の計上

(i)　連結納税の承認を受けた他の内国法人（連結子法人となる法人）が連結開始直前事業年度（最初の連結親法人事業年度開始の日の前日の属する事業年度）終了の時に有する時価評価資産については、当該終了の時の時価で評価し、その評価益又は評価損を、連結開始直前事業年度の所得の金額の計算上、益金の額又は損金の額に算入する。

時価評価資産とは、固定資産、土地（土地の上に存する権利を含み固定資産に該当するものを除く）、金銭債権、有価証券（売買目的有価証券及び償還有価証券を除く）及び繰延資産で、(i)資産の帳簿価額（財務省令で定める単位に区分した後のそれぞれの資産の帳簿価額）が1000万円に満たない場合の当該資産[13)]、(ii)その含み損益（資産の時価と帳簿価額の差額）がその連結子法人の資本金等の額の2分の1又は1000万円のいずれか少ない金額に満たないもの等以外のものとされている（法税61条の11第1項、法税令122条の12第1項4号・5号等）。

(ii)　但し、次に掲げる法人で連結納税の開始時に内国法人（連結親法人となる法人）との間に完全支配関係があるものについては、連結開始直前事業年度終了の時に有する時価評価資産の評価益又は評価損の計上を行わない（法税61条の11第1項1号～6号）。

ア　連結納税開始日の5年前の日以降に、当該内国法人を設立した株式移転に係る株式移転完全子法人であった法人

イ　連結納税開始日の5年前の日から継続して当該内国法人による完全支配関係がある法人

ウ　連結納税開始日の5年前の日以降に当該内国法人のグループ内で完全支配関係がある法人を設立し、その後継続して当該内国法人による完全支配関係がある当該法人

エ　連結納税開始日の5年前の日以降に適格株式交換等により株式交換等完全子法人として完全支配関係が生じ、その後継続して当該内国法人による完全支配関係がある当該法人

オ　連結納税開始日の5年前の日以降に適格合併、適格株式交換等又は適格株式移転により当該内国法人による完全支配関係が生じ、その後継続している法人のうち、被合併法人、株式交換等完全子法人又は株式移転完全子法人による完全支配関係が連結納税開始日の5年前の日又は設立の日（当該5年前の日から所定の日までの間に設立された場合）から所定の日（当該連結納税開始の日）まで継続していた当該法人

カ　連結納税開始日の5年前の日から当該開始の日までの間に、単元未満株式の買取り等により当該内国法人による完全支配関係が生じ、その後継続している法人

(iii)　評価益又は評価損が益金の額又は損金の額に算入された資産の帳簿価額は、評価損益の計上を行った事業年度以後の各事業年度の所

得の金額の計算上、別段の定めがあるものを除き、当該適用を受けた事業年度終了の時において、当該益金の額に算入された金額に相当する金額の増額がされ、又は当該損金の額に算入された金額に相当する金額の減額がされたものとする（法税61条の11第2項、法税令122条の12第4項）。

② 連結グループ加入に伴う資産の時価評価損益の計上

(i) 連結親法人による完全支配関係を有することとなった他の内国法人（連結子法人となる法人）が連結加入直前事業年度（連結親法人との間に当該連結親法人による完全支配関係を有することとなった日の前日の属する事業年度）終了の時に有する時価評価資産（法税令122条の12）については、当該連結加入直前事業年度の所得の金額の計算上、その評価益又は評価損を、益金の額又は損金の額に算入する（法税61条の12第1項）。

(ii) 但し、次に掲げる法人については、連結加入直前事業年度終了の時に有する時価評価資産の評価益又は評価損の計上を行わない（法税61条の12第1項1号～4号）。

ア　連結グループ内の法人により設立された完全支配関係のある法人

イ　連結親法人又は連結子法人の適格株式交換等に係る完全子法人

ウ　連結親法人が適格合併又は適格株式交換等（以下、「適格合併等」という）により法人との間に当該連結親法人による完全支配関係を有することとなった当該法人（当該適格合併等の日の5年前の日等から当該適格合併等の日の前日まで継続して当該適格合併等に係る被合併法人又は株式交換等完全子法人による完全支配関係があった法人に限る）

エ　単元未満株式の買取り等により、連結親法人による完全支配関係を有することとなった当該法人

(iii) 評価益又は評価損を益金の額又は損金の額に算入した資産の帳簿

価額は、評価損益の計上を行った事業年度以後の各事業年度の所得の金額の計算上、別段の定めがあるものを除き、当該適用を受けた事業年度終了の時において、当該益金の額に算入された金額に相当する金額の増額がされ、又は当該損金の額に算入された金額に相当する金額の減額がされたものとする（法税61条の12第2項、法税令122条の12第4項）。

③　長期割賦販売等に係る繰延べ損益

連結納税を開始する他の内国法人（連結子法人となる法人）又は連結親法人との間に完全支配関係を有することとなった他の内国法人が繰り延べている長期割賦販売等に係る損益については、原則として、連結開始直前事業年度又は連結加入直前事業年度の所得の金額の計算上、益金の額及び損金の額に算入する（法税63条3項）。

(8)　投資簿価修正

他の連結法人の株主である連結法人のいずれか（以下、「自己」という）が、その保有する連結子法人の株式について譲渡等を行う場合、その他一定の事由（譲渡等修正事由[14)]）が生じた場合、譲渡等に基づく処理の前に、連結子法人株式の帳簿価額に連結子法人の連結納税期間中の連結個別利益積立金額の増加額又は減少額に相当する金額（以下、「帳簿価額修正額」という）を加算又は減算するとともに、自己の連結個別利益積立金額に帳簿価額修正額に相当する金額の調整を行う（法税2条18号・18号の3、法税令9条1項6号・2項・3項・9条の2第1項4号・2項・3項・9条の3・119条の3第5項・119条の4第1項。但し、過去に当該連結子法人の株式について譲渡等が行われ、既に投資簿価修正が行われていた場合、帳簿価額修正額から既に行われた投資簿価修正の額は除かれる）。これを投資簿価修正という。

連結納税を行う場合、連結グループ全体で通算した益金の中から同様に通算した損金の額を控除して連結所得を算出して法人税を計算することになり、例えば、連結納税では連結子法人に損失が生じた場合、その損失を連結グループにおいて通算して使用することとなる。そのような場合、仮に株主である連結親法人の税務上の投資価格（連結子法人株式の帳簿価格）を減額修正しなければ、その株式を他へ売却した場合には譲渡損が生じ（連結子法人株式の価値はその損失分減じているため）、連結グループとして損失の二重取りが可能になってしまう。同様に連結子法人に利益が発生した時は、同じ利益に対する二重課税になってしまう。そこで、これら連結子法人が連結期間中に生じた損失の二重控除や連結子法人の得た所得の二重課税を防止するために投資簿価修正が要求されているのである。また、連結個別利益積立金額を適正なものにする目的もある。

連結納税における投資簿価修正に似た制度にグループ法人税制の寄附修正事由に基づく寄附修正の制度があるが、連結納税の投資簿価修正は多段階にわたって厳格に行われるのが特徴である。

(9)　連結納税を行う場合の法人税の税額の計算

①　税　率

普通法人である連結親法人については、各連結事業年度の連結所得の金額に対して23.2%（法税81条の12第1項）。ただし、平成28年4月1日から平成30年3月31日までの間に開始する連結事業年度の連結所得に対しては、23.4%である（平成27年改正法附則27条）。

資本金の額若しくは出資金の額が1億円以下である普通法人たる連結親法人又は資本若しくは出資を有しない普通法人たる連結親法人については、連結所得のうち800万円以下の部分については19%に軽減されている（法税81条の12第2項[15]）。さらに、平成24年4月1日から平成31年3月31日までの間に開始する各連結事業年度の連結所得に係るこれらの連結親法人の法人税軽減税率は15%とされている(租特68条の8)。

資本金の額が1億円超の連結親法人が特定同族会社（法税67条1項）である場合で、連結留保金額が連結留保控除額を超えるときは、通常の法人税に加え、その超える部分の金額に対して特別税率（当該金額を区分して該当する金額に所定の割合を適用：年3000万円以下の金額につき10%、年3000万円を超えて年1億円以下の金額につき15%、年1億円を超える金額につき20%）を適用して計算した連結留保金税額が課される（法税81条の13第1項各号）。

② 所得税税額の控除

連結法人が各連結事業年度において所得税法174条の各号に規定する利子等、配当等、給付補塡金、利息、利益、差益、利益の分配又は賞金の支払を受ける場合には、これらにつき同法の規定により課される源泉所得税の額は、当該連結事業年度の連結所得に対する法人税の額から控除する（法税81条の14第1項、法税令155条の26）。控除された金額は、源泉所得税を課された各連結法人の個別帰属額に従って、各連結法人に配分される。連結法人税額から控除される所得税額は、その連結法人の各連結事業年度の連結所得の金額の計算上、損金の額に算入しない（法税81条の7）。

③ 外国税額の控除

各連結事業年度の連結所得に対する法人税の額から控除される外国税額の連結控除限度額（連結納税における外国税額の控除限度額をいう）は、連結グループを一体として計算する（法税81条の15第1項、法税令155条の28）。

外国税額の控除額は、連結控除限度個別帰属額（連結控除限度額のうち各連結法人に帰せられる金額をいう）や個別控除対象外国法人税の額を基にそれぞれの連結法人ごとに計算される金額の合計額とする（法税81条の15第1項、法税令155条の29）。外国税額控除の適用等を受ける場合、各連結法人が納付することとなる個別控除対象外国法人税の額の合計額は、その納付することとなる連結事業年度の連結所得の金額の計算上、損金の額に算入しない（法税81条の8第1項）。したがって、個別控除対象外国法人税の額について、連結法人ごとに税額控除を行うか、損金算入を行うかの選択は認められない（連基通19-3-1参照）。

個別控除限度超過額（連結法人が納付する個別控除対象外国法人税の額が連結控除限度個別帰属額、地方法人税控除限度個別帰属額及び地方税個別控除限度額の合計額を超える場合のその超える部分の金額をいう）、国税の個別控除余裕額（連結法人が納付する個別控除対象外国法人税の額が連結控除限度個別帰属額に満たない場合のその満たない部分の金額をいう）及び地方税の個別控除余裕額は、それぞれ3年間繰り越すことができる（法税81条の15第2項～7項、法税令155条の30～155条の33）。

④　仮装経理に基づく過大申告の場合の更正の特例等

連結法人の各連結事業年度開始の日前に開始した連結事業年度の連結所得に対する法人税につき税務署長が更正をした場合において、その更正につき法人税法135条1項（仮装経理に基づく過大申告の場合の更正に伴う法人税額の還付の特例）の規定の適用があったときは、その更正に係る仮装経理法人税額は、当該各連結事業年度の連結所得に対する法人税の額から控除する（法税81条の16）。すなわち、いわゆる粉飾決算による過大税額は、更正をした場合にも直ちには還付しない（法税135条1項）のが原則であるが、単体納税制度の場合と同様に、この還付されない過大税額は、更正の日の属する連結事業年度以降5年間にわたり、各連結事業年度の連結所得に対する法人税の額から控除されることになる。

但し、上記更正から5年以内に、連結法人につき会社更生法等の更生手続開始決定、民事再生法の再生手続開始決定又はこれらに準ずる事業再生計画の決定があった時には、連結親法人は控除未済額の還付を請求することができる（法税135条4項）。また、仮装経理を行った連結事業年度終了の日から更正の日の前日までの間に上記の事由が生じた場合には、仮装経理法人税額を還付する（法税135条1項第1括弧書）。

なお、更正の日の属する連結事業年度開始の日から5年を経過する日の属する連結事業年度の申告期限が到来した場合において控除しきれなかった金額（控除未済額）がある場合には、当該控除未済額を連結親法人に対して還付する。また、更正の日から5年を経過する日の属する連結事業年度終了の日までの間に、連結納税の承認、連結納税の承認の取消し又は連結納税の取りやめの承認を受けた場合には、その時における控除未済額を還付する（法税135条3項本文・4号～6号）。

⑤　連結法人税の個別帰属額

連結法人税は、連結親法人により申告・納付されるが、本来は、同一連結グループに属する各連結法人によって分担されるべきものである。すなわち、各連結法人は各連結事業年度の連結所得に対する法人税の負担額として帰せられ、又は連結法人税の減少額として帰せられる金額を個別計算（個別帰属額の計算）する。法人税法は、各連結法人の資金繰り等を加味した配分を行うことは認めておらず、各連結法人が各連結事業年度の連結所得に対する法人税の負担額として帰せられる金額、又はその法人税の減少額として帰せられる金額（個別帰属額）について定めている（法税81条の18第1項）。

また、連結欠損金が生じる場合や連結欠損金の繰越控除によって連結所得の金額が零になるような場合であっても、連結法人税の個別帰属額の計算は行わなければならない。

ところで、平成22年度税制改正により、連結法人税の個別帰属額は実際に授受しなくてもよくなった。しかし、個別帰属額の概念は、引き続き、連結納税の様々な制度で計算要素として使われていることから、以下に、その概要を説明することとする。

(i)　個別帰属額の計算[16)]

個別帰属額は、具体的には、以下のとおり計算される[17)]。

(ア)　連結親法人の資本金の額若しくは出資金の額が1億円超の場合（法税81条の18第1項）

> a. 個別所得金額がある場合
> 　連結法人税の個別帰属額
> 　＝（個別所得金額×適用税率＋加算調整額）－減算調整額
> 　又は　減算調整額－（個別所得金額×適用税率＋加算調整額）
> b. 個別欠損金額がある場合
> 　連結法人税の個別帰属額
> 　＝ 加算調整額－（個別欠損金額×適用税率＋減算調整額）
> 　又は（個別欠損金額×適用税率＋減算調整額）－加算調整額

(イ) 連結親法人の資本金の額若しくは出資金の額が1億円以下の場合（法税81条の18第2項）

> 上記(ア)a、b中の適用税率を［連結所得に対する法人税の額÷連結所得金額］とする。

但し、連結所得の金額がない連結事業年度の場合の適用税率は、連結所得の金額のうち年800万円以下の金額に対して適用になる税率15%となる（法税81条の18第2項括弧書）。

(ウ) 「個別所得金額」とは、個別帰属益金額が個別帰属損金額を超える場合におけるその超える部分の金額をいう。「個別帰属益金額」とは、その連結事業年度の益金の額のうちその連結法人に帰せられるものの合計額をいい、「個別帰属損金額」とは、その連結事業年度の損金の額のうちその連結法人に帰せられるものの合計額をいう。また、「個別欠損金額」とは、個別帰属損金額が個別帰属益金額を超える場合におけるその超える部分の金額をいい、当該連結事業年度に連結欠損金が生ずる場合には当該超える部分の金額から当該連結欠損金額のうち当該連結法人に帰属するものを控除した金額となる。

(エ)　加算調整額及び減算調整額（税額調整金額ともいわれる）とは、次のとおり（法税 81 条の 18 第 1 項本文・1 号～4 号、法税令 155 条の 43～155 条の 46)。

a. 加算調整額

・連結特定同族会社の特別税率に係る連結留保税額の個別帰属額等
（法税 81 条の 18 第 1 項 1 号、法税令 155 条の 43、租特 68 条の 10 第 13 項）

b. 減算調整額

・所得税額控除額の個別帰属額
（法税 81 条の 18 第 1 項 2 号、法税令 155 条の 44）

・外国税額控除額の個別帰属額
（法税 81 条の 18 第 1 項 3 号、法税令 155 条の 45）

・連結欠損金の繰戻し還付の金額の個別帰属額等
（法税 81 条の 18 第 1 項 4 号、法税令 155 条の 46）

(ii)　個別帰属額の届出

連結子法人は、各連結事業年度に係る連結確定申告書の提出期限までに、当該連結事業年度に係る連結法人税の個別帰属額の計算により法人税の負担額として帰せられる金額又は法人税の減少額として帰せられる金額、その計算の基礎その他財務省令で定める事項を記載した書類に当該連結事業年度の貸借対照表、損益計算書その他の財務省令で定める書類（株主資本等変動計算書若しくは社員資本等変動計算書又は損益金の処分表、勘定科目内訳明細書、事業等の概況に関する書類及び連結法人税の個別帰属額の金額に関する書類等。）を添付し、これを当該連結子法人の本店又は主たる事務所の所在地の所轄税務署長に提出しなければならない（法税 81 条の 25 第 1 項、法税規 37 条の 16・37 条の 17)。

⑽ 税務申告・納付

連結親法人については、納税地の所轄税務署長宛に連結中間申告（法税81条の19）・連結確定申告（法税81条の22）を行い、連結中間申告税額と連結確定申告税額を納付しなければならない（法税81条の26・81条の27）。連結納税の場合、連結親法人においては、各連結事業年度終了の日（決算日）の翌日から2月以内に連結確定申告を行うことを要するが、連結確定申告書の提出期限の延長の特例の申請（連結子法人が多数に上ること等により提出期限までに連結確定申告書を提出できない場合の申告期限の特例）により、提出期限の2月間の延長が認められる（法税81条の24第1項本文）。

さらに、平成29年度税制改正において、「コーポレートガバナンス税制」の一環として、上場企業等が定時株主総会の開催日を弾力的に設定できるようにするために、確定申告書の提出期限の延長の特例の見直しがなされた。すなわち、連結親法人が会計監査人を置いている場合で、かつ定款等の定めにより、決算日の翌日から4カ月以内に当該連結事業年度に係る決算についての定時総会が招集されない常況にあると認められる場合、4カ月を超えない範囲で税務署長が指定する月数の期間の延長が認められる（法税81条の24第1項1号）。提出期限は、最大で決算日の翌日から6カ月以内となる。これは、単体納税の内国法人の場合と同様の扱いである（法税75条の2第1項1号参照）。

連結子法人については、各連結事業年度の連結確定申告書提出期限までに、連結事業年度に係る法人税の負担額として帰せられる金額又は法人税の減少額として帰せられる金額等（個別帰属額等）を記載した書類に、連結事業年度の貸借対照表と損益計算書等を添付して所轄税務署長に提出しなければならない（法税81条の25）。また、連結子法人は、連結親法人の各連結事業年度の連結所得に対する法人税（当該連結子法人と当該連結親法人との間に連結完全支配関係がある期間内に納税義務が成立したものに限る）について、連帯納付の責めに任ずる（法税81条の28）。

なお、連結申告法人については、いわゆる青色申告の承認申請ができる内国法人に該当しないことに留意（法税 122 条 1 項括弧書）。

⑾ 連結納税にかかる行為・計算の否認

法人税法は、租税回避を防止するため、連結納税にかかる行為計算の否認規定を設けており、税務署長は連結法人税又は法人所得税につき更正・決定をする場合において、その連結法人の行為・計算で、これを容認した場合には、当該各連結事業年度の連結所得の金額又は当該各事業年度の所得の金額から控除する金額の増加、これらの法人税の額から控除する金額の増加、連結法人間の資産の譲渡にかかる利益の額の減少又は損失の額の増加その他の事由により法人税の負担を不当に減少させる結果となると認められるものがあるときは、その行為又は計算にかかわらず、その認めるところにより、その連結法人にかかるこれらの法人税の課税標準若しくは連結欠損金額又はこれらの法人税の額を計算することができる旨を定めている（法税 132 条の 3）。

他の一般否認規定（法税 132 条・132 条の 2）の判例動向については、「59　組織再編税制――総論」を参照。

⑿ 連結納税の承認の取消し・連結納税の適用の取りやめ[18)]

① 承認の取消し

(i) 国税庁長官による承認の取消し（法税 4 条の 5 第 1 項）

連結事業年度に係る帳簿書類の備付け、記録又は保存が適正に行われていなかった場合や、帳簿書類に取引の全部又は一部を隠蔽又は仮装して記載していた場合等、所定の事由がある場合には、国税庁長官によって連結納税の承認が取り消される。ただし、この連結納税の承認の取消しは、取消事由に該当する連結法人が、ある連結子法人だけの場合には、当該連結子法人のみが取消しの対象となる。この点、連結納税の適用の取りやめの場合とは異なる。

(ii) 承認のみなし取消し（法税 4 条の 5 第 2 項）

ア　連結親法人と内国法人（普通法人又は協同組合等に限る）との間に、当該内国法人による完全支配関係が生じた場合には、

その生じた日に、連結親法人及びすべての連結子法人について承認は取り消されたものとみなされる

イ　連結子法人がすべてなくなり、連結法人が連結親法人のみとなった場合には、そのなくなった日に、連結親法人について承認は取り消されたものとみなされる

ウ　連結親法人が解散した場合には、解散日の翌日（合併による解散の場合は合併の日）に連結親法人及びすべての連結子法人について承認は取り消されたものとみなされる

エ　連結子法人が解散（合併又は破産手続開始の決定による解散に限る）した場合には、解散日の翌日（合併による解散の場合は合併の日）に、当該連結子法人に対して承認は取り消されたものとみなされる。また、連結子法人の残余財産が確定した場合には、その残余財産の確定の日の翌日に、当該連結子法人について承認は取り消されたものとみなされる

オ　連結子法人が連結親法人との間に連結完全支配関係を有しなくなった場合（上記ア、イ、カ又はキに掲げる事実に基因するものを除く）には、その有しなくなった日に、当該連結子法人について承認は取り消されたものとみなされる

カ　連結親法人が公益法人等に該当することとなった場合には、その該当することとなった日に、連結親法人及びすべての連結子法人について承認は取り消されたものとみなされる

キ　連結親法人と内国法人（公益法人等に限る）との間に当該内国法人による完全支配関係がある場合において、当該内国法人が普通法人又は協同組合等に該当することとなった日に、連結親法人及びすべての連結子法人について承認は取り消されたものとみなされる

②　連結納税制度の適用を受けることをやめる場合

いったん連結納税を選択した場合、原則としてそれは継続されなければならず、任意にやめることはできない。但し、やむを得ない事情

があって連結納税の適用を取りやめる場合には、国税庁長官の承認を受けてやめることができる（法税4条の5第3項）。

やむを得ない事情のあるときとは、連結納税基本通達によれば、例えば、連結納税の適用を継続することにより事務負担が著しく過重になると認められる場合がこれに該当し、単に税負担が軽減されることのみを理由として連結納税を適用しないこととする場合は、これに該当しないと解されている（連基通1-3-6）。この連結納税の適用の取りやめの申請は、連結法人のすべての連名で行うこととされている（法税4条の5第4項）。この申請につき連結親法人に対して承認の処分があった場合には、当該承認を受けた日の属する連結親法人事業年度終了の時において、当該連結親法人との間に連結完全支配関係がある連結子法人のすべてにつき適用の取りやめの承認があったものとみなされる（法税4条の5第6項、法税令14条の9第4項）。

③　再度の連結納税の承認申請

承認取消し又は連結納税の適用の取りやめが行われた場合、当該承認の取消し等の日から同日以後5年を経過する日の属する事業年度終了の日までの期間は連結納税の承認を申請することはできない（法税4条の3第2項3号ハ、連基通1-3-7(3)）[19]。

1）　具体的には、内閣総理大臣から金融庁長官を経て権限委任を受けている財務局長等（含む福岡財務支局長）へ提出（金商194条の7第1項、金商令39条2項、企業内容等の開示に関する内閣府令15条）。

2）　金子宏『租税法（第22版）』432頁（弘文堂、2017年）。

3）　名義株がある場合の完全支配関係の判定については、連結納税基本通達1-2-1。

4）　受取配当等の意義については法人税法23条1項参照。

5）　法人税法81条の4第1項及び5項にいう完全子法人株式等とは、配当等の額の計算期間を通じて連結法人との間に完全支配関係があった他の内国法人（公益法人等及び人格のない社団等を除く）の株式又は出資をいう（法税81条の4第5項、法税令155条の9）。

6）　関連法人株式等とは、連結法人が他の内国法人（公益法人等及び人格のない社団等を除く）の発行済株式又は出資（当該他の内国法人が有する自己の株式又は出資を除く）の総数又は総額の3分の1を超える数又は金額の株式又は出資を配当計算期間において引き続き有する場合における当該他の内国法人の株式又は出資（完全子法人株式等を除く）をいう（法税81条の4第6項、法税令155条の10)。益金不算入の対象となる配当等の額から控除することとなる負債の利子の額は、従前、関連法人株式等だけでなく、その他の株式に対しても適用されていたが、関連法人株式等に係る区分についてだけ適用になる（法税81条の4第4項、法税令155条の8)。

7） その他株式等とは、完全子法人株式等、関連法人株式等及び非支配目的株式等のいずれにも該当しない株式等（株式又は出資をいう）をいう。基準日現在の持株比率が5%超で、かつ、配当計算期間内に引き続き持株比率が3分の1を超えて有していない株式等である。

8） 非支配目的株式等とは、連結法人が他の内国法人（公益法人等及び人格のない社団等を除く）の発行済株式又は出資（当該他の内国法人が有する自己の株式等を除く）の総数又は総額の100の5以下に相当する数又は金額の株式等を有する場合として政令で定める場合における当該他の内国法人の株式等（完全子法人株式等を除く）をいう（法税81条の4第7項、法税令155条の10の2)。

9） 連結法人につき、支払を受ける非支配目的株式等に係る配当等の額のうち、保険会社である連結法人が受ける当該配当等の額の40%相当額を益金不算入とする特例が平成27年度税制改正時に創設された（租特68条の104)。法人税法81条の4第1項の規定にかかわらず、保険会社の連結事業年度における受取配当等の益金不算入の特例である。これは、保険会社が保険契約者である顧客の資金を運用していることから、税制改正の影響が広範に及ぶのを避けるためのものであるといわれる。

10） なお、具体的な寄附金の損金算入限度額については、法人税法施行令155条の13（一般寄附金の連結損金算入限度額)、155条の13の2（特定公益増進法人等に対する寄附金の連結損金算入限度額)、155条の16（寄附金の損金不算入額の個別帰属額の計算）に、具体的計算規定が定められている。

11） 国税庁・連結納税制度Q&A（平成29年3月)、「12欠損金額、(問53) 連結欠損金額の損金算入額の計算方法」参照。

12） これは、①連結グループに参加ないし加入することは、単体課税の世界から連結課税という別の世界に入ることであるから、資産の状況を明確にし、いわば身ぎれいにして入ってゆく必要があること、②連結納税制度の導入による税収減を多少とも相殺する必要のあること、③時価評価法人（連結開始直前事業年度の終了時に時価評価資産を有する法人）が資産の含み益・含み損を抱えたまま連結子法人として連結グループに入ることを認めると、入った後に含み益・含み損を実現して連結法人相互間で損益を通算することによる租税回避が行われるおそれがあるため、それを予防する必要があること、等の理由に基づいて設けられた措置である。前掲注2)・金子440頁。

13）（i)の帳簿価額が1000万円未満の資産の除外（法税令122条の12第1項4号）は、内国法人の平成29年10月1日以後に終了する事業年度終了の時に有する資産について適用される。法人税法施行令等の一部を改正する政令（平成29年政令106号）附則15条に定める経過措置参照。すなわち、連結納税の開始又は連結グループへの加入に伴う資産の時価評価課税の対象から、帳簿価額1000万円未満の資産（営業権等）を除外することとされた。

14）　譲渡等修正事由は、株式譲渡の場合のほか、保有する連結法人の株式につき評価換え（法税25条2項・33条2項・33条3項）が行われた場合、他の連結法人の株主等である連結法人のいずれかと他の連結法人との間に連結完全支配関係がなくなる場合、他の連結法人にみなし配当事由が生じた場合等、法人税法施行令9条2項に列挙された場合である。

15）　連結親法人が協同組合等の場合は、法人税法81条の12第3項。

16）　要するに、各個別所得金額又は各個別欠損金額というのは、単体法人税の所得金額又は欠損金額に相当し、それに若干の項目に関する連結グループ全体計算の必要からの修正（受取配当等の益金不算入額、寄附金の損金不算入額等）を加えた金額であり、それらに税率を乗じて得られた金額にさらに税額調整金額による調整が加えられているのである（前掲注2）・金子452頁)。

17）　前掲注11)・「16連結法人税、（問62）連結法人税の個別帰属額の計算」参照。

18）　前掲注11)・「2連結納税の承認、（問14）連結納税の適用の取りやめにおける対象法人」参照。

19）　以上の脚注での引用のほか、主要な参考文献としては、武田昌輔編著『DHC　コンメンタール法人税法』4723頁以下（第一法規、1979年-)。

68　関係会社の整理・支援

1　はじめに

関係会社の整理については法人税基本通達 9-4-1 が、関係会社の支援については法人税基本通達 9-4-2 がそれぞれ規定している。この 2 つの通達の解釈は重なる部分が大きく、国税庁タックスアンサー №5280「子会社等を整理・再建する場合の損失負担等に係る質疑応答事例等」（以下、「質疑応答集」という）も、2 つの通達をまとめて解説している[1)]。

この点を踏まえて、以下では、関係会社の支援・整理を、共通点はまとめて解説する。

2　関係会社の整理の手法

法人が、経営危機に陥った子会社、取引先、役員派遣先、貸付先等の関係会社を整理する方策として、関係会社の解散・清算や関係会社の経営権の第三者への譲渡などが考えられる。

会社を解散・清算する手法としては、通常清算、特別清算、清算型の再生計画案による民事再生、破産などが考えられる。また関係会社の経営権を第三者に譲渡する方法としては、事業譲渡、会社分割、株式の譲渡などが考えられる。

また、会社の経営権の譲渡と会社の解散・清算と清算する会社の優良事業部門と経営不振の事業部門を切り分け、優良事業部門のみを継続させるため、事業譲渡や会社分割と会社の解散・清算手続を組み合わせることがある。事業継続する事業について事業譲渡・会社分割を行った後で抜け殻部分を清算（通常清算・特別清算）する手法、民事再生手続開始後に裁判所の許可を得て事業譲渡を行う手法（民再 42 条・43 条）、事業譲渡・会社分割後に清算型の再生計画を行う手法などである。

これらの手続の選択基準については、税務面での有利不利以外にも事業に必要な許認可の関係、取引先との関係、金融機関の意向、関係者が準備できる手続費用との兼ね合いなど様々な要素が絡むため、一般論として定式化することは難しい[2)]。

例えば、形式論からいえば、解散・清算の手法として、資産超過の場合は通常清算を選択し、債務超過であれば破産、特別清算、清算型の再生計画案による民事再生を選択するということになろうが、実際には債務超過の会社について債権者から債権放棄等を事前に得て債務超過を解消して通常清算を行うという手法は広く行われている。

ここで、通常清算、特別清算、破産、民事再生、事業譲渡、会社分割、株式の譲渡等に関する個別の税務問題は、各項目の解説部分を参照されたい。

3　関係会社の支援の手法

(1)　具体的手法について

法人が経営危機に陥った子会社等の系列会社の倒産等を回避するため支援する手法として、①貸付け、②債権放棄、③出資等が考えられる。以下では、これらの手法について、法人税法上の問題点を簡単に触れる。

(2)　貸付け

①　適正な金利による貸付け

適正な金利による貸付けであれば、貸付側は各期に取得すべき利息相当額が益金となり、借入側は金利を損金に算入することになる。

②　無利息貸付け・低利貸付け

(i)　貸付側

通常得るべき利息相当額が益金に算入される一方（法税22条2項）、通常取得すべき利息相当額と実際の利息取得額の差額は寄附金とされ損金算入について限度額計算が行われ、制限される（法税37条1項・7項・8項）。

但し、法人税基本通達9-4-2が適用されて寄附金とされない場合もある。この点は後述する。

なお、当事会社に法人による完全支配関係がある場合は、グループ法人税制の適用があることになるが、その取扱いについては「65 グループ法人税制」を参照されたい（以下同じ）。

(ii)　貸付けを受ける側

通常取得すべき利息相当額と実際の利息取得額の差額について受贈益課税がされる。

(iii)　債権放棄

③　放棄をする側

(i)　回収可能性がない金銭債権の放棄

放棄した債権の額面額を貸倒損失として損金算入することが可能である（法基通 9-6-1(4)）。

(ii)　回収可能性がある金銭債権の放棄

この場合、放棄した債権の額面額は寄附金として限度額計算が行われ、損金算入が制限されるのが原則である（法税 37 条 1 項・7 項・8 項）。

但し子会社等支援損失として法人税基本通達 9-4-2 が適用されて寄附金とされない場合もある。この点は後述する。

(iii)　回収可能性に関する裁判例

①債権放棄をした会社と受けた会社に特殊密接な関係にあり、債権放棄をした会社が受けた会社の監督及び援助をしていたこと、②債権放棄をした会社以外の債権者が債権を放棄していないこと、③債権放棄当時、債権放棄を受けた会社は債務超過の状態にあったが、なお借入金を返済していたこと、④債権放棄をした会社は債権放棄後においてもなお債権放棄を受けた会社に対し資金の貸付けをしていたこと、⑤債権放棄を受けた会社にとって有利な客観状勢がはじまっていたこと、⑥債権放棄をした会社が債権につき何ら回収の手段を講じていないこと等を理由に回収可能性があると認定した裁判例がある（大阪地判昭 33・7・31 行裁集 9・7・1403、税資 26・773）。

④　放棄を受ける側

放棄額は債務免除益として益金に算入される。

但し青色申告法人については、当該事業年度開始の日前10年以内に開始した事業年度において生じた繰越欠損金額を、最も古い事業年度において生じた欠損金額に相当する金額から順次当該事業年度の所得の計算上損金に算入することができる（法税57条、法基通12-1-1)。また、会社更生手続・民事再生手続・一定の要件を満たす任意整理手続の場合、資産評価益の益金算入、評価損の損金算入が認められている（法税25条2項・3項、法税令24条の2、法税33条3項・4項、法税令68条の2)。さらに、会社更生手続・民事再生手続・一定の要件を満たす任意整理手続については、期限切れ欠損金を青色欠損金に優先して損金算入できる（法税59条2項・3項、法税令116条の3〜118条)。詳しくは、「71　倒産・解散手続における債務者の税務」を参照されたい。この繰越欠損金・資産評価損を活用することによって、債務免除益の負担を回避し得る場合がある。

⑤　出　資

出資については、①金銭出資か、現物出資か、②株主割当てか第三者割当てか、③出資をするのが法人か個人か、④出資額が適正か（時価か、時価よりも出資者にとって有利な価格か、逆に不当に高額でないか）等に応じて様々な問題が生じ得る。

詳細は、金銭出資、現物出資の解説部分を参照されたい。また、関係会社の支援のために出資を行う際の手法として、DES・擬似DES等があるがこれらの解説部分も参照されたい。

4　税務処理上の問題点

(1)　問　題

関係会社の整理に当たって、親会社等は、債務引受けや解散・清算費用の負担などの損失負担や債権放棄をすることがある[3)]。また、関係会社の支援に当たって、支援者は、無利息貸付け・低利貸付け・債権放棄等をすることがある[4)]。

この場合、債権放棄や損失負担にかかる経済的利益の供与額、低利貸付けの場合の通常取得すべき利息相当額と実際の利息取得額の差額について寄附金に該当して法人税法上損金算入が制限されるかが課税上問題となる。

(2) 寄附金の損金算入の制限と子会社等を整理する場合の損失負担等に関する例外

ここで、寄附金とは、金銭その他の資産又は経済的な利益の贈与又は無償の供与のことである（法税 37 条 7 項）。その範囲は日常用語の寄附金の範囲より広い[5)]。

寄附金とは直接的な反対給付のない支出であり、一般には法人の収益に対する費用とは考え難い。営利を目的とする法人の担税力を測るために行われる所得計算において、収益獲得に関係がないとみられる支出の損金算入を認めることには問題があるため、寄附金については損金算入が制限されている[6)]（法税 37 条 1 項）。

親会社と子会社はそれぞれ独立の課税主体であるから、親会社が子会社に対して無利息貸付け・低利貸付けをした場合、子会社の債権を放棄した場合、子会社のために損失負担をした場合は、これらを子会社に対する経済的利益の供与とみなし、寄附金として課税対象にするのが原則である。

しかし、親会社が、株主有限責任を楯にその親会社としての責任を放棄するようなことが社会的にも許されないといった状況に陥ることがしばしば生じ得る。つまり、親会社が子会社等の整理のために行う債権の放棄や損失負担、親会社が子会社等の支援のために行う無償貸付け、低利貸付け、債権放棄等を、一概に単純な贈与と決めつけることができない。よって、その内容いかんにかかわらず、常に寄附金として処理する等のことは実態に即さないことになる。

そこで、法人税基本通達 9-4-1 は、関係会社の整理に関して、法人がその子会社等の解散、経営権の譲渡等に伴い当該子会社等のために損失負担等をした場合において、その損失負担等をしなければ今後より大きな損失を被ることになることが社会通念上明らかであると認められるためやむを得ずその損失負担等をするに至った等そのことについて相当な理由があると認められるときは、その損失負担等により供与する経済的利益の額は、寄附金の額に該当しない旨を規定し、一定の場合に債権放棄や損失負担について損金算入を認めている。

また、法人税基本通達 9-4-2 は、関係会社の支援に関して、法人がその子会社等に対して金銭の無償若しくは通常の利率よりも低い利率での貸付け又は債権放棄等をした場合において、その無利息貸付け等が例えば業績不振の子会社等の倒産を防止するためにやむを得ず行われるもので合理的な再建計画に基づくものである等その無利息貸付け等をしたことについて相当な理由があると認められるときは、その無利息貸付け等により供与する経済的利益の額は、寄附金の額に該当しないものとする旨規定し、一定の場合に無利息貸付け、低利貸付け、債権放棄について損金算入を認めている。

(3) 法人税基本通達 9-4-1・9-4-2 の適用における検討事項

ここで問題となるのが、法人税基本通達 9-4-1・9-4-2 がどのような場合に適用されるかである。この点について、質疑応答集は以下の点を総合的に検討するとしている。

ア　損失負担等を受ける者は、「子会社等」に該当するか。

イ　子会社等は経営危機に陥っているか（倒産の危機にあるか）。

ウ　損失負担等を行うことは相当か（支援者にとって相当な理由があるか）。

エ　損失負担等の額（支援額）は合理的であるか（過剰支援になっていないか）。

オ　整理・再建管理はなされているか（その後の子会社等の立ち直り状況に応じて支援額を見直すこととされているか）。

カ　損失負担等をする者の範囲は相当であるか（特定の債権者等が意図的に加わっていないなどの恣意性がないか）。

キ　損失負担等の額の割合は合理的であるか（特定の債権者だけが不

当に負担を重くし又は免れていないか)。

そこで、以下では、上記の各項目を解説する。

(4) 各検討項目について

① 損失負担等を受ける者は、「子会社等」に該当するか

ここで問題になるのは、法人税基本通達 9-4-1 及び 9-4-2 にいう「子会社等」の範囲であるが、当該法人と資本関係を有する者のほか、取引関係、人的関係、資金関係等において事業関連性を有する者が含まれるとされている（法基通 9-4-1（注))。具体的には、金融機関にとっての個人の融資先[7)]、業界の上部団体にとっての個々の業者[8)]も「子会社等」に該当し得る。

このように、上記法人税基本通達における「子会社等」の範囲は、会社法上の「子会社」（会社 2 条 3 号）よりはるかに広いため「子会社」という用語にとらわれすぎると、上記通達の適用範囲を誤ることになる。

② 子会社等は経営危機に陥っているか（倒産の危機にあるか)

一般論としては経営危機とは実質的債務超過に陥っているかどうかが判断基準となる。

しかし、債務超過等の状態にあっても子会社等が自力で再建することが可能な場合は経営危機に陥っているとはいえない。逆に、債務超過の状態でなくとも経営危機に陥っていると認められる場合もあり得る[9)]。

③ 損失負担等を行うことは相当か（支援者にとって相当な理由があるか)

相当な理由は、整理の場合は、整理によってより大きな損失を回避することができる場合に認められる。

支援の場合は、支援することにより、残債権の弁済可能性が高まり、倒産した場合に比べ損失が軽減される場合若しくは支援者の信用が維持される場合などに認められる。

④ 損失負担等の額（支援額）は合理的であるか（過剰支援になってい

ないか)

損失負担額は、必要最低限の金額でなければならず、損失負担が過剰と認められる場合には、単なる利益移転とみなされ、寄附金課税の対象となる。特に、支援の場合は、被支援者等の遊休資産の売却、経費の節減、増減資等の自己努力を加味して支援額を定めるべきである。

⑤　整理・再建管理はなされているか（その後の子会社等の立ち直り状況に応じて支援額を見直すこととされているか)

整理の場合は、整理が速やかに実行されれば、整理計画の実施状況に関する管理についてはあまり問題にならない[10)]。

一方、支援の場合は、支援者が子会社等の再建状況を把握し、例えば、再建計画の進行に従い、計画よりも順調に再建が進んだような場合には計画期間の経過前でも支援を打ち切り、再建が進まない場合には、追加支援を行うための計画の見直しを行うなどの再建管理が必要である。具体的な再建管理の方法としては、支援者から役員を派遣すること又は子会社等から支援者に対して毎年、毎四半期、毎月など一定の頻度で再建状況を報告させる方法などが考えられる。

⑥　損失負担等をする者の範囲は相当であるか（特定の債権者等が意図的に加わっていないなどの恣意性がないか)

支援者の範囲は、事業関連性の強弱、支援規模、支援能力等の個別事情から決定されるものであり、関係者全員が支援しないから不合理であるとは必ずしもいえない。例えば、多数の関係者がいる場合であっても、出資している者、出資はしていないが役員を派遣している者、取引金額又は融資金額の多額な者等に支援者の範囲を限定することも考えられる。

⑦　損失負担等の額の割合は合理的であるか（特定の債権者だけが不当に負担を重くし又は免れていないか)

関係会社が複数ある場合に、各社の損失負担割合が合理的かについては、損失負担額の配分が、出資状況、経営参加状況、融資状況等の子会社等と支援者との個々の事業関連性の強弱や支援能力からみて合理的に決定されているかなどの観点から検討することとなる。

合理性が認められるケースとしては、損失負担額について、

ア　融資残高比率に応じた割合による場合

イ　資産状況、融資残高比率及び役員派遣割合等の事業関連性を総合的に勘案する場合

ウ　出資責任・融資責任・経営責任等のある者がメインとなる損失負担者としてその責任に応じたできる限りの損失負担を行い、それ以外の者については融資残高等の事業関連性を総合的に勘案し責任を求めるといった場合

などが考えられる。

(5)　小口債権者の債権放棄

親会社や大口債権者だけでなく、一般の小口債権者が債権放棄をする場合にも、上記法人税基本通達が適用される可能性はある。

(6)　適用場面についての注意事項

質疑応答集が、①「子会社等」の範囲を会社法上の子会社よりもはるかに広く解していること、②損失負担者・支援者の範囲を「限定することも考えられる」としていること、③損失負担割合の合理性を求めていること、等からすると、課税庁側は法人税基本通達の原則的な適用場面として、親会社・主要取引先・融資している金融機関等が広く関与して、損失負担等の割合も一定の根拠に基づいて合理的に配分するような事例を想定していると考えられる。

(7)　法人税基本通達 9-4-1 の適用が争われた裁判例

法人税基本通達の適否が争われた裁判例としては、東京高判平成 7 年 5 月 30 日（税資 209・940、原審横浜地判平 5・4・28 税資 195・199）がある程度である。これはゴルフ場の建設を請け負った建設業者が注文者に対する請負代金や貸付金を放棄した事例について法人税基本通達 9-4-1 が適用されるかが争われたものである。本件は、ゴルフ場の事業譲渡により建設業者が注文主の 100% 親会社になったあと注文主を通常

清算して手続中に債権放棄をしたという特殊な事案であり、一般論として参考になる点はあまりない。債権放棄通知書に「本件債権放棄が寄付金にあたると認定された場合には、これを撤回する」との文言が記載されていた点について、かかる記載は自らの危険を回避するという上記通達の趣旨に沿うものではないと判断されたことが質疑応答集で採り上げられている。

なお、法人税基本通達 9-4-2 の適用が争われた裁判例には、大阪高判平成 17 年 2 月 18 日（税資 255・9936）がある。

1）　国税庁タックスアンサー№5280「子会社等を整理・再建する場合の損失負担等に係る質疑応答事例等」（http://www.nta.go.jp/taxanswer/hojin/5280_qa.htm#q1-1）。
2）　倒産手続の手続選択に関しては実務書が多数刊行されているので、これらを参照されたい。
3）　法人税基本通達 9-4-1 や同通達に関する国税庁の質疑応答集の用語法に従えば、子会社等のための債務引受けや経費負担等が「損失負担」、これと債権放棄、無利息貸付け等を含めて「損失負担等」となる。
4）　法人税基本通達 9-4-2 は、子会社等に対する金銭の無償又は通常の利率よりも低い利率での貸付けと債権放棄等を併せて「無利息貸付け等」としている。
5）　金子宏『租税法（第 22 版）』382・383 頁（弘文堂、2017 年）。
6）　本庄資・藤井保憲『法人税法【実務と理論】』122 頁（弘文堂、2008 年）。
7）　①個人事業主の融資先について、破産を未然に防ぐことにより、破産した場合に回収できる債権額を上回る額を回収することが見込まれるため債権放棄を行う場合、②個人の融資先が自己破産と同等な状態に陥っており、貸付債権が回収できないことが明らかな場合に債権放棄を行う場合など。
8）　業界の上部団体等が、業界全体の信用維持のために団体に加入する個別の事業者の支援を行う場合など。
9）　①事業譲渡等による子会社等の整理等に際して、譲受者側等から赤字の圧縮を強く求められている場合、②営業を行うために必要な登録・認可・許可等の条件として法令等において一定の財産的基礎を満たすこととされている業種にあって、仮に赤字決算等のままでは登録等が取り消され、営業の継続が不可能となり倒産に至ることとなるため、これを回避するために財務体質の改善が必要な場合など。
10）　但し、資産処分に時間を要するなどの理由から、整理計画が長期間にわたる場合には、整理計画の実施状況に関する管理の的確性を検討する必要がある。

XII　中小企業の事業承継

69　中小企業の事業承継に関する税制

1　新たな制度の制定

中小企業のオーナー経営者が死亡すると、事業用資産の承継は一般に遺産分割の方法により行われてきたが、法定相続分の分割による事業用資産の分散や遺産分割手続の長期化等の問題から、中小企業の事業承継が円滑に行われず事業継続に重大な支障を来すこと等不都合が指摘されていた。そこで、平成20年に「中小企業における経営の承継の円滑化に関する法律」(以下、法律を「円滑化法」、施行規則を「円滑化規」という)が制定され、遺留分に関する特例制度と事業承継時に関する税制の新たな枠組みが定められ、その一環として、平成21年度税制改正において、非上場企業の株式についての贈与税・相続税の納税猶予等を内容とする中小企業の事業承継を円滑に行うための諸制度が創設された[1)]。

さらに、上記諸制度は、平成25年度税制改正において、適用要件の緩和や手続の簡素化などが行われ、平成29年税制改正においては、対象会社を広げる方向での見直しが行われ、より活用しやすくなった。

2　新たな事業承継税制の全体的な枠組み

(1)　各制度の概要

新たな事業承継税制の中心となる制度が、「非上場株式等に関する贈与税の納税猶予の特例」(租特70条の7。以下、「贈与税の特例」という)及び「非上場株式等についての相続税の納税猶予の特例」(租特70条の7の2。以下、「相続税の特例」という)である。贈与税の特例は、円滑化法2条に規定する中小企業のうち経済産業大臣の認定を受けた会社(=認定贈与承継会社)(その他の要件は租特70条の7第2項1号イ～へ、租特令40条の8第5項～8項参照)の非上場株式等を贈与により取得した後継者について、当該贈与株式の一定部分にかかる贈与税を、その贈与者の死亡の日まで猶予し、一定の場合免除する制度である。相続税の特例は、円滑化法2条に規定する中小企業のうち経済産業大臣の認定を受けた会社（＝認定承継会社。その他の要件は、租特70条の7の2第2項1号イ～へ、租特令40条の8の2第7項～9項参照）の非上場株式等を相続又は遺贈により取得した後継者について、当該株式の一定部分（既に保有している分も含め発行済議決権株式総数の3分の2が上限）にかかる相続税のうち、その課税価格の80％に対応する相続税の納税を、その後継者の死亡の日まで猶予し、一定の場合免除するという制度である。

なお、贈与税の特例及び相続税の特例を補完する制度として、「非上場株式等の贈与者が死亡した場合の相続税の課税の特例」（租特70条の7の3。以下、「贈与者死亡時の相続税課税特例」という）及び「非上場株式等の贈与者が死亡した場合の相続税の納税猶予の特例」（租特70条の7の4。以下、「贈与者死亡時の相続税猶予特例」という）がある。贈与者死亡時の相続税課税特例は、贈与税の特例の適用を受けた株式等の贈与者（先代経営者）が死亡した場合、受贈者（後継者）は当該株式等を相続又は遺贈により取得したものとみなして、贈与時の価額により他の相続財産と合算して相続税を計算する制度であり、贈与者死亡時の相続税猶予特例は、贈与者死亡時の相続税課税特例の際に、経済産業大臣の確認を受け、一定の要件を満たす場合は、相続又は遺贈により取得したものとみなされた株式等に相続税の納税猶予制度の適用が受けられる制度である。

(2)　各制度の関係

上記の4つの制度（贈与税の特例、相続税の特例、贈与者死亡時の相続税課税特例、及び贈与者死亡時の相続税猶予特例）の関連について、以下のモデルケースを使って概説する。

（モデル）
① ある認定贈与承継会社の初代経営者が２代目経営者長男に対して同社の非上場株式を生前贈与する。
② ①の後、初代経営者が死亡した。
③ ②の後、２代目経営者は、３代目経営者であるその長男に非上場株式を贈与する。

上記モデル①の場面で、本来、２代目経営者に贈与税が課されることとなるはずだが、一定の要件を満たす場合（下記**3**参照）、贈与税の特例を受けることができる。

上記モデル②の場面で、贈与者死亡時相続税課税特例により、２代目経営者は非上場株式を相続により取得したものとみなされる。すなわち、納税の猶予を受けていた贈与税に関し、この時点で相続税という形で精算が行われることになる。しかし、この際においても、一定の要件を満たす場合、贈与者死亡時相続税猶予特例により当該非上場株式に関する相続税について相続税の特例を受けることができる。

さらに、上記モデル③の場面では、一定の要件を満たす場合、再び贈与税の特例を受けることができる。

このように、上記の４つの制度の組合わせにより、相続税及び贈与税の納税を継続的に繰延べでき、計画的かつ円滑な事業承継が実現できるのである。但し、贈与税の納税猶予制度から同じ制度への移行に関する規定はないので、上記モデルにおいて、初代経営者の生前に、初代経営者→２代目経営者→３代目経営者へと生前贈与がなされる場合、２代目経営者→３代目経営者の生前贈与に贈与税の納税猶予の適用はない。また、一定の場合には納税猶予の期限が確定し、猶予された贈与税ないし相続税の全部又は一部の納付が必要となる。

以下、４つの制度について個々にみてゆく。

3 贈与税の特例（＝非上場株式等に関する贈与税の納税猶予の特例（租特70条の7））

(1) 要 件

この特例を受けるための要件は関係条文（租特70条の7、租特令40条の8・40条の8の2、租特規23条の9、租特通70条の7・70条の7の2-13、円滑化法2条・12条、円滑化規16条・15条・12条等）に詳細に定められているが、その概略は以下のとおりである。

ア 当該企業が円滑化法の経済産業大臣の認定を受けた一定の中小企業（「認定贈与承継会社」）であること（租特70条の7第2項1号）。なお、平成25年税制改正により、資産管理会社（資産保有型会社又は資産運用型会社）について特例の適用を受ける要件が整備された（租特70条の7第2項1号・8号・9号、租特令40条の8第5項認定の対象となるのは、原則として中小企業基本法上の中小企業であり（但し、一部の業種で基準が緩和されている）、非上場会社で風俗営業会社や資産管理会社でないこと等である（円滑化規15条参照）。

イ 対象となる株式は、会社の議決権の制限のない非上場株式等であること。なお、特例の適用を受けることができるのは、会社の発行済株式又は出資総数又は総額の3分の2までの部分（後継者が既に保有していた株式等も含める）である（租特70条の7第1項、租特令40条の8第2項）。

ウ 平成25年税制改正以前は、贈与者が会社の代表権を有していた個人であり、贈与時には役員ではなくなっており、贈与の直前において会社の株式議決権を同族関係者と合わせて50%超有し、かつその中で後継者を除き筆頭株主であること（詳細は租特令40条の8第1項1号～3号参照）。

平成25年税制改正により、平成27年1月1日以降の贈与の場合、「贈与時に役員ではない」という要件が「贈与時に代表権を有していないこと」と変更され、贈与者が贈与時に「役員」の場合であっても、特例の適用を受けることが可能となった（租特70条の7第1項、租特令40条の8第1項）。

エ　平成25年税制改正以前は、後継者である受贈者が、贈与者の親族であり贈与時に20歳以上であること。会社の代表権を有し、引き続き3年以上にわたり同社の役員であること。また、贈与直後において会社の株式議決権を同族関係者と合わせて50％超有し、かつその中で筆頭株主であること（詳細は租特70条の7第2項3号イ～ヘ参照）。

平成25年税制改正により、平成27年1月1日以降の贈与の場合、後継者である受贈者が、「贈与者の親族である」という要件が廃止され、親族外承継にも本制度の適用が可能となった。

オ　贈与税の申告期限から5年間、事業を継続すること。具体的には、この間、後継者である受贈者が代表者であり（租特70条の7第4項1号）、従業員数の8割以上を維持し（租特70条の7第4項2号、租特令40条の8第22項）、贈与を受けた株式の保有を継続すること（租特70条の7第4項5号・6号）等。

なお、平成25年税制改正により、平成27年1月1日以降の贈与の場合、「毎年」従業員数の8割以上を維持する要件が「平均」で従業員数の8割を維持すればよいと緩和された。さらに、平成29年税制改正により、常時使用従業員数が1人に満たない端数があるときは、これを切り捨てる（改正前：切り上げる）こととし、小規模事業者への配慮がなされた。

カ　納税猶予分の贈与税相当額の担保を提供すること（租特70条の7第1項、租特通70の7-8）。

なお、平成25年税制改正により、平成27年1月1日以降の贈与の場合、株券不発行会社でも、一定の書類を提出することにより、株券を発行することなく株式を担保として提供することが可能となった。

キ　贈与税の申告書に当該特例を受けようとする旨の記載を行うこと

及びその他必要な明細書の添付を行うこと（租特70条の7第9項）。

⑵　手　続

平成25年税制改正以前は、当該納税猶予の特例を受けるためには、①贈与を行う前に計画的な承継に係る取組みに関する経済産業大臣の確認をとり（租特70条の7第2項3号ト、租特規23条の9第11項、円滑化規16条1項）、②贈与後、贈与税申告期限（贈与の日の属する年の翌年3月15日）までに経済産業大臣の認定を受け、③納税猶予期間中における経済産業大臣へ事業継続報告及び税務署長への継続届出書の提出を行い、④贈与者の死亡後、税務署長への免除届出書等の提出を行う、という各手続を行わなければならなかった。

しかし、平成25年改正により、上記①の贈与前の事業承継計画についての経済産業大臣の事前確認の制度が廃止され、平成25年4月1日以降に上記②の産業大臣の認定を受けるに際し、上記①の事前確認が不要となった。

⑶　猶予贈与税の免除

①贈与者死亡の時以前に受贈者が死亡した場合、又は、②贈与者が死亡した場合には、猶予されていた贈与税は免除される（実際に免除を受けるための手続等は、租特70条の7第16項参照）。

その他、納税地の税務署長に申請を行うことで猶予された贈与税の免除を受けられる場合がある（租特70条の7第17項参照）。

⑷　納税猶予の期限

受贈者の株式保有割合の変化等により代表権喪失事由が発生した場合等、認定贈与承継会社が一定の組織再編行為を行った場合、その他法が定める事由が生じた場合には、各事由に定められた起算日から2カ月を経過する日をもって納税猶予の期限とされ（租特70条の7第4項～6項・12項・13項）、猶予された贈与税の全部又は一部について利子税を併せて納付しなければならない（租特70条の7第27項）。

ただし、平成25年税制改正により、平成27年1月1日以後の贈与の場合、一定の場合に経営承継期間である5年間の利子税が免除されることとなった（租特70条の7第28項）。また、平成26年1月1日以降の贈与の場合、利子税率も引き下げられた（租特93条5項）。

⑸　相続時精算課税制度との併用

平成29年税制改正において、相続時精算課税に係る特定贈与者からの贈与により取得をした非上場株式等について贈与税の納税猶予及び免除を受ける場合の相続時精算課税の適用除外規定（旧租特70条の7第3項）が削除され、相続時精算課税制度に係る贈与が、贈与税の納税猶予制度の適用対象に加えられた（租特70条の7第2項5号ロ）。

4　相続税の特例（＝非上場株式等についての相続税の納税猶予の特例（租特70の7の2)）

⑴　要　件

当該特例を受けるための要件は関係条文（租特70条の7の2、租特令40条の8の2、租特規23条の9・23条の10、租特通70条の7の2・70条の7の3、円滑化法12条、円滑化規12条・15条・16条・6条、円滑化規改正附則（平成22年経済産業省令17号）2条等）に詳細に定められているが、その概略は以下のとおりである。

ア　当該企業が円滑化法の経済産業大臣の認定を受けた一定の中小企業（その他の要件は租特70条の7の2第2項1号イ～ヘ参照）であること。

上記贈与税の納税の特例の対象企業と同様である。

イ　対象となる株式は、会社の議決権に制限のない非上場株式等のうち、相続税の申告書にこの特例の適用を受けようとする旨の記載があるものであること。但し、特例の適用を受けることができるのは、相続開始時点における会社の発行済株式総数の3分の2に達するまでの部分（後継者が既に保有していた株式等も含める）である（租特70条の7の2第1項)。

なお、ⓘ相続税の課税価格に算入される相続開始前3年以内に贈与された株式、ⓘⓘ相続時精算課税の適用を受ける株式、ⓘⓘⓘ代償分割により取得した株式は、本特例の適用外となる（租特通70の7の2-3・70の7の2-4)。

ウ　被相続人が、会社の代表権を有していた個人であり、相続時直前において会社の株式議決権を同族関係者と合わせて50%超有しかつその中で筆頭株主であること。詳細は、租税特別措置法施行令40条の8の2第1項1号・2号を参照。

エ　後継者である相続人（以下、「経営承継相続人」という）が被相続人の親族であり、相続開始日から5カ月経過後において会社の代表権を有しており、さらに、相続時後において会社の株式議決権を同族関係者と合わせて50%超有しかつその中で後継者を除き筆頭株主であること。具体的な要件は、租税特別措置法70条の7の2第2項3号イ～へを参照。

贈与税の特例同様、平成25年税制改正により、平成27年1月1日以降の相続又は遺贈の場合、「被相続人の親族」という要件が廃止された。

オ　相続税の申告期限から5年間、事業を継続すること。具体的には、この間、後継者である相続人が代表者であり（租特70条の7の2第3項1号)、従業員数の8割以上を維持し（租特70条の7の2第3項2号、租特令40条の8の2第28項)、贈与を受けた株式の保有を継続すること（租特70条の7の2第3項5号・6号）等である。

贈与税の特例同様、平成25年税制改正により、平成27年1月1日以降の相続または遺贈の場合、「毎年」従業員数の8割以上を維持する要件が「平均」で従業員数の8割を維持すればよいと緩和され、さらに、平成29年税制改正により、雇用確保要件の計算方法が見直された。

カ　納税猶予分の相続税相当額の担保を提供すること（租特70条の7の2第1項、租特通70の7の2-11、租特70条の7の2第6項、租特通70の7の2-33)。

なお、平成25年税制改正により、平成27年1月1日以降の贈与の場合、株券不発行会社でも、一定の書類を提出することにより、株券を発行することなく株式を担保として提供することが可能となった。

キ　相続税の申告書に当該特例を受けようとする旨の記載を行うこと。及びその他必要な明細書の添付を行うこと（租特70条の7の2第9項[2]）。

⑵　手　続

平成25年税制改正以前は、当該納税猶予の特例を受けるためには、①相続開始前に計画的な承継にかかる取組みに関する経済産業大臣の確認をとり（租特70条の7の2第2項3号へ、租特規23条の10第9項、円滑化規16条1項・15条3号）、②相続開始後8カ月以内に経済産業大臣の認定を受け、③相続税申告期限内に相続税の申告書の提出及び担保の提供を行い、④相続税申告期限から5年間、経済産業大臣へ事業継続報告及び税務署長への継続届出書を提出するという手続を行わなければならない。さらに⑤後継者が死亡した場合等免除事由が生じた場合、税務署長への免除届出書等を提出しなければならない。

贈与税の特例同様、平成25年改正により、上記①の相続開始前の経済産業大臣の事前確認の制度が廃止され、平成25年4月1日以降に上記②の経済産業大臣の認定を受けるに際し、上記①の事前確認が不要となった。

⑶　猶予相続税の免除

①経営承継相続人等が死亡した場合、又は、②経営承継期間の末日の翌日以降に、経営承継相続人等が、対象株式等につき贈与税の納税猶予制度の適用を受ける贈与をした場合には、①の場合は猶予された相続税相当額、②の場合は猶予された相続税相当額のうち贈与税の納税猶予制度の適用を受ける非上場株式等に対応する部分の相続税が免除される（実際に免除を受けるための手続等については、租特70条の7の2第16項参照）。

そのほかに、納税地の税務署長に申請を行うことで猶予された相続税の免除を受けられる場合がある（租特70条の7の2第17項参照）。

(4) 猶予相続税の期限

経営承継相続人の株式保有割合の変化等により代表権喪失事由が発生した場合等、認定承継会社が一定の組織再編行為を行った場合、その他法が定める事由が生じた場合には、事由ごとに定められた起算日から2カ月を経過する日をもって納税猶予の期限とされ（租特70条の7の2第3項～5項・12項・13項）、猶予された贈与税の全部又は一部について利子税を併せて納付しなければならない（租特70条の7第27項）。

贈与税の特例同様、平成25年税制改正により、平成27年1月1日以後の相続又は遺贈の場合、一定の場合に経営承継期間である5年間の利子税が免除されることとなった（租特70条の7の2第29項）。また、平成26年1月1日以降の贈与の場合、利子税率も引き下げられた（租特93条5項）。

5　非上場株式等の贈与者が死亡した場合の相続税の課税の特例（租特70条の7の3）

贈与税の納税猶予の特例（租特70条の7第1項）の適用を受ける受贈者に係る贈与者が死亡した場合には、当該受贈者が当該贈与者から相続（又は遺贈）により同条1項の規定の適用を受ける株式等の取得をしたものとみなされる。この場合、相続税の課税価格の計算の基礎に算入すべき当該株式等の価額は、当該株式等の贈与時における価額を基礎として計算する。

6　非上場株式等の贈与者が死亡した場合の相続税の納税猶予の特例（租特70条の7の4）

上記**5**の場合、受贈者が、当該相続に係る納付すべき相続税の額のうち、当該株式等の相続税申告書に本特例を受ける旨の記載があるものにかかる納税猶予分の相続税額に相当する相続税については、当該相続税の申告書の提出期限までに当該納税猶予分の相続税額に相当する担保を提供した場合に限り、当該受贈者の死亡の日まで、その納税が猶予される。納税猶予される株式等の範囲については租税特別措置法70条の7の4第1項、同法施行令40条の8の3第1項、同法施行規則23条の12第1項に定められている。

なお、平成29年税制改正により、意欲ある中小企業の成長を支援し、生前贈与による事業承継の更なる円滑化を図る観点から、認定相続承継会社の要件のうち、中小企業者であること及びその会社の株式等が非上場株式等に該当することとする要件が撤廃された（租特70条の7の4第2項1号、租特令40条の8の3第6項・40条の8の2第10項）。

7　被災した認定贈与承継会社等に係る要件緩和の特例創設

認定贈与承継会社等が災害等により受けた被害の態様に応じて雇用確保要件の免除等を行う（租特70条の7第30号・31号・70条の7の2第31号・32号・70条の7の4第16号・70条の7の2第31号・32号）とともに、これらの被害を受けた会社が破産等した場合には、経営承継期間等内であっても猶予税額を免除する（租特70条の7第32号・70条の7の2第33号、70条の7の4第17号・70条の7の4第33号）こととされた。

1）　この新たな制度の制定に伴い、特定同族会社株式等に係る課税価格の計算の特例（平成21年度改正前租特69条の5）及び特定同族株式等の贈与の特例（平成21年度改正前租特70条の3の3・7条の3の4）は廃止された。

2）　相続税に関し、期限後申告、修正申告又は更正に係る相続税額について本特例は適用されない。

XIII　倒　　産

70　租税債権の破産手続における位置づけ

1　租税債権の破産法上の位置づけ

破産法上、租税債権は、財団債権、優先的破産債権及び劣後的破産債権の3種に区分される。

まず、租税債権は、原則は、財団債権として、破産債権に先立って弁済される（破148条1項3号・151条）。租税は、国や地方公共団体の存立基盤であって、確実な徴収が必要であるからである。

しかし、破産手続開始当時、納期限から1年を経過している租税債権は、優先的破産債権とされる（破98条1項、国徴8条、地税14条）。

これは、国税通則法46条が定める納税の猶予期間が原則1年であり、納期限から1年以上経過した場合は、滞納処分が合理的期間内に行使されなかったものであるから、財団債権として保護することは相当でないという考え方に基づく。基準となる納期限は、法定納期限ではなく、いわゆる具体的納期限（期限までに納付がなされない場合に督促状が発せられて、滞納処分がなされる期限。国通36条2項・37条）と解されている[1]。

そして、破産手続開始前の原因に基づいて生じた租税等の請求権（本税）にかかる加算税又は加算金は、劣後的破産債権とされている（破99条1項1号・97条5号）。

これは、加算税・加算金が、申告義務違反又は納付義務違反に対する制裁的趣旨を有する点で、劣後的破産債権である罰金等（破97条6号）と同様の性格を有するため、これと同一の取扱いをするのが妥当であるという考え方に基づく[2]。

財団債権・優先的破産債権・劣後的破産債権の区分に従って、租税債権を整理すると以下のとおりとなる。

財団債権	最優先	• 破産手続開始後の原因に基づく租税等の請求権で、「破産財団の管理・換価及び配当に関する費用の請求権（破148条1項2号）」に該当するもの 例えば、破産財団に帰属する財産の管理・換価に伴って発生する消費税・固定資産税・自動車税等[3)4)]。なお、破産管財人の報酬の源泉税、不納付加算税も財団債権とされる[5)]。
	次順位	• 破産手続開始前の原因に基づいて生じた租税債権であって、破産手続開始当時、まだ納期限（具体的納期限）が到来していない、又は、納期限から1年を経過していない本税（破148条1項3号） • 財団債権たる本税にかかる延滞税・利子税・延滞金
優先的破産債権		• 破産手続開始前の原因に基づいて生じた租税債権であって、破産手続開始当時、納期限から1年を経過した本税（破98条、国徴8条、地税14条） • 優先的破産債権たる本税にかかる延滞税・利子税・延滞金のうち破産手続開始前までに生じたもの（破98条） （注）優先的破産債権の中での優先順位は、①公租（国税・地方税）、②公課（各種社会保険料・下水道料金）、③私債権（優先的破産債権に該当する労働債権等）となる。
劣後的破産債権		• 加算税、加算金（破99条1項1号・97条5号） • 優先的破産債権たる本税にかかる延滞税・利子税・延滞金のうち破産手続開始後に生じたもの（破99条1項1号・97条3号） • 破産手続開始後の原因に基づいた租税債権のうち破産財団の管理・換価に関する費用に該当しないもの（破99条1項1号・97条4号） • 劣後的破産債権たる本税にかかる延滞税・利子税・延滞金

これを、租税債権の側から整理すると、以下のとおりとなる。

<table>
<tr><td rowspan="4">本　税</td><td rowspan="2">破産手続開始前の原因に基づく租税債権</td><td>破産手続開始当時まだ納期限が到来していないもの、又は納期限から1年を経過していないもの</td><td>財団債権
（破148条1項3号）</td></tr>
<tr><td>破産手続当時納期限から1年以上経過しているもの</td><td>優先的破産債権
（破98条、国徴8条、地税14条）</td></tr>
<tr><td rowspan="2">破産手続開始後の原因に基づく租税債権</td><td>破産財団の管理・換価に関する費用に該当するもの</td><td>財団債権
（破148条1項2号）</td></tr>
<tr><td>破産財団の管理・換価に関する費用に該当しないもの</td><td>劣後的破産債権
（破99条1項1号・97条4号）</td></tr>
<tr><td rowspan="4">延滞税
利子税
延滞金</td><td colspan="2">財団債権たる租税債権にかかるもの</td><td>財団債権
（破148条1項4号参照）</td></tr>
<tr><td rowspan="2">優先的破産債権たる租税債権にかかるもの</td><td>破産手続開始までに生じたもの</td><td>優先的破産債権
（破98条）</td></tr>
<tr><td>破産手続開始後に生じたもの</td><td>劣後的破産債権
（破99条1項1号・97条3号）</td></tr>
<tr><td colspan="2">劣後的破産債権たる租税債権にかかるもの</td><td>劣後的破産債権
（破99条1項1号・97条3号）</td></tr>
<tr><td colspan="3">加算税・加算金</td><td>劣後的破産債権
（破99条1項1号・97条5号）</td></tr>
</table>

(1)　財団債権間の優先順位

財団債権は、破産手続によらず、破産財団から随時弁済を行うことができる（破2条7項）。

しかし、破産財団が財団債権の総額を弁済するために不足することが明らかになった場合には、破産法148条1項1号及び2号の財団債権が他の財団債権より優先する（破152条2項）[6]。

よって、財団不足が生じた場合は、破産手続開始後の原因に基づく租税債権のうち破産財団の管理・換価に関する費用に該当するもの（破148条1項2号）が、破産手続開始当時まだ納期限が到来していない租税債権、納期限から1年を経過していない租税債権、及び、財団債権たる本税にかかる延滞税・利子税・延滞金（破148条1項3号）に優先する。

なお、財団の不足が生じた場合は、破産法152条2項を例外として、法令に定めた優先権にかかわらず、未弁済額に応じた平等弁済をなすとされていることから（破152条1項本文）、財団債権においては、優先的破産債権と異なり、公租と公課の間で優劣はない。

(2) 優先的破産債権間の優先順位

第1順位	公租	国税・地方税
第2順位	公課	各種社会保険料・下水道代金等
第3順位	私債権	優先的破産債権に該当する労働債権等

優先的破産債権の公租公課においては、上記のように、公租と公課で優先順位がある。

これは、優先的破産債権の優先順位は、民法、商法その他の法律の定めるところによるとされているところ（破98条2項）、国税徴収法に国税優先の原則が（国徴8条）、地方税法に地方税優先の原則が（地税14条）それぞれ定められ、公課については、国税及び地方税に次ぐ先取特権を有する旨の規定がある（国民年金法98条、厚生年金保険法88条、健康保険法182条、国民健康保険法80条4項等）ことによる。

なお、租税債権に関する交付要求先着主義は、破産手続には適用除外であることが明記されたので（国徴13条括弧書、地税14条の7括弧書）、交付要求の先後にかかわらず、上記順位内では平等に扱われる。

つまり、配当原資が、優先的破産債権に該当する公租の合計額に満たない場合は、公租の額を按分して配当する。また、配当原資が、優先的破産債権たる公租の合計額は超えるが、優先的破産債権に該当する公租公課の合計額に満たない場合は、公租に全額を配当したうえで、残額を公課に按分して配当する。

2　否認の特例

租税債権についての担保の供与又は債権の消滅に関する行為には、偏頗行為否認の規定（破162条1項）は適用しない旨定めた（破163条3項）。租税や罰金は公法上の請求権であり、その保護が政策的に要請されるもので、いったん弁済された場合には事後の返還になじまない性質の請求権であるからである[7]。

会社更生法87条3項にも同様の規定があるが、民事再生法にはこのような規定はない。これは、破産法・会社更生法では租税債権の行使に制約が課されているが、民事再生法は租税債権の行使に制約を課していないことに対応すると考えられる。

3　権利行使要件

租税債権のうち、優先的破産債権又は劣後的破産債権として扱われるものは、権利行使のために届出を要する。

しかし、一般の破産債権が債権届出期間内に届け出ることとされている（破111条）のに対して、租税債権は届出期間の制限には服さず、請求額・原因その他最高裁判所規則（破規36条）で定める事項を遅滞なく届け出ればよいとされている（破114条1項）。

したがって、届出期間経過後の届出も有効である。

この点、国税徴収法82条1項では破産債権に対する交付要求は裁判所になされるとされており、これが届出と扱われることになる。

4　債権調査

租税債権には債権調査・確定手続は適用されない（破134条1項）。

そのため、破産管財人による債権認否や破産債権者による異議の対象にはされない[8]。

租税債権に関する不服は、破産管財人が、国税通則法・行政事件訴訟法の定める手続（異議申立て・審査請求等の不服申立て及び取消訴訟等）によってのみすることができる（破134条2項）。

この場合の異議の申立期間は、破産管財人が届出があったことを知った日から１カ月の不変期間内である（破134条４項）。

5　破産手続と滞納処分としての差押え

破産手続開始前に着手された滞納処分としての差押えは、破産手続開始によりその続行を妨げられない（破43条２項）[9)]。

但し、破産手続開始後に新たな滞納処分としての差押えは行えない（破43条１項）。

6　破産手続と交付要求

交付要求とは、現に進行中の強制換価手続の執行機関に換価代金の交付を求め、それによって租税債権の満足を図る手続である。

管財事件においては、税務署から管財人に対して「財団債権」「優先的破産債権」「劣後的破産債権」に区別された交付要求書が送られてくる。

7　租税債権者の交付要求に係る配当金の交付先

租税債権者の交付要求がなされている租税債権につき、他方で、別除権行使としての不動産競売がなされている場合、その競売手続における配当金の交付先を、租税債権者とすべきか、管財人とすべきかという問題がある。

この点、判例（旧破産法下の事案）は、抵当権者による競売申立てが破産手続に時系列的に先行している事案において、破産手続開始前に国税徴収法又は国税徴収の例による差押え又は参加差押えがある場合を除き、配当金は破産管財人に交付すべきものとした（最判平９・11・28判時1626・77）。

また、国が滞納処分としての差押えをした後に、滞納者が破産し、地方公共団体が交付要求したという事例においても、配当金は破産管財人に交付すべきものとされた（最判平９・12・18判時1628・21）。

8　租税債権を第三者弁済した保証人の地位

私人が、保証債務を履行するなどして、破産者に対する租税債権を代位により取得し（民501条）、破産財団に対して権利行使するときがある。

この場合に、当該私人の取得した租税債権が、財団債権として扱われるか、単なる破産債権として扱われるか（優先性が維持されるか）という問題がある。

この点について、東京高判平成17年6月30日（金融商事1245・12）は、旧破産法下の事案についてであるが、控訴人（民間銀行）が保証債務の履行として破産会社の関税等を支払ったことにより本件租税債権を民法501条の弁済による代位によって取得したとし、旧破産法47条2項の財団債権に当たるとして、被控訴人に対し本件租税債権の支払を求めたという事案において、「旧破47条が財団債権として1号から9号までを列挙し、その2号で『国税徴収法又ハ国税徴収ノ例ニ依リ徴収スルコトヲ得ヘキ請求権』を掲げている趣旨は、租税が国又は地方公共団体の存立及び活動の財政的な基盤となり、高度の公共性を有することから、租税を公平、確実に徴収すべきであるという公益的な要請によるものであって、専ら国又は地方公共団体の租税債権ゆえに旧破産法の手続上付与された優先的な効力である。旧破産法等倒産手続法上付与された優先的な効力は、租税債権の内在的なものとして保有する固有の権利内容ではなく、各倒産手続法の立法政策上の判断によって創設的に付与されたものと解すべきである。そうすると、以上のような同項の趣旨に照らすと、私人が民法501条の代位による弁済によって租税債権を取得した場合には、もはや当該私人にまで租税債権としての優先的な効力を付与すべき理由がなくなる」等として、控訴人が代位によって取得した租税債権も、財団債権には当たらず、破産債権である求償権の限度でのみ効力を認めれば足りると判示した。[10)]

現行破産法下においては、東京地判平成27年11月26日（金融法務2046・86）は、原告が、破産者が国に対して負担する租税債権を第三者弁済するなどし、破産者に対して求償権を取得するとともに、破産法148条1項3号に該当する財団債権について弁済による代位が生じたとして、破産管財人に対して立替金の支払を求めた事案において、「弁済による代位は債権の移転を伴うものであり、債権の性質上譲渡することが許されない債権については弁済による代位が否定されるところ、租税債権は、私法上の債権のように債権自体の譲渡による換価が認められていないことや税負担の公平の観点から債権回収に特色があることなど、公法上の債権として私人間で直接行使することが予定されていないから、権利の性質上、私人に対する譲渡が許されない債権というべきであり、弁済による代位の対象とはならない」と判示した。

現在の実務では、租税債権等の請求権については、第三者が弁済（納付）しても原債権（租税等の請求権）が移転することはないとして、代位弁済した場合には優先性が失われるという扱いとなっている。

1）竹下守夫編集代表『大コンメンタール破産法』580・581頁（青林書院、2007年）、小川秀樹編著『一問一答新しい破産法』189頁（商事法務、2004年）。

2）前掲注1）・竹下580、581頁、前掲注1）・小川195頁。

3）国徴基通47-40参照。

4）破産者が個人の場合、破産財団に帰属する財産の管理・換価に伴って、譲渡所得が生じた場合でも、所得税の確定申告及び納税義務は、破産管財人ではなく破産者にあり（すなわち、財団債権にならない）、かつ、破産の場合に生じた譲渡所得は、所得税法9条1項10号、国税通則法2条10号により非課税とされているので、破産者の申告においても問題にならない。しかし、破産財団に帰属する賃貸物件から賃料収入があった場合、賃料は破産財団に帰属するが、不動産所得にかかる所得税は、破産者個人に申告・納付義務が生ずる。この点は問題であって、立法的解決によるべきという意見もある（「74　個人の破産」を参照）。

5）最判平成23年1月14日（裁判所HP、金融法務1916・48）。

6）旧破産法下においては、破産管財人の報酬と租税等の請求権の優劣が問題となったが、判例（最判昭45・10・30民集24・11・1667）は、破産管財人の報酬が優先することを明らかにしたので、現行破産法は、破産手続開始前の原因に基づく租税等の請求権について財団債権とする範囲を限定するとともに（破148条1項3号）、152条2項の規定を置いて、問題を立法的に解決した（前掲注1）・竹下601頁）。

7）前掲注1）・竹下661頁。

8）まれに、交付要求書の内容に誤りがある（納期限から1年を経過している租税を財団債権としている等）こともあるが、管財人としては交付要求をなした税務署に連絡して、訂正方を依頼すればよい。

9）旧法下での最判昭和45年7月16日（民集24・7・879）が明文化されたものである。

10）中山孝雄・金澤秀樹編『破産管財の手引（第2版）』244頁（金融財政事情研究会、2015年）。

71　倒産・解散手続における債務者の税務

1　債務免除益・受贈益等と欠損金の損金算入の特例

(1)　民事再生・会社更生といった倒産手続においては、債務免除を受けたり、DESによって債務の一部が消滅したり、債権届出がなされなかったことによる債権カット等により、過剰債務の削減を受ける。この場合には、倒産会社においては債務免除益・債務消滅益が発生する。また、倒産会社の役員や株主等から私財提供等を受けることがあるが、この場合には、倒産会社においては受贈益（私財提供益）が発生する（法税22条2項）。

法人税法上、これらの債務免除益・債務消滅益及び私財提供益（以下、「債務免除益等」という）については、単純に益金不算入（非課税）とすることは認められていない。

(2)　通常、債務免除益等による益金については、通常の益金と同様に、その事業年度の事業活動により生じた原価・費用・損失や財産評定に基づく資産の評価換えにより生じた評価損による損金、更には、欠損金（欠損金額とは、各事業年度の所得の計算上、損金の額が益金の額を超える場合の超過額のことである（法税2条19号））による「青色欠損金」の繰越控除（法税57条。青色申告法人について、当該事業年度の前の一定の期間内に生じた繰越欠損金額のうち一定の割合の金額を当該事業年度の損金とする制度をいい、最も古い事業年度において生じた欠損金額に相当する金額から順次当該事業年度の所得の計算上損金に算入できる。具体的な一定の期間や一定の割合については法改正により年度によって変遷があり、中小法人には特例もあるので、詳しくは、「42　欠損金」を参照されたい）、「災害損失欠損金」の繰越控除（法税58条1項。白色申告法の場合に当該事業年度の前の一定の期間内に生じた棚卸資産、固定資産又は政令で定める繰延資産について災害により生じた損失にかかる欠損金額に限って損金算入が認められる制度。こちらについても詳しくは、「42　欠損金」を参照されたい）により一定限度で通算（相殺）されることとなる。

したがって、通常、累積欠損金のうち繰越控除によってもなお通算（相殺）しきれなかった額（いわゆる期限切れ欠損金等と呼ばれる）が発生することとなる。

⑶　しかしながら、更生手続や再生手続の場合、会社再建のために債務免除等が行われるのにもかかわらず、これに課税を行ったのでは会社再建を阻害する結果となることから[1]、これによる課税所得の発生を回避させるため、繰越控除に利用できなくなった欠損金額についても、損金算入が認められており、その通算（相殺）により課税所得を圧縮することができるようになっている[2]（法税59条1項・2項、法税令116条の3・117条の2第1号、法基通12-3-2）。

⑷　さらに、会社を解散する場合であっても、平成22年度税制改正において清算所得課税が廃止されたことに伴い、残余財産がないのにもかかわらず債務免除益等により清算中所得による税負担が生じたのでは清算結了の妨げになることから[3]、法人が解散した場合において「残余財産がないと見込まれるとき」は、清算中の各事業年度において、上記と同様の通算が可能になっている（法税59条3項、法税令118条1号、法基通12-3-2）。

⑸　この特例を用いるには、特定の書類を添付しなければならない（法税59条4項）。

2　民事再生等の手続の場合（法税59条2項）

⑴　民事再生手続開始決定、特別清算開始命令、破産手続開始決定、再生計画認可決定、及びこれに準ずる事実があった場合、以下の該当事由がある場合に、その該当することとなった日の属する事業年度において、以下の限度で損金算入が許される（法税59条2項、法税令117条1号・2号・4号・5号）。

①　債務の免除を受けた場合は、その債務の免除を受けた金額（債務免

除益）

② 役員等（役員若しくは株主等である者又はこれらであった者をいい、当該内国法人との間に連結完全支配関係がある連結法人を除く。）から金銭その他の資産の贈与を受けた場合は、その贈与を受けた金銭の額及び金銭以外の資産の価額（受贈益）。

③ 再生認可等に伴う資産評定（法税25条3項・33条4項）を行った場合は、益金の額に算入される金額から損金の額に算入される金額を減算した金額。

⑵ また、「これに準ずる事実」については、①民事再生、特別清算、破産、再生計画認可以外の事実において法律の定める手続による資産の整理、②主務官庁の指示に基づき再建整備のための一連の手続を織込んだ一定の計画を作成し、これに従って行う資産の整理、③前記①②以外の資産の整理で、例えば、親子会社間において親会社が子会社に対して有する債権を単に免除するというようなものではなく、債務の免除等が多数の債権者によって協議の上決められる等その決定について恣意性がなく、かつ、その内容に合理性があると認められる資産の整理、が挙げられる（法基通12-3-1）。

従って、私的整理ガイドライン等に則った任意整理等も期限切れ欠損金の損金算入制度を利用することができる。

⑶ なお、破産手続については、本条項によるほか、破産手続開始決定により解散し（会社471条5号）、「残余財産がないと見込まれるとき」には債務超過の場合も含まれると解されるので（法基通12-3-8）、多くの場合、解散（法税59条3項）の手続もとることができる。

⑷ 青色欠損金・災害損失欠損金と期限切れ欠損金の損金算入の順序

会社再建後の青色欠損金の繰越控除の範囲を確定するためには、民事再生・会社更生等の会社再建手続の際に、欠損金をどの順序で充てていくかを検討することになる。これについては、各制度により順序が異なるので、注意が必要である[4)]。

民事再生の場合、青色欠損金、災害損失欠損金をまず損金算入し、それでも債務免除益・私財提供益が残る場合に、期限切れ欠損金を損金算入する。

再生認可に伴う資産評定（法税25条3項・33条4項）を行うことを要件として、期限切れ欠損金を青色欠損金に優先して損金算入できる（法税59条2項・4項、法税令117条の2）。

これにより、債務免除後も青色繰越欠損金・災害損失欠損金が残る可能性が高くなり、再生計画認可決定後の事業年度の法人税課税をなくすことが可能になるので、再生計画が立てやすくなり再建も容易になる。

もっとも、再生認可に伴う資産評定（法税25条3項・33条4項）をとることが要件となる以上、資産の評価損を計上するだけでなく、評価益を合わせて計上することが必要となる。しかし、結果として資産につき評価益を計上すべきものがないことから評価損のみが計上される場合においても期限切れ欠損金の優先適用は可能と考えられている。但し、評価益も評価損もない場合は、期限切れ欠損金の優先適用はできない（法基通12-3-5）。

なお、資産の評価損のみを申告調整ではなく損金経理の形で計上（法税33条2項、法税令68条）した場合は、青色欠損金・災害損失欠損金を期限切れ欠損金に優先して損金算入しなければならない（法税59条2項、法税令117条の2）。

以上から、債務免除益・私財提供益に対する損金算入の順番をまとめると、

(ア)　再生認可等に伴う資産評定（法税25条3項・33条4項）の場合
　①期限切れ欠損金、②青色欠損金・災害損失欠損金

(イ)　資産の評価損のみを損金経理の形で計上（法税33条2項）した場合
　①青色欠損金・災害損失欠損金、②期限切れ欠損金

となる。

3　会社更生手続の場合（法税59条1項）

(1)　会社更生手続開始決定があった場合、青色欠損金及び災害損失欠損金

以外の欠損金額の合計から、以下の該当事由がある場合に、当該限度で損金算入が許される（法税59条1項、法税令116条の3）。

① 債務の免除を受けた場合は、その債務の免除を受けた金額（債務免除益）。

② 役員等（役員若しくは株主等である者又はこれらであった者をいい、当該内国法人との間に連結完全支配関係がある連結法人を除く）から金銭その他の資産の贈与を受けた場合は、その贈与を受けた金銭の額及び金銭以外の資産の価額（受贈益）。

③ 会社更生法に伴う資産の評価替え（法税25条2項）を行った場合は、当該益金の額に算入される金額（損金の額に算入される評価損の金額を控除した金額）。

(2) 青色欠損金・白色災害欠損金と期限切れ欠損金の損金算入の順序

会社更生手続における期限切れ欠損金の損金算入額は、当期の所得金額とは関係なく計算される（法税59条1項、法税令116条の3）。このことは、青色欠損金の繰越控除を含めて他の所得計算に関する規定とは無関係に期限切れ欠損金の損金算入額を計算することを意味する。一方、青色欠損金の繰越控除における損金算入額は、他の所得計算に関する規定を適用した後の所得金額を限度としており、これは期限切れ欠損金の損金算入の適用がある場合には、期限切れ欠損金の損金算入額を控除した後の所得金額を限度額とすることを意味する。したがって、更生手続の場合には、①期限切れ欠損金の損金算入を適用してなお所得金額があるときに、②青色欠損金の繰越控除が適用され、期限切れ欠損金の損金算入が青色欠損金の繰越控除よりも優先される。

4　解散手続の場合（法税59条3項）

(1) 法人が解散した場合において「残余財産がないと見込まれるとき」は、清算中の各事業年度において、青色欠損金額等以外の欠損金額（期限切れ欠損金額）に相当する金額は、青色欠損金等の控除後の所得の金額を限度として、その事業年度の所得の金額の計算上、損金の額に算入される（法税59条3項、法税令118条）。なお、会社の解散の場合には、会社更生の場合（法税59条1項）や民事再生の場合（法税59条2項）と異なり、債務免除（債権が債務免除以外の事由により消滅した場合でその消滅した債務に係る利益の額が乗じる場合を含む）以外の場合、例えば、固定資産売却益がある場合でも期限切れ欠損金の利用が認められている（法税59条3項）。

(ア)「残余財産がないと見込まれるとき」の意義・判断時点

「残余財産がないと見込まれる」とは、実質的に債務超過である場合をいうものと考えられる（法基通12-3-8)。ここで、「残余財産がないと見込まれる」（実質的債務超過である）かどうかの判定は、当該法人の清算中に終了する各事業年度終了の時の現況によるため（法基通12-3-7)、期限切れ欠損金を損金算入できるかどうかは、清算中の各事業年度末において判定することとなる。

(イ) 適用要件

また、期限切れ欠損金の損金算入は、①確定申告書に期限切れ欠損金額に相当する金額の損金算入に関する明細の記載があり、かつ、②残余財産がないと見込まれることを証明する書類の添付がある場合に限り、適用されることとされている（法税59条4項、法税規26条の6第3号。なお法税59条5項)。

そこで、具体的には、清算中の各事業年度における確定申告書に、①「会社更生等による債務免除等があった場合の欠損金の損金算入に関する明細書」（法税規別表七（二））及び②実態貸借対照表（当該法人の有する資産及び負債の価額により作成される貸借対照表）（法基通12-3-9）を添付することとなる。

(ウ) マイナスの資本金等の額の取扱い（法税令118条1号括弧書）

自己株式を市場価額で取得した場合、取得価額によっては適用年度の終了時点で「資本金等の額」が計算上マイナスになる場合がある。この「マイナスの資本金等の額」については、会社が解散した場合、「繰り越された欠損金額の合計額」から減算することが認められており（法税令118条1号括弧書)、その結果、「マイナスの資本金等の額」は累積欠損金額と同様に損金の額に算入することができることになる。

5　欠損金の繰戻し還付

(1)　内国法人につき解散や更生手続開始決定がなされた場合、その事実が生じた日前1年以内に終了したいずれかの事業年度又は同日の属する事業年度における欠損金があるときには、その内国法人は、その事実が生じた日以後1年以内に、納税地の所轄税務署長に対し、欠損金額が生じた事業年度（以下、「欠損事業年度」という）開始日前1年以内に開始したいずれかの事業年度の所得に対する法人税の額（附帯税の額を除くものとし、税額控除された金額がある場合には、その金額を加算した金額とする）にそのいずれかの事業年度（以下、「還付所得事業年度」という）の所得の金額の内に占める欠損事業年度の欠損金額に相当する金額の割合に乗じて計算した金額に相当する法人税の還付を請求することができる（但し、還付所得事業年度から欠損事業年度までの各事業年度について連続して青色申告書である確定申告書を提出している場合に限る。法税80条1項・4項、租特66条の13第1項）。還付請求できる金額は以下の算式による。なお、欠損金の繰戻しによる法人税の還付があった場合には、地方法人税も併せて還付される（地法23条1項）。消費税に関しては、欠損金の繰戻し還付請求はできない。

$$\left(\text{還付所得事業年度の所得に対する法人税} + \text{還付所得事業年度の所得税額等の控除額} - \text{還付所得事業年度の課税土地譲渡利益金額に対する税額等}\right) \times \frac{\text{欠損事業年度の欠損金}}{\text{還付所得事業年度の所得金額}}$$

この欠損金の繰戻し還付制度は、平成30年3月31日までに終了する事業年度までは、中小企業者等に関する一部例外を除き適用をしないという特例が設けられているが（租特66条の13）、解散事業年度及び清算中の各事業年度についてはこの特例が除外されていることから、中小企業者等以外の法人についても欠損金の繰戻し還付を請求できる（租特66条の13但書）。

(2) 再生手続開始決定がなされた場合も、会社更生の場合と同様、法人税については、欠損金の繰戻し還付の制度の利用が可能である（法税80条1項・4項・6項、法税令154条の3、法税規36条の4）。

(3) これに対し、任意整理の場合は、繰越欠損金の繰戻し還付制度は凍結されたままであり、繰越欠損金の繰戻し還付の適用を受けることはできない。

但し、事業の全部の相当期間の休止又は重要部分の譲渡で、これらの事実が生じたことにより青色申告書を提出した事業年度の欠損金の繰越しの規定（法税57条1項）の適用を受けることが困難となると認められるものについては適用を受けることができる（法税80条4項、法税令154条の3）。

1） 渡辺淑夫『法人税法〈平成28年度版〉』749頁（中央経済社、2016年）。

2） 平成25年改正において、青色欠損金等の控除前の所得金額が債務免除益相当額を超える場合における損金算入額は、中小法人を除き、青色欠損金等の控除後の金額からその超える部分の金額の20%相当額を控除した金額を限度とする改正をされたが、平成27年改正において、①更生手続開始の決定があった場合、②再生手続開始の決定があった場合について、所得制限の規制から除外されたことにより廃止された（法税57条11項2号）。

3） 前掲注1)・渡辺749頁。

4） 法人税法59条1項は、会社更生法等で規定されていた「益金不算入」制度に由来し、同条2項1号2号は、通達で認められていた運用を「損金算入」の制度として明文化したことに由来しており、元々の由来が異なる。

大阪地判平成元年3月28日（判時1347・24）及びその控訴審判決である大阪高判平成2年12月19日（判タ768・102）は、会社更生後の法人においての欠損金の損金算入額につき争われた事案で、手続開始前の青色欠損金・白色災害損失欠損金、期限切れ欠損金、手続開始後青色欠損金・白色災害損失欠損金の、益金不算入ないし損金算入の順序により異なるため問題となった事案である。

上記裁判例は、課税庁側の①手続開始前の青色欠損金・白色災害損失欠損金、②手続開始後青色欠損金・白色災害損失欠損金、③期限切れ欠損金、の主張を斥け、納税者側の①期限切れ欠損金、②手続開始前の青色欠損金・白色災害損失欠損金、③手続開始後青色欠損金・白色災害損失欠損金の順序を採用した（但し、益金不算入の制度を損金算入の制度と全く同視するのは無理がある旨理由の１つとして判示している）。

平成17年改正において、このような事情を踏まえ、会社更生法等で規定されていた益金不算入制度を法人税法59条１項に損金算入制度として取り込み、併せて同条２項３号により、民事再生等であっても資産評定したものにあっては、従前とは別異の取り扱いをすることになったものであり、このような経緯から、各手続において順序が異なることとなった。

72　法人の破産１――法人税

1　はじめに

法人が破産すると、東京地裁の場合、同時廃止が認められず、全件が管財事件となる[1]。

そして、破産管財人は、その業務のうち、税務面においては、大きく分けて、①当該破産法人に対して生じた各租税債権に対し、財団債権、優先的破産債権、一般破産債権及び劣後的破産債権の別に従い、弁済ないし配当を行い、②破産手続開始後において、各事業年度の法人税、消費税等の申告及び納付、各還付手続等の税務処理を行うことになる。

①については、「70　租税債権の破産手続における位置づけ」を参照されたい。

以下は、主に、②の観点から、法人の破産の場合における破産管財人の税務処理につき、説明する。

なお、個人の破産の場合は、法人と異なり解散することがなく、破産者自身が申告及び納付等を行う義務を負うから、破産管財人の行うべき税務処理は、還付請求等の場合に必要となるものの、さほど多くない（「74　個人の破産」を参照）。

2　法人税

(1)　適用税制について（清算所得課税の廃止）

平成22年度税制改正により、平成22年10月1日以降に解散する（内国）法人の課税方式が、清算所得課税（財産法）から通常の所得課税（損益法）となった[2][3]。

すなわち、平成22年度税制改正前の税制（以下、「旧税制」という）においては、法人が解散した場合、清算の過程で、その企業に蓄積されていた含み益が実現する（清算所得）として、これに対する課税が行われ、清算中に生じた各事業年度の所得に対する法人税は課されないこととされていた（平成22年度改正前法税5・6・7・92以下）。

これに対し、平成22年度税制改正後の税制（以下、「新税制」という）においては、法人の解散後も、各事業年度の所得に対する法人税が課されることとされた（法税5）。

新税制は、平成22年10月1日以降に解散又は破産手続開始決定を受けた法人に適用され、平成22年9月30日以前に解散又は破産手続開始決定を受けた法人の清算所得課税については旧税制が適用される（改正法附則10条2項）。

新税制においては、通常の事業年度と同様、所得に応じて課税されることになるため、債務超過会社である破産会社においても、①資産を簿価よりも高価に処分したとき、②特定の債務について債権者から免除を受けたときなどには、これらによって生ずる益金に見合う損金がない場合、課税が生ずる可能性がある。

そこで、このような場合、新税制において、合わせて講じられた、残余財産がないと見込まれる場合の期限切れ欠損金の損金算入（法税59条3項）の制度を使って、課税がなされないようにしなければならないが、そのためには法人税の申告が必要である[4)]。

以下、(2)で新税制に基づく説明を、(3)で旧税制に基づく説明をする。

(2)　平成22年10月1日以降に破産手続開始決定を受けた法人の場合（新税制）

①　事業年度

法人が破産手続開始決定を受けると、当該法人は解散する（会社471条5号）。

その場合、当該法人の事業年度は、以下の3つに区分され、各事業年度の所得に対する法人税の申告をしなければならない（法税74条1項・2項）。

(i)　解散事業年度

法人が事業年度の中途において破産手続開始決定を受けた場合、その事業年度の開始日から破産手続開始決定日までを期間とする事業年度のことをいう（法税14条1項1号）[5]。

(ii) 清算事業年度

破産手続開始決定日の翌日から、当該破産法人の定款に定められた事業年度の末日までを第1期の清算事業年度といい（会社475条）[6]、第1期清算事業年度の末日の翌日から当該事業年度の末日までを第2期として、以後、これを繰り返す。

(iii) 最後事業年度（残余財産の確定の日を含む事業年度）

破産手続中の法人の残余財産が事業年度の中途において確定した場合に、その事業年度開始の日から残余財産の確定の日までの期間をいう（法税14条1項21号）。

② 各事業年度の申告

(i) 解散事業年度

(ア) 申告期限等

解散事業年度の所得に対する法人税は、破産手続開始決定日に納税義務が生じ（国通15条2項3号）、財団債権となる（破148条1項3号）。

解散事業年度の申告は確定申告であり、申告期限は、破産手続開始決定日の翌日から2カ月以内である（法税74条1項）。

但し、提出期限の延長の承認を受けて提出期限を3カ月に延長していた時には、解散事業年度についても延長が認められる（法税75条の2第1項）。

(イ) 破産管財人の申告義務

解散事業年度の所得に対する法人税の申告を、従前の代表取締役が行うべきか、破産管財人が申告義務を負うかには疑義がある[7]。

この点、破産管財人は、破産財団の増加・減少防止のために解散事業年度の申告をする義務があるとの見解もあり、その理由として、①会社が破産した場合、会計帳簿などの税務申告に必要な一切の資料は破産管財人の手元に渡り従前の代表取締役が申告手続を行うのは難しいこと、②預金利子等に対する源泉所得税額の還付、中間納付額の還付、欠損金の繰戻し還付、青色申告の継続による繰越欠損金控除の特典の継続等のメリットを受けるためには申告をせざるを得ないこと、③仮に従前の代表取締役が申告をしない場合無申告加算税が賦課されるおそれがあること等が挙げられている。

現実には、申告によって還付が見込まれる場合には管財人が申告を行うことが多いと思われるが[8)]、破産会社は往々にして会計帳簿等の資料が散逸しており、また、破産財団の形成額が少なく、申告のために税理士の報酬を支払うことが難しいことも多いので、解散事業年度の法人税の申告について、還付見込みがない場合にも管財人に申告義務を負わせるのは酷であると思われる。

(ウ) 申告の内容

原則として、通常の事業年度と同じであるが、特別償却や法人税額の特別控除に、解散事業年度には適用がない規定等がある(租特42条の4～42条の6等)。

また、租税特別措置法における準備金の多くも、解散事業年度及び清算事業年度において適用を受けることはできず、解散事業年度で全額を取り崩すことになる。

特別償却準備金の取崩しに関しては、解散後も通常どおり取り崩し、最後事業年度で残額を取り崩す。

さらに、解散事業年度は、通常、1年に満たないことが多く、期間計算を要するもの（減価償却費の償却限度額、寄附金の損金算入限度額の計算等）には注意が必要である。

(エ) 税　率

通常の事業年度と同様、23.2%（資本金が1億円以下の普通法人の場合は年800万円まで19%、年800万円超については23.2%）となる[9)]。

(オ) 還　付

法人が解散した場合も、以下ア～オの各還付請求ができ、破産又は特別清算の手続開始決定を受けたときも同様である。

したがって、前年度に法人税を納付又は滞納している場合や、解散事業年度に中間納付額（滞納も含む）又は源泉徴収税額がある場合には、確定申告をして、還付を受けることができるときには還付請求し、また、還付に至らなくても、滞納分を納付せずにすむようにするべきである[10]。

ア　欠損金の繰戻し還付（法税80条1項・4項）

イ　仮装経理に基づく過大申告の減額更正による還付（法税70条・135条3項3号）

ウ　預金利子等に関する源泉所得の還付（法税78条・74条1項3号・68条、所税174条）

エ　外国税額の還付（法税69条）

オ　中間納付額の還付（法税79条）

【各還付請求の説明】

(ア)　欠損金の繰戻し還付制度

欠損金の繰戻し還付制度とは、青色申告書を提出した事業年度において生じた欠損金額がある場合、その事業年度（「欠損事業年度」という）の開始の日前1年以内に開始したいずれかの事業年度（「還付所得事業年度」という）の所得に対して当該欠損金額が占める割合に相当する金額につき、既に納付済みの法人税の還付を請求することができる制度のことをいう（法税80条1項。なお、租特66条の13参照）[11]。

破産会社が青色申告法人である場合、解散事業年度又はその前の事業年度の欠損金額については、欠損金の繰戻し還付の制度の利用が可能である（法税80条4項・6項）[12]。

解散事業年度の前年度、前々年度において法人税を納付していなかった場合には、還付を受ける法人税はないが、前年度分の法人税を滞納している場合、還付制度を利用すれば、納付の必要がなくなるので、破産財団の減少を抑えることができる。

還付請求できる期限は、破産の場合、破産手続開始日以後1年以内である（法税80条4項）。

欠損金の繰戻し還付制度に係る還付請求は、還付所得事業年度から欠損事業年度までの各事業年度について連続して青色申告をした場合に限り可能である（法税80条4項但書）。したがって、解散事業年度等の確定（青色）申告を怠ると、欠損金の繰戻し還付請求はできない。

(イ)　仮装経理に基づく過大申告の減額更正による還付

仮装経理とは、架空売上、架空在庫の計上、仕入債務の過少計上などの事実に反する経理のことである。

破産法人が、各事業年度開始の日前に開始した事業年度（過去の事業年度）において、仮装経理を行い過大な税金を納付していた場合には[13]、課税庁に減額更正処分を嘆願して還付を受けられることがある。

仮装経理により過大に納付された法人税額は、その減額更正の日の属する事業年度後5年以内に開始する各事業年度の所得に対する法人税額から順次控除されるが（法税70条・135条3項）、破産の開始決定があった場合には、一括して還付され、特別清算開始の決定があった場合は還付を請求することができる（法税135条3項3号・4項3号、法税令175条2項1号[14][15]）。

減額更正を受けられる期限は、仮装経理をした事業年度の申告期限から5年を経過するまでであり、仮装経理の修正の経理をし、かつ修正の経理をした事業年度の確定申告書を提出する必要がある（法税129条1項・2項）。

(ウ)　預金利子等に関する源泉所得の還付

法人の預金利子等の所得には所得税が課せられ（所税174条）、これについて源泉徴収がなされる（所税212条3項）。

源泉徴収された所得税額は、確定申告書に所得税額等の控除不足額を記載すれば、還付される（法税68条1項・78条1項・74条1項3号）。

(エ) 外国法人税の還付

法人が外国法人税を納付した場合、一定の算定式によって計算された金額（「控除限度額」という）を限度として、外国法人税の額を当該事業年度の所得に対する法人税の額から控除することができる（法税69条1項）。

控除をされるべき金額が法人税額の計算上控除しきれなかった場合には、当該金額に相当する税額を還付される。

(オ) 中間納付額の還付

事業年度が6カ月を超える法人は、事業年度開始の日以降6カ月を経過した日から2カ月以内に中間申告をしなければならない（法税71条）。

中間申告書を提出した法人が、その申告に係る法人税を納付しているときは（法税76条）、確定申告書に中間納付額の控除不足額を記載することにより、その金額に相当する中間納付額が還付される（法税79条・74条1項5号）。

法人住民税・事業税、消費税にも同様の規定がある（地税17条の3、消税55条）。

(ii) 清算事業年度

(ア) 申告期限等

清算所得課税の廃止により、清算中の各事業年度において求められていた予納申告の制度（平成22年度改正前法税102条）も廃止された[16)]。

破産開始決定後に生じた各清算事業年度の所得について、当該所得に対する法人税が課される。

そのため、破産手続中に終了する清算事業年度のうち、残余財産確定の日の属する事業年度以外の各清算事業年度については、各清算事業年度終了の日の翌日から2カ月以内に、確定申告をしなければならない（法税74条1項）。

但し、提出期限の延長の承認を受けて提出期限を3カ月に延長していた時には、清算事業年度についても延長が認められる（法税75条の2第1項）。

なお、中間申告の必要はない（法税71条1項）。

(イ) 法人税が財団債権となるかについて

破産手続開始後に生じた事由により課税された法人税は、「破産手続開始後の原因に基づく国税であって、破産財団の管理、換価及び配当に関して生ずるもの（破産財団を構成する財産の所有・換価の事実に基づいて課せられ、あるいは当該財産から生じる収益そのもに対して課せられる国税等をいう）」であり、財団等の管理費用として、財団債権となる（国徴基通47-40（注）1(1)ロ、破148条第1項第2号）。但し、欠損金の繰戻還付をしてなお納税しなければならない場合は多くないと考えられる。

(ウ) 破産管財人の申告義務

破産会社においては、裁判所から選任された破産管財人が、会社財産の管理処分権限を有する（破78条1項）。

そのため、破産手続開始決定後の清算事業年度に係る法人税の申告については、破産管財人が行う義務があるものと考えられる[17]。

(エ) 申告の内容

原則として、通常の事業年度と同じであるが、解散事業年度と同様、特別償却や法人税額の特別控除に、清算事業年度には適用がない規定等がある（租特42条の4～42条の7等）。

(オ) 税　率

通常の事業年度と同様であり、23.2％（資本金が1億円以下の普通法人の場合は年800万円まで19％、年800万円超については23.2％）となる。

(カ) 還　付

清算事業年度においても、欠損金の繰戻しによる還付（法税80条4項。破産手続開始日以後1年の期間制限に注意)、仮装経理に基づく過大申告の場合の更正に伴う法人税額の控除・還付(法税70条)、預金利子等に関する源泉所得の還付（法税68条1項)、外国法人税の還付（法税69条1項）を受けることができる。なお、清算中の法人に中間納付の義務はないから（法税71条1項括弧書)、中間納付額の還付は観念できない（法税79条1項参照)。

(キ) 期限切れ欠損金を利用する場合

a　期限切れ欠損金の損金算入

冒頭記載のように、清算事業年度においても、通常の事業年度と同様、所得に応じて課税されるため、債務超過会社である破産会社でも、①資産を簿価よりも高価に処分したとき、②特定の債務について債権者から免除を受けたとき[18]などには、これらによって生ずる益金に見合う損金がない場合、課税が生ずる可能性がある。

しかし、平成22年度税制改正においては、清算所得課税の廃止及び通常所得課税への移行に伴って、清算法人が負担すべき法人税額について、改正前後で基本的に異ならないものとなるように、期限切れ欠損金の損金算入の措置が講じられた。

すなわち、内国法人が解散した場合に、残余財産がないと見込まれるときは、期限切れ欠損金について、青色欠損金等の控除後（かつ最終事業年度の事業税の損金算入前）の所得金額を限度として、損金算入が認められる（法税59条3項、法税令118条[19][20]。なお、破産手続の場合、法人税法59条2項にも当たる。詳しくは、「71　倒産・解散手続における債務者の税務」を参照されたい)。

また、この規定の適用を受けようとする場合、「残余財産がないと見込まれることを説明する書類」を添付することとされている（法税規26条の6第1項3号）。

これらの規定の趣旨は、清算時の各事業年度末に「残余財産がないと見込まれること」を合理的に説明することをもって期限切れ欠損金の使用を認めることによって円滑な清算を可能とすることを意図したものである。[21)]

b　破産の場合における「残余財産がないと見込まれること」の意義と説明書類

「残余財産がないと見込まれる」かは、一般的には、実態貸借対照表（法人の有する資産・負債について時価ベースで作成された貸借対照表）によって、その法人が債務超過の状態にあるかどうかにより確認することができ、「残余財産がないと見込まれることを説明する書類」は、例えば、この実態貸借対照表が該当する（法基通12-3-9）。

しかし、「残余財産がないと見込まれるとき」は、これに限られるものではなく、例えば、裁判所若しくは公的機関が関与する手続、又は、一定の準則により独立した第三者が関与する手続において、法人が債務超過の状態にあることなどをこれらの機関が確認している場合には、「残余財産がないと見込まれるとき」に該当し、これを説明する書類は、これらの手続の中で作成された書類によることができ、破産手続開始決定書の写しはこの説明書類に該当するものとして取り扱って差し支えない。[22)]

よって、清算事業年度の申告に当たり、期限切れ欠損金の利用を行う場合には、説明書類として、破産手続開始決定書の写しを添付する。

なお、期限切れ欠損金の利用は、残余財産がないと見込まれることの説明書類があり、かつ、確定申告書に期限切れ欠損金の損金算入に関する明細の記載がある場合に限り、適用が認められる（法税59条4項）。したがって、法人税の申告をしない場合、基本的に適用は認められないから注意が必要である。

c　実在性のない資産

上記のように、債務免除益等が生ずる場合には、期限切れ欠損金の利用により、課税所得が生じないようにすることができるが、粉飾決算を行っている破産会社などにおいては、実在性のない資産（貸借対照表には資産として計上されているが実際には存在しない資産）が見つかる場合がある。そうすると、当該架空資産の帳簿価額相当額については、債務の返済の担保となる資産が存在しないから、結果として、債務超過額は、実在性のない資産の帳簿価額相当額について増加し、これに伴い、債権放棄額（＝債務免除益）が増加してしまうので、粉飾決算を前提とした期限切れ欠損金の利用では債務免除益等が消しきれないおそれがある。

この点について、破産手続等、裁判所若しくは公的機関が関与する法的整理手続又は一定の準則により独立した第三者が関与する手続に従って清算が行われる場合、実在性のない資産については、以下のように取り扱って差し支えないとされている[23)]。

ア　過去の帳簿書類を調査した結果、実在性のない資産の計上根拠等が判明した場合

実在性のない資産の発生原因が更正期限内の事業年度中に生じたものである場合には、法人税法129条1項（更正に関する特例）の規定により、法人において当該原因に応じた修正の経理を行い、かつ、その修正の経理を行った事業年度の確定申告を提出した後、税務当局による更正手続を経て、当該発生原因の生じた事業年度の欠損金額（その事業年度が青色申告の場合は青色欠損金額、青色申告でない場合には期限切れ欠損金額）とする。

実在性のない資産の発生原因が更正期限を過ぎた事業年度

中に生じたものである場合には、法人において当該原因に応じた修正の経理を行い、その修正の経理を行った事業年度の確定申告書上で、仮に更正期限内であればその修正の経理により当該発生原因の生じた事業年度の損失が増加したであろう金額をその事業年度から繰り越された欠損金額として処理する（期首利益積立金額から減算する）ことにより、当該発生原因の生じた事業年度の欠損金額（その事業年度が青色申告であるかどうかにかかわらず期限切れ欠損金額）とする。

イ　過去の帳簿書類を調査した結果、実在性のない資産の計上根拠等が判明しなかった場合

裁判所が関与する破産等の法的整理手続、又は、公的機関が関与若しくは一定の準則に基づき独立した第三者が関与する私的整理手続を経て、資産につき実在性のないことが確認された場合には、実在性のないことの客観性が担保されていると考えられる。このように客観性が担保されている場合に限っては、法人において修正の経理を行い、その修正の経理を行った事業年度の確定申告書上で、その実在性のない資産の帳簿価額に相当する金額を過去の事業年度から繰り越されたものとして処理する（期首利益積立金額から減算する）ことにより期限切れ欠損金とする。

(ク)　破産管財人による例外的な申告方法[24)]

法人が破産した場合であっても、継続的な会計記録によって法人税の確定申告書が作成できるのであれば、破産前の申告と継続した形で申告を行うのが原則である。

しかし、破産申立てを行う会社では、法人税申告を適正に行っていないなど会計帳簿が散逸していたり、従業員を申立て時等に解雇していたりして、破産手続開始決定以前の経理状況が把握できず、従前の申告と継続した申告が困難な会社が多い。

このような場合、例外的な申告方法として、破産管財人は、破

産手続の遂行上把握している4つの情報のみで申告せざるを得ない場合がある。

すなわち、①破産手続開始決定時点の財産の総額（時価＝処分価格）（管財人は開始決定後に財産調査を行うので判明する。破153条参照）、②開始決定後の収支（財産処分）の状況、③債務の総額（債権届出により判明）、④資本金の額（登記簿により判明）である。

管財人は、これらの情報を基に、申告書を作成し、添付書類として、清算貸借対照表（又は財産目録若しくは財産目録に準ずるものと、債務総額を示す書類）、開始決定後の財産状況等を添付する。

なお、このような例外的な申告方法は、あくまでも清算事業年度の申告に係るものであって、解散事業年度の申告方法として使えるものではないから注意が必要である。

(iii)　最後事業年度

(ア)　申告期限等

破産会社の残余財産が確定した場合には、事業年度開始の日から残余財産の確定の日までを1事業年度とみなし（法税14条1項21号）、当該事業年度に係る確定申告を行うことになる（法税74条2項）。

ここにいう「残余財産の確定の日」については、諸説あるようだが、破産の場合、破産財団に帰属する財産全部の換価処分を完了したときと解される[25)]。

確定日を破産終結決定時であると解すると、その後に受ける還付金（通常、利息の源泉所得等の還付金が生ずる場合が多いと思われる）を追加配当しなければならなくなり、合理的ではないからである。

申告期限は、事業年度終了の日の翌日から1カ月以内である（法税74条2項）。

残余財産の確定日の属する事業年度については、確定申告書の提出期限の特例は適用されないから注意が必要である（法税75条の2第1項）。

⑴　破産管財人の申告義務・第二次納税義務

法人税の申告について、破産管財人が行う義務があると考えられることは、最後事業年度の場合も、通常の清算事業年度と同様である。

破産管財人が、納付すべき税金を納付せずに配当等を行った場合、管財人に対する損害賠償請求権（破85条2項）が成立すると思われるので、注意が必要である（国徴基通47-40（注）2参照）[26]。

⑵　申告の内容

原則として、清算事業年度に係る確定申告と同様の内容である。通常の事業年度と異なり、特別償却や法人税額の特別控除に、適用がない規定等があるから注意が必要である（租特42条の4～42条の7等）。

他方、最後事業年度において適用される規定もあり、最後事業年度に係る事業税（地方法人特別税を含む）の損金算入（法税62条の5第5項、地方法人特別税等に関する暫定措置法22条）、引当金の設定不適用（法税52条1項・2項・53条1項）等がある。

⑶　税　率

通常の事業年度と同様であり、23.2％（資本金が1億円以下の普通法人の場合は年800万円まで19％、年800万円超については23.2％）となる。

⑷　還　付

清算事業年度において受けられる各還付と同様である。

なお、仮装経理に基づく過大申告の場合の更正に伴う法人税額の還付の特例につき、最後事業年度において控除しきれなかった金額がある場合には、当該金額を還付することとされている（法税135条3項1号）。

(カ) 期限切れ欠損金の損金算入

最後事業年度についても、残余財産がないと見込まれるときは、期限切れ欠損金の損金算入ができる。内容は、通常の清算事業年度に係るものと同様である（法税59条3項）。

(3) 平成22年9月30日以前に破産手続開始決定を受けた法人の場合（旧税制）

破産会社の各事業年度の所得について法人税は課税されず（旧法税6条）、残余財産確定時（清算確定事業年度）に清算所得に対して法人税が課税される（旧法税5条・92条、国通15条2項3号、国通令5条7号）。

① 事業年度

事業年度の考え方は、基本的に、新税制と旧税制で変わりはない。

すなわち、旧税制においても、法人が破産手続開始決定を受けた場合、以下のように3つに事業年度が区分される。

(i) 解散事業年度

法人が事業年度の中途において破産手続開始決定を受けた場合、その事業年度の開始日から破産手続開始決定日までを期間とする事業年度のことをいう（法税14条1項1号）。

(ii) 清算事業年度

破産手続開始決定日の翌日から、当該破産法人の定款に定められた事業年度の末日までを第1期の清算事業年度といい（会社475条）、第1期清算事業年度の末日の翌日から当該事業年度の末日までを第2期として、以後、これを繰り返す。

(iii) 清算確定事業年度（残余財産確定の日を含む事業年度）

破産手続中の法人の残余財産が事業年度の中途において確定した場合に、その事業年度開始の日から残余財産の確定の日までの期間をいう（法税14条1項21号）。

② 各事業年度の申告

(i) 解散事業年度

旧税制においても、解散事業年度では、通常の営業が継続していたとして、通常の事業年度と同様、損益法による所得課税がなされた。

そのため、解散事業年度における申告は、旧税制と新税制で基本的に変わりはないので、新税制に関する解説を参照されたい。

もっとも、本稿執筆時点（平成28年8月）においては、旧税制が適用される清算会社の解散事業年度の確定申告は、基本的に申告書提出済みであると考えられる。

(ii) 清算事業年度：予納申告

破産法人は債務超過であることから、通常は、清算所得が生じることはない。

しかし、清算所得の徴収確保のため、破産法人には、各清算事業年度中の所得に対し、予納申告とそれによる納付が義務づけられている（旧法税102条・105条）。

この予納申告は、原則として通常の事業年度と同様の方法で所得計算を行い、事業年度終了日から2カ月以内に申告・納税する（旧法税102条）。

破産管財人には予納申告義務があり[27)]、予納申告をしない場合、放棄不動産等などの残余財産がある場合に無申告加算税を賦課されるおそれがある。

但し、予納法人税は原則として劣後的破産債権となり（破99条1項1号・97条4号）、また、予納法人税のうち、財団債権と解される土地重課税は、廃止又は適用が当面停止されているので、管財人には、予納申告義務はあっても、納付しなければならない財団債権は実際には存在しない。

なお、清算中の会社には法人税の中間申告の義務はない（法税71条1項）ので、中間申告をする必要はない。

(iii) 清算確定事業年度

清算確定事業年度の申告期限は、その残余財産が確定した日の翌日から1カ月以内である（旧法税104条1項）。

「残余財産が確定した日」の解釈は、新税制と旧税制で変わっておらず、破産財団のすべての財産の換価処分が完了した日と解される。

したがって、破産管財人は、財団財産全部の換価処分が終了したあと速やかに収支報告書を裁判所に提出して、清算確定申告を行う必要がある。

清算確定申告を行って、清算所得がないことが確定すれば、預金利子等の源泉徴収税額の還付が受けられる（旧法税104条1項3号・109条・100条1項）。

東京地裁民事20部の場合、収支報告書に還付が見込まれる預金利子等を記載する必要はないとされており、破産管財人は、換価完了証明書の交付を受けることができる。

③ 旧税制における債務免除について

法人が破産開始決定を受けた場合、当該法人は解散し、清算所得に対する課税が行われる（旧法税5条・6条・14条1号）。

そして、清算確定申告における課税標準たる清算所得の金額は、通常の各事業年度のような損益法ではなく、残余財産の価額から解散時の資本等の金額（旧法税2条16号）及び利益積立金額等（旧法税93条2項）の合計額を控除する財産法に基づいて計算されることから（旧法税93条）、債務免除を受けても、その余の残余財産の価額が解散時の資本金等の額と利益積立金額等の合計額以下である場合、清算所得は発生せず、課税も生じない。

但し、清算事業年度の予納申告においては、債務免除益は益金を構成する（旧法税102条）。

すなわち、債務免除益が生じた後に、換価未了の財産がある場合等は、残余財産が確定していないから、事業年度終了の日が到来すると、清算事業年度の予納申告をしなければならず、その事業年度の損金の額及び繰り越された青色欠損金額以上の債務免除益があれば、納税義務が発生してしまうことになる[28)]。

予納申告時に納付した税額は、清算確定申告時には還付されるが、一時的には納付しなければならなくなるから、債務免除を受ける時期に注意する必要がある。

1）　中山孝雄・金澤秀樹編『破産管財の手引（第2版）』25頁（金融財政事情研究会、2015年）、東京地裁破産再生実務研究会編著『破産・民事再生の実務　破産編（第3版）』519頁（きんざい、2014年）。

2）　財産法による清算所得の算定は、残余財産の価額から解散時の資本金等の額及び利益積立金額等を控除して所得を算定する方法（旧法税93条）。これに対し、損益法は、一定期間の間における収益からそれを得るのに必要な費用を控除して所得を算定する方法であり、法人税法22条1項は、それを前提として、法人の各事業年度の所得の金額は、当該事業年度の益金の額から当該事業年度の損金の額を控除した金額とする旨定めている（金子宏『租税法（第22版）』320頁参照、弘文堂、2017年）。

3）　清算所得課税の廃止・通常所得課税への移行及びその趣旨について、泉恒有ほか『改正税法のすべて（平成22年版）』276頁以下（大蔵財務協会、2010年）によれば、「清算所得課税は、通常の所得課税と異なり、税法上の調整項目は、寄附金、受取配当、還付税金しかなく、役員給与や交際費などを全額控除することが可能となっていました。……清算所得課税は、事業の継続不能による清算を前提としていたものと考えられますが、最近の解散は、法人の設立・改廃が活発になってきているなかで、会社の黒字清算や、法形式のみ解散の手続をとりつつ、他の法人において同一事業を継続して行うという事例も多く散見されているところです。このような場合、実際には事業を継続しているにもかかわらず、課税方式が転換し、経済実態に合わない課税関係となっている場合もあったところ、解散の前後で課税方式が異ならないようにするべきではないかとの指摘があったところです。このため……解散の前後で課税関係が整合的になるよう、清算所得課税を通常の所得課税方式に移行することとされたものです」と説明されている。

4）　前掲注1）・中山・金澤391頁以下、東京地方裁判所民事第20部2010年12月1日付「管財タイムズ号外（補訂版）平成22年度法人税法の改正における清算所得課税の廃止について」、事業再生研究機構税務問題委員会編『平成22年度税制改正対応　清算法人税申告の実務』（商事法務、2010年）。

5）　法人税法14条1項1号は、解散事業年度を「その事業年度開始の日から解散の日までの期間」と定めており、破産の場合、破産手続開始決定日が「解散の日」となる（法基通1-2-4「解散事由の発生により解散した場合には当該事由発生の日」）。これに対し、通常清算・特別清算の場合は、いずれも株主総会による解散決議日となる（特別清算の場合も、特別清算開始決定日ではない）。なお、解散事業年度と最後の清算事業年度は、法人税法14条1項の「みなし事業年度」であるが、それ以外の清算事業年度はみなし事業年度ではない。

6）通常清算・特別清算の場合は、解散の日の翌日から1年の期間（＝会社法上の清算事務年度。会社494条、法税13条1項・14条1項1号）が最初の事業年度となるが（法基通1-2-9）、破産の場合は、会社法475条1号括弧書により、会社法第9章に定めるところによる清算手続から除かれているので、破産会社は「清算株式会社」（会社476条以下）に該当しない。そのため、破産の場合、定款に定められる事業年度末日を基準とした事業年度となる。

7）前掲注1)・中山・金澤385頁、大阪弁護士会・友新会編『三訂版　弁護士業務にまつわる税法の落とし穴』188頁（大阪弁護士会共同組合、2015年）。

8）前掲注1)・中山・金澤385頁、全国倒産処理弁護士ネットワーク編『破産実務Q＆A 200問　全倒ネットメーリングリストの質疑から』374頁（きんざい、2012年）。

9）平成28年度税制改正では、法人実効税率（国税＋地方税）を、現行の34.62％から32.11％に引き下げること、中小法人等の法人税率の特例（年800万円以下部分）について、現行の15％から19％に引き上げられた。

10）破産管財人としては、当初の財団形成額が少額でも、還付見込みがあるならば、税理士に対し、実際に還付がなされた場合に、還付金額に応じて報酬を支払うこと（成功報酬型）で還付手続を依頼すれば、還付を受けることが可能だろう。

但し、法人税や消費税の還付手続を行うときには、破産会社は、消費税の課税仕入れに係る取引で架空の取引を計上しているなどの場合もあり、逆に重加算税等が課されること等もあるので、還付見込みの判断については、慎重に行う必要がある。他方で、実際の還付がなされるまでには、ある程度の期間がかかるから、還付請求を行う場合には早めに着手することも必要である。

11）欠損金の繰戻し規定は法人税のみであり、地方税（住民税、事業税等）にはない。

12）平成21年度税制改正により、資本金の額が1億円以下の中小会社、公益法人等につき、欠損金の繰戻し還付制度の適用停止が解除された（租特66条の13）。

13）自治体から発注を受けている建設会社等の破産の場合などに往々にして見られるとのことである（東京弁護士会法友全期会破産実務研究会編集『新破産実務マニュアル』380頁（ぎょうせい、2007年））。

14)　平成 22 年度税制改正前は、解散事業年度において控除未済額を一括還付することとされていたが、改正後は、通常事業年度と同様に、税額控除を継続することとされた。通常の解散の場合、この 5 年間の税額控除の途中で、残余財産が確定し、最後事業年度の確定申告書の提出期限が到来したら、その時点での税額控除未済額が一括して還付される（法税 135 条 3 項 1 号）。しかし、破産又は特別清算の場合には、改正後の新税制においても、一括して還付が受けられる（法税 135 条 3 項 3 号、法税令 175 条 2 項 1 号）。なお、旧税制におけるものであるが、国税不服審判所裁決昭和 46 年 9 月 27 日（裁決事例集 2・26）参照。

15)　平成 21 年度税制改正により、一定の企業再生事由（会社更生法による更生手続の開始決定があったこと、民事再生法による再生手続開始の決定があったこと等）が生じた場合には、5 年間の繰越控除制度を適用せずに、控除未済額の還付が直ちになされることとなった（法税 135 条 4 項、法税令 175 条 2 項）。

16)　判例（最判平 4・10・20 裁判集民 166・105）により、予納法人税が財団債権であるか否かを問わず、破産管財人には予納申告義務があった。

17)　前掲注 4)・事業再生研究機構税務問題委員会 11 頁。

18)　債務免除益について

法人税法 22 条 2 項は、益金の意義を規定しており、無償による資産の譲受けその他の取引からも収益が生ずる旨を定めていて、これには債務免除も含まれる（名古屋地判昭 52・11・14 訟月 23・13・2338）。よって、清算事業年度中の法人が債務の免除を受けた（債権放棄を受けた場合も同じ）場合、免除された金額は益金に算入される（法税 22 条 2 項）。

19)　（参考）会社更生等による債務免除等があった場合の欠損金の損金算入

内国法人について更生手続開始の決定があった場合において、債務者が債権者から更生債権等につき債務免除を受けたときは、一定の算入限度額内で、期限切れ繰越欠損金から優先して損金算入できる（法税 59 条 1 項、法税令 116 条の 3）。再生手続開始の決定があった場合についても同様である（法税 59 条 2 項）。

20)　残余財産がないと見込まれる場合、過去の欠損金のうち繰越期間を経過したものだけが期限切れ欠損金として解散後の所得金額の計算で控除することが可能であったが、平成 23 年度税制改正（6 月 30 日）で、平成 23 年 4 月 1 日以後に開始する事業年度分の法人税についてマイナスの資本金等の額を期限切れ欠損金と同様に取り扱うこととされた（改正法税令 118 条）。残余財産の分配がない実態を考慮し、所得金額が生じないようにするための整備である。

21)　前掲注 4)・事業再生研究機構税務問題委員会 5 頁。

22)「平成 22 年度税制改正に係る法人税質疑応答事例（グループ法人税制その他の資本に関係する取引等に係る税制関係）（情報）」（平 22・10・6 法人課税

課情報第 5 号、審理室情報第 2 号、課査課情報第 3 号）問 10（残余財産がないことの意義)、前掲注 4)・事業再生研究機構税務問題委員会 7 頁。

23) 前掲注 22)・法人税質疑応答事例問 11（実在性のない資産の取扱い)、前掲注 4)・事業再生研究機構税務問題委員会 9 頁。

24) 前掲注 4)・事業再生研究機構税務問題委員会 11 頁以下。申告書の具体的記載例も掲載されている。

25) 前掲注 1)・中山・金澤 387 頁、前掲注 13)・東京弁護士会法友全期会破産実務研究会編集 379 頁。

26) 弁護士賠償責任保険の事故事例として、破産管財人の業務に関するものが他の業務と比べて多く、その中でも交付要求の見落としが多いとのことである（東京地方裁判所民事第 20 部「管財タイムズ VOL. 10〜配当から見た管財ヒヤリハット事例集 3」)。

27) 前掲注 16)・最判平 4・10・20。

28) 由比祝生編『平成 19 年版　税務相談事例集』1172 頁（大蔵財務協会、2007 年)。

73　法人の破産2――消費税、地方税、源泉所得税・破産管財人の源泉徴収義務、印紙税

1　消費税

(1)　納税義務者・課税対象等

破産者が法人の場合、国内において行った資産の譲渡等には消費税が課される（消税4条1項「国内において事業者が行つた資産の譲渡等……には、この法律により、消費税を課する」、消税2条1項4号「事業者　個人事業者及び法人をいう」）。

但し、基準期間（課税事業年度の前々事業年度。消税2条1項14号）の課税売上高が1000万円以下のときは、消費税は免税されるのが原則である（事業者免税点制度。消税9条1項）[1]が、破産者が課税事業者選択の届出を行っている場合には、免税されないため、課税売上高のみならず、同届出の有無をも確認すべきだろう。

課税対象となるのは、典型的には、破産財団に帰属する賃貸建物から得られる賃料や、破産財団に帰属する建物を売却した場合の売買代金などである（消税6条1項・別表第一参照）。

破産管財人は、破産法人の資産の譲渡を行う場合、譲渡対象が消費税の課税資産であるときには、消費税の納付義務があることに留意し、外税方式で転嫁しておくことが望ましい（そうでない場合は内税とみなされる）[2][3]。

なお、破産手続開始後に、破産管財人が、割賦販売契約やリース契約に基づき所有権留保を受けていた自動車等について、当該契約を解除して、販売会社やリース会社に自動車等を引き上げさせ、当該自動車等の価額を、未払代金等に充当させたうえで、充当後の代金残額を破産債権として認めるという処理をすることがある。その場合、販売会社やリース会社に自動車等を引き上げさせる行為が、代物弁済による資産の譲渡を行ったものとして、消滅した債務金額を課税標準の額として消費税が

課税されることがある（財団債権となる）ので（消基達9-3-6の3（注）、消税令45条2項1号、消税2条8号）、注意すべきである。[4)]

⑵ 課税期間

消費税の課税期間は、法人の場合、原則として、当該法人の事業年度である（消税19条1項2号。なお、3カ月又は1カ月の課税期間の選択について、消税19条1項3号～4号の2参照）。

「72　法人の破産1――法人税」2⑵で述べたとおり、法人が破産した場合には、事業年度は、解散事業年度・清算事業年度・最後事業年度に区分されるから、各事業年度における消費税の申告を行うことになる。

⑶ 申告・納付期限

① 中間申告及び納付（消税42条1項・4項・6項・48条）

一定の課税期間において、確定税額が一定金額を超える事業者は、その課税期間開始の日以後、1カ月・3カ月・6カ月のいずれかに区分された期間（「中間申告対象期間」という）の末日の翌日から2カ月以内に、消費税の中間申告書を税務署長に提出し、消費税を納付しなければならない。

法人税と異なり、消費税については、中間申告に係る規定において、清算中の法人が除かれていないので、要件に該当すれば申告・納付義務がある。

② 確定申告及び納付（消税45条・49条）

(i) 解散事業年度の確定申告

事業者は、課税期間ごとに、当該課税期間の末日の翌日から2カ月以内に、消費税の確定申告書を税務署長に提出し、消費税を納付しなければならない。

解散事業年度に消費税の課税資産の譲渡等（消税2条1項9号）があり、消費税の納付が見込まれるときは、確定申告の必要がある（消税45条）。

破産管財人が、解散事業年度における消費税の確定申告義務を負うかについては争いがあるが、解散事業年度に課税資産の譲渡等があった場合において、納付すべき消費税が見込まれる場合、免税事業者に該当しない限り、確定申告を行うのが無難であろう[5]。

但し、小規模の破産事件の場合、破産財団から申告のための税理士報酬も支払えないことが普通であり、消費税の仕入税額控除による還付（消税46条１項）の見込みが立たない場合にも管財人に解散事業年度の消費税の申告義務があるとするのは、解散事業年度の法人税の申告についての問題と同様、酷ではないかと思われる。

(ii)　清算事業年度、最後事業年度の確定申告

破産法人は、消費税を納付する義務があり、申告の必要がある。

但し、最後事業年度の場合、申告期限は、当該事業年度の末日の翌日から１カ月以内である（消税45条４項）。

清算事業年度における消費税の確定申告及び納付義務を負うかについては争いがあるが、東京地裁は、破産管財人は確定申告及び納付義務を負うとの見解に立っている[6][7]。

(4)　破産手続開始後の課税取引にかかる消費税の破産法上の位置づけ

財団債権になると解されている（破148条１項２号[8]）。

(5)　仕入税額控除を利用した還付

売上にかかる消費税額から仕入れにかかる消費税額等を控除してなお不足額があるときは、申告書に不足額を記載することで還付を受けられる（消税52条・45条１項５号[9]）。

そのため、解散事業年度（「72　法人の破産１——法人税」2(2)①(i)、②(i)）の申告の場合には還付が受けられる可能性もある。但し、破産法人が、架空仕入れを計上している場合もあるので、還付見込みの判断には注意が必要である。また、この還付は、破産者が本則課税を選択している場合に限られ、簡易課税を選択している場合には、適用を受けられないという点にも注意が必要である。

他方、清算事業年度（「72　法人の破産１——法人税」2(2)①(ii)）の場合は、通常、事業停止しており、破産者が営業活動を行わないため、例外的な場合を除き、基本的に仕入活動を行わないと思われる。そのた

め、これを利用した消費税の還付はあまり想定されないであろう。

⑹ 貸倒れ処理を利用した還付

貸倒れ処理に伴う控除不足額の発生により還付を受けられる可能性もあり、解散事業年度以前の売掛債権につき貸倒れ処理ができる場合、当該売掛債権にかかる消費税額を控除することができる。この還付は、上記⑸で紹介した還付と異なり本則課税、簡易課税を問わない。貸倒れ処理の可否については慎重な判断が必要であるが、検討の余地があるだろう。

2 地方税

⑴ 法人住民税、地方法人税[10)]

法人住民税、地方法人税の破産手続上の扱いは以下のとおりである。

① 破産手続開始以前の事業年度のもの

ア 財団債権となるもの（破 148 条 1 項 3 号）

破産手続開始当時まだ納期限が到来していないもの、又は納期限から 1 年を経過していないもの。

イ 優先的破産債権となるもの（破 98 条、地税 14 条）

破産手続開始当時納期限から 1 年以上経過しているもの。

② 破産手続開始後のもの

ア 財団債権となるもの（破 148 条 1 項 2 号）

均等割部分は、破産財団の管理に関する費用として財団債権となる。破産管財人は、この課税を免れるため、速やかに廃止届を提出するのが望ましい。

イ 劣後的破産債権となるもの（破 99 条 1 項 1 号・97 条 4 号）

法人税割部分は、劣後的破産債権となる。旧税制においては、破産手続中の法人に法人税額が生じることは通常ないので、法人税割が課税されることはほとんどなかったが、新税制においては、資産の譲渡益、債務免除益が生じた場合で、これに対応する額の損金算入がないときは、法人税の課税があり得るので、このような場合、法人住民税の法人税割部分が生じ得る。

⑵　法人事業税[11)]

法人事業税の破産手続上の扱いは以下のとおりである。

①　所得割

清算中の事業年度についても課される（地税72条の29第1項）。旧税制においては、破産会社に所得が生じることは通常ないので実際に課税されることはほとんどなかったが、新税制においては、資産の譲渡益、債務免除益が生じた場合で、これに対応する額の損金算入がないときは、法人税の課税があり得るので、法人事業税の所得割部分が生じ得る。

②　資本割

資本割の課税標準は、事業年度終了日の資本の額及び資本積立金の合計額であるが、清算中の法人には当該合計額はないものとみなされているので、課税されない（地税72条の21第1項）。

③　付加価値割

付加価値割の課税標準は、各事業年度の付加価値額であり（地税72条の12第1号イ）、清算中に、含み益のある資産を処分したことにより単年度黒字になり、単年度損益が計算されるような場合、課税され得る（地税72条の14・72条の18参照）。

⑶　固定資産税

破産財団に属する不動産の開始決定後に生じる固定資産税は、財団債権となる（破148条1項2号）。

固定資産税は、賦課期日である1月1日に所有名義人である者に4月1日から始まる年度の1年分が課税され、年の途中で任意売却等により移転登記があった場合でも、破産会社の名義であった期間分だけ日割計算して納税することは認められない。通常は、不動産売買の当事者間において、固定資産税の日割分相当額を精算して対応するが、破産の場合も、破産管財人と買主との間の合意によって同様の精算がなされると思われる。

(4) 自動車税

破産財団に属する自動車について、開始決定後に生ずる自動車税は、財団債権となる（破148条1項2号）。

自動車税は自動車の主たる定置場所在の都道府県において、4月1日を賦課期日として、当該自動車の所有者に対して課される（地税145条1項・148条）。法定納期限は、原則として5月中の都道府県の条例が定める日である（地税149条）。

3 源泉所得税、破産管財人の源泉徴収義務

(1) 破産手続開始前の源泉所得税

所得税法28条1項の給与所得に規定する給与等の支払者は、その支払の際、その給与等について所得税を徴収し、その徴収の日の属する月の翌10日までに、これを国に納付しなければならない（源泉徴収義務。所税183条1項。なお、破産者が納期の特例を受けている場合は、徴収する日が1月から6月までなら7月10日までに、7月から12月なら翌年1月10日又は20日が法定納期限となる。かかる納期の特例制度につき、以下同じ）。

源泉徴収による所得税の納付義務は、給与等の現実の支払時点で、何らの手続を要せずに、法令によって自動的に成立する（国通15条2項2号。自動確定方式）。

よって、破産者（法人・個人を問わない）が、破産手続開始前に、従業員等に給与等を支払い、源泉所得税を徴収したものの、国への納付未了のまま破産手続開始決定を受けた場合、未納額のうち、納期限が到来していないもの又は納期限から1年を経過していないものは財団債権となり（破148条1項3号）、納期限から1年を経過したものは優先的破産債権となり（破98条1項）、破産管財人に納付義務がある[12)]。

(2) 管財業務遂行上の給与、報酬の支払における源泉徴収義務

破産管財人が、管財業務を遂行するため、履行補助者として、破産者の元従業員を雇用して給与を支払ったときや、税理士の補助を受けた場合に報酬を支払ったときは、破産管財人に源泉徴収義務がある（所税

183条1項・204条1項2号）[13]。また、支払調書、源泉徴収票の発行も行う必要がある（所税225条・226条）。

よって、破産管財人は、これらの支払の際に、所得税を徴収し、その徴収の日の属する月の翌月10日までに、これを納付しなければならない。

(3) 未払給与、退職金に対する配当及び支払における源泉徴収義務

給与及び退職金に対し、破産債権として配当を行った場合に、破産管財人に源泉徴収義務があるかは見解が分かれていたが、最判平成23年1月14日（民集65・1・1）は、破産管財人が、破産債権である所得税法199条所定の退職手当等の債権に対する配当の際に、その退職手当等についての源泉徴収義務があるか否か争われた事案について、源泉徴収義務がないとした。

すなわち、同判決は、「所得税法199条の規定が、退職手当等（退職手当、一時恩給その他の退職により一時に受ける給与及びこれらの性質を有する給与をいう。以下同じ。）の支払をする者に所得税の源泉徴収義務を課しているのも、退職手当等の支払をする者がこれを受ける者と特に密接な関係にあって、課税上特別の便宜を有し、能率を挙げ得る点を考慮したことによるものである（最高裁昭和37年2月28日大法廷判決参照）。破産管財人は、破産手続を適正かつ公平に遂行するために、破産者から独立した地位を与えられて、法令上定められた職務の遂行に当たる者であり、破産者が雇用していた労働者との間において、破産宣告前の雇用関係に関し直接の債権債務関係に立つものではなく、破産債権である上記雇用関係に基づく退職手当等の債権に対して配当をする場合も、これを破産手続上の職務の遂行として行うのであるから、このような破産管財人と上記労働者との間に、使用者と労働者との関係に準ずるような特に密接な関係があるということはできない。また、破産管財人は、破産財団の管理処分権を破産者から承継するが（旧破産法7条）、破産宣告前の雇用関係に基づく退職手当等の支払に関し、その支払の際に所得税の源泉徴収をすべき者としての地位を破産者から当然に承継す

ると解すべき法令上の根拠は存しない。そうすると、破産管財人は、上記退職手当等につき、所得税法 199 条にいう「支払をする者」に含まれず、破産債権である上記退職手当等の債権に対する配当の際にその退職手当等について所得税を徴収し、これを国に納付する義務を負うものではないと解するのが相当である」と判示した。

上記最高裁判決は、旧破産法下の事案におけるものであるが、現行破産法上も解釈に変わりはないと考えられる。

上記最高裁判決以前も、実務は、給与及び退職金等債権に対し、配当表に基づいてされた配当は、雇用関係に基づく支払ではないので、管財人に源泉徴収義務はないという解釈に基づいて運用されていたが[14)]、上記最高裁判決によって、このことが確認されたと考える[15)]。

(4) 管財人報酬の源泉徴収義務

弁護士報酬は、所得税法上、その支払者に、源泉徴収・納付義務がある（所税 204 条 1 項 2 号)。

破産管財人の報酬についても、実務的には、あまり源泉徴収はなされていなかったようである[16)]。

しかし、前掲・最判平成 23 年 1 月 14 日は、破産管財人は自らの報酬の源泉徴収義務を負い、また、報酬に係る源泉所得税は財団債権に当たると判断した。

すなわち、同判決は、「弁護士である破産管財人が支払を受ける報酬は、所得税法 204 条 1 項 2 号にいう弁護士の業務に関する報酬に該当するものというべきところ、同項の規定が同号所定の報酬の支払をする者に所得税の源泉徴収義務を課しているのは、当該報酬の支払をする者がこれを受ける者と特に密接な関係にあって、徴税上特別の便宜を有し、能率を挙げ得る点を考慮したことによるものである（最高裁昭和 31 年（あ）第 1071 号同 37 年 2 月 28 日大法廷判決・刑集 16 巻 2 号 212 頁参照)。破産管財人の報酬は、旧破産法 47 条 3 号にいう「破産財団ノ管理、換価及配当ニ関スル費用」に含まれ（最高裁昭和 40 年（オ）第 1467 号同 45 年 10 月 30 日第二小法廷判決・民集 24 巻 11 号 1667 頁参照）、破産財団を責任財産として、破産管財人が、自ら行った管財業務の対価として、自らその支払をしてこれを受けるのであるから、弁護士である破産管財人は、その報酬につき、所得税法204条1項にいう「支払をする者」に当たり、同項2号の規定に基づき、自らの報酬の支払の際にその報酬について所得税を徴収し、これを納付する義務を負うと解するのが相当である。そして、破産管財人の報酬は、破産手続の遂行のために必要な費用であり、それ自体が破産財団の管理の上で当然支出を要する経費に属するものであるから、その支払の際に破産管財人が控除した源泉所得税の納付義務は、破産債権者において共益的な支出として共同負担するのが相当である。したがって、弁護士である破産管財人の報酬に係る源泉所得税の債権は、旧破産法47条2号ただし書にいう『破産財団ニ関シテ生シタルモノ』として、財団債権に当たるというべきである（最高裁昭和39年（行ツ）第6号同43年10月8日第三小法廷判決・民集22巻10号2093頁、最高裁昭和59年（行ツ）第333号同62年4月21日第三小法廷判決・民集41巻3号329頁参照）。また、不納付加算税の債権も、本税である源泉所得税の債権に附帯して生ずるものであるから、旧破産法の下において、財団債権に当たると解される（前掲最高裁昭和62年4月21日第三小法廷判決参照）」と判示した。

上記最高裁判決は、旧破産法下の事案におけるものであるが、現行破産法上も解釈に変わりはないと考えられる[17)]。

・源泉納付の具体的方法

弁護士である破産管財人の報酬の源泉納付については、個々の役所等により取扱いが異なる。そのため、破産管財人としては、適宜、国税局や税務署等に確認しつつ納付せざるを得ないであろう。

なお、税率は10.21％又は20.42％である（所税205条1号、東日本大震災からの復興のための施策を実施するために必要な財源の確保に関する特別措置法28条・31条）。

(5)　住民税の特別徴収と管財人による異動届

地方税法は、徴収納付のことを特別徴収と呼ぶ（地税1条1項9号）。

給与所得者の住民税は、ほとんどが、特別徴収の方法（地税321条の3第1項）によっている。

特別徴収義務者である法人又は個人は、破産手続開始によって、給与の支払ができず、特別徴収事務を行うことができなくなるから、破産管財人は、申立代理人が普通徴収への切替手続を行っていなかった場合には、市区町村に対して異動届出書を提出し、普通徴収に切り替える手続をとるべきである（地税321条の7）。

4　交付要求に対する延滞税（延滞金）の減免等

法定納期限を経過すると、国税については延滞税が、地方税については延滞金が発生する。これらは、本税が財団債権である場合、同じく財団債権となる（破148条1項3号・4号）。

よって、破産管財人は、破産財団に対する交付要求額をできるだけ減額し、破産債権に対する配当原資を増額するため、交付要求庁に対し、延滞税・延滞金の減免をするよう交渉することが求められる。

⑴　交付要求金額に相当する金額を確保したことによる免除

破産管財人は、国税徴収法上の執行機関である（国徴2条13号）。

そして、執行機関が、国税徴収法に規定する交付要求により交付を受けた金銭を当該交付要求に係る国税に充てた場合、執行機関が強制換価手続（この場合破産手続）において当該金銭を受領した日の翌日からその充てた日までの期間の延滞税は免除を受けることができ、延滞金についても同様の定めがある（国通63条6項4号、国通令26条の2第1号、地税20条の9の5第2項3号、地税令6条の20の3）。

実務的には、交付要求に係る金額の確保ができたことについて、交付要求庁に対し、管財人口座の写しを送付して証明し、確保時点以後の延滞税等の免除を受ける。

⑵　滞納処分による差押えを受けた場合の延滞税の免除

国税局長、税務署長等は、滞納に係る国税の全額を徴収するために必要な財産につき差押えをし、又は納付すべき税額に相当する担保の提供を受けた場合には、その差押え又は担保の提供に係る国税を計算の基礎とする延滞税につき、一定額を免除することができる（国通63条5項）。

(3) やむを得ない事由による延滞金の減免（地方税）

道府県知事、市町村長等は、納税者又は特別徴収義務者が、法人事業税、市町村民税、固定資産税を、納期限までに税金を納入しなかったことについて、やむを得ない事由があると認める場合、延滞金額を減免することができるとされている（地税72条の45第3項・326条3項・369条2項）。

実務上、地方税の延滞金に係る減免については、管財人が交渉すると、認めてもらえる場合が多い。

5 印紙税

(1) 領収証

弁護士が依頼者宛に発行する報酬等の領収書は、営業に関しないものとして非課税文書である（印税5条1号・別表第一17号非課税物件の欄2）。

しかし、破産管財人が任意売却において発行する領収書が非課税文書であるかについては、非課税とする見解と、破産者にとって営業に関するものか否かで判断すべきとする見解がある[18)]。印紙の貼付をめぐる判断を回避するために、管財人口座への振込送金を原則にし、領収書の発行を避けるとの対処も考えられる[19)]。

(2) 売買契約書

不動産の任意売却等により締結する売買契約書は、課税文書である（印税2条・別表第一1号課税物件の欄）。しかし、破産管財人としては、売買契約書原本を保管する必要性は高くない。そこで、原本は買主用に1通のみ作成し、破産管財人（売主）の手元には写しを保管することで、印紙代を節約したりする。

1）　平成23年度税制改正（平成23年6月30日成立）により、消費税の事業者免税点制度について、従来の基準期間の課税売上高による判定に加え、前期の上半期（又は前年の前半６カ月）の課税売上高（又は給与支給総額）による判定を行う旨の改正がなされた。

２）　西謙二・中山孝雄編＝東京地裁破産再生実務研究会著『破産・民事再生の実務（新版）（中）』81頁（きんざい、2009年）。

３）　競売によって建物が売却（競落）されたときも、破産者が法人、又は、個人の不動産事業者の場合、破産財団増殖と関係なく、消費税が課税される。そのため、破産管財人は、競売手続における剰余金交付の可能性がないときは、競売手続の代金納付前に、財団から放棄するべきである全国倒産処理弁護士ネットワーク編『破産実務Q＆A 150問　全倒ネットメーリングリストの質疑から』295頁参照（きんざい、2009年）。

４）　鹿子木康・島岡大雄編＝東京地裁破産実務研究会著『破産管財の手引』25頁（きんざい、2011年）。

５）　前掲注4)・鹿子木396頁は、このような場合について、「確定申告をしておく必要がある」とする。前掲注3)・全国倒産処理弁護士ネットワーク296頁。

６）　前掲注4)・鹿子木397頁、前掲注3)・全国倒産処理弁護士ネットワーク298頁参照。破産管財人の消費税の納税義務につき、名古屋高金沢支判平20・6・16税理52・2・87は、納税義務がないとした第１審（福井地判平19・9・12金融法務1827・46）を覆し、「破産財団は、破産法人の基準期間（消税２条１項14号）における課税売上高を引き継がない別の法的主体と解することはできず、破産法人が『事業者』として消費税の納税義務を負うと解するのが相当である」「……そして、本件破産財団に属する財産の管理処分権は破産管財人である被控訴人に専属するから、被控訴人が本件課税期間中に国内において行った本件破産財団に属する課税資産の譲渡等に係る消費税及び地方消費税の申告及び納付の義務は、被控訴人が負うことになる」旨判示した（上告）。

７）　前掲注3)・全国倒産処理弁護士ネットワーク306頁、東京弁護士会法友全期会破産実務研究会編集『新破産実務マニュアル』382頁（ぎょうせい、2007年）。

８）　前掲注4)・鹿子木378頁、前掲注3)・全国倒産処理弁護士ネットワーク299・306頁。

９）　平成23年度税制改正では、課税売上割合が95％以上の場合にすべての課税仕入れにつき仕入額控除が認められている現行制度を見直し、その課税期間の課税売上高が５億円（課税期間が１年未満の場合には年換算）以下の事業者に限って適用することとされた。平成25年１月１日以後に開始する個人事業者のその年又は法人のその事業年度について適用する。

10）　前掲注4)・鹿子木394頁以下参照。法人住民税は、個人住民税と同様、都道府県民税と市町村民税があり、いずれも、均等割と法人税割からなる。都道府県民税にはさらに利子割がある。均等割は、地方団体内に事務所又は事業所を有する法人等に、均等額で課される（地税 24 条 1 項 3 号・4 号・294 条 1 項 3 号・4 号）。法人税割は、地方団体内に事務所又は事業所を有する法人に、法人税額を課税標準として課される（地税 23 条 1 項 3 号・292 条 1 項 3 号）。利子割は、都道府県の区域内の金融機関が支払う利子等に対し、当該都道府県が、源泉徴収の方式により、税率 5% で、個人・法人の区別なく課する住民税である（地税 23 条 1 項 3 号の 2・14 号・71 条の 5～71 条の 25）。

11）　法人事業税については、平成 16 年 4 月 1 日以降開始事業年度から、所得課税と外形標準課税を組み合わせた課税制度が導入された。すなわち、事業年度終了日の資本額が 1 億円超の法人には、付加価値割額、資本割額及び所得割額の合計額が課され（地税 72 条の 2 第 1 項 1 号イ・72 条の 12 第 1 号）、資本の額が 1 億円以下の法人については、所得割額が課される（地税 72 条の 2 第 1 項 1 号ロ・72 条の 12 第 1 号ハ）。

12）　前掲注 4）・鹿子木 401 頁、前掲注 3）・全国倒産処理弁護士ネットワーク 290 頁、前掲注 7）・東京弁護士会法友全期会破産実務研究会 387 頁。

13）　前掲注 4）・鹿子木 401 頁、前掲注 2）・西・中山 82 頁。

14）　前掲注 2）・西・中山 82 頁、前掲注 3）・全国倒産処理弁護士ネットワーク 290 頁。

15）　前掲注 4）・鹿子木 401 頁。

16）　前掲注 3）・全国倒産処理弁護士ネットワーク 292 頁。

17）　前掲注 4）・鹿子木 403 頁。

18）　大阪弁護士会・友新会編『新版　弁護士業務にまつわる税法の落とし穴』210 頁参照（大阪弁護士協同組合、2007 年）。

19）　前掲注 7）・東京弁護士会法友全期会破産実務研究会 387 頁。

74　個人の破産

1　所得税

(1)　課税期間（暦年による所得計算）

個人の破産では、法人と異なり、解散して法人格が消滅することはない（会社471条5号・641条6号参照）。

したがって、法人の解散の場合に適用される「みなし事業年度」（法税14条）の定めのような年度区分などはなされず、年の途中で破産開始決定を受けた場合においても、破産財団に帰属する財産と自由財産との区別を行わず、1年間（1月1日～12月31日の暦年）を通じた所得について、確定申告を行う。

(2)　申告・納付期限

確定申告書の提出期限及びそれに基づく所得税の納付期限は、毎年の3月15日である（所税120条1項・128条[1]）。

(3)　申告義務

申告義務は破産者個人が負い、破産管財人に申告義務はない[2]。

しかし、申告することにより還付見込みがある場合（所税138条～140条）、還付請求権は破産財団に帰属するので[3]、破産管財人が申告を行うこともある。

このような場合、破産管財人が申告をするのではなく、破産者本人に申告を促して、還付金を破産財団に組み入れるという方法も行われる[4]。

(4)　破産開始決定後に生じた所得にかかる所得税の破産法上の位置づけ

破産開始決定後に、破産財団に帰属する財産に関し、破産者個人に所得が生ずる場合がある。

例えば、破産手続開始決定後に、破産財団に帰属する賃貸不動産から賃料等の収入があれば、当該賃料は破産財団に組み入れられるが、他方で、破産者個人の不動産所得となる。

この場合、当該所得にかかる所得税は、「破産手続開始前の原因に基づいて生じた租税等の請求権」（破148条1項3号)、「破産財団の管理、換価及び配当に関する費用の請求権」（破148条1項2号)、「破産財団に関し破産管財人がした行為によって生じた請求権」（破148条1項4号）のいずれにも該当しないので、財団債権とならず[5]、破産手続開始前の原因に基づいて発生したものではないので、破産債権にもならない（破2条5項)。

したがって、破産者個人が、所得税の申告・納税義務を負ったうえで、自由財産から納税原資を捻出しなければならないことになる[6]。

(5)　譲渡所得に対する非課税

破産管財人が、破産財団に帰属する財産を処分したとき、譲渡所得が生ずるときがある。

しかし、所得税法9条1項10号は、「資力を喪失して債務を弁済することが著しく困難な場合における国税通則法2条10号に規定する強制換価手続による資産の譲渡による所得」には、所得税を課さない旨を定める。

破産手続は、上記国税通則法2条10号に規定される強制換価手続である[7]。

よって、この場合の譲渡所得に対する所得税は課税されない。

(6)　還付（所税138条・139条・140条）

以下の場合には、所得税の還付が受けられるので、破産管財人は、自ら確定申告を行うか、又は、破産者本人に申告させ、還付金を破産財団に組み入れるべきである。

①　源泉徴収税額の控除不足額があるときの還付（所税138条・120条1項6号・123条2項7号）

所得税の金額の計算上、控除しきれなかった源泉徴収税額があるときには、確定申告書に控除不足額を記載して申告すれば、還付を受けることができる。

但し、自由財産となるべき収入から源泉徴収されている場合には、還付請求権は破産財団に帰属しないので、還付金を破産財団に組み入れることはできない。

② 予納税額の還付（所税139条・120条1項8号・123条2項8号）

所得税の金額の計算上、控除しきれなかった予納税額があるときには、確定申告書に控除不足額を記載して申告すれば、還付を受けることができる。

但し、破産手続開始後に自由財産から予定納税している場合には、還付請求権は破産財団に帰属しないので、還付金を破産財団に組み入れることはできない。

③ 純損失の繰戻しによる還付（所税140条）

破産者が青色申告をしているときは、その年において生じた純損失の金額がある場合、前年分の所得税について、当該純損失の金額を繰り戻して計算した所得税の額との差額の還付を受けることができる。

2 消費税

(1) 納税義務者・課税対象等

① 破産者が個人事業者の場合

破産者が個人事業者である場合には、法人と同様に、消費税が課される（消税4条1項「国内において事業者が行った資産の譲渡等」には、「この法律により、消費税を課する」、消税2条1項4号「事業者　個人事業者及び法人をいう」、消税2条1項3号「個人事業者　事業を行う個人をいう」）。

法人の場合と同様、個人事業者の場合も、基準期間（課税年の前々年。消税2条1項14号）の課税売上高が1000万円以下のときは、消費税は免税される（事業者免税点制度。消税9条1項[8)]）。

破産財団に帰属する財産の管理処分に関して、消費税の課税対象となるものの典型例は、破産財団に帰属する賃貸建物から得られる賃料や、破産財団に帰属する建物を売却した場合の売買代金などである（消税6条1項・別表第一の1参照。土地の売買代金は非課税）。

② 破産者が個人事業者でない場合

他方、破産者が事業者でない場合には、破産財団に帰属する建物等を破産管財人が売却する場合でも、消費税は課税されない。消費税の対象となる取引は、「国内において事業者が行った資産の譲渡等」であり、個人の場合は、「事業を行う個人」（個人事業者）に限定されている（消税4条・2条1項3号）。

例えば、個人事業者に該当しない会社員等の所有する建物等の任意売却の場面において、売買契約書に消費税分を記載する等のことは誤りだから、注意すべきである[9)]。

⑵　課税期間

個人事業者の場合、原則として、暦年（1月1日から12月31日まで）である（消税19条1項1号。なお、3カ月又は1カ月の課税期間の選択につき、消税19条1項3号・3号の2参照）。

⑶　申告・納付期限

確定申告及び納付の期限は、個人事業者の場合、課税期間の翌年3月31日である（消税45条、租特86条の4第1項）。

なお、法人と同様、一定の課税期間において、確定税額が一定金額を超える個人事業者は、その課税期間開始の日以後、1カ月・3カ月・6カ月のいずれかに区分された期間（「中間申告対象期間」という）の末日の翌日から2カ月以内に、消費税の中間申告書を税務署長に提出し、消費税を納付しなければならない（消税42条・48条）。

⑷　申告義務

破産者が法人の場合と同様、破産者が個人事業者の場合、破産管財人が、破産手続開始後に、消費税の課税対象となる資産の譲渡等を行えば、破産管財人に消費税の申告・納付義務がある。

⑸　破産手続開始後になされた課税取引にかかる消費税の破産法上の位置づけ

破産財団に属する資産の譲渡等の課税取引にかかる消費税は財団債権になると解されている（破148条1項3号[10)]）。

(6) 還　付

法人の場合と同様、売上に係る消費税額から仕入れに係る消費税額等を控除してなお不足額があるときは、申告書に不足額を記載することで還付を受けられる（消税52条・45条1項5号[11)]）。

3　地方税

(1) 個人住民税・個人事業税

① 個人住民税

破産の場合における個人住民税の扱いは、所得割、均等割[12)]を問わず、次のとおりである。

ア　破産手続開始の日が属する年の前年までの所得に対する課税分

破産手続開始当時まだ納期限が到来していないもの、又は納期限から1年を経過していないものは財団債権となり（破148条1項3号）、破産手続開始当時納期限から1年以上経過しているものは優先的破産債権となる（破98条、地税14条）。

イ　破産手続開始の日の属する年以後の所得に対する課税分

破産財団に関して生ずるものではないため劣後的破産債権（破99条1項1号・97条4号）にならず、財団債権にもならない。

② 個人事業税

個人が行う事業に対する事業税は、事業の種類に応じて、その所得を課税標準として課される（地税72条の2第3項・72条の49の7）。

破産手続開始の日が属する年より前の年の所得に対する個人事業税は、他の税目と同様、財団債権（破148条1項3号）、と優先的破産債権（破98条）とされ、破産手続開始の日の属する年以後の所得に対する課税分は、破産財団に関して生ずるものではないため、劣後的破産債権（破99条1項1号・97条4号）には当たらず、財団債権にもならない。

(2) 固定資産税

法人の場合と同様である。

4　免責と租税債権

⑴　優先的破産債権・劣後的破産債権としての租税債権

破産者が個人の場合、免責が受けられる（破 248 条以下）。

免責許可の決定が確定したときは、破産者は、破産手続による配当を除き、破産債権について、その責任を免れる（破 253 条 1 項本文）。

しかし、租税等の請求権については、免責の効果は及ばない（破 253 条 1 項 1 号）。

よって、破産者は、免責許可決定を受けても租税債務を免れない。

⑵　財団債権としての租税債権

免責の効果は、破産者が、破産債権についてその責任を免れることにあるから（破 253 条第 1 項本文）、財団債権たる租税債権には、本来的に、免責の効果が及ばない（この意味で、破産法 253 条 1 項 1 号に規定される「租税等の請求権」は、優先的破産債権及び劣後的破産債権となるものに限られる）。

破産者たる個人が、破産手続終了後も財団債権たる租税債権について責任を負うかどうかには、財団債権の債務者が誰か（破産者か破産財団か）という問題と関連して争いがある。

通説は、一般的には、財団債権の債務者を破産財団そのものであるとしつつ、租税債権のように本来は破産者の人的債務であるものについては、破産者自身も責任を負うとして、破産者は財団債権たる租税債権について破産手続終了後も責任を負うとしている[13)]。

5　個人破産者が債務免除・免責を受けたときの課税問題

⑴　債権者が法人の場合

法人が、個人の破産者に対し、債務免除（債権放棄を含む）をした場合又は破産者が免責を受けた場合、贈与税については、相続税法 21 条の 3 本文・同条 1 号が「法人からの贈与により取得した財産」の価額は贈与税の課税価額に算入しないとしていることから[14)]、非課税である。

所得税については、当該破産者が、一時所得[15)]・事業所得（破産者が個人事業主の場合）等の収入金額を得たことになるとも考えられる。

しかし、所得税法44条の2第1項が、「破産法第252条第1項に規定する免責許可の決定又は再生計画認可の決定があった場合その他資力を喪失して債務を弁済することが著しく困難である場合にその有する債務の免除を受けたときは、当該免除により受ける経済的な利益の価格については、その者の各種所得の金額の計算上、総収入金額に算入しない」と定めているので、免責に伴う課税はない。

(2) 債権者が個人の場合

個人が、個人の破産者に対し、債務免除（債権放棄を含む）をした場合、所得税は上記債権者が法人の場合に検討したのと同様に所得税法44条の2第1項により課税されない[16]。

贈与税については、相続税法8条本文が、「対価を支払わないで、又は著しく低い価額の対価で債務の免除を受けた場合においては、当該債務の免除があった時において、当該債務の免除を受けた者が、当該債務の免除に係る債務の金額に相当する金額を当該債務の免除をした者から贈与により取得したものとみなす」旨を定めている。

しかし、同条但書では、「債務者が資力を喪失して債務を弁済することが困難である場合」に債務免除を受けたときは、贈与により取得したとみなされた金額のうち、その債務を弁済することが困難である部分の金額はこの限りではないとしている。

そして、個人破産者は、通常、資力喪失状態にあるので、相続税法8条但書により、破産の場合であれば贈与税も課されないと考えてよい。

結論として、法人が債権者である場合と同様、債務免除・免責に伴う課税はない。

1） 平成23年度税制改正で、申告義務がある者の還付申告書は、1月1日から提出できることとされた（所税120条6項）。

2） 鹿子木康・島岡大雄編＝東京地裁破産実務研究会著『破産管財の手引（第2版）』399頁以下（金融財政事情研究会、2015年）、全国倒産処理弁護士ネットワーク編『破産実務Q＆A 200問　全倒ネットメーリングリストの質疑から』370頁（きんざい、2012年）、東京弁護士会法友全期会破産実務研究会編『新破産実務マニュアル』383 頁（ぎょうせい、2007 年）。

3）国税通則法基本通達（徴収部関係）第 56 条関係（「還付」）8 は、破産宣告（破産手続開始決定）があった場合には、破産財団に属する還付金は管財人に還付すべき旨を規定している。

4）前掲注 2）・全国倒産処理弁護士ネットワーク 370 頁、前掲注 2）・東京弁護士会法友全期会破産実務研究会 384 頁。

5）旧破産法に関するものであるが、最判昭和 43 年 10 月 8 日（民集 22・10・2093）は、破産宣告後の原因に基づく破産者の所得に課せられた所得税は、旧破産法 42 条 2 号但書にいう「破産財団に関して生じたる」請求権に当たらないとして、財団債権とならない旨を判示した。

6）前掲注 2）・全国倒産処理弁護士ネットワーク 370 頁では、この点について立法的な手当てが必要である旨の意見がなされている。

7）国税徴収法基本通達第 2 条関係（「定義」）28 は、「（国税徴収）法第 2 条第 12 号の「破産手続」とは、破産法の定めるところにより債務者の財産又は相続財産を清算する手続をいう（破産法第 2 条第 1 項）」と定めている。

8）平成 23 年度税制改正（平成 23 年 6 月 30 日成立）では、消費税の事業者免税点制度について、従来の基準期間の課税売上高による判定に加え、前期の上半期（又は前年の前半 6 カ月）の課税売上高（又は給与支給総額）による判定を行う旨の改正が行われた。平成 25 年 1 月 1 日以後に開始する個人事業者のその年分に適用がある。

9）前掲注 2）・東京弁護士会法友全期会破産実務研究会 385 頁。

10）前掲注 2）・全国倒産処理弁護士ネットワーク 371 頁。

11）平成 23 年度税制改正（平成 23 年 6 月 30 日成立）では、課税売上割合が 95% 以上の場合にすべての課税仕入れにつき仕入額控除が認められている現行制度を見直し、その課税期間の課税売上高が 5 億円（課税期間が 1 年未満の場合には年換算）以下の事業者に限って適用することの改正が行われた。平成 24 年 4 月 1 日以後に開始する課税期間から適用になる。

12）個人住民税は、都道府県の個人住民税（地税 23 条以下）と市町村の個人住民税（地税 292 条以下）に分かれ、いずれも均等割と所得割がある。均等割とは、地方団体内に住所又は事務所等を有する個人を納税義務者として均等額で課される住民税であり（地税 23 条 1 項 1 号・24 条 1 項 1 号・2 号・38 条・292 条 1 項 1 号・294 条 1 項 1 号・2 号・310 条）、所得割とは、地方団体内に住所を有する個人を納税義務者として前年の所得について算定した総所得金額、退職所得金額及び山林所得金額から各種の控除を行った残額を課税標準として課される住民税である（地税 23 条 1 項 2 号・24 条 1 項 1 号・35 条・36 条・292 条 1 項 2 号・294 条 1 項 1 号・314 条の 3 第 1 項・314 条の 4）。

13）伊藤眞『破産法・民事再生法（第 3 版）』727 頁（有斐閣、2014 年）。

14）贈与税は相続税の補完税であり、法人からの相続が観念できないからであ

る（金子宏『租税法（第22版）』652頁参照、弘文堂、2017年）。

15)　前掲注14)・金子284頁。

16)　但し、当該規定の適用を受けるためには、原則として、確定申告書に所得税法44条の2第1項の適用を受ける旨、総収入金額に算入されない金額、免除を受けた年月日、免除を受ける経済的利益、資力を喪失し弁済が困難である事情の詳細、その他参考事情の記載が必要である（所税44条の2第3項、所税規21条の2。例外的に所税44条の2第4項）。なお、収入金額の不算入といっても、不動産所得、事業所得、山林所得又は雑所得並びに純損失の繰越控除の金額のうち、免除を受けた日の属する年分の当該所得等の金額の計算上生じた損失の金額（純損失の繰越控除については当該債務の免除を受けた日の属する年分の総所得金額、退職所得金額又は山林所得金額の計算上控除する純損失の金額がある場合の当該控除する純損失の金額）まではその効果は及ばない、すなわちそれぞれの当該年度の所得等の所得金額等が零に充つるまで免除益も収入金額等に算入することには注意が必要である（所税44条の2第2項）。

75　破産における債権者の税務

1　破産手続開始申立て時の処理（個別評価貸金等に係る貸倒引当金勘定への繰入限度額）

破産手続開始の申立て時に破産会社の債権者においては、再生会社・更生会社・清算会社の債権者の場合と同様、債権を個別評価して、（対象債権金額－実質的に債権とみられない金額－担保等による取立可能見込額）×50％を、損金経理により個別評価金銭債権に係る貸倒引当金として計上することができる（法税52条1項、法税令96条1項3号ハ、所税52条1項、所税令144条1項3号ハ）。

破産申立てがなされた場合、貸倒れが生ずることがほぼ確実であるから、破産手続終結時（現実の貸倒時）[1)]を待たず、その時点で貸倒損失見込額を引当金として見越計上することを形式基準で認めたものである。

また、法人税法施行令96条1項2号は、「当該内国法人が当該事業年度終了の時において有する個別評価金銭債権に係る債務者につき、債務超過の状態が相当期間継続し、かつ、その営む事業に好転の見通しがないことにより、当該個別評価金銭債権の一部の金額につきその取立て等の見込みがないと認められる」場合には、当該一部の金額に相当する金額について繰入れを認めていることから（債務超過状態の継続等による一部回収不能額の繰入れ）、債務者の債務超過の状態が相当期間（法基通11-2-6によればおおむね1年以上）継続している場合には、法人税法施行令96条1項2号により、回収不能見込額の貸倒引当金の繰入れをすることもできる。

但し、①期末資本金の額が1億円超、②資本金が5億円以上である法人の100％子会社などは、現在貸倒引当金の計上が認められていないので注意を要する（法税52条1項）。

2　破産手続開始決定後の処理

破産手続開始決定後、終結前の時期においては、回収不能となる債権の金額が明らかではないため、原則として貸倒損失の計上はできない。

もっとも、破産手続終結前であっても、今後の配当等が見込まれない場合は、全額の回収不能が明らかであるから、貸倒損失として、債権者が法人ならば、当該法人のその事業年度の損金に算入することができ（法基通9-6-2。事実上の貸倒れ）、また、債権者が個人ならば、貸付金等に係る事業の所得の金額の計算上、必要経費として算入できる（所基通51-12）場合もあると考える[2]。

3　破産手続終結時の処理

⑴　債務者（破産者）が法人の場合

法人税基本通達9-6-1は、会社更生法・民事再生法等により債権が切り捨てられた場合の規定であるが、破産者が法人の場合、手続が終結した場合に債権が法律的に切り捨てられるという手続がないので、同通達を適用して貸倒損失とすることはできない。

しかし、破産手続が終結すれば、法人格が消滅し、回収不能になることは明らかなので法人税基本通達9-6-2を適用し、貸倒損失として処理することができる（事実上の貸倒れ[3]）。

この場合、貸倒損失として損金の額に算入する場合には、会計処理により損金経理をすることを要件とする。

⑵　債務者（破産者）が個人の場合

破産者が個人の場合、免責手続があるので免責許可決定により債権が消滅し、貸倒損失として処理できるのは免責許可決定時とも考えられる。しかし、債権調査日以降において、破産債権が確定し、破産者である債務者の資産状況、支払能力等が確定した場合には、免責許可決定前においても、貸倒損失として処理できると考える[4]。

同時廃止（破216条）及び異時廃止（破217条）の場合は、破産手続の費用の支弁すら不可能な状態であり、破産債権が全額回収不能なことは明らかとして廃止決定時点で破産手続が終了するのだから、廃止決定時に法人税基本通達9-6-2、所得税法基本通達51-12により貸倒損失として処理することができる（事実上の貸倒れ）。

1）　破産者が法人の場合において、「法人の破産手続においては、配当されなかった部分の破産債権を法的に消滅させる免責手続はなく、裁判所が破産法人の財産がないことを公証の上、出すところの廃止決定又は終結決定があり、当該法人の登記が閉鎖されることとされており、この決定がなされた時点で当該破産法人は消滅することからすると、この時点において、当然、破産法人に分配可能な財産はないのであり、当該決定等により法人が破産法人に対して有する金銭債権もその全額が滅失したとするのが相当であると解され、この時点が破産債権者にとって貸倒れの時点と考えられる」旨を述べて、売掛債権に係る貸倒損失は、債務者に係る破産手続の終結決定の時であるとした事例として、国税不服審判所裁決平成20年6月26日裁決事例集75・314。

また、破産者が個人（債権者も個人）の場合において、破産債権が貸倒損失として所得税法51条2項にいう必要経費と認められる時期は、少なくとも破産手続上の債権調査日以降の年度であるとした事例として、国税不服審判所裁決平成9年9月19日名古屋支部（所・諸）平9-3（国税不服審判所HP）。

2）　前掲注1)・国税不服審判所平成20年6月26日裁決は、「破産の手続の終結前であっても破産管財人から配当金額が零円であることの証明がある場合や、その証明が受けられない場合であっても債務者の資産の処分が終了し、今後の回収が見込まれないまま破産終結までに相当な時間がかかるときは、破産終結決定前であっても配当がないことが明らかな場合は、法人税基本通達9-6-2を適用し、貸倒損失として損金経理を行い、損金の額に算入することも認められる」としている。

3）　前掲注1)・国税不服審判所平成20年6月26日裁決参照。

4）　前掲注1)・国税不服審判所平成9年9月19日裁決参照。

76　民事再生

1　再生債務者の税務

(1)　再生債務者が法人の場合

ア　事業年度

民事再生は、再建型の法的倒産処理手続であり、再生債務者（民再2条1号）が法人（以下、「再生会社」という）であっても、破産や特別清算の場合と異なり（会社471条5号・475条・510条参照）、当然に解散するわけではない。

申立会社の継続を前提とする点で会社更生法と共通するが、会社更生の場合、更生手続開始決定により事業年度が変更するのに対して（会更232条2項）、民事再生の場合、再生手続開始決定がなされた場合であっても、事業年度の変更は行われない。

納税申告手続についても特別の規定はなく、手続前と同様、再生会社の代表者が各事業年度の終了の日の翌日から2カ月以内に、当該事業年度の確定決算に基づき、所轄の税務署に対し確定申告書を提出して行う（法税74条）。

イ　資産の評価損益

(ア)　資産の評価損益の計上時期・計上方法

法人税法は、資産の評価換えによる評価損益の計上を原則として認めていない（法税25条1項・33条1項）。

しかし、例外として、以下の場合に再生債務者が資産の評価換えを行った場合、評価損または評価損益を、評価換えをした日の属する事業年度の損金・益金に算入することが認められる。

① 再生認可等に伴う資産評定する方法（法税25条3項・33条4項、法税令24条の2・68条の2）

② 資産の評価損のみを損金経理の形で計上する方法（法税33条

2項、法税令68条1項、法基通9-1-3の3）

(イ)　資産の評価益を計上するメリット

民事再生において資産の評価益を計上するメリットは、①債務免除益に対して期限切れ欠損金を青色欠損金・白色災害損失欠損金に優先して損金算入できるようになること（詳しくは、「71　倒産・解散手続における債務者の税務」を参照されたい）、②再生会社が資産の譲渡を希望しているが譲渡益の発生が見込まれるケースにおいて、評価益を計上することで譲渡益の発生を回避することが可能になること等である。

(ウ)　評価損益の計上時期に関する注意点

再生手続開始決定と再生計画認可決定が同一の事業年度にある場合に、「資産の評価換えによる評価損の損金算入」と「資産評定による評価損の損金算入」を両方採用することはできない（法税令68条2項）。

両者が同一事業年度にない場合、再生手続開始決定が出た日の属する事業年度に「資産の評価換えによる評価損の損金算入」を採用し、再生計画認可決定が出た日の属する事業年度に「資産評定による評価損の損金算入」を採用することは、条文上は可能であるように読めるが、実際の税務当局の取扱いがどうかは定かではない。

ウ　債務免除益及び私財提供益と繰越欠損金

会社再建の際、債務免除を受け債務免除益が発生したり、役員等から私財提供を受け私財提供益が発生したりするが、これに対しては、法人税法上、繰越欠損金の控除等が認められている。民事再生の場合、資産の評価損益の計上時期・計上方法について上記イ(ア)のとおり2つの方法があり、いずれを採用するかで青色欠損金・災害損失欠損金と期限切れ欠損金の損金算入の順番が異なるので注意が必要であるが、詳しくは、「71　倒産・解散手続における債務者の税務」を参照されたい。

エ　役員に対する未払賞与の免除益の取扱い

役員に対する未払賞与の免除益についても、一定の要件の下でその支払わないこととなった金額については、その支払わないことが確定した日の属する事業年度の益金の額に算入しないことができるとされる（法基通 4-2-3)。また、この場合源泉徴収も不要となる（所基通 181-223 共-3(3))。

オ　資産の譲渡益に対する課税

再生会社が資産を売却・処分に当たって、特に資産譲渡に伴う課税については税法上特別な取扱いはなされていない。そのため譲渡益が生じればそれは課税の対象となる（但し財産評定による評価換えが行われたことにより、仮に当該資産に含み益がある場合であっても、それが反映された取得価格となるため譲渡益は圧縮される)。したがって、この場合にも財産評定による評価益や債務免除益等に関する場合と同様、繰越欠損金の活用をすることを検討するべきである。

カ　粉飾決算に基づく過大申告と更正の請求

再生会社において仮装経理による粉飾決算に基づいて税務申告が行われていた場合、更正の請求（国通 23 条）によって還付を受けることができることがある。

すなわち、当該申告書に記載した課税標準若しくは税額等の計算が国税に関する法律の知識に従っていなかったこと又は当該計算に誤りがあったことにより、当該申告書の提出により,①納付すべき金額が過大であったとき、②記載した純損失等の金額が過少である又は純損失等の金額の記載がないとき、③還付金の額に相当する税額が過少又は還付金の額に相当する税額の記載がなかったときには、更正の請求ができる。期間は法定申告期限から 5 年以内、但し②で法人税に係る場合は 10 年以内（平成 29 年 3 月 31 日までは 9 年以内）である（国通 23 条 1 項)。

但し、当該更生の請求により更正がなされたとしても、仮装経理によるものである場合、当該事業年度の所得に対する法人税又は当該連結事業年度の連結所得に対する法人税として納付された金額で政令で定めるもののうち当該更正により減少する部分の金額でその仮装して経理した金額に係るもの（以下、「仮装経理法人税額」という）は、還付に関して制限がある（法税 135 条 1 項。地方法人税法にもほぼ同様の規定がある。地法 29 条 1 項）。

すなわち、仮装経理法人税額について還付される金額は、まず、その更正の日の属する事業年度開始の日前 1 年以内に開始する事業年度の法人税額につき還付され、次に、その余の金額は、更正の日の属する事業年度開始の日から 5 年以内に開始する各事業年度の所得に対する法人税の額から順次控除され、その 5 年経過する日の事業年度においてもなお控除しきれず残額がある場合に還付されるのが通常である（法税 135 条 2 項・3 項。なお、地方法人税については、地法 29 条 2 項・3 項）。

もっとも、民事再生手続開始決定があったときは、開始決定日以後 1 年以内に、所轄税務署長に対し、所定の還付請求書により還付請求した場合には、所轄税務署長が調査のうえで、仮装経理法人税額の還付がなされる（法税 135 条 4 項 1 号・6 項・7 項・1 項）地方法人税法についても、同様の手続がある（地法 29 条 4 項 1 号・6 項・7 項・1 項）

キ　同族会社の留保金課税

民事再生の場合であっても留保金課税の例外規定が設けられているわけではないので、更生会社が特定同族会社である場合、留保金課税の規定（法税 67 条）の適用の問題があるので注意が必要である（大阪地判昭 54・3・30 訟月 25・7・2010）。留保金課税の制度は、更生計画認可時の留保金額が法人税法 67 条に規定する留保控除額を超える場合に、その超える部分の金額について特別税率を乗じて計算された金額が法人税に加算されることになるというものである。

なお、資本金の額又は出資金の額が 1 億円以下の中小法人で、資本金の額又は出資金の額が 5 億円以上である法人又は相互会社若しくは受託法人と完全支配関係にない会社については、特定同族会社が適用対象から除かれ（法税67条1項括弧書）、留保金課税の規定が適用されない。

(2) 再生債務者が個人の場合

ア　債務免除を受けた場合

個人の債務者が債務免除、債務弁済のための資産の贈与・低額譲渡を受けた際に、法人から債務免除を受けた場合に一時所得（個人事業者の買掛金債務の免除の場合は事業所得）に該当するとして所得税が課税されるか、また、個人から債務免除を受けた場合に贈与税が課されるか、それぞれ問題になる。

この点、債務免除については、所得税法及び相続税法は、債務者が資力を喪失して債務を弁済することが著しく困難であると認められる場合の債務免除益については、これを収入金額に算入せず又は贈与とみなさない特例がある（租特28条の2の2、相税8条1号）。通常は、民事再生手続の対象となる個人は、債務超過状態で資力を喪失していると認められる場合であると考えられるので、いずれも課税されない。

一方、資産の贈与又は低額譲渡については、扶養義務者からの贈与や低額譲渡を受ける場合は、資力を喪失して債務を弁済することが困難であれば、利益享受は贈与とみなされず、課税問題は起きない（相税7条但書・9条但書）、しかし、扶養義務者以外からは贈与や低額譲渡を受ける場合は、特別の規定が設けられていないため、債務者は法人から資産の贈与・低額譲渡を受けた場合は所得税が、個人から資産の贈与・低額譲渡を受けた場合は贈与税が課されることになる。

イ　資産譲渡益と純損失の繰越控除

債務弁済のため資産を譲渡した結果として譲渡益が出た場合には、過去に生じた純損失の繰越控除によって課税所得を減じることができる。

すなわち、青色申告者については、純損失を生じた年に期限までに事業者として青色申告書（損失申告書）を提出していれば、その翌年以降連続して確定申告書（白色申告でもよい）を提出していることを要件として、純損失の全額について3年間の繰越控除をすることができる（所税70条1項、所税令201条）。

これに対して、白色申告者の場合は、純損失のうち、変動所得の金額の計算上生じた損失及び被災事業用資産の損失の金額についてのみ繰越控除を受けることができる。この場合も控除を受けるためには、損失が発生した年に、期限までに損失に関する記載のある確定申告書を提出し、その翌年以降も連続して確定申告書を提出する必要がある（所税70条2項・3項、所税令202条・203条）。

ウ　譲渡所得が非課税となる要件

資力喪失した個人による資産譲渡については、その所得を非課税とする措置が設けられている。非課税となる場合の要件は次のとおりである（所税9条1項10号、国通2条10号）。

① 譲渡資産は棚卸資産以外の資産であること（所税33条2項1号）。

② 資産譲渡が、資力喪失により債務弁済が著しく困難な場合に、強制換価手続（滞納処分、その例による処分、民事執行、破産手続）によって行われたこと、若しくは、強制換価手続の執行が避けられないと認められる場合に任意に譲渡を行って、譲渡対価（譲渡費用は控除する）の全部を債務弁済に充てたこと（所税令26条、所基通9-12-4）。

エ　資力喪失により債務弁済が著しく困難か否かの判定

資力喪失により債務弁済が著しく困難か否かは、資産譲渡時において、債務者の債務超過の状態が著しく、その者の信用や才能等を活用しても、現在又は近い将来において債務全部の弁済資金を調達することができないと認められるか否かにより判定される（所基通9-12の2）。

77　再生手続における租税債権の取扱い

再生手続において、租税債権は、一般優先債権として再生手続によらないで随時弁済するものとされている（民再122条2項）。債権届出の必要もなく、再生計画による権利変更の対象にもならない。すなわち、再生手続が開始されても、租税債権による権利行使は制限されず、これに基づく滞納処分は可能である。また、租税債権による滞納処分に関しては、他の一般優先債権や共益債権において認められているような強制執行等の中止命令の対象とはされていない（民再121条3項・4項・122条4項）。

そこで、円滑な再生手続遂行のためには、租税債権に関して、納税の猶予（国通46条）、換価の猶予（国徴151条）の制度を利用することも検討すべきであろう。

1　債権者の税務

(1)　個別貸倒引当金の設定

①　再生手続開始の申立てがあったときの個別貸倒引当金

会社更生手続の場合と同様、債権を個別評価して、当該金銭債権の額の50％相当額について貸倒引当金の計上をすることができる（法税52条、法税令96条1項3号ロ、所税52条、所税令144条1項3号ロ）。

②　再生計画認可の決定時の個別貸倒引当金

再生計画において弁済されることになった金銭債権のうち、5年を超えて弁済される額は、個別評価による貸倒引当金の繰入れができる（法税令96条1項1号ロ、所税令144条1項1号ロ）。

(2)　貸倒損失の計上

①　再生計画認可の決定時の貸倒損失

再生計画認可決定により金銭債権のうち切り捨てられることとなった金額について貸倒損失として損金処理を行うことができる（法基通

9-6-1(1)、所基通 51-11(1))。

②　全額回収不能の場合の貸倒損失

必ずしも民事再生の場合に限られるものではないが、債務者の資産状況、支払能力等からみてその全額が回収できないことが明らかになった場合には、その明らかになった事業年度において損金経理をすることにより、貸倒れとして損金に算入することができる。この場合、担保の提供がある場合には、担保物件の処分が行われていることが必要である（法基通 9-6-2)。

78　民事再生における債権者の税務

1　債権者の税務

(1)　再生手続開始の申立て時

再生手続開始の申立て時に再生会社の債権者においては、債権を個別評価して、(対象債権金額－実質的に債権とみられない金額－担保等による取立可能見込額) ×50%を、損金経理により個別評価金銭債権に係る貸倒引当金として計上することができる (法税52条1項、法税令96条1項3号ロ、所税52条1項、所税令144条1項3号ロ)。

また、法人税法施行令96条1項2号は、「当該内国法人が当該事業年度終了の時において有する個別評価金銭債権に係る債務者につき、債務超過の状態が相当期間継続し、かつ、その営む事業に好転の見通しがないことにより、当該個別評価金銭債権の一部の金額につきその取立て等の見込みがないと認められる場合」には、当該一部の金額に相当する金額について繰入れを認めていることから (債務超過状態の継続等による一部回収不能額の繰入れ)、債務者の債務超過の状態が相当期間 (法基通11-2-6によればおおむね1年以上) 継続している場合には、法人税法施行令96条1項2号により、回収不能見込額の貸倒引当金の繰入れをすることもできる。

但し、①期末資本金の額が1億円超、②資本金が5億円以上である法人の100%子会社などは、現在貸倒引当金の計上が認められていないので注意を要する (法税52条1項)。

(2)　再生計画認可決定時

①　貸倒引当金の計上

再生計画認可決定がなされた場合、当該債権につき弁済猶予又は分割弁済を受けることとなった債権者は、再生計画において弁済されることになった金銭債権のうち、再生計画認可の決定日の属する事業年度終了の日の翌日から5年を超えて弁済されることとなっている金額（対象債権金額－これらの事実が生じた事業年度の翌日から5年以内に弁済される金額－担保等による取立見込額）を、損金経理により個別評価金銭債権に係る貸倒引当金として計上することができる（法税52条1項、法税令96条1項1号ロ、所税52条1項、所税令144条1項1号ロ）。

但し、①期末資本金の額が1億円超、②資本金が5億円以上である法人の100％子会社などは、現在貸倒引当金の計上が認められていないので注意を要する（法税52条1項）。

② 貸倒損失の計上

再生計画認可決定により切り捨てられ、回収ができなくなった債権金額については、貸倒損失として損金の額への算入が認められる（法基通9-6-1(1)、所基通51-11(1)。法律上の貸倒れ）。

79　会社更生

1　更生会社の税務

(1)　事業年度

会社更生は、再建型の法的倒産処理手続であり、民事再生と同様、更生会社は解散せずに継続することを前提にする（会社471条5号・475条・510条参照）。

会社更生法では民事再生とは異なり、事業年度の変更が規定されている（会更232条2項、法税13条1項但書、法基通14-3-1）。

すなわち、会社更生法上、更生会社の事業年度は更生手続開始決定の時に終了し、これに続く事業年度は更生計画認可決定の時又は更生手続終了の日に終了するものとされている（会更232条2項）。法人税法上の取扱いも、更生会社の事業年度は、開始決定の日に終了し、更生手続開始決定の翌日から1年ごとに課税されることとなり、更生計画認可決定があればその日で当該更生手続中の事業年度は終了し、以後は定款の定める事業年度に戻ることになる（会更232条2項但書、法税13条1項但書）。

また、更生手続開始の時に続く更生会社の事業年度又は連結事業年度の法人税の中間申告並びに道府県民税、事業税及び市町村民税についての中間申告納付を要しない（会更232条3項による法税71条、地税53条2項・72条の26・321条の8第2項の各規定の適用排除）。

(2)　財産評定と資産の評価損益の計上

会社更生手続においては、更生会社の一切の財産につき、管財人によって更生手続開始時の時価を基準に財産評定が行われ（会更83条1項・2項）、管財人はその評定に基づく貸借対照表と財産目録を作成して裁判所に提出することとなる（会更83条3項）。この財産評定によって再評価された価額を取得価額とみなして新たな財務会計処理がされることになる（会更規1条2項[1]）。すなわち、会社更生手続において財産評定が行われた場合、その結果、財産評定された評価額と既存の帳簿価額に変動があれば、資産の評価換えが行われることになる。

法人税法は、原則、資産の評価益、評価損の計上を認めていない（法税25条1項・33条1項）。しかし、会社更生手続において財産評定に基づき評価換えが行われた結果、更生会社の資産の帳簿価額が増額となった場合には、その増額した部分の金額は、これらの評価換えをした日の属する事業年度の所得の金額の計算上、益金の額に算入し（法税25条2項）、帳簿価額を減額した場合には、その減額した部分の金額は、その評価換えをした日の属する事業年度の所得の金額の計算上、損金の額に算入する（法税33条3項）。

なお、会社更生手続における土地等の評価換えによる評価益は土地重課税の対象とはされていない（租特62条の3第2項1号）。

財産評定に基づき評価換えがなされた財産については、その評定価額が取得価額とみなされる（会更規1条2項）。

⑶　債務免除益及び私財提供益と繰越欠損金

会社再建の際、債務免除を受け債務免除益が発生したり、役員等から私財提供を受け私財提供益が発生するが、これに対しては、法人税法上、繰越欠損金の控除等が認められている。詳しくは、「71　倒産・解散手続における債務者の税務」を参照されたい。

⑷　役員に対する未払賞与の免除益の取扱い

法人が、役員に対する未払賞与の免除益について、一定の要件の下でその支払わないこととなった金額については、その支払わないことが確定した日の属する事業年度の益金の額に算入しないことができるとされる（法基通4-2-3）。また、この場合源泉徴収も不要となる（所基通181-223共-3⑷）。

⑸　資産の譲渡益に対する課税

更生会社が資産を売却・処分に当たって、特に資産譲渡に伴う課税については税法上特別な取扱いはなされていない。そのため譲渡益が生じればそれは課税の対象となる（但し財産評定による評価換えが行われたことにより、仮に当該資産に含み益がある場合であっても、それが反映された取得価格となるため譲渡益は圧縮される）。したがって、この場合にも財産評定による評価益や債務免除益等に関する場合と同様、繰越欠損金の活用をすることが検討されよう[2]。

(6) 粉飾決算に基づく過大申告と更正の請求

更生会社において仮装経理による粉飾決算に基づいて税務申告が行われていた場合、更正の請求（国通23条）によって還付を受けることができることがある。

すなわち、当該申告書に記載した課税標準若しくは税額等の計算が国税に関する法律の知識に従っていなかったこと又は当該計算に誤りがあったことにより、当該申告書の提出により,①納付すべき金額が過大であったとき、②記載した純損失等の金額が過少である又は純損失等の金額の記載がないとき、③還付金の額に相当する税額が過少又は還付金の額に相当する税額の記載がなかったときには、更正の請求ができる。期間は法定申告期限から5年以内、但し②で法人税に係る場合は10年以内（平成29年3月31日までは9年以内）である（国通23条1項）。

但し、当該更生の請求により更正がなされたとしても、仮装経理によるものである場合、当該事業年度の所得に対する法人税又は当該連結事業年度の連結所得に対する法人税として納付された金額で政令で定めるもののうち当該更正により減少する部分の金額でその仮装して経理した金額に係るもの（「仮装経理法人税額」という）は、還付に関して制限がある（法税135条1項。地方法人税法にもほぼ同様の規定がある。地法29条1項）。

すなわち、仮装経理法人税額について還付される金額は、まず、その更正の日の属する事業年度開始の日前1年以内に開始する事業年度の法人税額につき還付され、次に、その余の金額は、更正の日の属する事業年度開始の日から5年以内に開始する各事業年度の所得に対する法人税の額から順次控除され、その5年経過する日の事業年度においてもなお控除しきれず残額がある場合に還付されるのが通常である（法税135条2項・3項。なお、地方法人税については、地法29条2項・3項）。

もっとも、会社更生手続の開始決定があったときは、開始決定日以後1年以内に、所轄税務署長に対し、所定の還付請求書により還付請求した場合には、所轄税務署長が調査のうえで、仮装経理法人税額の還付がなされる（法税135条4項1号・6項・7項・1項）地方法人税法についても、同様の手続がある（地法29条4項1号・6項・7項・1項）。

(7)　同族会社の留保金課税

会社更生の場合であっても留保金課税の例外規定が設けられているわけではないので、更生会社が特定同族会社である場合、留保金課税の規定（法税67条）の適用の問題があるので注意が必要である（大阪地判昭54・3・30訟月25・7・2010）[3]。留保金課税の制度は、更生計画認可時の留保金額が法人税法67条に規定する留保控除額を超える場合に、その超える部分の金額について特別税率を乗じて計算された金額が法人税に加算されることになるというものである[4]。

なお、資本金の額又は出資金の額が1億円以下の中小法人で、資本金の額又は出資金の額が5億円以上である法人又は相互会社若しくは受託法人と完全支配関係にない会社については、特定同族会社が適用対象から除かれ（法税67条1項括弧書）、留保金課税の規定が適用されない。

2　会社更生において事業譲渡・新会社設立の方法で事業再編が行われる場合の留意点

(1)　事業譲渡が行われる場合の留意点[5]

会社更生の場合、更生計画によって事業譲渡を行うこと（以下、「更生計画内事業譲渡」という）、のほか、更生手続開始決定後更生計画によらず裁判所の許可に基づき事業譲渡を行うこと（以下、「更生計画外事業譲渡」という）が可能である（会更46条1項・2項）。

前述したとおり、更生手続においては財産評定が行われ、それに基づき資産の評価換えが行われそれを前提に更生計画が立てられる。そして資産の評価換えの結果例えば評価益が出た場合には期限切れ欠損金の控除対象になる。資産の評価換え後に行われる更生計画内事業譲渡の場合、譲渡対象資産に評価益が出ていれば同評価益については期限切れ欠損金の控除が可能である。

これに対し、更生計画外事業譲渡の場合、資産評価換えが行われる前に譲渡がなされることがある。その場合、例えば譲渡対象資産につき含み益があるような場合に当該事業譲渡によって譲渡益が発生するが、それは期限切れ欠損金の控除対象にならないことになる。したがって、譲渡資産に含み益があり、かつ更生会社に期限切れ欠損金があるような場合、更生計画内事業譲渡と更生計画外事業譲渡では期限切れ欠損金の利用の可否に差異が出てくるため、注意が必要である。

(2) 新会社設立が行われる場合の留意点

更生手続においては、更生計画に定めることにより新たに株式会社を設立し、財産を移転すること等ができる（会更183条[6)]）。新会社設立が行われる場合、以下のような税務上の取扱いが、法令・通達において規定されている。

① 租税債務の承継

更生計画において新会社が更生会社の租税等の請求権にかかる債務（以下、「租税債務」という）を承継することを定めたときは、当該新会社は当該租税債務を履行する義務を負い、更生会社は当該債務を免れる（会更232条1項）。

新法人が更生計画の定めるところにより、その設立により解散する法人の納付すべき法人税、事業税その他の租税公課を負担したときは、これらの税額（解散した法人において未払金、引当金として処理したものを除く。）は、新法人の法人税その他の租税公課に準じて取り扱う（法基通14-3-3）。

② 営業権の取扱い

更生計画の定めるところにより設立された新会社が、その設立に当たり更生会社から欠損金に相当する金額を営業権等として引継ぎを受けた場合には、以下のとおり扱われる（法基通14-3-2）。

ア　更生会社から受け入れた資産に含み益のあるものがある場合には、その含み益のある資産につき、その受入価額にその営業権の受入価額に達するまでの含み益に相当する金額を加算した金額に相当する帳簿価額により受け入れたものとし、その営業権の受入価額については、当該含み益に相当する金額を減額するものとする。

イ　営業権の受入価額になお残額がある場合には、その残額につき、更生会社の営業権の価額として相当であると認められる価額を限度としてその営業権の受入れを認める。

③　減価償却資産の耐用年数の見積り等

新会社が解散した法人（更生会社）から減価償却資産を受け入れた場合の耐用年数は、通常の中古資産の取得と同様に法定耐用年数又は見積り年数を用いる。また、更生会社が特別償却の適用を受けていたとしても新会社においてその特別償却の適用はない（法基通 14-3-4)。

④　貸倒引当金等の引継ぎ

更生計画の定めるところにより、新会社が解散した法人（更生会社）の有する貸倒引当金等、法に規定する引当金を引き継いだときは、当該引当金は新会社のその引き継がれた日に設けている引当金とみなされる（法基通 14-3-5)。

⑤　不動産取得税の特例

更生計画において、新会社に移転させる不動産を定めた場合には、その不動産の移転については、不動産取得税は非課税とされている（地税 73 条の 7 第 2 号の 4)[7)]。

3　登録免許税の特例

(1)　商業登記における軽減措置

更生計画の定めにより新会社設立が行われる場合の会社設立登記、株式を発行することを定めた場合における資本金の増加の登記、株式交換をすることを定めた場合における株式交換による資本金の増加の登記、株式移転をすることを定めた場合における当該株式移転による株式会社の設立の登記、会社分割をすることを定めた場合における当該新設分割又は吸収分割による株式会社若しくは合同会社の設立又は資本金の増加の登記、新設合併若しくは吸収合併又は組織変更をすることを定めた場合における当該新設合併若しくは組織変更による株式会社若しくは合同会社の設立又は吸収合併による資本金の増加の登記の登録免許税については、それぞれ通常の場合の税率より軽減された税率が適用される（会更264条2項～7項）。

(2) 不動産登記・船舶に関する登録における軽減措置

当該更生計画において、更生計画の定めに基づき設立された新会社が更生会社から不動産又は船舶に関する権利の移転又は設定を受けることを定めた場合におけるその移転又は設定の登記の登録免許税の税率は、不動産に関する権利にかかる登記にあっては1000分の1.5[8)]（但し登録免許税法別表第一第一号（五）から（七）までに掲げる登記にあっては、1000分の4）とされ、船舶に関する権利にかかる登記にあっては1000分の4とされ（会更264条8項）、税率の軽減が図られている。

1） 民事再生における財産評定はあくまでも再生債務者が自らこれを行うのに対し、会社更生法における財産評定は管財人が実施するものである。また、民事再生法の場合、財産評定があくまでも帳簿外で作成される参考情報にすぎず、その結果は会社の帳簿にそのまま反映されることがないのに対し、会社更生法の場合は、財産評定の結果がそのまま会社の帳簿に反映され、評定金額が新たな帳簿価格とされる点が大きく異なる。藤原総一郎監修・森・濱田松本法律事務所・KPMGFAS編著『倒産法全書（下）』406頁（商事法務、2008年）。

2） なお、土地の譲渡益については、土地重課税（租特62条の3・63条）の問題もかつては指摘されていた。しかしながら、超短期所有土地等（所有期間2年以下のもの）の追加課税の制度は平成9年12月31日をもって廃止になった。また、短期所有土地等（所有期間5年以下のもの）及び長期所有土地等（所有期間5年超のもの）の追加課税は、平成10年1月1日から29年3月31日までの土地譲渡について適用が停止されている（租特62条の3第23項・63条7項）。

3） 同族会社に対しては、各事業年度の留保金額（所得等の金額のうち留保した金額であって巻末資料の別表四「所得の金額の計算に関する明細書」の36

条の第2号の金額）が留保控除額を超える場合には、各事業年度の所得に対する通常の法人税額とは別に、その超える部分の留保金額に特別税率を乗じて計算した税額が課されることになっている。特別税率を適用する課税留保金額は、当期留保金額から留保控除額を差し引いた金額である。

4）　留保金額は期限切れ欠損金、青色欠損金の損金算入前の金額になるため、法人税計算上の課税標準である所得金額とは異なる。

5）　中村慈美・小松誠志「再生・再編手法の選択と税務処理のポイント～相談事例を交えて～更生手続における債務者の税務③」週刊税務通信3138号39頁以下（2010年）。同シリーズは会社更生の場合における更生会社の税務のポイントに関し、丁寧な説明がなされている。

6）　更生計画に定めることにより更生会社が行政庁から受けていた許認可をそのまま新会社に承継させることができるというメリットがある（会更231条）。

7）　地方税法73条の7は、形式的な所有権の移転等に対する不動産取得税の非課税が定められており、新会社への移転以外にも、合併や一定の要件を満たした分割の場合にも不動産取得税の非課税が規定されており、更生手続において活用されている。

8）　例えば、不動産の所有権移転登記の場合の登録免許税は原則として1000分の20（合併・相続の場合は1000分の4）である（登免税9条・別表第一1号一（二)。

80　会社更生手続における租税債権の取扱い

1　更生手続における租税債権の区分

更生手続においては、租税債権は優先的更生債権となるもの、共益債権となるもの、更生担保権となるもの、に区分されて、それぞれ異なった取扱いを受ける。

(1)　更生債権となるもの

共益債権となるものを除き、更生手続開始前の原因に基づく租税債権は更生債権となる（会更2条8項）。また、更生債権となる租税債権の中でも、国税徴収法又は国税徴収の例によって徴収することのできる請求権は、「租税等の請求権」と会社更生法上別異に定義して扱われている（会更2条15項）。但し、下記2(2)②記載のとおり、会社更生法上も一般の更生債権とは別異の取扱いがなされている（優先的更生債権）。

(2)　共益債権となるもの

ア　更生手続開始後の原因に基づく租税債権（会更127条2号）

イ　更生手続開始前の原因に基づいて生じた源泉徴収に係る所得税、消費税、酒税、たばこ税、揮発油税、地方揮発油税、石油ガス税、石油石炭税、地方消費税、申告納付の方法により徴収する道府県たばこ税（都たばこ税を含む）及び市町村たばこ税（特別区たばこ税を含む。）並びに特別徴収義務者が徴収して納入すべき地方税の請求権で、更生手続開始当時まだ納期限の到来していないもの（会更129条）

(3)　更生担保権となるもの

更生債権及び第三者に対する租税債権で更生手続開始前に会社財産の上に担保権を設定されていたものは更生担保権となる。

2　更生手続における租税債権の行使の概要

⑴　共益債権となるもの

共益債権に該当するものについては債権届出等、画一的な規制を受けず、随時弁済を受け得る（会更132条）。弁済がなされないときには滞納処分もできる。

更生会社の財産が共益債権の総額を弁済するに足りないことが明らかになった場合には、共益債権の弁済は、法令の定める優先権にかかわらず、債権額にて按分弁済することになる（会更133条1項）。但し、この場合であっても既になされた滞納処分について取消命令を行うことはできないものと解されている（会更133条3項反対解釈）。

⑵　更生債権となるもの（共益債権に該当しない租税債権）

① 更生債権となる租税債権については、請求権の額、原因及び担保権の内容を届け出なければならない（会更142条1号）が、債権調査確定の手続には服さず（会更164条1項）、債権調査を経ないで、更生債権者表・更生担保権者表に記載される（会更164条1項・144条）。これら請求権の原因たる処分内容に不服ある場合、不服申立て（異議申立て・審査請求）が可能な処分であれば、管財人は当該請求権の届出があったことを知った日から1カ月以内に限り当該不服申立てを行うことができる（会更164条2項・4項）。

② 更生債権となる租税等の請求権も、一般の更生債権と同じく、更生手続開始決定により個別的権利行使が禁止され、更生計画の定めるところによらなければ租税の納付その他租税債権を消滅させることはできない（会更47条1項）。但し、会社更生法47条7項に列挙される場合には、更生手続によらないで満足を得ることが認められている。

③ 更生手続開始決定により国税滞納処分及び国税滞納処分の例による処分（以下、まとめて「滞納処分」という）は、共益債権を徴収するための滞納処分を除き、新たな滞納処分は禁止され、既になされた滞納処分は中止されるが、その中止・禁止される期間は、原則として更

生手続開始決定の日から1年間に限られ、それ以降は徴収権者の同意を得て伸長し得るにすぎない（会更50条2項・3項）。

④　滞納処分も裁判所による中止命令（会更24条2項）、取消命令（会更24条5項・25条5項）又は包括禁止命令（会更25条1項）の対象となる。但し、中止命令・取消命令の発令に際して徴収者の意見を聴く必要がある（会更24条2項但書・5項但書・25条5項但書）、中止の期間は短期間とされている（会更24条3項・25条3項2号）。

⑤　更生計画において、租税債権についてその権利に影響を及ぼす定めをするには、原則として徴収権者の同意を得なければならない（会更169条1項本文）。但し、3年以下の納税の猶予若しくは滞納処分による財産の換価の猶予の定めをする場合、又は、更生手続開始決定日から1年経過する日（その日までに更生計画認可決定があるときは認可決定の日）までの間に生ずる延滞税・利子税又は延滞金、納税の猶予又は滞納処分による財産の換価の猶予の定めをする場合におけるその猶予期間に係る延滞税又は延滞金について、その権利に影響を及ぼす定めをする場合には徴収権者の同意を要せず、単に意見を聴けば足りる（会更169条1項但書）。

⑥　債権者集会において租税債権には議決権は与えられていない（会更136条2項4号）。

3　更生手続認可決定後の租税債権の取扱い

更生債権たる租税債権は、更生計画に従って弁済を受けることになるが、共益債権たる租税債権、会社更生法204条1項4号に挙げられた租税債権（租税等の請求権のうち、これを免れ、若しくは免れようとし、不正の行為によりその還付を受け、又は徴収して納付し、若しくは納入すべきものを納付せず、若しくは納入しなかったことにより、更生手続開始後懲役若しくは罰金に処せられ、又は国税犯則取締法14条1項（地方税法において準用する場合を含む）の規定による通告の旨を履行した場合における、免れ、若しくは免れようとし、還付を受け、又は納付せず、若しくは納入しなかった額の租税等の請求権で届出のないもの）については、更生手続認可決定後免責されず、支払義務が残る。

81　会社更生における債権者の税務

1　更生手続開始の申立て時

更生手続開始の申立て時に更生会社の債権者においては、再生会社の債権者の場合と同様、債権を個別評価して、(対象債権金額－実質的に債権とみられない金額[1]－担保等による取立可能見込額[2]) ×50％を、損金経理により個別評価金銭債権に係る貸倒引当金として計上することができる(法税52条1項、法税令96条1項3号イ、所税52条1項、所税令144条1項3号イ)。

また、法人税法施行令96条1項2号は、「当該内国法人が当該事業年度終了の時において有する個別評価金銭債権に係る債務者につき、債務超過の状態が相当期間継続し、かつ、その営む事業に好転の見通しがないことにより、当該個別評価金銭債権の一部の金額につきその取立て等の見込みがないと認められる場合」には、当該一部の金額に相当する金額について繰入れを認めていることから(債務超過状態の継続等による一部回収不能額の繰入れ)、債務者の債務超過の状態が相当期間(法基通11-2-6によればおおむね1年以上)継続している場合には、法人税法施行令96条1項2号により、回収不能見込額の貸倒引当金の繰入れをすることもできる。

但し、①期末資本金の額が1億円超、②資本金が5億円以上である法人の100％子会社などは、現在貸倒引当金の計上が認められていないので注意を要する(法税52条1項)。

2　更生計画認可決定時

(1)　貸倒引当金の計上

更生計画認可決定がなされた場合、当該債権につき弁済猶予又は分割弁済を受けることとなった債権者は、更生計画において弁済されることになった金銭債権のうち、更生計画認可の決定日の属する事業年度終了の日の翌日から5年を超えて弁済されることとなっている金額(対象債権金額－これらの事実が生じた事業年度の翌日から5年以内に弁済される金額－担保等による取立見込額）を、損金経理により個別評価金銭債権に係る貸倒引当金として計上することができる（法税52条1項、法税令96条1項1号イ、所税52条1項、所税令144条1項1号イ）。

但し、①期末資本金の額が1億円超、②資本金が5億円以上である法人の100％子会社などは、現在貸倒引当金の計上が認められていないので注意を要する（法税52条1項）。

⑵　貸倒損失の損金算入

更生計画認可決定により切り捨てられ、回収ができなくなった債権金額については、貸倒損失として損金の額への算入が認められる（法基通9-6-1、所基通51-11。法律上の貸倒れ）。更生会社に対して有する債権を届けなかったため更生債権とされなかったものについても、その金額を更生計画の認可決定のあった日において貸倒れとすることができる（法基通14-3-7、所基通51-16）。但し、更生担保権については担保物を処分した後でなければ貸倒れとして損金経理をすることはできない（法基通9-6-2、所基通51-12）。

⑶　更生手続においてデット・エクイティ・スワップ（DES）が行われた場合

債権の消滅と引換えに更生会社が発行する株式（新会社の株式を含む）を新たな払込みをしないで取得したとき（DESが行われた場合）は、その取得時の時価を取得価額とする（法基通14-3-6）。債権額より取得する株式の価額が低い場合、DESにより消滅する債権額と取得する株式の価額との差額については、貸倒損失として処理されることになる（法基通14-3-6・9-6-1⑴）。

なお、債権者が個人の場合、当該取得した株式の価額の合計額が当該新株の割当ての基礎とされた債権額に満たないときは、その差額に相当する金額を貸倒れとすることができる（所基通51-14）。

1）　法人税基本通達11-2-9、所得税基本通達52-9。

2）　法人税基本通達 11-2-5、所得税基本通達 52-5、人的保証に関しては法人税基本通達 11-2-7、所得税基本通達 52-7。

82　特別清算

1　特別清算の利用方法

(1)　特別清算手続の特徴

特別清算手続は、債務超過の状態にある株式会社の清算を、裁判所の監督の下ではあるが、債権者の自主性（私的自治）を尊重しつつ、簡易・迅速に行う手続であり、通常の清算と、破産手続による清算の中間的性格を有する[1)]。

特別清算手続は、破産手続同様、清算を目的とするが、清算中の株式会社のみが利用できること、原則として、従前の清算人が清算事務を遂行すること、債権者の多数決によって定められる「協定」に基づき弁済が行われるなど、柔軟で手続コストも低廉であること等の点で、破産と異なっている[2)]。

(2)　対税型の特別清算（子会社の清算）

特別清算は、親会社が、経営不振の子会社を解散・清算する場合に、税務対策目的で利用することが多い。

具体的には、親会社が、債務超過の状態の子会社に対して相当額の債権を有する場合に、親会社は、子会社の債権者から債権を買い取るなどして子会社の債務を整理し、子会社の債権者を親会社のみとしたうえで、親会社と子会社の債権・債務を相殺するなどし、残余の債権・債務については、特別清算手続で裁判所の許可を得て債権放棄を行い、親会社において貸倒処理するという方法である[3)4)]。

なお、税務対策のための清算手続については、裁判所も、協定によらない簡略な手続（債権者集会を要せず、親会社と子会社との和解契約の許可をもって処理）による取扱いを認める例があり、この場合、より簡易・迅速に処理することが可能である[5)]が、後記のとおり、近時の裁判例（後掲注6)）において、個別和解による債権放棄につき法基通 9-6-1(2)

による損金算入を否定したので、注意が必要である。

対税型の特別清算の場合の課税関係は以下のようになる。

① 親会社の課税関係

親会社は、特別清算に係る協定の認可の決定があった場合において、この決定により切り捨てられることとなった部分の金額は、当該事業年度に貸倒れとして損金の額に算入する（法基通 9-6-1(2)）。また、親会社は、子会社に対する債権放棄を寄附金として認定されることがない（法基通 9-4-1）。

特別清算に係る協定の認可決定により、法基通 9-6-1(2)の適用が認められた場合は、法基通 9-4-1 の適用を検討するまでもなく、損金算入が認められる。ただし、法基通 9-6-1(2)は、協定の認可があった場合を定めるのみであり、個別和解については定められていない。近時の裁判例（後掲注 6)）において、裁判所の許可を得た個別和解による債権放棄について、法基通 9-6-1(2)の該当性を否定したので、注意が必要である。

法基通 9-6-1(2)の適用が否定される場合、法基通 9-4-1 の適用が問題となるが、同通達は「法人がその子会社等の解散、経営権の譲渡等に伴い当該子会社等のために債務の引受けその他の損失負担又は債権放棄等をした場合において、その損失負担等をしなければ今後より大きな損失を被ることになることが社会通念上明らかであると認められるためやむを得ずその損失負担等をするに至った等そのことについて相当な理由があると認められるとき」として、債権放棄等につき経済的合理性の観点からの必要性を要求しているので、債権放棄に必要性が認められない場合、適用が否定されるから、この点も注意が必要である[6)]。

平成 22 年度税制改正で、完全支配関係がある法人間の取引の税制（グループ法人税制）が導入されたが、親会社の子会社に対する債権放棄等についての取扱いは、基本的に従前どおりである（83 「特別清算における債権者の税務」参照）。

②　子会社の課税関係

他方、子会社においては、通常の事業年度と同じく、各事業年度（特別清算の場合、解散事業年度及び清算事業年度）に生じた所得に対し、法人税が課税される。したがって、清算会社（子会社）の債務免除益について、それに対応する額の損金がないと、法人税の課税が生じ得る。

そのため、特別清算手続において、親会社からの債権放棄を受けたことによって、清算会社たる子会社に債務免除益が生ずる場合には、後述する期限切れ欠損金の損金算入（法税59条2項・3項）等により、法人税の課税がなされないように処置を行う必要がある。

(3)　事業再生の手段としての利用

また、特別清算は、事業再生の手段としてもよく活用されている。

これは、経営破綻寸前の株式会社について、事業価値のある事業や優良資産は株主総会の特別決議によって別会社に事業譲渡し（会社467条)、不良資産と負債が残った譲渡会社を特別清算手続で清算する手法である。

民事再生等の法的再建スキームの利用が困難なケースでしばしば用いられている。

協定案の可決要件は、債権者集会に出席した議決権者の過半数の同意と、議決権者の議決権の総額の3分の2以上の議決権を有する者の同意のいずれもが必要である（会社567条1項)。

なお、特例有限会社には特別清算手続は適用されない（会社法整備法35条)。

2　特別清算における租税債権の取扱い

特別清算では、協定の対象となる債権は、債権者集会で可決された協定に基づいて減免される（会社564条・571条)。

協定の対象となる債権（協定債権）は、清算会社に対する債権のうち、①一般の先取特権その他一般の優先権のある債権、②特別清算手続のために生じた債権、③特別清算手続に関する費用請求権を除いたものである

（会社515条3項）。

租税債権等の公租公課は、私債権等に対して優先性を有するとされているので（国徴8条・9条、地税14条・14条の2、国民健康保険法80条4項、厚生年金保険法88条、国民年金法98条）、上記①に該当し、協定債権に含まれない。

よって、租税債権は債務弁済の制限を受けず、債権届出期間中は裁判所の許可を得て弁済することができ、債権届出期間経過後は随時弁済することができる。

また、租税債権のような優先債権については、強制執行、仮差押え又は仮処分の手続中止を求めることもできない（会社512条1項2号括弧書・515条1項）。

3　特別清算会社の税務

税務の手続上は、破産と特別清算の相違はさほどないので、詳細は「72　法人の破産1――法人税」及び「73　法人の破産2――消費税、地方税、源泉所得税・破産管財人の源泉徴収義務、印紙税」を参照されたい。

以下は、破産と相違する点などを重点的に記載する。

⑴　事業年度

解散した法人の事業年度は、以下の3つに区分され、各事業年度の所得に対する法人税の申告をしなければならない（法税14条・74条1項・2項）。

⒤　解散事業年度

会社が事業年度の途中で解散した場合、当該事業年度開始の日から株主総会決議による解散決議がなされた日までを1事業年度とする（法税14条1項1号）。

解散の日とは、解散決議のあった日その他法定の解散事由が発生した日（会社471条）であって、解散登記の日ではない（法基通1-2-4）。

会社が特別清算の申立てをした場合、特別清算の開始決定日ではなく、解散決議がなされた日が解散事業年度の終期となる。

破産の場合には、破産手続開始決定日が会社の解散事由発生日であるため（会社471条5号）、破産手続開始決定日が解散事業年度の終期となる。

(ii)　清算事業年度

通常清算・特別清算の場合は、解散の日の翌日から1年の期間（会社法上の清算事務年度。会社法494条、法税13条1項・14条1項）が最初の事業年度となり（法基通1-2-9）、以後も同様に、清算事業年度が繰り返される。

これに対し、破産の場合は、会社法475条1号括弧書により、会社法第9章に定めるところによる清算手続から除かれているので、破産会社は「清算株式会社」（会社476条以下）に該当しない。そのため、破産の場合、定款に定められる事業年度末日を基準とした事業年度となる。

(iii)　清算確定事業年度

清算中の法人の残余財産が事業年度の中途において確定した場合に、その事業年度開始の日から残余財産の確定の日までの期間をいう（法税14条1項21号）。

(2)　各事業年度の申告

(i)　解散事業年度

(ア)　申告期限等

解散事業年度の申告は確定申告であり、申告期限は、株主総会の解散決議日の翌日から2カ月以内（延長法人の場合には3カ月以内）である（法税74条1項・75条の2第1項）。

(イ)　申告義務

清算人が申告義務を負う。

(ウ)　申告内容

破産の場合と同様である。

すなわち、原則として、通常の事業年度と同じであるが、特別償却や法人税額の特別控除に、解散事業年度には適用がない規定等がある（租特42条の4～42条の7等）。

また、租税特別措置法における準備金の多くも、解散事業年度及び清算事業年度において適用を受けることはできず、解散事業年度で全額を取り崩すことになる。

特別償却準備金の取崩しに関しては、解散後も通常どおり取り崩し、清算確定事業年度で残額を取り崩す。

さらに、解散事業年度は、通常、1年に満たないことが多く、期間計算を要するもの（減価償却費の償却限度額、寄附金の損金算入限度額の計算等）には注意が必要である。

㈤ 税　率

通常の事業年度と同様である。平成28年度税制改正により、平成28年4月1日以後開始事業年度については23.4%、平成30年4月1日以後開始事業年度については23.2%（(資本金が1億円以下の普通法人（中小法人）の場合は年800万円まで19%（但し平成29年3月31日までの間に開始する事業年度については15%)、年800万円超については中小法人以外の普通法人と同率）となる。

㈥ 還　付

破産の場合と同様、欠損金の繰戻しによる還付請求、中間納付額の還付、仮装経理に基づく税額更正、控除が未済の所得税額の還付等ができる。各還付手続の詳細は「72　法人の破産1――法人税」を参照のこと。

特別清算の開始決定があった場合、破産の場合と同じく、仮装経理に基づく過大申告の場合の更正に伴う法人税額の還付は、一括して受けることができる（法税135条4項3号、法税令175条2項1号)。

(ii) 清算事業年度

㈠ 申告期限等

各清算事業年度終了の日の翌日から2カ月以内（延長法人については3カ月以内）に、確定申告をしなければならない（法税74条1項・75条の2第1項)。

なお、中間申告の必要はない（法税71条1項括弧書）。

平成22年度税制改正により、予納申告（平成22年度改正前法税102）は廃止された。

(イ)　申告義務

清算人が負う。

(ウ)　申告の内容

破産の場合と同じであり、原則として、通常の事業年度と同じであるが、解散事業年度と同様に、特別償却や法人税額の特別控除に、清算事業年度には適用がない規定等がある（租特42条の4〜42条の7等）。

(エ)　税　率

通常の事業年度と同様である。

(オ)　還　付

清算事業年度においても、各還付は受けられる。但し、中間納付の義務はないので、中間納付額の還付は観念できない（法税71条1項括弧書・79条1項参照）。

(カ)　期限切れ欠損金の損金算入

破産の場合と同様に、特別清算の場合も、①資産を簿価よりも高価に処分したとき、②特定の債務について債権者から免除を受けたときなどには、これらによって生ずる益金に見合う損金がない場合、課税が生ずる可能性がある。

このようなときは、破産と同じく、期限切れ欠損金の損金算入を行って、課税がなされないようにする必要がある。

すなわち、内国法人が解散した場合に、残余財産がないと見込まれるときは、期限切れ欠損金について、青色欠損金等の控除後（かつ最終事業年度の事業税の損金算入前）の所得金額を限度として、損金算入が認められる（法税59条2項・3項、法税令117条2号）。

特別清算の開始決定がなされた場合は、この「残余財産がないと見込まれるとき」に該当し、また、特別清算開始決定の写しは、この適用を受ける場合に必要となる「残余財産がないと見込まれることを説明する書類」(法税規26条の6第3号）に該当する。

なお、特別清算の開始原因は、清算の遂行に著しい支障を来すべき事情があること、又は、債務超過の疑いがあることであるから(会社510条・511条)、開始原因が「清算に著しい支障を来すべき事情がある」場合のみであるときは、「残余財産がないと見込まれるとき」に該当しないので、この場合は除かれる。

また、「実在性のない資産」の取扱い（「72　法人の破産1――法人税」を参照）も、破産の場合と同様である。

(iii) 清算確定事業年度

(ア) 申告期限等

申告期限は、事業年度終了の日の翌日から1カ月以内である（法税74条2項)。

残余財産の確定日の属する事業年度については、確定申告書の提出期限の特例は適用されないから注意が必要である（法税75条の2第1項)。

(イ) 申告義務・第二次納税義務

清算人が申告義務を負う。

なお、法人が解散した場合において、その法人に課されるべき、又はその法人が納付すべき税金を納付しないで残余財産の分配をした場合は、清算人及び残余財産の分配を受けた者は、その滞納税金の第二次納税義務を負う（国徴34条1項、地税11条の3)。

未納税額がある場合、清算結了登記がされていても、これを納付するまでは清算中の法人として存続しているものとして取り扱われる（法基通1-1-7)。

1）相澤哲編著『立案担当者による　新・会社法の解説』299頁（商事法務、2006年)。

2） 相澤哲編著『一問一答　新・会社法（改訂版）』163頁（商事法務、2009年）。

3） 才口千晴・多比羅誠「特別清算手続の実務⑵」NBL 381号26・27頁（1987年）、大沼長清・井上久彌・磯邊和男編『第六次改訂　会社税務マニュアルシリーズ4　破産・再生・組織変更』22・23頁（ぎょうせい、2011年）、中村隆夫「清算型②　特別清算」税経通信臨時増刊2011年2月号20頁以下（税務経理協会、2011年）。

4） 特別清算が、子会社等の関連会社の清算に利用されることが多いことを受けて、会社法は、親法人の倒産処理事件が係属している裁判所において、子株式会社等についての特別清算の申立てができるとする管轄の特例を規定した（会社879条1項・2項・4項）。

5） 前掲注3)・大沼・井上・磯邊22頁。

6） 東京高判平成29年7月26日（平成29年（行コ）46号、公刊物未掲載。原審：東京地判平成29年1月19日）。裁判所は、特別清算手続を利用した裁判所の許可を得た個別和解による債権放棄につき法基通9-6-1⑵の適用を否定したほか、当該事案における債権放棄につき、経済的合理性の観点から特段の必要性があったとは認め難く、法基通9-4-1にいう「やむを得ずこれをするに至ったなどの相当な理由」があったとはいえないとし、同通達によって寄附金に該当しないものとして損金算入を認めることはできないと判示した。

83　特別清算における債権者の税務

1　特別清算開始の申立てがあったとき

特別清算の開始申立て時に清算会社の債権者は、再生会社・更生会社の債権者の場合と同様、債権を個別評価して、(対象債権金額－実質的に債権とみられない金額－担保等による取立可能見込額）×50%を、損金経理により個別評価金銭債権に係る貸倒引当金として計上することができる（法税52条1項、法税令96条1項3号ニ、所税52条1項、所税令144条1項3号ハ)。

また、法人税法施行令96条1項2号は、「当該内国法人が当該事業年度終了の時において有する個別評価金銭債権に係る債務者につき、債務超過の状態が相当期間継続し、かつ、その営む事業に好転の見通しがないことにより、当該個別評価金銭債権の一部の金額につきその取立て等の見込みがないと認められる場合」には、当該一部の金額に相当する金額について繰入れを認めていることから（債務超過状態の継続等による一部回収不能額の繰入れ)、債務者の債務超過の状態が相当期間（法基通11-2-6によればおおむね1年以上）継続している場合には、法人税法施行令96条1項2号により、回収不能見込額の貸倒引当金の繰入れをすることもできる。

但し、①期末資本金の額が1億円超、②資本金が5億円以上である法人の100%子会社などは、現在貸倒引当金の計上が認められていないので注意を要する（法税52条1項)。

2　特別清算に係る協定認可決定又は個別和解により債権の切り捨てがあった場合

特別清算に係る協定が債権者集会で可決され、裁判所による認可がなされれば、協定債権者を拘束する効力を生ずるので、協定認可決定の確定により、協定に定められたとおり債権額は減額され、弁済方法も変更される（会社564条・570条・571条1項)。

また、裁判所の許可等を得て（会社535条1項4号）、和解が成立した場合には、その内容に従って弁済することになる。

そして、債権者は、切り捨てられることになった債権の金額につき、特別清算に係る認可の決定のあった日又は個別和解が成立した日の属する事業年度において貸倒損失として処理することができる（法基通9-6-1⑵⑷、所基通51-11⑵⑷。法律上の貸倒れ[1)2)]）。

なお、特別清算に係る協定が認可された場合に、当該協定において、認可決定日の属する事業年度終了の日の翌日から5年を超えて弁済されることになっている金額（対象債権金額－これらの事実が生じた事業年度の翌日から5年以内に弁済される金額－担保等による取立見込額）は貸倒引当金として処理することができる（法税52条1項、法税令96条1項1号ハ、所税52条1項、所税令144条1項1号ハ））。

但し、①期末資本金の額が1億円超、②資本金が5億円以上である法人の100％子会社などは、現在貸倒引当金の計上が認められていないので注意を要する（法税52条1項）。

もっとも、特別清算において長期分割弁済の方法による協定案が作成されることはあまり考えられず、この規定が実際に適用される場面はほとんどないと考えられる。

3　寄附金課税の可能性

既に述べたとおり、特別清算は、親会社が子会社を整理するために親会社の子会社に対する債権を放棄する場合に、寄附金課税されるのを避け、法人税基本通達9-6-1⑵（金銭債権の全部又は一部の切り捨てをした場合の貸倒れ）あるいは法人税基本通達9-4-1（子会社等を整理する場合の損失負担等）の適用を受けるために利用されることが多い。

しかし、特別清算手続を利用すれば、子会社整理に関わる親会社負担額について無条件に寄附金には当たらず、損金算入が認められることになるわけではない。

例えば、法人税基本通達9-4-1の場合、「法人がその子会社等の解散、経営権の譲渡等に伴い当該子会社等のために債務の引受けその他の損失負担又は債権放棄等（以下、9-4-1において「損失負担等」という）をした場合において、その損失負担等をしなければ今後より大きな損失を蒙ることになることが社会通念上明らかであると認められるためやむを得ずその損失負担等をするに至った等そのことについて相当な理由があると認められるときは、その損失負担等により供与する経済的利益の額は、寄附金の額に該当しないものとする」としており、「相当の理由」を必要としていることに注意を要する[3)4)]。特別清算の手続上で発生した債権放棄等は多くの場合は合理的なものとされるだろうが、無条件というわけではなく、上記通達等の要件を満たしているかどうかの税務の観点からの確認は必要である。

1）協定により債権が切り捨てられた場合は、法人税基本通達9-6-1(2)を根拠に貸倒損失として処理し、個別的な和解により債権放棄した場合は、法人税基本通達9-6-1(4)により貸倒損失とするか、又は、法人税基本通達9-4-1の規定に照らして寄附金以外の損失（整理損失等）として処理する（中村慈美『法的・私的整理における債権者・債務者の税務』314頁、大蔵財務協会、2007年）。

2）東京高判平成29年7月26日（平成29年（行コ）46号、公刊物未掲載。原審：東京地判平成29年1月19日）は、特別清算手続における裁判所の許可に基づく個別和解により、同じ企業グループに属していた法人2社に対する債権を放棄した事案において、法人2社は、財務及び収益を改善しながら事業を継続することは可能であったとして、法人税基本通達9-6-1(4)には該当せず、また、裁判所の特別清算協定認可の決定を経たものではないため、法人税基本通達9-6-1(2)にも該当しないとして、債権放棄額の損金算入は認められないと判示した。

3）債権放棄等の損失を負担すべき「相当の理由」があると認められる場合としては、例えば、親会社自身が今後被る可能性のある大きな損失（連鎖倒産の危険、親会社に対する道義的社会的非難、ブランド・信用力の失墜による損害等）を回避するために債権放棄せざるを得なかった場合などである（前掲注1）・中村314頁）。

4）前掲注2）東京高判平成29年7月26日は、法人2社は、債権放棄の当時、倒産の危機に瀕した状況に至っていたとはいえないとみるのが相当であり、債権放棄額は、寄附金の額に該当しないものとして損金算入を認めることはできないと判示した。

84　法人の任意整理

1　法人の任意整理の手法

任意整理とは、一般に、裁判所が直接関与する手続（破産・特別清算・民事再生・会社更生）以外の方法による倒産処理を広く意味する。

法人の任意整理の方法として、法人を存続させるか通常清算により法人格を消滅させるか、法人が営んでいた事業を継続するか停止するかによって、①法人を通常清算し、当該法人が営んでいた事業も完全に停止する方法、②法人は通常清算するが、事業譲渡・会社分割等の方法により当該法人が営んでいた事業を別法人に移転して継続させる方法、③法人を存続し、当該法人が営んでいる事業も当該法人自身が継続する方法、に大きく分けることができる。

2　法人の任意整理における税務上の問題点

上記1①、②の方法により法人を通常清算する場合、債務を残した状態では清算事務を終了し清算結了することができないので（会社法484条・511条2項）、債務を弁済する、債権者から債権放棄を受けるなどの方法で債務を消滅させる必要がある。また、③の場合も、債権者から債務免除を受けたり、第三者から資産の譲渡を受ける等の支援を受けたり、経営合理化のために資産を譲渡したりして債務の負担を軽くするのが一般である。そこで、含み益のある資産の譲渡益課税、債権放棄を受けた場合の債務免除益課税、援助を受けた場合の受贈益課税に対する対策が必要になる。

通常清算に係る税務問題一般は「63　株式会社の解散・清算」を、事業譲渡に係る税務問題一般は「57　事業譲渡」を、会社分割に係る税務問題一般は「61　会社分割」をそれぞれ参照されたい。

以下では、特に問題となる資産譲渡益・債務免除益・受贈益課税に関する税務について概説する。

3　法人を清算する場合

法人を清算する場合、債務免除等があった場合の期限切れ欠損金の損金算入の適用が考えられる。

ここで、平成22年度税制改正によって、清算中の法人は、「残余財産がないと見込まれるとき」は、清算中の各事業年度において、期限切れ欠損金額を、青色欠損金等の控除後の所得の金額を限度として、その事業年度の所得の金額の計算上、損金の額に算入されることになった（法税59条3項、法税令118条)。「残余財産がないと見込まれるとき」の意義等については「63　株式会社の解散・清算」を参照されたい。

4　法人を存続させる場合

この場合、資産評価損益を活用する方法、期限切れ欠損金を活用する方法が考えられる。

(1)　資産の評価損益の計上

①　評価損益の計上が認められる任意整理

企業会計では、企業利益は、対外的な取引により生じた損益をもって計算すべきであり、所有資産の評価換えによる評価損益は原則として計上されないとされている（企業会計原則第二 損益計算書原則1A、会社計算5条)。そのため、法人税法は、資産の評価換えによる評価損益の計上を原則として認めていない（法税25条1項・33条1項)。

しかし、例外的に、以下の要件を満たす任意整理については、資産の評価換えを行い、帳簿価額の増額・減額をしたときはその評価損益について、評価換えをした日の属する事業年度の益金・損金に算入することが認められる（法税25条3項・33条4項、法税令24条の2・68条の2)。

ア　一般に公表された債務処理を行うための手続についての準則に従って債務処理計画が策定されていること

なお準則には次の事項が定められなければならない

(i)　資産評定に関する事項（公正な価額による旨の定めがある場合

に限る)

(ii) 債務処理計画が準則に従っているかを確認する手続及び確認する者に関する事項

イ ア(i)の資産評定に基づく貸借対照表が作成されていること

ウ イの貸借対照表における資産及び負債の価額、当該計画における損益の見込み等に基づいて債務免除額が定められていること

エ 2以上の金融機関による債権放棄が行われていること

具体的には、任意整理ガイドライン案件、事業再生 ADR 案件、整理回収機構・中小企業再生支援協議会・企業再生支援機構が関与する任意整理手続が対象になる[1)]。

② 評価損益の計上方法

計画の認定日の属する事業年度の確定申告書に評価損明細又は評価益明細の記載があり、かつ、評価損関係書類又は評価益関係書類の添付があることが適用要件とされる(法税 25 条 5 項・33 条 4 項、法税規 8 条の 6・22 条の 2)。つまり申告調整の方法により評価損益の算入を行うことになる。

なお、民事再生法と異なり、損金経理による資産の評価損の計上は認められていない。

③ 評価方法

法人税法施行令 24 条の 2 第 1 項で資産評定に基づく貸借対照表の作成が要求されているが、これに記載された時価と帳簿価格を比較することにより評価損益を算定する(法税令 24 条の 2 第 5 項 2 号・68 条の 2 第 4 項 2 号)。

④ 評価減の対象とならない資産

貸付金・売掛金その他の債権の評価損は対象とならない(法税 33 条 1 項)。

また、評価損益に共通して対象とならない資産として以下のものがある(法税 25 条 3 項括弧書、法税令 24 条の 2 第 4 項)。

ア 過去 5 年以内に圧縮記帳の適用を受けた減価償却資産

イ　売買目的有価証券

ウ　償還有価証券

エ　評価差額が資本等の２分の１相当額又は1000万円のいずれか少ない金額に満たない資産

(2)　期限切れ欠損金の損金算入

確定申告書に評価損明細又は評価益明細の記載があり、かつ、評価損関係書類又は評価益関係書類を添付することを要件として、期限切れ欠損金を青色欠損金に優先して損金算入できる（法税59条２項本文・３項、法税令118条）。

これにより、債務免除後も青色繰越欠損金・白色災害欠損金を残せる可能性が高くなり、再生計画認可決定後の事業年度の法人税課税の回避が容易になる。よって、再生計画が立てやすくなり再建も容易になる。

なお、条文上は資産の評価損を計上するだけでなく、評価益を合わせて計上することが必要となる。しかし、結果として資産につき評価益を計上すべきものがないことから評価損のみが計上される場合においても期限切れ欠損金の優先適用は可能と考えられている。但し、評価益も評価損もない場合は、期限切れ欠損金の優先適用はできない。

以上、債務免除益・私財提供益に対する損金算入の順番をまとめると次のようになる。

ア　評価損益を計上した場合

①資産の評価損益の計上、②期限切れ欠損金、③青色欠損金・白色災害欠損金

イ　評価損益の計上を行わなかった場合

①青色欠損金・白色災害欠損金、②期限切れ欠損金

(3)　産業活力再生特別措置法 ADR

産業活力再生特別措置法に基づいて債権放棄を伴う計画の適用を受ける場合、「資産の評価換えによる評価損の損金算入」による資産の評価減が可能である[2)]。この場合、上記(1)④で評価減の対象とならない資産について評価減を計上できる等のメリットがある。

しかし、産業活力再生特別措置法に基づいて債権放棄を伴う計画の場合期限切れ欠損金の損金算入は認められないものと実務上考えられているため、同法に基づく債権放棄を伴う計画は、企業再生支援機構などの期限切れ欠損金の損金算入が認められる再生スキームと併用することが一般的とされている[3)]。

5　欠損金の繰戻し還付

任意整理の場合は、会社更生・民事再生の場合と異なり、繰越欠損金の繰戻し還付制度は凍結されたままであり、繰越欠損金の繰戻し還付の適用を受けることはできない。

但し、事業の全部の相当期間の休止又は重要部分の譲渡で、これらの事実が生じたことにより青色申告書を提出した事業年度の欠損金の繰越しの規定（法税57条1項）の適用を受けることが困難となると認められるものについては適用を受けることができる（法税80条4項、法税令154条の3）。

6　任意整理において私財提供した個人の税務

⑴　私財提供と課税問題

債務者である法人が任意整理する場合、役員等の個人が私財を当該法人に対して提供（譲渡）する場合がある。

所得税法上は、特に任意整理のための私財提供であるからといって譲渡所得課税を軽減するような措置は設けていない。したがって、譲渡益が出れば[4)]所得税の課税対象とされるのが原則である。

⑵　非課税措置等

但し、以下の場合には、例外的に、課税対象とされない。

①　資力を喪失した個人の譲渡所得の非課税措置（所税9条1項10号）

所得税法上、資力喪失した個人による資産譲渡については、その所得を非課税とする措置が設けられている。

そのため、私財提供した個人もまた資力喪失している場合には（所基通9-12の2参照)、これにより譲渡所得が非課税とされる。要件等の詳細は「85　個人（個人事業主を含む）の任意整理」を参照されたい。

なお、非課税要件を満たさない個人の私財提供に対する譲渡所得課税を軽減する特例はないが、この問題を解決するひとつの方法として、時価の2分の1以上の価額による低額譲渡も検討に値する。時価より低額であればその差額分を供与することができ、時価の2分の1以上であれば時価譲渡とはみなさずに済むことがあるからである[5]（所税59条1項2号、所税令169条）。

② 保証債務を履行するために行う資産の譲渡（所税64条2項）

(i) 制度の概要

また、保証債務を履行するために行う資産の譲渡によって生ずる所得は、原則として、譲渡所得に当たるが、その履行に伴う求償権の全部又は一部を行使することができないときは、その行使することができない金額は、所得の金額の計算上、なかったものとみなされ、課税対象とならない（所税64条2項）。物上保証人等もこの適用がある（所基通64-4参照[6]）。

すなわち、法人が融資を受けるに当たり、代表者等の個人が不動産を担保提供したが、後に法人が倒産して抵当権が実行された場合には、法人に求償不能な額については譲渡所得がなかったものとみなされる（所基通64-4(5)、所税64条2項）。

(ii) 再建型の任意整理の場合

もっとも、再建型の任意整理の場合には、担保提供者である代表者等の求償権が将来的には実現される可能性もあるため、直ちには求償不能といえない面もある。しかし、代表者等であればその立場上、債権者との関係で求償権を放棄せざるを得ないのが通常である。そのため、下記のすべての状況に該当する場合には、その求償権は行使不能と判定されるとの取扱いがなされている。

ア その代表者等の求償権は、代表者等と金融機関等他の債権者との関係からみて、他の債権者の有する債権と同列に扱うことが困難である等の事情により、放棄せざるを得ない状況にあったと認

められること

イ　その法人は、求償権を放棄（債務免除）することによっても、なお債務超過の状況にあること（債務超過の判定につき、土地等及び上場株式等の評価は時価ベースで行う）

また、求償権放棄の後になって法人が立ち直った場合であっても、当初の求償権行使不能の判定には影響がないものとされている[7)]。

7　未払賞与の免除

(1)　法人の税務

任意整理等がなされた場合、役員賞与支給の総会決議があっても、これを受領することは事実上困難になるが、未払役員賞与を支払わないことにすると原則として会社に債務免除益が生ずる。しかし、これでは再建に支障が出るので、未払賞与につき取締役会等の決議に基づきその全部又は大部分の金額を支払わないこととした場合において、これが会社の整理、事業の再建及び業況不振のためのものであり、かつ、その支払われないこととなる金額がその支払を受ける金額に応じて計算されている等一定の基準によって決定されたものであるときは、免除益は益金に算入しないことができる（法基通4-2-3）。役員賞与の免除が当該支払者の債務超過の状態が相当期間継続しその支払をすることができないと認められる場合に行われたものであるときは、源泉徴収も不要となる（所基通181～223共-3）。

(2)　役員の税務

役員が、当該法人が事業不振のため会社整理の状態に陥り、債権者集会等の協議決定により債務の切捨てを行ったこと等、一般債権者の損失を軽減するためその立場上やむなく自己が役員となっている法人から受けるべき役員賞与等の受領を辞退した場合には、当該辞退した金額は所得税の計算上なかったものとみなされる（所税64条1項、所基通64-2）。

(3) 未払配当金の場合

未払配当金の場合上記(1)(2)のような特例は設けられていないことは注意が必要である。

1）「私的整理に関するガイドライン及び同Q&Aに基づき策定された再建計画により債権放棄等が行われた場合の債務者側の税務上の取扱いについて」(平17・5・11国税庁文書回答)。
2）「債権放棄を含む計画　Q&A」(平20・7・11経済産業省経済産業政策局再生課)。
3）稲見誠一・佐藤信祐『ケース別にわかる企業再生の税務（第2版）』146頁(中央経済社、2010年)。
4）例えば、法人を主債務者とする債務を被担保債権として、役員個人の不動産に担保設定がされ、その任意売却の結果、譲渡益が発生するということはあり得る。
5）但し、時価の2分の1以上の対価による法人に対する譲渡であっても、その譲渡が所得税法157条（同族会社等の行為又は計算の否認規定に該当する場合には、当該資産の時価に相当する金額により山林所得の金額、譲渡所得の金額又は雑所得の金額を計算することができるとされている（所基通59-3)。
6）金子宏『租税法（第16版）』221頁（弘文堂、2011年）は、「一種の類推解釈であるが、すでに行政先例法になっていると解すべきである」としている。
7）「保証債務の特例における求償権の行使不能に係る税務上の取扱いについて(通知)」(平14・12・25課資3-14課個2-31課審5-17)。

85　個人（個人事業主を含む）の任意整理

1　問題の所在

個人（個人事業主を含む）の任意整理に関して、税務上は、①債務免除を受けた場合、②債務整理のために資産譲渡を行った場合の課税関係が主に問題となる。また、過払金の返還をめぐる課税関係についても合わせて検討する。

2　債務免除を受けた場合

(1)　債権者が法人の場合

①　贈与税

法人の債権者から債務免除を受けた場合、贈与税は課されない（相税21条の3第1項1号）。贈与税は相続税の補完税であり[1]、法人に相続は観念できないからである。

なお、「債務者が資力を喪失して債務を弁済することが困難である場合」に債務免除を受けたときは、債務弁済困難部分の金額について、贈与により取得したものとはみなさないところ（相税8条但書）、任意整理を行った者は通常は資力喪失状態にあると考えられるので、この規定によっても贈与税は課されないであろう。

②　所得税

所得税については、債務免除益・資産の贈与を受けた場合は当該資産の時価相当額、低額譲渡を受けた場合は時価と譲渡価格の差額について、一時所得[2]・事業所得（個人事業主の場合）又は雑所得として課税されるとも考えられる。

しかし、所得税法44条の2第1項が、「破産法第252条第1項に規定する免責許可の決定又は再生計画認可の決定があつた場合その他資力を喪失して債務を弁済することが著しく困難である場合にその有する債務の免除を受けたときは、当該免除により受ける経済的な利益の価額については、その者の各種所得の金額の計算上、総収入金額に算入しない」と定めているところ、既に述べたとおり任意整理を行った者は通常は資力喪失状態にあると考えられるので所得税は課されないであろう[3]。

⑵ 債権者が個人の場合

① 贈与税

相続税法8条但書は「債務者が資力を喪失して債務を弁済することが困難である場合」に債務免除を受けたときは、債務弁済困難部分の金額は贈与によって取得したとみなさないと定めている。既に述べたとおり、任意整理を行った者は通常は資力喪失状態にあると考えられるので贈与税は課されないであろう。

② 所得税

個人の債権者からの贈与（相続税法によるみなし贈与、すなわち免除益も含む）を受けた場合には所得税は課税されない（所税9条1項16号、相税8条本文）。もっとも、同規定は贈与税と所得税の二重課税を避ける必要があるための規定である[4]ところ、上記のとおり、通常、任意整理を行った者は資力喪失状態にあり、「債務者が資力を喪失して債務を弁済することが困難である場合」として贈与税は課税されないわけではあるが（相税8条但書）、所得税法にも「資力を喪失して債務を弁済することが著しく困難である場合に」「債務の免除を受けたときは」「総収入金額に算入しない」規定があるため（所税44条の2第1項）、結局所得税も課されないことになろう。

3　任意整理の際の資産の譲渡

債務整理のために、資産譲渡を行い、その譲渡代金をもって弁済に充てる場合がある[5]。

⑴ 資力を喪失した個人の譲渡所得の非課税措置

資力を喪失した個人が、債務弁済が著しく困難な場合[6]に、強制換価手続[7]又はこれに類する事由[8]により資産[9]を譲渡した場合、その所得は非課税となる（所税9条1項10号）。

(2)　保証債務を履行するために行う資産の譲渡

また、保証債務を履行するために行う資産の譲渡によって生ずる所得は、原則として、譲渡所得に当たるが、その履行に伴う求償権の全部又は一部を行使することができないときは、その行使することができない金額は、所得の金額の計算上、なかったものとみなされ、課税対象とならない（所税64条2項）。

物上保証人等もこの特例の適用がある（所基通64-4）。

4　返還を受けた利息制限法の制限超過利息の課税関係

個人の任意整理においては、貸金業者から、利息制限法の制限超過利息について過払金の返還を受けることがある。

過払金の課税関係は、次のようになる。[10)]

(1)　制限超過利息が家事上の借入金に係る場合で必要経費に算入されていない場合

過払分として返還された制限超過利息の元本部分は、利息として支払った金銭のうち払い過ぎとなっている部分について返還を受けたものであり、所得が生じているものではないことから、原則として課税関係は生じない。

但し、返還金に付された利息については、その支払を受けた日の属する年分の雑所得の金額の計算上総収入金額に算入する必要がある。

(2)　制限超過利息が不動産所得、事業所得又は山林所得を生ずべき事業に係る借入れに基づくもので、事業に係る必要経費に算入されている場合

制限超過利息の支払額が各年分の各種所得の金額の計算上必要経費に算入されている場合にはこれを修正する必要がある。

そして、元本に充当された部分の金額及び返還を受けた部分の金額の合計額は過払金の支払を認める判決のあった日の属する年分のこれらの所得の総収入金額に算入する。また、返還金に付された利息の額はその支払を受けた日の属する年分の総収入金額に算入する。

(3) 制限超過利息の支払額が事業的規模に至らない不動産所得又は雑所得を生ずべき業務に係る借入れに基づくもので、必要経費に算入されている場合

その制限超過利息の支払額が必要経費に算入されないことになるので、必要経費に算入した各年分の所得税について遡及して修正し、返還金に付された利息の額を、その支払を受けた日の属する年分の総収入金額に算入する必要がある。

1） 金子宏『租税法（第22版）』623頁（弘文堂、2017年）。
2） 前掲注1）・金子284頁。
3） 但し、当該規定の適用を受けるためには、原則として、確定申告書に所得税法44条の2第1項の適用を受ける旨、総収入金額に算入されない金額、免除を受けた年月日、免除を受ける経済的利益、資力を喪失し弁済が困難である事情の詳細、その他参考事情の記載が必要である（所税44条の2第3項、所税規21条の2。例外的に所税44条の2第4項）。なお、収入金額の不算入といっても、不動産所得、事業所得、山林所得又は雑所得並びに純損失の繰越控除の金額のうち、免除を受けた日の属する年分の当該所得等の金額の計算上生じた損失の金額（純損失の繰越控除については当該債務の免除を受けた日の属する年分の総所得金額、退職所得金額又は山林所得金額の計算上控除する純損失の金額がある場合の当該控除する純損失の金額）まではその効果は及ばない、すなわちそれぞれの当該年度の所得等の所得金額等が零に充つるまで免除益も収入金額等に算入することには注意が必要である（所税44条の2第2項）。
4） 前掲注1）・金子189頁。
5） 譲渡対価を債務弁済に充てたかどうかは、資産の譲渡の対価（譲渡費用は控除する）の全部が当該譲渡の時期において有する債務の弁済に充てられたかどうかにより判断する（所基通9-12の4）。
6） 資力喪失により債務弁済が著しく困難か否かは、資産譲渡時において、債務者の債務超過の状態が著しく、その者の信用や才能等を活用しても、現在又は近い将来において債務全部の弁済資金を調達することができないと認められるか否かにより判定される（所基通9-12の2）。
7） 強制換価手続とは滞納処分（その例による処分を含む）、強制執行、担保権実行としての競売、企業担保権の実行手続及び破産手続をいう（国通2条第10号）。
8） 強制換価手続の執行が避けられないと認められる場合に、任意に譲渡を行って譲渡対価を債務弁済に充てたことをいう（所税令26条）。

9）　但し、譲渡資産がたな卸資産以外の資産であることが必要である（所税33条2項1号参照）。

10）　国税庁の質疑応答事例「返還を受けた利息制限法の制限超過利息」（国税庁HP。http://www.nta.go.jp/shiraberu/zeiho-kaishaku/shitsugi/shotoku/03/05.htm）。

86　任意整理における債権者の税務

1　問題の所在

債務者が任意整理（私的整理）を行った場合、債権者側の税務としては、当該債務者に対する債権につき、①回収不能額を貸倒損失として損金算入できるか、②任意整理の申出がなされた場合に貸倒引当金の繰入れが認められるか、③任意整理において策定された再建計画により債権放棄等を行った場合に損金算入することができるかが主に問題となる。

会社更生手続、民事再生手続等の法的整理と異なり、任意整理は、透明性や公平性に疑義がある場合があるため、法的整理の場合には認められている税務処理が、直ちには認められず、個別に判断することになるからである[1)]。

ここでは、前提として、法的整理も含めた債権者側の税務一般に触れたうえで、①及び②について説明する。③については「68　関係会社の整理・支援」を参照されたい。

2　債権者側の税務一般について

債権者が法人の場合と個人の場合に区分して触れる。

⑴　法人の場合

① 貸倒損失について

法人の金銭債権について、以下のア～ウの事実が生じた場合、貸倒損失として損金の額に算入される。

ア　金銭債権の全部又は一部が切り捨てられた場合（法基通9-6-1。法律上の貸倒れ）

次に掲げる事実が発生した場合には、その金銭債権の額のうち次に掲げる金額は、その事実の発生した日の属する事業年度において貸倒れとして損金の額に算入される。

㈠　会社更生法若しくは金融機関等の更生手続の特例等に関する法

律の規定による更生計画認可の決定又は民事再生法の規定による再生計画認可の決定があった場合において、これらの決定により切り捨てられることとなった部分の金額

(イ)　会社法の規定による特別清算に係る協定の認可の決定があった場合において、この決定により切り捨てられることとなった部分の金額

(ウ)　法令の規定による整理手続によらない関係者の協議決定で次に掲げるものにより切り捨てられることとなった部分の金額

(i)　債権者集会の協議決定で合理的な基準により債務者の負債整理を定めているもの

(ii)　行政機関又は金融機関その他の第三者のあっせんによる当事者間の協議により締結された契約でその内容が上記(i)に準ずるもの

(エ)　債務者の債務超過の状態が相当期間継続し、その金銭債権の弁済を受けることができないと認められる場合において、その債務者に対し書面により明らかにされた債務免除額

イ　金銭債権の全額が回収不能となった場合（法基通9-6-2。事実上の貸倒れ）

その債務者の資産状況、支払能力等からみてその全額が回収できないことが明らかになった場合には、その明らかになった事業年度において貸倒れとして損金経理をすることができる（当該金銭債権について担保物があるときは、その担保物を処分した後でなければ貸倒れとして損金経理をすることはできない）。

ウ　一定期間取引停止後弁済がない場合等（法基通9-6-3。形式上の貸倒れ）

債務者について次に掲げる事実が発生した場合には、その債務者に対して有する売掛債権（売掛金、未収請負金その他これらに準ずる債権をいい、貸付金その他これに準ずる債権を含まない）について法人が当該売掛債権の額から備忘価額を控除した残額を貸倒れと

して損金経理をしたとき。

(ア) 債務者との取引を停止した時（最後の弁済期又は最後の弁済の時が当該停止をした時以後である場合には、これらのうち最も遅い時）以後1年以上経過した場合（当該売掛債権について担保物のある場合を除く）

(イ) 法人が同一地域の債務者について有する当該売掛債権の総額がその取立てのために要する旅費その他の費用に満たない場合において、当該債務者に対し支払を督促したにもかかわらず弁済がないとき

② 貸倒引当金について

法人の金銭債権について、次のア～ウの事実が生じた場合、貸倒引当金を設定し、損金の額に算入することができる（法税52条1項、法税令96条1項)。

ア 更生計画認可の決定、再生計画認可の決定、特別清算に係る協定の認可の決定、これらの事由に準ずるものとして財務省令で定める事由に基づいて、弁済を猶予され又は割賦により弁済されることになった金銭債権ついて、当該事由が生じた日の属する事業年度終了の日の翌日から5年を超えて弁済されることとなっている金額

イ 債務者につき、債務超過の状態が相当期間継続し、かつ、その営む事業に好転の見通しがないことにより、金銭債権の一部の金額につきその取立て等の見込みがないと認められる場合に当該一部の金額に相当する金額

ウ 更生手続開始の申立て、再生手続開始の申立て、破産手続開始の申立て、特別清算手続開始の申立て、これらの事由に準ずるものとして財務省令で定める事由が生じた場合に、債権を個別評価して、金銭債権の100分の50に相当する金額[2)3)]

但し、貸倒引当金の計上は、すべての法人に認められているわけではなく、①期末資本金の額が1億円超、②資本金が5億円以上である法人の100%子会社などは、現在貸倒引当金の計上が認められていな

いので注意を要する（法税52条1項）。

⑵　**個人の場合**

①　事業上の債権

個人の金銭債権につき、事業の遂行上生じた売掛金、貸付金等に関しては、法人税関係と同様に扱われる（所得税法51条2項、所基通51-10～51-13）。

貸倒引当金についても、法人税と同様の要件の下、計上することができる。

②　事業上以外の債権

事業上発生した債権ではない場合、原則として、所得税法上の所得に関わらないため、貸倒損失や貸倒引当金の対象にはならない。

もっとも不動産所得、雑所得を生ずべき業務の用に供され又はこれらの所得の基因となる貸付金等の資産については、その損失の生じた日の属する年分の不動産所得、雑所得の金額を限度として必要経費に算入することができる（所税51条4項）。また、その年分の各種所得の金額（事業所得以外）の計算の基礎となる収入金額に係る未収金等（譲渡代金や未収利息等）が回収できないこととなった場合には、その回収できないこととなった金額は、その年分の各種所得の金額の計算上なかったものとみなす（所税64条1項）。

3　任意整理における貸倒損失

⑴　民事再生法、会社更生法、特別清算のような法的手続によらない任意整理であっても、合理的な基準により債務者の負債整理を定めた債権者集会の協議、又はこれに準ずる内容を定めた行政機関又は金融機関その他の第三者のあっせんによる当事者間の協議により締結された契約による切捨額は貸倒損失とすることができる（法基通9-6-1⑶、所基通51-11⑶。法律上の貸倒れ）。

⑵　⑴に該当しない場合であっても、次のものは貸倒損失とすることが可能である。

ア　債務者の債務超過の状態が相当期間継続し、その金銭債権の弁済を受けることができないと認められる場合の債務者に対し書面で通知した債務免除額（法律上の貸倒れ。法基通 9-6-1(4)、所基通 51-11(4)）

イ　金銭債権につき、その全額（一部では不可）が回収できないことが明らかになった場合の金銭債権全額（事実上の貸倒れ。法基通 9-6-2、所基通 51-12）

この場合に、「全額」の回収不能を要件とするのは、金銭債権については評価損の損金算入が認められていないこと（法税 33 条 1 項・2 項、法基通 9-1-3 の 2）に基づくものとされている。

全額が回収不能であるかについては、債務者の資産状況、支払能力等の債務者側の事情だけでなく、債権回収に必要な労力、債権額と取立費用との比較衡量、債権回収を強行することによって生ずる他の債権者とのあつれきなどによる経営損失等といった債権者側の事情、経済的環境等も踏まえ、社会通念に従って総合的に判断される（最判平 16・12・24 判時 1883・31）。

また、担保物があるときは担保物の処分後、保証債務に基づく求償債権は、現実に保証債務を履行した後でなければ貸倒れとすることはできない。

この場合、貸倒損失として損金の額に算入する場合には、会計処理により損金経理をすることを要件とする。

ウ　売掛債権（売掛金、未収請負金等であり、一般の貸付金は含まない）について、次のような事実がある場合には備忘価額（通常は残高を 1 円とする）を帳簿に記載して、これを差し引いた額（法基通 9-6-3、所基通 51-13。形式上の貸倒れ）

(i)　債務者との取引を停止した時（最後の弁済期又は最後の弁済の時が当該停止をした時以後である場合には、これらのうち最も遅い時）以後 1 年以上経過した場合（当該売掛債権について担保物のある場合を除く）

(ii)　法人が同一地域の債務者について有する当該売掛債権の総額が

その取立てのために要する旅費その他の費用に満たない場合において、当該債務者に対し支払を督促したにもかかわらず弁済がないとき

4　任意整理における貸倒引当金

会社更生手続、民事再生手続、破産手続、特別清算手続等の法的整理については、各手続開始の申立てがあった場合、その債務者に対する個別評価金銭債権の50%に相当する金額を、貸倒引当金として繰り入れることが認められる（法税52条1項、法税令96条1項3号、所税52条1項、所税令144条1項3号。法的整理の申立てという形式基準による繰入れ）。

債務者が任意整理の申出を行った場合は、任意整理の申出だけの事由では、この形式基準は満たさず、法人税法施行令96条1項3号による50%相当額の繰入れはできない。

もっとも、法人税法施行令96条1項2号は、「当該内国法人が当該事業年度終了の時において有する個別評価金銭債権に係る債務者につき、債務超過の状態が相当期間継続し、かつ、その営む事業に好転の見通しがないことにより、当該個別評価金銭債権の一部の金額につきその取立て等の見込みがないと認められる場合」には、当該一部の金額に相当する金額について繰入れを認めている（債務超過状態の継続等による一部回収不能額の繰入れ）。

そのため、債務者の債務超過の状態が相当期間（法基通11-2-6によればおおむね1年以上）継続している場合には、法人税法施行令96条1項2号により、回収不能見込額の貸倒引当金の繰入れをすることができる[4)]。

但し、①期末資本金の額が1億円超、②資本金が5億円以上である法人の100%子会社などは、現在貸倒引当金の計上が認められていないので注意を要する（法税52条1項）。

1）　中村慈美『解説とQ&Aによる不良債権処理と再生の税務』535頁（大蔵財務協会、2012年）、スピアヘッド・アドバイザーズ・石毛和夫編著『的確な金融支援を導く再建型私的整理の実務』7頁以下（中央経済社、2009年）。

2）「個別評価金銭債権」とは、法人が、会社更生法による更生計画認可の決定に基づいて金銭債権の弁済を猶予され、又は賦払により弁済される場合等において、その一部について貸倒れその他これに類する事由による損失が見込まれる金銭債権である（法税52条1項）。

3）手形交換所における取引停止処分があった場合にも適用がある（法税規25の3）。

4）私的整理ガイドラインに基づく私的整理の申出があった場合、RCC企業再生スキームにおける企業再生計画の原案の着手がなされた場合、中小企業再生支援協議会が再生計画の支援を決定した場合、事業再生ADR手続の利用の申込みがあった場合につき、それぞれ、前掲注1)・中村538頁以下、644頁以下、660頁以下、676頁以下。

資　料

法人税申告書類について

法人税申告書については、法人税法施行規則において、申告書の記載内容、様式（申告書は「別表」という体裁になっている）、及び添付書類が定められている（例えば、確定申告書の記載内容について、法人単体での申告の場合は34条、連結納税による申告の場合は37条の11）。本書内で触れられている、益金の額・損金の額の計算[1)]、法人所得の計算、利益積立金の増減や資本金等の額の計算等の結果等[2)]は、いずれも法人税申告書別表に記載することによって申告内容として反映されるようになっている。

本書では、紙面の都合上、サンプルとして法人税申告書別表一（一）、四、五（一）、七（一）、八（一）、十四（一）、十四（二）、十四（五）を掲載し他の別表は割愛したが、申告書別表及び各種届出書（例えば、法人設立届出書、事前確定届出給与に関する届出書、連結納税の場合の連結法人税の個別帰属額の届出書等）は、国税庁ホームページ（法人税に関しては、同ホームページの「申告・納税手続」内「法人税」　http://www.nta.go.jp/tetsuzuki/shinkoku/hojin/hojin.htm　平成29年11月5日現在）にフォーマットが掲載されているので、これを参考にされたい。

1）　例えば、「欠損金の損金算入」等については別表七関係、「受取配当等の益金不算入」については別表八関係、「寄附金の損金算入」、新株予約権に関する計算、資産の評価換えやグループ法人税制に関する計算については、別表十四関係などで記載が求められている。

2）　損金・益金の額の計算以外には、例えば別表二において「同族会社等の判定に関する明細書」、付表において「組織再編成に係る主要な事項の明細書」の記載が求められている。

別表一（一）　各事業年度の所得に係る申告書－普通法人（特定の医療法人を除く。）、一般社団法人等及び人格のない社団等の分

御注意

1　期末の資本金の額又は出資金の額が一億円以下の普通法人のうち、次の①から③までのいずれかの法人（以下「大法人」といいます。）いずれか一の大法人が有するものとみなしたときにその一の大法人による完全支配関係があることとなる法人に該当する場合には、この①資本金の額又は出資金の額が五億円以上である法人　②法人税法第4条の7に規定する受託法人（2において「受託法人」といいま

2　「48」から「50」までの各欄は、期末の資本金の額若しくは出資金の額が一億円以下の法人、資本若しくは出資を有しない法人、一般社

別表一(一)　普通法人(特定の医療法人を除く。)、一般社団法人等及び人格のない社団等の

税務署受付印　　平成　年　月　日　税務署長殿

納税地	電話（　　）　－
(フリガナ) 法人名	
法人番号	
(フリガナ) 代表者 自署押印	印
代表者 住所	

所管	業種目	概況書　要否　別表等
事業種目		
期末現在の資本金の額又は出資金の額	円	非中小法人等
同上が1億円以下の普通法人のうち中小法人等に該当しないもの		
同非区分	特定同族会社　同族会社	非同族会社
一般社団・財団法人のうち非営利型法人に該当するもの		非営利型法人
経理責任者 自署押印	印	
旧納税地及び旧法人名等		
添付書類	貸借対照表、損益計算書、株主(社員)資本等変動計算書又は損益金処分表、勘定科目内訳明細書、事業概況書、組織再編成に係る契約書等の写し、組織再編成に係る移転資産等の明細書	

※税務署処理欄

青色申告	一連番号
整理番号	
事業年度(至)	年　月　日
売上金額	兆　十億　百万
申告年月日	年　月　日
通信日付印	確認印　庁指定　局指定　指導等　区分
年月日	
申告区分	法人税：中間　期限後　修正／地方法人税：中間　期限後　修正

平成　年　月　日　事業年度分の法人税　申告書
平成　年　月　日　課税事業年度分の地方法人税　申告書
（中間申告の場合の計算期間　平成　年　月　日　平成　年　月　日）

翌年以降送付要否	要　否	適用額明細書提出の有無	有　無
税理士法第30条の書面提出有	有	税理士法第33条の2の書面提出有	有

この申告書による法人税額の計算

項目	番号	十億　百万　千　円
所得金額又は欠損金額（別表四「48の①」）	1	
法人税額 (54)又は(55)	2	
法人税額の特別控除額（別表六(六)「22」+別表六(七)「18」+別表六(八)「10」+別表六(九)「22」+別表六(十一)「23」+別表六(十二)「28」+別表六(十三)「24」+別表六(十四)「6」+別表六(十五)「19」+別表六(十六)「19」+別表六(十七)「18」+別表六(十八)「18」+別表六(十九)「38」+別表六(二十)「10」+別表六(二十一)「22」+別表六(二十二)「23」+別表六(二十三)「22」+別表六(二十四)「21」+別表六(二十五)「28」+別表六(二十六)「12」）	3	
差引法人税額 (2)－(3)	4	
連結納税の承認を取り消された場合等における既に控除された法人税額の特別控除額の加算額	5	
土地譲渡利益　課税土地譲渡利益金額（別表三(二)「24」+別表三(二の二)「25」+別表三(三)「20」）	6	000
同上に対する税額	7	

項目	番号	十億　百万　千　円
控除税額の計算　所得税の額（別表六(一)「6の③」）	16	
外国税額（別表六(二)「20」）	17	
計 (16)+(17)	18	
控除した金額 (12)	19	
控除しきれなかった金額 (18)－(19)	20	
土地譲渡税額　土地譲渡税額（別表三(二)「27」）	21	0
同上（別表三(二の二)「28」）	22	0

…の分……平二十九・四・一以後終了事業年度等分

区分		番号	金額
渡金	(21)＋(22)＋(23)	7	
留保金	課税留保金額（別表三（一）「41」）	8	000
	同上に対する税額（別表三（一）「49」）	9	
			00
法人税額計 （4）＋（5）＋（7）＋（9）		10	
仮装経理に基づく過大申告の更正に伴う控除法人税額		11	
控除税額（((10)－(11))と(18)のうち少ない金額）		12	
差引所得に対する法人税額 (10)－(11)－(12)		13	00
中間申告分の法人税額		14	00
差引確定法人税額 (13)－(14)（中間申告の場合はその税額とし、マイナスの場合は、(25)へ記入）		15	00

区分		番号	金額
の内訳	同上（別表三（三）「23」）	23	00
この申告による還付金額	所得税額等の還付金額 (20)	24	
	中間納付額 (14)－(13)	25	
	欠損金の繰戻しによる還付請求税額	26	外
	計 (24)＋(25)＋(26)	27	外
この申告が修正申告である場合	この申告前の所得金額又は欠損金額 (60)	28	
	この申告により納付すべき法人税額又は減少する還付請求税額 (65)	29	外 00
欠損金又は災害損失金等の当期控除額（別表七（一）「4の計」＋（別表七（二）「9」若しくは「21」又は別表七（三）「10」））		30	
翌期へ繰り越す欠損金又は災害損失金（別表七（一）「5の合計」）		31	

この申告書による地方法人税額の計算

区分		番号	金額
課税標準法人税額の計算	基準法人税額 所得の金額に対する法人税額 (4)＋(5)＋(7)＋(10の外書)	32	
	課税留保金額に対する法人税額 (9)	33	
	課税標準法人税額 (32)＋(33)	34	000
地方法人税額 (58)		35	
課税留保金額に係る地方法人税額 (59)		36	
所得地方法人税額 (35)＋(36)		37	
外国税額の控除額（別表六（二）「50」）		38	
仮装経理に基づく過大申告の更正に伴う控除地方法人税額		39	
差引地方法人税額 (37)－(38)－(39)		40	00
中間申告分の地方法人税額		41	00
差引確定地方法人税額 (40)－(41)（中間申告の場合はその税額とし、マイナスの場合は、(43)へ記入）		42	00

区分		番号	金額
この申告による還付金額 (41)－(40)		43	外
この申告が修正申告である場合	この申告前の 所得の金額に対する法人税額 (68)	44	
	課税留保金額に対する法人税額 (69)	45	
	課税標準法人税額 (70)	46	000
	この申告により納付すべき地方法人税額 (74)	47	00
剰余金・利益の配当（剰余金の分配）の金額			
残余財産の最後の分配又は引渡しの日	平成　年　月　日	決算確定の日	平成　年　月　日

還付を受けようとする金融機関等	銀行 金庫・組合 農協・漁協	本店・支店 出張所 本所・支所 預金	郵便局名等
	口座番号	ゆうちょ銀行の貯金記号番号	－
	※税務署処理欄		

法 0301-0101

税理士署名押印	㊞

との間にこれらの大法人による完全支配関係がある法人に該当する場合又は当該法人との間に完全支配関係がある全ての大法人が有する株式及び出資の全部を
表の上段の「非中小法人等」を○で囲みます。
す。）③相互会社
団法人等又は人格のない社団等（1に該当する非中小法人等、相互会社、投資法人、特定目的会社及び受託法人を除きます。）に該当する場合に記載します。

別表四　所得の金額の計算に関する明細書

別表四　平二十九・四・一以後終了事業年度分

所得の金額の計算に関する明細書

事業年度	・　・ ・　・	法人名	

区分			総額 ①	処分 留保 ②	処分 社外流出 ③	
当期利益又は当期欠損の額		1	円	円	配当 その他	円
加算	損金経理をした法人税及び地方法人税（附帯税を除く。）	2				
	損金経理をした道府県民税及び市町村民税	3				
	損金経理をした納税充当金	4				
	損金経理をした附帯税（利子税を除く。）、加算金、延滞金（延納分を除く。）及び過怠税	5			その他	
	減価償却の償却超過額	6				
	役員給与の損金不算入額	7			その他	
	交際費等の損金不算入額	8			その他	
		9				
		10				
	小計	11				
減算	減価償却超過額の当期認容額	12				
	納税充当金から支出した事業税等の金額	13				
	受取配当等の益金不算入額（別表八(一)「13」又は「26」）	14			※	
	外国子会社から受ける剰余金の配当等の益金不算入額（別表八(二)「26」）	15			※	
	受贈益の益金不算入額	16			※	
	適格現物分配に係る益金不算入額	17			※	
	法人税等の中間納付額及び過誤納に係る還付金額	18				
	所得税額等及び欠損金の繰戻しによる還付金額等	19			※	
		20				
	小計	21			外※	
仮計 (1)＋(11)－(21)		22			外※	

御注意　「48」の「①」欄の金額は、「②」欄の金額に「③」欄の本書の金額を加算し、これから

関連者等に係る支払利子等の損金不算入額 (別表十七(二の二)「25」又は「30」)	23			その他	
超過利子額の損金算入額 (別表十七(二の三)「10」)	24	△		※	△
仮計 ((22)から(24)までの計)	25			外※	
寄附金の損金不算入額 (別表十四(二)「24」又は「40」)	26			その他	
沖縄の認定法人の所得の特別控除額 (別表十(一)「9」又は「13」)	27	△		※	△
国家戦略特別区域における指定法人の所得の特別控除額 (別表十(二)「8」)	28	△		※	△
法人税額から控除される所得税額 (別表六(一)「6の③」)	29			その他	
税額控除の対象となる外国法人税の額 (別表六(二の二)「7」)	30			その他	
組合等損失額の損金不算入額又は組合等損失超過合計額の損金算入額 (別表九(二)「10」)	31				
対外船舶運航事業者の日本船舶による収入金額に係る所得の金額の損金算入額又は益金算入額 (別表十(四)「20」、「21」又は「23」)	32			※	
合計 (25)＋(26)＋(27)＋(28)＋(29)＋(30)＋(31)±(32)	33			外※	
契約者配当の益金算入額 (別表九(一)「13」)	34				
特定目的会社等の支払配当又は特定目的信託に係る受託法人の利益の分配等の損金算入額 (別表十(七)「13」、別表十(八)「11」又は別表十(九)「16」若しくは「33」)	35	△	△		
中間申告における繰戻しによる還付に係る災害損失欠損金額の益金算入額	36			※	
非適格合併又は残余財産の全部分配等による移転資産等の譲渡利益額又は譲渡損失額	37			※	
差引計 ((33)から(37)までの計)	38			外※	
欠損金又は災害損失金等の当期控除額 (別表七(一)「4の計」＋(別表七(二)「9」若しくは「21」又は別表七(三)「10」))	39	△		※	△
総計 (38)＋(39)	40			外※	
新鉱床探鉱費又は海外新鉱床探鉱費の特別控除額 (別表十(三)「43」)	41	△		※	△
農業経営基盤強化準備金積立額の損金算入額 (別表十二(十四)「10」)	42	△	△		
農用地等を取得した場合の圧縮額の損金算入額 (別表十二(十四)「43の計」)	43	△	△		
関西国際空港用地整備準備金積立額の損金算入額 (別表十二(十一)「15」)	44	△	△		
中部国際空港整備準備金積立額の損金算入額 (別表十二(十二)「10」)	45	△	△		
再投資等準備金積立額の損金算入額 (別表十二(十五)「12」)	46	△	△		
残余財産の確定の日の属する事業年度に係る事業税の損金算入額	47	△	△		
所得金額又は欠損金額	48			外※	

法 0301−0401

「※」の金額を加減算した額と符合することになりますから留意してください。

別表五（一）　利益積立金額及び資本金等の額の計算に関する明細書

別表五(一)　平二十九・四・一以後終了事業年度分

利益積立金額及び資本金等の額の計算に関する明細書

事業年度	・　・ ・　・	法人名	

I　利益積立金額の計算に関する明細書

区分		期首現在利益積立金額	当期の増減 減	当期の増減 増	差引翌期首現在利益積立金額 ①－②＋③
		①	②	③	④
利益準備金	1	円	円	円	円
積立金	2				
	3				
	4				
	5				
	6				
	7				
	8				
	9				
	10				
	11				
	12				
	13				
	14				
	15				
	16				
	17				
	18				
	19				

御注意

1　この表は、通常の場合には次の算式により検算ができます。
期首現在利益積立金額合計「31」①　＋　別表四留保所得金額又は
＝　差引翌期首現在利益積立金額合計「31」④

2　発行済株式又は出資のうちに二以上の種類の株式がある場合には、法-

	20				
	21				
	22				
	23				
	24				
	25				
繰越損益金（損は赤）	26				
納税充当金	27				
未納法人税等（退職年金等積立金に対するものを除く。） 未納法人税及び未納地方法人税（附帯税を除く。）	28	△	△	中間 △ 確定 △	△
未納法人税等（退職年金等積立金に対するものを除く。） 未納道府県民税（均等割額及び利子割額を含む。）	29	△	△	中間 △ 確定 △	△
未納法人税等（退職年金等積立金に対するものを除く。） 未納市町村民税（均等割額を含む。）	30	△	△	中間 △ 確定 △	△
差引合計額	31				

Ⅱ　資本金等の額の計算に関する明細書

区分		期首現在資本金等の額	当期の増減 減	当期の増減 増	差引翌期首現在資本金等の額 ①−②＋③
		①	②	③	④
資本金又は出資金	32	円	円	円	円
資本準備金	33				
	34				
	35				
差引合計額	36				

法　0301−0501

欠損金額「48」 − 中間分，確定分法人税県市民税の合計額

人税法施行規則別表五(一)付表（別表五(一)付表）の記載が必要となりますので御注意ください。

別表七（一）　欠損金又は災害損失金の損金算入等に関する明細書

⑤ 欠損金又は災害損失金の損金算入等に関する明細書

別表七(一)　平二十九・四・一以後終了事業年度分

事業年度	・　・ ・　・	法人名	

控除前所得金額 (別表四「38の①」)－(別表七(二)「9」又は「21」)	1	円	所得金額控除限度額 (1)× 50、55、60又は100 / 100	2	円

事業年度	区分	控除未済欠損金額	当期控除額 (当該事業年度の(3)と((2)－当該事業年度前の(4)の合計額)のうち少ない金額)	翌期繰越額 ((3)－(4))又は(別表七(三)「15」)
		3	4	5
・　・ ・　・	青色欠損・連結みなし欠損・災害損失	円	円	
・　・ ・　・	青色欠損・連結みなし欠損・災害損失			円
・　・ ・　・	青色欠損・連結みなし欠損・災害損失			
・　・ ・　・	青色欠損・連結みなし欠損・災害損失			
・　・ ・　・	青色欠損・連結みなし欠損・災害損失			
・　・ ・　・	青色欠損・連結みなし欠損・災害損失			
・　・ ・　・	青色欠損・連結みなし欠損・災害損失			
・　・ ・　・	青色欠損・連結みなし欠損・災害損失			
・　・ ・　・	青色欠損・連結みなし欠損・災害損失			
計				
当	欠損金額 (別表四「48の①」)		欠損金の繰戻し額	

期分	同上のうち	災害損失金		
		青色欠損金		
合計				

災害により生じた損失の額の計算

災害の種類			災害のやんだ日又はやむを得ない事情のやんだ日	・　・
災害を受けた資産の別		棚卸資産 ①	固定資産 (固定資産に準ずる繰延資産を含む。) ②	計 ① ＋ ② ③
当期の欠損金額 (別表四「48の①」)	6			円
災害により生じた損失の額　資産の滅失等により生じた損失の額	7	円	円	
被害資産の原状回復のための費用等に係る損失の額	8			
被害の拡大又は発生の防止のための費用に係る損失の額	9			
計 (7) ＋ (8) ＋ (9)	10			
保険金又は損害賠償金等の額	11			
差引災害により生じた損失の額 (10) － (11)	12			
同上のうち所得税額の還付又は欠損金の繰戻しの対象となる災害損失金額	13			
中間申告における災害損失欠損金の繰戻し額	14			
繰戻しの対象となる災害損失欠損金額 ((6の③)と((13の③)－(14の③))のうち少ない金額)	15			
繰越控除の対象となる損失の額 ((6の③)と((12の③)－(14の③))のうち少ない金額)	16			

法　0301－0701

別表八（一）　受取配当等の益金不算入に関する明細書

① 受取配当等の益金不算入に関する明細書

事業年度	・　・ ・　・	法人名	

当年度実績により負債利子等の額を計算する場合					基準年度実績により負債利子等の額を計算する場合				
完全子法人株式等に係る受取配当等の額（31の計）			1	円	完全子法人株式等に係る受取配当等の額（31の計）			14	円
関連法人株式等	受取配当等の額（34の計）		2		関連法人株式等	受取配当等の額（34の計）		15	
	負債利子等の額の計算	当期に支払う負債利子等の額	3			負債利子等の額の計算	当期に支払う負債利子等の額	16	
		連結法人に支払う負債利子等の額	4				国外支配株主等に係る負債の利子等の損金不算入額、関連者等に係る支払利子等の損金不算入額又は恒久的施設に帰せられるべき資本に対応する負債の利子の損金不算入額（別表十七(一)「35」と別表十七(二の二)「25」のうち多い金額）又は(別表十七(二の二)「30」と別表十七の三(二)「17」のうち多い金額)	17	
		国外支配株主等に係る負債の利子等の損金不算入額、関連者等に係る支払利子等の損金不算入額又は恒久的施設に帰せられるべき資本に対応する負債の利子の損金不算入額（別表十七(一)「35」と別表十七(二の二)「25」のうち多い金額）又は(別表十七(二の二)「30」と別表十七の三(二)「17」のうち多い金額)	5				超過利子額の損金算入額（別表十七(二の三)「10」）	18	
		超過利子額の損金算入額（別表十七(二の三)「10」）	6				計 (16)－(17)＋(18)	19	
		計 (3)－(4)－(5)＋(6)	7				平成27年4月1日から平成29年3月31日までの間に開始した各事業年度の負債利子等の額の合計額	20	
		総資産価額（29の計）	8				同上の各事業年度の関連法人株式等に係る負債利子等の額の合計額	21	
		期末関連法人株式等の帳簿価額（30の計）	9				負債利子控除割合 $\frac{(21)}{(20)}$（小数点以下3位未満切捨て）	22	
		受取配当等の額から控除する負債利子等の額 $(7)\times\frac{(9)}{(8)}$	10				受取配当等の額から控除する負債利子等の額 (19)×(22)	23	円
その他株式等に係る受取配当等の額（37の計）			11		その他株式等に係る受取配当等の額（37の計）			24	
非支配目的株式等に係る受取配当等の額（43の計）			12		非支配目的株式等に係る受取配当等の額（43の計）			25	
受取配当等の益金不算入額 (1)＋((2)－(10))＋(11)×50%＋(12)×(20%又は40%)			13		受取配当等の益金不算入額 (14)＋((15)－(23))＋(24)×50%＋(25)×(20%又は40%)			26	

当年度実績による場合の総資産価額等の計算

別表八(一)　平二十九・四・一以後終了事業年度分

御注意
1 「28」欄には、貸借対照表に計上されている特別償却準備金及び圧縮記帳に係る積立金の
2 租税特別措置法第67条の6第1項に規定する特定株式投資信託の収益の分配の額がある場
定株式投信」と記載し、「39」及び「40」の各欄は記載する必要はありません。

額を含めます。
合の当該特定株式投資信託については、「非支配目的株式等」の各欄に記載しますが、このとき、「38」欄には「特

区分	総資産の帳簿価額	連結法人に支払う負債利子等の元本の負債の額等	総資産価額 (27)－(28)	期末関連法人株式等の帳簿価額
	27	28	29	30
前期末現在額	円	円	円	円
当期末現在額				
計				

受取配当等の額の明細

完全子法人株式等	法人名	本店の所在地	受取配当等の額の計算期間	受取配当等の額
				31
			：　：	円
			：　：	
	計			

関連法人株式等	法人名	本店の所在地	受取配当等の額の計算期間	保有割合	受取配当等の額	左のうち益金の額に算入される金額	益金不算入の対象となる金額 (32)－(33)
					32	33	34
			：　：		円	円	円
			：　：				
	計						

その他株式等	法人名	本店の所在地	受取配当等の額	左のうち益金の額に算入される金額	益金不算入の対象となる金額 (35)－(36)
			35	36	37
			円	円	円
	計				

非支配目的株式等	法人名又は銘柄	本店の所在地	基準日	保有割合	受取配当等の額	左のうち益金の額に算入される金額	益金不算入の対象となる金額 (41)－(42)
		38	39	40	41	42	43
			・　・		円	円	円
			・　・				
	計						

法　0301－0801

別表十四（一）　民事再生等評価換えによる資産の評価損益に関する明細書

別表十四(一)　平二十九・四・一以後終了事業年度又は連結事業年度分

民事再生等評価換えによる資産の評価損益に関する明細書

事業年度又は連結事業年度	・　・ ・　・	法人名	（　　　）

評定等を行うこととなつた原因となる事実の種類	1		(1) の事実が生じた日	2	・　・

評価益の額及び評価損の額の明細

評価益の計上される資産				評価損の計上される資産			
科目 区分等		評定額等 ①	帳簿価額 ②	科目 区分等		評定額等 ①	帳簿価額 ②
	3	円	円		14	円	円
	4				15		
	5				16		
	6				17		

	7				18		
	8				19		
	9				20		
	10				21		
	11				22		
計	12			計	23		
評価益の総額 （12の①）－（12の②）	13			評価損の総額 （23の②）－（23の①）	24		

債務免除等を受けた金額の明細

金融機関等の名称	債務免除等を受けた金額	金融機関等の名称	債務免除等を受けた金額
	円		円

法　0301－1401

別表十四（二）　寄附金の損金算入に関する明細書

別表十四(二)　平二十九・四・一以後終了事業年度分

③ 寄附金の損金算入に関する明細書

事業年度	・・ ・・	法人名	

公益法人等以外の法人の場合				
一般寄附金の損金算入限度額の計算	支出した寄附金の額	指定寄附金等の金額 (41の計)	1	円
		特定公益増進法人等に対する寄附金額 (42の計)	2	
		その他の寄附金額	3	
		計 (1)+(2)+(3)	4	
		完全支配関係がある法人に対する寄附金額	5	
		計 (4)+(5)	6	
	所得金額仮計 (別表四「25の①」)		7	
	寄附金支出前所得金額 (6)+(7) (マイナスの場合は0)		8	
	同上の $\frac{2.5\text{又は}1.25}{100}$ 相当額		9	
	期末の資本金等の額 (別表五(一)「36の④」) (マイナスの場合は0)		10	
	同上の月数換算額 (10) × $\frac{\quad}{12}$		11	
	同上の $\frac{2.5}{1,000}$ 相当額		12	
	一般寄附金の損金算入限度額 ((9)+(12)) × $\frac{1}{4}$		13	
特定公益増進法人等に対する寄附金の特別損金算入限度額の計算	寄附金支出前所得金額の $\frac{6.25}{100}$ 相当額 (8) × $\frac{6.25}{100}$		14	
	期末の資本金等の額の月数換算額の $\frac{3.75}{1,000}$ 相当額 (11) × $\frac{3.75}{1,000}$		15	
	特定公益増進法人等に対する寄附金の特別損金算入限度額 ((14)+(15)) × $\frac{1}{2}$		16	

公益法人等の場合				
損金算入限度額の計算	支出した寄附金の額	長期給付事業への繰入利子額	25	円
		同上以外のみなし寄附金額	26	
		その他の寄附金額	27	
		計 (25)+(26)+(27)	28	
	所得金額仮計 (別表四「25の①」)		29	
	寄附金支出前所得金額 (28)+(29) (マイナスの場合は0)		30	
	同上の $\frac{20\text{又は}50}{100}$ 相当額 ($\frac{50}{100}$相当額が年200万円に満たない場合(当該法人が公益社団法人又は公益財団法人である場合を除く。)は、年200万円)		31	
	公益社団法人又は公益財団法人の公益法人特別限度額 (別表十四(二)付表「3」)		32	
	長期給付事業を行う共済組合等の損金算入限度額 ((25)と融資額の年5.5%相当額のうち少ない金額)		33	
	損金算入限度額 (31)、((31)と(32)のうち多い金額) 又は((31)と(33)のうち多い金額)		34	
指定寄附金等の金額 (41の計)			35	

特定公益増進法人等に対する寄附金の損金算入額 ((2)と((14)又は(16))のうち少ない金額)	17		国外関連者に対する寄附金額及び完全支配関係がある法人に対する寄附金額	36	
指定寄附金等の金額 (1)	18				
国外関連者に対する寄附金額及び本店等に対する内部寄附金額	19		(28)の寄附金額のうち同上の寄附金以外の寄附金額 (28)－(36)	37	
(4)の寄附金額のうち同上の寄附金以外の寄附金額 (4)－(19)	20				
損金不算入額：同上のうち損金の額に算入されない金額 (20)－((9)又は(13))－(17)－(18)	21		損金不算入額：同上のうち損金の額に算入されない金額 (37)－(34)－(35)	38	
損金不算入額：国外関連者に対する寄附金額及び本店等に対する内部寄附金額(19)	22		損金不算入額：国外関連者に対する寄附金額及び完全支配関係がある法人に対する寄附金額 (36)	39	
損金不算入額：完全支配関係がある法人に対する寄附金額 (5)	23		損金不算入額：計 (38)＋(39)	40	
損金不算入額：計 (21)＋(22)＋(23)	24				

指定寄附金等に関する明細

寄附した日	寄附先	告示番号	寄附金の使途	寄附金額 41
				円
計				

特定公益増進法人若しくは認定特定非営利活動法人等に対する寄附金又は認定特定公益信託に対する支出金の明細

寄附した日又は支出した日	寄附先又は受託者	所在地	寄附金の使途又は認定特定公益信託の名称	寄附金額又は支出金額 42
				円
計				

その他の寄附金のうち特定公益信託（認定特定公益信託を除く。）に対する支出金の明細

支出した日	受託者	所在地	特定公益信託の名称	支出金額
				円

法　0301－1402

別表十四（五）　完全支配関係がある法人の間の取引の損益の調整に関する明細書

完全支配関係がある法人の間の取引の損益の調整に関する明細書

事業年度又は連結事業年度	・　・ ・　・	法人名	（　　　）

譲受法人名	1					計
譲渡損益調整資産の種類	2					
譲渡年月日	3	平　・　・	平　・　・	平　・　・	平　・　・	
譲渡対価の額	4	円	円	円	円	
譲渡原価の額	5					
調整前譲渡利益額 (4)－(5)（マイナスの場合は0）	6					
圧縮記帳等による損金算入額	7					
譲渡利益額 (6)－(7)	8					
当期が譲渡年度である場合の損金算入額 (8)	9					円
譲渡損失額 (5)－(4)（マイナスの場合は0）	10					
当期が譲渡年度である場合の益金算入額 (10)	11					
譲渡利益額の　(8)のうち期首現在で益金の額に算入されていない金額 （前期の(14)）	12					
当期益金算入額 （簡便法により計算する場合には、(21)又は(25)の金額）	13					

別表十四(五)　平二十九・四・一以後終了事業年度又は連結事業年度分

調整		翌期以後に益金の額に算入する金額 （(8)又は(12)）−(13)	14					
譲渡損失額の調整		(10)のうち期首現在で損金の額に算入されていない金額 （前期の(17)）	15					
		当期損金算入額 （簡便法により計算する場合には、(22)又は(26)の金額）	16					
		翌期以後に損金の額に算入する金額 （(10)又は(15)）−(16)	17					
当期に譲受法人において生じた調整事由			18	譲渡・償却 その他（　　）	譲渡・償却 その他（　　）	譲渡・償却 その他（　　）	譲渡・償却 その他（　　）	
簡便法により当期益金算入額又は当期損金算入額を計算する場合	減価償却資産	償却期間の月数 （譲受法人が適用する耐用年数）×12	19	月	月	月	月	
		当期の月数（当期が譲渡年度である場合には譲渡日から当期の末日までの月数）	20					
		当期益金算入額 $(8) \times \frac{(20)}{(19)}$	21	円	円	円	円	
		当期損金算入額 $(10) \times \frac{(20)}{(19)}$	22					
	繰延資産	支出の効果の及ぶ期間の月数	23	月	月	月	月	
		当期の月数（当期が譲渡年度である場合には譲渡日から当期の末日までの月数）	24					
		当期益金算入額 $(8) \times \frac{(24)}{(23)}$	25	円	円	円	円	
		当期損金算入額 $(10) \times \frac{(24)}{(23)}$	26					

法　0301−1405

事項索引

（五十音順）

あ 行

か 行

さ　行

た　行

な 行

は 行

サービス・インフォメーション

通話無料

①商品に関するご照会・お申込みのご依頼
TEL 0120 (203) 694／FAX 0120 (302) 640

②ご住所・ご名義等各種変更のご連絡
TEL 0120 (203) 696／FAX 0120 (202) 974

③請求・お支払いに関するご照会・ご要望
TEL 0120 (203) 695／FAX 0120 (202) 973

●フリーダイヤル（TEL）の受付時間は、土・日・祝日を除く 9:00〜17:30です。

●FAXは24時間受け付けておりますので、あわせてご利用ください。

新訂第七版
法律家のための税法［会社法編］

平成 3 年 2 月 2 日 初版発行
平成 5 年 2 月 5 日 新訂版発行
平成 8 年 2 月 9 日 新訂第二版発行
平成 11 年 7 月 30 日 新訂第三版発行
平成 16 年 2 月 6 日 新訂第四版発行
平成 18 年 2 月 10 日 新訂第五版発行
平成 23 年 11 月 10 日 新訂第六版発行
平成 30 年 1 月 30 日 新訂第七版発行

編 著 東 京 弁 護 士 会

発行者 田 中 英 弥

発行所 第一法規株式会社
〒107-8560 東京都港区南青山 2-11-17
ホームページ http://www.daiichihoki.co.jp/

法律税 7 会 ISBN978-4-474-05818-7 C2032 (0)